保育職・教職をめざす人のための
保育用語・法規

戸江茂博/隈元泰弘/広岡義之/猪田裕子
[編]

ミネルヴァ書房

編集のことば

本書『保育用語・法規』は，教育や保育に関する用語集が数あるなかで，保育職・教職を目指す人々のための辞典的かつ事典的な学びのために編まれたものです。ミネルヴァ書房において刊行された『教職をめざす人のための教育用語・法規』の姉妹編として，保育や幼児教育，保育職や幼児教育職に焦点を当てて作成されました。

各項目は，保育者や教員を養成する大学等でそれぞれの分野の専門家としてご活躍されている方々に執筆をしていただきました。できるだけリアルなかつ客観的な情報提供となることを心掛けて執筆しました。近年，子どもが育つ社会環境の変化も激しく，それに伴って子ども，子育てに関する法律も繰り返し改正されていきます。このことに関しては，最新の姿を映し取ることができるように神経をとがらせましたが，場合によっては万全を期すことができていないものがあれば，版を重ねるごとに見直しをしていきたいと考えます。

本辞典，用語集の特徴は，幼児教育・保育に関連する幅広い用語，項目を網羅していることです。教育用語，保育用語の範疇に入りきらないような，周縁にあるような事項，あるいは間接的なつながりをもつような事項にも編集の翼を広げ，積極的に取り込みました。また，用語集に終始するだけではなく，幼児教育・保育を中心に，関連法規，法令や諸規程を本辞典の後半部分に掲載していることも，本辞典の特徴の一つです。保育職・教職のための採用試験では，幼児教育関連の法規，法令からの出題が多く見いだされるからです。さらに，本辞典の巻末には，採用試験の試験分野を想定し，その分野ごとに項目を分類した索引表をまとめています。これも，採用試験の準備に役立つものと考えられます。

本辞典の編集が計画されてから5年が経過しています。遅くとも2021年には刊行の運びとしたいと念じていましたが，ご存じのように，新型コロナ禍に見舞われた危機的な状況のなかで，ご執筆の先生方も項目執筆に奮闘してくださいましたにもかかわらず，計画どおりに編集作業を進めることができず，執筆の先生方にもミネルヴァ書房の方々にもご迷惑をおかけしましたことをお詫びいたします。しかし編集作業の遅滞によって，2022，2023年の「こども基本法」の制定や「こども家庭庁」の発足等，いま推進されようとしている大きな動向である「こどもまんなか社会」に関する諸法令等を用語，項目として投入することができたのはたいへん幸いなことでした。

本辞典の刊行にあたりましては，ミネルヴァ書房社長の杉田啓三氏，営業部長の神谷透氏，そして編集部の深井大輔氏が，辛抱強く応援をしてくださり，また温かく励ましてくださいましたことに厚く御礼を申し上げます。本辞典が，幼児教育・保育を学ぶ方々，保育職・教育職の採用試験の受験をお考えの方々にとって愛友の書となりますことを願います。また，編集にさいして様々な問題点にも出会い，意に満たないところにも気づかされるのですが，ぜひ今後とも，大方のご批判，ご叱正，ご教示を賜りたく存じます。

2025（令和7）年3月

編者を代表して　戸江　茂博

執筆者一覧

編 者

戸江茂博	神戸親和大学	広岡義之	神戸親和大学
隈元泰弘	神戸親和大学	猪田裕子	神戸親和大学

執筆者（五十音順）

芦田麗子	大和大学白鳳短期大学部	片岡章彦	大阪成蹊大学
阿部康平	同志社中学校・高等学校	金山健一	神戸親和大学
荒内直子	障害者支援施設アルーラ	加納 章	松山東雲女子大学
生駒幸子	龍谷大学短期大学部	椛島香代	文京学院大学
石田寿子	岐阜聖徳学園大学	川勝泰介	元 京都女子大学
鑄物太朗	関西学院幼稚園	川谷和子	神戸教育短期大学
植山佐智子	神戸親和大学	岸本朝予	仁川幼稚園
大江まゆ子	関西福祉科学大学	木下隆志	兵庫県立大学
大方美香	大阪総合保育大学	熊田凡子	関東学院大学
大嶋健吾	大阪城南女子短期大学	高 奈奈	神戸親和大学
大谷彰子	芦屋大学	坂田和子	福岡女学院大学
大塚優子	元 姫路獨協大学	佐藤智恵	神戸親和大学
大橋喜美子	立命館大学衣笠総合研究機構人間科学研究所	佐野 茂	大阪商業大学
		塩見剛一	大阪産業大学
大森雅人	神戸常盤大学	芝田圭一郎	大阪城南女子短期大学
小川 雄	同志社大学	島田喜行	同志社大学
笠井純子	元 兵庫大学	新家智子	共立女子大学
柏原栄子	元 大阪人間科学大学	須増啓之	神戸親和大学

高橋一夫	神戸親和大学	藤原伸夫	神戸親和大学
髙橋貴志	白百合女子大学	古川　心	神戸親和大学
武富博文	国立特別支援教育総合研究所	松浦　崇	静岡県立大学短期大学部
津田　徹	神戸芸術工科大学	松島　京	相愛大学
冨江英俊	関西学院大学	松本　敦	元 大阪城南女子短期大学
中田尚美	神戸常盤大学	松本麻友子	川崎医療福祉大学
名須川知子	大阪総合保育大学	三浦正樹	芦屋大学
西浦和樹	宮城学院女子大学	村井尚子	京都女子大学
西本　望	武庫川女子大学	森田惠子	兵庫大学短期大学部
橋本好市	神戸常盤大学	森　知子	関西学院短期大学
日坂歩都恵	兵庫大学短期大学部	山内佐紀	兵庫大学
廣田有加里	神戸親和大学非常勤講師	山口香織	神戸親和大学
福井逸子	神戸親和大学	湯地宏樹	鳴門教育大学
福山恵美子	芦屋大学	湯元睦美	元 聖愛幼稚園

目　次

編集のことば　i

執筆者一覧　　ii

項目一覧　　　v〜xii

凡　例　　　　xiii

項　　目 ……………………………………　1〜294

関連法規・資料 ………………………………　295〜366

参考文献　367

分野別索引　382

項目一覧

ア行

ICT 教育	1
愛染橋保育所	1
アイデンティティ	1
アヴェロンの野生児	1
『赤い鳥』	2
赤沢鍾美	2
アクティブ・ラーニング	2
預かり保育	3
アスペルガー症候群	3
遊び	3
遊び空間	4
遊び仲間	4
遊びの環境	4
遊びの定義	5
遊びの特性	5
遊びの分類	6
遊び場	6
アタッチメント	6
アダルト・チルドレン	6
アトピー性皮膚炎	7
アドボカシー	7
アドラー	7
アニミズム	8
アプローチカリキュラム	8
アリエス	8
RS ウイルス感染症	9
アレルギー	9
安全管理	9
安全教育	10
安全能力	10
家なき幼稚園	10
イエナ・プラン	11
生きる力	11
育児休業制度	11
育児困難	12
育児ストレス	12
育児相談	12
育児不安	12
伊沢修二	13
石井十次	13

石井亮一	13
いじめ	14
異世代交流	14
イソップ	14
依存	15
イタール	15
1 号認定	15
一語文	15
一時的保育事業	16
一時保護	16
一条校	16
1 年保育	16
1 歳児保育	17
1 歳 6 か月児健康診査	17
一斉保育	17
一般ドイツ幼稚園	18
遺伝説	18
異年齢交流	18
衣服の着脱	19
異文化理解教育	19
医療型障害児入所施設	19
インクルージョン	20
『隠者の夕暮』	20
院内保育所	20
インフォームド・コンセント	20
インフルエンザ	21
飲料水検査	21
ヴィゴツキー	21
ウェクスラー式知能検査	22
ウェルビーイング	22
氏原鋹	22
内田・クレペリン精神作業検査	22
うつぶせ寝	23
運動遊び	23
運動会	23
運動障害	23
英才教育	24
ADHD	24
栄養	24
栄養教諭	25

栄養士	25
栄養指導	25
駅型保育施設	25
SIDS	26
エピソード分析	26
エビングハウス	26
『エミール』	26
エリクソン	27
エリクソンの発達段階	27
LD	27
エレン・ケイ	28
園医	28
園外研修	29
園外保育	29
援助	29
エンゼルプラン	30
延長保育	30
エンデ	30
園内研修	31
エンパワーメント	31
及川平治	31
O157	31
応答的環境	32
嘔吐・下痢	32
オーエン	32
小川未明	33
おたふくかぜ⇨流行性耳下腺炎	
お泊まり保育	33
オープンエデュケーション	33
オペラント条件づけ	34
オーベルラン	34
オペレッタ	34
親子関係	34
オルタナティブ・スクール	35
オルフ	35
オルポート	35
音楽療法	36
音感教育	36
恩物	36

カ行

外気浴	38
解体保育	38
概念形成	38
外発的動機づけ	38
貝原益軒	39
カイヨワ	39
カウプ指数	39
カウンセリング・マインド	40
鏡文字	40
賀川豊彦	40
過干渉	41
課業	41
核家族	41
学習障害⇨LD	
学制	42
学童保育	42
確認制度	42
影絵	42
歌唱指導	43
数概念の発達	43
家族関係	43
家族福祉	44
家族療法	44
カーソン	44
学級崩壊	45
学校	45
学校カウンセリング	45
学校感染症	46
学校給食法	46
学校教育	47
学校教育法	47
学校行事	47
『学校と社会』	47
学校法人立幼稚園	48
学校保健安全法	48
葛藤	48
家庭教育	49
家庭支援専門相談員	49
家庭的保育事業	49
家庭の教育力	50
家庭崩壊	50
家庭訪問	50
過保護	50
カミイ	51
紙おむつ	51
紙芝居	51

かみつき	52
カリキュラム	52
カリキュラム・マネジメント	52
川崎病	53
簡易幼稚園	53
感覚遊び	53
感覚訓練	54
環境（領域）	54
環境教育	54
環境説	55
環境の構成	55
環境破壊	55
環境を通して行う保育	55
玩具	56
看護師	56
観察	56
観察実習	57
感情移入	57
間食	57
間接的援助	58
感染症	58
感染症の登園基準	58
カンファレンス	59
乾布摩擦	59
管理栄養士	59
危機管理	59
企業主導型保育事業	60
帰国児童生徒教育	60
疑似体験	60
季節保育所	60
吃音	61
城戸幡太郎	61
気になる子	61
機能遊び	62
期の指導計画	62
キブツの保育	62
基本的事項	62
基本の信頼	63
基本的生活習慣	63
義務教育	63
義務教育学校	64
虐待	64
キャリアアップ	64
キャリアパス	64
ギャングエイジ	65
救急蘇生法	65
休日保育	65
給食	66
教育	66

教育委員会	67
教育課程	67
教育基本法	67
教育時間	68
教育実習	68
教育週数	68
教育職員免許法	68
教育職員免許法施行規則	69
教育心理学	69
教育相談	69
教育勅語	69
『教育の過程』	70
教育の国際化	70
教育の情報化	70
教育評価	71
教育法規	71
教員免許状の更新制	71
教科	71
教科カリキュラム	72
教科書	72
共感	72
叫喚的発声	73
共感的理解	73
教具	73
教材	73
行事	73
教師の権威	74
教師の体罰	74
きょうだい関係	74
協同遊び	75
共同画	75
共同注視（注意）	75
教頭・副園（校）長	76
共同保育所	76
虚構遊び	76
居宅訪問型保育事業	76
キリスト教保育	77
近代家族	77
キンダーガルテン	77
クーイング	77
苦情の解決	78
クライアント	78
クラス経営	78
クラスの適正規模	78
クラス別保育（学年別保育）	79
倉橋惣三	79
グリム兄弟	80
クループスカヤ	80

項目一覧

グループ保育	80	誤嚥	95	コメニウス	108
グループホーム	81	戸外遊び	95	子守学校	109
クレッチマー	81	五感	95	5領域	109
グローバリゼーション	81	国際理解教育	96	混合保育（異年齢保育）	
ケア	82	国民健康・栄養調査	96		109
経験カリキュラム	82	心の教育	96	近藤真琴	109
経験主義	82	5歳児保育	96	コンピテンシー	109
形式陶冶	82	個食	97	コンピュータ教育	110
形成的評価	83	個人差	97	コンプライアンス	110
京阪神聯合保育會	83	個人情報保護	97		
けいれん	83	午睡	98	**サ行**	
劇遊び	83	個性	98		
ケースワーク	84	個性尊重	98	災害対策基本法	111
ゲゼル	84	子育てサークル	98	サイコセラピー	111
月案（月間指導計画）	84	子育て支援	99	才能教育	111
結核	85	子育て支援員	99	栽培	112
けんか	85	子育てネットワーク	99	サイモンズ	112
研究保育	85	コダーイ	99	作業療法士	112
健康（領域）	86	五大栄養素	100	錯画期	112
健康観察	86	ごっこ遊び	100	佐藤信淵	113
健康管理	86	固定遊具	101	里親制度	113
健康教育	87	古典的条件づけ	101	サルモネラ食中毒	113
言語獲得	87	言葉（領域）	101	沢柳政太郎	114
言語教育	87	言葉遊び	102	参加実習	114
言語聴覚士	87	言葉の発達	102	三項関係	114
言語的コミュニケーション		子ども	102	3号認定	115
	88	子ども家庭相談室	103	3歳児健康診査	115
言語発達	88	こども家庭庁	103	3歳児神話	115
検査法	88	子ども観	104	3歳児保育	115
原始反射	89	こども基本法	104	3歳未満児保育	116
現職教育	89	子ども・子育て応援プラン		三世代家族	116
原体験	89		104	3年保育	116
コア・カリキュラム	90	子ども・子育て会議（こど		散歩	117
誤飲	90	も家庭審議会）	105	飼育	117
構音（構音障害）	90	子ども・子育て支援事業		シェルドン	118
公開保育	90		105	ジェンダー	118
好奇心	91	子ども・子育て支援新制度		自我	118
合計特殊出生率	91		105	自我意識の芽生え	118
向社会的行動	91	子ども・子育て支援法	106	叱り方・ほめ方	119
構成遊び	92	子ども・子育てビジョン		事業所内保育事業	119
厚生労働省	92		106	刺激−反応	119
巧緻性	92	子どもの家	106	試行錯誤説	120
交通安全	92	子どもの発見	106	思考の発達	120
公定価格	93	子どもの貧困	107	自己概念	120
行動主義	93	こどもの貧困の解消に向け		自己肯定感	120
行動療法	93	た対策の推進に関する法		自己効力感（セルフエフィ	
公認心理師	94	律	107	カシー）	121
広汎性発達障害	94	コーナー保育	107	自己実現	121
公立幼稚園	94	個別指導	108	自己充実	121
交流保育	94	コミュニケーション	108	自己主張	122

自己中心性	122	する法律	135	習癖障害	147
自己同一性	122	児童発達支援センター	135	自由保育	148
自己統制	123	児童票	136	授産施設	148
自己評価	123	児童福祉	136	主体性	149
自己表現	123	児童福祉施設	136	シュタイナー	149
自己抑制	124	児童福祉施設における食事		出席停止	149
指示的カウンセリング	124	の提供ガイド	137	主任児童委員	150
自主性	124	児童福祉施設の設備及び運		守秘義務	150
思春期	125	営に関する基準	137	受容	150
自傷行為	125	児童福祉審議会	137	小1プロブレム	151
視診	125	児童福祉法	137	頌栄保姆伝習所	151
次世代育成支援対策推進法		児童扶養手当	138	唱歌	152
	126	児童文化	138	生涯学習	152
施設型給付	126	児童文学	138	障害児	152
施設実習	126	児童ポルノ禁止法⇨児童買		障害児施設給付制度	153
自然環境	126	春,児童ポルノに係る行		障害児入所施設	153
自然主義の保育	127	為等の規制及び処罰並び		障害児保育	153
自然体験	127	に児童の保護等に関する		障害者基本法	154
肢体不自由	127	法律		障害者総合支援法⇨障害者	
市町村子ども家庭支援指針		児童養護施設	139	の日常生活及び社会生活	
	127	児童養護施設入所措置	139	を総合的に支援するため	
しつけ	128	自発性	139	の法律	
実質陶冶	128	自閉症	139	障害者の権利宣言	154
湿疹	128	社会化	140	障害者の日常生活及び社会	
質問紙法	129	社会教育主事	140	生活を総合的に支援する	
指導	129	社会性	140	ための法律	154
児童	129	社会的行事	140	生涯発達	154
指導案	129	社会の発達	141	小学校学習指導要領	155
児童委員	130	社会福祉	141	小規模保育事業	155
児童家庭支援センター	130	社会福祉士	141	条件づけ	155
児童館	130	社会福祉施設	142	条件反射	156
児童期	131	社会福祉法人	142	少子化	156
児童虐待	131	社会福祉六法	142	少子化社会対策基本法	156
児童虐待の防止等に関する		社会保険	143	少子化と教育	157
法律	131	社会保障審議会	143	小舎制(中舎制・大舎制)	
指導計画	132	自由遊び	143		157
児童憲章	132	週案	143	情操教育	157
児童権利宣言	132	自由ヴァルドルフ学校	144	象徴遊び	158
児童厚生施設	133	自由画	144	象徴機能	158
児童自立支援施設	133	就学前の子どもに関する教		情緒障害	158
児童心理治療施設	133	育,保育等の総合的な提		情緒の発達(情動の発達)	
児童相談所	134	供の推進に関する法律			158
児童中心主義	134		144	常同行動	159
児童手当	134	宗教教育	145	小児保健	159
児童の権利に関する条約		重症心身障害児施設	145	少年	159
	134	集団遊び	145	少年法	160
『児童の世紀』	135	集団指導	146	食育	160
児童買春,児童ポルノに係		集団主義保育	146	食育基本法	160
る行為等の規制及び処罰		集団の発達	146	食事摂取基準	161
並びに児童の保護等に関		集団保育	147	食事の習慣	161

項目一覧

食事バランスガイド	161
触法少年	161
食物アレルギー	162
助産施設	162
助産術（産婆術）	162
初任者研修	162
私立学校法	163
自立活動	163
自立と自律	163
事例研究	163
人格	164
新教育運動	164
親権	164
人権教育	165
心情・意欲・態度	165
心身症	165
新生児期	165
深層心理	166
身体発育	166
身体表現	167
診断的評価	167
心的外傷後ストレス障害 ⇨PTSD	
進歩主義保育	167
心理療法	168
水痘	168
睡眠	168
スキナー	169
スキャモンの発育曲線	169
スキンシップ	169
スクールカウンセラー	170
鈴木三重吉	170
スタートカリキュラム	170
スタンフォード・ビネー知能検査	171
ストーリーテリング	171
ストレス	171
砂遊び	172
スーパーヴィジョン	172
素話	172
スーパーバイザー	173
刷り込み	173
性格形成新学院	173
性格検査	173
生活	174
生活科	174
生活カリキュラム	175
生活言語	175
生活指導	176
生活発表会	176

生活保護法	176
生活リズム	177
性教育	177
成熟	177
精神保健	177
精神保健福祉士	178
生存権	178
性的虐待	178
青年期	179
生理的早産説	179
『世界図絵』	179
関信三	180
責任実習	180
絶対評価・相対評価	180
設定保育	181
セツルメント	181
セラピスト	181
0歳児保育	181
全国保育士会倫理綱領	182
潜在的カリキュラム	182
全人教育	183
喘息	183
全体的な計画	183
先天異常	184
喘鳴	184
総括的評価	184
早期教育	184
造形表現	185
総合的な指導	185
想像遊び	186
相談支援事業	186
ソクラテス	187
ソシオメトリー	187
ソーシャル・ワーク	187
粗大運動	187
『育ての心』	188
ソフィスト	188
ソーンダイク	188

タ行

待機児童問題	190
胎教	190
『大教授学』	190
第三者評価	191
第二次性徴期	191
体罰	191
ダウン症	192
滝廉太郎	192
託児所	192

縦割り保育	192
多動	193
WHO憲章	193
多文化共生保育	193
ダルクローズ	194
探索活動	194
男女共同参画社会基本法	194
男女雇用機会均等法	194
担当制	195
地域型保育事業	195
地域子育て支援拠点事業	195
地域福祉	196
チック	196
窒息	196
知的発達	197
知能検査	197
地方裁量型認定こども園	197
地方版子ども・子育て会議	198
着脱衣の習慣	198
注意欠陥・多動性障害 ⇨ADHD	
中央教育審議会	198
腸重積	199
調乳	199
調理員	199
通過儀礼	199
積み木	200
手足口病	200
手遊び・指遊び	201
デイ・ケア	201
DV防止法⇨配偶者からの暴力の防止及び被害者の保護に関する法律	
ティームティーチング	201
ティーム保育	202
デイリープログラム	202
適応	202
テ・ファリキ	203
デューイ	203
てんかん	203
伝承あそび	204
伝染性紅斑（リンゴ病）	204
トイレット・トレーニング	205
同一視	205

投影法	205	
登園拒否	206	
同化と調節	206	
東京女子師範学校附属幼稚園	206	
統計的有意性	206	
統合保育	207	
童心主義	207	
頭足人	207	
同調行動	208	
道徳	208	
道徳性の発達	208	
道徳性の芽生え	209	
当番活動	209	
童謡	209	
童話	209	
同和教育（保育）	210	
ドキュメンテーション	210	
徳永恕	210	
特別支援学校	211	
特別支援教育	211	
都市化	211	
突発性発疹	211	
とびひ	212	
留岡幸助	212	
ドメスティック・バイオレンス	212	
豊田芙雄	213	
ドルトン・プラン	213	

ナ行

内言・外言	214
内発的動機づけ	214
仲間関係	214
中村五六	215
中村正直	215
ナースリ・スクール（保育学校）	215
ならし保育	215
喃語	216
新美南吉	216
2号認定	217
2歳児保育	217
日案	217
2年保育	218
日本語教育	218
日本国憲法	218
日本脳炎	218
乳児院	219

乳児期	219
乳児の事故	219
乳児保育	220
乳幼児家庭全戸訪問事業	220
乳幼児突然死症候群 ⇨SIDS	
ニール	220
認可外保育施設	220
認可定員	221
人間関係（領域）	221
『人間の教育』	221
認証保育園	222
認知の発達	222
認定区分	222
認定こども園	223
認定こども園こども要録	223
認定こども園法⇨就学前の子どもに関する教育，保育等の総合的な提供の推進に関する法律	
ネグレクト	223
熱性けいれん	224
熱中症	224
ネフローゼ症候群	224
ねらい及び内容	224
年間指導計画	225
粘土遊び	225
脳性麻痺	226
能力主義	226
ノン・カリキュラム	226
野口幽香	227
ノーマライゼーション	227
ノロウィルス感染症	227

ハ行

配偶者からの暴力の防止及び被害者の保護に関する法律	229
排泄の習慣	229
バイタルサイン	229
バウムテスト	230
白昼夢	230
箱庭療法	230
はしか⇨麻疹	
破傷風	231
パーセンタイル	231
パーソナリティ	231

発育・発達の原則	232
発達加速度現象	232
発達課題	232
発達曲線	232
発達障害	233
発達障害者支援法	233
発達段階	233
発達の最近接領域	234
発熱	234
羽仁もと子	234
パネルシアター	235
母親学級	235
パブロフ	235
場面緘黙	236
ハロー効果	236
反抗期	236
反社会的の行動	236
ピアジェ	237
ビオトープ	237
東基吉	237
ひきこもり	238
被虐待児症候群	238
非叫喚的発声	238
ピグマリオン効果	239
非言語的コミュニケーション	239
非指示的カウンセリング	239
PTSD	239
PDCA	240
人見知り	240
ひとり遊び	240
ひとり親家庭（シングルペアレント・ファミリー）	241
避難訓練	241
非認知的能力	242
肥満度	242
評価の方法	242
表現（領域）	242
病児・病後児保育	243
ファミリー・サポート・センター	243
ファンタジー	243
フィンガーペインティング	244
風疹	244
福祉型障害児入所施設	245
福祉教育	245
輻輳説	245

父子家庭	246	ボウルビィ	261	養護	276
二葉幼稚園（保育園）	246	保健指導	261	幼児期	276
仏教保育	246	母子家庭	261	幼児期の終わりまでに育っ	
不適応	247	母子生活支援施設	261	てほしい姿	276
不登校	247	母子保健法	262	幼児の事故	276
フリースクール	247	ホスピタリズム	262	幼稚遊嬉場	277
ブルーナー	248	母性神話	262	幼児理解	277
プール熱	248	ポートフォリオ	263	幼稚園	277
プレイグループ	248	母乳	263	幼稚園型認定こども園	278
フレイレ	249	母乳栄養	263	幼稚園教育要領	278
フレネ	249	保幼小連携	263	幼稚園教諭	278
フレーベル	249	ポリオ	264	幼稚園設置基準	279
フロイト	250	ポルトマン	264	幼稚園保育及設備規程	279
プログラム学習	250			幼稚園幼児指導要録	280
プロジェクト活動	250	**マ行**		幼稚園令	280
プロジェクト・メソッド				要保護児童対策地域協議会	
	251	マイコプラズマ感染症	266		280
分離不安	251	マカレンコ	266	幼保の「一元化」「一体化」	
平行遊び	251	マザーグース	266		280
へき地保育所	251	マザリング	266	幼保連携型認定こども園	
ペスタロッチ	252	麻疹	267		281
ヘッド・スタート計画	252	マズロー	267	幼保連携型認定こども園教	
ベビーシッター	252	松野クララ	268	育・保育要領	281
ベビーホテル	253	マルトリートメント	268	溶連菌感染症	282
ベビーマッサージ	253	満3歳児保育	268	予防接種	282
ペープサート	253	水遊び	268	4歳児保育	282
偏食	254	見立て遊び（ふり遊び・つ			
保育	254	もり遊び）	269	**ラ行**	
保育環境	254	三つ子の魂百まで	269		
保育カンファレンス	255	宮沢賢治	269	ラーニング・ストーリー	
保育教諭	255	『民主主義と教育』	270		284
保育記録	255	民生委員	270	ラポール	284
保育士	256	昔話	270	リズム遊び	284
保育実習	256	6つの基礎食品	270	リズムジャンプ	285
保育所	256	メルヘン	271	リッチモンド	285
保育士養成制度	257	模範幼稚園	271	リトミック	285
保育所型認定こども園	257	模倣	271	離乳	285
保育所児童保育要録	257	森のようちえん	272	離乳食	286
保育所地域活動事業	257	モロー反射	272	流行性耳下腺炎（おたふく	
保育所保育指針	258	モンテッソーリ	272	かぜ）	286
保育短時間利用	258	文部科学省	273	利用者支援事業	286
保育の必要時間	258			両親教育	287
保育標準時間利用	259	**ヤ行**		利用定員	287
保育要領	259			臨界期	287
ホイジンガ	259	夜間保育	274	リンゴ病⇨伝染性紅斑	
防衛機制	259	山下俊郎	274	臨床心理士	288
放課後児童健全育成事業		誘導保育	274	『リーンハルトとゲルト	
	260	ユネスコ	275	ルート』	288
放課後等デイサービス	260	指差し行動	275	ルソー	288
忘却曲線	260	指しゃぶり	275	レジリエンス	289

レッジョ・エミリア・アプローチ	289	ロールプレイ	291	ワロン	293
レディネス	290	ローレル指数	291		
連合遊び	290				
六領域	290	**ワ行**			
ロタウィルス感染症	291	和田實	293		
ロールシャッハ検査	291	わらべ歌	293		

凡　例

特　色
　全項目は919項目である。現代の保育，幼児教育を考えるうえで重要な語句・人名に解説を付し，さらに読者の便宜をはかり，関連法規・資料を付した。

配　列
1．項目は現代かなづかいにより50音順に従って配列した。促音・拗音は一字とみなし，長音は無視した。濁音・半濁音は配列上無視したが，同位置にあっては，清音，濁音，半濁音の順に配列した。また中黒記号（・），かっこ（「　」等）は配列上無視した。
2．外国語項目は，慣用読みに留意しながら，原音主義を原則としてカタカナ表記して配列した。
3．外国語の略語の項目は，カタカナに改めずそのままあげ，上記の原則に従って配列した。

構　成
1．日本人名項目には，よみがなと生没年を付した。
　　例　赤沢鍾美　あかざわ　あつとみ（1864-1927）
2．外国人名項目には，欧文表記と生没年を付した。
　　例　アリエス　Ariés, Philippe（1914-1984）
3．特に参照すべき関連項目がある場合は，項末に「→」をもって示した。
4．執筆者名は，項末に［　］に囲んで示した。
5．巻末に分野別索引をつけた。

あ

ICT 教育

ICT は Information and Communication Technology の略で，「情報コミュニケーション技術」を意味する。2019年に文部科学省は「GIGA スクール構想」（GIGA は Global and Innovation Gateway for All の略）を提言し，各児童生徒に個別最適化され，創造性を育む教育現場の ICT 環境の実現に向けた取り組みに着手した。これにより，1 人 1 台端末や高速度・大容量の通信など環境の整備をはじめ，遠隔・オンライン教育の活用促進やデジタル教科書の拡充が図られた。だが，教育における ICT 環境の整備はあくまで手段であり，ICT を活用した教育の目的は，個別に効果的な学びや支援を行うこと，プロジェクト型学習を通じて創造性を育むこと，校務を効率化すること等，本来の教育目的を支援するものである。　　　　　　　　　[塩見剛一]

愛染橋保育所（あいぜんばしほいくしょ）

1909年，石井十次（いしいじゅうじ）により開設された。大阪で最も古い保育所。大阪市南区（現在の浪速区）に，住民の更生と児童の保護および教育などを目的として，岡山孤児院附属愛染橋保育所および夜学校が開設された。大阪のスラム街，愛染橋の長屋を改修したものである。当時，岡山孤児院にも，大阪から多くの子どもたちがやってきていたことや，夫を亡くして幼い子連れの母親が就職に困って母子心中を図った事件などもあったため，大都市においても困窮する親子のための施設が必要であろうという動機のもと設立された。1914年に石井十次が急逝し，事業は一時休止となる。しかし，倉敷紡績株式会社社長大原孫三郎の支援により，財団法人石井記念愛染園が設立され，保育所事業も1918年より近代的隣保事業として再開されることと

なった。→石井十次　　　　　　　[松島 京]

アイデンティティ

アイデンティティは，生涯にわたる自我の発達を理解するための概念としてエリクソンよって理論化されたものである。人は青年期で，身体的成長，精神的成熟，社会的責任感等において，アイデンティティの危機を経験し，それを克服していく準備をする。そのため，アイデンティティ形成そのものは，生涯続く発達過程であるが，その確立は青年期に成し遂げられるべき心理社会的課題である。この危機の中で，自分自身を見つめ，「自分とは何か」「自分はどう生きていけば良いのか」と問いながら，自分なりの答えを見つけようと模索する。

「アイデンティティの確立」とは，心理社会的な課題にまつわる様々な葛藤を経験しながら，真の自分を見出し，自分の生き方を見つけることをいう。一方，「アイデンティティの拡散」とは，「本当の自分がわからない」という不確実感があり，アイデンティティの確立ができない場合をいう。　　　　　　　　[金山健一]

アヴェロンの野生児

19世紀になる直前，南フランスの森で裸で発見された少年。感覚機能は甚だしく低下し，知的能力，思考力も大きく遅滞していた。イタール（フランスの医師，1774-1838）は，この少年をヴィクトールと名付け，5 ～ 6 年にわたって人間性を取り戻すための訓練，教育を行ったが，感覚機能にいくらかの回復が見られたものの，人間としての模倣能力，言語機能，社会性を身に付けることなく40歳頃に死去した。イタールは，ヴィクトールの教育実践の記録を『アヴェロンの野生児』として残している。ヴィクトールは，のちの研究で知的障害児又は自閉症児であった可能性も示唆されているが，イタールの研究は，知的障害児の教育実践として，セガン（フランス，1812-1880，近代の知的障害児教育の創始者）に受け

継がれていく。→イタール　　[戸江茂博]

『赤い鳥』

　1918（大正 7）年に，鈴木三重吉によって創刊された童話童謡雑誌。大正デモクラシーという時代背景のなかで『赤い鳥』においては「子ども」は純粋無垢なものとして理想化され，童心主義という言葉を生み出す契機となった。当時，第一線で活躍する作家，詩人，画家，作曲家を起用し，大きな話題となる。鈴木の依頼で，北原白秋（1885-1942）も創刊号から童謡の選で協力する。夏目漱石門下であった鈴木は文壇の知人からの協力も得て，創刊号に芥川龍之介の「蜘蛛の糸」，島崎藤村の「二人の兄弟」が掲載されたほか，有島武郎，豊島与志雄も作品を寄せている。『赤い鳥』が育てた作家や詩人も少なくなく，坪田譲治（1890-1982），新美南吉（1913-1943）などがいる。『赤い鳥』に続いて，『金の船』（のち『金の星』と改題），『童話』，『おとぎの世界』などさまざまな児童雑誌が次々に創刊され，都市ばかりでなく地方の子どもたちにもこのような雑誌が読まれることとなった。途中一度の中断をはさみ二百号近くまで発行したが，三重吉の病死によって1936年10月に終刊した。→鈴木三重吉　　[生駒幸子]

赤沢鍾美

　あかざわ　あつとみ（1864-1927）
　明治時代の教育者。日本人が初めて開設した託児施設「守孤扶独（しゅこふどく）幼稚児保護会」の創始者。赤沢は1864年に新潟で朱子学を奉ずる家庭に生まれ，両親から和漢学や算法を学んだ。その後，新潟の公立小学校で教師をしたのち，明治23（1890）年父親が経営する私塾「身学舎」を改めて「新潟静修学校」を設立した。赤沢は，この学校で教員として商学を教授する一方で，保護者が農業や工業に携わる生徒が学校に連れてきていた弟妹を別室で預かり世話をした。ここで弟妹を世話するために，専従のおとな（赤沢の妻の仲子とその助手）を配置しことから日本で初めての託児事業が始まったとされている。貧しい家庭や兄弟の世話をする子どもたちが，勉学に集中できるように開いた施設であったため，当初は無料で世話をしていたが，地域に評判が良く次第に規模が大きくなり，有料の託児施設である「守孤扶独幼稚児保護会」の運営を始めた。現在は赤沢保育園として運営が受け継がれている。
　　　　　　　　　　　　　[新家智子]

アクティブ・ラーニング

　学修者が能動的に学びに取り組む学習方法をいう。アクティブ・ラーニングがはじめて提案されたのは，大学の学士教育課程の改善をめざした「質的転換」答申（中央教育審議会，2012年）においてである。「従来のような知識の伝達・注入を中心とする授業から，教員と学生が意思疎通を図りつつ，一緒になって切磋琢磨し，相互に刺激を与えながら知的に成長する場を創り，学生が主体的に問題を発見し解を見いだしていく能動的学修（アクティブ・ラーニング）への転換が必要である」。さらに議論が重ねられ，子どもの学び全体を改善する見方として，アクティブ・ラーニングの視点に立った，深い学び，対話的な学び，主体的な学びの実現が目指されるべきとされた。そして，2016年の各学校の学習指導要領の改善に係る中教審答申においては，これからの社会において求められる三つの資質・能力（① 「何を理解しているか，何ができるか（生きて働く「知識・技能」の習得）」② 「理解していること・できることをどう使うか（未知の状況にも対応できる「思考力・判断力・表現力等」の育成）」③ 「どのように社会・世界と関わり，よりよい人生を送るか（学びを人生や社会に生かそうとする「学びに向かう力・人間性等」の涵養）」の育成を可能にする学習方法として，アクティブ・ラーニングが位置づけられた。幼稚

園教育要領（2017年）においては，「幼児の発達に即して主体的・対話的で深い学びが実現するようにするとともに，心を動かされる体験が次の活動を生み出すことを考慮し，一つ一つの体験が相互に結び付き，幼稚園生活が充実するようにすること」と示された。　　［日坂歩都恵］

預かり保育

　保護者の要請や地域の実態により，幼保連携型認定こども園，及び幼稚園において，1号認定を受けた子どものうち，4時間の教育標準時間終了後，希望者に行われる教育活動である。一時預かり事業の一環として位置づけられた預かり保育の留意事項は，幼稚園教育要領（平成29年3月告示）第3章に記されている。すなわち，長時間の保育を受ける幼児の心身の負担に配慮する事が大前提であり，①幼児期にふさわしい無理のないものとなるようにする。教育課程に基づく活動を担当する教師と緊密な連携を図るようにする。②地域の人々と連携するなど，地域の様々な資源を活用しつつ，多様な経験ができるようにする。③家庭との緊密な連携を図るようにする。④実施日数や時間などについて，弾力的な運用に配慮する。⑤適切な責任体制と指導体制を整備した上で行うようにする，などが列挙されている。2019年10月からの幼児教育無償化により，「保育の必要性の認定事由に該当する子ども」が新2号と認定され，上限3.7万円までが無償となった。ただし，専業主婦・主夫家庭は無償化の対象外であり，料金については，各園に委ねられている。　　　　　　［湯元睦美］

アスペルガー症候群

　オーストリアの小児科医アスペルガー（Asperger, H.）によって1944年に「小児期の自閉的精神病質」として初めて報告された症例である。自閉症の特徴と同様に社会性の障害，コミュニケーションの障害，想像性の障害がみられるが，言語あるいは認知の発達に全般的な遅れが見られない点が自閉症とは異なる。その他にも，運動や手先の不器用さ，記憶力と集中力の高さ，感覚の敏感さと鈍感さの共存などの特徴がある。アスペルガー症候群の原因は，はっきりとは解明されていないが，先天的な脳の機能不全が原因であり，養育者の愛情不足や育て方が原因ではないと考えられている。なお，アスペルガー症候群は ICD-10（国際疾病分類第10版）では広汎性発達障害の一つとして分類されていたが，2022年に発効した ICD-11 ではアスペルガー症候群の診断名は削除され，自閉スペクトラム症に統一された。　　　　　［松本麻友子］

遊　び

　人間の本質的な行動様式の一つである。ホイジンガ（1872-1945, オランダ）は，「（遊びは）無条件に根源的な生の範疇の一つ」（『ホモ・ルーデンス』）であるとし，人間を遊ぶ存在と規定している。遊びは，いわゆる日常生活や仕事との対立概念として用いられることが多い。すなわち，日常生活から離れた非日常的な体験であり，何かのためになされるまじめな活動ではなく，それ自身のためになされるおもしろい活動である。遊びに生きているのが，あるいは遊びながら生きているのが子どもである。遊びが子どもを突き動かしながら，また子どもが遊びを突き動かしながら，子どもは遊びとともに生きる。したがって，子どもの徐々に成し遂げられる成長や発達も遊びに負うところとなる。遊びは子どもの成長，発達の推進力の役割を果たすのである。フレーベル（1782-1852, ドイツ）は遊びの教育的価値や意義を強調した第一人者である。「遊戯することないし遊戯は，幼児の発達つまりこの時期の人間の発達の最高の段階である。…遊戯は，この段階の人間のもっとも純粋な精神的所産であり，同時に人間の生命全体の，人間およびすべての事物のなかに潜むところの内的なものや，秘められた自然の生命の，

原型であり，模写である」（『人間の教育』）。子どもの遊ぶ姿を人間本来のあり方としつつ，子どもの遊びの意義を高く評価している。このようなフレーベルの遊び観のもととなったのが，シラー（1759-1805，ドイツ）の次の言葉である。「人間は文字どおり，人間であるときだけ遊んでいるのであって，彼が遊んでいるところだけ，彼は真正の人間なのである」（『人間の美的教育について』）。

[戸江茂博]

遊び空間

　現代社会の中で，子どもたちは，「三間」と言われる「時間・空間・仲間」を喪失している状態にあると言われている。子どもが発達していく上で，子どもが過ごす空間の中で，最も重要なのが，遊び空間である。子どもにとって豊かな人間経験を得る最大の機会は「遊び」にあると考えた時，遊びは失敗や挫折の経験，それを乗り越える力を楽しみながら，かつ自由に学んでいく行為であり，大人は，子ども達に対して，この遊べる空間を保障していかなければならない。しかしながら，子どもたちは，巧みに想像力を働かせながら，上手に遊びを生み出したり，あらゆるスペースを自由自在に遊びの舞台へ塗り替えていく力を兼ね備えている。子どもたちにとっての遊びの空間は，大人がしつらえたものではなく，日常生活の中に存在する様々な空間の中にも子どもたちの新たな冒険の場所がある。

[福井逸子]

遊び仲間

　子どもが一緒になって遊びを共有する友達や遊び相手を指す。子どもが育つためには遊びはとても重要であり，その遊びの要素として，遊び仲間，遊ぶ時間，遊び空間が必要である。遊び空間は遊ぶ場所としての物的環境であるが，遊び仲間は遊ぶ過程でのイメージを共有し，創造し，遊びを進める喜びや楽しさを共に味わう人的環境である。幼稚園教育要領

第2章「ねらい及び内容」の「人間関係」の内容(8)には，「友達と楽しく活動する中で，共通の目的を見いだし，工夫したり，協力したりなどする」と示されており，保育所保育指針でも同様に示されている。乳幼児の生活において一緒に生活したり遊んだりする中で，次第に人間関係が広がり，一人一人の子どもが遊びのイメージをもちながら友達と関わる中で，自己主張をしたり，折り合いをつけたりしながら，同じ目的に向かって遊びを進めるようになってくる。保育者には遊びを通して子どもに関わる中で，子どもの心身の調和のとれた発達を促すために遊びに必要な保育環境を構成するだけではなく，子ども同士の遊びや関係づくりを援助することが求められる。

[芝田圭一郎]

遊びの環境

　乳幼児期の子どもにとって遊びとは，大人の余暇的なものと違って，生活のすべてである。子どもは興味関心に向かっていこうとすることで，生活に必要な生活習慣をはじめ，社会性や感性を培い，生きる力を身につけていく。乳幼児期には，そのすべてが遊びを通して行われる。保育所保育指針において，乳児の保育で重要な心身の発達も，遊びの中で経験されながらなされるとしている。寝返り，お座り，はいはい，つかまり立ち，伝い歩きなど，自ら体を動かそうとする意欲が子どもの成長を促し，信頼できる人との受容的・応答的な関わりを通して人と関わることなどを身につけていく。幼稚園教育要領も，幼児の教育は，幼児の自発的な活動である遊びを通して，総合的に行うものであり，幼児期の興味・関心に向かおうとする特性などを踏まえ，環境を通して行うものとしている。子どもにとっての遊びは生きる力の根源であり，それは，遊びの空間や遊具などの物的環境や，保育者や身近に存在する人的環境などを通して経験されるのである。つま

り，保育における遊びの環境とは保育そのものを指すことになる。時代とともに子どものおかれる環境は移り変わり，子どもたちが近隣の公園，海や山など自然の中で自発的に遊ぶ機会や場所が減ってきている。それは，核家族化，都市化，近隣との関係性の希薄化，習い事や犯罪対象の低年齢化など，子どもを取り巻く社会環境の変化が要因と考えられる。そのため，保育現場で必要とされる遊びの環境は，子どものおかれる社会の実情に応じて，絶えず変化していかなければならない。　　　　　　　　　　　［岸本朝予］

遊びの定義

　古来より，人間はなぜ遊ぶのか，遊びとは何かが問い続けられてきた。もっとも代表的な遊びの定義として，ホイジンガ及びカイヨワによる遊びの定義を取り上げる。ホイジンガは，『ホモ・ルーデンス』（1938）において，「遊びとは，あるはっきり定められた時間，空間の範囲内で行われる自発的な行為もしくは活動である。それは自発的に受け入れた規則に従っている。その規則はいったん受け入れられた以上は，絶対的拘束力をもっている。遊びの目的は行為そのもののなかにある。それは，緊張と歓びの感情を伴い，またこれは『日常生活』とは『別のもの』という意識に裏づけられている」と述べる。また，「それは（遊びは）『本気でそうしている』のではないもの，日常生活の外にあると感じられているものだが，それにもかかわらず遊んでいる人の心の底まですっかり捉えてしまうことも可能な一つの自由な活動」であり，「この行為はどんな物質的利害関係とも結びつかず，それからは何の利得も齎（もたら）されることはない。それは規定された時間と空間の中で決められた規則に従い，秩序正しく進行する」という。遊びの行動特性として，自由性，自発性，物質的利害の外にあること，遊びは遊びそのものを目的とすること，日常生活から離れた一定の時空で行われ規則を伴っていること，緊張と歓びの感情を伴うことなどが挙げられる。カイヨワは，社会生活のレベルから遊びの特徴を取り上げ，①自由な活動，②隔離された活動，③未確定の活動，④非生産的な活動，⑤規則のある活動，⑥虚構の活動と集約して示した（『遊びと人間』1958）。ホイジンガとカイヨワの遊びの定義，概念規定には共通したものが多く見られる。→ホイジンガ：カイヨワ　　　　　　　　［戸江茂博］

遊びの特性

　遊びは，ホイジンガやフィンク（1905-1975，ドイツ。『遊戯の存在論』）が指摘するように，他の何らかの活動に還元されない，人間に固有の存在様式である。遊びは次のような現象的な特性を持つ。①自由な活動であること（気ままに何をしてもよい），②自発的な活動であること（自ら進んで行うこと），③せわしない往還的な動きを伴うこと，④自己目的的な活動であること（遊びたいから遊ぶ），⑤虚構的な活動であること（遊びはフィクションであり，作りごとである），⑥共同的な活動であり遊具を伴う活動であること（遊びは共同的に，相手とともに行われる），⑦離れる活動であること（ごっこ遊びでは，役になりきることによって自分から離れる。「遊説」は，離れた所へおもむいて演説などをすること），である。なかでも「自由な活動」及び「自己目的的な活動」というのが，遊びの核心的な特性である。ホイジンガは遊びの自由さについて，「すべての遊びは，まず第一に，何にもまして一つの自由な行動である。命令されてする遊び，そんなものはもう遊びではない」（『ホモ・ルーデンス』）という。またカイヨワは，遊びの自己目的的性格について，「遊びは遊戯者が遊びたいから遊ぶ，そこにのみ存在する」（『遊びと人間』）という。遊びはそれ自身のためになされる行為であり，遊ぶのに理由はなく，遊

びは他のなにものかのためになされるものでもないということである。

[戸江茂博]

遊びの分類

遊びの分類については，カテゴリーの考え方や視点の置き方によって様々な分類が可能である。ピアジェは，子どもの認知能力の発達に応じて，遊びの発達していく姿を，機能遊び（身体機能を行使する遊び）の段階，象徴遊び（ごっこ遊び，想像遊び）の段階，ルールのある遊びの段階と分類した。ビューラー（1893-1974，ドイツ）は心的機能の視点から，感覚遊び（機能遊び），運動遊び，模倣遊び（ごっこ遊び），構成遊び（積み木や粘土を使って想像物を作成するなど），受容遊び（絵本を読んでもらうなど）に分類した。パーテン（1902-1970，米国）は，子どもの社会性の育ちを踏まえた遊びの発達段階説を構築した。①何もしない行動（Unoccupied behavior），②1人遊び（Solitary play），③傍観者的行動（Onlooker behavior，他の子どもの遊びを見ている），④平行遊び（Parallel play，他の子どものそばで同じような遊びをするが，お互いに関わらない），⑤連合遊び（Associative play，他の子と一緒におもちゃのやり取りなどをして遊ぶ），⑥協同あるいは組織的遊び（Cooperative or Organized supplementary play，組織された仲間とともに共通の目的に向かって，共同したり，役割分担をしたりして遊ぶ）。　[戸江茂博]

遊び場

子どもは自らの興味・関心による主体的な活動である遊びを通して，体験的に学びを獲得していく。そのためには，安心して存分に遊ぶことのできる環境となる遊び場が必要になる。子どもは遊びを通して，身体の発達や社会性の発達，興味・関心の広がりや知的好奇心からの試行錯誤の経験，困難に立ち向かう力など，様々な力を身に付けていく。また，自然豊かな遊び場からは，そこで出会う様々な自然現象や多様な動植物から感性や創造性が刺激され，自ずと主体的な活動が引き出され，遊びによる心身の成長が促される。また，遊び場は子どもだけでなく，子どもの保護者が集う場としての機能もあり，地域の子育て家庭のコミュニティを形成する役割も期待される。

[大江まゆ子]

アタッチメント

子どもと特定の大人との間に形成される情緒的な絆として，イギリスの児童精神科医ボウルビィによって提唱された。日本では「愛着」と訳される。"Attach"にはくっつくという意味があり，人が恐れや不安などのネガティブな感情を経験した時に身体的・心理的に誰か特定の大人に接近したいと思う心理的欲求であり，実際にくっつこうとする行動傾向をさす。子どもは，その行為（愛着行動）をすることによって，自身の不安定な感情を立て直すことができる。愛着は乳幼児の発達にとって重要であるだけでなく，乳幼児期に形成された愛着の質が一生涯にわたって，その人の他者との関係のあり方に影響を与えると考えられている。アタッチメントは，生後6か月から2〜3歳に形成され，その対象は母親などの養育者が一般的とされている。しかし，近年の研究では，家庭での養育者だけでなく，日中の多くの時間を共にする園の保育者との間にも養育者とは異なる独立したアタッチメントが形成されることがわかっている。このことは，子どもと養育者とのアタッチメントの形成が難しい状況でも，保育者が子どもとの間に安定したアタッチメントを形成することによって，子どもの発達を支えることが可能となり，保育者が子どもの発達において重要な存在であることが示唆されている。

[山口香織]

アダルト・チルドレン

虐待等の問題のある家庭環境で幼少期

を過ごすと，親と愛着関係を取り結ぶことができず，その後の人格形成に支障をきたしてしまうことがある。このように，家庭として正常に機能していない家族との関わりのなかで育ち，その影響から成人しても抜け出せない人々を，「アダルト・チルドレン」と呼ぶ。「アダルト・チルドレン」と呼ばれる人々に特徴的であるのは，対人関係の築き方が不安定であるとか自己否定的なセルフイメージを抱えているとかというように，社会生活で生きづらさを感じやすいパーソナリティを形成しているという点である。アメリカ合衆国元大統領であるビル・クリントン（Clinton, W. J. B.）が自らアダルト・チルドレンだと告白し，話題になった。 　　　　　　　　　　［小川　雄］

アトピー性皮膚炎

　アトピー性皮膚炎は強いかゆみを伴う湿疹が，良くなったり悪くなったりをくりかえし，慢性的な経過をたどる皮膚疾患である。主症状は特徴的な湿疹，ドライスキン，かゆみである。乳児期の湿疹は頭，顔に始まり，しばしば体幹，四肢へと下降する。幼児・学童期には頸部，四肢関節部に湿疹が強く，左右対称性に出現することが多い。アトピー性皮膚炎の子どもの皮膚は，慢性的に皮膚の水分保持機能が低下し，乾燥した皮膚は細菌やアレルギーの原因物質の侵入，易感染性，かゆみ閾値の低下を招き，湿疹の悪化につながる。かゆみは皮膚温の上昇や発汗，気持ちが落ち着かない時，ものごとに集中していない時などに増強する。そして，かゆみは睡眠障害の原因となり，患者の生活の質を損なう大きな原因となる。対処法は①スキンケア，②薬物療法，③悪化要因の対策が基本となり，この3つは同等に重要で，子どもの症状によって重点の置き方を変える。保育所におけるスキンケアは，保護者と連携して，子どもの皮膚の汚れを落として清潔を保ち，かつ保湿された状態に保つことが大切で

ある。皮膚の清潔のために，外遊びのあとや汗をかいた時など，石鹸を十分に泡立てて，しわを意識的に伸ばして洗うこと，石鹸成分を十分に洗い流すことである。また，シャワーや沐浴後のケアは，使い捨て手袋を着用して，速やかに保湿薬，保護薬を塗り保湿につとめることである。また「掻いてはダメ」と言いがちだが，かゆみがある時の対処法を保護者から聞いておく（例えば，冷たいタオルを当てる）こと，子どもが好きな遊びや活動を保障することなどを整えていきたい。 　　　　　　　　　　［笠井純子］

アドボカシー

　弁護や擁護の意味で用いられる英語。大きく分けて二つの意味を持つ。一つは，広範囲にわたる社会の問題について，権利や擁護を主張したり代弁したりするなどの政策提言活動を指す。もう一つの意味は，人として生きる権利を主張したり表明したりすることが困難だとされる，社会的に弱い立場にある人（患者・高齢者・障害のある方・乳幼児・終末期の患者・社会的弱者，社会的少数者など）の権利や利益を擁護し代弁することを指す。自己の権利を主張することが困難な状態の人に寄り添い，ニーズを把握し代弁することで環境の改善を行う。主に法律家や専門的知識のある人が行うことが多いが，患者会や当事者会など属する組織で行う場合もある。 　　　　　［新家智子］

アドラー

Adler, Alfred（1870-1937）

　オーストリア出身の精神科医。精神分析の創始者であるフロイトの共同研究者であったが，フロイトの性的衝動とその抑圧に重点をおいた理論を批判し，「個人心理学」を創始した。アドラーは，「個人をこれ以上分割できない存在（統一体）」として捉え，人間は，他者と比較して身体的条件，容貌，能力，性，社会経済的条件などが劣っていると感じることがあり，その劣等感が個人の性格や

生活態度を決定する要因とした。そして、自分の失敗や無力を弁解し、自己防衛的な態度をとったり、合理化しようとしたりする意識作用を劣等コンプレックスとよんだ。アドラーは、人間の欲求の根本に社会的重要性（社会的な力）を求める「権力への意志」があると考え、この衝動が劣等感を補償するための原動力となり、人間の行動を規定するとした。

[森　知子]

アニミズム

アニミズムは、タイラー（Tylor, E. B.）によって、宗教の起源として提唱された。アニミズムとは、一般的には生物、無機物を問わず全ての物の中に霊魂もしくは霊が宿っているという考え方であり、世界各地の様々な宗教や風習に見られる。ピアジェは、幼児は生物、無生物を区別せず、事物や事象のすべてを生命あるものとしていると考え、これをアニミズム的思考と呼び、幼児の認知特性とした。例えば、木から落ちる葉を見て、「葉っぱさんが、ダンスしているよ」と擬人化したり、絵を描く時に花や太陽、車にも目や口を描くなどが含まれる。ピアジェは、アニミズム的思考を発達段階で説明し、4～6歳はすべての物に心があり、6～9歳は動く物にだけに心があり生きているとした。幼児期は、自分（主観）と外界（客観）が未分化であるために、自己中心的思考になりアニミズム的思考が起こるのである。　　　　[金山健一]

アプローチカリキュラム

幼児期の教育と小学校教育との円滑な接続を期して、幼稚園や保育所において接続期にふさわしい幼児期の発達や学びの連続性を踏まえて作成されるカリキュラムのこと。幼児期の子どもができるだけ段差を感じることなく、スムースに学童としての子どもに成長していくことができるように工夫されたもので、小学校教育がスタートする接続期に設けられるスタートカリキュラムと対をなすもの。

国は平成年代の頃より、小1プロブレムの克服を目指して、幼児期と学童期をつなぐ教育のあり方を模索してきており、その一つの取り組みが「幼児期の教育と小学校教育の円滑な接続の在り方について」（報告、平成22年）であり、「学びや生活の基盤をつくる幼児教育と小学校教育の接続について～幼保小の協働による架け橋期の教育の充実～」（中教審、令和5年）である。アプローチカリキュラムは、幼児期に育みたい資質・能力の三つの柱である、「知識及び技能の基礎」、「思考力、判断力、表現力等の基礎」及び「学びに向かう力、人間性等」と、「幼児期の終わりまでに育ってほしい姿」を構成要素とし、これらを掛け合わせたカリキュラムとして作成されることが多い。　　　　　　　　　　　[戸江茂博]

アリエス

Ariès, Philippe（1914-1984）

フランスのアナール学派の歴史家。代表的著作は *L'enfant et la vie familiale sous l'Ancien Régime*（邦訳『〈子供〉の誕生』1960）。「幸福な存在としての子ども」は、18世紀のヨーロッパで初めて生まれた新しい観念であることを提示して、大きな反響を呼んだ。それ以前は、子どもは労働力としていつでも代替可能な存在でしかなかった。アリエスの子どもの歴史観以降、子ども期、青年期という新しい問題設定が行われるようになった。アリエスにとって、「家族、子ども、死」が主要研究課題であった。人々がこれまで研究しなかった観点からの切り口で、独自の考察を展開したことに深い意義が見出せる。彼によれば、中世ヨーロッパの時代には、教育や子どもという概念が存在しなかったという。近代的な学校制度が整い始めたのは17世紀以降のことで、その頃から、美術の領域でも「子ども」が描かれ始め、子ども服も、学校教育の中で初めて登場してきたという。　　　　　　　　　　　[広岡義之]

RS ウイルス感染症

RS ウイルス感染症は，RS ウイルスの感染による急性呼吸器感染症である。初期症状は，鼻水と微熱程度の発熱である。その後，再感染や再々感染の幼児や3歳以上の年長児では，軽い咳症状で回復期に入ることが多い。しかし乳児や2歳以下の幼児では，息を吐くときに喘鳴（ぜんめい・ぜいめい）や呼吸困難など下気道炎症状が出現し，特に生後6か月以内の乳児では肺炎や細気管支炎を起こし重症化して入院治療となったり，治癒までに3〜4週間の期間を要する割合が高くなる。この病気は，咳やくしゃみ，または会話をした際に飛散したウイルスを吸い込む飛沫感染や，ウイルスのついた手指や物品，玩具を触ったり，なめたりすることによる接触感染で，人から人へうつる。保育所への登園は咳症状が改善し全身状態がよければ可能となるが，ウイルスの排泄期間は1〜2週間，乳児では3〜4週間に及ぶことがある。そのため同じクラスの子ども，保護者や職員が感染し，これらが感染源となる場合もある。RS ウイルス感染症の感染力は強いが予防接種はなく，乳幼児の集団感染が問題となり，感染予防対策が重要となる。感染予防対策として流行期には①手洗い・咳エチケットの励行，②咳が出ている年長児・保育士のマスク着用，③可能な限り，0歳児と1歳以上のクラスは互いに接触や交流はしない，④日常的に触れるドアノブ，手すり，照明のスイッチ等は水拭き後にアルコール消毒を行う，⑤乳児保育室の玩具・遊具は用いた都度に水洗いや湯拭き，次亜塩素酸ナトリウム等による消毒や乾燥を行い，可能な限り，午前と午後で遊具の交換を行う等が必要となる。→喘鳴　　［笠井純子］

アレルギー

人の体には，ウイルスや細菌などの異物が入った時に体内に抗体がつくられ，この抗体が異物に対して攻撃をする「免疫」という仕組みがある。アレルギーとは，食物や薬剤，花粉，ほこりなどの物質に対して過剰な免疫反応が起こり，その反応によって皮膚や鼻，耳などの粘膜，呼吸器などに反応が生じる状態を示すが，その症状には様々な種類がある。アレルギー症状は，目のかゆみ，鼻水，くしゃみ，皮膚のかゆみ，発疹など多様だが，軽度な場合は自然に軽快することがほとんどである。しかし，重度な場合には呼吸困難から窒息を引き起こしたり，血圧が急低下して意識を失うアナフィラキシー症状が生じたりすることもある。アナフィラキシー症状とは，食物，薬物，ハチの毒などの原因物質により誘発される即時型の反応で，短時間に全身に激しい急性のアレルギー反応が生じて，生命を脅かす危険な状態になることがある。保育所等において，集団で食事や間食をとる際には，誤食（誤って食べてしまうこと）などにならないよう注意しなくてはならない。　　　　　　　　　　　［川谷和子］

安全管理

事故や災害の発生を予測し，それを予防するための手段や対策などを指す。人間の行動に関するものと物理的環境に関するものに分けられ，前者は関係機関（消防署，保健所，病院など）との連携や協力，責任の明確化，様々な講習や研修などであり，後者は施設の内外の設備点検などである。具体的には自然災害と人的災害への対応，犯罪の予防，交通安全対策，施設設備や遊具の管理など，多岐にわたっている。乳幼児は年齢が低いほど自身の安全を確保する能力が低いため，危険を避けるための安全管理が求められる。乳幼児のまわりにいる者が事故の潜在危険を一つ一つ取り除き，危険のないように管理して事故が起こらないようにすることが求められ，特に低年齢である乳幼児の事故防止はとても重要であり，その事故の多くは，事故の主な原因を取り除いたり，注意したり，環境を整

備することで防ぐことが可能である。正しく理解し，把握して対処・対策することが事故防止へとつながっている。

［芝田圭一郎］

安全教育

安全教育の目標は，日常生活全般における安全確保のために必要な事項を理解し，自他の生命尊重を基盤として，生涯を通じて安全な生活を送る基礎を培うことである。さらに，安全・安心な社会づくりに参加し貢献できるような資質や能力を養うことである。安全教育の内容は３つある。①事件・事故・災害等の現状および防止方法について理解を深め，安全の課題に対して，的確な判断，適切な意志決定や行動選択ができるようにする。②危険予測・主体的な行動では，日常生活の様々な危険を予測し，自他の安全に配慮して安全な行動をとることができるようにする。③社会貢献では，自他の生命を尊重し，安全で安心な社会づくりを認識して，学校，家庭・地域社会の安全活動に進んで参加し，貢献できるようにする。安全教育の領域は，生活安全，交通安全，災害安全である。たとえば，小学校での災害安全では，社会「安全なくらしとまちづくり」，理科「水の危険について知ろう」，総合的な学習の時間「オリジナル防災マップをつくろう」など，多様な授業展開が考えられる。

［金山健一］

安全能力

広義の意味では，心身ともに健康で安心できる生活を送るために必要な能力。狭義の意味では，怪我や事故から身を守るための能力。安全能力が備わるように行われる安全教育では，「危険を察知する力」「安全な状態を保つ力」「事故や危険な状況に対応する力」の３つの力が身につけられるように目標が定められている。これらは，乳幼児期からの体験が基盤となり年齢に応じて獲得される。保育の基本でもある「人の話を聴く」，「嫌な

ことを嫌だと言える」，「安心・安全な心地よさを知る」などは，危険な状況に置かれた際に，危険を回避し，安全な状況に身を置く判断ができる要素となる。このように，安全能力を高めるためには，交通安全や避難訓練などを通して危険時の行動を学ぶことも大切であるが，友達や保育者との関わりの中で様々な経験ができるように大人が環境を整えることが大切である。

［新家智子］

い

家なき幼稚園

1922年，橋詰良一（はしづめりょういち：雅号「せみ郎」，1871-1934）が，大阪府池田市室町に創設した幼稚園である。橋詰良一は，1871年，兵庫県尼ケ崎に生まれ，神戸師範学校卒業後，小学校訓導を経て，大阪毎日新聞社の記者となる。1921年，外遊中に病にかかり帰国，静養中に「子どもは子ども同士の世界に住まわせ，家という建物の枠から開放して，自然の中で育てるのが何よりの幸福である」と思い立ち，露天保育を提唱して「家なき幼稚園」を設立した。自然の中での保育を主張した「家なき幼稚園」は，当初は「家」＝園舎を持たず，折りたたみ椅子，ござ，蓄音器などを神社の森や野原に持ち運び，野外で行う保育を特徴とした。この「家なき幼稚園」は，大自然の中で子どもたちを自由に遊ばせるために，自動車で郊外に連れ出し露天保育を行ったため，別名「自動車幼稚園」などと呼ばれ評判になり，宝塚・箕面・十三・雲雀丘・千里山・大阪の６か所に同様の「家なき幼稚園」が設立された。橋詰は，自身の保育法を「自然恩物法」と名付け，倉橋惣三（1882-1955）や志垣寛（1889-1965）らが取り上げた保育雑誌や展覧会を通じて幼児教育界に注目を集めた。昭和初期に「自然幼稚園」と改称されるが，1934の橋詰の死後，池田の

幼稚園以外は閉鎖されたと言われる。

[熊田凡子]

イエナ・プラン

　ドイツの教育学者で，イエナ大学教授だったペーターゼン（Petersen, P.）が1924年以降にイエナ大学附属学校でおこなった学校教育計画で，第二次世界大戦中まで継続された。人間関係を構築するために学校を社会的な共同体として機能させようとする考え方である。小人数の自由な共同生活のなかで，児童の個性的人格の形成が目指された。学級が異年齢の子どもで構成され，子どもと教師と保護者からなる共同体とみなし，学習の社会化を目指したものともいえよう。この計画では，児童の自発的活動を尊重すると共に，共同社会生活の知識と分化の統合的学習を試みた合科教授と，集団学習とが強調された。ペーターゼンは，6歳から15歳までの子どもを対象とした幼稚園と学校で，イエナ・プランを実践。現在はオランダで盛んに実践されている。フレネ教育や無学年制の学校や異年齢学校の実践からも強い影響を受けている。「イエナ・プラン」という名称は，ペーターゼン自らが命名したものでなく，1927年の新教育連盟第4回国際会議で，当時，有名になっていたドルトン・プラン等に合わせて，主催者側が命名したものである。

[広岡義之]

生きる力

　平成10年度の学習指導要領より提示され現在まで引き継がれている，日本の子どもが身につけるべき最も重要な学力観，教育目標。幼稚園においても，平成20年度の幼稚園教育要領において幼稚園生活を通して生きる力の基礎を育成するということが明示された。これにより，日本の教育において幼稚園から高校までの核となる教育目標として「生きる力」が位置付けられることになった。具体的な学力，諸能力としては「基礎，基本の知識，技能」，そしてこれらの知識，技能を用いて「自ら思考し，判断し，表現する力」，加えて，主体的に学習に取り組む態度や，多様な人々と協働できる力である。

[佐野　茂]

育児休業制度

　育児休業制度は1991（平成3）年5月15日に育児休業法が成立し，働く親が仕事と育児と家庭生活の両立を図る制度として誕生した。育児休業制度は，実子であっても養子であっても子どもを養育するために設けられた制度であり，父親も母親も取得することができる。また，配偶者が育児休業中であったり，専業主婦（夫）であったりする場合も取得することができる。育児休業の対象となる労働者は，原則として1歳に満たない子を養育する男女の労働者であり，子どもが1歳6か月に達する日までに，労働契約（更新される場合には，更新後の契約）の期間が満了することが明らかでない者とされている（令和4年4月1日：育児休業制度第2条，第5条第1項・第5項，第6条第1項）。また，育児休業制度は取得している人の条件や理由によって，子どもが満2歳に達するまで延長することができる。その内容は，子どもを養育する予定だった人の死亡や負傷，疾病などや離婚，また，保育所に入所できない場合などである。パートや派遣社員の人たちにも，令和3年6月9日には，育児休業，介護休業等育児又は家族介護を行う労働者の福祉に関する法律及び雇用保険法の一部を改正する法律（法律第58号）が公布された。2022（令和4）年10月1日からは育児休業とは別に「産後パパ育休（出生時育児休業）」の制度が新たに創設された。子の出生後8週間以内に4週間まで休業できる（改正法第9条の5第2項〜第5項）。「産後パパ休業」は2回に分割して取得することも可能である。これらの制度は出産・育児等による労働者の離職を防ぎ，男性女性ともに仕事と育児を両立させることにも大きな

意義がある。 [大橋喜美子]

育児困難

親（主には母親）や養育者が，育児に困難さを感じている状態のこと。原因としては，子どもを育てる環境，母親や子どもを取り巻く環境の変化が大きい。少子・核家族化，地域コミュニティーの脆弱化，労働形態の変化により，子どもと直接ふれ合った経験がないまま親になったり，子育てをサポートしてくれる人が近くにいない，困ったときに相談できる人がいないなどが，育児への自信喪失や子育ての孤立化を招いているとされている。また，女性の社会進出が進む現在においても，家事や育児は未だに女性に負担が重くのしかかる傾向があり，最近では「ワンオペ育児」という言葉で表現されるほど大きな社会問題になっている。このことも母親が子育てで困難・不安を感じる大きな要因である。今や子育ての問題は当事者である親だけの問題ではない。社会全体でこれからの未来をどう考え，子どもたちにどんな未来を引き渡していくのかを真剣に考える必要がある。 [山口香織]

育児ストレス

子どもを養育する立場にある人の育児に対する不安や苛立ち，強い緊張感，疲労からくるストレス全般を総じて言う。その内，子どもの母親が抱くプレッシャーが父親やその他の養育者と比較にならないほど大きい理由は，産後疲れや新生児期2〜3時間おきの授乳による睡眠不足から始まる体力や気力の低下も関連する。言葉で自分の気持ちを伝えることがまだできない赤ちゃんは，泣いて感情表出するが，子どもがその時なぜ泣いているのか理由がわからず，混乱し対応に困り，イライラがつのる状態。周りに育児について相談したり，頼ったりできる人がいない場合は，子育ての悩み，不安がさらに蓄積され，孤独感に苛まれると考えられる。子どもが大きくなってくると，他の子どもと成長発達を比べたり，育児書やネット情報の氾濫による適切な情報の選択に混乱したり，別の戸惑いにぶつかる。2人以上の子どもがいると，子ども同士のきょうだいげんかは日常茶飯であるが，負の感情に陥りやすく，子育てがむしろ喜びより負担感の大きい営みとしか思えなくなる。育児ストレスが増大すると，虐待行為を促進する要因になりかねないが，そのような社会背景をもとに，子育て支援事業が始められるきっかけとなったと考えられる。 [湯元睦美]

育児相談

親や保護者に対して子育てに関する相談や助言を行う事業のことで，子育て支援政策の重要な取組の一つである。令和元年度版『子供・若者白書』によると，厚生労働省は「地域子育て支援拠点」の整備や「ファミリー・サポート・センター事業」を進め，文部科学省は保護者に対する子育て講座等の学習の機会の提供や相談対応などの家庭教育支援を推進するとともに，「幼稚園における子育ての支援」として幼稚園が地域における幼児期の教育センターとしての役割を果たせるよう「親と子が共に育つ」観点から，子育て相談，情報提供，未就園児の親子登園，保護者同士の交流の機会の提供等子育て支援の実施を推進している。さらに地域の実態や保護者の要請に応じて預かり保育推進のための財政措置等の支援も行っている。ほとんどの親は育児についてわからないことや心配事を持っているため，相談員は，専門性はもとより，援助を求めてくる人に寄り添い，温かい心と感性をもって対応できる人が求められる。 [福山恵美子]

育児不安

育児や子どもに対する不安ではなく，子育てをしている自分（あるいは子育てだけをしている自分）や自分の将来に向けられた不安や悩み，焦りであり，親役

割と個人役割との間で生じる葛藤，つまりはアイデンティティのゆらぎと考えられる。また，育児不安の背景には，"3歳までは母の手で"といった3歳児神話や，子どもの養育には"母の手"が最善であるといった母性神話があり，母親の育児不安を強める要因となっている。母親としての子育てと個としての自己の発達の両方に，バランスよく時間，心身のエネルギー，経済などの資源が投資できればよいが，核家族化，都市化が進行する中で，独力で子育てに専念する状況が一般化する中，育児不安の報告が出現するようになった。母親の育児不安に関する研究からは，職業をもつ母親よりも専業母親に育児不安が強いことが明らかにされており，育児不安を増大させる要因に母親の孤立，父親不在などが挙げられている。　　　　　　　　　［大江まゆ子］

伊沢修二

いざわ　しゅうじ（1851-1917）

　伊沢修二は，西洋音楽を日本に取り入れ，愛知師範学校（現在の愛知教育大学），東京師範学校（現在の筑波大学），東京音楽学校（現在の東京芸術大学音楽学部）などの校長を歴任した，日本の音楽教育の第一人者である。1879（明治12）年，教育令が公布された年に音楽教育を見直す機関として音楽取調掛（後の東京音楽学校）が設置された。設置に先立ち，1875（明治8）年，伊沢修二は師範学科取調員としてアメリカに渡り，マサチューセッツ州ブリッジウォーター師範学校で唱歌教育の研究を行い，ボストン市の公立学校音楽監督のメーソン（Mason, L. M., 1818-1896）について音楽教育を学んだ。伊沢は，アメリカからの帰国後，唱歌教育が学童の内臓機能を強くし，健康な身体づくりの助けになることや，正しい発音や聴力を育てること，豊かな感性を養うことを訴えた。音楽取調掛の御用掛として1880（明治13）年にメーソンを日本に招聘し，唱歌教育の実施，教材の作成，教師養成などを行った。
　　　　　　　　　　　　　　　［高　奈奈］

石井十次

いしい　じゅうじ（1865-1914）

　1887（明治20）年に，日本で最初に岡山孤児院を設立し，孤児救済に力を尽くした人物で，その功績から「児童福祉の父」と呼ばれた。長年の孤児教育を通して「岡山孤児院十二則」という独自の教育方法を作り上げた。子ども一人ひとりと向き合う「密室主義」，主婦（保母）を中心に子ども十数人が小さな家で生活を共にする「家族主義」，子どものいない農家に里子を出す「委託制度」などは，現在のケースワークや小舎制，養育里親などにつながる養護方針である。子どもたちに教育を施して手に職を付けさせ，自立へと導く先駆的な養護法で児童教育に取り組んだ。石井はフランスの思想家ルソーの『エミール』（1762）に感化を受け，「幼児は遊ばせ児童は学ばせ青年は働かせる」という時代教育法を編み出し，子どもたちが大自然のなかで働き，学ぶという理想郷の実現をめざして，郷里の宮崎県で私立尋常小学校を開校した。さらに，大阪にも分園を設け，夜学校・保育所等の隣保（りんぽ）事業も行った。
　　　　　　　　　　　　　　　［川谷和子］

石井亮一

いしい　りょういち（1867-1937）

　「日本の知的障がい児教育・福祉の父」と称される。知的障害は不治の病ではなく，発達の遅滞であるということを日本で初めて主張し，教育や治療の必要性を訴えた。立教大学在学中にキリスト教の洗礼を受け，卒業後，立教女学校に入職。教頭時代に濃尾（のうび）大地震がおこり，現地に赴き被災地で保護した女子の孤児を引き取り，私財を投げ出し1891（明治24）年に聖三一孤女学院（せいさんいちこじょがくいん）を設立する。このことは，彼の座右銘である「いと小さき者の一人になしたるは，すなわち我に

なしたるなり（わたしの兄弟であるこれらの最も小さい者のひとりにしたのは，すなわち，わたし（神様）にしたのである）」（聖書）を実践した。保護した子どもの中に知的発達の遅れが見られる子どもがいたため関心を抱き，渡米し研究を始める。ヘレン・ケラーらとも面会し，知的障害や様々な障害についての学びを深めた。帰国後，学んできたことを実践するため聖三一孤女学院を滝乃川学園と改称し，知的障がい者教育の専門機関として再編し，知的障がい児・者の教育及び治療に尽力した。妻の石井筆子（1861-1944）は近代女子教育の先駆者である。　　　　　　　　　　　　　　［加納　章］

いじめ

　2013年に制定・公布された「いじめ防止対策推進法」において，「いじめ」とは，「児童等に対して，当該児童等が在籍する学校に在籍している等当該児童等と一定の人的関係にある他の児童等が行う心理的又は物理的な影響を与える行為（インターネットを通じて行われるものを含む。）であって，当該行為の対象となった児童等が心身の苦痛を感じているもの」（第2条第1項）と定義されている。かつて，いじめの定義には，「自分よりも弱い者に対して一方的に」「継続的に」「深刻な苦痛」といった要素が含まれていたが，被害者は弱者に限らず，けんかやふざけ合いであっても児童等の感じる被害性に着目し，いじめに該当するか否かを判断することが求められている。いじめを背景として，児童等の生命や心身に重大な危険が生じる事案が発生しており，いじめはどの学校でもどの子どもにも起こり得るとの認識のもと，対策に取り組む必要がある。なお，いじめ防止対策推進法に基づき，文部科学省において「いじめの防止等のための基本的な方針」（2013決定，2017改定）「いじめの重大事態の調査に関するガイドライン」（2017）が策定され，全国の学校では，いじめ防止のための「基本方針」の策定と，その取組を進めていくための「対策組織」の設置が義務づけられている。　　　　　　　　　　　　　　［森　知子］

異世代交流

　同世代だけでは得られない感情やかかわり方を，世代を超えた交流の中で経験し，優しさやいたわりなどに触れ，また憧れや尊敬などを抱き，その体験を通して同じように優しさ，いたわりなどの気持ちを身につける。対象として，祖父母世代や小中高生があげられる。同義語として世代間交流という場合もある。幼稚園保育園内で行われる異年齢保育においても同じような体験をすることができる。年下の子どもとかかわることによって，頼られたり，世話をしたりすることで，自信にもつながる。主な活動例として，祖父母世代との交流では，駒回しや竹馬，お手玉や紙風船，竹とんぼ，折り紙などの昔あそびやもの作りを共に経験する。また中高生などとの交流では，職場体験活動の一環として行われることもあるが，一緒に思い切り体を動かしたり，家庭科等の授業で作ってきた手作りおもちゃや絵本を用いて乳幼児とかかわって遊んだりする。小学生との交流では，小学生たちがゲームなどを考え準備したイベント・学校行事に招待してもらったり，授業参観・参加をしたり，ともに給食を食べたりするものがある。　　　　［加納　章］

イソップ
Aesop

　古代ギリシアの寓話作者で，紀元前6世紀頃生存していたと考えられている。解放奴隷ともいわれるが，生涯についてはほとんど不明である。イソップ物語とは，動物その他の世界に仮託して人間生活の諸相を描いた古代ギリシアの寓話集であり，イソップの作と伝えられている。弱者や実生活に密着した知恵を説くこの動物寓話は，広く人々に親しまれた。人気が高まるにつれ，これ以外の寓話，ア

フリカや小アジアの外来の寓話もその中に組み込まれていった。ローマ帝国では寓話集が早くから紹介されていたという。このようにしてイソップの寓話集は，ギリシア民族の文学遺産にとどまらず，中世を経て，ルネサンス期における高い評価を得て，世界文学の一つとしての地位を占めるようになった。わが国でも明治初期に英語版の翻訳を通して紹介され，小学校教科書にも用いられた。現在では，外国の，しかも古代ギリシアの話とは思われないほどに，日本人の心に身近な物語として親しまれている。　　［中田尚美］

依 存

他者に頼ることで存在・成立すること。人間は生後すぐ生理的満足を得るために母親（母親に代わる大人を含む）に依存することで生命の維持ができる。多くの哺乳動物は生後すぐに立ち上がり母乳を飲むことができて初めて生存が約束されるが，人間は依存を前提として生存できる特別な状態で生まれてくる。生後当初は，生理的満足を得るための依存が生存に大きな意味を持つが，養育者の世話や応答的な関わりを通して，やがて精神的に安定した状態を保持するための，情緒的な依存の重要度が増してくる。ボウルビィは生理的欲求を満足させるための依存と基本的信頼感を得るための依存はどちらも人間に生得的に備わり誕生することを主張し，「愛着」（attachment）という言葉で発達に関わる依存状態を表現した。→アタッチメント　　［新家智子］

イタール

Itard, Jean Marc-Gaspard（1774-1838）

ジャン・イタールは，フランスの医師で，1799年カンヌの森アヴェロンで発見された野生児（後にヴィクトールと名付けられた）を教育したことで有名である。ヴィクトールは発見された当時，完全な裸体で言葉は出ない，粗暴な行動から，無能で人間らしさを失っていると言われていた。しかしイタールはその見解に反対し，哲学者コンディヤック（Condillac）が示す「人間の観念は視覚や聴覚，触覚などの感覚的経験に依存している」という考えを信じ，ヴィクトールは人間的に生きる経験や環境を持たなかったためにこうした状態にあるとして，感覚の訓練を重要視した教育を開始した。また，イタールはヴィクトールの教育と平行して聴覚障害児の口話教育方法の研究を進め，どのような子どもにも教育の可能性があること，可能性を信じて取り組むことの必要性を明らかにし，後にイタールの弟子たちによって障害児の教育方法として完成されている。医師としての仕事とろうあ学校の教師としての仕事を兼務し，障害児教育の草分けとして，ろうあ教育や精神障害児教育の分野での先駆者として高く評価されている。→アヴェロンの野生児　　［川谷和子］

1号認定

保護者が子育てについての第一義的責任を有するという基本認識のもとに，幼児期の教育，保育，地域の子どもの子育て支援を総合的に推進することを目指した「子ども・子育て支援新制度」が2015年4月から施行された。子ども・子育て支援法第19条第1項第1号に基づく認定制度。「認定こども園」「幼稚園」「保育所」「小規模保育」等の教育・保育を利用する際，保護者は「保育の必要性の認定」を受ける必要がある。1号（認定）は，3つの区分に分けられた支給認定のひとつで，満3歳以上小学校就学前の子どもの教育を希望する場合の教育標準時間（4時間）認定とされた呼称。希望する園に直接申し込み手続きをする。共働きであっても，幼稚園や認定こども園の教育を希望する場合は，1号認定を受けることになり，預かり保育の制度を併用して，幼稚園，認定こども園を利用することができる。　　［湯元睦美］

一語文

一つの単語からなる文のことを一語文

という。幼児の言語獲得の過程に見られる一語文は，同じ単語でも文脈に応じて意味が変わる。例えば，身の回りに存在する固有のものや，人物を表す「ワンワン」「ブーブー」「マンマ」なども，「犬」や「車」や「食事」を表すだけでなく，「あそこに犬がいるね」「パパの車行っちゃった」「ご飯ちょうだい」など，その時の文脈に従った文章に置き換えられる。また，同じ「ワンワン」という言葉でも，犬以外の動物全般を表すなど，個々の状況によってその言葉の示す内容が変化する。一語文は，要求や共感などの感情を表すことが多く，前段階として，指差しなどの共同注意が現れる前後に追随して現れることが多い。　　［新家智子］

一時的保育事業

　一時的保育事業とは，保護者の急病や週２，３日の就労などの理由によって，日中の家庭での保育が受けられなくなった乳幼児を，保育園や認定こども園において，緊急・一時的に保育する事業である。自治体によって月に利用できる上限回数が定められている。また対象年齢についても，自治体が定めており，基本的には居住する自治体で受けることができる。一時的保育事業には，以下の３つのタイプがある。１つめは，非定型的保育事業である。これは，保護者が週２，３日のみ就労する場合，日中子どもを預かる事業である。また就労だけでなく，職業訓練や就学の理由でも利用することが可能である。２つめは，緊急保育事業である。保護者等の病気，入院，事故，出産，家族の看護や介護，急な冠婚葬祭などやむを得ない場合，緊急・一時的に子どもを預かり保育する事業である。３つめはリフレッシュ保育事業である。保護者の育児疲れを軽減し，リフレッシュできることを目的に，例えば買い物や美容院に行くことを理由として子どもを預けることができる。　　　　［佐藤智恵］

一時保護

　児童福祉法第33条によると緊急保護，行動観察，短期入所指導が必要な場合に一時保護を行うとしている。児童福祉法等の一部を改正する法律（2016）において，子どもが権利の主体であることや家庭養育優先の理念とともに，一時保護の目的が子どもの安全の確保，適切な保護，子どもの心身の状況と置かれている環境，その他の状況を把握するためであることが明確化された。また，翌年には新しい社会的養育ビジョン（2017）において一時保護の見直しの必要性が提示され，児童虐待防止対策（2018）の強化，一時保護に関しての問題解決に向け，自治体や関係者が進むべき方針を共有し，一時保護を適切に行い，実効ある見直しを進めることを目的として示すものとして，2018年には「一時保護ガイドライン」が作成された。　　　　　　　［大嶋健吾］

一条校

　学校教育法第一条に規定されている学校を指す。具体的には，幼稚園，小学校，中学校，義務教育学校，高等学校，中等教育学校，特別支援学校，大学，高等専門学校になる。この一条校で定められるところの学校は様々な条件（設置基準）が法律で定められており，これらの条件を充たしているものが一条校と呼ばれる。一条校と区別される学校として専修学校がある。一条校と比べると設置条件は緩やかになるが，修業年限が一年以上や授業時数等，文部科学大臣の定める規定がある。高等課程を置く専修学校は高等専修学校（入学者として中学校卒業者と同等以上の学力があると認められる者を前提），専門課程を置く専修学校は専門学校（入学者として高等学校等卒業者に準ずる学力があると認められる者を前提）と呼ぶことができる。　　　　　［佐野　茂］

1年保育

　一般的に，１年間の保育計画のもとに保育を受けること。多くは，就学前の１

年間，5歳児を対象に保育をおこなうことを意味する。現在幼稚園では，2年〜3年保育が主流になっているが，満3歳からの入園（3年保育）は義務ではなく，公立幼稚園等では満4歳からの2年保育も広く行われている。地域によっては現在も5歳児のみの1年保育（公立）も見られ，保育園児が，最後の1年間は小学校内に併設されている幼稚園に通うケースもある。少子化，地域の人間関係の希薄化などにより，多様な子ども同士での関わりが減少傾向にある現代においては，社会的生活の習慣や態度の形成において集団保育が重要な役割を果たしており，幼稚園は長期保育になる傾向にある。

［大谷彰子］

1歳児保育

1歳児保育は，入園時に満1歳を超えた子どものクラスにおける保育である。保育所保育指針（2018）では，「全体的な計画」または「保育の計画及び評価」という言葉が使われている。また，第2章の保育の内容では，「乳児保育」，「1歳以上3歳未満」，「3歳以上」という3つの年齢区分がされている。保育そのものは，1歳児，2歳児と区分しているわけではなく，子どもの育ちの連続性，育ちの過程を大切しなければならない。一方，集団保育においてはクラスとして年齢区分がされており，人員配置もそれに合わせている。その結果，年間指導計画等において，「1歳児の指導計画」が必要になる。保育所保育指針第2章保育の内容「1歳以上3歳未満児の保育に関わるねらい及び内容 (1)基本的事項」には，「ア　この時期においては，歩き始めから，歩く，走る，跳ぶなどへと，基本的な運動機能が次第に発達し，排泄の自立のための身体的機能も整うようになる。つまむ，めくるなどの指先の機能も発達し，食事，衣類の着脱なども，保育士等の援助の下で自分で行うようになる。発声も明瞭になり，語彙も増加し，自分の

意思や欲求を言葉で表出できるようになる。このように自分でできることが増えてくる時期であることから，保育士等は，子どもの生活の安定を図りながら，自分でしようとする気持ちを尊重し，温かく見守るとともに，愛情豊かに，応答的に関わることが必要である」と記載されている。

［大方美香］

1歳6か月児健康診査

母子保健法（第12条　市町村は，次に掲げる者に対し，厚生労働省令の定めるところにより，健康診査を行わなければならない。一　満1歳6か月を超え満2歳に達しない幼児　二　満3歳を超え満4歳に達しない幼児）に基づき，市町村に実施義務のある幼児の健康診査である。母子保健法施行規則によれば，健診の項目は，①身体発育状況，②栄養状態，③脊柱及び胸郭の疾病及び異常の有無，④皮膚の疾病の有無，⑤歯及び口腔の疾病及び異常の有無，⑥四肢運動障害の有無，⑦精神発達の状況，⑧言語障害の有無，⑨予防接種の実施状況，⑩育児上問題となる事項，⑪その他の疾病及び異常の有無である。地域のつながりが弱体化し，孤立してしまいやすい子育て家庭への応援として，子育て支援の一環ともなっている。また，近年増加傾向にある子ども虐待の早期発見や予防の場としても期待されている。

［戸江茂博］

一斉保育

保育所・幼稚園・認定こども園などにおいて，クラスなどの大きな集団単位で保育者の計画に基づいた活動を，同一時間，場所で共通の活動に取り組む保育形態のこと。保育所や幼稚園などの全体的な保育方法や保育方針の特徴を指して使われる場合もある。幼稚園などでの一日の流れには，個々の子どもが主体的に様々な活動や好きな遊びに取り組む場面と保育者の計画に基づいた一斉保育の場面との両方がある。一斉保育では，一人の保育者が多数の子どもを一度に保育す

ることができ，保育者のねらいに即した経験や知識を系統的に身につけさせることができる。また，入園当初の不安定な子どもが一斉活動をすることで情緒が安定し，園での生活習慣や，交通ルール，避難訓練など命を守る知識を身につけ，歌唱や絵本，芋掘り，プールなど社会的・文化的経験を共有できるなどの利点がある。一方，子どもの欲求より保育者の意図が優先され，管理的，画一的な保育になる可能性もありうる。保育者は常に自身の保育を振り返り，一人ひとりの子どもの個性を尊重し，園の実態に即して，個の成長と集団としての活動の充実が図られるように保育を工夫する姿勢が求められる。　　　　　　　　　[大谷彰子]

一般ドイツ幼稚園

フレーベルが創設した世界最初の「幼稚園」の名称を指す。1837年，フレーベルは，バート・ブランケンブルクに「幼少年期の作業衝動を育成するための施設」を創設，「恩物」の製作に着手し，『日曜誌』を刊行し，1839年には，母親を含めて幼児教育の指導者育成を目的とする「幼児教育指導者講習科」を開設，その実習施設として6歳以下の子どもを集めて「遊びと作業のための施設」を設立した。フレーベルは，子どもの本質を神的なものとして捉え，園丁が植物の本性に従って，水や肥料をやり，日照や温度を配慮し，また剪定するように，教育者も子どもの本質に受動的及び追随的に，その無傷の展開を保護し，助成するように働きかけなければならないと主張した。フレーベルは，こうした遊びや作業を中心に自己活動・創造活動を重視するこの施設を，子どもの庭という意味の「キンダーガルテン」と呼んだ。1840年6月，ブランケンブルグ市庁舎で行われた幼稚園創立の式典では，「一般ドイツ幼稚園」と命名された。→キンダーガルテン
　　　　　　　　　[熊田凡子]

遺伝説

発達心理学における発達要因は，「遺伝」と「環境」の2つとされている。発達心理学の歴史において，発達を規定する要因について「遺伝か環境か」が議論されてきたが，現在では相互作用を重視する方向へと研究が進んできている。遺伝説は，人間の発達は遺伝的素質により生まれつき決められているという考え方であり，アメリカの心理学者ゲゼルなどが唱えた。遺伝説は成熟優位説とも言われる。ゲゼルは，本質的に学習が成立するためにはそれらを教育し，訓練するのに適した時期があると主張した。さらに学習や訓練が効果的に可能になる発達的素地をレディネスと呼び，レディネスは成熟によるとした。生まれてからの環境や経験よりも，生まれ持った性質や能力が成熟することが重要であるとする成熟優位説は，1960年以前の保育に大きな影響を与えた。その後，ゲゼルによるレディネス論は，環境や教育によってレディネスを促進していくことが可能であるとするアメリカの心理学者ブルーナーによって激しく批判された。→ゲゼル；ブルーナー　　　　　　　　　[中田尚美]

異年齢交流

「縦割り保育」や「混合保育」とも言われ，様々な年齢の子どもが同じ空間で交流することにより，子ども達の成長を促すことがねらいである。異年齢交流の形態は様々で，日常活動の多くを一緒に行う場合や年齢別の保育を実践しながら，異年齢交流を毎日一定時間設けたり，週に数日を実施する，あるいは食事・おやつの時間等を全員が同じ場所で食べたり，園行事の際に交流するなどの方法がある。

異なる年齢の子ども同士が接することは，いろいろな友達がいることに気づき，そのことを受け入れて関わろうとする力が育っていく。年上の子どもは，年下の子どもに対して世話をしたり遊びを教えたりする役割を担うことにより，思いや

りの心が育ち年上としての自覚が芽生え
ていく。年下の子どもは，年上の子ども
を憧れの存在として見て，積極的に真似
をしてその姿に近づきたいと思い意欲的
になっていく。また，年上の子どもに優
しく関わってもらった経験は，同じこと
を他の誰かにしてあげたいという気持ち
の芽生えとなる。異年齢交流では異なる
年齢の子どもが同じ空間にいることから，
すべての年齢の子どもが安全に活動でき
るよう安全面での配慮が必要である。

［川谷和子］

衣服の着脱
　衣服を着たり脱いだりする習慣で，1
歳を過ぎる頃から始まり5～6歳には一
人でできるようになる。最初は，脱ぐこ
とに興味を示し，次第に着ることへと移
行する。1歳半には「ジブンデ」と言い
ながら着脱等を自分でやろうとする強い
気持ちがある一方で，やれるのに「やっ
て」と甘える揺れ戻りもある。2歳頃は
大人に見ていてほしい気持ちがあったり，
励ましの言葉に支えられて自分で着替え
ようとする。4歳になるとボタンがかけ
られるようになり，5歳頃にはひもを結
ぶことができるようになる。衣服の着脱
が自立するまでは，着脱の時間は子ども
と保育者が一対一で触れ合える貴重な時
間となる。保育者は，子どもの発達や状
況に合わせて，様子を見守ったり，時に
は手伝ったりしながら，自分でしたい気
持ちを大切にし，できるところは子ども
自身が行うことで，できた達成感をもて
るようにしていくことが大切である。ま
た，援助の際には，子どもが自分で脱ぎ
着しやすい衣服を用意したり，着替える
手順を分かりやすく配置するなどの工夫
も重要になる。

［山口香織］

異文化理解教育
　子どもは，画一的な価値観で占められ
ている家庭から，幼稚園，小学校などの
様々な価値観や背景を有した人々から構
成される社会にかかわり始めると様々な
人々と生活するようになる。画一化した
価値観の下で生活してきた子どもが，多
様な文化や価値観を持った社会的現実に
接することで驚きや新たな知見を獲得し
たり，疑問や不安，時には意見的衝突が
生じたりすることもある。近年，教育施
設には様々な地域出身者や様々な背景を
もった子どもが通うようになりつつある。
このような問題点や課題点を互いに解消
し，よりよい社会生活のために異文化理
解教育の意義がある。異文化理解教育の
在り方としては，①互いの文化的相違や
文化的独自性を認識し理解するよう努め
ること，②互いの文化的相違や文化的独
自性が理解し難い場合には，対話による
話し合いや互いに相手の立場にたった理
解などを目指す，③互いの文化的相違や
文化的独自性を認め合い，将来的な視点
でかかわりや交流を深めていくなどの在
り方が考えられる。なお，『幼保連携携型
認定こども園教育・保育要領解説』
(2018年3月)や『小学校学習指導要領
解説総則編』(2017年7月)には，海外
からの帰国した児童や外国人の児童の指
導について「広い視野をもって異文化を
理解し共に生きていこうとする姿勢を育
てるよう配慮することが大切である」と
示されている。

［津田　徹］

医療型障害児入所施設
　児童福祉法第42条に基づく障害児入所
施設のうち，医療型の施設を言う。障害
のある児童を入所させることにより，そ
の児童を保護したり，日常生活の指導を
行ったり，独立して自活できるようにな
るための様々な知識や技能を身に付けさ
せ，治療を行うための施設である。対象
者は知的障害児（自閉症児），肢体不自
由児，重症心身障害児。支援サービスは，
疾病の治療や看護，医学的な管理のもと
での食事，排せつ，入浴等の介護を行う
ほか，日常生活上の相談支援，日常生活
能力を維持・向上させるための訓練等を
行う。この施設では「児童福祉法に基づ

く指定障害児入所施設等の人員，設備及び運営に関する基準」に則って，医療法に規定する病院として必要とされる設備を有することとなっている。また，訓練室や浴室，静養室，屋外訓練場等を設けなければならない規定となっている。入所者の入所経路は家庭からの入所が最も多く，その他には，回復治療室（GCU：Growing Care Unit）等の病院の医療機関，乳児院等からの入所が多い。入所理由は様々であるが，措置入所の場合，虐待やその疑い，契約入所では保護者の養育力不足が多くなっている。→福祉型障害児入所施設　　　　　　　　　［武富博文］

インクルージョン

　元々は「包含する」や「包容する」という意味を有する言葉で，教育や福祉分野においては，障害の有無によって分け隔てられることなく，ひとしく人権をもつものとして，地域の中で共に学び共に支えあって暮らすという理念を表す。また，その際には多様な教育的ニーズや福祉ニーズに見合った活動及び取組を進め，必要な支援を受けながら効果的に活動や社会に参加することを目指すものである。単に分離した形での対応（施設への入所や隔離といった状況）を改め，場を共有することに重点を置きがちであったインテグレーションの考え方を一歩進め，多様な人々によって構成される社会において一人一人のニーズを踏まえながら包容していくという考え方やシステムとして捉えられる。この際，ライフステージに応じた各種の支援サービスの充実や教育・保育プログラムの整備，体制整備，予算の確保等の充実を図ることが必要である。インクルージョンを進めていくことにより，多様性の尊重を強化し，障害のある子どもとない子どもが相互に個性や人格を尊重し合う共生社会を形成することが求められている。　　　　　　［武富博文］

『隠者の夕暮』

　スイスの教育実践家ペスタロッチの初期の代表的著作。信仰心に濃く彩られながら，ルソーに由来する自然主義を発展させた教育に関する箴言（しんげん）集。短文（岩波文庫版では189の小節から成る）で構成された小著だが，ペスタロッチの教育思想体系の骨子が示されており，また教育への情熱が強く感じられる。冒頭の一節，「玉座の上にあっても木の葉の屋根の蔭に住まっても同じ人間，その本質からみた人間，一体彼は何であるか」には，どんな違いがあっても人は絶対に平等である，というペスタロッチ教育思想の根幹をなす人間観が現れている。→ペスタロッチ　　　　　　　　　　［塩見剛一］

院内保育所

　病院内に設置され，医師，看護師等の医療従事者がその子どもを預ける，認可外の保育施設。病院内保育所と呼ばれることもある。厚生労働省による「院内保育等の実施状況（平成29年医療施設（静態・動態）調査）」によると，全国の病院の中の約4割が設置している。病院の特性上，夜間保育を行っている場合が多く，24時間開所の保育所もある。設置基準は認可外保育施設のそれに倣うものであるが，院内保育所を子ども・子育て支援新制度における事業所内保育事業として設置する場合は，当該自治体が定める認可基準を満たすことが求められ，医療従事者の子どもに加え，保育を必要とする地域の子ども受け入れる。さらに，保育室面積，保育従事者，屋外遊技場，給食，保育料，入所手続き等についても違いがある。なお，入院中の子どもの保育を行う，病棟保育とはその内容を異にするものであり，病棟保育士と，院内保育所の保育士の職務内容は別である。

　　　　　　　　　　　　　　　［髙橋貴志］

インフォームド・コンセント

　インフォームド・コンセント（Informed Consent：IC）は，良質かつ適切な精神障害者に対する医療の提供を確保するための指針では，「医師等が医療を提

供するに当たり適切な説明を行い，患者が理解し同意することをいう」と定義されている。日本では1980年後半頃から，急速にICの考え方が広まっていった。日本におけるICは，たとえばアメリカのように，患者と医療従事者の関係を対立するものとして捉えるものではなく，丁寧な説明を受けたいと望む患者と，十分な説明を行うことが医療提供の重要な要素であると認識する医療従事者が，相互に協力しあうことでより良い医療環境を築くためにあるものと捉えられている。現在では，ICは医療の場における医師と患者の間だけでなく，臨床研究（人を対象とする医学系の研究）における被験者の権利を保護するための原理としても定着している。さらにICは，社会福祉の分野においても，社会福祉に関わるサービスを提供する側とサービスの利用者の間の関係性を示す原理としても尊重されている。　　　　　　　　　［大森雅人］

インフルエンザ

インフルエンザは，インフルエンザウイルス（A型・B型・C型）を病原とする気道感染症であり，一般のかぜ症候群とは分けて考えるべき「重くなりやすい病気」である。流行的な広がりを見せるのはA型とB型である。A型・B型インフルエンザは，一般的にはウイルスに感染してから1〜3日間程の潜伏期間の後に，発熱（38度以上の高熱），頭痛，全身倦怠感，筋肉痛，関節痛などが突然に現れ，咳，鼻汁といった上気道感染症状がこれに続き，1週間程度で回復する。しかし「かぜ」に比べて全身症状が強く，気管支炎，肺炎，中耳炎，熱性けいれん，急性脳症等の合併症の発生や重症化のリスクがある。予防には任意接種でインフルエンザワクチン接種がある。保育士は，流行期に入る前（10月〜11月）のワクチン接種で発病を予防したり，発病後の重症化を避ける効果が期待できる。子どもと保護者には流行期に入る前にワクチン接種を薦める。保育所内でインフルエンザへの感染，発症が疑われる子どもがいる場合は，速やかに子どもを隔離する。同時に，保育士は保育所全体で感染拡大防止対策に努める。インフルエンザは飛沫感染・接触感染が主となるため，飛沫感染対策として咳エチケット，マスク着用の徹底，接触感染対策としては，手洗い・手指消毒の徹底を図る。インフルエンザは学校保健安全法第2種の感染症に定められており，発症から5日を経過し，かつ解熱した後2日（幼児は3日）を経過するまで，出席停止とされている（感染症の登園基準参照）。登園の再開に際しては，「意見書（医師の記入）」の提出が必要となる自治体・保育所がある。

　　　　　　　　　　　　　　　　［森田惠子］

飲料水検査

水道によって供給される水が備えなければならない水質上の要件は，水道法第4条に水質基準として規定されており，その要件に係る基準の具体的事項については「水質基準に関する省令」で定められている。水質基準は，水の色・においや硬度などの性質，有害な化学物質や細菌の有無などを調べ，使用目的の基準を満たしているか判定する検査のことである。飲み水や調理用等，生活用に供される水は，安心で安全であることが求められる。　　　　　　　　　　［廣田有加里］

う

ヴィゴツキー

Vygotsky, Lev Simkhovich（1896-1934）

ロシアの心理学者。学習理論における発達過程では「認知能力が発達する過程で成長が促される」とするピアジェの認知発達理論が主流であった。しかしヴィゴツキーは最近接発達領域という理論を提唱する。最近接発達領域とは，子どもは社会的な援助者と近接することにより，発達が促され成長するという理論である。

たとえば，泳ぐのが苦手な子どもが指導者の助言や支援によって上達したとき，この子どもの発達水準は指導者による働きかけによって，潜在的な発達領域が成長したことになる。他者の協力や助言により，これまでできなかったことができるようになることを発達理論に取り入れた。→発達の最近接領域　　　　［木下隆志］

ウェクスラー式知能検査

1939年，アメリカの心理学者ウェクスラー（Wechsler, D.）により開発された知能検査。幼児用（WPPSI-Ⅲ），児童用（WISC-Ⅳ），成人用（WAIS-Ⅳ）がある。検査は理論的基盤の見直し，心理測定的特性の改善，臨床的有効性や使いやすさの向上などを目的として順次改訂されてきている。いずれもいくつかの下位検査からなり，全検査 IQ（FSIQ）や指標得点などが算出され，平均が100，標準偏差15の標準得点で結果が示される。WISC-Ⅳでは，以前まで用いられていた言語性 IQ と動作性 IQ がなくなり，言語理解（VCI），知覚推理（PRI），ワーキングメモリ（WMI），処理速度（PSI）の4つの指標得点が算出される。検査結果は合成得点の値だけで判断するのではなく，指標得点間や下位得点間の差の評価，強い能力と弱い能力の評価なども用いて知的発達水準を解釈していく。これにより子ども一人一人の知的能力をより多角的にとらえ，子どもの支援に役立てることが可能になる。ウェクスラー式知能検査は，保育所等や学校，児童相談所，病院など教育場面・臨床場面で広く用いられており，代表的な知能検査の一つである。　　　　　　　　　　［三浦正樹］

ウェルビーイング

幸福を意味する概念である。肯定的な人生を歩む中で育まれる，社会的な健康状態を示しており，満足した生活を送れている状態を示す。世界保健機関（WHO）憲章の前文において「健康とは，病気ではないとか，弱っていないということではなく，肉体的にも，精神的にも，そして社会的にも，すべてが満たされた状態（well-being）にあることをいう」（日本 WHO 協会）と，健康についての定義がされている。このことから，単に幸福とは個人が富や名声等に満たされるといった状態のものではなく，他者や環境と関わる中で，自分らしく能動的な充足感を得ていることを表したものである。この概念は教育における環境，安全，健康への社会参画のあり方や，企業における環境問題や社会貢献活動のあり方に影響を与えており，ウェルビーイングの視点を取り入れた教育，企業活動に発展している。　　　　　　　　　［木下隆志］

氏原鋹

うじはら　ちょう（1859-1931）

幼稚園草創期の保育者であり開拓者である。大阪に生まれ，大阪府直轄の幼稚園設立に際して，小学校女教員の中から木村末とともに選出され，1878年に東京女子師範学校附属幼稚園保姆見習生として派遣される。同年帰阪し，1879年には大阪府立模範幼稚園創設に尽力し，初代保姆となり，実地保育に重点を置いた幼稚園保姆養成も担った。その後，廃園にみまわれる。しかし，氏原は，保護者の熱烈な要望や協力と，自身が議員の家を一軒一軒回るなどの献身的努力によって，模範幼稚園を私立幼稚園として存続させ，その他にも再び公立園として発展的に継承されるなど努めた。氏原は，自分の幼稚園には必ず保姆見習生を置き，積極的に見習方式による保姆養成を行った。氏原は，創造的な保育を自ら実践し，より多くの保姆たちの研究の模範となるように尽力した大阪の幼稚園の発展に欠くことのできない人物であった。　［熊田凡子］

内田・クレペリン精神作業検査

作業検査とは，一定の検査場面で指示に従って作業を行い，その反応結果から性格を診断しようとする検査である。表面上は作業を行わせる検査であるが，そ

の目的は作業能力だけではなく性格面の把握にあるため，検査目的が悟られにくくなっているという特徴がある。作業検査はドイツの精神科医であるクレペリン（Kraepelin, E.）によるものが有名であるが，我が国では精神科医である内田勇三郎がこの方法を広く定着させたため内田・クレペリン精神作業検査と呼ばれている。この検査は1桁の数字の連続加算を5分の休憩をはさんで前半15分，後半15分行うもので，作業量，誤答数，作業曲線から能力面の特徴，性格・行動面の特徴を測定しようとするものである。検査は企業や自治体の採用試験での適性検査として用いられることが多い。

[三浦正樹]

うつぶせ寝

腹部を下にして，ふせた状態で寝るのがうつぶせ寝である。うつぶせ寝は乳幼児突然死症候群（SIDS：Sudden Infant Death Syndrome）のリスク因子に挙げられている。そのため，保育施設では医学上の理由でうつぶせ寝を勧められている場合以外は仰向けに寝かせることが必要となる。また，睡眠中は保育施設における重大事故が発生しやすい場面であるため，うつぶせ寝による窒息やSIDSをはじめとする睡眠時の死亡事故を防止する一環として，保育従事者には午睡中などに乳幼児の睡眠時観察および呼吸確認をすることが求められている。

[大江まゆ子]

運動遊び

身体を使った遊び，身体機能を働かせる遊びのことで，教育的な意味を含蓄した遊びの種類や分類で使われる用語の一つ。ボール遊びをはじめ，巧技台やマットなどの遊具を使って遊ばれたり，滑り台，ブランコ，鉄棒などの固定遊具を使って遊ばれたりする。立つ，すわる，寝転ぶ，起きる，回る，転がる，這う，滑る，運ぶ，投げる，転がす，蹴る，押す，引くなど多様な身体活動を経験する

ことができる。5，6歳になると，滑らかで巧みな全身運動が可能となり，体のバランスをとる動き，複雑な動きもできるようになる。このような身体機能を充足するのが例えば，鬼遊びである。鬼ごっこやゲーム遊びは，子どもの身体機能を活性化するだけではなく，子ども同士のコミュニケーション活動も促進する。子どもに体を使ったり動かしたりする遊びを提供する際には，子どもの身体の発達の特性に応じて行うことが大切である。無理な身体機能の行使はケガや事故を引き起こしかねない。身体に過剰な負担を生じさせないよう配慮する必要がある。

[戸江茂博]

運動会

運動会は，保育現場における年間行事の中でもメインイベントとして，毎年9月から10月の秋の時期に開催されている。子どもたちにとっては，日頃の運動遊びの成果を披露する楽しさや高揚感，仲間と協力して一つの目標へ向かう達成感，充実感等を体験できる貴重な機会である。また，保護者にとっても，わが子の成長を間近に見て，確認できる場となっている。保育者が運動会を通して保護者と良好な関係を築くためには，事前に園だより等を通じて，運動会のねらいについて保護者に十分な理解を求めなければならない。保護者の中には，わが子の勝敗にばかり関心が向くことがあるが，運動会をその後の成長につなげていくためには，勝敗にかかわらず，自分の力を十分に発揮できた，皆で協力できた等と子ども自身が実感できることが大切である。保育者は，練習の時から，努力したり協力したりする姿を大切にする必要がある。運動会は，結果よりも子どもたちの成長プロセスが重要となる。

[福井逸子]

運動障害

神経や筋肉等の異常により，歩行が不安定になったり，字が書きにくくなったり，身体の一部あるいは全身が勝手に動

いてしまうなど，身体運動が十分にできなくなる状態のことをさす。運動障害をもたらす具体的な疾患等として，パーキンソン病，ジストニア，振戦，脳性麻痺，チック症，発達性協調運動障害等がある。このうち，発達性協調運動障害は，子どもの運動障害として代表的な発達障害の一つで，脳の機能に異常が認められる協調運動障害とは異なり，神経や筋肉等の異常は見られない。日常的な身体活動がぎこちない点に特徴があり，字がきれいに書けない，ボタンのかけ締めや靴紐を結ぶ行為に通常よりも時間がかかる，階段をスムーズに昇り降りできないなど，一般に不器用と呼ばれる子どもにこの障害がみられることがある。発達性協調運動障害の子どもに対する相談先としては，地域の発達（障害）支援センター，児童相談所等があり，治療は障害の状況に応じて，作業療法，理学療法などが行われる。　　　　　　　　　　　　［髙橋貴志］

え

英才教育

　小学校，中学校，高校に通う学童期に知的能力に優れた才能と素質をもつ子どもの才能を伸ばすために行う特別な教育のことをいう。英才教育は，優れた才能をもつ子どもを早期に発見し，一般に考えられる年齢よりも早く教育を行うことを特徴としているため，第二次世界大戦後，画一的な横並びの一斉主義が平等な教育として定着した日本の教育では，英才教育のような教育方法は学校教育としては取り入れられなくなった。英才教育の特徴は，その子どもがもっている才能を，望ましい方向に伸ばすことである。自ら興味関心を持っている事象について，自発的に解決しようとする能力を身に付ける双方向的な教育である。そのため，主に一方通行的な詰め込み型の教育法を取り入れている早期教育とは区別される。

しかし最近ではこの早期教育が英才教育と拡大解釈され，就学前の幼児に対する特徴ある教育・保育として提供されることもある。子どもの才能の有無にかかわらず提供されるこの教育・保育によって，子どもの才能が感化されることなく，親の期待や社会のニーズのみが先行されないような配慮が必要であろう。

［岸本朝予］

ADHD

　ADHD（注意欠如・多動症／注意欠陥・多動性障害）は，1980年に米国精神医学会が作った診断基準（精神疾患の診断・統計マニュアル）である DSM-Ⅲで登場した概念である。ADHD の基本的症状として，不注意・多動性・衝動性が挙げられる。原因は行動をコントロールする脳の働きに偏りがあると考えられているが，詳細な原因はまだわかっていない。症状は7歳以前に現れ，その状態が継続し，社会的な活動や学業の機能に支障をきたす。行動の特性としては，物忘れが多い，気が散りやすい等の不注意型，落ち着きがなく授業中に立ち歩く，話が止まらない等の多動・衝動性型，その二つの特性を併せ持つタイプを混合型に分けられる。さらに行動面だけでなく，言語・認知・記憶の発達，運動機能，社会性・対人関係の発達など発達全般において遅れがみられ，LD（限局性学習症／限局性学習障害）の合併もある。ADHD本人へのサポートはもちろんこと，特に家庭の中で中心となって ADHD 本人に対応している保護者へのメンタル・ケアのサポートも重要である。　［福山恵美子］

栄　養

　生体が物質を体外（外界）から摂取し，消化，吸収，さらに代謝することにより，エネルギーを獲得し，生命を維持し，成長に必要な成分をつくるといった一連の流れのことをいう。『栄養』と『栄養素』は同じではなく，食品の中にあるのが『栄養素』である。「栄養がよい」といえ

ば，消化・吸収・代謝の状態がよい，栄養状態がよい，健康であるということである。つまり，「栄養がよい」は食物側ではなく，人体側を見なければならないということになる。　　　　　　［廣田有加里］

栄養教諭

学校教育法第28条第2項及び第51条の8第2項関係に「義務教育諸学校に栄養教諭を置くことができる」と明示されている。幼稚園及び高等学校並びに盲学校，聾学校及び養護学校の幼稚部及び高等部については，栄養教諭を置くことができる旨は明示されていないが，「第50条第2項及び第81条第2項（第76条において準用する場合を含む。）」に規定するその他必要な職員として栄養教諭の設置は可能であることが定められている。平成17年度から施行された栄養教諭は，栄養に関する専門性と教育に関する資質を併せ有する教育職員として，その専門性を十分に発揮し，特に学校給食を生きた教材として有効に活用することなどによって，食に関する指導体制の要として食育の推進において重要な役割を担うことが期待されている。　　　　　　　　　［廣田有加里］

栄養士

栄養士法第1条に「栄養士とは，都道府県知事の免許を受けて，栄養士の名称を用いて栄養の指導に従事することを業とする者をいう」と定められている。栄養士法第2条に「栄養士の免許は，厚生労働大臣の指定した栄養士の養成施設において2年以上栄養士として必要な知識及び技能を修得した者に対して，都道府県知事が与える」と定められている。栄養士は，栄養や食生活の面から健康の維持・増進と疾病の予防を推進する専門家として，病院・福祉施設（保育所や高齢者施設）・企業などに従事している。またスポーツ選手の栄養管理や食事管理，フィットネスクラブ，食品開発などの場でも活躍している。　　　　　［廣田有加里］

栄養指導

健康の維持・増進や疾病の予防・治療を図るために，個人または集団に対して，食生活，栄養改善などの知識の普及や実践指導を行うことをいう。保育所等の施設において，栄養学の専門性を有した職員が配置されている場合は，栄養士，調理員，栄養教諭が，その業務にあたる。指導内容としては，栄養バランスの良い給食の提供，食生活習慣を習得するための支援等がある。食事の提供は，子どもの発育状態，健康・栄養状態，食べる様子の観察，残食量等から，献立の作成や食材の選択，調理及び摂取方法の指導にあたることが望まれる。加えて，子どもの発達段階に合わせた配膳の仕方や食具の選出など，食事にかかわる環境づくりにも配慮する。また，個別の対応が必要な食物アレルギー食や離乳食については，担任と関係する職員，保護者とが情報を共有し，連携を図ることが重要である。最近では，身体的な健康上の配慮以外にも，国籍，文化，宗教，貧困など，多様な背景をもった子どもの割合が増えている。一人一人の子どもに応じた食事の提供を含む食育の取り組みを高めていくためには，園や家庭，地域の関連機関との連携を密にすること，また定期的・継続的に取り組みを見直し改善していく体制を構築することである。　　　　［山口香織］

駅型保育施設

駅型保育施設とは，少子化の進行や女性の社会進出といった社会の変化に対応するための子育て支援の一環として，保護者が通勤時に子どもを送迎しやすい駅の敷地内や駅に隣接する便利な場所に設置された保育施設のことである。1994年に策定された「今後の子育て支援のための施策の基本的方向について（エンゼルプラン）」を受け，財団法人「こども未来財団」によって，子育てと仕事の両立支援を念頭として，駅から5分以内に立地する認可外保育施設の運営費の一部を

国費により助成する駅型保育試行助成事業が実施された。通勤時に送迎が可能なため，利便性が高い一方で，広さや音環境といった保育環境への危惧も課題に挙げられる。1999年度をもって新規の受付参入を停止し，2010年度の補助を最後に制度として終了し，認可保育所・小規模認可保育所や地方単独保育事業への移行が進められている。　　　　　［大江まゆ子］

SIDS

SIDS（乳幼児突然死症候群）は，それまでの健康状態および既往歴からその死亡が予測できず，しかも死亡状況調査および解剖検査によってもその原因が同定されない，原則として１歳未満の子どもに突然の死をもたらす症候群と定義されている。現在，日本の SIDS の発生は，年間100例程度と報告されている。また，保育施設での事故報告では，年間約10件程度の乳児死亡が報告されており，特に保育施設での在園期間と死亡との関係を見ると，登園初日に12％，２日目６％，３〜７日８％と，預けられて１週間以内に26％の死亡例が集中している報告がある。この傾向は，日本だけではなく海外でも同じようである。このことから厚生労働省は乳幼児の突然死を予防する目的で，平成30年４月から「保育園等における ICT 化推進等事業（事故防止対策分）」として市町村に交付金を交付し，監視モニターやベビーセンサー等の設備導入を推進している。科学的には乳幼児の突然死を予見したり，予防するモニターは存在しないことから，保育士は ICT を活用はしても過信することなく，子ども一人ひとりの健康状態を細やかに観察して把握すること，主として午睡の安全対策を強化すること（人員を増やす，睡眠時の姿勢とブレスチェックのリストを用いた確かな観察等），特に入園初期には保護者との報告・連絡を密にして異常の早期発見と早期対処に努めることが重要である。　　　　　　　［森田恵子］

エピソード分析

エピソード（episode）の意味は挿話であって，文章や物語の途中，演劇の幕間などに挟む短い話をさしていた。それから派生して，連続ものの漫画やテレビ番組，さらには映画などを構成する１話の単位をエピソードとも表する。くわえて，逸話（anecdote）をさすこともある。すなわち特定の人物や事象についてのひとまとまりの話を示す。それらより教育実践・保育実践でのフィールドにおいても援用されるようになり，ひととひととのかかわりのひとまとまりの言動をとらえてエピソードとする。それを記録した内容からみられる，ひととひととの相互の会話のやりとりや行為のやりとりを記録としたものをエピソード記録とする。その記述内容にみられるやりとりについて解釈評価をして分析をすることをいう。分析されたものは公的に開示され可視化されることになる。　　　　　　［西本　望］

エビングハウス

Ebbinghaus, Hermann（1850-1909）

ドイツの心理学者。無意味綴りを用いて記憶の実験を行ったことで有名である。記憶は，記銘−保持−再生の３つの段階に分けて考えられるが，その中で保持の特徴に注目し，時間の経過と忘却との関係を忘却曲線（保持曲線）に表した。エビングハウスの忘却曲線は，縦軸に「節約率」，横軸に「時間」を示す。節約率とは，記憶に要した時間（原学習時間）と一定時間経過後に再学習した時間（再学習時間）との関連から求められた指標である。この方法により，人の記憶は，時間経過にしたがって最初は急速に失われるが，その後は次第に緩やかな下降経過をたどることを明らかにした。認知心理学の記憶研究の始まりとされている。　　　　　　　［森　知子］

『エミール』

1762年，ルソーによって著された全５巻の教育小説。副題は「教育について」

で，近代教育学の古典の一つとなっている。文明社会に汚されない自然人の理想を目指して，エミールという「架空の子ども」がどのように育てられるか，ゆりかごから結婚まで，理想的な家庭教師の指導のもとに成長していく過程が，物語風に展開される。子どもに善性を認め，文明社会の悪影響から守り育てようとする教育理念は，当時としては画期的なものであった。『エミール』はたんなる教育論に終始することはなく，ルソーの宗教観，社会観，道徳観を包括した，彼の哲学の集大成であり，文学的な魅力と教養小説の手法で描かれている。実際に，認識論や存在論が含まれている。特に「サヴォアの助任司祭の信仰告白」という独立した宗教論考が組み込まれている。「万物を造る者の手を離れるとき全てはよいものであるが，人間の手に移ると全てが悪くなる」は『エミール』冒頭の有名な言葉で，これは，社会や家族，習慣等の悪影響から，子どもを守ることが重要であるという意味である。幼児には感覚の訓練，少年には肉体の修練を施すことが大切だと考えた。道徳や真理を学ぶことは，もっと後になってからでもよいと考えた。ルソーのこうした思想は「消極教育」と呼ばれている。　［広岡義之］

エリクソン

Erikson, Erik Homburger（1902-1994）

　アメリカの精神分析家。フロイトの発達論を基に包括的な視点で生涯の発達を捉え，独自の心理社会的発達理論を提唱した。人の生涯を乳児期（0〜1.5歳頃），幼児前期（1.5〜3歳頃），幼児後期（4〜6歳），児童期（7〜12歳），青年期（13〜20歳頃），成人前期（21〜40歳頃），成人後期（40〜65歳），老年期（65歳頃以降）の8つのステージに区切り，それぞれの時期には獲得すべき発達課題があることを示した。その課題を適切に解決することで発達がうまく進み，また解決できない場合に心理的課題を抱えて成長

し社会的困難さを示すとした。エリクソンは，これらの発達段階において青年期の自我同一性（アイデンティティ）の確立を重要視した。　　　　　［新家智子］

エリクソンの発達段階

　エリクソンは，個人の一生涯を自我の発達という観点からそれぞれを8つの段階に分け，各段階における心理社会的課題と危機について整理した。そして個人は乳児期から老年期の各段階における葛藤の克服を通して発達すると考えた。8つの発達段階は，乳児前期（0〜1歳），乳児後期（1〜3歳），幼児期，学童期，青年期，成人前期，成人後期，老年期であり，乳児前期の心理社会的な課題は基本的信頼，乳児後期は自律性，幼児期は自主性，学童期は勤勉性，青年期が同一性，成人前期は親密性，青年後期は生成継承性，老年期は自我の統合性である。また，それぞれの発達段階における課題が克服されない場合，各発達段階の心理社会的危機として，乳児前期は基本的不信が，乳児後期は恥や疑惑，幼児期は罪悪感，児童期には劣等感，青年期は同一性の混乱，成人前期が孤立，成人後期は停滞性，そして老年期の危機では絶望がもたらされる。各発達段階では様々な出来事や葛藤があり，思い通りにならないことなどを自分なりに受け止めながら次の段階への適応を目指す。最後の段階である老年期において，自分の生涯はよいことも悪いこともいろいろあったけれど，自分の唯一の人生をあるべき人生だったとし総じてよい人生だったと受け入れていくことが自我の統合には重要である。各段階の課題の克服は，他者との関わり合いを通じて自分を確立することであり，葛藤を重ねながら自分は自分であるということをとらえていく過程であるといえよう。

　　　　　　　　　　　　　　［坂田和子］

LD

　LD（学習障害）は Learning Disability または Learning Disabilities の略で，文

部科学省の定義では，「学習障害とは，『聞く』『話す』『読む』『書く』『計算する』『推論する』といった学習に必要な基礎的な能力のうち，一つないし複数の特定の能力についてなかなか習得できなかったり，うまく発揮することができなかったりすることによって，学習上，様々な困難に直面している状態です」とある。また，LDの原因は「中枢神経系に何らかの機能障害があると推定されるが，視覚障害，聴覚障害，知的障害，情緒障害などの障害や，環境的な要因が直接の原因となるものではない」（文部科学省，1999）とされている。LDのタイプの中でも多いのは発達性読み書き障害（Developmental Dyslexia）である。発達性読み書き障害の子どもは，文字が読めないとか書けないのではなく，音を処理することに困難があるため，表記された文字とその読み（音）の対応が自動化しにくく，極端に文字を読むのが遅かったり，間違えたりする特徴がある。

国立成育医療研究センターの報告によると，幼児期の初期には，障害の一つの症状として，サボりではなく，文字に興味がないとか覚えようとしないなどの症状がみられるという。また，「は」と「わ」，「を」と「お」など，耳で聞く音が同じ発音の場合に間違いがあるとされている。

保育では，子どものペースに寄り添いながら，専門的な機関と連携をもち，その子どもにとって居心地の良い環境を設定する必要がある。ICTを使った音読指導プログラムなども活用することで，症状が緩和されることもあり，一人一人の障害の特徴を大切にした対応が求められる。　　　　　　　　　　　［大橋喜美子］

エレン・ケイ
Key, Ellen（1849-1926）

スウェーデンの女性教育改革者。彼女が活躍した当時のスウェーデンは，現代のように福祉国家ではなかった。読書を好む青年時代を送ったが，イプセンの『人形の家』，ルソーの『エミール』，ウィリアム・モリス，ニーチェに触発され思想形成上影響を受けた。社会問題への関心が高かったようで，政治評論などの投稿活動もおこなった。代表作の『児童の世紀』（1900）の表紙裏には「すべての親に新しい世紀に新しい人間を創ろうと願うすべての親に捧げる」とある。各章には警句も見出され，例えば，「第2章子どもと母親の保護」では，母親の無知を諌めており，「第3章婦人解放運動と母性保護」では，「子どもの温かい手に触れたとき，感激にふるえなかった婦人たち，自分とは別の生命に全身を捧げたいとあこがれなかった婦人たちが，もし母親になったら，この上もない不幸な事態を招くであろう。彼女たちの子どもは，彼女たち自身よりもさらに哀れなものになるにちがいないのだ」と母親としてのあり方を説いている。第2部第1章教育の中では，「人間を教育する際，最も力強い建設的な要素は，家庭の堅実で安定した秩序と，その平和と快適さである」と述べ，「家庭は，子どもの肉体を入れる家であるだけでなく，精神の家に戻らなければならない」として家庭教育の本質を説いた。また，「子どもは平和のうちに放任し，直接介入はできるだけ少なくし，乱暴で不純な印象を与えることだけは避けるように努力せよ！」と，子どもの自主性・主体性に依拠した教育観が展開されている。こうした言説をもってエレン・ケイの教育観は，新教育，児童中心主義教育として20世紀初頭に一躍脚光を浴びることとなった。

　　　　　　　　　　　　　　　［津田　徹］

園　医

幼稚園には，学校保健安全法第23条において学校医を置くことが規定されている。幼稚園における学校医を園医と称する。園医の職務は，主に健康相談，保健指導，健康診断がある。健康診断は毎年

5・6月ごろに行われ，園医は健康診断のうちの内科検診を行う。幼稚園は，その結果に基づいて，園児の家庭に疾病の予防処置や治療を指示したり，保育における配慮点などを見出したりして，適切な措置を執る。園医は，嘱託されている場合が多いため，普段から保育者と密に連絡を取り合いながら，子ども及び教職員の健康管理に携わる。特に，感染症などの流行期には，専門機関の立場から，その状況の適切な判断と対処法などを示し，子どもたちが安心して園生活が送れるように，保育者との連携を図る。保育所を含む児童福祉施設にも，児童福祉施設の設置及び運営に関する基準によって嘱託医を置くことが適宜定められてる。児童福祉施設には乳児や未満児も多く在籍していることから，嘱託医は，特に子どもの命を守るために保育士と密に連携を図る必要がある。認定こども園の設置基準に園医の明確な規定はないが，その管理下において適切な健康管理が必要である。幼保連携型認定こども園については，認定こども園法第27条において学校保健安全法の準用が定められている。

[岸本朝予]

園外研修

　保育者の資質能力の向上を目指して幼稚園や保育所以外の場で行われる研修のこと。園外研修は，幼稚園の場合，文部科学省，都道府県及び指定都市，市町村教育委員会主催の研修会や私立幼稚園協会などが主催する研修会などがある。保育所の場合は，厚生労働省，市町村主催の研修会や保育士会などの保育団体の主催する研修会などがある。研修形態は，講演，講義，演習，実技講習，体験などがあり，短期集中のものや，年度ごとに定期的に開催されるものなど様々である。研修内容としては，保育理論や指導法，保育技術，事例検討など専門職として必要な事柄が取り上げられる。個々の保育者が，問題意識をもって主体的に研修に参加でき，効果的に研修成果があがるように，研修を計画していくことが求められる。また，園外研修で得た知識や技能を職場で共有しあっていくことが，学んできた内容の職場への定着と保育の質の向上の観点から重要とされている。全体的な傾向として，幼稚園は幼稚園関連団体の研修を受講することが多く，保育所や認定こども園関連団体が主催する研修会にはほとんど参加していない。一方，保育所では，保育所関連団体の研修を受講し，幼稚園や認定こども園関連団体の研修にはほとんど参加していないということが指摘されている。今後は認定こども園への移行も見据えながら，設置区分を超えた研修が課題になると考えられる。

[中田尚美]

園外保育

　遠足やお散歩など，園の外にある施設や自然の中で活動する保育をいう。乳幼児期に豊かな体験をする機会として重要な活動である。園外保育には，親子の触れ合いをねらいとする親子遠足や，児童文化に触れる機会としての観劇など，年間行事の中で長期計画的に実施されるものがある。また，地域に出かけていき，自然環境に触れたり地域社会の人々と体験を共にする短期計画の中で日常的に実施されるものもある。それぞれの計画の際には，事前準備を十分に行い，特に安全面の確認を行うための下見など丁寧な計画を立てることが重要である。下見の際には動線や活動経路，経験できる活動内容や昼食場所の下調べ等を行い，一方で，天候や地域の状況に合わせて臨機応変に対応することも実施の際の重要なポイントとなる。

[新家智子]

援　助

　子ども一人一人が興味や関心を持って様々な環境にかかわり，そこで出会った事象に対し，存分に思考し探究できるよう，それを言葉（非言語を含む）や行動で支え，環境を生成していく保育者の姿

を総称して援助という。保育者の援助は、常に子どもの生活と共にあり、子どもの心に寄り添い、様々な経験を共有する中で行われる。時には、良かれと思って援助したことが保育者の一方的な思いこみで、子どもの生活から遊離してしまうこともあるが、そのような時には、真摯に子どもを向き合い、意味のある援助を考え続けていくことが大切である。

[猪田裕子]

エンゼルプラン

核家族化、共働き家庭の増加、1989（平成元）年の合計特殊出生率1.57ショック等、少子化へ向かっていく問題を解決するための、1994（平成6）年の「今後の子育て支援のための施策の基本的方向について」という国家政策の通称。政策の基本的な方向性として、子育てと仕事の両立ができる社会となり、家庭における子育てへの支援を行うこと、また、子育て世代が住みやすい住宅や生活環境の整備をすすめ、ゆとりある教育の中で子どもが健全に育つように整え、子育てに関わるコストの軽減があげられた。重点施策として、①仕事と育児との両立のための雇用環境の整備、②多様な保育サービスの充実、③安心して子どもを生み育てることができる母子保健医療体制の充実、④住宅及び生活環境の整備、⑤ゆとりある学校教育の推進と学校外活動・家庭教育の充実、⑥子育てに伴う経済的負担の軽減、⑦子育て支援のための基盤整備が示された。あげられたものの多くは働く保護者のための支援であり、これ以降、保育がサービスとして扱われるようになり、新エンゼルプラン（1999）、子ども・子育て応援プラン（2004）、子ども・子育てビジョン（2010）等へ引き継がれていく。

[加納　章]

延長保育

保育園、認定こども園等に子どもを預ける場合、保護者の就労時間等を考慮した保育必要量の認定を市町村から受け、保育時間が決められる。規定の保育時間は、保護者の就労等の時間が1か月120時間以上の場合は、「保育標準時間認定」とされ、最長11時間の保育が受けられる。保護者の就労等の時間が1か月120時間未満の場合は、「保育短時間認定」とされ、最長8時間の保育が受けられる。延長保育とは、仕事等の事情でやむを得ず規定の保育時間を超えてしまう場合や、通常の利用日及び利用時間帯以外において超過が発生した場合、延長保育の扱いになり必要な保育の確保を行うこととなる。女性就労の増加や就労形態の多様化に対応し、保護者が安心して仕事等と子育てが両立できる環境を整備するために、保育所、認定こども園等では、児童が入園している場所において引き続き延長保育を実施している。延長保育を利用しようとする保護者は、実施保育所等であらかじめ延長保育の申し込みをしなければならないが、通常の保育料とは別に料金が発生することが多い。

[川谷和子]

エンデ

Ende, Michael（1929-1995）

ドイツの児童文学作家、作家、俳優。ドイツ南部のガルミッシュで生まれる。父はシュールレアリスムの画家エトガー・エンデ。ミュンヘンのオットー・ファルケンベルク演劇学校で学んだのち、1950年から俳優として演劇活動をおこない、そのかたわら、戯曲、詩、小説の創作を続ける。1960年に初めての児童文学作品『ジム・ボタンの機関車大旅行』を発表し、翌年1961年にドイツ児童文学賞を受賞し高い評価を得る。1973年には、『モモ』で再びドイツ児童文学賞を受賞し、ドイツの伝統的メルヘンを継承しつつ新たなメルヘンの世界を構築した児童文学作家としての地位を不動のものとした。1979年に発表した『はてしない物語』は世界的ベストセラーとなる。エンデの作品には、現代の抱える様々な問題を鋭く捉えるまなざしがあり、児童文学

の枠を超え，ファンタジーにおいて人間の本質を問う示唆に富む作品は，年齢や国境を越えて世界中で愛されている。1995年，胃がんにより66歳で逝去。エンデの資料のほとんどは信濃町（長野県上水内郡）に寄贈され，黒姫童話館（1991年開館）に所蔵，常設展示もされている。

[生駒幸子]

園内研修

保育者の資質能力の向上を目指して，幼稚園や保育所の中で行う研修活動のことである。園内研修には，園長や施設長，外部からの講師等により知識や技術等を伝達する伝達型と，日々の保育記録等を通して保育者同士で事例検討を行う対話型等がある。また，保育所保育指針では，園内研修について「職員が日々の保育実践を通じて，必要な知識及び技術の修得，維持及び向上を図るとともに，保育の課題等への共通理解や協働性を高め，保育所全体としての保育の質の向上を図っていくためには，日常的に職員同士が主体的に学びあう姿勢と環境が重要であり，職場内の研修の充実が図られなければならない」と述べられている。 [猪田裕子]

エンパワーメント

「人間は一人ひとりが本来素晴らしい能力を持っている」という前提のもとに，その力や可能性を能動的に湧き出させるプロセスを意味する。エンパワー（empower）という単語は，もともとは「能力や権限を与える」という意味で，1960年代の米国における公民権運動などで用いられたことをきっかけに，様々な領域において用いられるようになった。エンパワーメントには，セルフ・エンパワーメント（自分力エンパワーメント），ピア・エンパワーメント（仲間力エンパワーメント），コミュニティ・エンパワーメント（組織力，地域力エンパワーメント）がある。これらを組み合わせて使うことがエンパワーメントの実現に有効である。教育の分野においてのエンパワーメントとは，子ども本来の力を信じ，共感に基づいた適切な援助をおこなうことで，子どもが主体者として自己決定，試行錯誤し，自分のやり方を身につけていくプロセスである。また，貧困，虐待，障がいなど，子どもが自己の力を十分に発揮できない状況の場合は，必要な社会資源を活用して，自己効力感を高めることを通して，自身の力を発揮できるような関わりをすることが求められる。

[大谷彰子]

お

及川平治

おいかわ　へいじ（1875-1939）

明治末期から昭和初期にかけての新教育運動を代表する教育者・教育思想家。1907（明治40）年に明石女子師範学校附属小学校の主事として，欧米の新教育思想の影響を受けた教育実践を重ねた。特に授業方法の改革に努めた及川は，学校の教育方針として「為さしむる主義の教育・実験室制度・分団式教育」の三つを掲げる。すなわち，児童の直接経験・自主判断の尊重，独立的活動的仕事の奨励，児童の必要に応じ分団教育（グループ学習）・個別教育・一斉教育を組み合わせた授業方法の主張であった。この教育方針を精緻化し教育理論として詳述した主著の『分団式動的教育法』（1912）は多くの教師に読まれ，附属小学校は多数の参観者が訪れる新教育の中心地として，大正新教育の先駆的な役割を果たした。1921（大正10）年の「八大教育主張講演会」では講師として登壇し「動的教育論」を講じている。さらに昭和に入るとカリキュラム研究に論を進め，生活単元の重要性を説いた。 [塩見剛一]

O157

ベロ毒素を産生する大腸菌で，腸管出血性大腸菌感染症を引き起こす。腸管出血性大腸菌には複数の型があり，最も多

いのが O157 である。汚染された食べ物などを口に入れることで感染する。3〜5日の潜伏期間をおいて，激しい腹痛を伴う水様便が頻回に起こり，血便となる。特に溶血性尿毒症症候群（HUS）を発症すると，腎機能や神経学的障害などの後遺症を残したり死に至る場合がある。汚染された食品からの感染が主であるため，食品を十分に加熱することが大切である。また，人から人への二次感染は糞口感染であるため，手洗いの徹底が重要となる。第3種の感染症に定められており，医師から感染のおそれがないと認められるまで出席は停止となる。

[石田寿子]

応答的環境

子どもが周囲の環境に働きかけた際に返ってくる応答を重視して実践する保育環境のことである。新生児の頃から身近な大人とのやり取りの重要性は言われているが，とくに1，2歳頃の子どもにとって言葉の獲得とコミュニケーション・スキルの発達には，非常に重要である。例えば，子どもが指さし，「ブーブー」と言ったとき，身近な大人（親もしくは保育士）がその方向を見て「くるまね」と答える。子どもは親，保育士が自分が指さした方向を見ているかどうかを確認し，「ブーブー」と「くるま」を関連付け，学習することができる。子どもの反応に，適切に応じ，促すことがなにより必要である。

[松本 敦]

嘔吐・下痢

下痢は，便中水分量が増加した状態で，便が固まらず，排便回数が増加する症状である。乳幼児期の嘔吐・下痢は，水分・電解質を補えないことによる脱水を引き起こしたり，不快感，体力の消耗，口周辺・肛門周辺の皮膚のバリア機能を傷つけ発赤やびらんによる苦痛へつながる。嘔吐は，胃内容を逆行性に口から排出することをいう。嘔吐の原因は，年齢によって特徴的なものがある。乳児期は

食道と胃の連結部にある筋肉のしまりが緩いことや胃の形が筒状であることから，ミルクの飲みすぎや啼泣（ていきゅう），咳嗽（がいそう）のほか，姿勢・体位によって嘔吐しやすい。幼児期になると病原体による感染症による嘔吐や，不安や緊張による心因性嘔吐，乗り物酔い等による嘔吐もある。子どもの嘔吐は，吐しゃ物による誤嚥や窒息の危険があるため，腹臥位や仰臥位の時は，子どもの体位を側臥位にして誤嚥や窒息の予防に努める必要がある。下痢・嘔吐の子どもの世話は，①姿勢・体位の工夫，②少量頻回な経口補水，③皮膚の清潔，④苦痛の緩和等が重要となる。

[山内佐紀]

オーエン

Owen, Robert（1771-1858）

イギリス産業革命時代の実業家，社会改革家。イギリス産業革命時代のなか，工場経営者にして殊勝な業績を残した。彼はニュー・ラナークの自らの設置する工場内に付設する形で「性格形成新学院」を設けた。これはフレーベルの幼稚園よりも先立つ幼児の保護施設であった。自伝によれば，小児の性格形成について10項目を述べている。そのうちいくつかを見てみる。①小児については無叱責，無懲罰，②教師・生徒間に真の情愛と十二分の信頼を創造するために，声調・すがた・言葉・行動において，どの雇い教師によっても例外なくすべての小児へつくされる不断の親切，③実物およびその実物の諸性質の検討による教化（以下略），④これらの質問はいつも親切な・合理的なやりかたで答えられるべきこと（以下略），⑤学校には正規の屋内時間がないこと（以下略），⑧庭園・果樹園・圃場（はたけ）・森林の生産物に，また家畜や博物学一般に，親しむようにするために，小児を戸外に連れていくことは，労働者の小児に与えられるべき教育の主要部分である。⑨労働者階級の小児を，合理的にものを考え・行動するように訓

練すること，そして後の生涯を通じて彼らに役立つような，実のある知識を獲得させること（以下略）。オーエンは，教育の後天的素地を大いに評価した。経営者としてのオーエンは，労働者の労働環境とその家族の教育環境に気を配り，工場法の成立に貢献した。　　　　［津田　徹］

小川未明
おがわ　みめい（1882-1961）

　小説家から出発し，日本の近代児童文学を代表する児童文学作家となる。本名は小川健作。師である坪内逍遥（1859-1935）が雅号「未明」を授ける。新潟県中頸城郡高城村（現在の上越市）の旧士族の家庭に生まれ，旧制高田中学，東京専門学校（後の早稲田大学）専門部哲学科，大学部英文科を卒業した。島村抱月（1871-1918）の推薦で入社した早稲田文学社では児童文学雑誌「少年文庫」を編集，そののち第一童話集『赤い船』（1910）を出版した。1925年には早大童話会を立ち上げ，翌1926年に『東京日日新聞』に「今後を童話作家に」と題する所感を発表し童話専念を宣言する。敗戦の翌年1946年に創立された日本児童文学者協会の初代会長を務め，1951年に日本芸術院賞を受賞，文化功労者に選定され，1953年には日本芸術院会員に推された。代表的な童話「赤い蝋燭と人魚」は「東京朝日新聞」夕刊に1921年２月16日から20日まで連載された神秘的，抒情的な描写が印象的な作品（『赤い蝋燭と人魚』1921に収録）であり，未明童話の肯定論・否定論はこの作品を主軸に展開される。1960年代に日本児童文学は大きな飛躍を遂げるが，未明伝統の克服という言葉に象徴されるように，未明童話の思想と方法を否定して現代日本児童文学が成立した。　　　　　　　　［生駒幸子］

お泊まり保育
　保護者の元を離れ，友だちや先生と共同生活の中で宿泊し，早寝早起き，食事作りや挨拶など規則正しい生活を送る。多くの園では，年長組の園児を対象に夏休みごろに実施されている。普段家族と食べている夕食について，自分たちで必要な食材を買い出しに行き，準備から片づけまでおこなうことは，新たなことに挑戦する気持ちや積極性が育つ機会となる。入浴や着替えなども自分ですることにより，全てを自分でできたという喜びや自信につながる。子どもたちは，親と離れて友達と寝る，食事作り，普段の園生活で経験できないような時間帯のキャンプファイヤーや花火，お泊まり保育ならではの遊びやゲームなど，様々な経験を通して，友だちとの仲間意識を深め，協調性を高めていく。お泊まり保育の前に，一人で寝ることに不安を感じている子どもに対しては，保育者が楽しいことへの期待が持てるような言葉かけや工夫で気持ちをおちつかせ，不安の軽減を図っている。　　　　　　　　［川谷和子］

オープンエデュケーション
　誰もが平等，公平に教育機会を受けられることを基本理念とした，ウェブ上での教育コンテンツの提供となる公開教育，講座のこと。代表的なプラットフォームが2011年頃からの米国の大学が提供したMOOC（大規模公開オンライン講座：Massive Open Online Course）である。また，OER（Open Educational Resources），いわゆる開かれた教育資源の提供もオープンエデュケーションの枠組みに入る。OER は無償の講義ビデオ，学習コンテンツ等の講義教材や教育ソフト等である。MOOC の日本版が JMOOC（ジェイムーク）になる。様々な無料講座が受講でき，生涯学習社会の観点からも今日では無くてはならない活動になっている。また英国に端を発し（インフォーマルエデュケーション），1960年代後半米国で起こった，管理，画一性，閉鎖性の脱却を目指した無学年制や壁のない学校等の「オープン・スクール」をオープンエデュケーションとする時もあ

る。　　　　　　　　　　　　　［佐野　茂］

オペラント条件づけ

　ソーンダイクやスキナーの実験によって明らかになった，報酬や罰に適応して，自発的にある行動を行うように，学習することである。オペラント条件づけ箱（スキナー箱）にネズミを入れ，ブザーが鳴ったときレバーを押すとエサが与えられるようにしておくと，やがて，ネズミはブザーが鳴るとレバーを押してエサをとる頻度（確率）が増していく。これが正の強化である。ヒトを含む動物が自発する広範な行動が対象となり，子どものしつけや飼育動物の訓練などに用いられ，行動療法やプログラム学習などの応用領域に広がっている。　　　［松本　敦］

オーベルラン

Oberline, Johann Friedrich（1740-1826）
　ヨハン・フリードリヒ・オーベルランは，世界最初の保育施設「幼児保護所」を設立したフランスのプロテスタント派キリスト教牧師である。1740年，フランス北東部のアルザス地方の中心都市ストラスブールで生まれ，大学では神学と哲学を学び，22歳で牧師になる。1767年，バン・デ・ラ・ロッシュ（石の村の意）の一教区ウォルドバッハに着任したオーベルランは，低開発の谷間の土地の果樹栽培や農業生産を改善し，道路と橋梁を作り，紡績工場の会社を多数設立するなど，地域の産業振興に力を注いだ。また，学校教育制度の整備や小図書館の設立など，教育的・文化的改革にも尽力し，1769年には，大人を対象として「編物学校」を設立，1779年には農業託児事業として，同校内に世界初の保育施設「幼児保護所」（幼児学校）と中間学校を開設した。幼児学校では，子どもの保護と規律正しい生活習慣の獲得を目的に，言語教育，特に標準語の発音を重視し，教材には彼自身の考案による彩色した銅版画を用いるなど楽しさも考慮に入れた保育が行われた。その上の6歳からの中間学校では，読み書き算術のほか農業原理，宗教の教育も行われた。また，大人の学校である編物学校では，母親に縫い方・紡ぎ方・編み方の技術習得と保育者養成が行われた。この学校は，オーエンに影響を与え，現代フランスの母親学校などに，その精神は受け継がれている。
　　　　　　　　　　　　　［熊田凡子］

オペレッタ

　オペレッタとは，旋律に乗せた台詞と踊りがある音楽劇のことをいう。イタリア語で直訳すると小さいオペラを意味するが，演奏時間や作品の規模の小ささを指すものではない。オペラは，16世紀末期にイタリアのフィレンツェで誕生し，その後イタリア，そしてヨーロッパへと広がった総合芸術である。ギリシャ神話に基づいた内容が多くイタリアのオペラは悲劇的であるのが特徴であった。17世紀後半になると，ドイツでオペラが誕生し，モーツァルトの作品をはじめとする大衆的な内容の喜劇的作品が多く作曲された。それらの喜劇的な特徴の影響を受けフランスで誕生し，ウィーンで発展したのがオペレッタである。オッフェンバック（Offenbach, J., 1819-1880）作曲《地獄のオルフェ》（邦題：天国と地獄），ヨハン・シュトラウス2世（Strauss II, J., 1825-1899）作曲《こうもり》などがよく知られている。保育現場や教育現場で台詞と踊りを伴う音楽劇をオペレッタと呼ぶことがよくある。　　　［高　奈奈］

親子関係

　子どもが人生で初めて体験する人間関係であり，子どもの人格形成に大きな影響を及ぼすと考えられている。特に乳幼児期における親子関係は，子どもが外的環境や他者との相互関係を築くうえで重要な視点となる。エリクソンは，乳児期の発達課題は，親との相互作用をとおして基本的信頼感を獲得すること，幼児期前期には基本的生活習慣（食事や排泄など）において幼児の自尊心を守りつつ，

自律性を獲得できるように関わることが重要であるとしている。また，ボウルビィは，乳幼児期において特定の人物との間に情緒的な絆（愛着－アタッチメント）を形成することが必要であると説き，特定の人物が安全基地の役割を果たすことで子どもの発達が促されることを明らかにしている。子どもにとって，親は保護し育ててくれる存在であり，家庭は安心して過ごす安全地帯である。2006年に改正された教育基本法には，「父母その他の保護者は，子の教育について第一義的責任を有するものであって，生活のために必要な習慣を身に付けさせるとともに，自立心を育成し，心身の調和のとれた発達を図るよう努めるものとする」（第10条）と明文化されている。子どもの健やかな成長・発達のために，安定した親子関係が保障されなければならない。親子関係を支援する保育現場・保育者の役割が期待されている。→エリクソン；ボウルビィ　　　　　　　　［森　知子］

オルタナティブ・スクール

オルタナティブは，「代替」，「代案」「代わりとなる新しいものもの」といった意味合いがある。オルタナティブ・スクールと呼ばれる諸学校は，従来の公立学校の画一的な教育とは別の理念や考え方を実践する学びの場として誕生した。代表的なものは，シュタイナー学校（自由ヴァルドルフ学校），サマーヒル・スクール，フレネ・スクールなどである。日本では，学校教育法第１条には明記されていない民間団体が運営するフリースクールやインターナショナル・スクールなどもオルタナティブ・スクールと見なされている。フリースクールは，不登校の児童生徒の増加を背景にして起きた1970年代から80年代以降にかけてのオルタナティブ教育運動とともに急増した。日本では，不登校の児童生徒の受け皿や国際化への対応など，オルタナティブ・スクールの社会的な存在意義は高まっている一方で，それは公教育以外の教育として見なされ，公教育とは明確に区分されている。そのためオルタナティブ・スクールは，公費負担の対象外となっている。オルタナティブ・スクールは，多元的・多面的な価値観をもって生み出され，公教育にはない柔軟で多様な教育活動を志向する教育である。これを公教育の枠組みの中でどのように位置づけるのかは，公教育を考える上での重要な課題となる。
［阿部康平］

オルフ

Orff, Carl（1895-1982）

ドイツ，ミュンヘン出身の作曲家であり音楽教育家である。「オルフ・シュールベルク（学校のための音楽）」という作品群の中で，音楽教育法を示しており，中でも「オルフ・シュールベルク　子どものための音楽」という全５巻からなる作品は世界中に広まり，オルフの音楽教育理念が知られることとなった。オルフの音楽教育では，音楽，身体の動き，言葉が一体となることを目指し，そのためのアプローチやカリキュラム構成が重要であると考えられた。主要な教育目標は７つあり，①集団で音楽的な経験をすること，②音楽の構造を感覚的に捉えること，③音楽を芸術として理解すること，④指揮などの経験を通して，音楽的に独立すること，⑤自由な表現のため個人の技術を向上させること，⑥演奏の技術を身につけること，⑦自己肯定感を高め，自尊心を育成することである。オルフの音楽教育では楽器を用いられるが，中でも特徴的なのが木琴などの音板打楽器である。音盤を自由に取り外すことができ，その時に必要な音だけを打鍵できるため，即興演奏の導入に向いており，子どもたちが遊びの延長で楽器に触れることができる利点がある。　　　　　　　　［高　奈奈］

オルポート

Allport, Gordon Willard（1897-1967）

アメリカの心理学者。人格心理学に大

きな貢献をした。彼はそれまでの様々なパーソナリティ研究をまとめた上で，パーソナリティを「個人の内部で，環境への彼独自な適応を決定するような精神物理学的体系の力動的機構である」と定義した。オルポートは性格の特性論で有名である。彼は特性には，多くの人々に共通する「共通特性（common trait）」と，ある個人に独自の特徴を与える「独自特性（unique trait）」があるとした。共通特性は多くの人々がもっているものであるが，各個人によってその程度に違いがある。したがって共通特性を特定し，それを測る尺度を作成すれば，個人の性格が測定され，他者との比較も可能になる。一方，独自特性は個人に特有なものであるから，他者との比較は出来ない。共通特性の考え方は，後の因子分析的特性研究につながったが，オルポートは独自特性こそがその人の性格を特徴づける真の特性であるとしている。また彼は，共通の特性を表出的特性と態度特性に分け，さらに特性の基礎をなす心理生物学的要因を身体・知能・気質の３側面に分けてそれらをプロフィールで表す心誌（psychograph）を作成している。彼は，心理学には一般法則を求める法則定立的方法と個人の独自性を質的に理解しようとする個性記述的方法があり，そのどちらも大切であるとした。主著に『人格心理学』などがある。　　　　　［三浦正樹］

音楽療法

　日本音楽療法学会によると，音楽療法とは，「音楽のもつ生理的，心理的，社会的働きを用いて，心身の障害の回復，機能の維持改善，生活の質の向上，行動の変容などに向けて，音楽を意図的，計画的に使用すること」と定義されている。主に，福祉や医療，障害児教育の現場で用いられることが多く，病気や疾患の治療を目的とするものではなく，医学的な治療の補完的な役割を果たしている。また，高齢者に対しては健康維持や脳の活性化，障害児の心身の発達支援，心身に障害がある方とのコミュニケーション手段や自立神経の調整など，様々な効果が期待されている。具体的な内容としては，能動的音楽療法にあたる歌唱や楽器の演奏をすることや音楽に合わせて身体を動かすこと，受動的音楽療法にあたる様々な音楽を聴くことがある。音楽療法を実施する専門職として，日本音楽療法学会認定の音楽療法士がある。　　［高　奈奈］

音感教育

　音感とは，音の高低，音の強弱，音色，リズム，速度，和声，拍子など音楽を形づくる要素を聴き分け，認識する力のことである。それらの感覚や力を，聴力が著しく発達する幼児期に様々な方法を用いて養うことを音感教育という。音の高低の感覚は，それ自体を音感と捉える場合もあり，音感教育の中でも大きな役割を担っている。音の高低の感覚は，絶対音感と相対音感の２つに分けられ，絶対音感は，ある音の高さを瞬時に認識できる感覚及び能力のことで，幼児期のみに育つと言われている。絶対音感がある場合，ピアノの音を「ドミソ」と鳴らした際に，音の高さを正確に知覚できる。また，ガラスのコップを鳴らした際などに発生する楽器以外の様々な音に対して音程を感じられる。相対音感とは，ある音の高さを基準にして，他の音の高さを認識できる感覚及び能力のことである。例えば，ドとソの音の隔たりを正確に認識できることを指し，絶対音感とは違い，幼児期を過ぎても訓練により身につけられるものである。　　　　　　［高　奈奈］

恩　物（おんぶつ）

　幼稚園の創始者フレーベルが1830年代に創案した一連の教育遊具。ドイツ語 Gabe（ガーベ）の訳語で，geben（ゲーベン，与える）に由来し，本来は贈り物・賜り物の意味。フレーベルは特に神から与えられたものという意味で名付けたため，その含意を生かして「恩物」と

訳された（訳者は明治時代の幼児教育学者，関信三）。フレーベルは，万物は神によって創造され，それ故に自然の本質は創造性そのものであると考えた。子どもの発達はこの創造性を体得するプロセスにほかならない。恩物はそれで遊ぶことでこの体得のプロセスを導くものとして考案された。恩物は20種類あるが，子どもの創造的発達を導くものとして体系的に組織づけられており，その点で通常の積み木とは根本的に異なる。幼児が握ったりひっぱったりして遊ぶ毛糸のマリの第1恩物，立方体・直方体等の木製の積み木の第2〜6恩物，鮮やかな色を施された多数の小さな幾何学図形からなる第7恩物，細い木の棒，様々な大きさの円・半円の針金，多数の小石状の粒体といった第8〜10恩物。「手技工作」を目的とした組み紐・折り紙・粘土等の第11〜20恩物がある。フレーベルが創立し現在にいたるフレーベルハウス幼稚園では，恩物本来の意義を生かしつつ現代的な活用法への工夫を重ね，全ドイツにネットワークを広げる「総合こども園：子どものエキスパート〈フレーベル〉（FRÖBEL Kompetenz für Kinder）」では，恩物を現代的にアレンジした新たな遊具を創造する試みを展開している。

[隈元泰弘]

か

外気浴

外気浴とは新鮮な外の空気にふれさせることで、生後1か月ごろまでは外に連れ出さなくても、窓を開けて風を通し、その風に当てる程度で十分である。1か月を過ぎてからは戸外に出て外の空気に触れさせる。夏は暑い時間帯は避け、冬は暖かい時間帯に行うようにする。かつては、日焼けをしていることは健康の象徴と言われていたが、近年では人間の皮膚や目に及ぼす紫外線の有害性が指摘されるようになり、紫外線対策がとられるようになっている。1998年以降、母子健康手帳から「日光浴」の記載が削除され、外気浴についての記載となっている。母子手帳の保護者の記録【3〜4か月頃】の項目の中に、「外気浴をしていますか。（天気のよい日に薄着で散歩するなどしてあげましょう。)」とある。保育所保育指針（2018）には「健康の増進が図られるよう、気温や天候などの状況や乳児の体調に留意しながら外気浴や保育室外での遊びを多く取り入れることも必要である」（第2章第1（3）のウ）と記載されている。　　　　　　　　　［片岡章彦］

解体保育

同一年齢によるクラスの枠にとらわれないで、クラスの枠を解体して行う保育である。縦割り保育や異年齢保育、グループ保育等の様々な形態がある。年齢の近似性といったものではなく、子どもの興味や関心、行動様式といった観点に立って行う保育のことである。例えば、保育室や戸外にいくつかの遊びの場を設け、その中から子どもが好きな遊びを選択して行うコーナー保育と呼ばれる形態では、それぞれの子どもの興味・関心に応じた活動を行うことができる。それによって子どもは充実感や達成感をもつこともある。また異年齢で構成されるメンバーによる保育も、核家族化の進行、子どもの数の減少、地域における群れ遊びの消失等、それらを補完する意味では重要であろう。　　　　　　　　　［日坂歩都恵］

概念形成

子どもの認知における発達過程において、ある事柄をまとまりとして認識し、共通項で結びつけたり、区別したりすることができる認知機能のことである。AというものとBというものは、あるものでひとつの枠ぐみとして理解でき、別の捉え方では、違うものとして見ることができる。それは同じ仲間、同じグループ、またはその枠組みとの差異を理解し、認識していることとなる。これが、いわゆる概念形成のことである。たとえば、ミツバチ、スズメバチ、ヘビ、犬、ぬいぐるみ、積み木とそれぞれ固有のものに対し、生き物グループはミツバチ、スズメバチ、ヘビ、犬となり、昆虫グループはミツバチ、スズメバチとなり、おもちゃグループはぬいぐるみ、積み木という「まとまり」で認識できるようになることを意味する。　　　　　　　　　［木下隆志］

外発的動機づけ

動機づけとは、行動を一定の方向に向けて発動させ、推進し持続させる過程、ないしそれに関わる機能全般を示す用語であるが、行動や活動それ自体を目的とした行動ではなく、行動の目標が外部にある場合の動機づけを外発的動機づけと呼んでいる。外的な報酬を得るために勉強をするとか、逆に親から叱られたくないからいやいや勉強する、などが外発的に動機づけられた行動の例である。心理学では一般に、外発的動機づけによる学習や行動は効果が一時的で好ましくないとされている。その中でも特に罰は、与えられた者に情緒的混乱が生じ、加罰者との間の人間関係を損なうおそれがあり好ましくない。賞賛による動機づけすなわち「ほめられたいから」勉強するというのも外発的動機づけであるが、この場

合でも，賞賛への依存性が問題となる。つまり，ほめられなくなるととたんに勉強しなくなるおそれがあるのである。外発的動機づけの効果は学習意欲の段階別に考える必要がある。子どもが無気力の場合は，報酬や賞賛も必要であろう。「出来た」ことに対する有能感が芽生えるようにすると良い。賞賛は外的報酬であるが，「ほめ依存」にならないように上手く使えば子どもとの人間関係構築につながる。子どもが自らの興味・関心で勉強するようになれば（内発的に動機づけられた段階）外的報酬は不必要であり，あたたかく見守るだけでよい。

[三浦正樹]

貝原益軒

かいばら　えきけん（1630-1714）

　福岡藩士にして，江戸時代を代表する儒学者，教育者の一人。寛永7（1630）年に生まれ，幼いときから儒学を学び，長じて後，長崎で医学を修め，正徳4（1714）年に死去。86歳で亡くなるまで，『養生訓』『大和本草』など数多くの書を残した。これらの書は，民が日々の生活をおくるさいに役に立つ実用的な知識こそ学問であるという，「民生日用」の精神に立脚して著されている。貝原益軒の書は，天地の働きは生命を生み育てることであり，人々がこの天地の働きに感謝し，節制して長生きし，様々なことがらを学びながら，生を楽しみ，それぞれの天寿を全うすることを可能にするための実学の書である。また，『和俗童子訓』（5巻）は，子どもの早期教育を説く日本最古の児童教育書と呼ばれている。

[島田喜行]

カイヨワ

Caillois, Roger（1913-1978）

　カイヨワは，20世紀フランスの社会学者，哲学者，批評家である。ホイジンガの影響を受けて，1958年に『遊びと人間』を著した。カイヨワは，遊びを，「自由な活動」（強制されないこと），「隔離された活動」（一定の時空間において生起すること），「未確定な活動」（創意工夫された自由な展開があること），「非生産的な活動」（富も財産も生み出さないこと），「規則のある活動」（遊びにはルール，約束事があること），「虚構の活動」（日常生活から離れた非現実，フィクションの意識があること）であると定義している。またカイヨワは，社会学的な視点から遊びの構造や質を次の4つに分類して示した。①アゴン（Agon，競争の遊び－鬼ごっこ，野球など），②アレア（Alea，運の遊び－じゃんけん，宝くじなど），③ミミクリ（Mimicry，模擬の遊び－ままごと，仮面・仮装，演劇など），④イリンクス（Ilinx，眩暈の遊び－ブランコ，メリーゴーランド，ダンスなど）。

[戸江茂博]

カウプ指数

　乳幼児の肥満ややせについて，身長と体重の値を組み合わせて算出された数値を用いて評価する方法である。WHOの国際肥満タスクフォースにて小児肥満の判定に妥当な基準として BMI（body mass index）が採用された。BMIは体重（kg）を身長（m）の二乗で割って求めた値である。乳幼児では BMI は「カウプ指数」と呼ばれ，体格評価に用いられる。長所は，①身長の割に体重が多いか少ないかが，月齢・年齢によらず，簡単な計算により1つの数字で表せる，②標準の体格は15～19というように乳幼児の「一応の基準」があるので，基準と比べて体格を評価できる，③BMIパーセンタイル曲線を用いれば，月齢・年齢ごとに正しく体格を評価できる，④成人と同様に乳幼児でも，「身長が高いと，あるいは低いと，過体重と評価されやすい」といった偏りが生じない，等である。同時に，①BMI（カウプ指数）は月齢・年齢とともに大きく変動するので，乳幼児期を通した単一の基準で評価をすると判断を誤りやすい，②この問題を解決す

るには，必ず BMI パーセンタイル値曲線を手元に置き，参照する必要がある。また BMI パーセンタイル曲線からは，個人のパーセンタイル値を読み取ることができないので，判定結果を数字で表しにくい，といった短所が挙げられる。なお，幼児版の肥満度判定簡易ソフト（エクセル版）が公表され，3歳以上の子どもの評価用ツールとして用いることができる。 ［森田惠子］

カウンセリング・マインド

カウンセリングの理論や技法に基づいた共感的・受容的な態度や心構え。カウンセリング・マインドをもって子どもやその保護者と関わることが求められるが，具体的にはロジャース（Rogers, C. R., 1902-1987）がカウンセラーの条件として示した次のような基本的態度が参考になる。①無条件の肯定的関心：子どもやその保護者の意見・感情・人格を尊重し，あるがままに受け入れる態度である。②共感的理解：子どもやその保護者が抱いている気持ちや感情をありのままに理解し，その気持ちや感情をあたかも自分自身のものであるかのように感じようとする態度である。③自己一致：相手の話を聞いたときに，自分自身にわき起こった感情に忠実であろうとする態度である。相手に対し否定的な感情が生じたとしても，それを否定したり無視したりしないで，なぜそのような感情が生じたかを内省する必要がある。

これらの態度は人間の精神を健康にするために必要不可欠なものであり，保育者と園児あるいはその保護者との関係のみならず，親子関係，児童・生徒と教師の関係など広く人間関係全般において重要な態度である。このような態度で接することにより，園児や保護者は自分が受容されているとの安心感を得ることが出来，保育者との間に信頼関係（ラポール）が築かれていく。 ［三浦正樹］

鏡文字

子どもの言語発達において，幼児期後期の「書き言葉」の発達過程の一段階にみられる書き文字が，鏡に写ったような左右が反転した形の文字のこと。身体機能が未発達である段階では，視覚と手や指の協応が上手くいかず一時的に鏡文字を書くことがある。また，発達障害のうち，読み書きや計算などのスキルの獲得が難しい学習障害（LD）があるが，文字を書くことに困難がある書字障害（ディスグラフィア）に鏡文字の特徴がみられることもあるという。幼稚園教育要領の領域「言葉」の内容（10）に「日常生活の中で，文字などで伝える楽しさを味わう」，また内容の取り扱い（5）には「幼児が日常生活の中で，文字などを使いながら思ったことや考えたことを伝える喜びや楽しさを味わい，文字に対する興味や関心をもつようにすること」とある。幼児期後期には記号も含む文字などへの興味関心を深め，生活や遊びのなかでの必要性にもとづく文字の働きや役割に気付き，文字を書いてみることに楽しく意欲的に挑戦するようになる。保護者や保育者が鏡文字を書く段階は一過性のものだと理解し，間違っていることを強く指摘したり，叱ったりせずにあたたかく見守り，子どもたちの「読みたい，書きたい」とう気持ちを大切にすることが肝要である。 ［生駒幸子］

賀川豊彦

かがわ　とよひこ（1888-1960）

1914年から約3年間，アメリカのプリンストン大学及び神学校で神学，生物学などを学ぶ。帰国後，労働運動，生活協同組合，農民福音学校，平和運動，そして自然科学とキリスト教の調和した幼児教育へと活動を広げた。貧しい人々との生活を描いた自伝的小説『死線を越えて』（1920）は，大正時代のベストセラーである。善隣幼稚園の青木まつに影響を受け貧困地区の子どもたちへの教育

の重要性を認識し，子どもの生存権や教育を受ける権利などを含めた「子どもの権利」を発表する。善隣幼稚園の午後の部が賀川へ譲渡され1935年に友愛幼児園として新しく発足した。『友情』『爪先の落書』『馬の天国』などのキリスト教児童文学を執筆している。1928年，協同組合運動として光の園保育学校を設立した。幼児教育に関する代表的な著作は『魂の彫刻―宗教教育の実際―』である。

ペスタロッチ，フレーベル，ラスキン，ファーブル，モンテッソーリから多くの影響を受けている。「幼児自然教案」は，宗教，科学，芸術の３つを中心としてフレーベルの自然恩物と「園」の部分を幼稚園に取り戻す必要を述べている。この教案は，1931年に創立した松沢幼稚園で，キリスト教学校の卒業生の大崎治部，す て夫妻を中心に実践された。松沢幼稚園では，岩石の標本，タンポポやソラマメの模型，結晶体模型，原子カルタや原子将棋（遊びながら原子番号と原子名を学ぶ），雑草園などを保育に取り入れ，小動物の飼育が行われた。この教案は，子どもが保育者と共に動植物や岩と土，天体などの自然界を観察し，体験を通して知的な発達を促すと共に自然界の不思議さを感じること，自然界を創られた神の存在を体験を通して認識することの重要性を説いている。　　　　　［荒内直子］

過干渉

過干渉とは，必要以上にかかわること，一定の限度を超えてかかわることとされており，親の養育態度で取り上げられることがある。養育態度（育児態度ともいわれる）については，精神分析論が乳幼児期体験の重要性を強調して以来，研究されてきた。親が過干渉であることについては，子どもの好ましくない特性と関係があるということも指摘されている。具体的には，適応困難，自己肯定感の形成，社会的スキルの獲得等にネガティブな影響があることが報告されている。し かし，過干渉ということは，親の養育態度に限ったことではなく，保育者も留意する必要があるのではないか。子どもが自分でやろうとしていることを先回りして手伝ってしまったり，試行錯誤の上で自分なりに解決しようとしている課題に対して子どもから要求がないのにあれこれ言葉をかけたり，子どもの主体性や学びへ向かう力を損なうようなかかわりは一種の過干渉といえるだろう。

［椛島香代］

課　業

おこなうべきこととして割り当てられた仕事や学業のことをいう。学校教育においてある教材理解を深めることを課業という。教材は科目によって系統的に配列され，学習者はその配列にそって学習をすすめていく。幼児教育においても教育課程に系統的に活動や幼児の経験内容を配列し，保育者がその活動を設定して幼児が行うものを課業と呼ぶ。音楽的活動，造形活動，環境教育など活動の種類で分類して系統的に配列し，設定して幼児が経験していく。保育者が展開する学級全体で行う設定（一斉）活動を課業と呼ぶこともある。いずれも，保育者が幼児に活動を提供するものである。平成29年告示『幼稚園教育要領』，『保育所保育指針』，『幼保連携型認定こども園教育・保育要領』においては幼児が主体的発揮を重要視していることから，保育現場において「課業」という用語は使用しない傾向にある。　　　　　　　　［椛島香代］

核家族

夫婦と未婚の子からなる家族形態である。具体的には，「夫婦とその未婚の子」「夫婦のみ」「父親または母親とその子」のいずれかからなる家族をさす。核家族という言葉はアメリカの文化人類学者マードック（Murdock, G. P., 1897-1985）が1949年に著した『社会構造』の中で用いた nuclear family の日本語訳である。マードックは，250以上の未開社会にお

ける家族形態を調査した結果，家族の構造的側面から，あらゆる文化や社会に父母子によって構成される家族が普遍的に存在するとして，それを nuclear family と名付けた。他に個別家族や基本家族という言葉もあるが，マードックの核家族が広く世界的に知られ，用いられている。核家族は，それ自体単独で存在する家族形態であるが，家族結合の単位でもある。例えば親の核家族と既婚子の核家族が縦に結合し，拡大家族を形成する場合もある。近年，核家族の中で「夫婦のみ」及び「父親または母親とその子」の世帯が増え，「夫婦とその未婚の子」の世帯が減少傾向にある。民主的・友愛的夫婦家族の浸透とともに現代家族の主流とみなされてきた核家族であるが，家事，育児，介護などの家族機能に関しての問題が指摘されている。　　　　　　　　［大塚優子］

学　制

　日本では最初の学校制度に関する法令で，被仰出書（おおせいだされしょ）とともに1872年に発布された。フランスの学区制を模範として，全国を8大学区にわけ，さらに中学区，小学区を設定した。大学区に大学，中学区に中学校，小学区に小学校を各1校ずつ設置することをめざした。また，教育内容の面ではアメリカの影響が見られる。欧米の教育制度を手本として定めた「学制」であるが，単純に計算すれば全国に5万校以上の小学校を作る必要があることになり，当時の日本社会の現状に即したものではなく，批判が高まった。そのため，1879年に教育令が公布され，学制は廃止された。
　　　　　　　　　　　　　　［冨江英俊］

学童保育

　「放課後児童クラブ」とも称されるが，正式名称は「放課後児童健全育成事業」である。趣旨は，児童福祉法第6条の3第2項及び放課後児童健全育成事業の設備及び運営に関する基準に基づき，保護者が労働等により昼間家庭にいない小学

校に就学している児童に対し，授業の終了後等に小学校の余裕教室，児童館等を利用して適切な遊び及び生活の場を与えて，家庭，地域等との連携の下，発達段階に応じた主体的な遊びや生活が可能となるよう，当該児童の自主性，社会性及び創造性の向上，基本的な生活習慣の確立等を図り，その健全な育成を図るものとされている。実施主体は，市町村，あるいは市町村が適切と認めて委託等を行った者である。職員体制は，一の支援の単位（おおむね40人以下）ごとに，2人以上の放課後児童支援員（1人は補助員でも可）を必要とする。開所する日数は，原則として年間250日以上である。課題として，事業を利用できない待機児童が発生していること，放課後児童支援員の処遇が十分でないこと，特別な支援が必要な児童の受入れの体制が十分でないことなどがある。　　　　［大森雅人］

確認制度

　確認制度とは，子ども・子育て支援新制度において，学校教育法，児童福祉法等に基づく認可等を受けていることを前提に，施設・事業者からの申請に基づいて，市町村が，対象施設・事業として確認し，給付による財政支援の対象とするものである。具体的には，給付を行う市町村が，認可を受けた幼稚園・保育所・認定こども園・地域型保育事業に対して，市町村子ども・子育て支援事業計画を基に，1号認定，2号認定，3号認定ごとの利用定員を定めた上で給付対象となることを確認し，委託費を支払うものである。確認制度における運営基準については，幼稚園・保育所・認定こども園・地域型保育事業は，「学校教育法，児童福祉法等に基づく認可基準等を満たすこと」，「子ども・子育て支援法に基づく運営に関する基準を満たすこと」が求められる。　　　　　　　　　　　　［佐藤智恵］

影　絵

　影絵は，ものに光を当てスクリーンな

どに投影されてできる影の形やコントラストを楽しむ表現である。子どもの遊びや保育教材としての影絵遊びには、手影絵、身体を用いた影絵、影絵人形などがあり、ごっこ遊びや人形劇、影絵クイズなどで用いられることが多い。手影絵では手で動物などの形をつくったり、身体を用いた影絵では自由にポーズを取ったりして、地面や布などに影を写して遊ぶことができる。影絵人形は紙などでつくった形の一部を切り抜いて、そこにカラーセロハンなどを貼り、棒などをつけて持って演じたり、遊んだりできる。影を映す場所は壁などだけではなく、段ボール箱を切り抜いて影絵用の舞台をつくるなどが考えられる。また、投影する素材は、薄い布や重ねた布など材質を変えることで、見え方や感じ方も変化する。影絵遊びで使う光源としては、自然光や懐中電灯、LED の投光器やプロジェクターなどが考えられる。明るさや種類、安全性を確認し選ぶ必要がある。また、光源にカラーセロハンを貼ったり、一方向からではなく光源を2つ以上使用したりすることで色の変化や影の重なりなどを楽しむこともできる。活動やねらいなどを考えて、子どもが光と影の関係に興味を持ち、想像力や探究心を育めるように環境を工夫することが重要となる。

[須増啓之]

歌唱指導

子どもにとって歌うということは、自己表現のひとつであり、日常生活の大切な一部である。歌うことにより、心身が解放され、心の中の思いを言葉や音で具現化することができる。また、腹式呼吸を伴うことにより、肺機能を高めるとともに情緒の安定にもつながる。歌唱指導の際は、これらの効果を念頭におき、年齢ごとの言葉や発声器官の発達、声域、歌唱力の発達、記憶力について考慮しながら取り扱う楽曲を選び、指導する必要がある。児童期以降は、楽譜を見ながら

歌う視唱を行うが、乳幼児期の子どもの歌唱は、基本的には保育者の歌声を聴いて歌を覚える聴唱であるため、保育者の声や歌そのものが子どもたちの教材となる。絵本やペープサートなどを用い導入方法を工夫し、保育者が子どもたちの心に寄り添って歌うことが、情緒の安定につながり、さらには信頼関係を築くことができる。

[高 奈奈]

数概念の発達

小学校学習指導要領（平成29年告示）によれば、算数科の内容に「数概念の形成」がある。取り上げられている数概念は、「自然数：個数や順序を表す正の整数」「有理数：分数、小数など2つの整数を用いた分数で表せる数」「基数（集合数）：ものの集まりの大きさ、濃度などを示す数」「序数：ものの順序を表す数」の概念である。小学校以降になると、発達に応じて、これらの数概念とその表現、及び計算を系統的に学ぶことになる。一方、それ以前の乳幼児期においては、家庭や園における生活（遊び）を通じて、数概念を発達させていく。例えば、乳児の段階からごく自然に「いち・にの・さん」と数を一緒に数えており、「大きいお花、小さなお花」と大小の比較を経験している。こうした経験の積み重ねによって、序数や基数（集合数）の概念が自然に身に付くことになる。そしてその後の生活経験を通じて、さらに多くの数概念を発達させていくことになる。その際には、人が獲得した生得的能力（例えば生後1週間の乳児はすでに小さな数の違いを認識している）が基盤となることも知られている。

[大森雅人]

家族関係

家族内部の人間関係、家族構成員の相互関係をいう。人は家族の中で、他の家族構成員一人ひとりに対し続柄的地位を持つが、この続柄的地位の間で成立する関係が家族関係である。具体的には親子関係、夫婦関係、兄弟姉妹関係などをい

う。例えば核家族の場合，夫と妻，父と息子，父と娘，母と息子，母と娘，兄と弟，姉と妹，男きょうだいと女きょうだいの家族関係が存在するということである。これに，長男，次男などの出生順位を考慮すると家族関係の数はさらに増えるが，子どもの性別や出生順位を無視した場合の家族関係は，夫婦，父子，母子，きょうだいとなる。家族形態が拡大家族となると，さらに祖父母と孫の関係，婚姻によって生じた義理の親子関係が加わることになり，家族関係の数はより増える。

親子，夫婦，兄弟姉妹などの家族間には情緒的結合や親密性といった，他の集団にはみられない特殊な関係性がある。その関係性に歪みが生じた場合，虐待や暴力などの病理が発生し，家族は危機へ至る。近年，核家族化，少子化などにより，家族は閉鎖的で外部からみえにくい集団となり，問題が深刻化しやすい状況となっている。今後，家族を対象とした臨床実践，家族への積極的な介入，新たな家族政策が課題となる。

子どもにとって家族関係は，人格形成などに影響を与える。とりわけ親子関係のあり方は影響が大きい。子どもは，温かく安定的な家族関係の中で養育されることが望ましい。　　　　[大塚優子]

家族福祉

家族に焦点を当て，家族への働きかけや援助により，その構成員の自己実現や課題の解決を目指す社会福祉の分野である。家族は，個人にとって最も身近な環境の一つであり，個人の生活状況や自己実現への影響も大きい。そのため，家族が抱える困難を軽減し，ニーズの充足を図ることは，個人が安心，安定した生活を送る上でも重要となる。特に，子どもは保護者から受ける影響が大きいこともあり，児童福祉の分野では重視されている。なお，育児や介護の分野では，家族にその役割が担わされることが多いが，家族のみが過重な負担を強いられることのないよう，困難を軽減することが目指されている。近年，家族は多様化し，ひとり親家族，ステップファミリー，外国につながりのある家族，単身世帯，里親や養子縁組など血縁に依らない家族，LGBT カップルなど，さまざまな形が存在する。どのような家族の形であっても，そのあり方が尊重され，多様な選択が保障されることが求められている。

[松浦 崇]

家族療法

家族療法では，家族システムの中で症状や問題を理解する。ある個人が示す症状や問題を家族間の関係性などに影響を受けて生じるものとして捉え，患者の役割を与えられたものとして「IP (identified patient：患者とみなされた人)」と表現される。家族を1つの生命体のようにみなすため，夫婦，母子，父子，兄弟，姉妹がそれぞれサブシステムを形成し，その全体が家族システムを構成すると理解する。そして，個人の症状や問題行動の原因追求よりも，家族間の情緒的，意識的，無意識的コミュニケーションの改善により良好な関係をつくる。

家族療法の対応では，家族全員と同席面接をすることで互いの関係を直接確認し，家族関係を心理的システムとして理解，受容することで問題を改善することを目指す。多くの家族は，長い年月の間にいくつかの家族危機に直面するが，必ずしも否定的にのみに受け止める必要はなく，家族人生周期の移行期の課題を乗り越えるための肯定的な役割を持つこともある。　　　　[金山健一]

カーソン

Carson, Rachel Louise（1907-1964）

1907年アメリカ合衆国ペンシルヴァニア州生まれの海洋生物学者，自然環境保護活動家。ペンシルヴァニア女子大学，ジョンズ・ホプキンス大学大学院で動物学と海洋生物学を修め，1936年にアメリ

カ商務省漁業水産局に就職する。その後，内務省魚類・野生生物局に転じ，野生生物の保護業務に勤しむ傍ら，海洋生物に関するの著作活動にも従事した。45歳のとき，文筆活動に専念するために官職を退いた。1962年に公刊された『沈黙の春』において，農薬殺虫剤による土壌汚染の恐ろしさを告発した。彼女は，農薬や化学薬品による「自然の征服」を「人間が得意になって考えだした勝手な文句にすぎない」と断罪し，「自然は人間の生活に役立つために存在する」という人間の思い上がりに警鐘を鳴らした。彼女の言動は，人間を自然の支配者とみなす「人間中心主義」に対抗する今日の自然環境保護運動の基盤となった。

[島田喜行]

学級崩壊

　1999年，当時の文部省（文部科学省の前身）の研究委嘱を受けた国立教育研究所（国立教育政策研究所の前身）は，「学級経営研究会」を組織し，マスコミが「学級崩壊」の表現で報じていた状況について小学校における大規模な聞き取りを行った。その中間報告書では次のような記述により「学級崩壊」という表現を避けながら「学級がうまく機能しない状況」という呼び方で次のように定義している。それは，「子どもたちが教室内で勝手な行動をして教師の指導に従わず，授業が成立しないなど，集団教育という学校の機能が成立しない学級の状態が一定期間継続し，学級担任による通常の手法では問題解決ができない状態に至っている場合」を指している。学級経営研究会の最終報告でもこの認識が継承されたが，この「学校がうまく機能しない状況」の定義はそのまま「学級崩壊」の定義として議論されることが一般的である。「学級がうまく機能しない状況」は，複合的な要因が積み重なって起こる。問題解決のための特効薬はなく，複合している諸要因に一つひとつ丁寧に対処してい

く事が求められている。　　　[荒内直子]

学　校

　制度上は，学校教育法第1条に定められている「幼稚園，小学校，中学校，義務教育学校，高等学校，中等教育学校，特別支援学校，大学及び高等専門学校」が学校である。国と地方公共団体と学校法人のみが，学校を設置することが出来る（教育特区などの施策で一部の例外はある）。歴史的に見れば，中世ヨーロッパにおいて教会が持っていた聖職者を養成するための学校はあったが，「教室があり，学年や学級があり，学ぶ内容（カリキュラム）や教科書があり，資格を持った教師が教える」といった学校は，19世紀後半から急速に拡大した。「教育学の父」とされるヘルバルト（J. F. Herbart）が「教授段階法」という教育方法を提唱し，その後弟子たちによって世界中に広まったことが，この拡大を可能にした。またこの拡大は，子どもを学校教育に組み入れ，国家の統合・発展に資する内容を教えることをめざした，国民国家の設立という政治的状況とも深くかかわっていた。今日の学校は，「新教育運動」による教師中心・知識中心の教育への反省を経て，「脱学校論」に影響を受けたオルタナティブな教育機関（フリースクールなど）との緊張関係もあるが，依然として子どもの教育の場として，圧倒的な位置を占めている。[冨江英俊]

学校カウンセリング

　学校カウンセリングは，学校という場で主にスクールカウンセラーが児童・生徒・保護者・教師等を対象として，個別的心理教育アセスメント，児童生徒へのカウンセリング，教師・保護者へのコンサルテーションを行い，問題解決に向けて認知，情緒，行動に働きかけ，適応的な変容を目指す営みである。学校カウンセリングにおいては，児童生徒へのカウンセリングだけでなく，保護者や教師等にも行うことがある。アセスメントとは，

面接や観察，心理検査などを通じて，特徴や問題の所在を明らかにし現状の把握をしていくことであり，査定と呼ばれている。コンサルテーションとは，対象者を直接援助する人を援助する働きかけである。日常生活で児童生徒に関わる直接援助者は，保護者や教師である。その援助者となる教師は，学級担任を中心に主任や部活動顧問など，それぞれの立場や役割がある。それぞれの直接援助者を援助するコンサルテーションは，子どもを取り巻く状況の多面的な理解に欠かすことができない。アセスメント，カウンセリング，コンサルテーションを通して，児童生徒は学校という場で自分らしく生活し学ぶ心持ちを整え，そして教師や保護者は子どもを援助している自分を大切に感じられるような重層的な支援が行われている。　　　　　　　　　　　[坂田和子]

学校感染症

　学校保健安全法施行規則に，学校において予防すべき感染症の種類（第1種，第2種，第3種）が示されている。第1種の感染症は，「感染症の予防及び感染症の患者に対する医療に関する法律」の一類感染症と結核を除く二類感染症を規定している。第2種感染症は，空気感染または飛沫感染するもので，子ども時代にかかることが多く，学校で流行を広げる可能性が高い感染症である。第2種感染症にはインフルエンザ，百日咳，麻疹，流行性耳下腺炎，風疹，水痘，咽頭結膜熱，結核，髄膜炎菌性髄膜炎が規定されている。第3種感染症は学校教育活動を通じ，学校において流行を広げる可能性がある感染症である。第3種感染症の一つに，流行性角結膜炎があり，この病気は感染力が非常に強く，プールの水や手指，タオル等の接触感染で広がることがある。また，学校で通常見られないような重大な流行が起こった場合に，その感染拡大を防ぐために，必要があるときに限り，校長が学校医の意見を聞き，第3

種の感染症「その他の感染症」として，緊急的に措置をとることができる。例えば，冬季の感染性胃腸炎（ノロウイルス感染症，ロタウイルス感染症），マイコプラズマ感染症，溶連菌感染症，急性細気管支炎（RSウイルス感染症）手足口病，ヘルパンギーナ，伝染性膿痂疹（でんせんせいのうかしん／とびひ），伝染性軟属腫（水いぼ），アタマジラミなどが挙げられている。　　　　　　[森田惠子]

学校給食法

　学校給食法第1条に，「この法律は，学校給食が児童及び生徒の心身の健全な発達に資するものであり，かつ，児童及び生徒の食に関する正しい理解と適切な判断力を養う上で重要な役割を果たすものであることにかんがみ，学校給食及び学校給食を活用した食に関する指導の実施に関し必要な事項を定め，もつて学校給食の普及充実及び学校における食育の推進を図ることを目的とする」と定めている。そして第2条には，学校給食の目標が次のように具体的に規定されている。①適切な栄養の摂取による健康の保持増進を図ること。②日常生活における食事について正しい理解を深め，健全な食生活を営むことができる判断力を培い，及び望ましい食習慣を養うこと。③学校生活を豊かにし，明るい社交性及び協同の精神を養うこと。④食生活が自然の恩恵の上に成り立つものであることについての理解を深め，生命及び自然を尊重する精神並びに環境の保全に寄与する態度を養うこと。⑤食生活が食にかかわる人々の様々な活動に支えられていることについての理解を深め，勤労を重んずる態度を養うこと。⑥我が国や各地域の優れた伝統的な食文化についての理解を深めること。⑦食料の生産，流通及び消費について，正しい理解に導くこと。また，第3条では，学校給食を「前条各号に掲げる目標を達成するために，義務教育諸学校において，その児童又は生徒に対し実

施される給食」と定義している。

［廣田有加里］

学校教育

　学校教育はフォーマル教育（formal education）ともいわれ，特定の集団に対して，定められた学校で，一定の様式の学習内容を計画的・組織的・継続的に行う教育活動のことである。日本における学校教育は，法的に学校教育法第1条に規定する学校で行われる教育をさし，その学校とは幼稚園，小学校，中学校，高等学校，大学などである。それ以外に，専修学校（学校教育法第124条）や各種学校（学校教育法第134条）のような学校教育として扱われている教育施設もある。学校教育以外にも，教育は行われる場によって，家庭教育，社会教育がある。それぞれの場で行われる教育が人間の潜在的な能力に総合的に働きかけることにより，豊かな人間形成につながるといわれている。

　幼稚園における教育（幼稚園教育）について文部科学省は，幼児教育の中核的役割を果たし，幼児期の発達特性に照らし，幼児の自発的な活動としての遊びを重要な学習として位置づけ，幼稚園教育要領に従って教育課程が編成され，教員の援助によって適切な施設設備の下に，組織的・計画的な指導を環境を通して行うものと説明している。また，幼稚園教育要領解説（2018年）では，幼稚園教育を，その後の学校教育全体の生活や学習の基盤を培う役割を担い，「知識及び技能の基礎」「思考力，判断力，表現力などの基礎」「学びに向かう力，人間性等」を育むものとしている。　［大塚優子］

学校教育法

　現行の学校制度の在り方を規定する法律（昭和22（1947）年法律第26号）。その第1条は，「この法律で，学校とは，幼稚園，小学校，中学校，高等学校，中等教育学校，特別支援学校，大学及び高等専門学校とする」というものである。

この第1条からもあきらかなように，「保育所」は，文部科学省の管轄にある学校に区分されてはいない。「日日保護者の委託を受けて，保育に欠けるその乳児又は幼児を保育することを目的とする施設」である保育所は，児童福祉法（昭和22（1947）年法律第164号）にしたがって，こども家庭庁の管轄におかれている。近年，幼児期の学校教育や保育，地域の子育て支援の質と量を向上させることを目指し，必要とするすべての家庭の子どもたちがより豊かに育つための場を創設するために，幼稚園と児童福祉施設としての保育所の機能をあわせもつ「幼保連携型認定こども園」が新たに設置された。　［島田喜行］

学校行事

　全校または学年など，学級の枠を超えた大きな集団を単位として行われる教科外の教育活動。明治期より学校行事として儀式や運動会，遠足などが行われていたが，戦後の教育課程では，1958年の学習指導要領改訂（高校1960年）で特別教育活動とならび「学校行事等」が設けられた。その後，特別活動内に位置づけられ，現在の学習指導要領（小・中学校2017年，高校2018年）では①儀式的行事，②文化的行事，③健康安全・体育的行事，④旅行・集団宿泊的行事（中・高等学校。小学校は遠足・集団宿泊的行事），⑤勤労体験・奉仕的活動の5種に分類される。教科の枠にとらわれない総合的・体験的な活動であり，学校生活に秩序と変化を与えるなど，他の活動では得がたい教育的特質が挙げられる。児童生徒にとって学校の良き思い出となり，また「学校の特色」となり得る一方で，「学校が計画し実施」するという性格から主体性のない活動になりかねないため，生徒の自主的活動の助長が大切である。　［塩見剛一］

『学校と社会』

　デューイが自ら開設したシカゴ大学附属小学校での三年間の実践報告としてお

こなった講演を基にした著作。同書で
デューイは旧来の教育が大人の利便を中
心にすえていたと批判し，児童中心の教
育思想を打ち出す。そのために学校教育
がなす変革では「子どもが中心であり，
この中心のまわりに諸々の教育の営みが
組織されることになる」と説く。また学
校を小社会と捉え，大社会である実社会
とのつながりを重視する教育の必要性が
論じられる。学校教育で社会の様々な生
活を仮に経験し，子どもが社会に好意的
な興味・関心を抱くことで，自発的な社
会との関わり方を身につけ，さらなる社
会の進歩を全ての子どもが積極的に担う
性向を育成することが目指されている。
→デューイ 　　　　　　　［塩見剛一］

学校法人立幼稚園

　学校の設立を目的とした寄付行為に
よって設置した私立の幼稚園を指す。設
立者は学校法人であり，同時に公教育と
しての役割をもっている。さらに，学校
の方針，運営における自主性が尊重され
るが，都道府県知事に申請し許可を得る
ことが必要である。私立学校の所管庁は
都道府県となり，幼稚園設置基準に基づ
き学校教育法第１条の「学校」としての
位置付けとなる。さらに，学校教育法第
22条に基づき，特色のある設置者独自の
保育内容を展開することができ，子ども
の特性に応じて保護者の考えのもと，幼
稚園を県内の広領域から選択することも
可能である。例えば，世界的にも実施さ
れているモンテッソーリ保育，ルドル
フ・シュタイナー保育等の幼稚園やその
他多くの特色をもった幼稚園教育がなさ
れている。幼稚園選択にあたっては，そ
れぞれの園の方針，特性や通園可能な地
域性を考慮して，実際に見学し体験する
ことで，自分の子どもに適切だと思われ
る幼稚園を選択する必要がある。
　　　　　　　　　　　［名須川知子］

学校保健安全法

　1958年に「学校保健法」として成立し，
2008年に「学校保健安全法」として題名
改正された法律である。この法律は，
「学校における児童生徒等及び職員の健
康の保持増進を図るために，学校におけ
る保健管理に関し必要な事項を定めると
ともに，学校における教育活動が安全な
環境において実施され，児童生徒等の安
全の確保が図られるよう，学校における
安全管理に関し必要な事項を定め，もっ
て学校教育の円滑な実施とその成果の確
保に資すること」を目的として制定され
た。学校の管理運営，健康相談や健康診
断の実施に関すること，感染症の予防を
めぐる諸措置（例えば，校長は，子ども
が感染症にり患したり，またその疑いが
ある場合に，出席を停止させることがで
きる），養護教諭等の保健指導等につい
て規定されている。また，「学校保健計
画」を策定しそれを実施しなければなら
ないこと，また，学校には学校医・学校
歯科医・学校薬剤師を置くこと等につい
ても規定がある。なお，この法律実施の
ための細則を定めた省令として「学校保
健安全法施行規則」があり，健康診断の
方法や感染症の予防に関して詳細に規定
されている。 　　　　　　［戸江茂博］

葛 藤

　たとえば，友達と遊んであげたいけれ
ども一人でお絵描きをしていたいとか，
宿題をしなければならないけれどもゲー
ムで遊びたいとかというように，欲求や
規範が互いに対立しながら心の中に現れ
て，そのどちらも選びとれないという状
態。アメリカの教育哲学者であるローレ
ンス・コールバーグ（Kohlberg, L.）は，
葛藤が道徳性の発達の契機となると主張
した。すなわち，コールバーグによれば，
子どもたちが異なる道徳的価値の間で葛
藤しながら，その葛藤を調整し，心の中
に均衡状態を作ることで，子どもたちは，
道徳的に成長する。この理論は，「モラ
ル・ジレンマ授業」として実践され，道
徳教育の主要な方法論の一つとなってい

る。　　　　　　　　　　　　　[小川　雄]

家庭教育

　保護者をはじめ家庭内の成員がその家庭の子どもに対して行う教育の総称。学校教育と区別される。家庭は，子どもが最初に所属する集団として，第一次的社会化の場と生活保証の場を提供する。また，家庭は，子どもに情緒や精神の安定的発達をもたらす場である。日本では，1996年の中央教育審議会答申において，家庭教育は，全ての教育の出発点であり，子どもの教育や人格形成に対して最終的な責任を負うものとして明確に位置づけられた。2006年に改正された教育基本法では，第10条に「家庭教育」に関する項目が追記され，その第1項では，父母その他の保護者が子どもの教育についての第一義的な責任を有することが明確化された。また，その第2項では，子どもへの教育に困難を抱える家庭への支援の責任を国と地方自治体が担うということが明示されている。文部科学省は，2016年に「家庭教育支援の推進方策に関する検討委員会」を設置し，そこでは，2017年に家庭教育支援の具体的な推進方策が示された。困難を抱えた家庭に対しては，一律的な施策だけはなく，個別の事情に寄り添う支援の重要性が認識されている。その支援のための環境整備は，家族の形が多様化する現代社会ではいっそう急務である。　　　　　　　　　　[阿部康平]

家庭支援専門相談員

　1999（平成11）年に厚生省で制度化した早期家庭復帰事業の，家族とのマネジメントを行う職種であり，ファミリーソーシャルワーカーとも呼ばれる。虐待等の家庭環境上の理由で，乳児院や児童養護施設等に入所している児童の保護者に対して，児童が早期に家庭復帰できるよう児童相談所との密接な連携を下に，電話・面接等により児童の早期家庭復帰，里親委託等を可能とするための相談援助等の支援を行い，入所児童の早期の退所を促進し，親子関係の再構築等を図る役割を担う。乳児院，児童養護施設，情緒障害児短期治療施設，児童自立支援施設に配置されている。資格要件は，社会福祉士もしくは精神保健福祉士の資格を有する者，児童養護施設等での児童の養育に5年以上従事した者，その他である。業務内容は，対象児童の早期家庭復帰のための保護者等に対する相談援助，退所後の児童に対する継続的な相談援助，里親委託・養子縁組の推進，地域の子育て家庭に対する育児不安の相談援助，要保護児童の状況把握や情報交換を行うための協議会への参画，施設職員への指導・助言及びケース会議への出席，児童相談所等関係との連絡・調整などである。

[熊田凡子]

家庭的保育事業

　平成27年施行の子ども・子育て支援新制度では，保育所，認定こども園，幼稚園の3施設の他に，0～2歳児の保育の受け皿として，地域型保育事業（家庭的保育事業，小規模保育事業，居宅訪問型保育事業，事業所内保育事業）を新たに公的給付の対象とした。家庭的保育事業とは，地域型保育事業の1つである。原則として0～3歳未満の乳幼児を対象として，少人数で家庭的な雰囲気の中できめ細かな保育を行うものである。保育が行われる場は，保育者の自宅等で行われることが多い。事業主体は自治体のほか，社会福祉法人，NPO法人，民間企業などがある。定員は5人以下と小規模であり，1人の保育者が3名の子どもを保育している。保育補助者を置く場合は，0～2歳児5人につき保育者1人と補助者1人が保育を行う。家庭的保育事業を行う施設は，認定こども園，幼稚園，認可保育所のいずれかの施設と連携している。連携施設は家庭的保育事業実施施設に対し，「保育内容の支援」「代替保育の提供」「卒園後の進級先の確保」等の支援を行っている。　　　　　　　　[佐藤智恵]

家庭の教育力

子どもが生まれた場所及び人の環境が「家庭」として位置づけられる。人間は、家庭の中での日々の生活の中で、親子等の情愛を得て人間として人間らしく育ち社会的な成長を遂げるといった、生活をとおした教育が施される。教育は、学校だけではなく、社会そして、家庭によってなされるものであり、人間は誕生後すぐに家庭から教育がはじまる。その後、家庭を土台として時間をかけて徐々に家庭外への世界である学校へと巣立っていく。このように家庭は、人間が成長していくにあたって極めて重要な時期を過ごすところであり、その教育力が必要とされている。しかし、現代は大人中心の利便性の高い生活を行うことで、愛情を基盤とした幼い子どもへの教育は軽視されるか、あるいは過剰に意図的に強制的な教育的活動を行うことで、その後の人間的成長にとって大変深刻な問題を引き起こす場合もみられる。両親が家庭の教育力の意味をしっかりと自覚し、幼い子どもの自発性を重視した子育て力を身に付ける必要がある。　　　　［名須川知子］

家庭崩壊

家庭構成員の情緒的、精神的に安心してくつろげる場としての家庭がその機能を失うことである。離婚、死別、別居、蒸発、家庭内暴力、家庭内離婚、潜在的母子家庭、不況による父母の失職等が原因として考えられる。特に子どもは、家庭崩壊に至るまでに多大なストレスを感じ歪んだ行動や思考を身につけることが多い。子どもによる家庭内暴力は、その家族の生き方の問題が、たまたま子どもの問題のようにして現れているだけである。また、子どもの問題は、専門機関に相談にいくだけでは問題は解決することは期待できない。学校が家族の同意を得て専門機関に協議や連携を申し入れることが必要である。関係機関との連携は書面や電話だけではなく、支援にあたるそれぞれの立場の人たちが直接集まり、子どもの情報を共有し、具体的な支援を導き出す協議の場であるケース会議を持つこと、つまりお互いの顔が見える連携が重要になる。そのような連携を積み重ねることで、それぞれの役割分担が明確になり、やるべき支援について余裕を持って行えることが期待できる。

［福山恵美子］

家庭訪問

子どもの家庭や地域での生活実態と生活実感を把握するために、幼稚園教諭や保育士が子どもの家庭を訪問すること。その際、個人のプライバシー等への配慮は不可欠である。幼稚園教育要領前文に「家庭との緊密な連携の下、小学校以降の教育や生涯にわたる学習とのつながりを見通しながら、幼児の自発的な活動としての遊びを通しての総合的な指導をする」という記述が、保育所保育指針第1章総則に「保育所は、入所する子どもを保育するとともに、家庭や地域の様々な社会資源との連携を図りながら、入所する子どもの保護者に対する支援及び地域の子育て家庭に対する支援等を行う役割を担う」という記述があるように、幼稚園や保育所等の集団保育施設が、家庭と十分に連携することは、子どもの心身共に健康な育ちを支える上で極めて重要である。家庭訪問はそれを具体化する手立ての一つと考えられる。　　　［髙橋貴志］

過保護

子どもに対して過剰に保護的な養育態度のことで、子どもの望むことを養育者が先回りしてやることである。どの程度の保護的態度を持って過剰とするかは、個々の子どもや養育者の要件、社会経済的条件により異なり、一般的に定義することは困難である。過保護に育てられやすい子どもは、ひとりっ子、末っ子、病虚弱、障害のある子どもである。過保護に育てられた子どもは、依存心が強く自主性に乏しい、自己中心的、神経質等の

傾向がみられ，幼稚園や保育所で不適応を起こしやすくなる。過保護な養育的態度を取りやすい養育者は，高年齢，家庭不和などで子どもにはけ口を求める，不安の高い性格傾向などの問題点が挙げられている。一方，子どもの自立や子離れを考えたときに母子一体となった濃密な関係が成立していなければならず，その後に子どもは安心して親離れをするという考えもある。つまり，過保護無くしては親離れはできない，というものである。

[福山恵美子]

カミイ

Kamii, Constance（1931-）

アメリカの発達心理学者であり，ピアジェのもとで認識発達理論を学んだ。その後，デヴリーズ（DeVries, R.）との共同研究でピアジェの構成論に基づいた幼児教育プログラムの開発を行った。カミイ，デヴリーズ派として，もっとも正当的にピアジェ理論を取り入れたと言われている。カミイらは，知的側面と社会情緒的側面の相互の関連を重んじ，知識は外部から与えられるものではなく，子ども自身の能動的な活動を通じて自ら作り上げていくものとした。つまり，子どもは物や人などの多様な反応を経験する中で，試行錯誤し，それを既に自身の中に存在する知識と同化させ，調整を繰り返す。これにより，自分なりの仕方で理解を深め，新たな知識を発見していく。そのため，周りの大人は，子どもが自発的に探索し，発見できるような環境を整え，必要に応じて援助を行う役割を担っているとしている。

[猪田裕子]

紙おむつ

尿や便が付着したら新品を使用し再使用しない使い捨てのおしめ。それまでのおしめは布製のものであり，洗濯して再使用していた。しかし，布おしめの扱いは煩雑であった。おしめとカバーが別になっていておしめ交換の準備が大変であったり，使い続けるとおしめカバーの防水コーティングが弱くなり漏れてしまったり，大便をしたおしめの予備洗いが必要であったり，放置していると臭いがひどくなるので毎日洗濯をしないといけないなどの不便さを解消するため生まれたもの。働く保護者にとっては洗濯等の手間が省けるなど好評であった。しかし，紙おしめが出始めたころの製品は使用素材が紙や綿やパルプであったため，おむつかぶれなどをおこしやすく，保育所などでは子どものために保育中は布おむつを使用するよう，紙おしめの使用を認めていないところが多かった。1980年代以降は高吸水性ポリマーや不織布などの素材を使用するなどの工夫により，布おむつを凌ぐ性能を有するようになってきたため，それまで否定的であった保育所での使用も認められるようになってきた。

[加納　章]

紙芝居

紙芝居は，江戸末期から明治にかけて流行した写し絵や錦影絵・のぞきからくりと呼ばれた芸能にルーツをもつとされる日本特有のメディアである。ガラス製の「種板」に描かれた絵をスクリーンに映し出す写し絵（幻灯）は，映し出された絵が一コマずつ変化することにより動くように見せる。しかし，暗い場所に限定されるなどの欠点もあったため，写し絵の効果を残しつつ，もっと容易に演じられるように紙人形劇の立絵（今日のペープサート）が考案された。ところが，立絵は一人で動かせる人形や背景の転換に制約があるため，それをさらに改良して今日の平絵の紙芝居が生まれたとされる。昭和の初期，子どもたちの娯楽として街頭で行われていた紙芝居が，保育や教育の中に用いられるようになったのは，いわゆる「教育紙芝居」の運動による。昭和30年代にテレビの普及により，街頭紙芝居は廃れたが，保育現場では有効な材料として今でも積極的に活用されている。写し絵，立絵，平絵に共通するのは，

平面に描かれた絵を動くように見せることであり、そのため紙芝居では、画面の抜き方の工夫（抜きの効果）が重要な要素となる。また絵本が、本来ひとりで読むかあるいは母親の膝の上などで読んでもらうことなどを前提としているのに対して、紙芝居は、おおぜいの観客がいることを前提に作られている。このように、その対象が個人であるか集団であるかによって、その構造そのものが大きく異なってくるのであり、紙芝居を扱うときにもその特性を十分に認識する必要がある。　　　　　　　　　　　　　［川勝泰介］

かみつき

　乳幼児期のかみつきの多くは自己防衛の本能的行動（自己防衛的攻撃行動）であり、言葉の習得が未達な頃に自分の意思を伝える代わりの手段として用いられる。奪われたものを取り返す報復の攻撃である場合、奪われた対象として、おもちゃなど（物）をとられたことに対して行われることもあるが、奪われたと感じる対象が、たとえば大好きな先生（人）であったり、座りたい場所（空間）であったり、やりたいときに邪魔をされる（時間）などがある。かみつきは大人が予期せぬときにおこるが、その子どもの特性をよく理解し見守ることが大切である。また、かみつきそのものの行動を制することよりも、その原因となったことや子どもの思いに寄り添い理解を示しつつ、かみつきとは違う意志伝達の方法を伝えていく。かみつかれてしまった子どもには心と傷のケアをする。かみ傷は患部を冷やし優しくもむとかみ跡が薄くなる。保護者にその時の状況をできるだけ正確に伝えること。気を付けたいのはどちらか一方が悪いという印象を与えないことである。　　　　　　　　　　　　　［加納　章］

カリキュラム

　教育の組織体（小学校、幼稚園、保育所など）において、教育の目的・目標に従って教育内容を中心に教育経験や学習支援を全体的、総合的に計画したものをいう。カリキュラム（curriculum）は、ラテン語の currere を語源とする言葉であり、「走路」や「走るコース」を意味するものであった。「学校教育の目的や目標を達成するために教育の内容を子供の心身の発達に応じ、授業時数との関連において総合的に組織した学校の教育計画」（文部科学省）である「教育課程」とほぼ同義であるが、教育課程が、学校等が提供する教育内容の組織化されたものということを意味するのに対して、カリキュラムは、提供される教育内容だけではなくて子どもが経験する学びの過程や学習支援まで含めた、ふくらみのある概念である。この意味で、近年では、カリキュラムとは子どもの学習経験の総体であるという考え方が強まってきている。カリキュラムは一般に、教科カリキュラムと経験カリキュラムに大別される。教科カリキュラムは、教育内容を教授＝学習過程においてどのように組織していくかを原理とするカリキュラムの考え方であり、小学校、中学校などの教科別課程に典型的に示される。経験カリキュラムは、子どもの主体的な経験の過程を中心に組織するもので、子どもの遊びと学びの過程を総合的に組織づけていく幼稚園や保育所のカリキュラムの考え方である。近年では、カリキュラムを子どもの学習経験の総体とする考え方に基づいて、「隠れたカリキュラム」（hidden curriculum、潜在的カリキュラム。暗黙裡に子どもに影響を与えるもの）や「カリキュラム・マネジメント」（教育課程を計画的、組織的に編成、実施、評価し、教育活動の質を向上させること）が重視されている。→教育課程　　　　　　　［戸江茂博］

カリキュラム・マネジメント

　カリキュラム・マネジメントとは、5領域のねらい及び内容を相互に関連させながら、「幼児教育において育みたい資質・能力」の実現に向けて、子どもの姿

や地域の実情等をふまえつつ教育課程を編成し，各種指導計画の計画・実施・評価・改善を行い，もって保育・教育活動の質の向上を図っていく営みのことである。幼児教育は「環境を通して行う教育」を基本としていること，家庭との関係において親密度が高いこと，預かり保育や子育て支援などの教育課程以外の活動が多くの園で実施されていることなどを踏まえ，子どもたちの様子や状況などに応じて指導していくため，実態に即して柔軟できめ細やかなカリキュラム・マネジメントが求められる。　［日坂歩都恵］

川崎病

　川崎病は，全身の血管に炎症が生じる原因不明の急性熱性疾患である。主な症状は①5日以上続く発熱，②両側眼球結膜の充血，③口唇の紅潮・苺舌，④不定形発疹，⑤手足の硬性浮腫（押しても凹まないむくみ），⑥非化膿性リンパ節腫脹，⑦BCGを接種した部位が赤く腫れる等である。川崎病は全身の血管のうち，特に心臓の血管（冠動脈）に強い炎症が起きると，冠動脈の血管が広がり瘤（こぶ）をつくる場合があり，これを冠動脈瘤という。治療は全身の血管の炎症を早期に終息させること，冠動脈の拡張・瘤の発生を最小限にするため，抗炎症療法としてγグロブリン大量療法（免疫グロブリン療法），アスピリン療法（抗血液凝固療法）がおこなわれる。冠動脈病変の残存がなければ，予後は良好である。川崎病は罹患後，複数年にわたる経過観察期間が必要となる。退院後の健康管理や治療方法は，冠動脈瘤の有無と程度によって異なる。また免疫グロブリン投与後の予防接種についても併せて，主治医との相談が必要となる。　　［笠井純子］

簡易幼稚園

　明治5年に制定された「学制」には，小学校の種類として「幼稚小学」をあげ，「幼稚小学ハ男女ノ子弟六歳迄ノモノ小学ニ入ル前ノ端緒ヲ教ルナリ」（第22章）

と定めている。しかしこの幼稚小学は実現をみなかった。当時は小学校の開設に重点が置かれ，就学前の幼児教育施設にまでは及ばなかった。明治9年11月に東京女子師範学校付属幼稚園が開設され，これによってわが国の幼稚園は発足し，その後の発達の基礎がおかれた。明治15年12月，文部卿は各府県の学務課長に，文部省直轄の幼稚園は規模が大きすぎるため都会でないと設置しにくいことから，もっと簡易な編成の幼稚園を新設し，子どもで父母がその養育を顧みる暇のない者を入れるようにすべきであるとして簡易幼稚園を奨励した。文部省は17年2月，府県に対して，当時，学齢未満の幼児が小学校に就学していたことについて「学齢未満ノ幼児ヲ学校ニ入レ学齢児童ト同一ノ教育ヲ受ケシムルハ其害不尠（すくなからず）候条右幼児ハ幼稚園ノ方法ニ因リ保育候様取計フヘシ此旨相達候事」という文部省達を発し，15年に示諭した簡易幼稚園による方法もあるとしている。このように文部省は学齢未満の幼児を小学校に就学させることを禁止し，簡易な幼稚園の施設を奨励した。このことはその後の幼稚園と重要な関連をもっている。
　　　　　　　　　　　　　　　［大方美香］

感覚遊び

　自らの身体機能や感覚機能を働かせる遊び。教育的な意味を含蓄した幼児期の遊びの種類や分類で使用される用語。視覚，聴覚，触覚，嗅覚，味覚といった五感を使って見たり，聞いたり，触れたり，においを嗅いだり，味わったりする遊びや，手や足や指先といった身体機能を使って楽しむ遊びが含まれる。また，水遊び，泥遊び，砂遊び，粘土遊びなど，身近にある素材に出会い，それらの感触を味わうような遊びも感覚遊びの仲間である。ビューラー（Bühler, Ch., 1893-1974）が子どもの心理機能面から分類して示した，機能遊び，虚構遊び，受容遊び，構成遊びのうち，機能遊びの1種でもある。

感覚遊びを通して，人間に備わっている身体機能や諸感覚を使って物を認知していく力を育てることができる。

［戸江茂博］

感覚訓練

感覚を訓練するということ。人は，生活の様々な場面で7つの感覚（触覚，視覚，聴覚，味覚，嗅覚，固有受容感覚，前庭感覚）を取り入れている。人の脳にはこれらの感覚を自然に分類整理する力がある。それを統合という。この感覚統合を使って，その場に応じた感覚の調節をしたり，注意を向けたりしている。また，道具を利用したり，人とのコミュニケーションをとるといったような行動がとれたりしている。子どもは，生活や遊びを通して，感覚統合を繰り返し訓練しながら成長している。一般的な保育でも，歩く，走る，飛びはねる，平均台を渡るなどの全身を使う遊びや，折り紙を折る，ハサミで紙を切る，積み木やブロック遊びなどの手先を使う遊び，また友だちと自分の考えを出し合って展開する遊びなど，感覚訓練の経験となっている遊びは様々に考えられる。この感覚統合が上手く働かなくなると，就学期の学習に支障がでたり，人の生きづらさにつながったりすることがある。その場合，その子の特性に寄り添いながら成長を促すために，家庭や保育での経験だけでなく，作業療法士により専門分野から，意図的に感覚訓練を取り入れた感覚統合療法が用いられたりする。

［岸本朝予］

環境（領域）

幼稚園教育要領や保育所保育指針において保育内容として設定された領域の一つ。領域は5つの領域で構成される（「健康」，「人間関係」，「環境」，「言葉」，「表現」）が，「幼児の発達の側面」（幼稚園教育要領）といわれるように，子どもの発達をみとる視点である。「周囲の様々な環境に好奇心や探究心をもって関わり，それらを生活に取り入れていこう

とする力を養う」ことが目指され，それを実現するために3つの「ねらい」と12の「内容」が示されている。3つの「ねらい」は，（1）身近な環境に親しみ，自然と触れ合う中で様々な事象に興味や関心をもつ，（2）身近な環境に自分から関わり，発見を楽しんだり，それを生活に取り入れようとする，（3）身近な事象を見たり，考えたり，扱ったりする中で，物の性質や数量，文字などに対する感覚を豊かにする，である。子どもが身近な自然環境や社会環境に親しみ，興味をもって積極的に関わるようになることが大切であり，環境との出会いを通して様々なものを発見したり，気付いたり，学び取ったり，生活に取り入れて活用するようになることが求められている。

［戸江茂博］

環境教育

環境やその問題に関心をもつとともに，環境問題の解決や防止に向けて必要な知識や態度，技能の獲得をめざす教育。環境教育という用語は国際自然保護連合が1948年にはじめて用いているが，1972年に国連人間環境会議で採択された「人間環境宣言」で環境教育の必要性が条文化され，広く知られるようになった。1980年代には経済成長と環境問題との矛盾を調整し，南北問題の和解を図る「持続可能な開発」の概念が国連を中心に提示される。90年代に入ると「持続可能な開発のための教育」（ESD）の考え方が検討され，環境保護に止まらない，人権や貧困，平和など広い問題意識を含むアプローチが環境教育で採られるようになった。2015年の国連「持続可能な開発のための 2030 アジェンダ」では SDGs（Sustainable Development Goals：持続可能な開発目標）が提言され，気候変動対策や海・陸の豊かさなど環境問題を含めつつ，飢餓や健康・福祉，質の高い教育など，さらに広範囲の問題解決が目標づけられている。

［塩見剛一］

環境説

　人間の発達要因には，大きく「遺伝的要因」と「環境的要因」があるとされている。環境説はこのうちの「環境的要因」について説明したもので，ワトソン（Watson, J. B.）によって主張された。環境優位説とも言われる。一方，「遺伝的要因」に関する主張は，遺伝説・成熟優位説とも言われ，ゲゼルの説が有名である。環境説は，人間の発達はもともと遺伝的にもっている資質が成熟にともなって進んでいくのではなく，人間をとりまく環境の在り方，経験の内容が，発達に大きな影響を与えるという考え方を基盤とする。そのため，環境説と遺伝説・成熟優位説は，互いに比較されて説明されることが多いが，現在では，ジェンセン（Jensen, A. R.）の相互作用説のように，発達は「遺伝的要因」と「環境的要因」が相互に関連し合いながら進んでいくとする説もみられるため，人間の発達については，環境説，遺伝説，相互作用説などの観点をもとに，総合的に捉えることが肝要である。　　［髙橋貴志］

環境の構成

　幼稚園教育要領第1章総則に「教師は，幼児の主体的な活動が確保されるよう幼児一人一人の行動の理解と予想に基づき，計画的に環境を構成しなければならない。この場合において，教師は，幼児と人やものとの関わりが重要であることを踏まえ，教材を工夫し，物的・空間的環境を構成しなければならない」という記述が，保育所保育指針第1章総則に「子どもが自発的・意欲的に関われるような環境を構成し，子どもの主体的な活動や子ども相互の関わりを大切にすること」という記述があるように，保育者は適切な環境を計画的に構成することによって，子どもの主体的な活動を通した指導・援助を行う。具体的には，それまでの子どもの実態をもとに設定した保育者のねらいを，子どもの周囲の環境（物，人，場，空間）に組み込み，その環境に子どもが主体的に関わることによって，保育者のねらいの達成が図られる。このような指導・援助方法をとることによって，活動に対する子どもの主体性を損なうことなく，保育者の教育的意図を持った働きかけが可能になる。　　　　　［髙橋貴志］

環境破壊

　環境破壊とは別名自然破壊とも言われ，地球の資源が減ったり，気候が急激に変化したりすることである。かつて，人間は，水や木等の自然環境から石油，鉱石などの限られた資源まであらゆるものを使い，経済発展を遂げてきた。その結果，汚染物質や大量の廃棄物などを生み出し，それを放置することにより生態系のバランスを大きく歪めてきた。このように人間自身が環境破壊の原因になっていることは少なくない。昨今問題となっている二酸化炭素をはじめとする温室効果ガスにより，地球規模で温度が上昇する「地球温暖化」は，環境破壊の一例である。今後，さらなる温暖化の進行によって，気候変動に伴う生態系の歪みや破壊や，極地の氷が溶けることによる海面上昇による陸地の減少などが懸念される。現在，これらの環境問題についての対策は，国際レベルで取り決めがなされているが，目覚ましい成果は出ていないのが現状である。　　　　　　　　　　　［福井逸子］

環境を通して行う保育

　わが国の幼児教育の在り方の基本原則として，1989年改訂の「幼稚園教育要領」において次のように示されたものである。「幼稚園教育は，幼児期の特性を踏まえ環境を通して行うものであることを基本とする」。「環境を通して行う保育」という原則または理念は，現在においても次のように維持されている。「幼稚園教育は，学校教育法に規定する目的及び目標を達成するため，幼児期の特性を踏まえ，環境を通して行うものであることを基本とする。／このため教師は，

幼児との信頼関係を十分に築き，幼児が身近な環境に主体的に関わり，環境との関わり方や意味に気付き，これらを取り込もうとして，試行錯誤したり，考えたりするようになる幼児期の教育における見方・考え方を生かし，幼児と共によりよい教育環境を創造するように努めるものとする」（幼稚園教育要領，2017）。環境を通して行う保育は，環境との相互作用が人間の育ちをかたちづくっていくことを前提として，子どもが積極的，能動的に周囲の環境に関わって活動を展開することを保育活動と考える視座に依拠している。保育者が想定したなんらかの活動に取り組ませるのではなく，子どもの能動的な環境への関わりを基本にしているため，子ども中心の教育観と考えることができる。保育所保育指針（2017）においても，環境による保育の考えは一貫しており，子どもの自発的な環境への関与，保健的環境の確保，くつろぎの場としての保育室の整備，人と関わる力の育成などが強調されている。　　　〔戸江茂博〕

玩具

児童文化財の一つ。子どもの生活の中心である遊びの中で使うものなどの総称。市販されている積み木や人形，おままごとセットや乗り物などだけではなく，石や木切れなどの自然物，空き箱や新聞紙などの廃材，生活用品なども含めて全てが子どもにとっては玩具となる。また日常の中の遊びや設定保育の造形表現などにおいて，廃材や日用品を使用してつくる手作り玩具もある。テクノロジーが発展した現在においてカメラや電子顕微鏡，PCやタブレット，プログラミングなども表現力や想像力を育む玩具と言えるだろう。子ども自身が玩具に働きかけていき，その対話の中で集中力や想像力を拡大したり，発想や創造性を培ったり，遊びを豊かにしたりするものとして玩具を捉える必要がある。

玩具を選ぶ際には「保育所保育指針」（2017）等の乳児期の「内容の取扱い」などに記されているように，「音質，形，色，大きさなど子どもの発達状態に応じて適切なもの」を選ぶことや，興味・関心を踏まえ「遊びを通して感覚の発達が促されるように工夫すること」が大切となる。たとえば乳児期では触れることや見ること，聞くことを楽しむ玩具を中心に選び，子どもの成長を見ながら数や量，形や色などの理解や，世話遊びや遊びを通してのルール理解など関係性や社会性を培っていく玩具を選ぶなど，子どもの年齢や発達段階を考慮する必要がある。また，木などの感触の異なる素材，安全性や耐久性，デザインや美しさなども玩具選びの際に重要となる。　〔須増啓之〕

看護師

看護師とは，保健師助産師看護師法において，傷病者もしくはじょく婦（分娩終了後母体が回復するまでのおよそ6週間の期間にある婦人）に対する療養上の世話または診療の補助を行うことを業とする者とされる国家資格である。看護師はあらゆる年代の個人，家族，集団，地域社会を対象として看護を実践し，個人・家族・集団（たとえば，保育園のクラス）・地域の人々の健康の保持増進，疾病の予防，健康の回復，苦痛の緩和を行い，生涯を通してその最後まで，その人らしく生を全うできるよう援助を行う。看護の実践にあたっては人々の生きる権利，尊厳を保つ権利，敬意のこもった看護を受ける権利，平等な看護を受ける権利等，権利擁護が求められる。また看護師は人々が最適な健康状態を獲得するために，健康で安全な環境の保持について社会と責任を共有し，そのための社会システムの確立，よりよい社会づくりに貢献する使命を有する。　〔山内佐紀〕

観　察

広辞苑によると，観察とは，「物事の真の姿を間違いなく理解しようとよく見ること」と説明されている。保育におい

ての観察は，主に子どもを見ることになる。とはいえ，表面的に見えるものを「ただ見る」ことではない。子ども理解のために，子ども一人ひとりの言葉，表情，沈黙，動作などが意味するところを絶えず注意深く見て分析することが，保育者の観察のありようである。子どもが何を思っているのか，何を感じ，何をしているのかといった，子どもの内面（心の動き）を見ることは，重要な保育者の専門性である。子どもがいつもの状態とは違うということを認識するためには，日頃からのコミュニケーションを通した，子ども理解は欠かせない。保育者が観察し，記録に残し，日々の保育を省察することで，その子どもや遊び環境を再構成したり，援助の手立てを見出すことができる（PDCA サイクル）。　　　［鋳物太朗］

観察実習

　観察実習とは，教員免許取得，保育士資格取得の為に各学校，園，児童福祉施設において実施される教育実習，保育実習と呼ばれる実地体験学習における1つの形態である。見学実習，観察実習，参加実習，部分実習，責任実習と段階を踏んでいく実習過程の1つにあたり，実際に保育に入る参加実習や部分実習，責任実習の前段階という位置づけであり，保育のイメージを掴むために行われる。実際の教育，保育現場における日々の生活や活動といった園の1日の流れ，子どもがどういった活動や行動をするのか，それに対する教育，保育者はどのような対応が適切なのかを観察して記録する。また，子ども個人の行動，子ども同士の関係性，さらに保育者の対応などを場面ごとに観察し記録していくことで子どもや保育士の行動の意図や気づくことが可能になる。　　　　　　　　［大嶋健吾］

感情移入

　他者や自然の事物，芸術作品を理解するとき，自分自身が抱いている感情をその対象に移し入れ，その対象があたかもその感情を持っているかのように感じること。たとえば，保育士の表情に対して，ある子どもは怒っていると感じ，ある子どもは悲しんでいると感じるなど，捉え方が異なることがあるが，それは，見ている子どもの感情が移入されるからである。もとは，絵画や彫刻など芸術作品に心を揺り動かされるプロセスを説明する概念（ドイツ語で Einfühlung）として用いられてきたが，リップス（Lipps, T.）によって他者の心理状態を把握する概念として広義に捉えられた。Einfühlung はティチェナー（Titchener, E. B.）によって empathy と英訳され，共感と同義で用いられることもあるが，共感とは異なる概念であるという意見もあり，定義は研究者間で一致していない。なお，サリヴァン（Sullivan, H. S.）は，empathy を幼児と重要な他者（たとえば母親など）との関係を支える特有の感情的絆とし，感情の言語的表現が可能になる前から感情の伝染が存在するとしている。
　　　　　　　　　　　　　　　［松本麻友子］

間　食

　朝昼夕の3回の食事以外に食べるもの。間食は「おやつ（補食）」ともいう。幼児期の子どもは活動量が多く，成長するためには十分な栄養を必要とする。しかし，子どもの胃は小さく消化吸収機能が未熟で，大人と同じ3回の食事で必要な栄養を摂ることができない。食事では足りない栄養分や水分を補給するために間食がある。幼児期の栄養の問題点として，間食を与える時間や分量を決めずにダラダラと食べさせること，間食が甘いものに偏ってしまうことが指摘されている。肥満や虫歯予防の観点からも，間食の時間を決め，子どもの運動量や食事量，食事の間隔などを考慮して，次の食事に影響しない量を与えることが大切である。また，子どもにとって間食（おやつ）は，食の楽しみや心理的満足感を満たす「楽しい時間」としての大切な役割がある。

友達や家族と一緒に楽しくおしゃべりをしながら，いろいろな味を覚えて五味の経験値を高めたり，さらに，おやつ作りや，おやつ作りを通した友達や親子とのコミュニケーションは，発達のめざましい段階にある幼児にとって，豊かな心を育む一助となる。　　　　　　　［山口香織］

間接的援助

保育者が身体や言葉を通して子どもと関わることを直接的援助というのに対して，子どもと直接には関わらないところの，目に見えない保育者の働きを間接的援助という。学校教育法第22条に「適当な環境を与えて」，幼稚園教育要領等に「環境を通して」とあるように間接的援助の原理を基本としている。遊びをいざなう環境には保育者の願いが込められている。子どもの興味や関心を探り，子どもの成長や伸びようとする力を見取りながら，子どもを理解することがまず大切である。そこから子どもの発達を見通して保育をデザインしたり，保育を行いつつ省察しながら，記録を書いたり，カンファレンスをしたり，さらには研修や読書，教材研究など自己研鑽することも明日の保育へつながっていく。こうした保育者の姿勢や専門性が間接的援助として重要である。　　　　　　　　　［湯地宏樹］

感染症

感染症とは，ウイルス・細菌等の病原体が人，動物等の体内に侵入し，発育又は増殖した結果，何らかの臨床症状（たとえば，発熱や嘔吐・下痢等）が現れた状態をいう。保育所は乳幼児が長時間にわたり集団で生活を営む場であるため，一人ひとりの子どもの感染予防と集団全体の感染拡大防止に努めることが重要となる。日々の保育所生活で流行する危険のある感染症は，学校保健安全法施行規則に示されているインフルエンザ，百日咳，麻疹（はしか），流行性耳下腺炎（おたふくかぜ），風疹（三日ばしか），水痘（みずぼうそう），咽頭結膜熱（プール熱）

等がある。これらの感染症は，乳幼児の集団生活での食事・午睡・遊びや抱っこ等，子ども同士あるいは子どもと保育士が濃厚に身体接触をすることや，おもちゃの共有，床をはったり，手に触れたものをなめたりする乳幼児の行動特性や，マスクの着用や正しい手洗いの実施などが難しいことから，容易に人から人へ感染の広がる危険性がある。乳幼児及び一人ひとりの子どもの特性に即した適切な感染予防対応がなされるよう，保育士は家族をはじめ，嘱託医や医療機関，保健行政の協力を得て，感染症対策を推進することが重要である。　　　　　　［山内佐紀］

感染症の登園基準

学校保健安全法施行規則に，学校において予防すべき感染症の種類（第1種，第2種，第3種），出席停止に関する規定が示されている。第1種感染症は完全に治癒するまで出席停止である。第2種感染症は空気感染（同じ保育室で過ごす）または飛沫感染（咳やくしゃみ等）接触感染（手や指，おもちゃやドアノブ等）をする感染症で，保育所や幼稚園など集団生活において流行を広げる可能性の高い感染症である。そのため第2種感染症の9疾患（インフルエンザ，百日咳，麻疹，風疹，流行性耳下腺炎，水痘，咽頭結膜熱，結核，髄膜炎菌性髄膜炎）は，医師が感染のおそれがないと認めた場合を除き，それぞれの基準に基づき出席停止となる。毎年の冬季流行が懸念されるインフルエンザの場合は，発症した後5日を経過し，かつ解熱した後2日（幼児は3日）を経過するまでが出席停止となる。出席停止期間の算定では，解熱等の現象がみられた日は期間に算定せず，その翌日を1日目とする。幼児で「解熱した後3日を経過するまで」の場合，解熱を確認した日が月曜日であった場合には，その日は期間に算定せず，火曜日（1日目），水曜日（2日目），木曜日（3日目）の3日間を休み，金曜日から出席可

能となる。なお，子どもの病状が回復し，集団生活に支障がないという判断は，医師が医学的知見に基づいて行うものである。また子どもの再登園は，自治体，医師会，保育所等が協議のうえ，感染症の種類に応じて「意見書（医師が記入）」又は「登園届（保護者が記入）」を，保護者から保育所に提出するという取扱いをすることもある。→学校感染症

[森田惠子]

カンファレンス

ある問題を理解したり解決したりするため，専門的力量を持つ人々がそれぞれの視点や立場から資料を持ち寄り，意見を出し合い協議する方法。主に医療・臨床の場での医者や多職種による事例検討会議を示すが，それが保育・教育の現場にも持ち込まれてきた。森上史郎は，保育の現場で行われる保育についての話し合いを保育カンファレンスとして1989年以降実践を始め，その目標は参加者全員の実践力の向上や子どもの幸せの増進のために一つになることである。そのための大切なルールは，①事例提供者を励ます姿勢，②意見を肯定する姿勢，③対等な立場で協議する姿勢である。さらに一人ひとりが意見を聞いてもらえると感じられる雰囲気を作るマナーも大切である。また，保育カンファレンスで話し合われた内容は，個別の保育・指導計画の作成に活かすことができるとともに，保育カンファレンスを通して，保育現場でできることの限界を見極め，他機関等との連携を視野に入れることも重要となる。

[福山惠美子]

乾布摩擦

乾いたタオルなどで皮膚を心臓方向に直接こすって鍛える健康法のことをさす。皮膚を刺激することで自律神経を敏感にし，体が鍛えられる。全身の血液循環により，脂肪の燃焼がよくなり，代謝が促進される。免疫効果があり，風邪の予防になる。アトピー性皮膚炎や湿疹のある乳幼児は控えた方がよいが，近年では洋服の上からでも，手のひらで肌をこするだけでも効果はあると言われている。保育現場では，音楽や歌に合わせたりしながら，リズミカルに友だちと一緒に乾布摩擦をすることによって，遊び感覚で無理なく取り組め，習慣化されていくことができる。

[湯元睦美]

管理栄養士

栄養士法第1条に，管理栄養士とは，「厚生労働大臣の免許を受けて，管理栄養士の名称を用いて，①傷病者に対する療養のため必要な栄養の指導，②個人の身体の状況，栄養状態等に応じた高度の専門的知識及び技術を要する健康の保持増進のための栄養の指導，③特定多数人に対して継続的に食事を供給する施設における利用者の身体の状況，栄養状態，利用の状況等に応じた特別の配慮を必要とする給食管理及びこれらの施設に対する栄養改善上必要な指導等を行うことを業とする者をいう」と定められている。管理栄養士の免許は，管理栄養士国家試験に合格した者に対して与えられる。

[廣田有加里]

き

危機管理

危機管理（Crisis Management）とは，地震や水害などの自然災害が発生した場合や様々な事件，事故などに，いち早く危機状態から脱出したり，回復したりすることができるように被害を最小限に止めることが目的である。そのために教育・保育の場では，日常的に危険から身を守る知識を学習して，実情に合ったリスクとその重大さを検討しマニュアルの作成が必要である。保育所保育指針では，危機管理に近い内容として第3章健康及び安全の中の「4災害への備え（2）災害発生時の対応体制及び避難への備え」において，「ア　火災や地震などの災害

の発生に備え，緊急時の対応の具体的内容及び手順，職員の役割分担，避難訓練計画等に関するマニュアルを作成すること」がある。認定こども園教育・保育要領は，保育所保育指針とほぼ類似している。幼稚園と幼保連携型認定こども園には，文部科学省が作成した「学校の危機管理マニュアル作成の手引」があり，各施設では，それらを参考にして地域性を生かした危機管理が求められている。手引書には「予防する」事前の危機管理として「教職員の役割の共通理解・役割分担などの体制整備，避難訓練，保護者との連携，特別に配慮が必要な子どもへの配慮」が示され，次に「命を守る個別の危機管理」として，「不審者の侵入時の誘導や職員体制，遊びの遊具点検や設備上の危険個所」などが記載されている。「事後の危機管理」では復旧復興など，「個別の危機管理」では「プールでの見守りや食物アレルギーの管理」などがある。

近年ではコロナ禍でも危機管理が求められ，幼児から大人まで日常的に正しい情報としての危機管理を意識することが大切である。　　　　　　[大橋喜美子]

企業主導型保育事業

「子ども・子育て支援新制度」の一つとして位置づけられた地域型保育給付の中の一つで，2016（平成28）年度に内閣府が開始した企業向けの助成制度。企業が従業員のために設置する保育施設や，地域の企業が共同で設置・利用する保育施設に対し，施設の整備費及び運営費の助成を行う事業のこと。企業がこの事業を行うメリットとして次のことが掲げられている。①女性活躍の推進，②優秀な人事採用・確保，③地域貢献，④企業イメージの向上。職員配置基準について，保育士対応数においては認可保育所と同等の基準であるが，職員の資格として，半数以上は保育士であること。保育士以外の職員は，地方自治体や児童育成協会

が行う子育て支援員研修を修了していることとなっている。設備等の基準については，「家庭的保育事業等の設備及び運営に関する基準」と「認可外保育施設指導監督基準」がある。認可外保育施設ではあるが保育の質を担保するため設置基準を設け，運営費等について認可施設と同程度の助成を受けることができるようにしているが，認可保育園の設置基準と照らし合わせると遜色は否めない。

[加納　章]

帰国児童生徒教育

帰国児童生徒については，国内の学校生活への適応を図るだけでなく，海外での学習・生活体験を生かした教育を促進するために，帰国児童生徒の特性・特色を活用できるようにするとともに，他の児童生徒との相互啓発を通して国際理解を促すような取り組みが求められる。

また，文部科学省では，教育の国際化推進地域のセンター校の担当者，都道府県・市町村教育委員会の指導主事，帰国・外国人児童生徒教育担当者等を対象に，直面する課題やその対応方策等についての研究協議を行う会議を開催し教員研修の場としている。　　　　　[松本　敦]

疑似体験

直接にしろ，間接にしろ，体験による理解と学習の効果は広く認識されている。特に幼児期においては，ある立場や境遇に似せた状況の中で，実際にそこに置かれたかのような体験を通して学習することの重要性が考えられる。例えば，童話や昔話の中の「怖い」話には子ども自身の中にある残虐性や攻撃性に気づき発散させる効果（カタルシス効果）もある。物語の中で人間や自身の中にもある，残虐性や攻撃性に気づくことにより，現実社会への対処能力を培うことができるのである。　　　　　　　　　　[松本　敦]

季節保育所

農繁期，漁期など保護者が多忙で乳幼児を家庭で十分な育児ができない期間中

だけ，預かり保育をする臨時保育施設。職場保育所の一種。1890（明治23）年，筧雄平（1842-1916）が鳥取県美穂村に開設したものが最も古く最初のものと言われている。かつては「農繁期託児所」といわれた。第2次世界大戦中は全国に2万か所以上も開設された。1953年以来，国庫補助により季節ごとに設置されてきたが，農業や漁業の労働合理化等により繁閑の差が少なくなったことや，また農家の兼業化が一般化したことにより主婦が農業労働の主体となったために，年間を通して「保育に欠ける」状態の子どもが多くなり，母体保護への対応とも相まって常設の保育所へと変わっていった。

[加納　章]

吃音

発話の流暢性の障害。発声に際して，①連発（音の繰り返し），②伸発（音の引き伸ばし），③難発（音の出始めがつまる，ブロック）などの症状がある。発話の際に，身体に力を入れたり，体の一部を動かす（手や首を振ったり足踏みをしたりなど）といった随伴症状が出現することもある。幼児期に発症する「発達性吃音」と疾患や心理的原因によって発症する「獲得性吃音」に分類される。吃音はその殆どが幼児期（2〜5歳）に発症する発達性吃音であるといわれ，初頭音のくり返し（例：あ，あ，あのね）から始まることが多い。発達性吃音は7，8割が自然治癒するといわれているが，吃音によるネガティブな経験が，自尊感情や自己評価の低下などにつながることもある。幼児期に発症した吃音が深刻な心理的問題に進展することを避けるため，適切なかかわりが必要である。一般に，歌，斉読，独語などには症状はみられず，人前や緊急時の発語，伝達，電話などの際に症状がでることが多い。話し方に対して，注意や叱責をしたり，からかったりすることがないよう周りの環境に配慮し，子どもの情緒的安定を図ることが重要である。　　　　　　　　[森　知子]

城戸幡太郎

きど　まんたろう（1893-1985）

心理学者，教育学者。東京帝国大学の心理学選科を修了後，ライプチヒ大学留学を経て法政大学教授となる。1930年から『岩波講座　教育科学』（全20冊）の編集（主任），1933年から雑誌『教育』の編集，1936年『教育学辞典』の編集などに参画し，教育科学の建設に取り組んだ。1936年保育問題研究会（会長）を組織し，機関紙『保育問題研究』を創刊。保育実践と科学的研究との統合を目指した。社会中心主義に基づいた集団保育の理論は後の保育界に影響を与えた。戦後は文部省教育研究所所長，教育刷新委員会委員，日本教育心理学会会長などを務めた。著書は『幼児教育論』『生活技術と教育文化』など多数ある。　[湯地宏樹]

気になる子

幼稚園や保育所など乳幼児が集団生活をする場で，集団活動からの逸脱や他者とのコミュニケーションの困難さ，多動，言語発達の遅れ，状況理解の苦手さなどの状態が見られる子どもに対して，保育者が称することが多い。発達障害の診断名がついていない子や，診断に至らない子どもを指す。一方，保育者が保育の中で，子どもの行動に困り感を抱いた場合に使用される場合がある。保育者との関係性や保育の環境調整，また劣悪な家庭環境など，子ども自身の発達に問題がない場合も「気になる子」として称される。このように保育の場で決まった定義がなく，様々な要素を含んで使用される用語である。1990年代ごろまでは貧困や虐待などの養育環境の問題，肥満や病弱など健康状態に問題がある子どものことを指していた。その後「保育をしづらい子」を指す言葉として使用されるようになり，発達障害等に関連する言葉として，保育現場で認知され使用されるようになった。「気になる子」の対応は，子どもの発達

に応じた行動観察に合わせて，周辺の人間関係や保育環境の調整など包括的に状況を捉え，必要に応じて専門機関と連携して対応する事が大切であるとされている。　　　　　　　　　　　　　　［新家智子］

機能遊び

　機能遊びとは感覚や運動の機能それ自体をよろこぶ遊びのことをいう。ビューラー（Bühler, C.）は①機能遊び，②虚構遊び，③受容遊び，④構成遊びの発達段階を説き，機能遊びは1歳未満でほとんどを占め，2歳になると次第に減少していくことを明らかにした。ピアジェは感覚運動期（0〜2歳）に見られる機能行使の遊び（感覚運動的遊び）と説明している。たとえば天井から吊るされたモビール，マラカスやガラガラなど，何かをじっと見つめたり，手にしたものをつかんだり，引っ張ったり，つまんだり，なめたり，身の回りのものに興味や好奇心をもって関わる姿が見られる。乳児保育では，安全や衛生に気を配りながら，感覚や運動の機能を十分に働かせる環境を用意し，自分から関わろうとする意欲や満足感が味わえるように援助する必要がある。　　　　　　　　　　　　［湯地宏樹］

期の指導計画

　期の指導計画は，長期指導計画の一つで，子どもの発達や生活の節目に着目して，1年間をいくつかの期間に分けて，それぞれの期にふさわしい保育の内容を計画したものである。作成においては，保育者自身がクラスの子どもの育ちや内面を理解したうえで，年間指導計画に関連付けながら現在の子どもの姿をとらえ，次の期にはこういう経験をしてほしい，こういう育ちをしてほしいと考えることを具体的に記していく。期の区切りについては，園によって異なる。また，暦にしたがった区切りではなく，発達過程や園生活への適応過程，園の行事や季節，土地柄など，生活に密着した事柄も意識して計画するようにする。

　期の指導計画には「発達を見通す」という役割があり，その特徴を理解して計画を立てる必要がある。一方で，計画はあくまでも「案」なので，計画に縛られることなく，実際の子どもの姿に応じて柔軟に修正や変更をしつつ，子ども自らが主体的に環境に関われるような援助をしていくことが大切である。　［山口香織］

キブツの保育

　キブツはイスラエル独特の農業共同体であり，ヘブライ語で「集団」を意味する。全財産の共同所有，徹底した共同生活，子どもの共同育成などを特色としている。キブツの構成員は共同の住居に住み，共同の食堂で食べ，すべて共同生活を送る。子どもは生後一貫して両親とは別に育てられ，集団主義的な育成が行われる。キブツの子どもはすべてキブツの産院で誕生し，出生後7〜10か月までは母親と共に同産院で過ごすかたちをとる。その後子どもは「乳児の家」で，この家のメタペレットと呼ばれる保育者によって育てられる。両親は規定の面会時間に自分の子どもに面会することを許されるが，日中の労働時間や夜は子どもと共に過ごすことは許されない。2歳6か月から子どもはキブツに併設の幼稚園に入り，6歳までここで過ごす。両親との関わりは「乳児の家」と同様である。このように両親と子どもが寝食を共にせず，育児や教育も集団で行われるところから，いわゆる「核家族」はキブツには存在しないとされ，論議を呼んだ。しかし，子どものパーソナリティ形成の面では，概して理想的な教育が行われていることが社会人類学や予防精神医学の調査研究などで明らかにされ，注目された。
　　　　　　　　　　　　　［中田尚美］

基本的事項

　一定の保育の水準を保ち，更なる向上の基点となるために定められた保育の基礎的な事項。2017年に改訂（定）された「幼稚園教育要領」「保育所保育指針」

「幼保連携型認定こども園教育・保育要領」では、それぞれの保育の特性を踏まえ、保育の考え方が明確に示されている。「保育所保育指針」においては、保育所保育の基盤として、「養護に関する基本的事項」が第1章「総則」に記載されている。第2章「保育の内容」では、乳児・3歳未満児・3歳以上児の各時期における発達の特徴や道筋等を「基本的事項」に示したうえで、各時期の保育のねらい及び内容が記載されている。また、第4章「子育て支援」では、「保育所の特性を生かした子育て支援」「子育て支援に関して留意すべき事項」が明記され、第5章「職員の資質向上」では、「保育所職員に求められる専門性」「保育の質の向上に向けた組織的な取組」が「基本的事項」として記載されている。「幼稚園教育要領」では、教育課程の編成や指導計画の作成にあたって「基本的事項」が明記され、「幼保連携型認定こども園教育・保育要領」では、全体的な計画や指導計画の作成上の「基本的事項」とともに、保育所保育指針と同様に、子どもの発達に関する内容が「基本的事項」に記載されている。　　　　　　［森　知子］

基本的信頼

　基本的信頼（basic trust）とは、エリクソンが提唱した概念である。授乳から始まる母親との相互関係のなかで、養育者への信頼と自己への信頼を同時に確立していくことをいう。エリクソンのライフサイクル理論の発達段階において、乳児期は「基本的信頼」対「基本的不信」が拮抗している。乳児は養育者から母乳やミルクをもらったり、オムツを交換してもらったり、あやしてもらったりすることで基本的信頼の感覚が育まれる。欲求が満たされないことで生じる不信感も経験しながら、それにまさる信頼感をもつことによって「希望」という力が獲得される。基本的信頼の獲得はボウルビィの愛着理論においても重要とされている。

保育所保育指針においては「身近な人と親しみ、関わりを深め、愛情や信頼感が芽生える」とあるように、保育者は乳児の要求に寄り添って応答することが大切である。　　　　　　　　　　　　　　［湯地宏樹］

基本的生活習慣

　心身ともに健康で望ましい社会生活を送るために、日常生活の基本となる「食事」「睡眠」「排泄」「清潔」「衣服の着脱」の5つの生活習慣のことを指す。幼児期に身につけるべき生活様式の中で最も重要とされるものである。5つの基本的生活習慣は、「食事」や「睡眠」、「排泄」など生理的自立に必要とされる習慣と、「清潔」や「衣服の着脱」など社会的・文化的生活に必要とされる習慣がある。これらを習慣化した行動様式を通して幼児期に身につけることにより、生涯にわたって社会適応的な行動が取れるようになり、成人後の心身ともに健全な状態を保つことに影響すると言われている。また、これらの習慣で身についた価値観や感覚は多くの人が集団生活を送る上で必要とされている。そのために、幼少期は発達の個人差に応じて丁寧に対応することが求められる。　　　　　　　　［新家智子］

義務教育

　日本国憲法第26条と教育基本法第5条に義務教育についての規定がある。教育基本法第5条に「国民は、その保護する子に、別に法律の定めるところにより、普通教育を受けさせる義務を負う」とあり、義務を負っているのは保護者となる。この憲法・教育基本法を受けて、学校教育法の第2章（第16条～第21条）には、義務教育の期間（9年間）、就学義務の猶予・免除、義務教育の目標などが定められている。義務教育は無償であると憲法で定められており、教育基本法においては国立、公立学校では授業料は徴収しないと明記されている。外国籍の子どもは、義務教育の対象とならないが、希望すれば日本人の子どもと同様に無償で義

務教育段階の学校に在籍することができる。　　　　　　　　　　［冨江英俊］

義務教育学校

「学校教育制度の多様化及び弾力化を推進するため，現行の小・中学校に加え，小学校から中学校までの義務教育を一貫して行う」学校であり，初等教育と中等教育の一部の合計9年間の課程を一体化させた学校である。2016年に新設された学校教育制度である。設置は，国公立私立いずれも設置が可能となっている。義務教育学校の制度に関しては，これまで中央教育審議会，国会，地方議会，教育学者，教育評論家等の間で様々な議論が行われている。初めての制度の導入に伴うメリット，デメリットがあり，制度そのものについて推進意見，慎重意見もある。義務教育学校のメリットには，中一の壁の緩和解消，系統制を意識した小中一貫教育，異学年交流による精神的な発達などが挙げられる。デメリットには，中高一貫教育との整合性が取れない，リーダーシップを養う機会が減る，人間関係が固定化しやすいなどがある。
　　　　　　　　　　　　　　［荒内直子］

虐　待

親または親に代わる保護者により通常のしつけの範囲をはるかに超えた身体的，心理的などの虐待行為を指す。具体的には，身体的暴力，心理的暴言，性的暴行，養育放棄（ネグレクト）などで，反復・継続して行われている状況である。こども家庭庁により児童相談所を通じて全国集計が実施されているが，増加・顕在化の傾向にある。その背景として社会問題として認知されるようになり，通告の増加していることに加え，虐待としての裾野の広がりも考えられる。各児童相談所が中心となり，関係機関と連携の上，調査，判定，一時保護等を行い，必要に応じて保護者に対する指導や子どもへの児童福祉施設入所措置等を行っている。虐待傾向があるとされる家族は親や保護者

の精神的問題，経済的問題，夫婦関係や地域社会との関係の問題といった様々な社会的・心理的問題を抱えた家族が多い。虐待は子どもの発達において様々な深刻な影響を及ぼすことが指摘されており，身体的成長の遅れ，知的発達の遅れ，愛着などの対人関係の問題，問題行動などが挙げられる。そのため，虐待の早期発見と虐待を受けた子どもへの早急かつ適切なケアが求められる。　［芝田圭一郎］

キャリアアップ

キャリアアップとは，より豊富な知識や高い専門性を身につけることを言う。保育においてもキャリアアップが求められている。保育者の専門性は，日々の保育実践と，振り返りから見出した課題の改善に向けた取組を積み重ねていくことにより，徐々に高まっていくものである。そのため，保育所等の施設には，保育者自身の学ぶ意欲が高まるよう，研修計画を組織的に作り上げるようにすることが求められている。これらを踏まえ保育に関するキャリアアップのための研修の機会を設けることとととなった。平成29年に厚生労働省より，研修の内容や研修の実施方法など一定水準を保つために必要な事項を定めるガイドラインが策定された。各都道府県では，保育士等キャリアアップ研修ガイドラインを踏まえ，職務内容に応じた専門性を図るための研修が整備されている。保育所等の保育現場において，各専門分野に関してリーダー的な役割を担う者を対象として，乳児保育，幼児教育，障害児保育，食育・アレルギー対応，保健衛生・安全対策，保護者支援・子育て支援などについて，その専門的な知識や技能を高めていくことが求められている。　　　　　　　　［佐藤智恵］

キャリアパス

キャリアパスとは，一般的に使用される場合，目標とする職位に就くために必要な業務上の経験や知識や技術をどう蓄積させていくのかを考え，計画すること

を意味するものである。保育分野においては、保育の質の向上と併せて語られることが多い。2017年に改定された保育所保育指針には、質の高い保育を実施するために、職員の資質向上及び職員全体の専門性の向上を図るよう努めなければならないことが明記されている。質の高い保育を行うためには、職員を育成していくことが重要である。一定の経験を経た職員が、それぞれの職位や職務に応じ、更に専門的な知識や技能を修得し、ミドルリーダーとして必要なマネジメントとリーダーシップに関する能力を身に付けていけるよう、キャリアパスを見据えた体系的な研修機会の充実を図ることが求められているのである。施設長は、職員一人一人の資質や専門性を把握し、本人の意向、長期的な展望や経験年数等も確認し、考慮し、保育士等の自己評価やライフステージに合わせた一人一人の研修計画や、保育所全体としての質の向上を見据えた研修計画を作成しなければならない。 〔佐藤智恵〕

ギャングエイジ

徒党時代とも呼ばれ、児童期後期（小学校中学年から高学年）頃を指す。親や教師に反抗したりして友人関係における結束力の強いグループを形成する時期である。同じクラスや近隣に住んでいる、親同士が知り合いであるなど、気の合う友達が3〜5人ほどのグループ（ギャング集団）で行動する。この時期の子どもたちは、徒党を組んで集団の遊びを行い、自主的に共通の理解や協力できる仲間をつくって強く結びつき、ときには他を排斥したり、対立したりすることもある。自分たちだけの秘密基地を作り、集団の独自のルールを作って行動するため、集団自体が閉鎖的になりやすい。 〔日坂歩都恵〕

救急蘇生法

救急蘇生法とは、急性の疾病や外傷により生命の危機に瀕している、もしくはその可能性がある傷病者や患者に対して緊急に行われる応急手当、応急処置、救急治療などを意味する。保育士は応急手当として、救急隊が到着するまでの間や医師等に診てもらうまでの間の悪化を防ぐファーストエイドを行うことが求められる。応急手当とは、心肺停止や気道閉塞などに対して、直ちに行う心肺蘇生、AEDなどの電気ショック、窒息に対する気道異物除去が含まれる。そのため、保育所・保育士には心肺蘇生、気道内異物除去法、AED、加えてエピペン®の使用等の実技講習会の開催と定期受講が求められている。また、119番通報が円滑に行われるよう通報訓練の実施、園内の緊急時対応体制の確認が求められている。 〔山内佐紀〕

休日保育

休日保育は1991年に厚生労働省が公的保育の補完として、民間保育園に委託したのが制度としてのはじまりである。それ以前にも病院内保育所や企業内保育所などでは家庭の実情にあわせて私的機関により実施されてきた。2012（平成24）年には子ども子育て支援新制度を受けて、地域子ども・子育て支援事業の一環として、休日保育が公的に位置付けられるようになった。休日保育は、祝日や日曜日などの休日に、養育者が仕事で育児ができない場合に、特定保育として児童育成事業の補助金によって制度化されたのである。

利用できる対象児は、自治体によって異なるが、その地域に在住している2号または3号の支給認定を受け、認可を受けた保育所・認定こども園・地域型保育事業所のいずれかに在籍する就学前児である。利用を求める理由は様々だが、養育者の職業が医師や看護師、スーパーやデパートで勤務している人など多種である。また、近年ではひとり親家庭の増加と共にその需要が伸びているが、居住する地域の特性によっても差異がみられる。

利用する場合の料金は，法的には特に定められてはいないため，自治体によって異なるが，保育料は無料のところが多い。給食費，おやつ代，延長料金などは有料とされる場合がある。保育者の人数は，最低2人以上で，対象児童数の人数に応じた保育者の配置が必要とされている。
　　　　　　　　　　　　　　［大橋喜美子］

給　食

　給食は1889年に現在の山形県鶴岡市にあった私立の小学校において貧困家庭の子どもの救済事業として昼食を与えたのが始まりと言われている。1954年に学校給食法が制定され法的な根拠として明らかとなり，2008年には同法が改正された。そこでは第1章総則第1条において目的として「この法律は，学校給食が児童及び生徒の心身の健全な発達に資するものであり，かつ，児童及び生徒の食に関する正しい理解と適切な判断力を養う上で重要な役割を果たすものであることにかんがみ，学校給食及び学校給食を活用した食に関する指導の実施に関し必要な事項を定め，もつて学校給食の普及充実及び学校における食育の推進を図ることを目的とする」とされ，今日まで続いてきた。

　2005年には，「子どもたちは豊かな人間性をはぐくみ，生きる力を身につけていくため」に「食」が重要だとされ，内閣府によって食育基本法が制定された。第20条には，食育に関する意識の啓発や指導体制および保育所等において地域の特色を生かした給食の実施の推進がされている。そして，保育所（園）や認定こども園では，アレルギー食にも配慮して特別な調理をする施設もある。また，乳児の離乳食や手作りおやつなどは子どもの月齢にあった調理方法を工夫している。なお，2017年に告示された保育所保育指針および幼保連携型認定こども園教育・保育要領では，第3章健康及び安全において食育の推進が示されている。また，

保育所等では，「保育所における食事の提供ガイドライン」（厚生労働省，2012）ができた。その背景には，朝食の欠食や個食，孤食など，栄養バランスの欠如からくる心身の発達への影響について，子どもの食を巡る問題を明らかにしている。今日ではアレルギー食への配慮による調理や工夫もなされ，子どもの心身の健康を守る食として給食が位置づけられている。
　　　　　　　　　　　　　　［大橋喜美子］

教　育

　「教育」という言葉は非常に多義的であるが，端的に言えば「人が知識や技術を身につけ，人格を形成していき，将来幸せな人生が送れるように，働きかける行為」とまとめられよう。教育が行われる場としては，学校，家庭，地域という3つに分けられることが多く，それぞれ学校教育，家庭教育，地域における教育（社会教育または生涯学習）と呼ばれるが，近年は爆発的に普及するインターネット上の空間が，上記の3つの場と同等，いやそれ以上の教育の場として実質的に機能しているとみる向きもある。教育が語られる時は，二項対立が用いられることが多い。教育の当事者として，教える側と，育つ（学ぶ）側とがいて，どちらが重要であるのかは，非常に多岐にわたった議論がある。教育の目標として，個人の人格形成（自己実現，幸福の達成）か社会（国家や共同体）の維持・発展か，どちらが重要なのかという点もよく出る。しかし，これらの二項対立は，「どちらか1つしか取れない」という背反的なものではなく，両方を実現させようとすることが最も期待されていることであり，時代を超えても色褪せない教育思想，教育理論はこのような二項対立を超えていることが多い。また，教育の理論（理念，方法）が語られる時は，「教育とはこうあるべきだ」という規範的・当為的な面が大なり小なり含まれる。その理論には何らかの人間観や国家論など

が必ず前提としてある。これらの規範や当為，人間観や国家論は，自然科学のように正解が1つではない。様々な「教育」の定義を考えるにあたって，留意すべき点である。　　　　　　　　　　［冨江英俊］

教育委員会

　教育委員会は，都道府県において必ず設置されており，教育長と教育委員で組織されている。ちなみに，東京都の例では教育長と教育委員5名，計6名で組織している。また，全国の市町村においても教育委員会が設置されており，各地域における学校教育や文化的行事，スポーツの推進，食育の推進などの教育問題や今後の課題などが具体的に論議される場となっている。教育委員会は政治的に中立であり，住民の意思を反映できる立場としての委員会でなくてならない。平成27年には「地方教育行政の組織及び運営に関する法律の一部を改正する法律」が施行となった。そこでは「迅速な危機管理体制の構築」「いじめによる自殺等が起きた後においても再発防止のために国が教育委員会に指示できる」などが重点項目としてあげられた。そして，児童のいじめや虐待，不登校などの問題について，できる限りの実態を把握して早期解決に取り組み，子どもたちが安心して生活し，学習ができる環境づくりを積極的に取り組む場が教育委員会である。

　また，教育委員会は，教育現場における教育者側の問題についても，検討する場であり，場合によっては審議決定することが出来る。それらに関連して，各種研修や講座を企画して，教育者が研修を積みながら議論を重ねて，教育者の資質向上に貢献する役割もある。

　　　　　　　　　　　　　［大橋喜美子］

教育課程

　教育課程とは，園生活における保育の大綱であり，入園から卒園（修了）までの全期間を通して子どもの育ちを見通したものとして作成される。具体的には，幼児教育において育みたい資質・能力を踏まえつつ，各園の特性に応じた教育目標を設定し，これを実現していくための教育の内容を計画的かつ組織的に組み立てたものである。子どもの学びの経験の総体をイメージするときには，教育課程を「カリキュラム」と言い換えることもある。幼稚園教育要領（2017年）の第1章において，「各幼稚園においては，教育基本法及び学校教育法その他の法令並びにこの幼稚園教育要領の示すところに従い，創意工夫を生かし，幼児の心身の発達と幼稚園及び地域の実態に即応した適切な教育課程を編成するものとする」とされている。

　教育課程の編成にあたっては，家庭や地域社会との連携や協働によりその基本方針を実現していくという視点から，社会に開かれた教育課程を構築していくことが大切である。なお，幼児教育においては，「教育課程」は学校として位置づけされている幼稚園及び幼保連携型認定こども園等において使用されるもので，児童福祉施設である保育所では使用されず，教育課程に代わって「全体的な計画」という概念が用いられる（幼稚園と保育所の機能を満たす認定こども園では，「教育課程」と「全体的な計画」とが併せて用いられることがある）。→カリキュラム　　　　　　　　　　　［日坂歩都恵］

教育基本法

　1947（昭和22）年公布・施行された，日本国憲法に基づいて，新しい教育の目的とその基本方針を示した法律。教育の憲法とも呼ばれる。現行法は，科学技術の進歩，情報化，国際化，少子高齢化などの新たな課題に対応するため，旧法を全面的に改正して2006（平成18）年12月22日，公布・施行された。本文は，18カ条からなり，教育の目的，教育の機会均等，義務教育，学校教育，政治教育，宗教教育など，旧法からの規定に加え，生涯学習の理念，大学，私立学校，家庭教

育，幼児期の教育，学校・家庭および地域等の相互の連携協力などの規定が新たに設けられた。　　　　　　［荒内直子］

教育時間

　登園から降園まで子どもが1日に保育をうける時間。幼稚園においては，1日の教育課程に係る教育時間は，4時間を標準としている（幼稚園教育要領第1章第3節3（3））。幼保連携型認定こども園においては，満3歳以上の園児の教育課程に係る教育時間は4時間を標準とし，保育を必要とする子どもに該当する園児に対する教育及び保育の時間は，1日につき8時間を原則としている（満3歳以上の保育を必要とする子どもに該当する園児については，上記の教育課程に係る教育時間を含む）（幼保連携型認定こども園教育保育要領第1章第2の1（3）ウ，エ）。教育時間については，子どもの年齢や保育経験，心身の発達の程度や季節などに配慮して定める必要がある。1日の教育時間が4時間を標準とすることは，幼稚園教育要領が1964年に告示後，変更されていない。幼児期の発達や家庭・地域における生活の重要性を考慮し，子どもにとって最も適した時間であるといえるが，現状では，地域の実態や保護者の要請により，幼稚園の教育時間の終了後に行う教育活動（預かり保育）が一般化している。子どもの心身の負担に配慮し，保育の内容や方法への工夫が求められる。　　　　　　　　　　　［森　知子］

教育実習

　大学等教員養成機関においての教員養成課程での講義等，授業科目の知識を基にして，教員の実践の場である学校等での観察，参加を位置づけ，発達段階・学校規模・障害の有無による教育の差異について体験しながら理解していく。つまり教職を目指す上での課題と自覚を高めるものである。生徒の発達特性の理解の上に，学習内容の系統性，発達段階を考慮した学習指導法について理解を深め，

学級経営及び特別活動の実践力を高め，教員としての資質・能力の育成を図る。知識・技能を教育現場での実地体験で確認するとともに，実際に生徒に接し教育指導にあたることによって，教師としての適性を把握し，現場での教育の在り方，方法等を学ぶ。　　　　　　　［西本　望］

教育週数

　1学年の間に子どもが保育をうける週の数。学校教育法施行規則第37条に「幼稚園の毎学年の教育週数は，特別の事情のある場合を除き，39週を下ってはならない」と規定されている。2017年改訂の幼稚園教育要領（第1章第3節3（2）），幼保連携型認定こども園教育・保育要領（第1章第2の1（3））においても同様に，「教育課程に係る教育週数について，特別の事情のある場合を除き，39週を下ってはならない」と明記されている（幼保連携型認定こども園においては満3歳以上児の教育課程）。特別の事情とは，「台風，地震，豪雪などの非常変災，その他急迫の事情があるときや伝染病の流行などの事情が生じた場合」を指す。なお，保育所における保育週数についての既定はない。夏休み・冬休み等の長期休業はなく，日曜日，祝日以外は基本的に保育が行われている。近年では，幼稚園においても，夏休み・冬休み等に預かり保育を行っている園も多い。

　　　　　　　　　　　　　　　［森　知子］

教育職員免許法

　教員免許について定めた法律。免許状の種類，授与，効力などについて規定されている。制定されたのは1949年で，公私立のいずれの大学でも，免許取得に必要な単位の科目を開設し，学生に履修させることにより，制度上等しく教員養成に携わることができるとした。これを「開放制の教員養成」と呼ぶ。開放制は，戦前の師範学校を中心とした独占的な教員養成のあり方が，教育への国家統制を許し，軍国主義教育へとつながった反省

のもとに作られた原則である。教育職員免許法は，何度か改正されており，その度に教員免許取得に必要な学修内容や単位数が変化してきた。これらの変化は，改正当時に考えられた「望ましい教員の資質・能力」が盛り込まれているといえる。2016年の改正においては，各科目で扱う必要がある内容を細かく規定した「コア・カリキュラム」が制定された。

[冨江英俊]

教育職員免許法施行規則

教育職員免許法施行規則（昭和29年文部省令第26号）は，教育職員免許法（昭和24年法律第147号）の規定に基づき及びその規定を実施するために定められた省令である。現在の省令は，旧・教育職員免許法施行規則を全面的に改正したものである。2019（平成31）年４月１日に施行された。

[荒内直子]

教育心理学

教育心理学とは，教育活動について心理学的に研究し，教育実践上の課題を解決するために，よりよく適用される心理的知見とより高い効果をあげうる心理的技術とを提供する学問である。教育心理学の対象と領域は広範多岐にわたっているが，発達，学習，適応，評価の４領域が中心となっている。①発達：教育は児童生徒の心身の望ましい発達を助成するものであり，成長と発達は伝統的に重要な領域とされている。②学習：教育心理学にとって，代表的な研究領域である。特定の目標のもとに人間の変革を企図する教育にとって，学習が大きな比重を持つのは当然である。③適応：教育は望ましい人格の育成を図るものであるということから，人格と適応の問題もまた教育心理学にとっての主要領域の１つとされている。④評価：特定の教育目標に対して諸事象を観察し，測定の技術を適用するなどして得られた資料を総合的に解釈し，価値的規準に基づいて評価する。

[金山健一]

教育相談

生徒指導提要（2011）によると，教育相談とは「児童生徒それぞれの発達に即して，好ましい人間関係を育て，生活によく適応させ，自己理解を深めさせ，人格の成長への援助を図るもの」であり，生徒指導の一環として位置付けられその中心的な役割を担うものである。主に個に焦点を当て，面接や演習を通して個の内面の変容を図ろうとするものである。学校における教育相談において，相談の対象はすべての児童生徒であり，教育相談の実施者はすべての教員等である。相談の内容は，いじめや不登校，非行，そして学習や対人関係，家庭の問題など多岐にわたる。それらの内容は，日常生活で表面化しているものもあればいないものも多くある。学校における教育相談は，早期発見や早期対応が可能であることが利点である一方，日常の関係性や同じ場で生活している難しさがあるという課題も挙げられる。したがって，教育相談は組織的な連携体制づくりが重要である。管理職，学級担任，教育相談担当，養護教諭，生徒指導主事（担当），特別支援コーディネータなどをはじめ，スクールカウンセラーやスクールソーシャルワーカーなどと協働し，内容によっては外部の専門機関と連携し，チームで多様な児童生徒そして保護者の理解と支援を目指している。

[坂田和子]

教育勅語

正式名称は「教育ニ関スル勅語」。1890年10月に発布され，以降国民道徳・国民教育の基盤となった。1889年２月，大日本帝国憲法が発布されて国策の基本が確立され，それに対応した徳育の基本方針が必要となった。首相山縣有朋（やまがたありとも）の意向を受けて法制局長井上毅（こわし）によって草案が作成され，枢密顧問官元田永孚（もとだながざね）の協力のもとに成文化された。３つの部分からなる。序文に当たる前段で

は，歴代天皇は肇国以来崇高な徳を樹立し，臣民も一致協力してそれを実現してきた，これが日本の国柄の素晴らしさであり，教育もそこに基づく，とされる。本論部分では，臣民の実践すべき徳として孝・友・和・信等の重要性が説かれ，国家に危機が訪れた時は国のために尽くし天皇の治世を助けるべきことが説かれる。結論部分では，このような徳の道が歴代天皇の遺訓であり，臣民の遵守すべきものであって，古今東西普遍的に妥当するとされる。教育勅語の謄本は全国の学校に配布されて御真影（天皇や皇后の写真）の拝礼とともにその奉読が義務づけられ，学校教育に大きな影響を与えた。戦後の1947年，学校教育法が制定され，翌48年国会において教育勅語の排除と失効の決議が行われた。　　　　［隈元泰弘］

『教育の過程』

　教育心理学者のブルーナーが1959年に開催されたウッズ・ホール会議の議長を務め，その会議の内容をまとめた著書。学問中心カリキュラムを提唱した。学問中心カリキュラムとは，学問の持つ基本的な観念である「構造」を重視し，どんな教科であってもどんな発達段階であっても，教材や教具を工夫すれば，「構造」は教えることができるという立場で，「系統主義の教育課程（カリキュラム）」の代表的なものである。当時，アメリカと厳しい対立状態にあったソビエト連邦が，1957年に人類初の人工衛星の打ち上げに成功した。このことにより，アメリカの教育において，現代科学の進展に対応した，知的に優秀な人材を育てることが重要と認識されるようになった。ブルーナーの理論が有名となった背景には，この時代状況があった。日本においても，高度経済成長のただ中である1968年に，「教育内容の現代化」と称された学習指導要領改訂が行われたが，ブルーナーの影響を受けているとされている。

［冨江英俊］

教育の国際化

　「グローバル人材の育成」が様々な文脈から提言され，いくつかの施策が実施されている。文部科学省が「スーパーグローバルハイスクール」（SGH）や「スーパーグローバル大学」（SGU）を設定して資金援助をしたり，官民協働のプロジェクトとして，優れた若者が，海外留学に踏み出す機運を醸成することを目的としたキャンペーン「トビタテ！留学JAPAN」などが典型例である。「グローバル人材」が持つ能力や資質としては様々なものが考えられ，「語学力」「コミュニケーション能力」がどうしても強調される傾向があるが，「主体性」「チャレンジ精神」「日本人としてのアイデンティティー」なども含まれている。様々な文脈で「教育の国際化」は検討されていくべきものである。　　　　［冨江英俊］

教育の情報化

　近年，人工知能，ビッグデータ，IoTといった技術に代表されるICT（情報通信技術）の進展が著しく，もはや日常生活においても欠かせないものとなっている。課題の解決のために効果的にICTを活用できる力は，これからの社会を生き抜くための力として不可欠であり，その育成が求められている。「教育の情報化」は，そうした社会の状況を背景に，ICTがもつ特長を教育に活かして，教育の質を向上させようとする取り組みである。現在，文部科学省が推進している「教育の情報化」では3つの内容がある。①子どもたちの情報活用能力の育成，いわゆる情報教育の実践，②ICTを効果的に活用することで，分かりやすく理解が深まる授業の実現を目指す，教科指導におけるICTの活用，③教職員がICTを活用した情報共有によりきめ細やかな指導を行うことや，校務の負担軽減等を目指す校務の情報化，の3つである。このうち，①の情報教育に，最近になってプログラミング教育の推進も加

えられた。文部科学省では，取り組みの参考となるように「教育の情報化に関する手引き―追補版（2020年）」を発行している。　　　　　　　　　　　[大森雅人]

教育評価

　教育評価といえば通信簿やテストなど，児童生徒の学習評価が思い浮かびやすいが，広義には，カリキュラムや教師の授業実践，学校の制度といった対象の評価を含む。教育評価の方法には，集団の成績の平均値に基づき各個人の評価を決定する相対評価，学習者個々人に規準を設ける個人内評価，学習目標を規準としてその達成度をはかる到達度評価などがある。戦後導入された学習状況の記録である指導要録の改訂を見ると，教師の主観を規準とした戦前の認定評価に対し，客観的な相対評価全盛の時代，相対評価の問題点を繕いつつもその矛盾が保存された個人内評価，観点別学習状況による到達度評価の導入，そして到達度評価中心の評価へ，という変遷が認められる。だが到達度評価が完全なわけではなく，到達目標を固定することで学習の多様な価値が見逃される可能性などは，精密に分析し目標を公開しようとする到達度評価だからこその危険性ともいえる。
　　　　　　　　　　　[塩見剛一]

教育法規

　教育，保育に関連する法令で，日本国憲法，教育基本法をはじめとして，学校，幼稚園等の教育関連では，学校教育法，学校教育法施行令，また学校保健関連の学校保健安全法，食育基本法，学校給食法等がある。乳幼児等を含んだ子どもの支援や権利の観点からの「子ども法」には児童福祉法，児童虐待防止法，こどもの貧困の解消に向けた対策の推進に関する法律，子ども・子育て支援法，就学前の子どもに関する教育，保育等の総合的な提供の推進に関する法律（認定こども園法）等があり，今日的な課題を考察する上で重要な法規になる。また福祉分野の生活保護法や，障害者基本法，障害者差別解消法等も重要で，日々の保育・教育実践の中で密接に関連する法令である。
　　　　　　　　　　　[佐野　茂]

教員免許状の更新制

　平成19年6月の改正教育職員免許法により，平成21年4月1日以降取得の教員免許状に，その有効年月を10年と付した教員免許状制度。年々変わる社会や子ども達の変化，最新の技能，知識等，教員としての一定の資質能力を保つことを目的として制度化された。しかし，この免許状制度は10年に一度講習を求めるもので，つねに教師が最新の知識技能を学び続けていくことや，今後求められる「個別最適な学び」との方向性が異なるという理由から，令和4年5月の「教育公務員特例法及び教育職員免許法の一部を改正する法律」により廃止された。
　　　　　　　　　　　[佐野　茂]

教　科

　学校教育におけるあらゆる教育活動を支える教育課程を編成するための基本的な要素の一つ。たとえば，「学校教育法施行規則」第50条において，「小学校の教育課程は，国語，社会，算数，理科，生活，音楽，図画工作，家庭，体育及び外国語の各教科（中略），特別の教科である道徳，外国語活動，総合的な学習の時間並びに特別活動によって編成するもの」と規定されている。新たな学習指導要領（平成29年3月改訂）では，「子供たちが未来社会を切り拓くための資質・能力を一層確実に育成する」ことを目指して，「社会に開かれた教育課程」を実現するために，各教科の目標，内容や授業時数が見直された。また，一般に，教科書と呼ばれているものは，「小学校，中学校，義務教育学校，高等学校，中等教育学校及びこれらに準ずる学校において，教育課程の構成に応じて組織排列された教科の主たる教材として」，文部科学大臣の検定を経た教科用図書，または

文部科学省が著作の名義を有する教科用図書のことである（教科書の発行に関する臨時措置法第2条，学校教育法第34条）。　　　　　　　　　　［島田喜行］

教科カリキュラム

　文化遺産から選ばれた知識内容のまとまりを複数の教科に分化し，体系的に習得できるよう編成したカリキュラム。「系統主義」のカリキュラムといわれ，「経験主義」と対照的な概念である。この語が最初に用いられたアメリカでは，経験主義を重んじるデューイらの進歩主義に鋭く対立するハッチンスらのエッセンシャリズム（本質主義）に，伝統的な学問や系統的学習を重視する教科カリキュラムの立場が代表される。特徴としては，教師中心の授業構成，教材の重視，知識の習得や個別の技能の重視などが挙げられる。教科の成立とともにある伝統的なカリキュラムであり，教師にとって構成が簡単で評価がしやすい，知識理解が効率的，学習者の関心だけでは得がたい文化体系との接触といった長所がある。短所には，理解より暗記になりやすい，社会性や創造性の育成が忘れられがち，などがある。実際の学校教育では経験カリキュラムと相補的に用いられることが多い。　　　　　　　　　　　　［塩見剛一］

教科書

　教科書とは，「小学校，中学校，義務教育学校，高等学校，中等教育学校及びこれらに準ずる学校において，教育課程の構成に応じて組織配列された教科の主たる教材として，教授の用に供せられる児童又は生徒用図書であつて，文部科学大臣の検定を経たもの又は文部科学省が著作の名義を有するもの」と，教科書の発行に関する臨時措置法第2条に規定されている。教科書の使用義務については，学校教育法第34条に「文部科学大臣の検定を経た教科用図書又は文部科学省が著作の名義を有する教科用図書を使用しなければならない」と記されている。教科書の使用義務や，文部科学省による教科書検定については，「国家権力が教育内容を統制する」「学問の自由が保障されていない」などの否定的な意見がある。一方で，全国の学校で一定水準の教育の質を確保し，教育の機会均等が保たれているという見方もある。　　　　［冨江英俊］

共　感

　共感とは，相手の立場に立ってものごとを見ることを言うが，日本語の共感には，英語のシンパシー（sympathy）とエンパシー（empathy）の両方の側面がある。シンパシーは，自分も同じような状況にあるときに，相手に対して同じであると考えることである。これに対してエンパシーは，自分は同じ状況にはないときに，相手の立場や思いをおもんぱかることを言う。心理学的には，エンパシーに「他者の感情状態を想像する」認知的側面と，「他者の感情を代理的に経験する」情動的側面があると言われている。「自分達が遊んでいる側で1人寂しそうにしている他者を見た時に，“悲しい気持ちでいるんだろうなあ”という」認知的側面と，「“自分自身も悲しい気持ちになる”」という情動的な側面とである（尾之上・丸野，2012）。

　佐伯は，（エンパシーとしての）共感に必要なのは，自分にはわからないけれど，「この人はどうもこういうことを考えているのではないか」，「こういう側面に注目しているのではないか」，「こういったことを大事だと思っているのではないか」というように，相手の意図や目的，相手の置かれている条件などを「理解」して，その人の思いを共にしようとすることだと述べている。そして，子どもは大人からの「あなたが見ている世界を一緒に見ましょう，共に喜び，共に悲しみましょう」という共感的なまなざしによって成長していくと強調している。（佐伯，2007）　　　　　　　　［村井尚子］

叫喚的発声

産声に始まり，生まれてから言葉を話すまでのプロセスの一つ。叫喚（きょうかん）とは読んで字のごとく，大声で泣き（ナキ），叫び（サケビ），喚く（ワメク）声のことであり，そのような発声法を用いて意思を伝達する。おなかがすいた等の不快な状態のときに発生する声であり，産声と同様に泣き声（叫喚音）で，リズムのある規則的な発声がみられる。生後0か月からこのような発声を通して母親やまわりの大人に対して自分の感情（不快感）を伝達している。生後間もない赤ちゃんであっても意思を伝えることができるように機能が備わっており，未分化ではあるが感情も表現できる。「生後0か月，赤ちゃん，鳴き声」などのキーワードで検索をすると，YouTube等の動画投稿サイトで実際に音声を聞くことができる。→クーイング；喃語

[加納　章]

共感的理解

アメリカの臨床心理学者であるロジャース（Rogers, C. R.）が提唱した，カウンセリングの一つの技法。聴き手が相手の話を聴くときに，相手と自分が別の人間であることを前提に，相手の立場に立って，相手を内面から理解しようとすることである。「共感」は，意見が一致する「同意」ではなく，憐れみを持つ「同情」でもない。この「共感的理解」は，「無条件の肯定的関心」（相手の話に対して善悪の評価，好き嫌いの評価を入れずに聴く）。「自己一致」（相手の話の内容にわからないところがあれば，聴きなおして内容を確かめる）と並んで「ロジャースの3原則」として，カウンセラーの基本的な心構えとして定着している。

[冨江英俊]

教　具

学習を効果的に習得することを目的に，教授する側と学ぶ側との媒介として工夫され用いられる具体化された道具（資材）を指す。例えば，教科書，黒板，画像や音声等の視聴覚資料，生き物や標本などの実物，運動用具等が挙げられる。教育拡大とともに発展してきた一斉教授と直接経験から学びを深める教授方法の進展が，教具の発展につながってきた。教具は教授内容や方法ごとに多種多様である。近年では，情報通信機器の急激な進歩により，IoT や ICT を活用した教育方法が推奨されており，教具の形態や活用方法は多様化しつつある。「教具」の定義は，その多種多様な用途や教育効果から，明確な定義がなされていない。なぜなら，教育思想や理念（理論）に影響を受け，知育玩具や用品・教材，方法論等にその特性が反映されていくためである。また，現在では，「教材」と「教具」とを明確に区別をして使用する場合もあるが，教授科目（内容）によってはそれが困難な場合ものあるため混同して使用されることもある。

[橋本好市]

教　材

保育，教育目標を達成，促進するために教授者と子どもが用いる自然財，文化財をいう。保育園や幼稚園等では遊具，楽器，絵本，物語，紙芝居等が頻度高く用いられ，生活の中の道具や動植物といった自然素材等も有益な教材になる。小，中，高等学校では教科用図書，いわゆる教科書や，地図，図表，新聞，雑誌，情報機器があげられる。学校教育法第34条の第4項においては，「教科用図書及び第2項に規定する教材以外の教材で，有益適切なものは，これを使用することができる」とあるように，日本の小，中，高等学校での教材の主たるものは教科用図書ということになる。ただし，有益適切なものは，教材として使用することができる。したがって，補充教材として，地図やドリル，実物の類も教材として認められる。

[佐野　茂]

行　事

日々の園活動，園生活とは異なる体験，

活動を「行事」とよぶ。具体的な行事としては、入園式、卒園式、運動会、親子遠足、避難訓練、お誕生会等、それぞれの地域性や園の特性に合わした取り組みが行われている。行事の実施においては、園生活の自然の流れの中で変化や潤いを与え、主体的で楽しく活動できることを留意しなければならない。また、行事が目的化しないことや、子ども達の負担にならないこと、社会に開かれていること等にも心がける必要がある。そして保育所保育指針にもあるように、子どもの生活の連続性を念頭におきながら、家庭と地域の連携も考慮した活動が望まれる。この場合、地域の自然、高齢者や異年齢の子ども等を含む人材、行事、施設等の地域の資源を積極的に活用し、豊かな生活体験をはじめ保育内容の充実が図られるよう配慮することと示されている。

[佐野　茂]

教師の権威

かつての学校は、教師から子どもに知識や技術を教える教育がかつては主流であったが、今日は「総合的な学習の時間」「アクティブ・ラーニング」といったキーワードに代表されるように、子どもが主体的に学習することが強調されている。また、習得が目指される知識や技術は、より多面的・多角的なものになっている。それだけ、より高度な専門性を、教師は求められているといえる。また、保護者の高学歴化、社会全体における消費者意識（お金を払った者が、そのお金を得る者に対して要求する権利があるという意識）の高まり、学校の情報公開義務の増加などで、教師の権威は段々と低下していることは否めない。　[冨江英俊]

教師の体罰

教員等が児童生徒に対して行った懲戒の行為が体罰に当たるかどうかについては、当該児童生徒の年齢、健康、心身の発達状況、当該行為が行われた場所的及び時間的環境、懲戒の態様等の諸条件を総合的に考え、個々の事案ごとに判断する必要がある（「問題行動を起こす児童生徒に対する指導について」平成19年2月5日初等中等教育長通知）。しかし、段る・蹴るといった児童生徒の身体を侵害する行為や、長時間にわたって正座させたり、廊下に直立させたりするなどの被罰者に肉体的苦痛を与えるような行為はどれも、「体罰」とみなされる。こうした体罰は、学校教育法第11条において、児童生徒の自己教育力や規範意識の育成のために「教育上必要がある」と認められる「懲戒」とは区別され、禁止されている。しかし、どのような行為が体罰に当たるのか、児童生徒への懲戒がどの程度まで認められるのかについては、判断が難しい。

[島田喜行]

きょうだい関係

家族内における子ども同士の関係。親子関係がタテの人間関係であるのに対して、きょうだい関係ではヨコの人間関係を経験する。遊びやけんかなどをとおして、自己主張や自己統制の機会を経験し、対人関係上の問題解決能力や相手を思いやる道徳心などを育てることができる。これは良好な人間関係を構築するための学習ともいえる。きょうだい関係を規定する要因として、①きょうだい数、②出生順位、③年齢差、④性別などがある。一般に年長のきょうだいは主導的役割を担い、他者からの期待や評価を気にして行動しようとすることや、年少のきょうだいは依存的で、年長をモデルとして様々なスキルを模倣することが知られている。第一子の場合は、次子の出生によってこれまで独占していた親との関係性が変化し、嫉妬や葛藤の表れから退行現象（赤ちゃん返り）が生じることがある。日本は、ひとりっ子家庭が増加している現状もあり、きょうだい関係を考慮した保育が求められている。保育現場では、「きょうだい保育」「異年齢保育」「縦割り保育」といったクラス編成を取

り入れることで，子どもが相互にかかわる経験を深めることが期待される。

［森　知子］

協同遊び

米国の発達心理学者パーテン（Parten, M. B., 1902-1970）が提唱した，子どもの遊びを基軸に捉えた発達理論による分類の一つ。遊びの場面における子ども同士の関係性から，遊びを6分類の発達段階で示し，「協同遊び」は，その内の一つに含まれている。①何もしていない（しない）行動（Unoccupied behavior），②一人遊び（Solitary play），③傍観（的）遊び（行動）（Onlooker behavior），④平行（並行）的遊び（Parallel play），⑤連合（的）遊び（Associative play），⑥協同（的）あそび（Cooperative or Organized supplementary play）。一人遊び・傍観的遊び・並行遊びは2〜3歳児に，連合遊び・協同遊びは4〜5歳児から多くみられるようになる。協同遊びは，組織的遊びとも呼ばれ，子ども間で起こる目的のもとに，仲間が組織化され，役割分担やすべきことの役割が認識され，共通の方向に向けて協力し合い，知恵を出し合い，複数で同じ遊びを営むことを意味している。たとえば，ままごと，正義の味方ごっこなどにおける活動が挙げられる。「一緒に協力し合って遊ぶ」という姿が子どもたちに見受けられるようになることから，ルールが意識化されるという発達段階の高い遊びといえる。

［橋本好市］

共同画

個人ではなく少人数のグループやクラス全員で，友達同士のイメージなどの違いを尊重しながら，力を合わせて一つの平面作品をつくること。共同画は大きく二つに分けられる。一つは共有するテーマなどを設定し，はじめから大きな作品をかくことを目的とした共同画である。もう一つは一人ずつかく部分が異なり，それらを集めて一枚の大きな作品にする共同画である。共同画として劇の背景や卒園記念の壁画などの行事関係の制作，縦割り保育の造形活動などで制作されることが多い。

現行の「幼児期の終わりまでに育ってほしい姿」の「豊かな感性と表現」においては，「友達同士で表現する過程を楽しむこと」が記され，協同性が重視されている。共同画に取り組む際には，保育者は子どもがテーマやイメージを共有できる年齢であるかを確認し，友達とかかわりながら，アイデアや工夫などの表現に触れ，困難を解決しながら達成感を共有できるように内容やねらいを考えていく必要がある。さらに単なる作業ではなく子どもたちが対話をおこない，一人ひとりの表現を大切にしながら過程を楽しむ場面をつくっていく必要がある。また，活動の際，広い活動場所や全体が見えるような環境設定も重要となる。

［須増啓之］

共同注視（注意）

自己又は他者の注意の状況を踏まえ，対象（人・もの）に対する自己の思いを他者に共有してもらう行為をいう。同じ場で，同じ対象に注視（注意）を向け，人やもの等に対する関心を自己と他者とで共有するこの行為は，生後6〜18か月程度の期間に発達すると考えられている。たとえば，相手の視線や指さしを追う，自分から相手に対象を視線や指でさす，自分の物を相手に見せる，対象と相手を交互に見て相手に対象への注意を向けさせる等の行動（行為）は，対象への興味・関心・情動的繋がりを他者と共有しようとすることの現れである。このような他者との共同的な関わりは，他者の気持ちや行為を意図的に理解することに繋がり，言語獲得の基盤となっていく。乳幼児は，他者の心の動きや行動をある程度理解し，他者が対象に向ける意識・態度を共有できると考えられている。そして「自己」と「他者」，「人（自己・他

者）」と「もの（対象）」，「自己」と「他者」と「もの（対象）」という「三項関係」の理解と獲得が形成されていく。この観点から，共同注視の成立は子どもの発達段階の指標ともなる。　　［橋本好市］

教頭・副園（校）長

学校教育法第37条に「小学校には，校長，教頭，教諭，養護教諭及び事務職員を置かなければならない」とあり教頭は幼稚園，また学校においても必置の職員となる。教頭の職務は園長（校長）を助け，副園（校）長を置くときは副園（校）長も助け，園務（校務）を整理し，必要に応じ幼児，児童生徒の保育，教育をつかさどることになる。教頭は必置であるが，副園長，副校長の位置づけは，法的には必ずしも必置ではない。ただし副園長，副校長を置き，その他特別な事情がある時は教頭を置かないこともできる。副園長，副校長の職務は，園長（校長）を助け，命を受けて園務（校務）をつかさどると規定されており，必ずしも保育（教育）をつかさどる必要はない。　　　　　　　　　　　　　　［佐野　茂］

共同保育所

認可外保育所施設の一形態。認可保育所の不足や，低年齢児保育や長時間保育への対応の遅れを受けて，父母らが中心となり，地域住民の協力を得ながら運動することで1960〜70年代に多く生まれた。保護者や保育者，地域が設置・運営主体となって共通の理念の下につくった保育施設である。共同保育所は，様々な職業，人生経験をもつ親と保育士が共につくる，地域の大人と子どもが共に育つ場でもある。父母らとの共同性を保持した組織運営・経営体制の確立が課題であり，共同保育所が基地になって地域が持っている子育てのさまざまな人材や資源をつなぐ拠点となるシステムが望まれる。　　　　　　　　　　［福山恵美子］

虚構遊び

虚構遊びとは，現実と離れた虚構，つまり「作りごと」の中でおこなわれる遊びのこと。子どもの想像力を高め，心を解放させる遊びであり，ごっこ遊びの一つでもある。子どもが絵本やごっこ遊びを楽しむことは，現実世界にいる子どもが虚構の世界にかかわることで，豊かな現実体験があるからこそ虚構の世界を楽しめ，虚構の楽しさを現実の仲間と共有することで現実の認識や仲間関係が深くなっていく。つまり，子どもの過去の体験のイメージを現在に再現して，子どもなりにそのことの意味を，より明瞭にする作業で，様々な心理機能とかかわりを持ち創造性，問題解決，認知，思考の発達と深く関連しあっている。
　　　　　　　　　　　　　　［福山恵美子］

居宅訪問型保育事業

2015年4月実施の「子ども・子育て支援新制度」で新たにできた地域型保育事業の一つ。保育を必要とする満3歳未満の乳児・幼児の居宅において市町村が行う研修を修了した保育士，保育士と同等以上の知識及び経験を有すると認められる家庭的保育者による保育，満3歳以上の幼児に係る保育の体制の整備状況その他の地域の事情を勘案して，保育が必要と認められる満3歳以上のものについて，児童の居宅において家庭的保育者による保育を行う事業である。1対1対応が基本の事業であることを踏まえ，①障害，疾病等の程度から集団保育が著しく困難である場合，②教育・保育施設又は地域型保育事業者が利用定員の減少の届け出又は確認の辞退をする場合に，保育の継続的な利用の受け皿として保育を行う場合，③児童福祉法に基づく措置に対応するために保育を行う場合，④ひとり親家庭で夜間の勤務がある場合など，居宅訪問型保育の必要性が高い場合，⑤離島，へき地などにあって，居宅訪問型保育事業以外の家庭的保育事業等の確保が困難であると市町村が認める場合である。
　　　　　　　　　　　　　　［福山恵美子］

キリスト教保育

キリスト教の神,およびイエス・キリストの言葉(聖書)に基づいて行われる保育で,日本におけるキリスト教保育の多くは,明治期に来日した外国人女性宣教師のキリスト教宣教活動として始められた。当時の日本社会における子どもと女性の人権の救済に携わった女性宣教師らは,信仰と真理と情熱をもって子どもの教育と養護,また女性のための学校を設立した。1880年に最初のキリスト教幼稚園となる桜井女学校附属幼稚園が設立され,福祉的役割として石井十次によって岡山孤児院が1887年に開設された。第二次世界大戦後,その活動は日本人のキリスト教信仰をもつ保育者が中心となって発展していった。1948年に試案された幼稚園教育要領の前身となる「保育要領」にも深く関わり,その理念は,現在の日本の幼児教育・保育にも引き継がれている。宣教活動として始まったキリスト教保育は現在,キリスト教信仰をもつ保育者の減少や日本の教育・保育の変遷とともに,その担い手や目的が課題となっている。しかし,どの時代も,子ども一人ひとりの育ちを保証するために,社会にある課題に向き合う保育を行ってきたキリスト教保育は,現代においてもその働きが求められている。　［岸本朝予］

近代家族

近代社会に出現した家族モデルのことをさす。その特徴として,落合恵美子(1989)は,家内領域と公共領域の分離,家族成員相互の強い情緒的関係,子ども中心主義,男は公共領域・女は家内領域という性別分業,家族の集団性の強化,社交の衰退,非親族の排除,核家族,をあげている。日本では,戦後,この性別役割分業型の家族モデルが急速に普及した。近年,家族は多様化し,もはやこの家族モデルを当てはめることは難しい。しかし,社会における結婚・出産・育児という社会的事象や家族関係のとらえ方は,今なおこの家族モデルに基づいているものが多い。　［松島 京］

キンダーガルテン

ドイツの教育家,フレーベルが遊びを通じて幼児を人間形成する場として,1840年にブランケンブルクに世界で初めての幼稚園を設立した。後に世界の主要国の諸都市に設立されるようになる。彼は,受動的かつ追随的教育を主張した。これは自己が自己の意欲に従って,自己の努力によって自己を教育する,いわゆる「自己教育」を意味する。この原理は,フレーベルによって,庭の植物の栽培にたとえられた。すぐれた庭師が神の保護の下に庭の植物を自然性に沿って育てるように,子どももまたその本性に従って教育されなければならない。ここから「子どもの庭園＝キンダーガルテン」という名称が生まれた。幼児のための施設が,孤児院や貧民の子どもを保護する施設しかなかった当時,フレーベルはあらゆる子どもを受け入れ,教育する機関を創設した。これは画期的なことであった。幼稚園は子どもたちのために取り戻されるべき楽園でなければならないと考えた。「さあ,私たちの子どもらに生きようではないか」というフレーベルの合言葉は有名で彼の墓標にも記されている。日本で最初の幼稚園は1876年の東京女子師範学校附属幼稚園であり,首席保母(保姆)の松野クララがドイツ人で,フレーベルの弟子であったために,当初は日本でも「キンダーガルテン」と呼ばれた。

　［広岡義之］

クーイング

生後1か月をすぎると乳児は「アー」「ウー」などの母音や「クー」などの音を出すようになるが,これを「クーイング」という。泣き声や叫び声とは違い,口や唇を使わずに発せられ,くつろいだ

ようなゆったりした声である点が特徴で
あり，しばしば笑いを伴う。クーイング
を始める時期には個人差があるが，早い
場合は生後1か月頃から始まり，2〜3
か月頃によくするようになる。クーイン
グは，生後3か月頃には口を使う「ばぶ
ばぶ」といったような喃語に移行する。
そして1歳頃に最初の言葉を発するよう
になるのが一般的である。クーイングと
それに対する養育者の反応は「会話」の
始まりであるとされている。大切なこと
は，乳児が声を出したときに，養育者が
適切なタイミングで言葉を返すことであ
り，乳児からのサインを見逃さず，乳児
の目を見ながらゆっくりと表情豊かに対
応することが望ましい。　　　［中田尚美］

苦情の解決

　福祉サービス利用者の利益を保護する
ための制度。2000年に施行された社会福
祉法で制度化された。社会福祉法第82〜
86条にかけて定められている。社会福祉
事業の経営者は，常に，利用者等からの
苦情の適切な解決に努めなければならな
い。また，福祉サービスに関する利用者
等からの苦情を適切に解決するために，
都道府県社会福祉協議会に運営適正化委
員会を置くこととなっている。利用者は
事業者に対してサービス内容に関する苦
情の申立を行うことができる。しかし，
利用者と事業者との話し合いで解決がで
きなかった場合や，利用者が事業者以外
に相談したい場合は，運営適正化委員会
に申し出ることができる。その相談に応
じ，申出人に必要な助言をし，当該苦情
に係る事情を調査し，同意を得た上で，
苦情の解決のあっせんを行うことができ
る。また，運営適正化委員会は，苦情の
解決に当たり，当該苦情に係る福祉サー
ビスの利用者の処遇につき不当な行為が
行われているおそれがあると認めるとき
は，都道府県知事に対し，速やかに，そ
の旨を通知しなければならない。
　　　　　　　　　　　　　［松島　京］

クライアント

　心理療法・カウンセリングを行う人を
セラピスト・カウンセラーと呼ぶのに対
し，心理療法を受ける人をクライアン
ト・来談者と呼ぶ。ロジャースは，心理
療法においてそれまで一般に用いられて
いた患者（patient）という用語に対し
て，問題をもって来談する人を「人間と
して尊重する」意味を込めてクライアン
ト（client）・来談者と呼んだ。そして彼
は，「カウンセリングにおいてどの方向
に行くべきかを知っているのはクライア
ント自身である」としてクライアント中
心療法を打ち立てた（来談者中心療法と
もいう）。この療法の特徴は次の通りで
ある。
①成長仮説：人は皆本来，成長する力
（自己実現傾向）を兼ね備えている。ク
ライアント中心療法ではこの成長動機を
何よりも重視している。
②自己理論：クライアント中心療法のも
つパーソナリティ理論は自己理論と呼ば
れている。自己理論では知覚された意識
的自己概念とその人の経験の一致・不一
致に焦点を当てる。知覚された自己と経
験が一致しないとき，人は不安や悩みを
感じ不適応状態に陥る。カウンセリング
は自己と経験が一致するよう手助けする
ものと考えられている。
③パーソナリティ変化：クライアント中
心療法では，パーソナリティ変化の条件
としてクライアントの肯定的配慮，共感
的理解，自己一致などをあげている。
　　　　　　　　　　　　　［三浦正樹］

クラス経営

　学習指導要領等には，クラス経営は，
「学級経営」と記載されている。学級経
営という言葉は，非常に多義的な意味を
持ち，突き詰めれば学級担任が行う仕事
のすべてが入る。狭義には授業をするた
めに学級の環境を整えるということであ
るが，広義には人間関係や集団を作って，
生徒指導にかかわることも含まれる。か

つては「学級王国」という言葉に代表されるように、学級担任のみが自分の学級を経営するという閉鎖的な面があったが、近年は「チーム学校」などの施策により様々な教職員や外部人材がクラスの子どもに関わるべきとされ、より多面的なクラス経営が求められているといえる。

[冨江英俊]

クラスの適正規模

現在、保育所では乳児おおむね3人につき保育士1人、1・2歳児は幼児おおむね6人につき1人、3歳児は幼児おおむね15人につき1人、4歳以上は幼児おおむね25人につき1人と定められている（児童福祉施設の設備及び運営に関する基準第33条）。これに対し幼稚園では、1学級あたり専任教諭1人で、1学級の幼児数は、35人以下が原則とされている（幼稚園設置基準）。しかし、2021年3月に、「公立義務教育諸学校の学級編制及び教職員定数の標準に関する法律の一部を改正する法律案」が可決され、小学校での学級編制の基準が40人から35人へと変更することが定められた。小学校の1学級あたりの児童が35人であるのに対して、幼稚園で35人、保育所での4・5歳児が25人のままなのは適正ではないといえる。諸外国では、幼児期の教育機関、施設における子ども／保育者の比率は我が国と比べてかなり低く、一人ひとりの子どもに対する手厚いケアと教育が可能となっている。たとえばドイツベルリン州では、3歳未満は保育者1人あたり子ども4.8人、3～5歳児では保育者1人あたり子ども8.7人である（国立教育政策研究所、2020）。

ただし、幼児期は徐々にクラスの友達の存在に気づき、互いの遊びを見ながら経験を広げていく時期であり、友達と協力することで、遊びの幅が広がったり遊びの内容が深まる。また、友達との葛藤を通して他者との人間関係調整能力を身につけていく。この意味において、あま

りにクラスの人数が少ないと、子どもの経験が十分に拡がらない点については考慮すべきである。

[村井尚子]

クラス別保育（学年別保育）

コメニウスが『大教授学』（1657）において、年齢と学年に関する考え方を示して以降、子どもの発達に即した教育を行うという考えが生まれ、学年という概念が生じた。発達が著しい乳幼児期において、同学年の子どもたちとともに遊び、生活を共にする中で乳幼児期に必要な経験を積み、幼児期の終わりまでに育ってほしい姿に向けて発達を遂げていくことが重要である。一方で、同学年の中にもほぼ1歳に近い月齢の差があり、とりわけ乳幼児期においてはこの月齢による発達の差、一人ひとりの子どもの発達の差なども大きい。そういった面を十分に配慮する必要がある。また、3歳から5歳までの子どもたちを一つのクラスとする異年齢保育が行われている園もある。異年齢保育には、年上の子が年下の子の手助けをしたり決まり事を教え、年下の子は年上の子に勧められて少し複雑で難しそうな遊びや作業にも取り組むことができるといった利点も示されている。学年別保育を行う場合も、同じ学年の子どもたち同士の仲間関係を育むと同時に、異年齢の子どもとの交流を行うことも大切になる。

[村井尚子]

倉橋惣三

くらはし　そうぞう（1882-1955）

お茶の水女子大学名誉教授。従三位勲三等旭日中綬章。大正から昭和にかけて活躍した日本の児童心理学者である。ドイツの教育学者で幼児教育の祖であるフレーベルの思想に影響を受け、日本の幼児教育の先駆者である東京女子高等師範学校附属幼稚園（現・お茶の水女子大学附属幼稚園）で長く主事を勤めた。倉橋はフレーベルの教育思想を重視しながら、自ら「誘導保育」と呼ばれる保育方針を打ち立てた。「生活を、生活で、生活へ」

という言葉は有名である。倉橋の「誘導保育」とは，「子ども自らの内に育つ力」を大切にし，子どもが自発的に自由に遊ぶ中で「自己充実」を目指すという教育方針である。倉橋は，「周囲の大人が教え導くのは，その自己充実のために刺激を与え，環境を構築すること」であるとしている。著書には『幼稚園真諦』『育ての心』等がある。全国を講演行脚し続け，日本の幼児教育の発展のために奔走した。また，戦後は，いち早く疎開先から東京に戻り，行き場を失った子ども達のために「御近所幼稚園」を始めている。政府の「教育刷新委員会」委員となり，新しい日本の教育制度構築のために尽力，1948（昭和23）年日本保育学会を創設，初代会長に就任した。フレーベル館『キンダーブック』と『幼児の教育』は，生涯にわたって編集に携わり，執筆を続けた。　　　　　　　　　　　　［大方美香］

グリム兄弟

（兄）ヤーコプ Jacob Grimm （1785-1863）／（弟）ヴィルヘルム Wilhelm Grimm （1786-1859）

　ともにドイツの文献学者，言語学者。ヘッセン州ハーナウに生まれる。ともにマールブルク大学で法学を学ぶとともに，言語学・文献学を研究した。兄がゲッティンゲン大学教授に就任し，遅れて弟も同大学教授となる。41年にベルリンに移り，ともにベルリン大学教授となり，同地に没した。フランスの文化的優位性に対してドイツ独自の文化を探求しようとしたドイツロマン主義運動の一翼を担った。ヤーコプの『ドイツ語文法』『ドイツ語史』，ヴィルヘルムの『ドイツ英雄伝説』，兄弟の協力になる『ドイツ語辞典』など，言語学・文献学分野で優れた業績がある。ドイツロマン派の詩人ブレンターノ（Brentano, C.）らのわらべ歌の収集に大きな影響を受け，ドイツの昔話・民話を収集して二人で共同編集した『子どもと家庭のための童話』

（1812-1815）がいわゆるグリム童話として広く知られることとなった。
　　　　　　　　　　　　［隈元泰弘］

クループスカヤ

Krupskaya, Nadezhda Konstantinovna （1869-1939）

　ロシアの革命家，教育学者。レーニン（Lenin, V. I., 1870-1924）の夫人。マルクスの『資本論』に感化され，夜間日曜学校や夜間労働学校の教師をしながら，ロシアの革命運動に参加する。そこでレーニンと出会い，のちレーニンの流刑の地シベリアで結婚する。その後も，レーニンとともに革命の中心で活躍する。クループスカヤは，マルクス主義に基づく教育理論を創造的に展開し構築した最初の人物と言われている。彼女が提唱した学校教育と生産労働との結合による「総合技術教育」という発想は，ロシア共産党の基本的な考え方になった。その理論は主著『国民教育と民主主義』（1917）に結実している。それは，ソビエト・ロシアにおける新しい教育建設の指針となったばかりでなく，世界の教育界に大きな影響をおよぼした。クループスカヤは，就学前教育の研究にも力を注ぎ，子どもの精神の全面的な発達を目指す幼稚園での教育の必要性を主張した。
　　　　　　　　　　　　［阿部康平］

グループ保育

　子ども・子育て新制度（2015（平成27）年）により，子育て支援の質量ともに向上させるための方策が出された。保育所，幼稚園，幼保連携型認定こども園における保育の他，0～2歳児を対象とした地域型保育として4つのタイプ（家庭的保育（保育ママ），小規模保育，事業所内保育，居宅訪問型保育）がある。このうち小規模保育は少人数（定員6～19人）を対象に家庭的保育に近い雰囲気のもと，きめ細かな保育を行う。市町村によって，この小規模保育をグループ保育と呼ぶ。地域に居住する乳幼児を対

象とし，市町村が保育士資格，教員免許状を持つ者，子育て経験のある住民に委託し，市町村が提供する施設で保育を行う。また，家庭的保育でも複数の保育士がかかわる場合にグループ保育と呼ぶ場合もある。いずれも「保育を必要とする乳幼児」を対象とするが，各市町村によって運営方法，料金等は異なる。

[椛島香代]

グループホーム

児童養護施設，乳児院などの施設養護の形態を出来る限り小規模で家庭的な環境に変えていくことを目的に2000年に新たに厚生労働省によって制度化された地域小規模児童養護施設のこと。児童養護施設運営指針において，社会的養護を必要とする子どもたちが社会と切り離されることなく，「あたりまえの生活」が保障されるように，子どもを家庭的な環境で，ひとりの育ちに細やかな配慮をしながら養育することとした。そのため養育は，大規模な母体施設の本園を離れて，一般家庭に近い生活が送れるように，地域の住宅などを利用して行われる。定員は6名で，専任の職員として保育士か，児童指導員を2名以上配置する。グループホームは，子どもたちにとって安心感のある場所となり，そこでは，一般家庭に近い生活が経験でき，地域社会とも自然にコミュニケーションが取れる環境で生活することになる。一方，小規模化することにより，人間関係が密になることで，子どもたちの感情が直接職員に向けられるなど，職員への負担が大きくなってしまったり，職員の育成が難しくなったりするといった課題もある。また，職員のみならず，子どものためにも母体となる本園との連携体制を整え，ホームが閉鎖的にならないように配慮しなければならない。

[岸本朝予]

クレッチマー

Kretschmer, Ernst (1888-1964)

ドイツの精神科医。性格の類型論を打ち立てた。類型論とは，一定の原理に基づいて性格をいくつかの典型的なタイプ（類型）に整理し，分類することによって性格を理解しようとするもので，古くにはギリシアのガレノスが多血質，粘着質，胆汁質，黒胆汁質（憂うつ質）という4つの気質に分類したものがある。クレッチマーは豊かな臨床経験から精神病と体型の関係に着目して実証的研究を始め，さらにこれらと患者の病前気質や近親者の気質の関連性を認めて3気質類型論にまとめた。

彼の類型論によると，そううつ気質は，社交的・善良・親切・暖かみがあるなどの特徴があるが，この気質を持つ者には肥満型が多い。統合失調気質は，非社交的・静か・内気・きまじめなどで特徴づけられるが，細身型の体型が多い。粘着気質は，粘り強い・執着的・頑固・融通がきかないなどの特徴があり，闘士型（筋肉質）が多い。主著に『体格と性格』などがある。後にアメリカのシェルドンも健常者を対象に体型と気質の関係について検討し，クレッチマーと同様の関連性を見出している。

[三浦正樹]

グローバリゼーション

国境によって人為的に区画された国家 nation を基準として，国家と国家の垣根を越えることを意味でする「国際的 international」という語に対して，地球 globe を垣根のない統体とみなす立場を意味する語が「グローバル・地球規模的 global」である。今日，世界では社会，経済，文化，情報といった様々な領域において，グローバルな人的，物的な交流がなされている。なかでも，インターネットを中核とする高度情報通信技術の開発や IoT 技術の急速な発展によって，国境に縛られることのない地球規模での活動領域の拡大，すなわちグローバリゼーションが進行している。こうしたグローバリゼーションの動きは，地球規模での協調や共生社会のみならず，新たな

経済競争をも生み出した。そのため，こうしたグローバリゼーションの進展に対応するための資質・能力を育成するための学校教育とはどのようなものか，その在り方の探究が急務となっている。

[島田喜行]

ケア

ケア（care）は，気づかい，心配，配慮，関与，世話という意味をもつ。これらの意味からすると，ケアという言葉が指しているのは，相手への気づかいや心配に基づく関与である。こうしたケアにかんして，アメリカの教育哲学者であるネル・ノディングズ（Noddings, N.）は，その本質的な特徴を「受け容れ」と言い表している。すなわち，ケアするひとは，ケアしている相手の痛みや喜びがあたかも自分のものであるかのように感じられるほど，そのひとの思いを感じとっている。ケアするひとのこのような受容的な態度は，ケアされるひとに深い安らぎを与え，ケアされるひとは，ケアするひとに信頼を寄せるようになる。信頼関係が教育実践に欠かせない前提であり，また，子どもたちの心の健康に大きく寄与していることは言うまでもない。教育の様々な場面において，ケアするひととして受容的であることが求められている。

ただし，次の点に留意しなければならない。受容的な態度をとり続けることは，ケアするひとを精神的に疲弊させ，その結果，ケアするひとが「燃え尽き」てしまうこともある。だから，周囲のひとびとは，ケアするひとを気づかい，支援を惜しまないようにするべきである。場合によっては，ケアするひとを休ませることも必要である。あるひとがケアするひととしてふるまっているからといって，そのひとにケアが不必要であることにはならない。

[小川 雄]

経験カリキュラム

学習者の要求，興味を基本に，実際生活の自発的経験を尊重することを目標としたカリキュラム（教育課程）。アメリカのデューイを中心とした経験主義教育者により提唱された。知識や技能を教授者，教科書を中心に教育する教科カリキュラムの考え方と対極にある。子どもをカリキュラムの中心に置き，子どもの日々の現実の生活の中での問題，経験を重視して学習を進めるもので，児童中心カリキュラム，学習者中心カリキュラムとも呼ばれる。このような生活経験に根差した学習者中心の教育，カリキュラムは理念的には高い評価を持つが，歴史的にはこの経験カリキュラムはなかなか根付かなかった。教科カリキュラムと経験カリキュラムの両者の有益な部分をいかにバランス良く臨機応変に組み合わせていくかが課題となる。

[佐野 茂]

経験主義

知識の源泉を経験に求める哲学上の立場である。イギリスの哲学者であるベーコン（Bacon, F., 1561-1626）やロック（Locke, J., 1632-1704），バークリー（Berkeley, G., 1685-1753），ヒューム（Hume, D., 1711-1776）がその代表者である。この思想は，認識の成立根拠を理性に求めるデカルト（Descartes, R., 1596-1650）らの合理論の立場に対置される。経験主義は，プラグマティズム，論理実証主義，分析哲学といった現代英米哲学の流派にも受け継がれている。そのなかでもプラグマティズムのデューイは，教育学と深い関わりがある。デューイの考えによれば，人間の経験はコミュニケーションによって想像的に展開し，そのコミュニケーションに基づく人間関係の形成が民主主義的な社会の構築につながる。→デューイ

[阿部康平]

形式陶冶

教育においては，記憶力，創造力，問題解決能力，判断力，観察力，意志の力

などの心的能力の育成を重視するという考え方。具体的な知識・技能の習得を重視する実質陶冶の対概念である。いずれにも歴史的な発展のあることが注意されねばならない。18世紀末，能力の普遍的転移（universal transfer）を認める当時の能力心理学を背景として登場し，ヨーロッパの伝統的な学校教育において広く実践された。特にエリート養成の教育においては古典語（主にラテン語）や数学の学習が重視されたが，それはこれらの科目が様々な分野に応用できる人間の基礎的な能力を培うものとして考えられたからである。一時衰退するが，1960年代ブルーナーが一般的転移（general transfer：原理や態度の転移）の可能性を提唱して以降，時代によって変化する具体的な知識・技能よりもそれを習得する能力の重視という観点から再評価された。

[隈元泰弘]

形成的評価

ブルームが提唱した３つの評価である，診断的評価，形成的評価，総括的評価のひとつ。形成的評価は，授業が実施されている過程で行われる評価であり，ねらいと学習活動がかみ合っているか，学習者が主体的に学んでいるか，次の学習段階に進む時期かといったことを把握する目的で実施される評価である。形成的評価によって得られた情報はフィードバックされて，授業の成果が十分でないと判断された場合には，授業計画の修正などの実施につながる。なお，形成的評価は，授業の効果を向上させる目的で実施されるもので，通常は成績評価のためには使用しない。評価の方法として，教師が作成する筆記試験，観察記録，レポート・作文，制作物，実技，発表などが用いられる。→診断的評価；総括的評価；評価の方法

[大森雅人]

京阪神聯合保育會

1897（明治30）年10月京都，大阪，神戸の３市の保育界の代表が集まって結成

した保育関係団体である。京阪神三市聯合（れんごう）保育會として，第１回大会を同年11月京都市で開催した。毎年１～２回の大会を実施するとともに，機関誌『京阪神聯合保育會雑誌』（のちに『関西連合保育会雑誌』）を発刊することによって，保育内容・方法，教材，施設管理・運営など保育の質の向上や行政への要請も行った。研究協議事項は，保育内容・方法，教材，施設，管理運営等の問題，保育者養成および資格等制度などに関するものであった。保育者（当時保姆）養成講習会や保育講習会を開き，関西の保育界の発展に貢献した。1921（大正10）年には，吉備保育會と名古屋保育會が加入し，さらに堺市も参入し，1928（昭和３）年には関西聯合保育會（のちに関西連合保育会）に名称を変更し発展的解消をした。その後，昭和20年代以降になると，各府県や国公立と私立ごとでの団体活動が盛んになっていった。

[西本 望]

けいれん

大脳・神経細胞の過剰な興奮に伴う症状であり，全身または身体の一部の筋群が不随意かつ発作性に収縮する。けいれんのタイプは，筋肉の硬直が持続する「強直痙攣」，筋肉の収縮と弛緩を交互に繰り返す「間代痙攣」，強直相からはじまり間代相に移行する「強直間代痙攣」，１つの筋または数筋の短い不随意性収縮の「ミオクローヌス」など様々である。けいれんが主症状の疾患には，てんかん，熱性けいれん，髄膜炎，脳炎・脳症，頭蓋内出血などがある。けいれん発作時に，子どもの状態（発作前の前兆，発作の時間，意識の有無，眼球や顔色，失禁や嘔吐の有無，体温など）を観察することは治療方針の決定に重要である。

[石田寿子]

劇遊び

劇遊びは，「ままごと」「先生ごっこ」などと同じようにごっこ遊びの一つであ

る。子どもが日常生活の中で，興味や関心を持ったものになったつもりで，ふりやまねをするごっこ遊びの中で，劇遊びは絵本，お話，テレビなどのストーリーや日常生活のイメージを共有し再現する高度な遊びといえよう。劇遊びによって，自己表現，想像力，コミュニケーション力の向上や協同性，協力性，社会性などが身につくといった効果がみこまれる。

保育所保育指針解説（2018年）によると，子どもが自分のイメージを動きや言葉などで表現したり，演じて遊んだりする時は，保育士は「共感をもって受け止めることが大切」であり，同時に「子どものもっているイメージがどのように遊びの中に表現されているかを理解しながら，そのイメージの世界を十分に楽しめるように，イメージを表現するための道具や用具，素材を用意し，子どもと共に環境を構成していくことが大切」とされている。

劇遊びは，生活発表会やクリスマス会などで劇という形で発表の場が設けられることがあるため，保育者は強制的，指示的な指導を行いがちになるが，劇遊びは遊びであり，人に見せるためのものではない。子どもが楽しみながら体験することが大切である。　　　　　〔大塚優子〕

ケースワーク

ソーシャルワークにおける援助技術の一つであり，種々の困難を抱える個人や家族などの対象者（クライエント）に対し，面接など個別の直接的援助を通して，問題の解決やニーズの充足を図ること。ソーシャルケースワークの略語であり，個別援助技術とも呼ばれる。援助にあたり，人と社会環境との関係性，環境から受ける影響に着目し，個人への働きかけと社会環境の改善を共に進め，その関係を調整することを重視する。ケースワークの母と呼ばれるアメリカのリッチモンドが理論の体系化を図り，その礎を築いた。ケースワークにおける援助者の基本

姿勢として，バイスティック（Biestek, F.）が提起した，個別化，意図的な感情の表出，統制された情緒的関与，受容，非審判的態度，自己決定の尊重，秘密保持という7つの原則が有名である。

〔松浦　崇〕

ゲゼル
Gesell, Arnold Lucius（1880-1961）

ゲゼルは，心身の成熟によって成立する，学習が可能となるための内的な準備期間（レディネス）が，整っていない学習は効果を持たないとする成熟優位説を唱え，あらゆる発達は適切な環境からの条件づけによって成立するという行動主義の発達観に反論した。ゲゼルは，一卵性双生児を用いて，階段上りの実験を行った。双生児のうちひとりは，生後45週目から6週間，もう片方は，生後53週目から2週間の訓練を行った。結果は，短い期間しか訓練していない方が，他方より早く階段を登れるようになったのである。つまり，生後45週目からの訓練では，レディネスが整っておらず，訓練の意味をなさず，レディネスができていた54週目から訓練を始めた，もう片方のほうが早く階段を登れるようになったのである。　　　　　〔松本　敦〕

月案（月間指導計画）

1か月を単位に立案する保育の長期の指導計画。教育課程，全体的な計画，年間指導計画に基づき，保育を通して子どもたちが身に付けることが望ましい「育てたい心情・意欲・態度（＝ねらい）」，「ねらいを達成するための具体的な内容（＝活動の内容）」，「子どもが主体的に関わりたくなる保育環境（＝環境の構成）」などを具体的に列挙している。月案は，前月までの子どもの様子を踏まえ，その月の子どもの生活を見通し，設定したねらいと内容を基に具体的な保育が適切に展開されるよう，地域の実態，子どもの興味関心，家庭状況や保護者の意向，保育時間などを考慮して作成する。また，

子どもの発達を理解した上で，一人一人の幼児にふさわしい経験や体験を工夫し，友達や保育者とのかかわり方の変容，天気や寒暖といった自然の変化などに柔軟に対応できるよう，計画の修正や変更を随時行っていくことも重要である。

[大谷彰子]

結核

結核は結核菌によって起こる病気である。結核は空気感染をするため，同じ空間にいることで経気道感染する可能性がある。結核は特に肺に病変を生じることが多く，慢性的な発熱（微熱）・咳・疲れやすさ・食欲不振・顔色の悪さ等，風邪のような初期症状を呈することが多い。潜伏期間は3か月から数十年，感染後6か月以内に発病することが多い。結核は過去の病気と思われがちだが，毎年約1.8万人の患者が発生しており，交通手段の高速化，大量化，効率化によって感染者の移動が容易なことから，再興感染症として注意が向けられている。予防はBCGワクチン接種により，子どもの結核の発症，重篤な髄膜炎や全身性の結核等の罹患リスクを減らすことができる。標準的なワクチン接種は，生後5〜8か月頃に1回接種する。保育所内で結核に感染した子どもが一人でも発生した場合には，直ちに保健所に報告・相談し，保健所・嘱託医等と連携して感染拡大を防止する。結核は，学校保健安全法第2種の感染症に定められており，登園のめやすは「医師により感染のおそれがないと認められていること」である。結核を発症した場合には，少なくとも6か月間，抗結核薬により治療を行う。医師により感染のおそれがないと認められた場合は，抗結核薬による治療中であっても登園することは可能である。登園の再開に際しては，「意見書（医師が記入）」を提出する必要がある自治体・保育所がある。

[森田惠子]

けんか

子ども同士が互いの主張の対立が調整されず，激しい対立に発展し，口論や組み合ったり，もつれあったりする言い争いを指す。特にいざこざとの明確な違いもなく，これを遊びと捉えるどうかは当事者がそれをどのように認識しているかによって異なる。発達年齢が低く，言語の発達が十分ではない幼児は言語による主張を行うことが困難であり，相手のものを欲しがったり，使ってみたいと思ったりするときに言葉よりも先に手が出てしまうこともある。また遊びの過程で組み合っていたにもかかわらず，本気になってしまい，けんかへとつながっていくこともある。けんかには社会的な能力が必要であり，自分の意図や要求の明確化とその主張，他者の要求と意図の理解と受容が求められる。また自己の感情の統制や社会的ルールの理解，相互の意見と要求の調整する能力も必要であり，そういった能力が培われる機会でもある。このようにけんかが生じた際は肯定的に扱い，原因を探し，対象者を叱ったり罰したりするよりも対人関係を学ぶ機会と捉え，適切に対応することが求められる。

[芝田圭一郎]

研究保育

保育現場で直面する問題を解決し，保育機能の質的向上を図る上で「研究保育」は重要である。研究テーマとしては，子どもを中心とした視点に基づき，日々の子どもの生活すべてに関連したことがら（事例・実践）が取り上げられることが必要だろう。対話的な職場風土づくりのための取り組み，記録や計画，発信物の工夫，園内外の研修を活かす方法，環境構成・園庭づくりの工夫，保護者や地域の人々との連携への取り組み等である。しかしながら，現実の現場では実践報告のレベルに留まり，研究的要素に欠けることが多く観られのが現状である。研究であるためには，構成，手続き，なかで

も，原理的考察が必要であり，研究それ自体が「文献」として，次の研究の発展に資することが求められるのである。

[松本 敦]

健康（領域）

日本の乳幼児保育の基準となる「保育所保育指針」「幼稚園教育要領」「幼保連携型認定こども園教育・保育要領」（平成29年）に示された保育内容の5領域の一つ。小学校入学までに，「健康な心と体を育て，自ら健康で安全な生活をつくり出す力を養う」ことを目指し，「①明るく伸び伸びと行動し，充実感を味わう。②自分の体を十分に動かし，進んで運動しようとする。③健康，安全な生活に必要な習慣や態度を身に付け，見通しをもって行動する」といった「ねらい」と「内容」が示されており，3要領ともに3歳以上児については，ほぼ同じ内容となっている。また，保育所保育指針には，「健康」に関する「1歳以上3歳未満児の保育に関わるねらい及び内容」が別途記述されている。そのねらいは，心情に関する「明るく伸び伸びと行動し，充実感を味わう」，意欲に関する「自分の体を十分に動かし，進んで運動しようとする」，態度に関する「健康，安全な生活に必要な習慣や態度を身に付ける」の3項目であり，そのねらいを達成するための「内容」が設定されている。「内容の取り扱い」では，幼児が保育者や他の乳幼児との温かい触れ合いの中で，自己の存在感や充実感を味わえるようにすること，幼児の興味や関心，能力に応じて体を動かす楽しさや自身の身体を大切にしようとする気持ちを育むこと，環境構成や食育，基本的生活習慣等の形成に留意する必要性について示されている。

[大谷彰子]

健康観察

乳幼児の顔色や表情，言動や動作，集中の度合いなどを観察することで，病気や異常を早期に発見し，対処することができる。そのためにも健康観察することは大切である。特に，日頃よく子どもと接している親や保育者は，子どもの様子がいつもと違う感じであることに気づきやすく，それが様々な発見につながることが多い。そのため，健康観察は断片的なものではなく，毎日の積み重ねが重要となってくる。そこで，日頃から保護者と連携をとりつつ進める必要がある。このような継続的な健康観察は，病気や異常の早期発見のみではなく，積極的な健康獲得に向けての足掛かりにもなる。

[猪田裕子]

健康管理

健康管理は，健康増進，疾病の予防，疾病の早期発見の3つを包括した意味で用いられる。日々の健康観察では，子どもの表情，顔色の変化，行動，姿勢，食欲，睡眠，排便などに注意する。保育中を通じて子どもの心身の状態については，日々，必要に応じて保護者に報告するとともに，留意事項などについても必要に応じて助言する。何らかの疾病が疑われる状態や傷害が認められた場合には，静かに話を聞く，検温する，休息をとらせるなどの適切な対応をすることと，保護者に連絡をするとともに，適宜，嘱託医等の指示を受け，適切に処置を行う。感染症やその他の疾病の発生予防に努め，その発生や疑いのある場合には，必要に応じて嘱託医，市町村，保健所等に連絡し，予防等について協力を求める。アレルギー疾患を有する子どもの保育においては，保護者と連携し，医師の診断及び指示に基づき，適切な対応を行うことが必要である。子どもの発育や発達は，出生後から連続した現象であり，定期的・継続的に，または必要に応じて随時，把握することが必要である。健康観察の記録は，定期的な健康診断，体格の測定などの記録とともに整理して，子ども一人一人の健康の保持と，将来への発育の見通しを立てるうえで大切である。

[日坂歩都恵]

健康教育

「幼稚園教育要領」にあるように、「健康な心と体を育て、自ら健康で安全な生活をつくり出す力を養う」（第2章 ねらいと内容）ための教育。同様の記述は、「保育所保育指針」の「第2章 保育の内容」、および、「幼保連携型認定こども園教育・保育要領」の「第2章 ねらい及び内容並びに配慮事項」にも確認できる。「自ら健康で安全な生活をつくり出す力」とあるように、健康教育で目指すべきは、健康で安全な生活を送るための態度や習慣づくりである。食事や排泄、睡眠、運動、手洗い・うがい等の日常的な活動をとおして、どのような行動が必要であるのかを、子どもたちに実感させなければならない。また、「健康な心と体を育て」とあるように、健康教育では、体の健康だけではなく、心の健康にも気を配る必要がある。子どもが遊びをとおして積極的に自己を表出できるように、子どもたちを支援したり周囲の環境を整備したりすることも、健康教育の一つの柱である。 [小川 雄]

言語獲得

乳幼児期の言葉の発達は、外国語を習得するような系統的な学習プロセスとは異なり、周囲の親しい大人（養育者・保育者など）から注がれる愛情の込められた言葉を、まさしく食べて血肉にしていくように獲得していく。このように母語は学習するものではなく、獲得するものであり、現代の科学をもってしても解明しきれない神秘的な営みなのである。

言語の獲得段階の原点は、生後1年後ごろにみられる初語（意味のある言葉、有意味語）の出現以前にあり、この世に生まれ落ちたのちの人と人との関係性（共鳴関係、三項関係など）にある。新生児にみられる共鳴動作（Meltzoff & Moore, 1977)、乳児の哺乳に吸っては休むという対話形式のようなパターンがみ

られること（正高、1993）は、人が生まれながらにして人との関係性に敏感であり、他者と共に生きていく存在であり、言語獲得が関係性に根差したものであることを示唆している。 [生駒幸子]

言語教育

言語に関わる能力の習得を目指して行われる教育活動全般を指し、たとえば、母語でない言語を習得するための教育（外国語教育など）や、文法体系の習得、作文教育なども言語教育のひとつとして考えられている。言語には認識・思考・伝達・創造などの諸機能があるため、その習得はすべての教育の基盤としても捉えられ重要視されている。したがって、学校教育の初期の頃から意図的・計画的に実施される教育活動である。初等教育段階においては「知識及び技能」「思考力、判断力、表現力等」（平成29年告示「小学校学習指導要領」）の側面から、言語に関する知識の獲得と、その正しい運用について学ぶ。保育・幼児教育では領域「言葉」において、乳幼児に対する養育者や保育者の語りかけや、絵本の読み聞かせ、紙芝居や素話の語りなどの児童文化財に関わる側面、加えて、挨拶の言葉など日常生活のコミュニケーションを含んだ広い意味で捉えられている。また、「保育所保育指針」「幼稚園教育要領」「幼保連携型認定こども園教育・保育要領」では、「幼児期の終わりまでに育ってほしい姿」の「言葉による伝え合い」において、領域「言葉」に関わる子どもの小学校就学時の具体的な姿が示されている。 [高橋一夫]

言語聴覚士

1997年12月の国会で言語聴覚士法が制定され、1999年に第1回目の国家試験が実施され、国家資格としての言語聴覚士が誕生した。言語聴覚士は医療機関だけでなく、保健・福祉機関、教育機関など広い領域で言語障害（失語症、構音障害）や聴覚障害、ことばの発達の遅れ、

声や発音の障害などのことばによるコミュニケーションの問題を持つ人に対して，検査やリハビリテーションを繰り返しながら，問題の本質や発現メカニズムを明らかにし，対処法を見出し，必要に応じて訓練，指導，助言，その他の援助を行う専門職である。　　　　[大嶋健吾]

言語的コミュニケーション

　言語的コミュニケーションは，話す言葉の内容を指し，手話や筆談，点字なども含まれる。発信者が言葉を使って相手とコミュニケーションをとることをいい，この場合，発信者の出した言葉の意味と発信者の心情が相手に伝わる。また，コミュニケーションには，言語的コミュニケーションと非言語的コミュニケーションの2種類がある。言語的コミュニケーションと非言語的コミュニケーションがコミュニケーションをとる際に与える影響を示したものとして，「メラビアンの法則」があり，言語情報が1，非言語情報が9の割合であるという説である。どちらが大切でどちらかが大切ではないということではなく，コミュニケーションを行う際は，内容と態度を一致させることが重要である。　　　　[大嶋健吾]

言語発達

　言語発達とは，母語習得の過程を発達の側面から捉えることを指す。言語の発達は，子どもに共通する発達過程であり，発達には段階がある。したがって，言語発達の段階に則した適切な関わりや配慮が求められる。子どもの初語は，1歳前後にみられる一語文（名詞・擬音等）である。周囲の人間が発する単語をまねて獲得するこの段階では，「マンマ」という一語であっても，子どもの状態によっては「お母さん」を呼ぶ，「お腹がすいた」「ご飯を食べたい」「美味しい」ことへの意思表示といった欲求や感情・状況等を示す多様な意味をはらんでいることに留意しなければならない。言語獲得は，ある一定の月年齢に到達することで獲得・発達すると考えられているが，子どもが母体内にいる時から既に母親の音声からその基礎を培い始めているという指摘もある。したがって，言語環境の関係性，特に保護者との関わり方や周囲の大人との関わりが，言語の獲得につながる要因と考えられている。2歳半くらいになると，語彙が急激に増えてくる（語彙の爆発）。3～4歳頃になると，語彙数も約3,000語へ増加し，単語の組み合わせができるようになる。子どもの語彙の爆発的増加期には二語，三語以上をつなげた発話ができるになり，3歳くらいでは接続詞を使って単語と単語をつないだコミュニケーションが可能となる。そして，言語を自己・他者認識，自己主張，人間関係構築等のツールとして活用していくこととなる。　　　　[橋本好市]

検査法

　人間の行動特性を推測，判定することを目的に，決められた基準や条件に基づき実施される検査（検査方法）を指す。検査には，理論的背景を基盤に診断基準や尺度，結果の解釈等を定めた方法が各種存在する。検査では，検査場面や環境，被験者の年齢や身体的状況，検査におけるストレス等，検査結果に影響を及ぼす要因も踏まえなければならないため，検査結果が絶対的信頼性を持ち得ているかについての評価が求められる。主な検査には，知能検査（知能を測定），精神発達検査（運動・言語・適応・社会適応等の発達状態を測定），パーソナリティ検査（人格・性格）等を挙げることができる。各々の検査特性を踏まえて，観察法，面接法，質問紙法，投映法，作業検査法，描画法，知能検査，学力検査，適性検査等の実施方法がある。ただし，各検査の考え方，解釈，目的等の異なりから，検査の意図と方法を習熟している熟練者による実施及び評価が望まれる。また，検査は，あくまでも被験者の一側面を診断しているに過ぎないことを考慮し，結果

から被験者を標準化したり全体化して捉えることのないように配慮しなければならない。　　　　　　　　　　[橋本好市]

原始反射

　原始反射は，生まれたばかりの新生児や乳児などにみられる環境に適応するために生来的に備わっている機能であり，意志とは無関係に無意識的に反応する動作である。反射は大脳からの司令がなく起こる不随意運動である。原始反射には，口元に触れると乳首を吸うような動きをする吸啜（きゅうてつ）反射など生命維持を目的としているようなものや，歩行反射のように足の裏が平面に触れると自分で歩くような動きをするなど，後の意識的に行う随意運動へつながっているものもある。原始反射は，反射を繰り返すことによって中枢神経系が発達し，乳児の意志で随意運動をはじめる時期には消失する。原始反射の消失は，脳幹が発達し大脳からの指令で身体を動かす準備が整ったことの指標にもなる。　[坂田和子]

現職教育

　学校等に勤務する現職の教員に，在職したまま資質能力を向上させるために，計画的に知識や技術の教育を施すこと。1966（昭和41）年の ILO の「教員の地位に関する勧告」において，「教育の質と内容および教育技術の体系的改善を確保するための現職教育」の大切さが指摘されている。教育基本法第 9 条で，「法律に定める学校の教員は，自己の崇高な使命を深く自覚し，絶えず研究と修養に励み，その職責の遂行に努めなければならない。」とあり，現職教育の根拠となっている。教員の主体的な研修機会を設定するように規定されている教育公務員特例法には，「初任者研修」と「10年経験者研修」が定められている。1978（昭和53）年の中央教育審議会答申「教員の資質能力の向上について」で，研修の体系的整備の必要性が指摘された。それをきっかけとして，各都道府県教育委員会は，教師の年齢や経験に応じて，それぞれ独自の「教員研修体系」を策定している。最近では，大学在学中の教員養成と，教員の研修を「教師教育」として，連続的・継続的・系統的におこなっていく傾向にある。保育士については，こうした研修を義務づける法令は存在しないが，研修の重要性が年々指摘されるようになっている。保育 3 団体（全国保育協議会，日本保育協会，全国私立保育園連盟）でも現職保育者の研修をおこなっている。　　　　　　　　　　[広岡義之]

原体験

　人間の視覚，聴覚，触覚，嗅覚，味覚の五感覚を基本感覚として，子どもの自主的な活動や遊びを通して驚きや感動に身をゆだねる直接的な体験を示す。子どもが自らの興味や関心にそって，自然物や自然事象との関わりを通した経験は，好奇心や探求心，意欲や感性に関わるだけでなく，子どもの記憶に長期間とどまり，その後の思考，判断，表現，認識や行動に方向づけられる。これらは人格形成に関しても何らかの影響を及ぼすため，様々な直接体験を積み重ねることが必要である。

　近年は，都市化による自然環境の変化から，子どもたちが直接体験できる遊び環境が減少し，核家族化，少子化から一緒に体験する友達や多様なおとなとの関わりも減っている。また，幼児の生活の中に情報機器が普及することにより，多種多様な情報に接することは可能であるが，その多くは仮想現実の間接的経験や疑似体験である。それらが増えつつあることから，幼児が経験しやすい飼育活動，栽培活動など多様な原体験が可能となる環境の工夫などが求められる。また，直接体験には不安，恐怖などの不快体験も伴うが，体験の積み重ねとして大切であることを認識しつつ，子どもの心に深い傷として残らないような配慮を心がける。

　　　　　　　　　　[川谷和子]

こ

コア・カリキュラム

このカリキュラムの特徴は，ある特定の活動，特定の教育内容や保育内容，教科・科目群などを中心的な核として置き，その周辺に，それに関連した活動や教科・科目群などを選択・配置した周辺課程を置くことである。起源は，ツィラー（Ziller, T.）により創案された中心統合法の流れを汲んでいる。この考えは，教科カリキュラムの教授内容の系統性をより重視して，中心に道徳的品性を置き，その周囲に各教科群を配置する。それによって，最終的には各教科を学ぶことによって，道徳的品性に関連する学びをめざしたのである。現在では，学習者の生活に関係した興味・関心のある活動内容を据えて，種々の教育内容としての活動で構成する経験カリキュラムに属するカリキュラムの一つの形態としてみなされる傾向がある。したがって，このカリキュラムは幼児教育・保育で頻繁に用いられる。ほかにも小学校教育以降でも，ある特定の教科・科目や課程を核として，それに関連付けるよう教科科目群を周辺課程として配置したりすることもある。

[西本 望]

誤 飲

食べ物以外の有害なものや危険なものを誤って飲み込むことである。消費者安全調査委員会の報告では，誤飲事故を起こした年齢についてみると，特に自ら包装を開けて薬を取り出せるようになる1〜2歳児にかけて多くみられるとされ，医薬品がテーブルや棚の上に放置されていた等，保管を適切に行っていなかった時や，保護者が目を離した隙に，小児の誤飲事故が多く発生している。消費者安全調査委員会令は，平成24年に当時の内閣によって消費者安全法第36条の規定に基づき制定された。

[廣田有加里]

構音（構音障害）

構音とは，咽頭喉や舌，鼻孔，口唇を動かし，空気の通り道を閉じたり開いたり，狭めたり広げたりして，形を変えて発声をさまざまな言葉の音にすることである。構音障害とは，なんらかの原因で，話すために必要な器官（声帯，口唇，舌など）が，動かしにくく，呼吸や発声などがスムーズにできず，話す言葉がはっきりとしない，またはうまく話せない状態をいう。たとえば，言葉は理解していて，伝えたいこともはっきりとしているのに，話し言葉を使う中で「さかな」を「たかな」，「はなび」を「あなび」などと，一定の音を習慣的に誤って発音する状態をいう。また，構音障害には，口唇，舌，歯等の構音器官の構造や機能に異常があって生じる器質的構音障害と言葉を間違って覚えてそれが固定化された機能的構音障害とがある。

構音障害は，絵カードを提示してその名称を呼称させたり，お話の絵を説明させたりすることなどを通して，その有無の発見をする。そして，発音の誤りがある子どもは，相手に話の内容が分かってもらえないことが多く，話すことに自信を失い，進んで話そうとする意欲が育ちにくい状況になる。そこで，指導や支援の際には，子どもの発音だけに頼るのではなく何を話したいのかに注目し，必要に応じて絵や図を活用して確認しながら，話の内容を最後まで聞き取るようにすることが大切である。その際，発音の誤りに気づいても，訂正したり，言い直しをさせたりしないようにする配慮が必要である。

[片岡章彦]

公開保育

幼稚園や保育所等が日常の保育を，他園の保育者，地域の人々，保育研究者等，第三者に公開し，その後，見学者も交えて保育内容や保育方法に関するディスカッション等を行い，当該園における保育の課題の抽出や，課題への対応方法等

について検討し，保育の質向上を図ることを目的として行われる保育。公開保育に参加する見学者から，保育の評価をされる側面もあるが，それは保育の優劣を決めるものではなく，あくまでも園の保育を省察し，保育内容や保育方法の改善に向けての評価として捉えるべきものである。公開保育を行うにあたり，日々の保育の実践記録や，全体的な計画，月案や週案等の指導計画に関する振り返りを園全体として行い，公開保育当日のテーマを明確にしておくことが前提となる。公開後のディスカッション等は，このテーマに基づいて行われる。また，公開保育はあくまでも，その成果が日常の保育にフィードバックされることが重要であり，その場限りのイベントのような形で実践されるものではない。　［髙橋貴志］

好奇心

未知のものや事象へ近づいていく興味を示し，探求しようとする心の動き。本来，子どもは好奇心旺盛であり，様々なものに興味・関心を向け，接近して確かめたり，チャレンジしようとする。乳幼児期の学びの出発点には「これは何だろう？」「やってみたい！」という好奇心があるだろう。乳児期の探索行動に原初の好奇心の発露がみられるが，子どもが未知のものに近づくには確固とした基地（見守ってくれる存在）を必要とする。基地は驚いたり，怖い思いをしても帰ることのできる場所であり，そこには愛情と信頼で結ばれた大人の存在がある。子どもはこの基地を起点にして，新たなものや人と出会い，自身の世界を切り拓いていく。健やかな好奇心を育むためには安心できる基地が必須であり，また，保育者には未知のものに触れてみようとする子どもの興味・関心を見守るまなざしが必要である。　［生駒幸子］

合計特殊出生率

英語で Total Fertility Rate（TFR）といい，厚生労働省によると「15歳から49歳までの女性の年齢別出生率を合計したもの」と説明されている。15歳から49歳という年齢は，女性の出産可能な年齢とされており，合計特殊出生率は一人の女性が生涯に産むことが見込まれる子どもの数を示している。厚生労働省の説明の中の年齢別出生率とは，年齢ごとに区分された女子人口に対する出生数の比率をいい，合計特殊出生率は15～49歳の各年齢の出生率を求め，足し合わせることで算出される。

厚生労働省の「人口動態統計」によると，日本の合計特殊出生率は1947（昭和22）年から1949（昭和24）年頃の第1次ベビーブーム期には，4.3以上の値を示していたが，1950（昭和25）年以降急激に低下し，1971（昭和46）年から1974（昭和49）年頃の第2次ベビーブーム期は，ほぼ2.1台で推移した。その間の1966（昭和41）年は，丙午（ひのえうま）の影響で合計特殊出生率は1.58と極端に低い数値であった。その後，1975（昭和50）年に2.0を下回ってから低下傾向が続き，1989（昭和64／平成元）年には丙午であった1966（昭和41）年の数値を下回る1.57を記録した。これは1.57ショックと呼ばれ，社会に少子化問題を大きく印象づけることとなった。2005（平成17）年には過去最低である1.26まで落ち込み，近年もその前後を推移している。

また人口を維持できる水準を人口置換水準といい，合計特殊出生率で表すと約2.07とされている。　［大塚優子］

向社会的行動

外的な報酬を期待することなしに，他人や他の人々の集団を助けようとしたり，人々のためになることをしようとする行為である。具体的には，寄付・奉仕活動，分与行動，緊急事態の救助行動，社会的弱者に対する援助，小さな親切行動などがあげられる。向社会的行動は，①その行動が相手の利益になり，相手を助ける

ことになる援助行動であること，②相手から外的な報酬を得ることを目的としないこと，③それをすることに何らかのコスト（損失）が伴うこと，④その行為は自発的であり，他人からの強制や心理的圧迫によるものではないことの4つの条件を伴った行動をさすことが多い。

　向社会的行動の出現はその時の状況によって影響を受けるが，行動の結果として自尊感情や自信の高まり，他人との親和欲求の満足などの内的な報酬を得ることができるといわれている。また，向社会的行動には共感性，向社会的判断，役割取得能力が関係していることが明らかになっている。それらは幼少期を通して発達するため，安定的な愛着形成がなされるような養育が望まれる。　［大塚優子］

構成遊び

　積み木や粘土などを使って自分のイメージを表現する遊びのことで，教育的な意味を含蓄した遊びの種類や分類で使われる用語の一つ。立体的なものを構成する遊び（積木遊び，粘土遊び，ブロック遊びなど）と平面的なものを構成する遊び（折り紙や貼り絵，お絵描きなど）がある。空き箱や空容器など，身近な材料を使った製作的な遊びも含まれる。子どもたちは想像力を駆使していろいろなものを見立てたりイメージして遊ぶ。立体的なものを構成する遊びでは，最初は並べたり，重ねたりして楽しんでいるが，次第に複雑な仕組みのものを作るようになる。試行錯誤して作り上げようとする過程において，数や図形への認識も深まることが期待される。また，自分を取り巻く外界を空間的，社会的に理解していく力が養われる。　［戸江茂博］

厚生労働省

　厚生労働省（Ministry of Health, Labour and Welfare）は，1999年の「中央省庁等改革関連法」の成立を受けて，2001年に厚生省と労働省が統合されて発足した。厚生労働省設置法によれば，「厚生労働省は，国民生活の保障及び向上を図り，並びに経済の発展に寄与するため，社会福祉，社会保障及び公衆衛生の向上及び増進並びに労働条件その他の労働者の働く環境の整備及び職業の確保を図ることを任務とする」とある。内部部局のうち，「子ども家庭局」では，児童の心身の育成や発達，児童の保育や養護，虐待の防止，児童の福祉のための文化の向上に関することなどを行っていた（こども家庭庁に移管）。「社会・援護局」では，社会福祉の各分野に共通する基盤制度の企画や運営など，幅広く社会福祉の推進のための施策を行っている。それ以外の内部部局として「大臣官房」「医政局」「健康・生活衛生局」「医薬局」「労働基準局」「職業安定局」「雇用環境・均等局」「老健局」「保険局」「年金局」等がある。　［大森雅人］

巧緻性

　巧緻性とは，手先の器用さや，巧緻の度合いなどを指す表現である。巧緻性の発達は，単に指先を巧みに動かすことだけではない。指先は「第2の脳」と言われるほど，末梢神経が集中しており，この指先への刺激が「脳」を刺激していく。つまり，手先を充分に使い成長した子どもは，様々な事柄にも意欲的に挑戦しようとする姿がみられると言われている。
　［猪田裕子］

交通安全

　一般的には，自動車，オートバイ，自転車などの乗り物などや人が事故を起さないように，その防止策を施し，交通環境における安全を図ることをいう。保育においては，平成29年告示の幼稚園教育要領第2章ねらい及び内容，同年告示の保育所保育指針第2章保育の内容，同年告示の幼保連携型認定こども園教育・保育要領第2章ねらい及び内容並びに配慮事項の，領域「健康」に関する説明の中に，いずれも「交通安全の習慣を身に付けようとする」という記述がある。子ど

もは園生活の中で，遊び等を通して，体を動かす機会をもつが，その中で身に付ける力は，たとえば，道路上における緊急避難が必要になり，瞬時の行動が求められる時等に貢献するものである。また，「廊下は走らない」「廊下は右側通行」「園バスに乗ったら立ち歩かない」「（シーベルト装着車の場合）園バスに乗ったら必ずシートベルト着用する」など，安全を維持するために必要なルールが園生活の中で自然に身に付くような保育者の働きかけも重要である。

［髙橋貴志］

公定価格

2015（平成27）年4月施行の子ども・子育て支援新制度における事業者への人件費，事業費，管理費等財政的支援にあたり内閣総理大臣が定める基準により算定した費用の額（公定価格）のこと。保育所の場合，従前は保育を受ける子ども一人にかかる月額費用を「保育単価」としていたが，新制度では「公定価格」という。

子ども・子育て支援法第27・29条において，「施設型給付費」と「地域型保育給付費」の給付を定めている。給付は公定価格から政令で定める額を限度として市町村が定めた利用者負担額を控除した額とされる。公定価格の内訳は基本額と加算額によって構成されており，基本額（一人当たりの単価）は，地域区分，利用定員区分，認定区分，年齢区分，保育必要量区分等の区分により算定される。また，加算額は職員配置を手厚くする等の場合に認められる。なお，公定価格の算定にあたっては，人件費・事業費・管理費等について対象となる費目を積み上げて算定するが，人件費の額については，国家公務員の給与に準じて算定するとしており，専門職にふさわしい処遇改善が求められる。

［藤原伸夫］

行動主義

ワトソンは，心理学の目的は，「意識」の考察ではなく，客観的な行動の測定であり，行動の予測と制御にあると考え，刺激→反応に作用する法則（S-R理論）として，頻度の法則（いちばん頻繁に繰り返される行為が次の行為の系列でも出現しやすい），と新近性の法則（最近に学習したものは，すでに学習したほかのものよりよく学習される）を提唱した。こうした行動主義の考え方は，パブロフらのイヌを用いた条件づけ（古典的条件づけ）の研究と条件反射の研究に大きな影響を受けており，のちにワトソンが本能行動のほとんどが後天的に条件づけられた反応であると論じて，遺伝ではなく環境が大事であることを強調した11か月のアルバート坊やを使った恐怖条件づけの研究は，「自分に健康な乳児を1ダース与えてくれるならばどんな専門家にでも育ててみせる」という一節とともに有名である。彼の試みた厳密で客観的な観察としての行動主義心理学は，それまでの意識を内観する哲学的な心理学から科学的な心理学への変換の分岐点にもなったのである。

［松本　敦］

行動療法

ワトソンによる行動主義心理学から得られた知見に基づいて応用利用される，心理療法のひとつである。うつ病や精神疾患を誘発・悪化させる行動に注目し，刺激と行動の関係から，改善につながる行動を条件づけによって促そうとするものである。こうしたパブロフの古典的条件づけ，ワトソンのS-R理論，その後のスキナーのオペラント条件づけにいたる学習理論の流れをまとめたアイゼンクによって，それまでの心の問題に対して「意味」を重視した心理療法と違い，「方法」に重きを置いた行動療法として提示された。その後，モデリングやセルフモニタリング等の社会学習理論の知見を得て，「認知」の重要性が主張され，感情と行動は出来事によってではなく，その出来事をどのように解釈するかという認

知のあり方によって変化するという，認知行動療法として発展してきた。その適応範囲は広く，行動に関することなら様々な治療への応用が可能であり，禁煙指導やコミュニケーション能力の向上にも利用されている。　　　　　　　[松本　敦]

公認心理師

　2015年9月9日成立，2017年9月15日に施行された公認心理師法に基づく，わが国初の心理職の国家資格である。公認心理師が行う業務については，同法において次のように定められている。保健医療，福祉，教育その他の分野において，専門的知識及び技術をもって，①心理に関する支援を要する者の心理状態を観察し，その結果を分析すること。②心理に関する支援を要する者に対し，その心理に関する相談に応じ，助言，指導その他の援助を行うこと。③心理に関する支援を要する者の関係者に対し，その相談に応じ，助言，指導その他の援助を行うこと。④心の健康に関する知識の普及を図るための教育及び情報の提供を行うこと。
　公認心理師の有資格者は，社会の変化に沿って生じる様々な課題に対応できるために，その資質の向上への努力が求められている。　　　　　　　　　[松本　敦]

広汎性発達障害

　DSM-Ⅳ以来，用いられるようになった概念で，「小児自閉症」「非定型自閉症」「レット症候群」「アスペルガー症候群」などの一群の総称である。対人関係の困難やコミュニケーション・パターンの質的な障害及び限局した常同的，反復的な興味や活動によって特徴づけられる。多くの場合，幼児期から発達の異常が認められる。DSM-Ⅴでは「広汎性発達障害」というグループ名は廃止され，「自閉スペクトラム症／自閉症スペクトラム障害」が採用されている。　　[猪田裕子]

公立幼稚園

　地方公共団体（都道府県及び市町村）が設置する幼稚園である。運営，管理は，「地方教育行政の組織及び運営に関する法律」により，都道府県及び市町村に置かれる教育委員会が行う。文部科学省が告示する幼稚園教育要領に示されている教育課程，ねらい及び内容をもって保育を展開する。運営に係る費用は，設置者が経費を負担するため，保護者が支払う保育料は，私立幼稚園と比較すると少なかった。しかし，2019年10月より開始になった幼児教育・保育の無償化の動きにより，幼稚園の保育料が上限月額2万5,700円が無償となり，保護者が支払う保育料に関して，公私の違いはほとんどなくなっている。
　学校教育法では，幼稚園には満3歳児から入園可能となっているが，満3歳児の受け入れ状況は少なく，多くが3年保育（4歳になる年度に入園）である。2年保育，1年保育しか行っていない園もあり，地域により現状は様々である。学校基本調査（文部科学省2021）によると，幼稚園は日本全国に9,420園あり，うち，国立幼稚園は49園，公立幼稚園は3,103園，私立幼稚園は6,268園あり，在籍者数は，国立4,902人，公立12万8,562人，私立は87万5,544人である。幼稚園数及び園児数は近年減少傾向にある。これは，少子高齢化に加え，子どもや家庭を取り巻く環境は大きく変化しており，保護者は，より自分のニーズに合った施設を選択する時代になっている。　[鋳物太朗]

交流保育

　保育所や幼稚園などで，子どもの心身の発達を促すため，園内外の様々な人々や子どもとの交流を通し，より充実した保育・教育を実践していくための指導法の一つ。相手の施設に出向いたり，自園に招いたり，別の場所で交流体験をする場合がある。近隣の保育施設や地域の人々，異年齢や国籍，障がいの有無など多様な人々と楽しい時間を共有し，その文化に触れることで，豊かな価値観や共感力，能動的に関わる姿勢，コミュニ

ケーション能力などが育まれる。また，地域のお年寄りとの交流では，一緒に遊んだり，話をしたり，優しく接してもらう中で，その楽しさだけでなく相手に喜ばれ感謝される体験が自己有用感を高め，思いやりや人の役に立とうとする意欲が育まれる。小学校との交流では，小学生に憧れを抱き，就学への期待を高める機会となる。一方で，教育課程や全体的な計画の中で子どもにとって無理のない計画と内容で進めることが重要である。

[大谷彰子]

誤嚥

　食物や唾液は，口腔から咽頭と食道を経て胃へ送り込まれるが，食物などが何らかの理由で，誤って喉頭と気管に入ってしまう状態を誤嚥という。乳児期から幼児期早期の子どもは何でも口に持っていく習性があるため，危険性が高いものは，子どもの手の届くところには置かないように注意をすることが必要である。子どもが誤嚥しやすいものとして，ボタン電池，ピン，針，硬貨，豆類，飴粒，洗剤，化粧水，シリカゲル，おもちゃのかけらなどが多い。寝ている間に少量の唾液や胃液などが気管に入り起こる誤嚥は自覚がないため，体力の弱っている高齢者では誤嚥性肺炎を引き起こすリスクが高くなる。

[廣田有加里]

戸外遊び

　屋外で遊ぶことを指す。保育所保育指針，幼稚園教育要領，幼保連携型認定こども園教育・保育要領（平成30年）の5領域「健康」の「内容」に，「進んで戸外で遊ぶ」と示されている。戸外遊びでは，解放感を味わいながら思い切り身体を動かし楽しむことで，身体を動かす気持ちよさを感じ，生活に必要な習慣や態度を身に付けることができる。また，戸外での集団遊びを通して，互いの思いや考えなどを共有し共通の目的の実現に向けて自立心や協同性，道徳性・規範意識の芽生えなどの育ちがみられる。近年，

テレビやインターネットなどを通しての間接体験が増えた反面，地域や家庭において戸外で遊ぶ実体験の乏しさが問題視されている。戸外で園児の興味や関心を喚起する自然環境に触れ，五感を使い感動する体験をすることで，生命の不思議さや尊さに気付き，身近な動植物を命あるものとしていたわり，大切にする気持ちが育まれる。戸外遊びをする際には，保育者は園児の年齢や生活経験などを考慮し，安全に配慮しながら園児が主体的に取り組みたいと思える園内の遊具や用具の配置や自然環境の整備をすることが重要である。

[大谷彰子]

五　感

　外界からの刺激を感知して外界の状態を認識する感覚機能として，伝統的に類別されてきた，視覚，聴覚，嗅覚，味覚，触覚の五つの感覚をいう。目，耳，鼻，舌，皮膚から得られた情報は脳内で神経系統につながっていくが，視力，音，味，感触は大脳新皮質部分で処理され，においは大脳辺縁系で処理される。感覚機能は子どもの認知機能の基礎となるものであり，感覚器官が発達する幼児期においては，感覚機能を鋭敏にする教育が大切である。モンテッソーリの感覚教育は，五感を錬磨する教育として知られている。モンテッソーリは，『モンテッソーリ・メソッド』において，「感覚の発達は実際，より高等な知的活動の発達に先行する。そして3歳から7歳の間の子どもはその形成の時期にある」。「もしこの感覚の発達を，後に続くべき教育とともに完成させたいならば，感覚教育を形成期に始めることが必要である。感覚教育は幼児期に始められ，そして個人を社会生活のために準備する後の教育の全期間続けられるべきである」という。彼女の編み出した感覚教具には，色彩板，差し込み円柱，触覚板など，五感の錬磨につながる教具が多い。

[戸江茂博]

国際理解教育

近年の急速な超情報化社会と国際化によって，異なる文化や生活習慣を持つ外国の人々と接する機会や外国に出かけて様々な異文化に触れる機会，日本から離れ外国社会の中で暮らす機会が増加してきている。また，ESD（持続可能な開発のための教育）の実施や地球規模での環境問題等の解決においては，国際社会での取り組みが必要不可欠である。文部科学省ではこれらの社会変化に伴う国際理解教育の観点を「国際的視野に立って主体的に行動するために必要な資質・能力の基礎を育成することを目的とした教育活動」としている。また，国際化対応への３つの視点として，「異文化で共生できる資質や能力（広い視野を持ち，異文化を理解するとともに，これを尊重する態度や異なる文化を持った人々と共に生きていく資質や能力の育成を図ること）」「自己の確立（国際理解のためにも日本人として，また，個人として自己の確立を図ること）」「コミュニケーション能力（国際社会において，相手の立場を尊重しつつ，自分の考えや意思を表現できる基礎的な力を育成する観点から外国語能力の基礎や表現力等のコミュニケーション能力の育成を図ること）」をあげている。保育における国際理解教育では，外国の絵本，歌，遊び，言葉に親しみ楽しむ体験や外国の写真や映像を見て日本と似てることや違うことを見つけるなど，ICT を取り入れた保育実践も多い。

[片岡章彦]

国民健康・栄養調査

健康増進法に基づき，国民の身体の状況，栄養摂取量及び生活習慣の状況を明らかにし，国民の健康の増進の総合的な推進を図るための基礎資料を得ることを目的として，毎年，食生活状況，各種身体・血液検査や飲酒，喫煙，運動習慣などを調べており，国における健康増進対策や生活習慣病対策に不可欠な調査となっている。得られた結果は，国や地方公共団体において，生活習慣予防など，健康づくり政策を進める上での資料として活用されると共に，研究機関でも利用され，そのような利用を通じて国民生活に役立てられている。

[廣田有加里]

心の教育

子どもたちの心の成長を考える場合，今日，子どもたちは多くの問題（少子化や核家族化等に伴う家庭の教育力の低下，地域社会における人間関係の希薄化，大人社会におけるモラルの低下など）に直面している。一個人，一家庭で解決できるものではなく，社会全体での取り組みが必要であるという理由から，1997（平成 9）年に中央教育審議会が「幼児期からの心の教育の在り方について」諮問を受け，1998（平成10）年 6 月に《家庭》《地域社会》《教育機関》それぞれの在り方について答申・提言がまとめられた。主な内容として，幼稚園・保育所に対しては，①道徳性の芽生えを培うこと，②体験活動を積極的に取り入れること，③特に多くの自然体験ができるようにすること，④子育て支援を進めること，⑤小学校教育との連携をすることがあげられている。小学校での取り組みについては，道徳の時間を有効に生かすよう提言された。さらに，未来を拓く心を育てるためには，権利の主張だけでなくそこには義務と責任が伴うことを理解する。また，子どもたちに信頼され心を育てることのできる先生の養成が必要であることなどが明記されている子どもたちが畏敬の念を持ち，目に見えない心をとらえる感性を育てるためには，子どもを支える大人，特に教育者・保育者の人間性が大きくかかわっていることを肝に銘じておくべきである。

[加納 章]

5 歳児保育

5 歳児保育は，幼児教育の集大成であり就学に向けた重要な時期である。幼稚園教育要領解説（2018）において，幼児

教育と小学校教育との円滑な接続を図るために「幼児期の終わりまでに育ってほしい姿」として，10の姿が示された。この姿は，「乳幼児期にふさわしい生活や遊びを積み重ねることにより，幼稚園教育において育みたい資質・能力が育まれている幼児の具体的な姿であり，特に5歳児後半に見られるようになる姿である」（第1章第2節の3）。5歳児保育では，子どもの生活する中で捉えられた姿を「幼児期の終わりまでに育ってほしい姿」と対応させながら，保育の方向性を定めより充実させていく必要がある。

5歳児は，なりたい自分ややってみたいこと，自分なりの課題を明確にもち，それらを実現するために試行錯誤を繰り返す。その過程において保育者は，応答的に関わったり，見守ったりしながら，子ども自身が自ら考え，仲間と話し合いながら取り組む姿を支える関わりが必要となる。また，子ども達が共通の目的をもって，話し合いながら継続的に活動を進める協同的な活動を保育に取り入れることも可能である。子どもは，対話を通して情報を共有することで仲間関係を深め，そして，自分たちでできたことに自信をもち，そのことによって育まれる信頼感が折り合いをつけることを可能にさせるのである。

また，5歳児保育では，小学校への円滑な接続を意識して，数量・図形，標識や文字などに対する関心・感覚を，学ぶ意欲に結びつけるような環境の充実も求められる。　　　　　　　　　　［片岡章彦］

個　食

複数で食卓を囲んでいても，各人でそれぞれが違う食事をする形態のことである。個食を続けることで，子どもは食欲が低下し，摂取栄養素のバランスが崩れ，身体に異変が起きたり，家族の温かさや愛情を感じることなく育つことで情緒不安定が生じる可能性が高くなるといわれている。個食は社会環境やライフスタイルの多様化に伴って，家族揃って一緒に生活リズムを共有することが難しくなった結果といえる。　　　　　　［廣田有加里］

個人差

人がそれぞれ，心身の特性は個人によって大きく異なっており，このような個人による特性の違いを個人差と指す。比較する水準による種差，性差，文化差などの集団差も含まれることがある。個人差は男性と女性の差である男女差のような集団間の差ではなく，同じ特性を持った同一集団内での個体の差を指す。個人差は容貌のように数値として測定できないものもあり，学力のように測定できるものもある。それは個人差とせずに測定の誤差と考える。また，測定することができた個人差は偏差値といった指標の形で表されることが多い。個人差が生じる理由として遺伝的な（先天的）な要因と環境的（後天的）な要因が考えられるが，どちらか一方のみで決定されるわけではない。一卵性双生児のように遺伝子の水準が同じ個体でも環境の影響により，個人差は生じている。個人の特性の多くはその両者の影響とその個人の成長過程において形成されるものである。
　　　　　　　　　　　　［芝田圭一郎］

個人情報保護

個人情報の保護と適切な活用の為，「個人情報の保護に関する法律」が2003年に成立，社会環境の変化等を踏まえ，改正個人情報保護法が2017年から全面施行されている。児童福祉法第18条の22には，「保育士は，正当な理由がなく，その業務に関して知り得た人の秘密を漏らしてはならない。保育士でなくなった後においても，同様とする」と厳しく定めている。また，保育所保育指針解説（2018年），幼保連携型認定こども園教育・保育要領解説（2018年）には，「子どもの利益に反しない限りにおいて，保護者や子どものプライバシーの保護，知り得た事柄の秘密を保持すること」と明

記されている。プライバシーの保護とは，「その本人が特定されるような情報や私生活に関わる情報を守ることであり，知り得た事柄の秘密保持とは本人が他言しないでほしいと望む全ての情報を守ること」と示されている。ただし，子どもが虐待を受けているなど，不適切な養育が疑われる場合は，子どもの最善の利益を重視し，児童虐待の防止等に関する法律が規定する通告義務に則り，市町村又は児童相談所への速やかな通告とともに，関係機関との連携，協働が求められる。

[大谷彰子]

午　睡

昼寝のこと。保育所内において，乳児または幼児に，生活行動の一環として一日の保育のデイリープログラムの中に位置づけられている。ひとは約24時間を1日とする地球で生活する昼行性動物としての行動を確立してきた。ひとの睡眠周期は，およそ1.5時間から2時間の周期で，睡眠と覚醒を繰り返す。それを誕生後より，昼間に覚醒状態（起きている）ことを身につけていく。その習慣の獲得形成において，午睡（昼寝）の回数と時間数を減じていくとともに，朝，覚醒・起床して活動し，夜になると就寝・睡眠する周期を確立していく。睡眠つまり寝ている時間帯と，覚醒すなわち起きている時間帯を，ひとかたまりの連続した時間帯とし，その過程において，乳児期から幼児期には，昼間の睡眠時間帯を残し，それを活用して休息をとるのが午睡である。5，6歳になるころには午睡は不要となる。

[西本　望]

個　性

個性という言葉は，明治時代中期に「individuality」という言葉が翻訳されたものである。人は生まれながらに多様な個人差を持っているが，これを土台にして，自分らしさや自分の可能性を発見していく。この過程において，人はより明確に自分の個性を認識していく。また，一人ひとりに備わっている特性や特徴を否定したり，他者と比較したりせず，それを肯定的に受け止めることで，各人の持ち味となる。その持ち味が個性であり，一人の人間として存在していることを意味する。

[猪田裕子]

個性尊重

私たちの個性は，たしかに，遺伝と環境という二つの要因に規定されている。しかし，これら二つが個性を完全に決定づけているわけではない。ある人の個性は，遺伝と環境を土台にしながらも，その人自身の主体的な判断と行動をとおして，少しずつ作り上げられていくものである。この視点に立つと，教育における個性の尊重は，子どもたちが主体的に何かを選び取りながら成長し続けられるように，子どもたちに働きかけていくことである。そのような働きかけとして挙げられるのは，たとえば，子どもの特徴を肯定的に受けとめることで「なにかしたい」という子どもの意欲をかき立てるとか，子どもたちの決定の先に何があるのかを教えて責任について考えさせたりするとかといった教育実践である。アメリカの教育学者であるラス（Rath, L. E.）らは，こうした教育実践を「価値の明確化」の教育として展開した。　[小川　雄]

子育てサークル

子育て中の親が子どもと一緒に参加し，友達づくりや子育てについての悩み相談，情報交換，育児疲れのリフレッシュなどが行えるサークルのことをいう。子育てを行う親子が交流する場として様々な形態の子育てサークルがあり，親子の居場所を提供する支援では，行政が行う支援センターなどの他に，NPOや地域のボランティア，母親達が自主的に行う自主サークルなどがある。こうした環境の中で親自身が子育てについて学び，親同士とつながり，育児疲れの気持ちを癒す効果も期待されている。参加する親自身が，子育てを冷静に見直すきっかけや，他の

子育て経験から学びを得る機会を提供する場ともなっている。サークルによっては、リトミックや造形、鑑賞活動といった親子が参加できるものや、未就園児の体験準備期間としての活動を提供している。　　　　　　　　　　　　［木下隆志］

子育て支援

　制度で提供されている児童手当てや、民間が行う子育て支援センター、地域のコミュニティーセンターで行われているサービスの総称をいう。行政が行う、子育て支援のひとつに、児童手当や医療費助成がある。児童手当とは0～2歳までの子ども一人につき月15,000円、3歳以上は10,000円支給される制度のこと。また、医療費助成とは、おおむね乳幼児の医療費を一部または全額助成を行う制度である。また、支援事業として、保育園や幼稚園に通ってない子どもを対象に、親子の情報交換の場を提供する保育園子育て支援センター事業がある。子ども同士のふれあいの場、子どもとの関わり方を学ぶ機会の提供も行っている。このように行政が行う支援や、地域の保育所や幼稚園等で行われるサービス等を子育て支援という。　　　　　　　　［木下隆志］

子育て支援員

　子育て支援員は、2015（平成27）年4月より始まった「子ども・子育て支援新制度」の家庭的保育、小規模保育、放課後児童クラブ、社会的養護等、子育て支援の担い手となる新たな人材確保のため創設された。「子育て支援員研修事業実施要綱」に基づき、都道府県又は市町村により実施される基本研修及び専門研修を全科目修了し、「子育て支援員研修修了証書」の交付を受けたことにより、子育て支援員として子育て支援分野の各事業等に従事する上で必要な知識や技術等を修得したと認められる者をいう。主に育児経験や職業経験など多様な経験を有する人を対象に基本研修（8科目時間）を経て、「地域保育コース」、「地域子育て支援コース」、「放課後児童コース」、「社会的養護コース」に応じた専門研修を修了した者が認定される。保育者の資格の多様化が、保育の質の低下にならないよう専門性の確保が求められる。　　　　　　　　　　　　［藤原伸夫］

子育てネットワーク

　子育てネットワークとは、子育て家庭の支援を目的として、子育て支援の関係機関が連携協力をしながら、子育て家庭への情報の提供、相談、交流の場作りをするネットワーク形成の取り組みのことである。子育て家庭のニーズは、子育ての状況によって様々である。子育てネットワークがあることで、ネットワークが提供している情報の中から、それぞれの子育ての状況や悩みなどのニーズに合った講座や相談機関、子育てサークルなどの情報が見つけやすくなる。子育てネットワークができる以前は、子育て支援機関は個々で活動していたため、子育て家庭がそれぞれのニーズに合った情報を得るためには、いくつもの施設を訪れたり、いろいろな子育てサークルを回る必要があり大変であった。近年の核家族化や地域の希薄化により、子育てが孤育てと表現されることもある状況にあって、子育て家庭をつなげる、子育てネットワークの存在はますます重要となっている。
　　　　　　　　　　　　［片岡章彦］

コダーイ

Kodály, Zoltán（1882-1967）

　コダーイは、1940年代～50年代にハンガリーで音楽教育のシステムのひとつであるコダーイ・メソッドを開発した。コダーイ・メソッドは、様々な教授法や方法を取り入れながら、どのようにプログラムし、アプローチしていけばそれぞれが効果的に機能するか、音楽教育を包括的に捉えているのが特徴である。また、子どもの年齢や音楽的な発達に応じて、教育に用いる音程、音価、リズム、拍子、和声などの要素を細かく選別し、段階的

に教材を与えている。独自の方法としては，音階や調性の理解をスムーズにするための，すべての調の主音をドと読む「トニック・ソルファ法」や音の高低を手指や腕を使って表す「ハンド・サイン」，音価を決まった呼び方（例えば，4分音符をタ，8分音符の連続をティティ）で声に出し，リズムを無理なく獲得する「リズムの音価を表すシラブル」などがある。教育理念は，「読譜能力は言語能力と同じように獲得されるべきであること」「歌うことは音楽教育の基礎であり最も重要であること」「音楽の早期教育の重要性，民謡などの母国語で歌う歌は言語の発達を助長させ，アイデンティティを育てられること」「芸術的価値のある楽曲を子どもたちに触れさせること」「音楽科の時間を他の算数などの科目と同じ時間確保することが全体の学力向上につながること」「子どもの発達に応じて，適切で無理のない音楽的な要素が用いられた教材を使用すること」などが挙げられる。　　　　　　［高　奈奈］

五大栄養素

生命維持に必要な成分を栄養素という。炭水化物（糖質，食物繊維）・脂質・たんぱく質をエネルギー産生栄養素（以前は三大栄養素と呼ばれていた）といい，これにミネラル（無機質）・ビタミンを加えて五大栄養素とよぶ。「エネルギー源になる」「体の組織（筋肉，血液，骨など）をつくる」「体の調子を整える」という3つの大きな働きをしている。炭水化物には，エネルギー源となる糖質と，体内の消化酵素では消化できない食物繊維があり，糖質は単糖類，少糖類，多糖類に分類される。脂質は，生体成分のうち，水に溶けない物質をいい，体内では水分の次に多く含まれている。たんぱく質は，全ての動物および植物の細胞を構成する主要な成分であり，筋肉・臓器・皮膚・毛髪などの体構成成分，ホルモン・酵素・抗体などの体調節機能成分，

肉・魚・卵・大豆などの食品成分として存在する重要栄養素である。ミネラルは体内で合成できないため食物として摂る必要があり，不足した場合は欠乏症やさまざまな不調が発生するが，摂りすぎた場合にも過剰症や中毒を起こすものがある。ビタミンは，人体の機能を正常に保つために必要な有機化合物である。体内でほとんど作ることができないため，食品から摂取する必要がある。水に溶けにくい性質のビタミンは脂溶性ビタミンといい，主に脂肪組織や肝臓に蓄積されるため，摂りすぎると過剰症を起こすことがある。水に溶ける性質のビタミンを水溶性ビタミンといい，血液などの体液に溶け込んでいて，余分なものは尿として排出される。　　　　　　　　［廣田有加里］

ごっこ遊び

ままごと遊びや戦隊ヒーローごっこ遊び等，子どもが興味や関心を持った者や，その者が行う行動を見てまねて再現する遊びのことをさす。カイヨワは，遊びの中に含まれる要素を（模倣：ミミクリー，競争：アゴーン，偶然：アレア，めまい：イリンクス）の4つに分類したが，その中の模倣（ミミクリー）の要素は，ごっこ遊びの中に多く見られる。ごっこ遊びは，子どもの創造力，想像力，思考力等を育てることに貢献するため，保育者が子どもの実態を把握したうえで，ごっこ遊びが生まれやすい環境を構成することが重要である。保育所保育指針には，第2章保育の内容の，1歳以上3歳未満児の保育に関わるねらい及び内容の中で，「生活や遊びの中で，年長児や保育士等の真似をしたり，ごっこ遊びを楽しんだりする。（人間関係）」「保育士等とごっこ遊びをする中で，言葉のやり取りを楽しむ。（言葉）」と記されているが，ごっこ遊びは3歳以上児，あるいは小学生になっても遊びの中で見られるものである。　　　　　　　　　　［高橋貴志］

固定遊具

基本的に「遊具」は，乳幼児や児童・生徒が遊びのために用いる道具であるが，比較的小さく，持ち運べるものは「玩具」「おもちゃ」と呼ばれ区別されている。「遊具」には移動が可能なものもあるが，安全性などの見地から園庭などの地面に固定して使用するものがあり，それを特に「固定遊具」という。「固定遊具」として代表的なものは，ぶらんこ・滑り台・雲梯・ジャングルジムといったものが挙げられ，多くの保育現場の園庭にも設置されている。子ども達が全身を使って遊ぶことができるため，運動機能の向上にも繋がる。また，ひとりで遊ぶだけでなく，複数の子ども達が一緒に遊ぶこともでき，子ども達で「固定遊具」を使う順番を決めるなど，遊びを通して社会性の基礎を身に付けることが可能である。これまでは，地域の公園などに設置されている大型の「固定遊具」でも子ども達が自由に遊ぶことができたが，最近は遊具の破損による事故や不審者による事件の懸念から，安心して遊べる機会が減少しているといえる。その意味では，保育現場に設置されている「固定遊具」を使っての遊びは，子ども達が安全・安心に遊ぶことができる貴重な機会となっている。　　　　　　　　　　［高橋一夫］

古典的条件づけ

もともと中性刺激であったものが別の無条件刺激と繰り返し，同時に提示されること（対提示）で，中性刺激を見ただけで反応が起こる学習過程をいう。例えば，中性刺激であるメトロノームの音刺激と同時に，無条件刺激である肉片（ドッグフード）を与えられた犬がいるとする。最初のうちは，唾液を出す無条件反応が起こるだけであるが，次第に，メトロノームの音を聞いただけで唾液を出すようになる。このとき，中性刺激であったメトロノームの音が条件刺激となって，唾液を出す条件反応が起こり，古典的条件づけの学習が成立したと考える。

1903年，ロシアの生理学者イワン・パブロフによって，条件反応の獲得と消去の研究が行われた。心理学者ジョン・ワトソンが1920年に行ったリトルアルバートの実験では，生後11か月の乳児（アルバート）が恐怖条件づけによって，白ネズミを見せられるだけで恐怖反応を示した。このことから，音や光に対する刺激だけでなく，恐怖といった情動反応も条件づけに関連することがわかった。後に，心的外傷後ストレス障害（PTSD）やパニック障害といった不安障害もこのような恐怖条件づけが背景にあると考えられるようになった。すなわち，恐さを感じる刺激の出現を知ってしまうと，その刺激を見ただけで身体が震えるなどの反応が生じてしまうのである。　　　［西浦和樹］

言葉（領域）

保育・幼児教育において，子どもたちに育みたい資質・能力を子どもの姿から捉え，「保育所保育指針」（2017），「幼稚園教育要領」（2017），「幼保連携型認定こども園教育・保育要領」（2017）では保育・幼児教育の内容やねらいを示している。なかでも「領域」とは，特に，幼児の発達の特徴を踏まえ，5つの側面からまとめたものである。「保育所保育指針」および「幼稚園教育要領」の変遷過程においては，6つの側面からまとめられていたこともあるが，「保育所保育指針」では1990（平成2）年改訂から，「幼稚園教育要領」では1989（平成元）年改訂から現行の5つになった。具体的には，心身の健康に関する「健康」，人との関わりに関する「人間関係」，身近な環境との関りに関する「環境」，感性と表現に関する「表現」，そして，言葉の獲得に関する領域が「言葉」である。領域「言葉」には，「経験したことや考えたことなどを自分なりの言葉で表現し，相手の話す言葉を聞こうとする意欲や態

度を育て，言葉に対する感覚や言葉で表現する力を養う」と示されており，そのねらいや内容，内容の取扱いが示されている。特に，子どもの発達の連続性や保育現場と家庭との繋がり，また，子ども自身が自らの言葉で表現することや他者の言葉を聞こうとする姿勢の養成などが重視されている。　　　　　　　［高橋一夫］

言葉遊び

　2018年施行の保育所保育指針，幼稚園教育要領，幼保連携型認定こども園教育・保育要領における，領域「言葉」の内容の取り扱い（4）において言葉が豊かになる保育活動のひとつとして「言葉あそび」が，絵本や物語などに加わっている。言葉の響きやリズムを生活や遊びのなかで体験し，言葉の美しさや楽しさに気付く機会となる。乳幼児期には周囲からの愛情に満ちたあたたかい語りかけはもちろん，児童文化財（絵本・童話，紙芝居，言葉遊びなど）との出合いによる言葉の体験も必要である。言葉遊びを楽しむことは多種多様な言葉との出合いとなる。辞書では「言葉の発音・リズム・意味などを利用した遊び。なぞなぞ・尻取り・しゃれ・語呂あわせ・アナグラム・早口言葉など」（『広辞苑』第7版）とあるが，保育現場では詩の読み聞かせ，しりとり，ことば集め，さかさまことば，なぞなぞ絵本，かるた，お手紙ごっこなど，幼児期の言語発達の特性をふまえた遊びが考えられる。小学校以降に学習する文字（書き言葉）への興味や関心を育む契機にもなるが，あくまでも日常生活や遊びのなかで文字の働きや役割に気付き，伝え合う喜び・楽しさを味わう活動になるよう留意する必要がある。
　　　　　　　　　　　　　　　［生駒幸子］

言葉の発達

　誕生間もない乳児は，未熟な状態で生まれてくるため，養育者の言葉かけを情動的に感じ取って過ごす。生後1〜2か月頃の乳児は，「アー」「クー」「ウー」など甘えたように聞こえる鼻母音と言われる音声が出てくる。その後，生後3〜4か月頃には，鼻母音を伴いながら喉から声を出す喉子音の音声が聞かれる。生後5〜6か月頃には，母音と子音が結びついて強弱，高低などの音と共に一つのまとまりとしての「アーアーア」などの音節が誕生する。さらに「ダーダーダダダダ」など，濁音の発声としての喃語（無意味語）が聞かれるようになる。1歳前後には，無意味語だった「マママ」は母親を意味する「ママ」，食べ物を意味する「マンマ」と有意味語として使用するようになり，1歳を過ぎる頃には初語から1語文，2歳前後には，2語文から3語文，そして多語文へと発達し，他者とやり取りを楽しむようになってくる。また，3歳児は日常的な会話はやや成立すると言われている。語彙数は「18か月から20か月には新しい言葉を1日4〜10語を習得し，おおむね300語を使用するようになる」ともいわれている。

　4歳から5歳頃は言葉の道筋を辿ろうとする一方で，「んーとな，そしてな，んーとな」などを繰り返して自分の想いを表現できないもどかしさから語彙の減少がみられる。そうしたことを乗り越えて，5歳を過ぎる頃には起承転結をもって筋道を立てながら，相手の問いかけに応えたり，自分の考えを話したりするようになる。集団生活では，友達と同じ目標に向かって達成感を味わい，論理性を持つ言葉のやり取りが生まれ，話し言葉の豊かさは書き言葉の表現をも豊かにさせていく。そして，言葉の発達は人間力をも豊かにさせていく要素がある。
　　　　　　　　　　　　　　　［大橋喜美子］

子ども

　一般に「子ども」は「大人」（成人，成年）に対置される概念である。2022年，改正民法において「年齢18歳をもって，成年とする」（第4条）とされ，18歳未満の者を「子ども」とすることができる

が，改正少年法では，少年は依然として「20歳に満たない者」（第2条第1項）であり，年齢での線引きは微妙である。「子ども」を児童福祉法等に規定される「児童」と解する考え方もあり，この場合は18歳未満の者である。年齢による料金設定等で使用される「大人」と「小人」では，「小人」は小学生以下を指す。これを生かすと，「子ども」は小学校児童までの者である。同様に，言葉に内在するイメージを含めて，思春期に達するまでの年齢，すなわち小学生までを「子ども」とする考え方がある。一方，「子ども」は自分がもうけた子，すなわち親から生まれた子を指す。この場合は，「子ども」は「親」に対置される概念である。「子ども」は象徴的な意味において用いられるときもある。イギリスの詩人ワーズワース（Wordsworth, W., 1770-1850）は詩集「虹」において「子どもは人間の父である」（The Child is father of the Man.）とうたっている。コドモの表記については諸説あるが，「子供」及び「子ども」が使用例の大半を占める。小説等の世界では「子供」が使用されるが，児童文学や教育関係においては「子ども」が用いられることが多い。明治時代，夏目漱石は「小供」と表記した。文部科学省では，2013年よりコドモの表記を「子供」に統一したが，最近では，認定こども園，こども家庭庁，こども基本法など，「こども」の表記も見られる。

［戸江茂博］

子ども家庭相談室

近年，育児不安等子育てに関する相談のニーズが増えてきていることを背景に，2004（平成16）年11月の児童福祉法の一部改正により，市町村の業務として児童家庭相談に応じることが法律上明確化された。市町村は家庭その他からの子どもに関する相談に応じ，子どもが有する問題，子どもの真のニーズ，子どもの置かれた環境の状況等を的確に捉え，必要な支援を行うことで子どもの福祉を図るとともに，その権利を擁護することとなった。

市町村は「市町村児童家庭相談援助指針」を踏まえつつ，地域の実情に応じて児童家庭相談援助活動を行うこととなっており，その窓口として子ども家庭相談室を設置しているところが多い。但しこの名称は全国統一されたものではなく，市町村の子ども家庭福祉を担当する部署が相談窓口となっている。近年，こども家庭センターと称することがある児童福祉法上の「児童相談所」や児童福祉施設である「児童家庭支援センター」，また福祉事務所に設けられている「家庭児童相談室」とは異なる。

［藤原伸夫］

こども家庭庁

内閣府の外局として新たに創設された日本の行政機関。2023年4月より発足したもの。常に子どもの最善の利益を第一に考え，子どもに関する取り組み・政策を社会の真ん中に据えようとする「こどもまんなか社会」の実現を掲げている。これまでは，厚生労働省，文部科学省，内閣府，警察庁などで所管されていた子どもに関する行政事務を子どもの視点から総合的に調整する。内部部局である成育部門では，妊娠・出産の支援や成育医療，また，就学前のすべての子どもの育ちの保障のための，幼稚園・保育所・認定こども園の保育内容の基準の策定，すべての子どもの居場所づくりなどを担う。また，支援部門では，様々な困難を抱える子どもや家庭に対する切れ目のない包括的支援や子どもの貧困対策，ひとり親家庭の支援などを進めることとなっている。なお，「こども家庭庁設置法」（2022年6月成立）によると，子どもとは，「心身の発達の過程にある者」とされ（「こども基本法」においても同じ），18歳の節目を無化する定義づけとなっている。

［戸江茂博］

子ども観

「子ども観」とは，子どもという存在をどのようにとらえるか，そしてそれを踏まえどのような教育を行うかにまで及ぶ，子どもの見方，とらえ方のことである。子どもをどのようにとらえ，どのように理解するかに基づいて，一定の教育が展開されるのである。子ども観に基づいて展開される教育の在り方をとくに「教育観」という。したがって，子ども観と教育観は表裏一体のものとして考えることができる。子どもは遊ぶ存在であり，遊びを通して自然的に成長していく存在であると観ることによって，成長にゆだねる「有機体論的な教育観」が成立する。子どもが成長していく先の状態である大人を人間のモデルと観ることによって，大人中心主義の，「技術論的な教育観」が成立する（ボルノウ『教育を支えるもの』）。幼児教育分野においては，たとえば，フレーベルは，子どもは自力で成長していく尊い存在ととらえ，それに対応して受動的・追随的教育を唱えた。これも，「有機体論的な教育観」の一類型である。　　　　　　　　　［戸江茂博］

こども基本法

子どもの基本的人権の擁護を図り，子どもに関する様々の施策を総合的に推進することを目的として制定された法律である。2022年6月制定，2023年4月施行。子どもの人権の擁護や子どもに関する様々の施策，政策に関して，基本方針，原則，大綱を包括的に示したものである。「こども基本法」第1条においては，この法律の目的が次のように明示されている。「この法律は，日本国憲法及び児童の権利に関する条約の精神にのっとり，次代の社会を担う全てのこどもが，生涯にわたる人格形成の基礎を築き，自立した個人としてひとしく健やかに成長することができ，心身の状況，置かれている環境等にかかわらず，その権利の擁護が図られ，将来にわたって幸福な生活を送

ることができる社会の実現を目指して，社会全体としてこども施策に取り組むことができるよう，こども施策に関し，基本理念を定め，国の責務等を明らかにし，及びこども施策の基本となる事項を定めるとともに，こども政策推進会議を設置すること等により，こども施策を総合的に推進することを目的とする」。ここに明記されているように，国際連合による「児童の権利に関する条約」の日本版としての意義をもつ。こども施策の基本理念として，「すべてのこどもについて，個人として尊重され，その基本的人権が保障されるとともに，差別的取扱いを受けることがないようにする」「全てのこどもについて，その年齢及び発達の程度に応じて，その意見が尊重され，その最善の利益が優先して考慮されること」などが提示されており，後者は「児童の権利に関する条約」第14条の意見表明権を含み込んでいる。　　　　　　　　［戸江茂博］

子ども・子育て応援プラン

2004（平成16）年に閣議決定された少子化社会対策大綱の4つの重点課題「若者の自立とたくましい子どもの育ち」「仕事と家庭の両立支援と働き方の見直し」「生命の大切さ，家庭の役割等についての理解」「子育ての新たな支え合いと連帯」に沿って，具体的実施計画として策定された。2005（平成17）年度から2009（平成21）年度の5年間に取り組む具体的な施策内容と目標を掲げ，「子どもが健康に育つ社会」，「子どもを生み，育てることに喜びを感じることができる社会」に転換できるよう，社会全体の子育て環境の改善を目指した。また，改善の進度が理解できるように概ね10年後を展望した「目指すべき社会の姿」も，4つの重点課題に応じて提示している。たとえば，「若者が意欲を持って就業し経済的にも自立［フリーター約200万人，若年失業者・無業者約100万人それぞれについて低下を示すような状況を目指

す]」,「希望する者すべてが安心して育児休業等を取得［育児休業取得率　男性10％，女性80％，小学校就学始期までの勤務時間短縮等の措置の普及率25％］」といった具体的な数値も盛り込まれている。　　　　　　　　　　　　　［高橋一夫］

子ども・子育て会議（こども家庭審議会）

　子ども・子育て支援法に定められた会議で内閣府内に置かれていたが，2023（令和5）年4月施行のこども家庭庁設置法によりこども家庭審議会へ事務移管された。審議会は，子ども・子育て支援法等に定められた事項を処理するほか，内閣総理大臣の諮問に応じ，重要事項を調査審議し意見を述べることができる。審議会の委員は，子どもの保護者，地方公共団体，事業主の代表，労働者の代表，子ども・子育て支援に関する事業に従事する者及び学識経験者から任命される。重要事項には特定教育・保育施設の基準や給付費の支給に関する公定価格の基準がある。各市町村，都道府県においても審議会その他の合議制機関を置くよう努めることと定めている（子ども・子育て支援法第72条）。　　　　　　［藤原伸夫］

子ども・子育て支援事業

　共働き家庭だけではなく，すべての子育て家庭を支援する仕組みのことである。様々な家庭の状況やニーズに応じて，多様な子育て支援事業を実施している。子育て支援事業に含まれる保育支援事業では以下のサービスを提供している。①一時保育：就労形態の多様化や保護者の急なケガや病気，育児に対する負担軽減等を図るため，保育所，認定こども園，小規模保育などで子どもを一時的に預かる事業。②病児保育事業：子どもが病気等で集団生活が困難な場合に，保育所等にかわって一時的に預かる事業。③学童保育：働いているなどの理由で保護者が昼間家庭にいない小学生が，指導員の見守りのもと，宿題をしたり，友達と遊んだ

り，おやつを食べたりして過ごすことができる事業（放課後児童健全育成事業として運営されていることもある）。④保育サービスコーディネーター：地域によっては，保育サービスコーディネーターを配置し，子どもの保育を希望する保護者の相談に応じながら，個々の状況にあった保育サービスの情報の提供を行う取り組みを行う。⑤ファミリー・サポート・センター事業：幼稚園，保育所のお迎えやリフレッシュなど，子育てに応援が必要な人と，子育てを応援したい人をつなぐ仕組みのこと。その他，地域子育て支援拠点事業，地域子育て支援センター，地域の親子が集まってふれあう「子育てひろば」や「育児講座」を実施している事業もある。　　　　［木下隆志］

子ども・子育て支援新制度

　子ども・子育て支援新制度は，2012（平成24）年8月に成立した子ども・子育て関連3法（①「子ども・子育て支援法」②「認定こども園法の一部改正法」③「子ども・子育て支援法及び認定こども園法の一部改正法の施行に伴う関係法律の整備等関する法律」）に基づき2015（平成27）年4月から施行された制度のこと。わが国の少子化，子育て家庭の孤立化，待機児童問題等に対応するため，国・都道府県や身近な市町村・地域が子どもや子育て家庭を支援する体制を整えようとするもの。子ども・子育て支援新制度の主な要点として，①認定こども園，幼稚園，保育所を通じた共通の給付である「施設型給付」と小規模保育等の給付である「地域型保育給付」を創設，②幼保連携型認定こども園を学校及び児童福祉施設として法的位置づけを明確にする等，認定こども園制度の改善，③地域の実情に応じた子ども・子育て支援（地域子育て支援拠点，放課後児童クラブ等の「地域子ども・子育て支援事業」）の充実があげられる。→施設型給付　［藤原伸夫］

子ども・子育て支援法

2012（平成24）年8月成立，2015（平成27）年4月施行の子ども・子育て関連3法の一つ。子ども・子育て支援法第1条で「我が国における急速な少子化の進行並びに家庭及び地域を取り巻く環境の変化に鑑み，（中略）一人一人の子どもが健やかに成長することができる社会の実現に寄与することを目的とする」と定めている。子ども・子育て支援給付の種類（第8条）では，①「子どものための現金給付」（児童手当），②「子どものための教育・保育給付」（施設型給付費，地域型保育給付費等）に加え，幼児教育・保育の無償化を認可外保育施設等の利用にも対象拡大することに伴い，③「子育てのための施設等利用給付」が新たに創設された（子ども・子育て支援法の一部を改正する法律，2019年10月施行）。なお子ども・子育て支援法では，市町村の責務（第3条）として，子ども・子育て支援給付及び地域子ども・子育て支援事業を総合的かつ計画的に行うよう定めている。　　　　　　［藤原伸夫］

子ども・子育てビジョン

「子ども・子育てビジョン」は2010（平成22）年に，少子化社会対策基本法（平成15年法律第133号）第7条の規定「政府は，少子化に対処するための施策の指針として，総合的かつ長期的な少子化に対処するための施策の大綱を定めなければならない」に基づき，根本となる方針として定められたものである。「子どもが主人公（チルドレン・ファースト）」という基本的な考えのもと，社会全体で子育てを支え，子どもと子育てを支援することを目的としている。目指すべき社会への政策として4つの柱を示し，12の主要施策を定めている。具体的な4つの柱として「子どもの育ちを支え，若者が安心して成長できる社会」「妊娠，出産，子育ての希望が実現できる社会」「多様なネットワークで子育て力のある地域社会」「男性も女性も仕事と生活が調和する社会へ（ワーク・ライフ・バランスの実現）」を挙げている。また，今後の取り組みに向けた推進方策として，2014（平成26）年度までの5年間で到達する数値目標も設定されていた。

［高橋一夫］

子どもの家

最初の「子どもの家」は1907年，イタリアの教育者マリア・モンテッソーリによって，ローマのスラム街に設けられた共同住宅の一部に開設された。それは3歳から7歳の就学前の幼児を対象とする長時間保育制の無料施設であった。モンテッソーリは，子どもに自由を与え，自然な発達を保障し，自己教育を促すために，人類学，生理学，衛生学などを取り入れて「子どもの家」の環境を整備した。どんな子どもでも発達する力を内部に持っているという考えに基づき，「子どもの家」の教師の役割は，子どもをよく観察し，環境を整え，子どもの自由な自己活動を尊重し援助することだとされた。さらに幼児期には，精神的発達の基礎として，感覚の訓練が重要であるという観点から様々な教具がつくられた。教師による直接的な教育ではなく，教具による子どもの自己教育が「子どもの家」における教育方法の原則である。彼女はその実践の成果を，1909『子どもの家における幼児教育に応用された科学的教育学の方法』に書き著す。この書はやがて『モンテッソーリ・メソッド』として英訳され，世界の幼児教育界に大きな影響を与えた。彼女が打ち出した教育方法はモンテッソーリ・メソッドとよばれ，その後，イタリアのみならず世界各地で「子どもの家」が設立されていった。→モンテッソーリ　　　　　　　　［中田尚美］

子どもの発見

子どもに固有な性格を意識すること。子どもには大人とも若者とも区別される特殊性があると意識すること。このよう

な子どもに対する視点は，近代社会の成立とともに生まれた。子ども観に関する研究の画期となった『〈子供〉の誕生——アンシァン・レジーム期の子供と家族生活』(1960) の著者，フランスの歴史家アリエスによると，中世の社会では，大人と明確に区分される「子ども期」という観念は存在していなかった。大人とは明確に区別される子どもの特性を意識し，それを教育によって育むべきであるという視点を教育に最初にもたらし，「子どもの発見者」となったのは，フランスで活躍した思想家ルソーであると言われている。ルソーは，『社会契約論』(1762) と同年に，小説形式の教育論『エミール』(1762) を出版し，文明社会によってゆがめられない自然人の理想を目指して，エミールという架空の生徒がどのように育てられていくかを描き出した。ルソーは，子どもが自然本来に持つ善性が，文明社会によって悪影響を受ける危険性に警鐘を鳴らし，社会契約よる新たな国家の担い手の市民へと，子どもをいかにして育成するのかを論じた。ルソーの教育思想は，ペスタロッチやフレーベルといった後代の教育者だけでなく，哲学者のカント (Kant, I., 1724-1804) をはじめ多岐に渡って影響を与えた。→アリエス；ルソー　　　　　　　[阿部康平]

子どもの貧困

　一般的に，相対的貧困の水準にある18歳未満の子どもの状況を指す。相対的貧困とは，衣食住など生存に必要な条件が充たされていない状態である絶対的貧困に対し，社会において標準的とされる生活を営むことができない状態のことを指し，具体的には，等価可処分所得が中央値の半分に満たない状態が基準とされている。十分な食事がとれない，病院に通うことができないなど健康面への影響や，進学，学力への影響に留まらず，自己肯定感の低下，希望の喪失など精神面への影響，親子の触れ合いの時間，様々な経

験をする機会の剝奪など，子どもの将来や次の世代にまで及ぶ深刻な影響を与える問題である。2008年のリーマン・ショックを端緒とする景気の低迷以降，社会的に大きな問題として注目され，2013年には「子どもの貧困対策の推進に関する法律」が制定された。近年は，こども食堂やフードバンクなど，貧困で苦しむ子どもを支援するための取り組みも広がりを見せている。　　　　[松浦　崇]

こどもの貧困の解消に向けた対策の推進に関する法律

　子どもの貧困問題の深刻化を受け，2013年に「子どもの貧困対策の推進に関する法律」として制定された法律である。2019年に改正され，子どもの現在および将来が生まれ育った環境によって左右されることがないよう，子どもの貧困解消に向けた取り組みを総合的に推進することが目的とされている。同法では，子どもの貧困対策を総合的に推進するための大綱の策定や，子どもの貧困の状況および対策の実施状況の毎年の公表が義務付けられている。また，都道府県と市町村には，子どもの貧困対策に関する計画の策定が努力義務として定められている。同法に基づき，2014年，「子供の貧困対策に関する大綱」が閣議決定された (2019年に改正)。大綱では，スクールソーシャルワーカーの配置拡充や，ひとり親家庭の保護者への就業支援など，教育支援，生活支援，就労支援，経済支援に向けた施策，子どもの貧困の実態把握・分析に向けた調査研究の推進などが盛り込まれている。2024年，現在の題名に改正された。　　　　　　　　[松浦　崇]

コーナー保育

　保育者が意図的にまたは，子ども達の遊びの展開を予測して，必要な遊具や素材などを設定した空間を保育室内に数か所も設けて保育を行うこと。ここで行われる活動は，造形，絵本，ままごと，シアターなど多岐にわたっている。コー

ナー保育の意義は，個々の子どもが自ら活動を選び，展開していく自由を保障しようとする点にあるが，コーナーの設定によっては，選択の幅や遊びの展開が狭められる危険性をはらんでいる。その為，保育者は，子ども一人一人が，どのような遊びに興味・関心を持っているのかを理解した上で，コーナーを設定し，遊びを進めていく過程の中では，コーナーを自由に子どもと共に造り変えていく柔軟性を持つことが重要である。また，各コーナーで子ども達がどのような遊びを展開しているのかを日々の記録に採取し，今後の遊びがより発展していくために必要な玩具，遊具，素材などを準備していく手立てを考えていくことも保育者には求められている。 　　　　　　　　［福井逸子］

個別指導

　教育や保育の指導方法として，ふつう一斉指導と個別指導がある。一斉指導は，クラス集団全体に対して，同一の場所，内容，方法で一斉に経験させる指導方法のことである。一定の技能的なことの学習に適合した指導方法であるが，画一的になってしまい，一人一人の子どもの今の成長や発達の姿に対応することができない。これに対して，個別指導は，一人一人の子どもに対して，その子どもの成長や発達の姿，個性などの実態に合わせて行う指導方法であり，一人一人への個別対応を旨とする。とくに，集団生活が始まるときなど緊張感のある状況においては，個別指導の形態をとることが求められる。それぞれの子どもの状態に寄り添った１対１の対応である。幼稚園や保育所など乳幼児の保育の場においては，個別保育と呼ばれることもある。 　　　　　　　　［戸江茂博］

コミュニケーション

　コミュニケーションは，社会生活を営む上で，人々が互いに意思や感情，思考を伝達し合うことであり，言語・文字・身振りなどを媒介として行われる。親子同士でのコミュニケーションを例にあげると，親が子に一方的に話すのではなく，親子が互いに理解し合う関係性を示しており，意思の疎通，心の通い合いという意味でも使われる。また，子どもの世界を例にとると，子ども達は，成長過程の中で，言語や非言語など様々なコミュニケーション手段を使用して，子ども同士の関わりを築いている。そして，仲間関係が構築されてくると，その場に適した言葉や方法を使って遊びを展開していく力も身につける。つまり，言葉と仲間関係には相互作用が働いている。しかしながら，子ども同士のやりとりがなされるようになる年齢については，一概に何歳児とは示すことは難しく，月齢や育ってきた環境，幼稚園と保育園などの就学前施設による影響も考える必要性がある。 　　　　　　　　［福井逸子］

コメニウス

Comenius, Johann Amos（1592-1670）
　モラヴィア（現在のチェコ東部）生まれの教育思想家，宗教改革者。「近代教育学の祖」と称される。国家教育の改革を発案したラトケや，実践的な教授法を説いたアルステッドに触発され，自然主義による教育観を導き出した。ヨーロッパに宗教戦争が続発した時代の影響を受け，避難したポーランドで記された主著の『大教授学』（1631）は，母国語のボヘミア語で書かれたのちにラテン語に改められ，ヨーロッパ中で読まれた。学習者の理解を容易にするよう構成された教育方法が教授学で，全体から細部へ，単純から複雑へ，という順序で進行する。その原理は簡潔に「すべての人が，すべてのことを，完全に（学ぶ方法）」と表される。だが，コメニウスの教授学は知識習得に止まらず，道徳や信仰心の育成までをも目的とした，普遍的な教育学を目指すものであった。また『世界図絵』（1658）は全編に挿絵が施された世界最初の絵入り教科書で，視覚教育の先駆け

をなしている。　　　　　　　［塩見剛一］

子守学校

　幼い弟妹たちや奉公先などで乳幼児の子守があって，通学しにくい児童のための学校。つまり明治当初，義務教育とは言え，極めて低かった就学率を上げるための施策の一つであった。保児教育所や児護学校などの種々の名称があったが，子守学校の名が定着し，昭和時代の初めまで存続した。そこには児童のための教場があるとともに，乳幼児のための遊技場などにより保育の場が設けられた。渡辺嘉重によって，1883（明治16）年茨城県猿島郡小山村（現在の坂東市小山）に設置された子守学校が日本最初のものといわれる。そこでは児童たちが連れてきた乳幼児に保育を実施した。渡辺は『子守教育法』（普及舎，1884）を著わしている。　　　　　　　　　　　　［西本　望］

5領域

　5領域とは，幼稚園や保育所の保育内容を構成する際の5つの枠組みであり，「健康」，「人間関係」，「環境」，「言葉」，「表現」の5領域をいう。各領域は，保育において育みたい資質・能力を子どもの発達する姿から捉えた「ねらい」，及びねらいを達成するために指導する事項としての「内容」を含む。子どもの発達は，いろいろな要素が個別に発達するのではなく，様々な発達が相互に絡み合って互いに影響を与え合い，つながり合って展開していくものであるから，子どもを深く理解し，成長や発達の課題を明確にし，保育を計画，実施，評価していくためには全体的な子どもの発達を一定の枠組み（いわば窓口）をもって理解していく必要がある。そこで，子どもの発達を5つの大枠で分類し，子どもの発達の側面として5領域が設定されたのである。　　　　　　　　　　［日坂歩都恵］

混合保育（異年齢保育）

　「異年齢保育」「縦割り保育」とも呼ばれるように，異なる年齢の子どもたちでクラスや活動を構成する保育形態。同年齢で編成する年齢別クラス（横割り保育）とは異なり，異年齢で発達の大きく違う子どもたちの交流が，子どもたちの人間関係を構築する力を育てる教育的意義を見出だすことができる。年少の子どもが年長の子どもの姿を間近に見たり感じたりすることにより憧れの気持ちを抱き真似をする，また助けてもらったり愛しんでもらったりすることで心強さを経験する。年長の子どもは年少の子どもとのかかわりを通して，守ってあげたい，支えてあげたいという勇気や幼いものを労わる気持ちを抱き，たのしく成長する。ただし年長者と年少者の役割が固定化するデメリットもある。遊び（保育活動）の深まりや展開においては，同年齢クラスでの生活や保育活動における教育効果や有意義な点もあるため，異年齢保育のメリット，デメリットを把握し，バランスよく同年齢，異年齢を組み合わせ，乳幼児期それぞれの発達にふさわしい生活と遊びを充実させる必要がある。

　　　　　　　　　　　　　　　［生駒幸子］

近藤真琴

こんどう　まこと（1831-1886）

　幕末，明治初年の洋学者，教育家，思想家，明治六大教育家の一人，攻玉社（現在の攻玉社学園）の創立者である。幕府の海軍操練所翻訳方を経て明治2（1869）年，明治政府の海軍操練所に勤務し，のちに海軍兵学校教官などを歴任する。海軍の航海方面の人材を育成する。フレーベルの幼稚園，幼児教育を紹介し，女子中等教育にも先駆的な役割を果たした。また，国字国語問題にも関心を持ち，仮名文字の普及のため「かなのとも」を発足させた。さらに数学の近代化に果たした役割も大きい。　　　　　［荒内直子］

コンピテンシー

　元来の意味は，英語の competency：能力，資格，適格性の意味であるが，教育用語として使われる場合は，「21世紀

を生き抜くための必要なコンピテンシーは……」,「今後高校生が必要なコンピテンシーとは……」といった文脈で使われることが多い。つまり，社会生活で身につけるべき必須能力という意味内容で用いられている。国が定める教育内容の基準である幼稚園教育要領，学習指導要領においても，このコンピテンシーという概念が盛り込まれ，必須能力の内容はこれらの内容にも反映される。諸外国もそれぞれの事情にあわせたコンピテンシーの内容を策定するが，それらに影響力をもってきたのが OECD が提唱する，キー・コンピテンシー（key competency）である。OECD が提唱するその内容は，言語や知識，技術を相互作用的に活用する能力，多様な集団による人間関係形成能力，自立的に行動する能力になる。　　　　　　　　　　　　[佐野　茂]

コンピュータ教育

　コンピュータが開発され，それが進歩するにつれて，その教育に関する重要性が認識されるようになった。日本でも，1970年代にはすでにコンピュータ教育という言葉が使われている。その時点でのコンピュータ教育は，主に高等教育を対象として，①専門家育成のためのコンピュータ教育②教養教育の一環としてのコンピュータ教育③教育の道具として活用するコンピュータ，という３つ視点で整理されていた。前２つは，コンピュータを学ぶ教育であり，最後はコンピュータで学ぶ教育である。1980年代以降になると，コンピュータは急激な進歩をとげ，一般社会にも普及していった。この時期からは，より広義な「情報教育」という用語が使われるようになり，情報活用能力の育成することが重視されるようになった。その後1998年の教育課程審議会

答申により，小学校では「総合的な学習の時間」などにコンピュータ等の情報手段の活用が盛り込まれ，中学校では技術・家庭科で情報の基礎的内容に関する学習が必修化された。高等学校においては，教科「情報」が新設されることになり，現在に至っている。　　[大森雅人]

コンプライアンス

　広辞苑によると「コンプライアンス[compliance] とは，要求や命令に従うこと。特に，企業が法令や社会規範・企業倫理を守ること。法令遵守」とある。幼稚園における「学校教育法」，保育所における「児童福祉法」，こども園における「就学前の子供に関する教育，保育等の総合的な提供の推進に関する法律」が，各教育・保育施設が守るべき法令である。また，幼稚園，保育園，認定こども園の教育・保育においては「幼稚園教育要領」「保育所保育指針」「幼保連携型認定こども園教育・保育要領」が教育・保育内容の基準として守るべき事項であり，コンプライアンスにおいて最も重要な文章となる。

　近年，幼稚園や保育園での事故が多発し，様々に支援が必要な保護者や子どもが増えてきている。それらに対する危機管理や対応，支援が単に個々の保育者が負わされることになると，保育者の負担が増すと共に，対応や支援の仕方に一貫性がなくその都度変わることで，不信感を抱かせることにもなる。そのようなことを回避する為に必要となるのが，危機管理や対応，支援についてコンプライアンスの基となる明確なルールの策定である。また，保育者がコンプライアンスを理解し守るためには研修の繰り返しが大切である。　　　　　　　　　　　[片岡章彦]

さ

災害対策基本法

1961年に制定された災害対策に関する日本の法律（昭和36年11月15日法律第223号）である。1959（昭和34）年に愛知県，岐阜県，三重県及び紀伊半島一帯を中心として全国に大きな被害をもたらした伊勢湾台風を契機に制定された。国土ならびに国民の生命，身体および財産を災害から保護するため，防災に関し，国，地方公共団体およびその他の公共機関を通じて必要な体制を確立し，責任の所在を明確にするとともに防災計画の作成，防災予防，災害応急対策，災害復旧および防災に関する財政金融措置，その他必要な災害対策の基本を定める法律である。1995年の阪神・淡路大震災後には，ボランティアや自主防災組織の活動環境の整備，緊急災害対策本部設置の緩和，自衛隊の災害派遣要請の法定化などが盛り込まれた改正法が施行された。2011年に発生した東日本大震災後の2012，2013年にも改正法が施行され，大規模災害の広域対応，地域防災力の向上，被災者支援の充実がはかられた。　　［荒内直子］

サイコセラピー

サイコセラピーとは，セラピスト（治療者）がクライエント（患者）の抱える問題を対話や訓練によって，心や身体の不調の回復，健康の維持増進をはかろうとする心理的支援をいう。

精神分析療法は，自由連想法（心に浮かんだことを自由に話して心の葛藤を解消する方法）や夢分析（夢に現れる無意識の願望を話して心の葛藤を解消する方法）が使用される。これらの療法は，クライエントが抱える問題の背景にある無意識の心の働きに原因があると考える。たとえば，恐い夢を見た園児に，話の内容を聞き取り，実際に恐い体験をするわけではないことを対話を通して理解させ

る。

行動療法は，系統的脱感作（行動の結果生じる恐怖反応を徐々に和らげ，その恐怖を乗り越えた経験を積ませる方法）や現実暴露法（行動の結果生じる恐怖反応を体験させる方法）が使用される。これらの療法は，クライエントが抱える問題の背景にある恐怖反応に焦点づけた治療を行うことに特徴がある。たとえば，登園渋りの子どもに対して，登園前の行動から登園するまでの行動をリスト化（朝食をとる，歯を磨く，服を着替える，靴を履く，外に出る……，園の門扉をくぐる，先生にあいさつするなど）した階層表（不安の低い行動から高い行動を順にしたリスト表）を用いて，園児が登園できるように順次働きかける。

認知行動療法は，クライエントが抱える問題の背景に，不安や抑うつの原因となる人の考え方があり，その考え方に焦点づけた治療を行うことに特徴がある。行動療法は，刺激と行動の関係を重要視するのに対して，認知行動療法は，刺激と行動の間に介在する認知の歪みを重要視する。クライエントが認知の歪みを把握し，不安を解消できるように訓練する。　　［西浦和樹］

才能教育

gifted and talented education の訳語。education of/for the gifted and talented「才能ある人々の（ための）教育」を意味する。この「才能」は，明治以来，使用されてきた「英才（頴才）教育」における学問を中心にしたエリートというニュアンスをもたない，「幅広い分野の優れた特性を包括」的に指すための語として使用される。「才能教育」と，これまでの「英才教育（やいわゆるエリート教育）」との決定的な差異は，「特定の才能ある子どもを選抜して特別教育プログラムに入れる」という「狭義の才能教育」だけでなく，「障害児まで含めたすべての子どもの比較的得意な面を通常学

級で学習に活かす」という「広義の才能教育」がその視野に収められているという点にある。 [島田喜行]

栽 培

保育における環境構成の一環として，植物を育てることが挙げられる。これは鑑賞用，食用として行われることが多い。多くの植物が花を咲かせ，実をつけるため，四季折々の変化を楽しむことができる。また，土を耕すことで花が咲き，実や種がなり，収穫するという一連の過程を通して，子どもたちはその成長のメカニズムに興味を持ち，育ちの連続性に関心を示す機会が生まれる。さらに，絵本や図鑑を通じてこれらの植物に関する知識を得ることで，子どもの知的好奇心が刺激される機会にもなる。 [猪田裕子]

サイモンズ

Symonds, Percival Mallon (1893-1960)

アメリカの心理学者。親の養育態度を類型化した。家庭における全体的雰囲気や親の養育態度が子どものパーソナリティにどのような影響を与えるかについては多くの研究が行われているが，有名なものとしてサイモンズによる，親の養育態度の類型がある。彼は，受容─拒否，支配─服従という二つの次元を想定し，それらの組み合わせで，①支配的・受容的な過保護型，②服従的・受容的な甘やかし型，③支配的・拒否的な残忍型，④服従的・拒否的な無視型に分類した。養育態度と子どもの性格の関係については，たとえば，親が支配的な場合には子どもは自発性がなく消極的になる，親が服従的だと子どもは無責任で乱暴な性格になる，親が過保護型の場合子どもは幼児的で依存的な性格になる，甘やかし型ではわがままで反抗的な性格になる，などとした。分析の結果サイモンズは，受容─拒否，支配─服従という2次元の中庸が理想的養育態度であるとしている。しかし，親子関係は親から子どもへの一方的な関係ではなく，親から子，子

どもから親へと双方向的に進展する相互発展的な性質をもつことも忘れてはならない。

主著 The psychology of parent-child relationship (1939) では，健全なパーソナリティ発達における親子関係の重要性について述べているが，学校における児童・生徒と教師の関係あるいはカウンセリングにおけるカウンセラーとクライアントの関係の重要性についても述べている。 [三浦正樹]

作業療法士

Occupational therapist と言い，日本では OT と略される。作業療法士の「作業」とは，生活に必要な活動，例えば「食事」，「入浴」，「家事」，「仕事」，「趣味活動」などの生活上の諸活動のことを指す。病気やケガにより，これらの作業が行えなくなることや，精神疾患や認知症などによりその人らしい「作業」が行えなくなったときに，日常生活に必要な「作業」に焦点を当て，諸活動に参加できるようにする療法を提供する。作業療法士は，①基本的動作能力（運動や感覚・知覚，心肺や精神・認知機能などの心身機能），②応用動作能力（食事やトイレ，家事などの日常で必要となる活動），③社会的適応能力（地域活動への参加や就学・就労など）に必要な作業ができるように支援を行い，環境調整や，社会資源や諸制度の活用を含め，その人らしい「作業」の獲得をサポートする。 [木下隆志]

錯画期

1歳から3歳頃に現れる弧を描いた線やぐるぐる線などの描画の発達段階を「錯画期」という。「なぐり描き期」「スクリブル (Scribble)」とも呼ばれている。錯画期の描画は身体（腕）の発達と関係している。身体は中心から末端へと発達していく。まず，腕でいうと肩が自由になり，上下運動ができるようになる。描画材をにぎって紙に叩きつけたり押し付けたりして，点々や短い線が描かれる。

次に肩を支点として腕を振ることや肘を曲げることができるようになってくると横線や縦線が現れる。肩とひじを連動させることや手首を動かすことができるようになると、ぐるぐる線が描かれる。この頃から手の動きを意識して目で見ることができるようになる。指先で描画材をつまんで、丸が閉じる形を描けるようになっていく。錯画期のはじめは腕の運動や描画材を持つことを楽しむことが中心だが、徐々に意識して描くことができるようになってくる。錯画期では大人は無理に形を描かせようとするのではなく、十分に活動させることを意識したい。また、机や床に紙を置くだけではなく、壁などに貼った大きな紙に描くなど、環境の工夫も大切にしたい。　　　　［須増啓之］

佐藤信淵

さとう　のぶひろ（1769-1850）

　江戸時代後期の思想家、経済学者、農学者、農政家。本業は医師であるが、日本で初めて公費による保育施設の提唱をした人物である。著書『垂統秘録』（すいとうひろく）の中で、貧しい家庭の乳幼児を預かる「慈育館」や昼間に4～7歳までの子どもを遊ばせる「遊児厰」（ゆうじしょう）という保育施設を構想する。当時では先進的教育理論を展開していた佐藤信淵の説を進んで取り入れる大名はおらず、これは実現することがなかった。保育の社会化を最初に主張し、後の保育の歴史に大きな影響を与えた空想的社会主義者であると言われている。著作300部、8,000巻。農業に関する『草木六部多耕種法』、経済学に関する『経済要録』などの著作がある。著作が広く読まれるようになったのは明治以降である。　　　　　　　　　　［荒内直子］

里親制度

　里親は、実親との死別や親からの虐待などさまざまな事情で家族と離れて暮らす子どもを、自分の家庭に迎え入れ、温かい愛情と正しい理解を持って養育する役割を担っている。里親制度とは、児童福祉法に基づいて里親となることを希望する人に対して、子どもの養育を依頼する制度のことである。子どもの中には実親との暮らしにおいて、十分な愛情をもって育ててもらった経験が少ない場合もある。里親の家庭で共に生活をする中で、愛着形成や人との信頼関係を築く経験をしていくことも多い。このような経験を蓄積する中で、子どもは自分への自信を身につけたり、自己肯定感を高めていくこととなる。これまで、日本では何らかの理由で実親と暮らせない子どもたちは、児童養護施設など施設的養護の場で生活するケースが多くあった。児童養護施設もそれぞれの子どもに丁寧に関わり、その育ちを支えている場所であるものの、近年、里親など、より家庭的な雰囲気の中で養育される家庭的養護が求められている。しかし、現在のところ日本では里親制度はそれほど進んでいないという現状がある。里親には、養育里親、特別養子縁組里親、季節・週末里親などのタイプがある。　　　　　　　［佐藤智恵］

サルモネラ食中毒

　わが国で食中毒を起こす原因菌の一つが、サルモネラである。サルモネラはペット、鳥類、爬虫類、両生類が保菌しており、家畜（ブタ、ニワトリ、ウシ）の腸管内では常在菌として保菌している。サルモネラ感染症の症状で最も多くみられるのは、急性胃腸炎である。サルモネラに汚染された食品、患者の糞便、ペットを介して感染する。サルモネラに感染後8～48時間の潜伏期を経て、悪心・嘔吐で始まり、数時間後に腹痛、下痢を起こす。子どもは重症化しやすく、38度以上の発熱、1日10回以上の水様性下痢、血便、脱水、さらに意識障害、けいれんを起こすことがある。サルモネラ感染症の予防は、食肉や鶏卵の低温保存管理、調理時・調理後の汚染防止が基本である。そして、①子どもは食肉、特に鶏肉や鶏

卵の生食は避け十分な加熱により食べること、②調理器具（まな板、包丁、布巾、スポンジ等）はよく洗い、熱湯や次亜塩素酸ナトリウム等で消毒をすること、③保育士は食べ物を扱う前や排便後は、きちんと手洗い、手指消毒をすること、④トイレ内・水洗レバー・便座やドアノブを次亜塩素酸ナトリウムや消毒用エタノール等で消毒をすること、⑤ペット（ミドリガメ・犬・猫等）との接触後の手洗いや手指消毒をすることが重要となる。また自治体によっては、調乳や給食の配膳に係る保育士に毎月の検便検査（赤痢菌・サルモネラ菌・腸管出血性大腸菌、必要に応じて10月から3月まではノロウイルスの検査を含める等）が義務づけられている。　　　　　　　[森田惠子]

沢柳政太郎

さわやなぎ　まさたろう（1865-1927）
　大正時代に活躍した教育者。1888年に帝国大学文科大学哲学科を卒業し、文部省に入省。文部官僚時代には、小学校令を改正して義務教育年限を4年から6年に延長した。貴族院議員、東北帝国大学総長（初代）を歴任し、1913年には京都帝国大学の総長となった。しかし、教授の任免権限と運用のあり方をめぐって教授会と対立し、翌年辞任した（京大澤柳事件）。その後は民間教育家として活躍し、1917年に「児童中心の教育」「個性尊重」「科学的研究に基づいた教育」などを理念とした成城小学校を創設した。アメリカのパーカーストによるドルトン・プランなど教育の新動向を取り入れた。成城小学校には、七年制高等学校、高等女学校、幼稚園などが作られ、成城学園として発展していき、日本における新教育運動（大正自由教育運動）の一大拠点として注目された。文部官僚、帝国大学総長、私立学校校長と様々な立場で、非常に重要な功績を残した沢柳政太郎は、日本の近代教育をとらえる上で稀有な存在であるといえる。　　　　　　　[冨江英俊]

参加実習

　観察実習を経た実習生が、次の段階として実際に保育に参加しながら、保育者としての役割を体験的に学んでいく実習である。子どもと生活や遊びを共にする中で、保育者としてどのように子どもを援助すべきかなど、子どもの姿や実態、保育者の役割について理解を深めながら、保育の本質を体験することに意義を置く実習の姿である。そのため、参加実習では、その日の保育のねらいや内容、1日の生活の流れを把握し、子どもの姿や実態を理解し、保育者として適切なかかわりができるよう指導計画についても学んでいく。また、保育後に1日を振り返り、それを省察し、担当保育者から指導や助言を受けることは、自分自身の成長にとって非常に大切なことである。
　　　　　　　[猪田裕子]

三項関係

　乳児期の子どもの気持ちや行動をコントロールする際にみられる発達的な特徴である。具体的には他のものを指して母親等近くの大人に知らせようとする行為であり、多くは指を使ってその方向を見て、伝えようとする行為である。たとえば、母親に抱かれている乳児が、近くに通りがかった犬を見て指で指して「アーアー」という場合、乳児－犬－母親という一つの場面における3つの項目が存在する。そこで、母親が「そうね、ワンワンがいるね」という言葉をかけると、やがて犬がワンワンという名称をここではもつことを知り、乳児自身が行うコミュニケーション手段として意図的な操作を獲得することになる。これは、「共同注意」と言われ、一般的に生後9か月頃からあらわれ18か月頃までに獲得される。また、母親もわが子の状況について反応することでフィードバックするという、母親としての行動の調整の役割を担っている。このモノを介したやりとりは、乳児が自己と他者のコミュニケーションの

開始としても注目される行動である。

[名須川知子]

3号認定

満3歳未満の小学校就学前の子どもであって，保護者の労働又は疾病その他の内閣府令で定める事由により家庭において必要な保育を受けることが困難である子ども（子ども・子育て支援法第19条第1項第3号）をいう。入所可能な施設は，認可保育所，認定こども園，地域型保育事業所である。利用手続きは2号認定と同じであるが，保育料は保護者の所得に応じた支払い額となる。保護者の就労や妊娠・出産，疾病・障害，同居親族の介護，災害復旧，求職活動，就学，虐待等が保育の必要な事由となる。

この時期の園児は，発達の個人差が大きく，身近な大人との間に安定した関係を築くことが重要であり，個別的な対応を前提とした指導計画を作成することが望まれる。

[湯元睦美]

3歳児健康診査

3歳児健康診査は1961（昭和36）年児童福祉法の改正により実施され，1966（昭和41）年母子保健法に受け継がれた。母子保健法第12条，第13条を根拠として，市町村が満3歳を超え満4歳に達しない幼児に行う健康診査である。健康診査の種類は，一般健康診査，歯科健康診査及び精密健康診査である。一般健康診査の項目は，①身体発育状況，②栄養状態，③脊柱及び胸郭の疾病及び異常の有無，④皮膚の疾病の有無，⑤眼の疾病及び異常の有無，⑥耳，鼻及び咽頭の疾病及び異常の有無，⑦歯及び口腔の疾病及び異常の有無，⑧四肢運動障害の有無，⑨精神発達の状況，⑩言語障害の有無，⑪予防接種の実施状況，⑫育児上問題となる事項，⑬その他の疾病及び異常とされている（平成27年現在）。この健診では幼児の発達状況を把握し，障がいの早期発見につながることもある。しかし，3歳児の段階では慎重に判断すべき点もある

ことから，5歳児健康診査を導入する自治体もある。一方で，育てにくさや育児に対する困難さを抱える保護者への支援のきっかけとし，児童虐待防止の取りくみの一助ともなっている。

[桃島香代]

3歳児神話

人の成長において，誕生後3歳になるまでが何よりも重要で，その3年間の生育環境がその人の一生に決定的な影響を与える，という考えである。この考えを根拠として，特に生後3年間は，生みの親である母親にしっかりと育てられることが重要であるとされ，その間に他の養育者が関わることは，その人の育ちにダメージを加えるという解釈を生んだ。その結果，出産したら自分の子どもを育てることが母親の役割であり，仕事をやめて家庭に入るべきであるという，女性の社会進出を阻む一因になる主張を生み出している。確かに，3歳児までは脳の発達も著しく，人として育つ重要な時期であることは間違いないが，その後も人として環境との相互作用で成長していくことからも，この3歳までは母親で，という考えは，「神話」として誤った考えであると現代ではとらえられている。

[名須川知子]

3歳児保育

幼稚園において，当該年度の4月1日の時点で満3歳になっている子どもの保育のことをいう。入園は満3歳になった翌日の4月2日からである。これは学校教育法第17条（義務教育）「保護者は，子の満六歳に達した日の翌日以後における最初の学年の初めから，満十二歳に達した日の属する学年の終わりまで，これを小学校又は特別支援学校の小学部に就学させる義務を負う」に倣うものである。また，3歳児保育は「年少」保育と呼ばれることもある。さらに，幼稚園には「満3歳児保育」を行っている園もある。「満3歳児保育」は，平成12年度より，制度的には従来から可能であった，満3

歳児に達した時点での幼稚園入園（保育所における2歳児クラスに相当する）について，幼稚園就園奨励費の補助対象化や私学助成費の適用拡大の措置が行われたもので，満3歳に達した翌日から入園が可能になる。現在では，幼保連携型認定こども園でも実施している園がある。満3歳児保育については入園スタイル（随時入園・月毎入園等），園児の発達の状況協に応じた望ましい保育内容や保育方法等について，十分な検討を重ね，スムーズに4月以降の保育に接続できる仕組みづくりが求められる。　［髙橋貴志］

3歳未満児保育

児童福祉法では第4条第2項，母子保健法では第6条第3項の中で，幼児は，満1歳から小学校就学の始期に達するまでの期間と定められている。その中で，年度末時点で3歳未満の幼稚園入園可能になる年齢以前の子どものことを，保育用語として未満児といい，保育施設や公共の施設などで広く用いられている。子ども・子育て支援法第19条第1項において，教育・保育を利用する子どもについて3つの認定区分が設けられており，保護者の労働又は疾病，その他内閣府令で定められた事由により家庭で保育を受けることが困難な未満児を3号認定子どもと区分する。3号認定を受けた子どもは，子ども・子育て支援新制度法による保育所，幼稚園，認定こども園，小規模保育等を利用することができる。保育所保育指針で3歳未満時の保育は，乳児や3歳以上児と区別されている。この時期は，運動の機能の発達期であり生活習慣に必要な身体的機能も整うようになる。保育士の適切な援助のもとで何でも自分でしようとするようになる時期であるため，保育士は，子どもの自発的な活動や気持ちを受け止めながら，愛情豊かに応答的にかかわることが大切となる。しかし，国内の3歳未満児の約6～7割は家庭で保育されており，地域のつながりが希薄化する中で，子育てが孤立し，不安感や負担感をもつ家庭への支援も課題となっている。　［岸本朝予］

三世代家族

三世代家族とは，祖父母世代，子世代，孫世代の三世代が同居する世帯のことである。2014年の国民生活基礎調査によると，全国の児童のいる世帯総数は，1,208万5,000世帯ある。このうち，「夫婦と未婚の子どものみの世帯」が870万7,000世帯ありもっとも多く，「三世代世帯」は，196万5,000世帯ある。国勢調査によると，三世代世帯の数は年々減少傾向にあり，2005年には，単独世帯に逆転されている。日本社会では，核家族化が進み，祖父母世代の存在意義が希薄化しているようにも思われているが，近年の研究では，祖父母世代が親子世代に対する潜在的な支援の実態が明らかにされてきた。「全国家庭動向調査」によれば1993年以降，祖父母と近居する夫婦の数は増加している。また，内閣府の調べでは，60歳以上の男女が別居する子どもと直接または電話など間接的に接触する頻度で，週1回以上連絡をとるとした割合は，1985年では35.5％であったのに対し，2015年には51.2％となった。一方で親子世代は，祖父母世代に対する介護や支援といったケアの担い手でもある。働き方や家族構成が多様化する現代社会では，祖父母世代と親子世代との相互の依存関係について，さらに研究が進められる必要がある。　［阿部康平］

3年保育

3年保育とは，年少組（3歳児）で入園した子どもに対して，年中組（4歳児）を経て年長組（5歳児）の卒園までの3年間の教育課程に基づいて行われる保育である。各学年の保育者は，小学校以降の生活や学習に結び付いていくことを念頭におきながら，担当する学年の子どもの発達を踏まえ，年少組は年中組の姿を，年中組は年長組の姿を，年長組は

就学時の姿というように，先の成長する姿に見通しをもって保育を行うことが求められる。入園初年度となる3歳児（年少組）では，家庭での生活環境や生活経験による個人差が大きく，自我が芽生える時期でもあることから一人一人の姿に応じたより丁寧な関わりが求められる。年少組で一人一人が丁寧な関わりによって育てられた子どもは，年中組になった時に遊び仲間である小集団の中で自己主張し合うことができ，そのことによって自分とは違う他者の気持ちや考えに気づけるようになる。その育ちの過程を経て5歳児になった時には，他者と折り合いをつけながら，話し合い活動や協同的な活動に対して主体的に取り組む姿に結びついていくのである。

また，幼稚園教育要領解説（2018）において「幼児期の終わりまでに育ってほしい姿」として10の姿が示された。この姿は，5歳児後半に見られる姿として位置づけられているが，その姿は5歳児になって突然見られるものではない。3歳児，4歳児の時期から，幼児の発達する先の姿を意識して，それぞれの時期にふさわしい指導を丁寧に積み重ねていくことで，5歳児後半になって見られる姿なのである。このように，3年保育においては子どもの先の姿を見通した丁寧な指導の積み重ねが特に重要なのである。
　　　　　　　　　　　　　　［片岡章彦］

散　歩

　実際に身近な自然にふれながら，自分のペースで歩くことは，子どもの成長にとって重要なことである。散歩をすることは，その自然をバーチャルではなく，実際に体験することである。従って，日々の保育活動でも天気の良い日は幼稚園や保育所等の近隣の地域に出かけることも多い。この保育内容の史的背景は，大正15年にわが国ではじめての勅令として制定された「幼稚園令」の保育内容に，これまでの「遊戯，唱歌，談話，手技」に加えて新たに「観察」が加えられたことが始まりである。提唱者の倉橋惣三によると，散歩をすることは，観察による事実に基づく保育をめざし，室内の観察物だけではなく，園外に出て散歩する際に自然物に意識をもたせることで子どもが事実に即して感じるということを大切にする，という指導を心がけるよう述べている。現代においても保育内容における「散歩」は同様の意味をもっており，園の周辺に出かけることで，季節に応じた自然物や日射しの変化を実際に体験し，さらに地域の人々との出会い等を含めて多くのことを感じ，学びの基盤をつくることを意味している。従って，保育者は散歩をすることで，子どものそれらの出会いの様子をよく観察して，園に帰ってから，散歩で実際に経験したことに基づいた話題や保護者等への説明も含めて，共有するように心がけることが重要である。
　　　　　　　　　　　　　　［名須川知子］

し

飼　育

　動物を養い育てること。動物を飼育するには，その習性をよく知り，野生の生活環境に近い設備と取扱い方法，飼料を用意することが大切である。水生動物の水槽飼育には，水温，水質，酸素，飼料に気を付け，水質を変化させる要素（排泄物や餌の残りかすなど）をこまめに取り除く事が必要である。保育所保育指針では，保育内容・環境において，「身近な動植物に親しみを持ち，いたわったり，大切にしたり，作物を育てたり，味わうなどして，生命の尊さに気付く」とあるように大事にされている。また，幼稚園教育要領の環境の内容に「身近な動植物に親しみをもって接し，生命の尊さに気付き，いたわったり，大切にしたりする」という項目がある。　　　［荒内直子］

しえるとん　　　　　　　　　　　　118

シェルドン
Sheldon, Edward Austin（1823-1897）

　シェルドンは，クレッチマーによる体型の分類が観念的すぎること，精神疾患患者だけに基づいていることを批判し，正常な男子の体型の精密な調査を基に，胎児期の胚芽発達においてどの部分がとくに発達しているかによって類型を考えた。①外胚葉型（虚弱な体型）：頭脳緊張型　控えめ，過敏，疲れやすい，非社交的（クレッチマーの細長型＝分裂気質）。②内胚葉型（やわらかで丸い肥満体型）：内臓緊張型　安楽を好む，生活を楽しむ，社交的（クレッチマーの肥満型＝循環気質）。③中胚葉型（頑丈な体型）：身体緊張型　活動的，精力的，冒険を好む，自己主張的（クレッチマーの闘士型＝粘着気質）にあたる。
　　　　　　　　　　　　　　　　［松本　敦］

ジェンダー

　内閣府男女共同参画局の男女共同参画関係用語によると，ジェンダー（gender）は「社会的・文化的に形成された性別」と説明されている。「人間には生まれついての生物学的性別（セックス／sex）」がある一方で，「社会通念や慣習の中には，社会によって作り上げられた『男性像』，『女性像』があり」これがジェンダーであるとしている。そもそもジェンダーは文法上の性の分類を示す用語であったが，日本でジェンダーという言葉が広く一般に使用されるようになったのは1990年代であり，国際社会で起こった性差別撤廃の動きや日本政府の男女共同参画推進といった社会的背景によるところが大きかった。ジェンダーの捉え方は多義的である。例えば心理学や性科学の分野においてはジェンダーを性自認形成要因とする点に特色があり，社会科学の分野では役割，規範，能力などのように性差別や性支配の権力関係を分析する概念として活用している。色々な意味で使われているジェンダーだが，多面

的な研究の進展により，ジェンダー概念がさらに有効な社会分析の枠組みとなることが期待されている。
　保育所保育指針（2017年告示）では，ジェンダーに関して「子どもの性差や個人差にも留意しつつ，性別などによる固定的な意識を植え付けることがないようにすること」（第2章4（1）カ）とし，保育士は人権に配慮した保育を心がけ，自己の価値観や言動を省察することが保育所保育指針解説（2018年）で求められている。　　　　　　　　　　　　　　　［大塚優子］

自　我

　個人を特徴づける基本的な行動傾向であるパーソナリティーは，比較的持続可能なものである。このパーソナリティーを統一する中心的な働きをするのが自我である。自我は，パーソナリティーの中核をなしているといわれている。自我とは，人間意識や行動の主体を言う。人は，「自分は，様々なものを考え，知覚し，行動する」ということを自覚できる。この自覚する主体が自我である。自我は人格の中核をなしている。乳児は，その成長の過程で未分化な状態から，環境と自分との関係を漠然と把握しながら，心身の発達とともに，自ら環境に働きかける存在として自我に目覚めていく。自我の発達においては，自分の身体的認知が中心的な役割を担う。次に自分の能力，特徴，自分自身の価値，自分自身が置かれている環境を意識しながら自我は拡大していく。子どもは自分よりも他者を先に識別するようになる。見慣れない人への「人見知り」は，子どもの記憶の発達により，自我の領域ができ，それを侵されることへの不安からの表れと言われている。自己概念とは，自分の身体的特徴，能力，性格などについての本人の認知であり，自我とは異なる。　　　［大方美香］

自我意識の芽生え

　自我意識とは，自分自身を認識する意識のことであり，自我意識の芽生えとは，

主体としての自分を認知するようになる過程のことである。乳児期の間は，自分と他者との関係は自他未分化な共生関係であるため，その境界は区別されていないが，次第に相互作用がなされるようになると，自他の区別が進むようになる。その後，乳児は行為の主体として自分を意識することで，自らの欲求や意図に気づき，徐々に外界や他者から独立した存在としての自我を意識するようになる。これにより，さらなる別の他者や新たな世界との相互作用が生じ，他者の存在を取り入れつつ自我を確立させていく。

［猪田裕子］

叱り方・ほめ方

オペラント条件づけの学習理論によると，「ほめる」「叱る」とは言語的な報酬または罰となり，「叱る」ことは先行する行動の生起頻度を減少させる方向に作用し，逆に「ほめる」ことは増加させる方向に作用すると考えられている。子どもにとってほめられる経験は，結果が適切であるということの確認や存在価値の肯定につながり，大人に受容されたという安心感が得られ，自尊感情やモチベーションの高さにも影響を与える。一方で，「むやみに子どもをほめると，実力の伴わないナルシストを育てることになりかねない」との指摘もあり，ほめ過ぎると人の評価ばかりを気にして，評価されないことはやらなくなってしまうなどのデメリットもある。ただし，ほめることに効果がないわけではなく，大事なのはその「ほめ方」だといえる。

効果的なほめ方については，できたことを即時にかつ具体的に褒めることが重要である。能力よりも努力の過程を評価することで子どもたちの動機づけが高まる。さらに，きょうだいや他者との比較をしない，活動に選択肢をもたせるなどの配慮が求められる。叱り方では，「命に関わること，危険なこと，危害や迷惑を加える」など叱るに値する行為についてのみ叱ることが望ましい。子どもは叱られた原因がわかるように，簡潔にしかることが大切であり，その際には，対象者やその人格を否定したりするのではなく，なぜその行為がいけないのかについて，説明するような叱り方が良いと考えられる。心理学の強化理論に基づけば，即時にほめたり，それを繰り返すということが効果的なほめ方となる。保育や教育場面において，子どもの言動，またその背後にある心理を理解することが重要な保育実践となる。

［山口香織］

事業所内保育事業

事業所内保育事業とは，子ども・子育て支援法第7条で定められた「地域型保育」のうちの一つ。地域型保育には「家庭的保育」，「小規模保育」，「居宅訪問型保育」「事業所内保育」があり，事業所内保育で行われる保育を事業所内保育事業という（児童福祉法第6条の3第12項）。一般企業や病院・介護施設等の事業主が従業員の仕事と子育ての両立支援策のために設けるもの。事業所の従業員の子どものほか，地域において保育を必要とする子どもにも保育を提供することができる。新制度における事業所内保育事業については，特段，利用定員の上限・下限が法定されていないが，20名以上の場合は認可保育所と同様の基準が求められる。

［藤原伸夫］

刺激－反応

学習理論の一つ。行動の学習を考える上で，行動とは，ある状況（外的刺激）とその反応の両方から理解される。ワトソン（Watson, J. B. 1878-1958）に代表される，刺激反応理論（S-R：Stimulus-Response 理論）では，人の行動は，ある刺激に対する反応であるという考え方のもと，意識を内観し解釈する方法は排除し，外界刺激とそれに対する反応の関係を確認することで行動を予測したりコントロールすることが可能となるとする。ワトソンの考えを受け継いだスキナーは，

オペラント条件付けに基づく学習理論を定式化し，行動を変容させる刺激を「強化」と呼び，ある行動が生じたときに強化刺激を与えることで，その行動をコントロール（増加・減少）することが可能であるとした。　　　　　　　　［古川　心］

試行錯誤説

　ソーンダイクが，問題箱実験におけるネコの行動観察から見いだした，正反応と誤反応を繰り返す学習のことであり，試行錯誤学習とも呼ばれる。ソーンダイクは，刺激状況（S）と反応（R）が結合する条件の中で，満足や快状態をもたらす効果のある行動は生起しやすく，反対に，嫌なものや，不快なものをもたらすような行動は，状況との結合が弱められるという，効果の法則を見いだした。さらにネコが空腹であるという準備状態が必要であること（レディネスの法則），必要な反応だけを残すために何度も繰り返すこと（練習の法則）を挙げた。こうした刺激（S）と反応（R）のつながりから学習を説明する学習の連合説を提唱した。　　　　　　　　　　　　［松本　敦］

思考の発達

　ピアジェは，乳児期から成人期までの思考の特徴を明らかにし，知的能力の発達を4つの発達段階に分けた。その最初は，感覚運動期（誕生から2歳）である。言葉や記号の働きを介さない知的な働きの時期をさしており，生得的な反射行動を土台に，事物に直接かかわることで対象を理解する段階である。その後，前操作期（2歳から7歳）の段階に入ると，周囲の環境との関わりを通して外界についての知識を獲得し，言語を用いた思考や簡単な類推が可能になる。しかし，このような心内活動はまばらで体系をなさず，事物の外見や一つの側面だけに注意を向ける中心化が見られる。具体的操作期（7・8歳から11・12歳）になると，より具体的な推理が可能となり，ある程度の論理的思考ができるようになるが，

あくまでも目の前の事物についてのみ思考可能である。形式的操作期（11・12歳以降）は，ピアジェにより設けられた知的発達の最終段階で，具体的内容から離れて，抽象的な推理や理論や論理的な思考が可能になる。→ピアジェ　［猪田裕子］

自己概念

　自分がどんな人間であるかということについて抱いている考えやイメージのことをいう。自分のうわさ話に敏感な人は，自分自身の特徴に関する知識やイメージがあって，自分に関する情報が，他者の評価と一致しているかどうかに敏感になっていると考えられる。ロジャースが提唱した自己理論では，自己概念は自分や他人の評価によって形作られる理想自己，その理想自己との比較対象となる現実自己があって，この両者の一致と不一致によって心の安定と不安定（適応と不適応）がもたらされると考える。子どもの自己概念は，1歳半頃から現れるとされ，ミラーテストや自己鏡映像認知テストによって確認されている。テストでは，1歳半頃の子どもの額に，気づかれないように小さなシールを貼って鏡の前に立たせてみる。その子は自分の額からシールを取ろうとするが，1歳半までの子どもには難しく，鏡のシールを取ろうとする。なお，ミラーテストを成功する動物は，類人猿，アジアゾウ，イルカなどの限られた種に限定されている。さらに自己概念は，青年期にかけて他者とのやり取り，自分の役割や社会的な立場を通じて成長発達する。自己概念を豊かにするには，子どもは他者とのかかわりを通じて，様々な体験活動を通じて自己感を発達させる必要がある。　　　　［西浦和樹］

自己肯定感

　ありのままの自分を受け止め，認めること。否定的な側面も含めて「自分が自分であって大丈夫」という感覚。自己肯定感を高めることは，外部からの脅威（たとえば，ストレスやトラウマ体験等）

への有効な対処法となるとされる。自己肯定感を高める要因として，自尊感情（自分の価値について評価し，健康的な自信をもつこと。自分の内面に基づく自己評価である私的自尊心と集団の中で他者から尊重され，評価されていると信じることによる社会的自尊心がある）と自己効力感（バンデューラ（Bandura, A.）によって提唱された。行動を起こす前に自分の能力から効果的に処理することを予測することと定義づけられる）の関連が指摘されている。文部科学省（2017）によると，日本の子どもたちは，海外の子どもたちに比べ，自己肯定感が低いことが報告されている。しかしながら，これは，日本独特の「他者との関連の中での自己」が反映された結果であるとも考えられるため，その点を考慮した理解と取り組みが必要であることが示唆されている。　　　　　　　　　　　　［古川　心］

自己効力感（セルフエフィカシー）

「私は，良い成績をとるためにもっと勉強時間を増やすことができる」など，ある結果を生み出すために必要な行動ができるという確信・自信の程度のこと。バンデューラ（Bandura, A.）によって提唱された概念であり，高い自己効力感を持つことが行動変容に対する動機づけを高めると考えられている。自己効力感を高めるためには，代理的経験（モデリング），達成経験，言語的説得，不安や緊張の緩和（生理的・感情的状態）の4つが提案されている。代理的経験とは，他者が取り組む様子を観察し，自分にもできそうだという感覚を持つことである。教師やクラスメイトが手本を示し，それを観察させ，自分も同じようにできると感じさせる働きかけが重要となる。達成経験とは，実際に行動し，それがうまくいったときに次もできそうだという感覚を持つことである。勉強することで知識や成績が向上していることを実感できるなど努力によって得られた成功体験を積

み重ねる働きかけが重要となる。言語的説得とは，人からできると説得されたり，自らをできると言い聞かせたりすることである。自信を失いかけたときに，教師やクラスメイトが「あなたは大丈夫，できる」と説得するような働きかけが重要となる。不安や緊張の緩和（生理的・感情的状態）は，自らの情動喚起の状態を知って，気持ちを落ち着かせることであり，緊張する状況でリラックスできるよう周囲が手助けをすることが重要となる。　　　　　　　　　　　　［松本麻友子］

自己実現

個人の中に存在するあらゆる可能性や能力を最大限に発揮し，本来の自分自身に向かおうとすること。マズロー（Maslow, A. H.）は自己実現をより高次の欲求とみなし，人間の欲求を5段階の階層に分類した。まず生命維持のための生理的欲求から始まり，安心・安全な生活のための安全欲求，友人や家族などの親しい人から受け入れられ，所属を得るための所属と愛情欲求，集団の中で認められ，尊重されるための承認欲求，最終的に自分らしくあるための自己実現欲求になる。人は下位にある欲求が充足されるとより高次の欲求を満たそうとし，健康な人は自己実現に向かうよう動機づけられている。

幼児期では，愛情をもって養育されたいという生理的欲求，安全欲求，そして，それらが満たされた子どもは集団に所属したいという所属と愛情欲求，さらに，認められたいという承認の欲求を抱きつつ，集団の中で自発的な遊びや学びを通して個性を発揮しようとする幼児期にふさわしい自己実現欲求へと動機づけられる。　　　　　　　　　　　　［松本麻友子］

自己充実

倉橋惣三が『幼稚園保育法真諦』（1934）において提唱した保育理論に誘導保育がある。同書の中で倉橋は，保育方法を「自己充実（設備・自由）―充

実指導—誘導—教導」の4段階に分けて提唱した。適当な設備と自由を保障することで，幼児自身が自分の力を発揮しながら生活を充実させることができるようにする「自己充実」を第一段階とし，設備が自由に使える事が大切であり，自由感こそ設備を生かしていくものである。「充実指導」では，幼児の方から見て，自己充実したくても自分の力だけではできないでいる所を援助する。そのうえで「誘導」では，幼児の興味に合った主題を保育者から持ちかけ，一つの目的に向かって活動が展開される。幼児の生活は刹那的・断片的であるが，ある中心を与えて系統づけることができれば，幼児の興味を深くし，その生活をいっそう発揮させることができる。そうした誘導保育を行う所に幼稚園の一つの存在価値があるというのが倉橋の主張である。最後の「教導」は主に学校教育で行われるものとされている。　　　　　　［荒内直子］

自己主張

　自己主張は乳幼児期に主に親子関係で見られ，要求や拒否など親への反抗ととらえられることもあるが，自我の芽生えや自律性が育ってきているという発達過程として肯定的に受け止められる。幼児期になると，子どもは自分の意思や欲求を明確に持ち，他者や仲間関係の中で表現していく。自己主張は，このように自己の意思を表明し自分を守り他者と対等に交渉するという社会的スキルの一つとしての側面と，他方仲間関係などの集団場面で自分の意志や欲求を抑制するという自己抑制的側面があり，他者との関係や集団場面でこれらを制御・コントロールしていくことがそれぞれの関係や場面での適応へとつながっていく。この自己制御の基盤が自己主張であり，自己の発達に重要な側面をもつ。　　　［坂田和子］

自己中心性

　自己中心性とは，ピアジェが指摘した幼児期特有の心性であり，幼児特有のも

のの見方，考え方，外界の把握の仕方の特徴である。幼児は自他が未分化な状態にあり，他者の視点から客観的に物事の関係を把握することが難しく，常に自分に結びつけて自分の視点から世界をとらえようとする傾向があり，非論理的な思考段階にある。前操作期段階（2〜7歳）にあたるこの時期の特徴は，表象的思考が発生し，言葉を用いて思考し説明することなどが始まる。また直感的な判断に依存し，見た目に左右されやすい。この時期は，新たな物事に出会った時，シェマと呼ばれるそれまでの経験によってつくられた現在持っている行動様式や思考の枠組みをもとに，新しい物事を当てはめ，自己の視点に結びつけて新しい事実を理解しようとする同化が起こりやすい。一方で，現在のシェマに当てはまらない理解できないことが起こると，現在のシェマを修正して新たなシェマをつくる調節が必要であり，この調節が可能になることで認知発達における前操作期段階は次の段階へと移行する。このように幼児は環境との相互作用を重ね，同化と調節を繰り返し新しいシェマをつくりあげ，その後自己の視点からのみで捉えることを脱する脱中心化を経ると自己中心性は克服されたという。この自己中心性の克服は社会化と呼ばれている。→ピアジェ　　　　　　　　　　　［坂田和子］

自己同一性

　「これが自分である」「自分は自分である」という感覚。エリクソンによると，①自己の斉一性：自分は他人とは違うただ一人の自分だと感じること，②帰属性：自分が所属する社会的集団および果たしている社会的役割（例：学生，サークルの一員等）に対して，一体感を持つと共に，周りの他者からもそれを認められていること，③時間的連続性と一貫性：今までも，今も，これからも，一貫して同じ自分であると自覚することと定義される。発達段階における青年期では，

「自分とは何者なのか」という問いを通じて，自分の生き方を模索し，決定していくことで，自己同一性を確立させることが重要な発達課題であるとされる。エリクソンは，それが果たされない場合，同一性拡散の状態に陥るとした。また，青年期における社会的責任の免除期間をモラトリアムと呼んだ。　　　　［古川　心］

自己統制

自己制御（self-regulation）と同義語に使われることもある。辰野（2005）によれば，「自己統制の機能は感情や欲望だけではなく，もっと広く行動を統制することが含まれており，それは自律の意味に近づくこと」と述べている。幼児期の子どもを想像するならば，自分の意思や意見をしっかり持ちながらも，他者の意見をも受け入れて自分の気持ちを調整していく力のことと考えられる。集団の中では，3歳過ぎの子どもは自己主張が強くなり，ぶつかり合いが増える時期である。そうした矛盾と葛藤をくぐり，4歳前後では自制心の萌芽がみられ，5歳前後には自分の気持ちを調整するようになり，そして，5歳を過ぎる頃には集団の中で相手の想いを受け止めて全体を見ながら論理的な相互理解を深めていく。そのため，自己統制が力として確実になるのは5歳過ぎと考えられる。自己抑制の発達における性差について，辰野は，ケンドルら（Kendall and Wilcox）の研究を紹介して女児に比べて男児がややゆっくりめであることを明らかにしている。

幼児期は人格の基礎が形成される時期であることから，自己主張を繰り返しながら自制心をそなえ，心身ともにバランスが保たれることで，自己統制が育つことになる。一方で，しつけと称して幼い時期から我慢をさせられたり虐待を受けて育てられた子どもは，反社会的行動をとったり，あるいは精神面での病気を抱えてしまったりするケースがある。自己

統制する力は人間が生きる上で大切であり，乳幼児期の保育や教育では，発達を基盤とした教育的意図を含む環境やかかわりが求められる。　　　　［大橋喜美子］

自己評価

保育士や幼稚園教諭及び保育施設（保育所や幼稚園）が行わなければならないとされている，自らの保育実践に対する評価のこと。保育所に関しては，2008年に告示された「保育所保育指針」において，保育士等による自己評価と保育所としての自己評価が努力義務とされた。また，幼稚園に関しては，学校教育法に「教育活動その他の学校運営の状況について評価を行い，その結果に基づき学校運営の改善を図るため必要な措置を講ずることにより，その教育水準の向上に努めなければならない」（第42条）とされ，さらに同施行規則では「教育活動その他の学校運営の状況について，自ら評価を行い，その結果を公表する」（第66条）ことが義務化された。保育者は自らの保育実践について振り返り，保育内容等について自己評価することを通して，子ども理解を深め，保育の質を向上させることが求められている。なお，自己評価の方法を学ぶための資料として，「保育所における自己評価ガイドライン」（厚生労働省，2020年改訂）及び「幼稚園における学校評価ガイドライン」（文部科学省，2011年改訂）が刊行されている。
　　　　［戸江茂博］

自己表現

自己表現力とは，自分自身を表出する様々な能力のことである。子どもは，自分の気持ちや考え，意思を様々な方法で表現するが，その表現方法は，年齢や発達に応じて変化していく。生まれて数ヶ月の乳児は，「泣く」「笑う」「手足を動かす」が自己表現となるが，言葉の習得によりその表現は「話す」ことに変化する。また，運動機能や巧緻性の発達に伴い「絵や文字を書く」「運動」「音楽」な

どでも自己を表現する方法を身につけていく。子どもの自己表現の方法はそれぞれ違いがあり，上手に表現できる子どももいれば，自己表現が苦手，あるいは表現力が乏しい子どももいる。しかしながら，子どもは自分を知ってもらいたい，分かってほしいという気持ちにあふれており，幼児期はその素地を学ぶために重要な時期となる。特に，「人との関わり」は，子どもにとって他者の気持ちを理解することや気持ちや思いやる感情を学ぶ重要な機会となる。　　　　　　[福井逸子]

自己抑制

思考・感情・運動・態度・自律神経系の諸活動などあらゆる行動の側面について，自己の意志で制御することを意味する。自己を抑制する場面は大きく分けると2つ考えられる。1つは，自分なりの欲求や目標を持ち，それをしようとした時に，なかなか思うようにいかない時である。もう1つは子ども同士で一緒に遊んでいる場面など，自分の欲求や意思と他の子との間にズレや葛藤が生じる場合である。このような思うようにならないまたはズレや葛藤が生じた場合，自分の欲求をいったん保留にして，その行動やお互いの欲求を調整し，適切な方法を試行する力が必要になる。この2つの自己抑制の場面において，発達的には欲求を満たすためには「……すればよい」というように，行動の予測をして取り組むことが先に可能になる。自己の欲求が阻止されたり，禁止されたりした時に，欲求や衝動を抑える力は後に獲得される。自分で欲求を制御できるようになる前の他律の段階における大人の対応は，指示や禁止より行動の予測が可能になる，あるいは期待がもてる働きかけであることが意味を持つ。自己の欲求や意思と他者のそれらとがズレる，もしくは葛藤する場合，内面化した行動基準に照らして自分の行動を制御することである。自己調整（self-control）と同義に用いる場合もあ

る。自己調整は，自己抑制と自己主張の側面で成り立つと言われる。　[熊田凡子]

指示的カウンセリング

面接者がどの程度主導的に面接をコントロールするか否かで，指示的カウンセリング（directive counseling）と非指示的カウンセリング（non-directive counseling）に分けられる。

ウィリアムソン（Williamson, E. G.）の指示的カウンセリングとは，「信頼感の確立，テストによる資料の整備とその適切な利用，それらにもとづく話合いによるクランアントの自己理解の発展，カウンセラーとクランアントが共同して今および将来の行動の計画を立て，それに対してカウンセラーが忠告を与える」こととされる。指示的カウンセリングでは，カウンセラーがクライアントに対して，「ああしろ」「こうしろ」と指示する傾向があったといえる。一方，ロジャーズ（Rogers, C. R.）の非指示的カウンセリングは，クライアント中心療法，来談者中心療法といわれる。様々なカウンセリング理論の議論が進み，クライアント中心という考えは，あらゆるカウンセリングの基本的な視点として取り入れられている。そのため今日では，指示・非指示という言葉は用いられることがほとんどなくなった。　　　　　　[金山健一]

自主性

一般的には，自分の意志で自発的に折り合いをつけて行動することである。自らの意思において，様々な事象を選択し行動していく姿から，自主性の発達は自己が獲得（3〜5歳頃）されてからといえる。保育において自主性を育むためには，子ども自ら選択できる環境や状況が大切になる。たとえば，物的な選択のみではなく，「することもしないことも選択することができる」という状況の選択も発達の一助となりうる。そのため，保育者からの適切な働きかけが，子どもの自主性の発達にとって重要となる。

[猪田裕子]

思春期

思春期は，脳の視床下部が脳下垂体や生殖腺の発達を促すホルモンを出し始める第二次性徴期を含め，身体的な変化や心理精神面での変化が顕著になる時期である。女子においては乳房発育に始まり陰毛発生，初経を経て月経周期がほぼ順調になるまでの期間であり，年齢的には一般的に8～9歳頃から17～18歳頃であると言われている。男子においては精巣容量の増大から始まり，陰茎増大，陰毛発生と進む。このように思春期は，第2次性徴の発現や成熟と共に，成長のスパートがみられる時期である。思春期の成長は，成長ホルモンの分泌が増大することに加え性ホルモンの分泌の影響が大きく，第2次性徴の発現や成熟と密接な関係がある。思春期は性の成熟の時期であり，生殖機能を獲得・維持する一方で，成長の終了期でもある。したがって，第2次性徴期は，性の成熟と成長を同時にみる必要がある。このように，思春期は急激な身体内部の変化が起こっており，この変化は感情や心理精神面にも影響を及ぼす。変化する自分への関心と受け入れたくない変化，そして親から精神的に自立しようとする心理的離乳や大人に対する否定が第2次反抗期の時期と重なり反抗という形で表面化する。また友人関係は内面を共有する関係へ変化し，異性への関心が増してくる。これらの第2次性徴ならびに第2次反抗期はいずれも個人によって様々な様相が現れるが，総じて児童期までの自我を再構成し成熟した自我へ向かっていく時期であるといえる。

[坂田和子]

自傷行為

自傷行為とは，リストカットや抜毛など，自分の身体を自分自身で意図的に傷つける行為のことである。自傷行為を行う理由として，つらい感情から逃れたいなどの強い絶望感を感じた心理状態にあるといわれている。一方で，あまりに大きな心理的に辛い厳しい状況にあるために，自傷行為時の痛みや記憶が薄らぎ，自傷行為による痛みをあまり訴えないケースも存在する。自傷行為は，その人にとって置かれた状況の厳しさのサインだと考えることができる。自傷行為を行う人には，自分を無価値だと考えることが少なくない。彼らの中には，育ってきた環境の中で保護者や周囲の大人に大切に扱われなかった経験をしている者がいたり，周囲の人に自分の苦しみを伝えたり，助けを求めることが苦手な人も多いことを理解することが大切である。

[佐藤智恵]

視　診

医療行為の一つである身体的なアセスメント（physical assessment：問診・視診・触診・打診・聴診等）の一部を指す。つまり，視覚を用いて，対象者の身体の形態・機能・状態の異常，疾患の徴候等について，身体的外観及び表情や会話，服装等から意図的に観察し，アセスメントに繋げていくことである。医療現場で活用されてきた視診という行為を保育実践に活かしていくために，「保育所保育指針」（2017年）及び「保育所保育指針解説」（2018年）第3章健康及び安全1．子どもの健康支援において，子どもの健康状態並びに発育及び発達状態を把握する方法の一つとして，その重要性が明記されている。たとえば，登所時の子どもの健康状態（顔色や声色・体調等の身体面，機嫌や落ち着き等の精神面）の把握，保護者の状態や態度等から親子双方の把握，という視診によって得られた情報を基に，児童の病気や虐待の早期発見や対応に活かすことができる。定期的に，身体的観察・言葉がけ・会話・服装・連絡帳等から子どもの状態を把握することで，怪我や病気への早期発見対応に繋がる。その意味で保育現場における視診は，重要な保育行為の一つである。[橋本好市]

次世代育成支援対策推進法

　社会全体で次世代を担う子どもが健やかに育成される環境を整備する対策の推進を図るために2003年に制定され，2014までの時限立法として2005年4月から施行された。その後，法改正により2035年まで延長されている。厚生労働省による概要には，「我が国における急速な少子化の進行等を踏まえ，次代の社会を担う子どもが健やかに生まれ，かつ，育成される環境の整備を図るため，次世代育成支援対策について，基本理念を定めるとともに，国による行動計画策定指針並びに地方公共団体及び事業主による行動計画の策定等の次世代育成支援対策を迅速かつ重点的に推進するために必要な措置を講ずる」とある。そこでは，事業主に対して，労働者が仕事と子育てを両立させ，仕事を継続できる環境づくりとして「一般事業主行動計画」が求められている。次世代育成支援対策推進はワーク・ライフバランス推進施策としての仕事と子育ての両立支援と共に存在すると考えられる。

　その流れでスタートしたのが，2015年の子ども・子育て支援新制度である。幼稚園と保育所（児童福祉法では0歳児から5歳児までの保育する施設について，保育所と記載されている。公立の多くは保育所，民間は保育園と呼ばれていることが多い。ここでは全て保育所と表記した），認定こども園，その他に地域型保育事業として家庭的保育所，小規模保育所，居宅訪問型保育事業，事業内保育事業など多様な保育事業が制度化された。幼保一体化に向かう中で，待機児童の解消や児童虐待など社会のニーズに応える施策として実施されたのである。

［大橋喜美子］

施設型給付

　子ども・子育て支援新制度では，「施設型給付」及び「地域型保育給付」を創設し，市町村の確認を受けた施設・事業に対して，財政支援を保障している（子ども・子育て支援法第8条）。給付は「内閣総理大臣が定める基準により算定した費用の額」（公定価格）から「政令で定める額を限度として市町村が定める額」（利用者負担＝保育料）を引いた額となる。施設型給付の対象は，認定こども園（幼保連携型・幼稚園型・保育所型・地方裁量型），幼稚園，保育所となっている。施設型給付の額は，安定した財源確保のため毎月1日の在籍児童数によって計算される月払い方式をとっている。なお，地域型保育給付には，家庭保育（定員5人以下）・小規模保育（定員6人～19人）・事業所内保育・居宅訪問型保育があり，施設型給付と同様，月払い方式である。

［藤原伸夫］

施設実習

　保育士が活躍する場所として，保育所の他にも児童福祉施設や障害児者施設がある。そのため，保育所での実習だけでなく，児童や障害のある方を対象とした社会福祉施設で実習を行うことが義務付けられている。必須科目の保育実習Iの施設実習は乳児院，母子生活支援施設，児童養護施設，知的障害児施設，盲ろうあ児施設，肢体不自由児施設，重症心身障害児施設，情緒障害児短期治療施設，児童自立支援施設，知的障害者更生施設（入所），知的障害者授産施設（入所）又は心身障害者福祉協会法第17条第1項第1号に規定する福祉施設のどれかで行う。選択必須科目である保育実習IIの実習先は，児童厚生施設又は知的障害児通園施設その他社会福祉関係諸法令の規定に基づき設置されている施設であって保育実習を行う施設として適当と認められるもの（保育所は除く）である。［芦田麗子］

自然環境

　自然環境を広義にとらえると，地球上にある地質や地形，大気や気候，樹木や動植物など，そこに生きるすべてのものが含まれる。狭義には，園の所在する地

理的背景や地域性，園庭の広さ，樹木や草花の栽培，小動物の飼育などが意味される。さらに，保育の中では，豊かな自然環境や地域資源にかかわり，情動体験につながる活動を通して人間性を育み，心身の調和のとれた発達を促すことが目指されている。　　　　　　　　　[猪田裕子]

自然主義の保育

　自然主義とは，哲学や文芸，美学の領域において，「自然」（自然的世界，人間の自然）を中核として形成されてきた視座あるいは主張である。哲学思潮においては，自然的世界を唯一の実在とみなして，精神現象も含めてすべてのものを自然の産物とみる立場，文芸思潮においては，理想化を行わないで人間の生態や生活の現実をありのままに描写しようとする立場，そして教育思潮においては，人間の自然的にもって生まれた内部的なものの育ちや発達を信じて，子どもの育ちにゆだねようとする立場である。自然主義の保育思想家として筆頭に位置するのは，ルソーである。「この教育は，自然か人間か事物によってあたえられる。わたしたちの能力と器官の内部的発展は自然の教育である。……自然の教育はわたしたちの力ではどうすることもできない。……完全な教育には三つの教育（自然の教育，人間の教育，事物の教育）の一致が必要なのだから，わたしたちの力でどうすることもできないものにほかの二つを一致させなければならない」（『エミール』）と述べて，自然の教育が優先されるべきことを論じている。20世紀初頭のスウェーデンの社会思想家エレン・ケイは，ルソーの自然主義の保育の考え方に同調して，「静かに，おもむろに，自然を自然のあるがままに任せ，自然本来の仕事を助けるために周囲の状況に気を配る。それが本当の教育というものだ」（『児童の世紀』）と述べている。
　　　　　　　　　　　　　　[戸江茂博]

自然体験

　自然の中では，「どうして」「なぜ」といった興味や関心があふれている。また「知りたい」という知的好奇心から，探究心も育まれる。このように，自然の中でしか体験できないことを通して，自由な発想で遊びを創り出したり，生き物や植物との触れ合いを通して豊かな感性や創造力を育む。このような五感を刺激する自然体験は，子どもの自己肯定感を育み，人格形成にも大きな影響を与える。
　　　　　　　　　　　　　　[猪田裕子]

肢体不自由

　肢体不自由とは，肢体（上肢と下肢）および体幹（上半身と頸部）の運動機能障害で，その原因は，骨，関節，筋肉および神経などの疾患または機能不全である。「肢体不自由」は，肢体不自由教育の創始者である高木憲次が提唱したことに由来する。文部科学省の特別支援教育資料（2013）では，「肢体不自由とは，身体の動きに関する器官が，病気やけがで損なわれ，歩行や筆記などの日常生活動作が困難な状態をいう」と定義されている。肢体不自由のある子どもへの配慮としては，身体面，心理・行動面，日常生活における基本的動作への配慮が重要となる。近年，障害の重度・重複化に伴い，医療的ケア（痰の吸引，経管栄養）を必要とする幼児児童生徒が在籍する学校等においては，当該幼児児童生徒が安心・安全な学校生活を送ることができるように配置された看護師や研修等を受けた教員が医療的ケアを実施している現状がある。医療的ケア児が増加する中，2021年9月18日に医療的ケア児及びその家族に対する支援に関し基本理念を定め，国，地方公共団体等の責務を明らかにした「医療的ケア児及びその家族に対する支援に関する法律」が施行された。
　　　　　　　　　　　　　　[福山恵美子]

市町村子ども家庭支援指針

　市町村が，子ども，家庭および妊産婦

等を対象に，その福祉に関する適切な支援を行うことができるよう国により示された指針（ガイドライン）であり，2017年に策定された。本指針の策定により，「市町村児童家庭相談援助指針」（2005年）は廃止された。2003年の児童福祉法改正により，市町村による子育て支援事業の実施が法制化され，翌年の同法改正では，子ども家庭相談に応じることが市町村の業務として規定された。加えて，2016年の同法改正では，地域資源をつなぐ支援の拠点である「市区町村子ども家庭総合支援拠点」の設置に努めるものとされるなど，子ども家庭福祉に関し，住民に身近な自治体である市町村の役割・体制の強化が図られてきた。こうした動向を受け，指針では，子ども家庭支援における市町村の役割や業務，専門性，都道府県や関係機関との連携のあり方などについて定められている。　　[松浦　崇]

しつけ

　しつけとは，子どもが社会生活を送ることができるよう，自立を促進するための働きかけのことである。もとは，稲を苗床から本田に「しつける」という意味が，裁縫の「しつける」になり，さらには人間の行動を「しつける」ことに転化して用いられるようになった。いずれも，「曲がらないように前もって正す」という意味がある。身近な大人が，生活習慣や社会規範，礼儀作法，道徳などを日常生活の中で繰り返し示していくことで，子どもは望ましい行動様式を身につけていく。特に幼児期は，生命の維持に必要な基本的生活習慣の形成が大切で，幼児のしつけの最も基本にある営みといえる。たとえば，食事時に「いただきます」「ごちそうさま」という挨拶などの基本的生活習慣は，主に家庭内の親の日常行為が子どもに反映することが多い。習慣化される行動様式は，家庭や地域社会からの影響を受けるため，普段から周囲の大人は子どもの手本となるような行動を

することが望まれる。一方，保育所・幼稚園では，当番や後片付けに代表されるような集団のなかでの行動様式を学ぶことができる。しつけは家庭だけで行うものではなく，保育所・幼稚園等とも連携しつつ，それぞれの利点を生かして互いに補完しながら子どもの発達を支援するようにする。　　　　　　　[山口香織]

実質陶冶

　学習内容の人間形成的な価値を重視する。内実に富む具体的な教材を学習し，教材の内容を通して精神を豊かにすることが狙いである。形式的能力の習得を重視する形式陶冶の対概念である。実質陶冶では，学習内容自体のもつ人間的成長への指向性が重視される。あらゆる人にあらゆることを教える（汎知主義）というコメニウスの教育理念は，全人教育として人間性の開花を狙うものであり，実質陶冶の先駆的な思想であった。実質陶冶はその理念から百科全書派とも結びつく。ヘルバルト（Herbart, J. F. 1776-1841）は科学的な認識論に立脚して，具体的な教材による思想・認識の拡充を通した人格性の発達（品性の陶冶）という目標を掲げた。実質陶冶の代表的思想家である。実質陶冶を学習内容の有用性の観点から実学主義と関連させる解釈もあるが，その中心課題は精神的人格的な豊かさであり，形式陶冶との相互補完的・統合的な展開・発展が待たれる。

[隈元泰弘]

湿　疹

　皮膚や粘膜に現れる肉眼的な変化を総称して発疹といい，湿疹は発疹の一つである。乳幼児の皮膚は，大人の半分ほどの厚さで，皮脂の分泌は少なく，常に乾燥しやすい状況にある。さらに，汗をかきやすく，涙，よだれや食べこぼし等も多く，それらが皮膚を刺激する。そして排泄が自立するまではおむつを使用するため，皮膚は蒸れやすく，尿便による刺激もある。このように子どもの皮膚は，

常にトラブルを起こしやすい。その中でも湿疹は，感染症（たとえば，麻疹，風疹，水痘，手足口病，水いぼ，とびひ等）やアレルギーや川崎病等の原因のものもある。保育士はそれぞれの発疹を見極め，緊急度や重症度，感染力に応じた対応が求められる。子どもの発疹に気づいた時には，複数の保育士で観察し，必要に応じて写真を撮ることで，保護者への報告，時間的変化が把握される。

[山内佐紀]

質問紙法

研究や臨床的診断など，目的に合わせてあらかじめ定められた質問に対して，対象者にいくつかの選択肢から当てはまるものを回答してもらい，データを得る方法。男女間，年齢，地域等，各集団による比較や，個人や集団における横断的比較，心理的介入の実施前後で比較することによって，その効果を検討する等，様々な目的で使われる。心理学の分野では，面接法と並んで最も頻繁に使用されている。長所として，集団実施ができ，回答者の負担も少ないため，統計解析に必要なデータ数を比較的容易に集めることができることや，臨床場面において，その日のクライエントの状態を早急に確認したい場合に適していることが挙げられる。短所には，回答者によるバイアスがかかりやすいこと，無意識的な側面について測定できないことが挙げられる。質問紙法を用いる際，一般的によく使用されている質問紙尺度を採用することが重要である。信頼性と妥当性が確認されている質問紙を使うことで，得られたデータが一般的なものと比較してどの程度にあるのかということが明確に理解できるからである。

[古川　心]

指　導

幼児が集団生活の中で主体的に活動し，心身の発達に必要な様々な経験を幼児自らが獲得していくことができるように促す保育者の教育的な営みを総称して「指導」という。乳幼児期の生活は，多くを遊びが占めており，乳幼児の発達は諸側面が相互に関連し合いながら発展している。さらに，遊びの中での興味・関心に即した主体的な活動の経験が心身の調和のとれた発達につながることもこの時期の発達特性である。そのため，幼児の指導は，発達の諸側面にかかわる内容を，遊びを中心とする具体的な活動を通して総合的に行う点に独自性がある。保育者は，幼児とともに生活しながら，幼児の発達段階や発達過程を，その内面から理解し，幼児が主体性を十分に発揮し展開する生活を通して，発達に必要な豊かな経験が得られるようにかかわっていくことが大切である。また，子どもの主体性を重視しつつ，それが放任に陥ることのないように，要領や指針に示される「ねらい」を踏まえたうえで，保育者による意図的，計画的な環境構成や日常的な教材研究，適切な援助が必要不可欠となる。

[山口香織]

児　童

児童福祉法おいて，児童とは，18歳未満の者を指す。同様に，児童の権利に関する条約，児童虐待の防止等に関する法律も18歳未満の者が児童と定義されている。また，学校教育法で定義されている学齢児童（満6歳に達した日の翌日以後における最初の学年の初めから，満12歳に達した日の属する学年の終わりまでの者）は，学校教育法ならびに小学校学習指導要領で児童と呼ばれている。このように学校教育体系では小学校の子どもが児童であり，児童福祉体系の一部の定義と異なる年齢区分である。他方，福祉体系においては，家庭の構造や障害など状況によって，20歳未満までを児童としている法律もある。

[坂田和子]

指導案

保育をするうえで，子どもの様子，ねらいや目的，活動内容，予想される子どもの活動，配慮事項，準備物，配置，タ

イムスケジュール等を組みたてる計画案のこと。ただし，子どもの状態に合わせて臨機応変に対応することも重要である。現場で用いられる主な指導案は次の通りである。①部分指導案：絵画制作など設定保育活動，リトミックなどの一斉保育活動を行う際の活動計画。②行事指導案：遠足，お楽しみ会，クッキングなどの進行表的なもの。③日案，週案，月案，年間指導計画：教育課程・保育課程をもとに，年間指導計画が作成され，それを基に月間，週間，日案へと下ろしていき組み立てられていくもの。計画を立てる際の基本的な流れは，まず子どもの姿を正確にとらえ，ねらいを設定し具体的な内容を決めていく。子どもの姿の捉え方にずれがあると計画に無理が生じ子どもに負担を強いることになる。また，次へつなげるために，どこを評価するのか，何を評価するのか，「うまくいった」「うまくいかなかった」という判断基準ではなく，子どもがどういう姿を見せたかに着目する。プログラム進行の評価ではなく，ねらいが達成できたか，子どもに育ちがあったか等を評価することが大切である。　　　　　　　　　　　［加納　章］

児童委員

　児童委員は民生委員・児童委員という。民生委員法第1条に定められる規定では，「社会奉仕の精神をもつて，常に住民の立場に立つて相談に応じ，及び必要な援助を行い，もつて社会福祉の増進に努めるものとする」であることが定められている。給与は支給されず，任期は3年である。主に以下の活動を行う。①児童及び妊産婦につき，その生活及び取り巻く環境の状況を適切に把握しておくこと。②児童及び妊産婦につき，その保護，保健その他福祉に関し，サービスを適切に利用するために必要な情報の提供その他の援助及び指導を行うこと。③児童及び妊産婦に係る社会福祉を目的とする事業を経営する者又は児童の健やかな育成に関する活動を行う者と密接に連携し，その事業又は活動を支援すること。④児童福祉司又は福祉事務所の社会福祉主事の行う職務に協力すること。⑤児童の健やかな育成に関する気運の醸成に努めること。⑥その他，必要に応じて，児童及び妊産婦の福祉の増進を図るための活動を行うこと。地域の子どもや保護者が安心して暮らせるように，見守り，子育ての不安や妊娠中の心配ごとなどの相談・支援等の活動を行っている。　　［木下隆志］

児童家庭支援センター

　児童虐待の増加などを受けて，地域における相談支援体制を強化するため，1997年の児童福祉法改正で新設された児童福祉施設である。「児童家庭支援センター設置運営要綱」において施設の事業内容や運営基準などが定められており，地域の児童の福祉に関する様々な問題について，家庭その他からの相談のうち専門的な知識や技術を必要とするものに応じて必要な助言を行うこと，市町村の求めに応じて技術的助言や必要な援助を行うこと，里親・ファミリーホームへの支援を行うこと，児童相談所や児童福祉施設等との連絡調整を総合的に行い，地域の児童や家庭の福祉の向上を図ることなどが目的とされている。創設当初は，乳児院や児童養護施設などの児童福祉施設に附置するものとされていたが，2008年の児童福祉法改正によりこの要件は廃止され，NPO法人なども設置運営が可能となっている。　　　　　　　［松浦　崇］

児童館

　児童福祉法第40条に定められた児童厚生施設の一つ。子どもが遊びを通して健康になること，豊かな心をはぐくむことを目的として運営されている。児童館は屋内型の施設で，小型児童館，児童センター，大型児童館（A型，B型）と，小規模なものから大規模なものまである。児童館では，地域の状況や児童館の大きさや特徴に合わせて工夫を凝らした様々

なプログラムが提供されている。小規模
児童館は，地域によっては放課後児童ク
ラブの拠点となっているところもある。
「児童の遊びを指導する者（児童厚生
員）」が職員として配置されている。

[松島 京]

児童期

　児童期は発達期において幼児期の次段
階にあたり，生涯発達の一時期でとらえ
ると身体的にも精神的にも比較的に安定
していると言われていた。しかしながら，
身体的な発達が促進する現象である発達
加速現象が顕著になり，身長や体重など
の量的側面の成長が加速する成長加速と，
初潮年齢などの開始時年齢の早期化など
の質的変化として成熟前傾が起こってい
る。このように青年期の早期化の状況は，
比較的安定期と言われる児童期の短縮を
意味している。社会生活面では，義務教
育の始まりとなる小学校への入学という
環境移行があり，遊びを中心とした生活
から学校中心の生活へと大きく変化する。
学齢期とも呼ばれ自覚的に学んでいく時
期であり，児童期の思考は他者の思考や
感情が自分と異なることに気づき，他者
の視点に立って自分の思考や感情をとら
えるが関係づけが難しい段階，そして第
三者の視点から自己や他者の思考や感情
を調整する段階へ進んでいく。また，具
体的な操作を通して複数の次元を検討し
判断していく。この発達は，他者を通し
て自己の理解を促進し，自己を評価する
ことにつながる。日常生活では，先生と
の関係で不機嫌や怒りが，友人との関係
で落ち込みや不安・不機嫌や怒り・身体
的な症状が，また学業関係の不振は無気
力や絶望感というストレス症状につなが
る。友人関係は家や席が近いなどの物理
的近さなどではじまり，学年が上がると
学級集団内だけでなく同じ行動をする者
を友人とみなし，学校外で行動を共にし
グループの一体感を強め，共有できない
者は集団から排除されることがある。い

じめや学校不適応など対人関係や学業関
係の発達による課題が生じやすく劣等感
を持ちやすい発達期である。　[坂田和子]

児童虐待

　児童虐待とは，大人による子どもに対
する不適切な関わりの総称である。児童
虐待の防止等に関する法律では，児童虐
待を「保護者（親権を行う者，未成年後
見人その他の者で，児童を現に監護する
ものをいう）がその監護する児童（十八
歳に満たない者をいう）について行う」
4つの行為にわけて定義している。①身
体的虐待，②性的虐待，③ネグレクト
（育児放棄），④心理的虐待（DVの目撃
も含む）。児童虐待は，子どもの心身の
発達や人格の形成に悪影響を及ぼす。長
く虐待を受け続けることは，日常生活を
送ることも困難にするほどの深い傷を負
うこと（PTSD）にもなる。子どもの権
利を侵害する行為として許されてはなら
ない。しかし，児童虐待は虐待をする保
護者を責めるだけでは解決にならない。
児童虐待を防止するには，①児童虐待の
発生予防（子育てに悩む保護者が相談し
やすい環境の構築など），②児童虐待発
生時の迅速・的確な対応（地域の関係機
関が連携し虐待を早期に発見し適切な保
護を行う，要保護児童対策地域協議会の
設置など），③虐待を受けた子どもの自
立支援の取組（児童養護施設や里親など
社会的養護制度の充実など）が重要とな
る。　[松島 京]

児童虐待の防止等に関する法律

　2000（平成12）年5月，超党派による
議員立法として成立。同年11月施行。第
2条に「児童虐待の定義」が初めて定め
られ，身体的虐待，性的虐待，ネグレク
ト，心理的虐待の4種類とされている。
また，父母や児童養護施設の施設長など
「保護者」による虐待を定義することで，
施設内暴力の抑止力を持つ法律となった。
子どもに対する4種類の虐待とは，以下
のような行為と定義されている。身体的

虐待：児童の身体に外傷を生じ，又は生じる恐れのある暴行を加えること。性的虐待：児童にわいせつな行為をすること又は児童をしてわいせつな行為をさせること。ネグレクト：児童の心身の正常な発達を妨げるような著しい減食又は長時間の放置，その他の保護者としての監護を著しく怠ること。心理的虐待：児童に著しい心理的外傷を与える言動を行うこと。これまで2回の改正が行われており，1回目の改定では，児童の目の前でドメスティック・バイオレンスが行われることも間接的虐待として含まれること，国及び地方公共団体の責務の強化，児童虐待に係る通告義務の拡大の改定などが行われた。2回目の改定では，児童の安全を確保する立入調査の強化や，保護者に対する面接・通信等の制限の強化，保護者に対する指導に従わない場合の措置の明確化の改定などが行われた。これらは虐待件数の増加により，子どもの保護を強化するための改定である。　［木下隆志］

指導計画

指導計画とは，幼稚園や保育所のカリキュラムや教育課程を，乳幼児の発達に即して乳幼児期にふさわしい生活を展開し必要な体験を得られるように，年間や月間に落とし込んで工夫された具体的な保育展開の計画である。年，期及び月単位の指導計画を長期の指導計画といい，週や日を単位とする指導計画を短期の指導計画という。指導計画には，子どもの姿，保育のねらいや内容，ねらいを実現するための環境の構成，多様な子どもの活動に対する援助や配慮，さらには保育の質を向上していくための自己評価の視点などが書き込まれる。保育所保育指針には，「指導計画においては，保育所の保育生活における子どもの発達過程を見通し，子どもの実態に即した具体的なねらい及び内容を設定すること。また，具体的なねらいが達成されるよう，子どもの生活する姿や発想を大切にして適切な環境を構成し，子どもが主体的に活動できるようにすること」とある。指導計画は，保育者による保育のデザインといえる。　　　　　　　　　　［戸江茂博］

児童憲章

児童の幸福を図るために中央児童福祉審議会が中心となり，日本国憲法の理念に基づき「児童に対する正しい観念」としての3原則とその原則を実現するための12条から構成された憲章。第二次世界大戦後1946年に制定された「日本国憲法」を起点に，1947年の「児童福祉法」に続き，1951年の「児童憲章」において，子どもが人権を有した人間として尊重されるべきことを示唆し，大人の作った鋳型に入れる子どもではなく，基本的人権を保障されるべき存在としての子どもという新たな子ども観を打ち立てたことがこの宣言の大きな特徴である。1949年6月，第14回中央児童福祉審議会において児童憲章の制定が議題となり，1951年5月5日に制定された。1948年，国民の祝日に関する法律（祝日法）で5月5日が「こどもの日」とされていたが，児童憲章はこの日に制定された。新聞・雑誌・ラジオ・映画などのメディアを通じて広く知らせることや，学校教育の教科目への位置づけ，児童憲章の歌，学校やPTAの会合・式典で斉誦することなど，官民一体となって児童憲章を広く国民に知らしめる機運が高まった。児童憲章の3原則「児童は，人として尊ばれる」「児童は，社会の一員として重んぜられる」「児童は，よい環境のなかで育てられる」は，現代においても子どもを取り巻く社会の様々な問題（児童虐待，子どもの貧困など）を提起しているといえる。
［生駒幸子］

児童権利宣言

児童権利宣言は，子どもの人権が守られるべきものであることを示した前文と10か条からなる宣言で，1959年11月20日に行われた国連第24回総会において採択

された。その内容は，児童は，身体的及び精神的に未熟であるため，その出生の前後において，適当な法律によって特別な存在として保護をされ，世話をされる権利があること。児童が健全に成長を遂げるために，最高の考慮が払われ，生まれた時から姓名国籍をもつ権利があること。障害のある児童は，必要な治療，教育及び保護をされなければいけないこと。児童の人格の形成には，愛情と理解が必要となり，できるかぎり，その両親の愛護と責任の下で育てられなければならないこと。また，幼児は例外的な場合を除き，その母から引き離されてはならないこと。人類は，児童に対し，最善のものを与える義務を負い，児童は，幸福な生活を送る権利と自由を生まれながらに持っていること。社会及び公共機関は，家庭のない児童や生活することが困難な児童に対して特別の養護を与える義務を有すること。児童は，教育を受ける権利を有し，初等教育においては，無償，かつ，義務的でなければならない。これらのことを，児童権利宣言によって周知させ，政府等に対して法律の整備をする等，全ての児童が例外なく差別を受けることもなく権利が与えられ，これらの権利を守るように努力することを国連加盟国並びに関係機関に要請したものである。

[片岡章彦]

児童厚生施設

児童福祉法第7条に定める児童福祉施設の一つ。目的については，同第40条に「児童遊園，児童館等児童に健全な遊びを与えて，その健康を増進し，又は情操をゆたかにすることを目的とする施設」と定められている。「児童館ガイドライン」（厚生労働省，2011）には，児童館の活動内容として，遊びによる子どもの育成や子どもの居場所の提供，保護者の子育ての支援，子どもが意見を述べる場所の提供，地域の健全育成の環境作り，ボランティアの育成と活動，放課後児童

クラブの実施，配慮を必要とする子どもへの対応が明記されており，発達の増進と共に，問題の発生予防・早期発見と対応を行うことが求められている。児童厚生施設には，専門職員として「児童の遊びを指導する者」（児童厚生員）が置かれている。児童厚生員は，児童館などで遊びの指導を通じ，子どもたちの健康の増進や情操を豊かにする役割を担っており，地域の18歳未満のすべての児童を対象に安全な遊び場や学習の場を提供し，その健康の増進と豊かな情操を育む一方，児童が社会関係になじめるよう，様々な指導を行っている。

[大谷彰子]

児童自立支援施設

児童福祉法第44条に定められた施設。「不良行為をなし，又はなすおそれのある児童及び家庭環境その他の環境上の理由により生活指導等を要する児童を入所させ，又は保護者の下から通わせて，個々の児童の状況に応じて必要な指導を行い，その自立を支援し，あわせて退所した者について相談その他の援助を行うこと」を目的としている。深夜徘徊や万引き，暴力行為などの不良行為を行う子どもなどが入所をしている。不良行為の背景には保護者による虐待や父母の離婚などがある。子どもの日常の生活を支えるとともに学校に代わっての学科指導や職業指導などが行われている。また，退所後の児童に対しても必要な相談や援助を行っている。児童自立支援専門員や児童生活支援員などが職員として配置されている。

[松島　京]

児童心理治療施設

児童福祉法第43条の2に定められた施設。「家庭環境，学校における交友関係その他の環境上の理由により社会生活への適応が困難となつた児童を，短期間，入所させ，又は保護者の下から通わせて，社会生活に適応するために必要な心理に関する治療及び生活指導を主として行い，あわせて退所した者について相談その他

の援助を行うこと」を目的としている。2017年までは情緒障害児短期治療施設と呼ばれていた。保護者などからの虐待により心に深い傷を負い，突然暴力的になるなど人とかかわることが難しくなるなどし，日常生活において様々な支障をきたしている子どもが対象である。児童精神科の医師，保育士や，児童指導員，心理療法担当職員などが職員として配置されている。　　　　　　　　　［松島　京］

児童相談所

　児童福祉法に基づき設置される児童福祉の専門機関である。都道府県，指定都市に設置が義務付けられているほか，児童相談所設置市（中核市など）や特別区においても設置可能となっている。業務としては，児童に関する相談のうち専門的な知識および技術を必要とするものに応じること，児童や家庭について必要な調査並びに医学的，心理学的，教育学的，社会学的，精神保健上の判定を行うこと，児童や保護者に調査・判定に基づき必要な指導を行うこと，児童の一時保護を行うことなどが挙げられる。加えて，2016年の児童福祉法改正において，里親の開拓から児童の自立支援までの一貫した里親支援，養子縁組に関する相談・支援も位置付けられた。職員として，所長，児童福祉司，児童心理司，医師，保健師などが配置されている。近年，児童虐待の深刻化を受け，専門職の増員や処遇改善，弁護士の配置など，体制および権限の強化が進められている。　　　［松浦　崇］

児童中心主義

　新教育運動に見られる思想の一つであり，同義で使用されることが多い。これは大人から一方的に子どもに知識を伝授するのではなく，子どもの独自性を認め，興味や関心，自発性や経験を尊重する教育内容や方法を構想する立場である。これは18世紀以降，ルソーをはじめペスタロッチやフレーベルの教育思想にもみられるが，20世紀初頭にエレン・ケイの

『児童の世紀』で子ども中心となる世紀の到来が謳われると，児童中心主義の思想は世界的に展開され実践されるようになった。これは実証心理学的にも妥当的な教育観として地位を獲得するに至り，フレイレの改革的な教育観やシュタイナーやニイルらの公教育に対する新たな選択肢として積極的提言がなされるようになった。日本では，東京女子高等師範学校附属幼稚園主事であった倉橋惣三の誘導保育が実践例としてあげられる。　　　　　　　　　　［猪田裕子］

児童手当

　1972（昭和47）年に，0歳児から中学校修了までの児童をもつ家庭等に対して，家庭等の生活の安定に寄与すること，次代の社会を担う児童の健やかな成長に資することを目的に創設された制度。0～3歳未満の児童については一律15,000円，3歳〜小学校修了までは第1子・第2子には10,000円，第3子以降については15,000円，中学生については一律10,000円が受給資格者に支給される（2021（令和3）年度現在）。受給資格者は，監護・生計要件を満たす父母等，児童が施設に入所している場合は，施設の設置者等である。なお，受給資格者の所得が一定の制限額を越えた場合，受給額は特例給付として，一律5,000円となる。受給資格者は，手当を本制度の目的に沿って使用しなければならない。毎年6月，10月，2月にそれぞれの前月分までの手当が支給される。現受給対象者は毎年6月に「現況届」を市区町村に提出し，受給要件，受給資格者の所得状況等の審査を経て，受給の継続が確定する。
　　　　　　　　　　［髙橋貴志］

児童の権利に関する条約

　原文は Convention on the Rights of the Child であり，頭文字をとって CRC ともいう。1989年に国連総会において採択され，翌年に発効した条約。国際連合は第二次世界大戦後に設立された，国際

平和と安全の実現を目指して設立された国際機関である。2020年で宣言30年にあたる。この条約は前文，第一部，第二部の構成で全54条からなる。この条約を受けて，我が国では1994年に批准がなされ，また地方自治体においても独自の児童の権利に関する条例ができている（例，「川西市子どもの人権オンブズパーソン条例」「川崎市子どもの権利条例」）。条文の内容としては「子どもの定義」（＝この条約上，児童とは，18歳未満のすべての者をいう），差別の禁止，子どもの最善の利益が考慮されるべきこと，親の指導の尊重，名前・国籍への権利，親を知り養育される権利，子どもの意見の尊重，経済的搾取・有害労働からの保護などがある。子どもが子どもらしく生きる上で，子どもの権利は当然保障されなければならず，また社会はこのことを十分理解しなければならない。しかし21世紀を迎えた現代においても様々な社会的要因によりその権利が著しく阻害されている場所や地域があり，教育はこれらの課題とも向き合う必要がある。　［津田　徹］

『児童の世紀』

スウェーデンの社会思想家，エレン・ケイの著書。新教育運動の理念としてよく用いられた「児童から」という標語は，同書に由来する。20世紀が書名のとおり「児童の世紀」となるには，大人が子どもの心を理解し，子どもの心を維持する必要がある，と論じる。ルソーの消極教育・自然主義教育の思想を継承し，子どもの権利の重視を発展させながら，ルソーに欠ける女性の権利や結婚などの社会問題を視野に入れて，その解決をも目指す教育論を展開する。また未来の学校には大革新が必要で，学校自体がなくても済むように，システムやスケジュールではなく，子どもの自主的行動に支配させるべきという。「教育の最大の秘訣は，教育をしないところに隠れている」という一節はよく知られる。　［塩見剛一］

児童買春，児童ポルノに係る行為等の規制及び処罰並びに児童の保護等に関する法律

1999（平成11）年に施行され，2014（平成26）年6月に改正された。この法律の第1条第1項では，「児童に対する性的搾取及び性的虐待が児童の権利を著しく侵害することの重大性に鑑み，あわせて児童の権利の擁護に関する国際的動向を踏まえ，児童買春，児童ポルノに係る行為等を規制し，及びこれらの行為等を処罰するとともに，これらの行為等により心身に有害な影響を受けた児童の保護のための措置等を定めることにより，児童の権利を擁護することを目的とする」と定められている。2014（平成26）年6月の改正では，自己の性的好奇心を満たす目的で児童ポルノ又はその電磁的記録を所持，保管する行為や，ひそかに児童の姿態を描写することにより児童ポルノを製造する行為を処罰する罰則が新設された。インターネット等で被写体を見ることや保持することで性犯罪者が増加していることに対し，個人の歪な性嗜好を法で規制し，児童ポルノの製造，所持することを禁止している。　［木下隆志］

児童発達支援センター

身体に障害のある児童，知的障害のある児童または精神に障害のある児童（発達障害児を含む）を通所させて，日常生活における基本的動作の指導，自活に必要な知識や技能の習得や集団生活への適応のための支援を行う施設。児童福祉法第43条に定められた児童福祉施設である。児童発達支援，放課後等デイサービス，のほか，上肢，下肢または体幹の機能の障害のある児童に対する支援及び治療も行われている。2024年より「医療型」と「福祉型」が統合され，障害の種別にかかわらず地域の障害児支援の中核を担う機関として位置づけられた。利用の際は，市区町村に申請し，市区町村の判断によって可否が決まる。なお，世帯の所得

に応じて利用料の負担上限月額が異なる。

[芦田麗子]

児童票

　保育所等の児童福祉施設において，在籍児童の処遇の状況を記録したもので，児童福祉施設に備えなければならない帳簿類の一つである。「児童福祉施設の設備及び運営の基準」第14条に規定されているように，「児童福祉施設には，職員，財産，収支及び入所している者の状況を明らかにする帳簿を整備しておかなければならない」のである。児童票には，本人の在籍の記録，本人の健康状態，家庭や家族の状況，成長記録や保育経過記録などを記入することが求められる。保育経過の記録に関しては，子どもの生活の様子，遊びの状況，保育を通して様々な成長発達が図られてきたことを記述することが大切である。なお，児童票は児童福祉施設において保持し備える帳簿であるが，保育所関連では，小学校に向けて提出することが義務付けられている子どもの生活記録，成長記録のことを「保育所児童保育要録」という。　[戸江茂博]

児童福祉

　社会福祉の対象は，子ども，経済的な困窮状態にある人，障害のある人，高齢者，母子・父子家庭，地域等，多様である。対象に則した専門的な支援を提供していくために，第二次世界大戦後，社会福祉領域で最初に成立したのが児童福祉法である（1947年）。当初は，特別な事情のある子ども（保護者や家庭のない児童，不良や犯罪少年，被虐待児童等）の救済が主な保護対象と考えられてきた。子どもの福祉を理念に据え「児童福祉」という呼称を確立させる契機となったのは，中央社会事業委員会小委員会「児童保護法要綱案を中心とする児童保護に関する意見書」（1947年1月）である。時代の進展とともに，日本国憲法第25条（生存権）や児童の権利に関する条約の理念に則り，特別な事情のある子どもに限らず，我が国の未来を託すべくすべての子どもの幸福とその保護者への支援という考えに立ち，国や地方公共団体，国民の責務，児童福祉サービスの充実が一層重要視されてきている。児童福祉とは，児童福祉法の理念に則り，児童の幸福はもちろん，そのための保護者への支援を含む法制度と実践の総体と言うことができる。児童の有り様はその国の未来を左右しかねないという視点も踏まえつつ，児童・保護者・家庭を一体的に支援対象として考え，児童福祉を「子ども家庭福祉」「児童家庭福祉」等と呼ぶことが近年の主流となっている。　[橋本好市]

児童福祉施設

　社会福祉法に規定された社会福祉事業（第一・二種）のうち，児童福祉法第7条に規定された児童福祉施設を指し，「助産施設，乳児院，母子生活支援施設，保育所，幼保連携型認定こども園，児童厚生施設，児童養護施設，障害児入所施設，児童発達支援センター，児童心理治療施設，児童自立支援施設，児童家庭支援センター及び里親支援センター」である。各施設の定義は，本法第36条～第44条の2に規定されている。

　各施設の特性及び事業内容等を踏まえて，社会福祉法第2条に規定された「第一種社会福祉事業（乳児院，母子生活支援施設，児童養護施設，障害児入所施設，児童心理治療施設，児童自立支援施設を経営する事業）」と「第二種社会福祉事業（第一種社会福祉事業以外の事業）」に分類される。第一種社会福祉事業は，国，地方公共団体，社会福祉法人の経営を原則としている。このうち措置入所を原則としているのは，乳児院，児童養護施設，児童心理治療施設，児童自立支援施設である。第二種社会福祉事業は，国，地方公共団体，社会福祉法人とそれ以外の者も経営できる。児童福祉施設の利用にあたっては，措置入所以外の施設は，保護者と施設との契約利用を原則として

いる。児童福祉施設長は，入所中児童の内，親権を行う者又は未成年後見人のいない者に対し，親権を行う者又は未成年後見人が決まるまでの間，その親権を行う。

[橋本好市]

児童福祉施設における食事の提供ガイド

　厚生労働省では，子どもの健やかな発育・発達を支援する観点から，児童福祉施設における食事の提供及び栄養管理を実践するにあたっての考え方の例を示すものとして，2010（平成22）年に取りまとめられた。児童福祉施設における食事の提供及び栄養管理に関する考え方及び留意点は，①子どもの健やかな発育・発達を目指し，子どもの食事・食生活を支援することが重要との観点から，食事の提供と食育を一体的な取組として栄養管理を行っていく上での考え方及び留意点，②一人一人の子どもの発育・発達への対応，多職種や家庭・地域との連携，食事の提供の際の計画・実施と評価，衛生管理，食育，食を通じた子どもの自立支援などの観点からの留意点が整理され示されている。実践例として，①食事の提供の際の計画・実施と評価や食事摂取基準の活用についての具体的な手順，食中毒予防のための衛生管理の留意点等について，また②保育所，乳児院，児童養護施設，障害児施設における食事の提供について，施設の種類別の留意点，施設での取組事例が提示されている。

[廣田有加里]

児童福祉施設の設備及び運営に関する基準

　旧名称は「児童福祉施設最低基準」である。第2条に，最低基準の目的として，「児童福祉施設に入所している者が，明るくて，衛生的な環境において，素養があり，かつ，適切な訓練を受けた職員の指導により，心身ともに健やかにして，社会に適応するように育成されることを保障するもの」と明記されている。この基準には，入所児童の人権，設備及び職員の基準，虐待等の禁止，懲戒に係る権限の乱用禁止，衛生管理等，食事，苦情対応，給付金の管理等について規定されており，保育所においては，配置職員の人数，保育時間，保育の内容，保護者との連絡，業務の質の評価について示されている。また，児童福祉施設の職員の要件として，「健全な心身を有し，豊かな人間性と倫理観を備え，児童福祉事業に熱意のある者」（第7条）とされており，常に自己研鑽さんに励み，施設の目的を達成するために必要な知識及び技能の修得，維持及び向上に努める人が求められている。

[大谷彰子]

児童福祉審議会

　児童福祉審議会は，児童福祉法第8条に定められた児童，妊産婦及び知的障害者の福祉に関する事項等を調査審議する機関であり，審議会が属する行政機関に対して諮問に答え（答申），また意見を述べる（意見具申）ことができる。都道府県（指定都市を含む）は児童福祉審議会または地方社会福祉審議会児童福祉専門分科会の設置が義務づけられているが，市町村は任意設置である。児童及び知的障害者の福祉を図るため，芸能，出版物，玩具，遊戯等を推薦し，それらを製作，興業，販売する者に対し，必要な勧告を行うことができる。なお児童福祉審議会の委員には，審議会の審議事項に関し公正な判断ができる者であって児童及び知的障害者福祉に関する事業従事者及び学識経験者が任命される（児童福祉法第9条）。

[藤原伸夫]

児童福祉法

　1947年に制定された，児童福祉の中核となる法律である。戦前には，被虐待児や不良少年など要保護児童を対象とした個別法しか存在していなかったのに対し，18歳未満のすべての児童の健全育成を積極的に推進する総合福祉法として制定された。児童福祉の理念や定義，実施機関の業務や保育士など専門職に関する規定，

費用など，幅広い内容について定められている。これまで数十回にわたり改正されてきたが，2016年の改正において，法の根幹となる第1条，第2条が初めて改正され，すべての児童が，児童の権利に関する条約の精神に則り福祉を等しく保障される権利を有すること，最善の利益が考慮されることが明確に示された。また，第3条の2では，家庭における養育が困難な場合には家庭と同様の養育環境における継続的養育を推進することなどが盛り込まれた。児童福祉法施行令や児童福祉法施行規則，児童福祉施設の設備及び運営に関する基準などの政令・省令によって，より詳細な内容が規定されている。　　　　　　　　　　　　[松浦　崇]

児童扶養手当

児童扶養手当法に基づき，「父又は母と生計を同じくしていない児童が育成される家庭の生活の安定と自立の促進に寄与するため，当該児童について児童扶養手当を支給し，もつて児童の福祉の増進を図ることを目的」として支給される手当。支給対象となるのは，父母が離婚した，父又は母が死亡した，父又は母が一定程度の障害の状態にある，父又は母が生死不明等に該当する児童を監護している父，母又は養育者である。手当額は，受給資格者が監護・養育する子どもの数や，受給資格者の所得額などにより決まる。2010年からは，母だけではなく父も対象となった。また，2016年には，子どもの貧困問題対策の一環として多子加算額が引き上げられた。　　　　[松島　京]

児童文化

大正10年頃，大正デモクラシーや自由主義，児童中心主義思想を背景として生み出された語。一般的には，絵本や児童文学，紙芝居や玩具など，大人が子どものためにつくり出した児童文化財を意味する語として，あるいはそれらを含む子どもをとりまくすべての文化状況を統一した概念であるととらえられている。そもそも私たちが今日使っている「文化」という語は，明治30年代に日本に紹介され，大正時代に流行語的に普及したドイツ語の Kultur の訳語である。その語源は，〈栽培・育成〉を意味するラテン語にあるといわれ，その意味は，「〈自然（ありのままの状態）〉に対して人間が手を加え，つくりあげてきたもの」である。それゆえに，「文化」という語には，人間の主体性と創造性をみることができるのであり，このような「文化」本来の意味から考えると，「児童文化」とは，子どもの個性や創造性を尊重し，子どもの創造活動を重視した語として使われはじめたと考えられる。しかし，子どもには芸術性豊かなよい文化を与えなければならないとされたことから，次第に大人が作って与える児童文化財を中心とした考え方が主流となり，今日に至っている。なお，1980年代に使われはじめた子ども主体の「子ども文化」と混同してはならず，使用において注意が必要である。
[川勝泰介]

児童文学

一般的には，子どもを読者対象として大人が創作した文学のことを意味し，絵本をはじめ，幼年童話，少年少女小説，児童詩・少年少女詩，児童演劇の脚本，童謡までを含む。また近年では，その対象が YA（ヤングアダルト）にまで広げられている。だが，歴史的には，必ずしも子どもを読者として創作されたものばかりではなく，もとは子どもを意識して書かれたものではなかったが，時間の経過とともに児童文学のなかに取り込まれたものも含まれる。児童文学の源流としては，教訓を含んだイソップの寓話や昔話にさかのぼることができるが，長く続いた教訓主義からの脱却による近代的な児童文学の成立は，近代的子ども観の誕生と同じ19世紀になってからである。

児童文学は，主な書き手が大人であるということから，作家の子ども観が反映

されることが多く，かつては向日性（どんな困難にもめげず常に明るく生きる）と理想主義（大人が理想とする子ども像を描く）がその特徴であるともされ，子どもには見せたくない人間の負の部分や人生の影の部分は，児童文学においてはタブー視されていた。しかし，1960年代（日本では1970年代）になると，これまでタブーとされてきた孤独・不安・憎悪・嫉妬・差別・死などを描く作品も登場するようになり，そのイメージは大きく変わることとなった。　　　［川勝泰介］

児童養護施設

　児童福祉法第41条に定められた施設。「保護者のない児童（乳児を除く。ただし，安定した生活環境の確保その他の理由により特に必要のある場合には，乳児を含む。以下この条において同じ。），虐待されている児童その他環境上養護を要する児童を入所させて，これを養護し，あわせて退所した者に対する相談その他の自立のための援助を行うこと」を目的している。入所の理由は，保護者の病気，入院や死亡，行方不明，経済的困難，子どもが虐待を受けているなどである。子どもの日常生活の支援と，子どもの将来の自立に向けた支援を行っている。保育士や児童指導員，家庭支援専門相談員，心理療法担当職員，里親支援専門相談員などが職員として配置されている。

　　　　　　　　　　　　　［松島　京］

児童養護施設入所措置

　児童養護施設への入所は，児童相談所を通じて行政権限により行われることが一般的であり，この仕組みを措置制度という。社会福祉法（2000年）成立に伴い，多くの福祉サービスが利用契約型になったが，児童養護施設，乳児院，児童自立支援施設などは，措置制度による入所となっている。児童養護施設等に入所する子どもは，保護者の不在や虐待など，様々な理由により家庭で生活ができない。そのような子どもたちの生命や安全の確保を最優先させるために，子ども自身や保護者の意向ではなく，自治体の判断によって入所を決めることが必要となる。

　　　　　　　　　　　　　［松島　京］

自発性

　行動が生得的・体質的要因により発動する際，または成長発達につれ主体的・自主的に行動する際の行動エネルギー系の機能について，ベクトルつまり強さや方向などの総称をさす。外界探索，好奇心，冒険・創造性などと，衝動，欲求，要求，意欲，自由意思などの総体，動機づけや達成動機づけとしての行動解発ためのエネルギー系が形成されていく過程を自発性の発達という。つまり他者からの指示や命令がなくとも，幼児等自らが自由に，随意に示す発動する行為，その性向をさす。対物では融合的関係にあるとき，対人では親和的にあるときに顕著に発動されるという。たとえば，教師・保育士等からの言動がなくても，幼児が，食事をとる前には手を洗うなどの生活習慣にかかわる行為，問いを投げかけられたり意見を求められたりしたときに率先して応える言動，困難に直面している仲間を助ける向社会的行動などがある。ルーティン化されていたり，行為が生起する事前の契機や設定，行為中や事後での支援が施されたりするときもあるが，基本的には他者からの直接介入のない自らによる営為となっている。これらの行為は賞賛により強化される傾向にある。

　　　　　　　　　　　　　［西本　望］

自閉症

　自閉症とは主に先天的な原因により，対人関係場面におけるコミュニケーションが成立しづらく，意思疎通が行えないといったことが見られる障害である。英国の児童精神科医ローナ・ウイングによると，自閉症は「社会性」や「社会的コミュニケーション」，「社会的イマジネーション」のそれぞれに質的な偏りが見られる障害と定義されている。社会的イマ

ジネーションとは，意思疎通する対手の状況や自分の状況を想像することであるが，その想像性において，自分のやり方や手順に固執したり，同じ行動パターンを繰り返したりすることがある。特徴的な行動では，視線が合わない，応答や反応が乏しい，相手に手を振って「バイバイ」を行う手のひらを自分に向ける，成長過程に見られる人見知りや親の後追いをしない，棒読みするような話し方などが見られる。これらの行動から，相手とのコミュニケーションがうまく取れず，対人関係に支障をきたすなどの特徴がある。　　　　　　　　　　　　［木下隆志］

社会化

　個人が自分の生まれた社会の文化や規範，行動様式などを学習によって内面化する過程のこと。社会化の機能を有する主要な場には家庭，学校，近隣社会，仲間集団，職場が挙げられる。社会の側面から見た場合，社会化は社会形態の存続，社会構成員を再生産するために必要な働きであり，個人の側面から見れば社会生活を営む上での混乱を回避する働きがある。子どもの社会化には親や教師など周囲の大人の行動観察および社会的関係の解釈，言語を通じた知識・価値の習得等が重要な役割を果たすが，近年では視覚メディアの多様化・普及などによりイメージや感覚が情報伝達に占める度合が増えたため，言葉の遅れなど言語の社会化が難しいといった問題も指摘される。一方で成人にも社会化は必要であって，新たな年齢段階や社会集団に応じたマナーや行動様式の習得，さらには変化の激しい現代社会に適応するための再社会化などがその例として考えられる。
　　　　　　　　　　　　［塩見剛一］

社会教育主事

　社会教育を行うものに専門的技術的な助言と指導を与える，教育委員会の事務局に置かれた専門的職員。社会教育とは学校の教育課程として行われる教育活動を除いた，主として青少年，成人に対して行われる組織的な教育活動をいう。したがって学校教育以外の場での，青少年や成人に対して，計画的組織的な教育活動の中心的な担い手が社会教育主事の役割になる。この場合，自らが教育の主体者になるというのではなく，あくまでも社会教育事業の企画，立案，実施や，社会教育団体の活動に対する助言・指導が中心的な仕事になる。具体的には，家庭教育事業，子どもの放課後居場所作り，文化講座，人権啓発活動の企画や立案であったり，その過程での運営者への助言，指導になる。　　　　　　　　　［佐野　茂］

社会性

　他者とかかわり集団を形成して生活する，人間の生来の傾向や性質のこと。アリストテレスは著書『政治学』で「人間は社会的動物（ゾーオン・ポリティコン）である」といったとされる。この言葉は人間の本性を定義する語としてしばしば採り上げられるが，「社会的動物」という訳語には批判もあり，アリストテレスの生きた古代ギリシアでは現代のような「社会」という認識はなく，当時の共同体様式（ポリス）が，人間本性を開花させる必然的な基盤と考えられていたともいわれる。だが，時と場所により社会の認識や形態は大きく異なるにせよ，大小様々な規模や関係で人と人の結びつきは常に存在する。むしろ，社会に多義性があるからこそ，人は生来の素質から自然な社会性をもっているだけでは十分ではなく，それぞれの社会の中で適応的に生活できるよう，社会性を育むための意図的・無意図的な教育が必要になるといえる。　　　　　　　　　　［塩見剛一］

社会的行事

　私たちの生活の中で，伝統行事，学校行事などと並んで称せられ用いられる。社会的行事とは，各季節などで実施されるもので，伝統行事と学校行事を除く年中行事や啓発運動などをさす。交通安全

週間，防災の日など比較的近代になって定められたり一般的になったりした行事や啓発運動がある。一方で，伝統行事は，正月，盂蘭盆会（うらぼんえ）など近代より以前から慣習となっている民間信仰等に基づく年中行事や儀式などをさす。さらに伝統行事には，生涯発達・ライフサイクルにかかわるものがあって，七五三や成人式などの通過儀礼などがある。学校行事は，各学校種の「教育要領」「学習指導要領」に示されている特別活動の一環で，入学式や卒業式などの儀式，文化祭や絵画鑑賞のような文化的行事，体育祭などの健康安全・体育行事，修学旅行等旅行・集団宿泊行事，ボランティアなど勤労生産・奉仕的行事などがある。

［西本　望］

社会的発達

　社会性の発達ともいわれ，社会集団での倫理規範等にもとづく社会的行動の発達をさす。言い換えれば成育発達過程における社会化ともいわれる。社会化の初期段階では，母親など家族成員や保育者など，特定の人物である他者を認識し，自分の安定化を図ると，しだいに対象を拡大する。その間に社会性スキルを獲得形成する。たとえば生後6か月ころから見慣れた人物に対して微笑を頻繁にするようになる。一方で見知らぬ人物に対しては微笑をしなくなる。つまり特定の人物と愛着の絆をもつようになり，見知らぬ人物には人見知りをするようになる。3歳頃になると，親など特定の人物との密着したかかわりを減少させ，自己と同年齢や近似した年齢の子との交渉を遊びなどを通して活発に行い，人間関係を形成する。そこでは自己欲求と他者の欲求が衝突することもあって，その経験により自己を統制し妥協したり，他者に配慮したりしながら，集団での規範などの行動様式を獲得形成していく。　［西本　望］

社会福祉

　元来「福」も「祉」も幸いを意味しており，広義では，社会を構成する全ての人の幸福の追求とその実現と捉えることができる。また社会福祉を実現するための取り組みとして，個人の様々な困難に対して行われる社会的支援・援助をさすこともある。具体的には，高齢者，障害者，児童，母子及び父子家庭，低所得者等，社会的に困難な状況にある人への各種サービスの提供の意味で用いられる。この場合，日本国憲法第25条（国民の生存権，国の保障義務）にある「健康で文化的な最低限度の生活」が保障されなければならない。

　社会全体の幸福を達成するための社会的取り組みは，歴史的に生活困窮者の救済といった限られた対象者への施しの意味合いが強かったが，今日では国民の生活権の保障というその対象が広く拡大している。障害者・高齢者等だけでなく全ての人の権利擁護と社会参加の保障という考えのもと，ノーマライゼーションやインクルージョンなどの理念の具現化として捉えられるようになってきた。

［藤原伸夫］

社会福祉士

　「社会福祉士及び介護福祉士法」（1987年）に基づく国家資格。社会福祉士は「専門的知識及び技術をもって，身体上若しくは精神上の障害があること又は環境上の理由により日常生活を営むのに支障がある者の福祉に関する相談に応じ，助言，指導，福祉サービスを提供する者又は…「福祉サービス関係者等」…との連絡及び調整その他の援助を行うことを業とする者」（第2条第1項）と定義されている相談援助の専門職である。社会福祉士はソーシャルワーカーとも呼ばれ，資格を持っている人だけが名乗れる名称独占である。社会福祉士になるには，国家試験の受験資格を有する者が試験に合格し厚生労働省に登録しなければならない。職務にあたっては，誠実義務，信用失墜行為の禁止，秘密保持義務等が規定

されており高い職業倫理が求められる。仕事の範囲や対象は，高齢者福祉，障害者福祉，子ども家庭福祉，地域福祉等多岐にわたっており，専門職としての期待がますます高まっている。　　［藤原伸夫］

社会福祉法

社会福祉法は，1946（昭和21）年に社会福祉事業法として成立し，2000（平成12）年に改称された，社会福祉について規定している法律である。日本の社会福祉に関するあらゆる事項の共通基礎概念を定めた法律で福祉六法に影響を与えることから，関連する法律の根本的な法律となる。第１種社会福祉事業と第２種社会福祉事業を定めており，福祉サービスの基本理念，地域福祉の推進などが規定されている。社会福祉法人の規定を定義している法律であることから，社会福祉法人の経営や運営のあり方をめぐり，2016（平成28）年度改正では，社会福祉法人制度の改革，福祉人材の確保，地域福祉の推進などの強化が図られた。
　　［木下隆志］

社会福祉法人

社会福祉法第22条の規定による「社会福祉事業を行うことを目的として，この法律の定めるところにより設立された法人」を指す。社会福祉事業とは，社会福祉法第２条に定められた第一種社会福祉事業・第二種社会福祉事業の経営をいう。社会福祉法人は，社会福祉事業の他，必要に応じて公益事業（子育て支援事業，入浴・排泄・食事等支援事業，介護予防事業，有料老人ホーム・老人保健施設等の経営，人材育成事業，行政や事業者等の連絡調整事業等），収益事業（貸ビル，駐車場，公共的な施設内の売店等の経営）を行うことができる。収益事業は，当該法人が行う社会福祉事業又は公益事業の財源に充てるための計画に基づく収益であることを目的に行う事業であり，社会通念上認められる程度・内容でなければならない。社会福祉法人は，同法第

4条の趣旨に則り，地域福祉の推進に関する努力義務と使命を有している。また，社会福祉事業の主たる担い手としてふさわしい事業を適正に行い，提供する福祉サービスの質の向上及び事業経営の透明性の確保を図り，福祉サービスを積極的に提供するよう努めなければならない。そのためには，地域における福祉ニーズへの対応，既存の制度や支援だけでなく，制度の狭間となりそうな社会福祉的課題に対応すべく多様な事業の展開等，積極的に取り組むことが求められる。なお，社会福祉法人以外の者は，その名称中に「社会福祉法人」又はこれに紛らわしい文字を用いてはならない（名称独占）。
　　［橋本好市］

社会福祉六法

「生活保護法」「児童福祉法」「身体障害者福祉法」「知的障害者福祉法」「老人福祉法」「母子及び父子並びに寡婦福祉法」の６つの法律のこと。「生活保護法」は最低限度の生活を保障するとともに，自立した生活を送れるよう支援を目的とする法律である。「児童福祉法」は児童が心身ともに健やかに生まれると同時に育成されるよう，保育，母子保護，児童虐待防止対策を含むすべての児童の福祉を支援することを目的とする法律である。「身体障害者福祉法」は一般的には生まれつき，あるいは生まれつきでなく，あとから何かの理由で身体機能の一部に障害を生じている状態の人への自立と社会活動の援助，及び必要に応じて保護，福祉の増進を図ることを目的とする法律である。「知的障害者福祉法」は知的障害者の援助と必要な保護を行うことにより，その福祉の増進を図ることを目的とする法律である。「老人福祉法」は老人の福祉に関する原理を明らかにし，老人に対し，その心身の健康の保持及び生活の安定のために必要な措置を講じて老人の福祉を図ることを目的とする法律である。「母子及び父子並びに寡婦福祉法」はひ

とり親家庭及び寡婦（夫と死別または離婚して，再婚しないでいる女性）の福祉に関する原理を明らかにするとともに，その生活の安定と向上のために必要な援助を目的とする法律である。　[木下隆志]

社会保険

社会保険とは，病気・ケガ，老後の資金不足，失業などの国民生活における万が一のリスクに備えるための公的保険制度のことである。日本国憲法第25条第1項に定められている「すべて国民は，健康で文化的な最低限度の生活を営む権利を有する」を保障するためリスクに備えるのが社会保険の目的である。この社会保険は国民の「相互扶助」によって成り立っており，定められた保険料を支払うことによって，財源を確保している。国民の保険料として加入者や加入者を雇用している事業主が支払うこととなっており，加入者の保険料負担を軽減するために国庫負担金として，国や地方自治体などが一部を負担している。社会保険は「医療保険」「年金保険」「介護保険」「雇用保険」「労災保険」の5種類がある。「医療保険」「年金保険」「介護保険」の3つを合わせた狭義の社会保険と，「雇用保険」「労災保険」からなる「労働保険」に分かれる。　[木下隆志]

社会保障審議会

厚生労働大臣の諮問機関。厚生労働省設置法に基づき，社会保障制度全般について審議・調査して答申するための審議機関である。審議対象は人口推計，医療制度，年金改革，介護制度，児童福祉，生活保護，障害者対策，社会保障統計など多岐におよぶ。このため社会保障審議会の傘下に政令で定めた分科会を設置し，医療，医療保険，年金などの部会などがある。委員は有識者や学識経験者のなかから厚生労働大臣が任命し，委員の定員は30人以内と定められており，任期は2年である。年金制度のあり方，生活保護受給者の受給水準の妥当性，医療機関が受け取る診療報酬の基本方針などについて，意見や答申を出している。税と社会保障の一体改革の一環として，高齢者の医療費引上げや，年金積立金管理運用独立行政法人の組織改革などについても審議している。　[木下隆志]

自由遊び

幼稚園の創始者であるフレーベルは，子どもの遊びを，自己の内面を自由に表現したものであるとし，遊びの教育的価値を明らかにした。倉橋惣三は，幼稚園教育の基本は遊びであり，幼児の自発的活動を尊重し，保育者の意図を織り込みつつ誘導していくという誘導保育理論を展開した。つまり，子どもの自由な遊びとは，それぞれが主体的に活動に取り組み，さまざまな経験を通して培われる「心情・意欲・態度」を尊重する保育の姿である。そこでは子どもの自発性や自主性，主体的な意思や要求，個人的な興味や関心などが豊かに展開される。その時に重要なことは，子どもは遊びを通して何を経験し，何を学んでいるのかを捉える保育者の子ども理解と安定した関係，十分な時間と場所があることである。

[猪田裕子]

週　案

週案は，週を単位とした短期の指導計画であり，教育課程・全体的な計画および，長期の指導計画（年間，月間，または期の指導計画）に基づき，子どもの生活の継続性を考えながら1週間を見通して保育の展開を具体的に計画するものである。一般的に，前週の様子，週のねらい，予想される子どもの姿，保育者の関わり，環境構成，評価・反省が基本的な項目であるが，園によって形式は異なる。週案の作成に当たっては，3歳未満児については，子どもの生育歴，心身の発達，活動の実態等に即して，個別的な計画を作成すること，3歳以上児については，個の成長と，子ども相互の関係や協同的な活動が促されることに留意するよう求

められている。また，子どもの実態や子どもを取り巻く状況の変化に即して保育の過程を記録すると共に，保育者同士で保育を振り返り，展開の見直し，改善を行い，共通理解をしながら次週の週案を立案する必要がある。　　　　［大谷彰子］

自由ヴァルドルフ学校

ルドルフ・シュタイナーの創設した学校。シュタイナーは独自の教育観（人智学）に基づいて教育実践を展開したが，その教育理念は自由ヴァルドルフ学校でも生かされている。彼は人智学協会を設立した後，ゲーテアヌムを設立して独自性を高め，1919年にドイツで自由ヴァルドルフ学校を創設，それ以来，現在世界的には1,000を超える自由ヴァルドルフ学校があるという。子どもの自律性の獲得を目標とする独自の教育方法や教育課程，学校運営，教師教育がなされる。エポック授業と呼ばれる特定の単元を数週間にかけて集中的に学ぶ授業形態，オイリュトミーと呼ばれる身体律動活動，教育手段も精神にどう影響を及ぼすかを考慮して構築され，8年間同一担任による一貫教育をおこなう。現代の日本の公立学校とは大きく異なり，身体活動や芸術を多く用いて思考すること表現することを重視した授業がおこなわれる。教育実践は，人生の7年周期の特質に応じた一貫した教育体系に基づくものである。学校運営については保護者と教員との合議の方法をとることが多い。現在，日本では学校法人による学校が1校と，NPO法人によるものが複数存在する。→シュタイナー　　　　［津田　徹］

自由画

「保育所保育指針」（2017），「幼稚園教育要領」（2017），「幼保連携型認定こども園教育・保育要領」（2017）の領域「表現」の内容では，感じたこと，考えたことなどを「自由にかいたりつくったりなどする」ことが挙げられている。ここでの自由は材料や用具，テーマや行為，時間や場所などにおいて自分なりに表現することである。

保育や教育において自由画には大きく二つの捉え方があると考えられる。一つは一斉保育に対して，自由な時間やコーナー保育などで子どもが思いのままに自由にかく自由画という捉え方である。その中で子どもの興味や心理，発達段階などが読み取れることもある。もう一つは設定保育時における課題画や設定画に対しての自由画という捉え方である。テーマが決まっていてそれを全員がかくのではなく，設定保育時に子どもが思い思いに自由にかく活動である。ただし，保育としておこなう以上，ねらいを設定して放任にならないように留意する必要がある。身につけさせたい力によっては，すべてを自由にするのではなく，材料を固定したり，テーマを制限したりするなどの工夫が必要となる。また，子どもの自由な表現を保証するためには，保育者はペンやパス，絵の具などの様々な種類の描画材や，大きさや厚み，色，素材が異なる紙などの描画媒体を準備するなど，材料や用具の充実や環境を整えることが重要となってくる。　　　　［須増啓之］

就学前の子どもに関する教育，保育等の総合的な提供の推進に関する法律

2006（平成18）年に成立した法律で，一般的に認定こども園法と呼ばれている。この法律は，小学校就学前の子どもに対する教育および保育ならびに保護者に対する子育て支援の総合的な提供を推進するための措置を講じ，地域において子どもが健やかに育成される環境の整備に資することを目的とし，認定こども園の設置について規定している。これにより，認定こども園が誕生することとなった。

この法律が成立した背景に，日本が抱える少子化，待機児童の問題，教育・保育へのニーズの多様化などに対して，今までのような幼稚園，保育所という2つの保育施設だけでは対応できなくなった

ことがあげられる。もう一つの理由は，幼保の二元体制という制度上の問題である。同じ就学前の子どもであるにもかかわらず，異なる施設での保育は好ましくないと言われてきたことに対する。幼保一元化の試みという背景もあった。

[大塚優子]

宗教教育

　宗教に対する理解を深め，宗教によって，人格を形成し，宗教的敬虔と宗教的情操を高めることを目指す教育を意味する。教育基本法においても，宗教に関する寛容の態度が尊重されることが指摘されている一方で，公立学校等では，特定の宗教教育は禁じられている。宗教に関係する私立学校等にそれは委ねられている。キリスト教，イスラム教，神道，仏教においてそれぞれ宗教教育がおこなわれている。ドイツやフランス，イギリス等の宗教的伝統のある国々では，初等，中等教育などの公的教育機関でおこなう宗教科の授業を意味する。幼児教育における宗教教育は，キリスト教保育等があり，それらはおおむね肯定的に捉えられている傾向が強い。キリスト教会が子どもの信仰教育のために日曜日に開催する学校で，イギリスではじまったとされる。日本でも，プロテスタント教会の伝道のために重要な役割を担っている。宗教教育において，個人の内面に働きかけることによって，人格的成熟と文化的発展の基礎を提供する。日本では，私立学校が公立学校の「道徳」に代わるものとして，たとえば「宗教」「キリスト教」等の教科が置かれている。日本では国及び地方公共団体が設置する学校では，特定の宗教のための宗教教育その他の宗教活動をしてはならない（日本国憲法第20条第3項）と定められている。　[広岡義之]

重症心身障害児施設

　昭和42年の児童福祉法改正により，重症心身障害児施設が法制化され，重度の知的障害と重度の肢体不自由が重複している児童を対象として，その保護や治療，日常生活の指導をすることを目的とする施設と定められた。その後，平成24年の児童福祉法改正により，これまでの重症心身障害児施設は，18歳までの重症心身障害児を受け入れる医療型障害児入所施設と障害者総合支援法に基づき18歳以上の重症心身障害者に対して病院で療養介護支援を行う事業所に分かれた。重症心身障害施設に入所する全ての重症心身障害児・者（子供から大人まで）に占める6歳未満の重症心身障害児の施設入所率は2％程度，6歳以上20才未満では12％程度となっており，小児期では家庭での養育を支える仕組みが整ってきていることとも相まって施設に入所する割合は低くなっている。一方，小児期を過ぎると施設入所の割合も徐々に高まる傾向にある。IQと身体機能の2軸で分類した大島の分類に基づくと区分1〜4に該当する児童が重症心身障害児とされているが，入所者の実態は，最重度である区分1の児童の割合が最も多くなっている。

[武富博文]

集団遊び

　集団遊びは，個に対して集団が対置されるように，一人遊びに対して，複数の子どもたちによって取り組まれる子どもの遊びの形態の一つである。パーテン（Parten, M. B., 1902-1970）が明らかにしたように，子どもの遊びは一人遊びから，複数の子どもによって取り組まれる「連合遊び」（Associate Play）や「協同遊び」（Cooperative Play）へと発展していく。3歳くらいになると，子どもは次第に気の合う友だちができるようになり，仲間関係が広がっていき，集団遊び，特にルールのあるゲーム的な遊びを好んで行うようになる。また4〜5歳になると，協力したり協働したりしながらのごっこ遊びを楽しむようになる。集団遊びにおいて子ども同士がふれあいを楽しむなかで，他者への興味や関心をもち，

互いの思いや考えをやり取りしたり，友だちと共感しあいながら協力したり，自分の役割を演じたりするようになる。集団遊びを通して，子どもたちの身体能力，表現力，コミュニケーション能力が養われる。　　　　　　　　　　　［戸江茂博］

集団指導

保育指導のあり方や仕方として，個別指導と集団指導があり，個別指導は一人一人の子どもに寄り添った指導であり，集団指導は集団的な活動を活性化する指導である。個別保育と集団保育と言い換えることができる。「保育所保育指針」第1章総則1保育所保育に関する基本原則（3）保育の方法において，集団保育の留意点について，次のように述べられている。「子ども相互の関係づくりや互いに尊重する心を大切にし，集団における活動を効果あるものにするよう援助すること。」集団活動（子どもの側からいえば）あるいは集団保育（保育者の側からいえば）においては，子どもたち同士のつながりができるように，子どもたち同士がお互いを生かし合うことができるように，集団的な活動に取り組むことが大切である。集団指導は，集団づくりへの援助でもある。幼稚園教育要領解説（2018）には，「集団には，同じものへの興味や関心，あるいは同じ場所にいたことから関わりが生まれる集団や同じ目的をもって活動するために集まる集団もあれば，学級のようにあらかじめ教師が組織した集団もあり，…様々な集団がある中で，学級は幼児にとって仲間意識を培う基本となる集団である。教師は，一年間を見通して，幼児の様子をよく見ながら，時期に応じた学級での集団づくりへの援助を行っていかなければならない」とある。　　　　　　　　　　　［戸江茂博］

集団主義保育

「集団主義」という言葉の典拠は，アントン・マカレンコである。マカレンコは「集団主義，すなわち自分と他の人々

の労働の利益と全社会の利益との結合」を強調していた。マカレンコにとって，集団主義というのは単なる保育形態についての表現ではなく，自他の利益の共同化という社会構成原理であり，同時に社会規範，倫理でもあった。集団主義保育の基礎は，言語，労働，協力の三つであるとしている。この集団主義保育の三要素は，他の生物・動物と比較した際，人間に特別に見られるような特質に対応したものであるという。世界に向かって「開かれた」存在としての人間，という定義は，アドルフ・ポルトマンの人間観と共通する。この言語，労働，協力という人間的な三要素を有機的に組み込むような保育構造は，「はなしあい保育」，のちに「伝えあい保育」と呼称されるカリキュラム案に結実していく。「はなしあい保育」＝「集団主義保育」という言葉は，保育問題研究会へとつながっていく。「コトバ」に対する理解，特にコトバの機能を対人関係の中で捉える視座は，ヴィゴツキーの言語学に多くを負っている。ヴィゴツキーは，主著『思考と言語』などの中で，発達過程上，言語がまず，思考の外面化として出現することの意義に注目している。幼児期初期における「コトバ」の発出は，内面的な思考の外面化，つまり思考の外部へのほとばしりであるという。逆に言えば，その時期において，他者との対話が豊かになされない限り，ゆくゆく内面化されるはずの「コトバ」（内言）の豊饒さは保証されない「一人の人間の認識は，他の人間や仲間との協力によって得られたもの」である。乳児期からの集団保育の必要性に対する主張の背景には，個人と集団との間の発達上の関係性についての認識がある。　　　　　　　　　　　［大方美香］

集団の発達

子どもは他者との関係を広げながら発達を遂げていく。乳児期には，身近な大人による愛情を込めた受容的な関わりを

通して，愛着を形成し，愛着が十分に形成された乳児は，次第に外の世界に対して興味関心を広げながら自ら関わっていくようになる。それは人に対しても同じである。愛情豊かに応答的に繰り返し関わってもらった乳児は，他者に対して信頼して関わることができるようになる。2歳から3歳ごろには，自分のやりたいことが明確になり，自己主張が強くなる。この時期には，同じ場所で一見一緒に遊んでいるように見えても，直接的な関わりがなくお互いがやりたい遊びに夢中になっているだけの場合が多い。また，道具や場所を一緒に使ったりすることが上手にできず，相手を自分の思い通りにさせようとして，けんかになることも多い。しかし，この時期のけんかを通して，相手は自分と違う気持ちを持っていることに気づいたり，同じことをしている仲間を見て，一緒に楽しさを共有できるようになっていくのである。その経験が4歳になった時に，4，5人での小集団で，同じ目的をもって共感しながら遊ぶ群れを形成させる。また，仲間と共に活動する楽しさや心地よさをくり返し経験することによって，仲間への信頼や一緒にやりたいという気持ちが芽生え，5歳になった時に相手の気持ちに寄り添ったり，折り合いをつけたりする気持ちの育みとなる。このように，子どもは集団の中でお互いに関わり，様々な刺激を受けながら発達を遂げていくのである。

[片岡章彦]

集団保育

　集団保育とは，家庭内で子どもを育てる家庭保育に対して，主に幼稚園，保育所，認定こども園等の保育施設において乳幼児を集団で保育をおこなうことである。家庭保育は，一般的に日常の生活の中で血縁関係のある養育者が，子どもの育児や養育に私的に関わる。一方，集団保育は，専門職である保育士，幼稚園教諭や保育教諭が地縁関係にある乳幼児を

それぞれの保育施設で公的に関わる保育である。

　集団保育の起源は1871（明治4）年に横浜に貧民家庭の子どもを対象とした「亜米利加婦人教授所（アメリカン・ミッションスクール）」，1875（明治8）年京都の柳池小学校内の「幼稚遊戯場」，1876（明治9）年創立の「東京女子師範学校附属幼稚園」等を上げることができる。第2次世界大戦後，児童福祉法による保育所，学校教育法による幼稚園が制度的に確立し，集団保育の役割を担ってきた。さらに働く女性の増加，子育て支援の急務により，2006（平成18）年には「認定こども園」が創設され，すべての子どもの子育てが保障されるようになってきている。とくに待機児童解消のために「集団保育」の場の必要性が叫ばれている。家庭保育とは異なる様々な子ども同士の育ちあいや成長・発達を促すことができる環境が集団保育の場には設定されている。このような環境の下で，保育者は乳幼児が集団の中で育つ意義を自覚し，保育の質を担保するために使命感を持って保育に取り組む必要がある。

[柏原栄子]

習癖障害

　習癖（しゅうへき）とは，習慣になってしまった偏った好みや性質，行動などを示す。無意識に行う独特なしぐさなども含み，繰り返されることで身につき，習慣化した癖が，日常生活を営む中で弊害や障害となっている状況を習癖障害という。

　「なくて七癖」と言われるように癖は誰にでもあるが，子どもにおける偏った習癖は，場合によっては心理的・精神的な問題を抱えている場合もある。成長，発達に伴って消えていくもの，保護者，保育者の温かい支援や援助によって是正されるもの，さらには児童精神科医等の専門医との連携で治療が必要な習癖がある。子どもにおける「習慣的に身体をい

じる動作」は「神経性習癖」と呼ばれ，心理的・精神的な問題を抱えている場合もある。下記の4種類に分類される。①身体をいじる習癖（身体玩弄癖）：指しゃぶり，爪かみ等。②身体の動きを伴う習癖（運動性習癖）：情動的なチック等。③日常生活習慣に関する習癖：過食，夜尿等。④体質的要素の強い習癖：反復性腹痛。

　一般的には，日常生活でよく目にするのが指吸いや爪かみである。これらの子どもの習癖は厳しく叱責することによって，子ども自身がその癖を自覚し，より意識して悪化する場合もある。子どもの習癖が，いつ，どのような場面で多く見受けられるのかを観察し，その時の子どもの気持ちを理解することが重要である。遊び等，何かに集中している時に，気になる習癖が見受けられる時には，保護者と情報を共有して，子どもの生活の様子を見守る。また習癖が酷く，明らかに日常生活に支障が生じてきていると判断した場合には，専門医との連携が必要となってくる。　　　　　　　　［柏原栄子］

自由保育

　自由保育はとは幼児の自発性や自由を尊重した子どもを中心とした保育の基盤をなす理念である。子どもが主体的に生活や環境にかかわって自ら活動を生み出し，その活動を自分の力で展開，発展させて自己充実感や自己達成感を図ることのできる資質や能力を育む保育の考え方，いいかえれば保育観，保育哲学である。幼児の自発性，積極性，創造性や思考力や判断力を助長することができる保育ではあるが，子どもの可能性を最大限に誘発するためには，子どもの発達に応じた豊かな適切な環境の設定が求められる。保育者の指導性は潜在しているが，保育の目標に向かって適切な援助が求められる。決して自由奔放な無計画の保育ではなく，指導計画立案に際しては子どもの興味や関心を絶えず反映することができ

るような環境の構成と子どもの発達に応じた援助が必要である。

　フレーベルが生みの親である幼稚園とくに米国に次々と誕生していった幼稚園において，自由保育が実践されていった。1890年代になると，デューイ，キルパトリック等に代表される進歩主義運動によって子ども一人一人の経験が重視されるようになり，児童中心主義の幼児教育論が展開された。明治期後半には日本にも進歩主義幼児教育理論が紹介され，子どもの自発的な活動が保育に導入された。

　このように自由保育は，子どもの本質の理解に基づいた主体性，自由性を重視する子ども中心の保育である。そこには子ども一人一人の尊厳に価値を置きながら，共に育っていく集団としての保育の本質が内在しているのである。→デューイ　　　　　　　　　　　　［柏原栄子］

授産施設

　働く機会の得られない身体障害や知的障害を持っている人に，働く場を提供し，適切な就労への支援をおこない，自立した生活を促すことを目的とする施設である。2006（平成18）年「障害者自立支援法（平成17年法律第123号）」の施行までは身体障害者授産施設，知的障害者授産施設，重度障がい者授産施設，精神障害者通所授産施設等，それぞれの障害に応じた授産施設が運営されていたが，本支援法が制定された後は，障害種別の授産施設の多くが，就労移行支援事業所と就労継続支援事業所（A型，B型）などへ移行した。

　就労移行支援事業所とは就労を希望する65歳未満の障害者であって，通常の事業所に雇用されることが可能と見込まれる人を対象とした事業所である。

　就労継続支援事業所（A型）とは通常の事業所に雇用されることが困難な障害者のうち，適切な支援により雇用契約等に基づき就労できる人を対象とした事業所である。生活支援員が常駐し，就労の

支援がある。このＡ型の事業所は，雇用関係が成立し，最低賃金を満たしているため，以前の授産施設とは性格を異としている。

就労継続支援事業所（Ｂ型）は通常の事業所に雇用されることが困難な障害者，また事業主との雇用関係を成立させるのが難しい障害者が対象であり，最低賃金も補償されていない。しかしながら，このＢ型の就労継続支援事業所は自立に向けての生活支援や就労に向けての技術習得の機会があり，かつての授産施設としての特徴を受け継ぎ，その役割を担ってきている。　　　　　　　　[柏原栄子]

主体性

主体性とは，教育分野においては，「子どもの主体性」「主体性の確立」といった文脈で使用される概念であり，保育・教育を受ける者が様々な外的なものや内的なものへの積極的関わりを行う際に見出される要因の一つである。教育場面でも被教育者である者が教育作用を受ける中で，独自性を発揮する際に，作用者としての様態を説明するためにこの語が用いられる。そこには，教育とはその被教育者の可能性を発現させる試みであるという教育観が反映されている。また教育作用以前に，すでに人には主体性が存在しているはずであるが，今日の教育作用がかえってこれらを疎外してしまっているという見方も可能かもしれない。かつての教育実践の中には，個性を喪失した封建主義的な教育や全体主義的教育，滅私奉公を目的とするような主体性を軽視した教育が見られた。また現代の教育観の中にも，他者に同調する在り方が望ましいとする考え方や，集団や社会と同一の方向を目指すことが望ましいとする考え方があり，社会性や公共性を身につけるための教育は必要であるが，それは強制されて身につくものではない。その意味で一人ひとりがもつ能力を社会で発揮し，新しい環境に対応しうる被教育者

の主体性の確立が求められる。

[津田　徹]

シュタイナー
Steiner, Rudolf（1861-1925）

ハンガリー生まれでオーストリア国籍の人智学的思想家。独自の人間観に基づいて世界各地に自由ヴァルドルフ学校を広める。彼の思想的特徴は人智学で，この思想に基づいて教育のみならず，農業，医療，建築，科学など多岐に及んでいる。エルカース（Oelkers, J.）によれば，シュタイナーの人間観は身体，精神，魂の統合を求め，人間は３つの世界観（精神世界，物質世界，霊的世界）を７年ごとの特徴的な周期（７歳までの子はエーテル体とアストラル体を往復し，次の７年間はエーテル的身体が生まれ，14歳で感覚的身体が発現し，21歳で自我が精神世界へともたらされる）を通して，これら３つの世界すべての部分に関与しあう。初期の教育方法は，模倣とモデリングにあり，教育の基礎は，学習や教授ではなく，発達である（Oelkers, 2001）。シュタイナーが影響を受けた人物としては，ニーチェ，ハルトマン，ヘーゲルであるが，若い頃の学びの系譜によれば，15-16歳でカント研究に没頭し，フィヒテ，シェリングにも及んで（シュタイナー，1997），ウィーン工科大学時代には文学，自然科学，歴史学にも及んでいる。またゲーテの自然学にも造詣が深く，ゲーテ全集の編者にもなっている。15年にわたり教育者，家庭教師（私的教師）を経験している。彼の業績については，30あまりの書物と6,000以上の講義記録がある。1919年にドイツのシュトゥットガルトで自由ヴァルドルフ学校を創設し，現在もなお独自性のある教育的影響力をもっている。代表作は『真理と知識』『自由の哲学』などがある。　[津田　徹]

出席停止

学校保健安全法関係法令では，感染症の流行を予防することが重要であるとの

考え方の下，学校において予防すべき感染症の種類，出席停止，臨時休業等について定められている。校長は，学校において予防すべき感染症にかかっている，かかっている疑いがある，又はかかるおそれのある児童生徒等について，出席を停止することができる。この際，各学校においては，児童生徒等に対する出席停止の措置等によって差別や偏見が生じることのないように十分に配慮する必要がある。また，学校の設置者は，感染症の予防上必要があるときは，学校の全部又は一部の休業を行うことができる。

　保育所等における対応も，学校保健安全法関係法令に準拠して実施されているが，とりわけ乳幼児は抵抗力が弱く，手洗い等が十分に行えないといった特性を持っているため，保育所や幼稚園，認定こども園等においてはこうした乳幼児の特性を踏まえた対応が必要となる。

［村井尚子］

主任児童委員

　主任児童委員は，他の民生委員・児童委員と協力して子どもや子育てに関することなど，児童福祉に関する支援を専門的に担当する民生委員・児童委員のことである。案件に応じて学校など関係機関と連携・協力しながら活動する。児童福祉法に基づき，児童福祉に熱意があり，児童の健全育成活動などに積極的に活動できる方で，地域のことをよく知っている方が，地域の推薦を受け，厚生労働大臣から委嘱されて主任児童委員になる。任期は3年で，3年に1回一斉改選を行うこととなっている。各担当地域内で，民生委員・児童委員とともに児童に関する相談に応じ，以下のような活動を行っている。①支援を必要とする子ども・子育て家庭に対する情報提供などの支援や助言。②地域の関係機関，団体，社会福祉施設などの関係者との連携・協力。③子どもの健やかな育成のための地域活動および住民の活動参加推進。　［木下隆志］

守秘義務

　秘密を守る義務。一般に公務員は，公務員法によって，服務上の義務の一つとして，職務上知り得た秘密を漏らすことを禁じられている。守秘義務は，職員たる身分を有する限り当然守らなければならない身分上の義務である。したがって，公務員は勤務時間以外でも，休職，停職，休暇中でも守秘義務を負う。さらに退職後も同様である。公務員が守るべき秘密には「職務上の秘密」と「職務上知り得た秘密」とがある。前者は職務上の所管に属する秘密，すなわち公の秘密である。後者は職務上の秘密のほかに，職務を通じて知った個人の秘密，たとえば個人の財産と生活状態，履歴，家族関係，病歴，人の出生の秘密等を含む。公務員のほか，弁護士，医師，薬剤師，保育士等も守秘義務を負っている。児童福祉法では秘密保持義務として「保育士は，正当な理由がなく，その業務に関して知り得た人の秘密を漏らしてはならない」としており，保育士をやめた後にもこの義務を課している（同法第18条の22）。これに違反した場合には，保育士登録の取り消しや罰金等の罰則規定もある。このように職務上知り得た秘密を守ることは，保育士だけでなく幼稚園教諭も同様である。

［中田尚美］

受　容

　一般に，ある人の言動や感情をあるがままに受け止め，受け入れることを受容と呼ぶ。カウンセリングでは，来談者の感情に焦点をあて，非難や称賛を伴わずに来談者の気持ちがわかった反応として用いられる。受容はカウンセラーの基本的態度として重要である。それは，自分自身が受容されたという経験に基づいて，人は防衛することなしに改めて自己を見つめなおし，臨床場面に積極的に参加していくことができるからである。受容経験は，自己の再構成への契機ともなりうると考えられる。

保育において受容が重要なのは，子どもを一個の主体として尊重し，それによって子どもが一個の主体として世界に進み出るようになることが保育の究極の目的だからである。ここで注意すべきは，受容とは，単に子どものあるがままの行動を受け入れることではないということである。不適切と思われる子どもの行動は，禁止し，制止せざるを得ない。しかしその場合でも，その行動の背後にある子どもの思いは受け止めることができるし，また受け止めるべきである。つまり，子どもの思いを受け止め，その存在を尊重するということが受容の基本的な意味であり，それに基づく保育者の対応が子どもの自己肯定感や信頼感につながっていくのである。　　　　　　　　　[中田尚美]

小1プロブレム

小学校1年生に入学したばかりの児童が「授業時間内に着席できない，集団行動がとれない，先生の話が聞けない」等の状態が続き，小学校の生活になじめずクラスが不安定になっている現象を小1プロブレムと呼ぶ。1999年度以降，マスコミの報道もあり，社会的な注目を浴びるようになった。東京学芸大学が2008（平成20）年に全国の市町村を対象に小1プロブレムに関する全国調査を実施し，回答地域の4割以上にその実態があることが明らかになった。その背景には子どもを取り巻く家庭や社会の環境の変化や子ども自身の成長や発達への課題も見出された。

さらに就学前の保育，幼児教育と就学後の小学校教育に段差があり，制度的な問題も顕著となった。幼稚園や保育所等で子どもの主体性を大切にした遊びを中心とした保育，教育を受けた幼児にとって，小学校に就学した直後から時間割にそった教科中心の学習へ移行への困難さがその一因ともなった。

小1プロブレムは，小学校教育のスタートから学習へのつまずきをもたらし，子どものその後の心身の成長にも良い影響を与えかねないともいえる。2017（平成29）年度には，新学習観に基づいて全面的に学習指導要領の改訂がなされ，就学前教育から高等教育までに続く「育みたい資質・能力」が明示された。それにともなって改訂「幼稚園教育要領」「幼保連携型認定こども園教育・保育要領」，改定「保育所保育指針」に「幼児期の終わりまでに育ってほしい姿（10の姿）」が新たに提示された。この10の姿を基軸として，行政が中心となり小学校1年生の壁を克服するためにアプローチカリキュラム，スタートカリキュラムの在り方が保育・幼児教育と小学校教育の両方向から取り組まれようとしている。
　　　　　　　　　　　　　　　[柏原栄子]

頌栄保姆伝習所（しょうえいほぼでんしゅうしょ）

1889年，米国より来日した教育宣教師ハウ（Howe, A. L., 1852-1943）によって神戸に開設されたキリスト教系の保育者養成機関である。明治時代に開設された初期の保育者養成校は，当時設立された幼稚園に附属の施設として誕生したものが多かった。1876年，わが国最初の幼稚園，東京女子師範学校附属幼稚園が開設されたが，その2年後，当該幼稚園の保育者を養成する目的で，東京女子師範学校に保姆練習科が置かれた。また，1884年，桜井女学校に設置された「幼稚保育科」がわが国で最初の私立の保育者養成施設として知られる（のちに廃止）。

1889年10月，名実ともに本格的な保育者養成施設として登場したのが頌栄保姆伝習所である。頌栄保姆伝習所も，神戸頌栄幼稚園に附設して設けられる予定であったが，幼稚園の創立が遅れたために（1889年11月），結果的に幼稚園よりも早く開設された。開設者のハウは，米国でピーボディ（Peabody, E. P., 1804-1894）などからフレーベル主義を伝授され，フレーベルに私淑していたので，フレーベ

ルの「人間の教育」や「母の歌と愛撫の歌」をテキストに用いたが，このほかに教育学，心理学，保育法，唱歌などもカリキュラムを構成していた。1年間の養成機関がふつうであった当時において，頌栄保姆伝習所は修業年限2年であり，数年後には高等科（2年課程）を設置して，保育者養成の充実を期した。現在の頌栄短期大学（神戸市）が頌栄保姆伝習所ののちの姿である。　　［戸江茂博］

唱　歌

　唱歌とは，1872（明治5）年に学制が発布された際の現在の音楽科にあたる科目名である。1881（明治14）年には，『小学唱歌集　初編』が発行され，「むすんでひらいて」（ルソー作曲）や「蝶々」（原曲はドイツ民謡）などの西洋の曲に日本語の歌詞がつけられた作品などが掲載された。1883（明治16）年には，『小学唱歌集　第二編』が発行され，初めて日本の音階による唱歌が取り入れられた。1884（明治17）年には，『小学唱歌集　第三編』が発行され，「仰げば尊し」（原曲はスコットランド民謡）などがよく歌われた。1887（明治20）年には，『幼稚園唱歌集』が発行され，今でもよく歌われている「きらきら星」（原曲はフランス民謡）や「ぶんぶんぶん」（原曲はボヘミア民謡）などが掲載されていた。1910（明治43）年から1944（昭和16）年まで国定教科書に掲載された唱歌は，文部省唱歌と呼ばれている。作詞者・作曲者に高額の報酬を支払う代償として著作権を認めず，当時の文部省が「国」の作品として公表した楽曲であり，1949（昭和24）年から教科書検定制が採用され，作詞者・作曲者の調査・研究が行われたが，判明していない作品が多い。現在，小学校の音楽科で歌唱共通教材として取り扱われており，高野辰之作詞・岡野貞一作曲の「春の小川」，「もみじ」，「ふるさと」などを含む17曲が歌われている。
　　　　　　　　　　　　　　　［髙　奈奈］

生涯学習

　人々が生涯にわたって，主体的に継続して行う学習のこと。1990年に「生涯学習の振興のための施策の推進体制等に関する法律」が制定された。これにより都道府県に，文部省内の同名の審議会とは別に，生涯学習審議会の設置が規定され，また，都道府県，市町村に対して地方生涯学習振興費補助金が支出されるようになった。2001年の省庁再編により文部省と科学技術庁が統合され文部科学省となったのに伴い，生涯学習局は生涯学習政策局に改組された。都道府県，市町村においても，学習環境の整備，学習機会の提供に向けて施策が行われ，生涯学習推進のための体制づくりが続けられている。しかし，生涯学習が一生の学習活動を意味し，したがって，学校教育も生涯学習の一部をなすという公式的見解にもかかわらず，現在でも学校教育と生涯学習とは別物であるという考え方がある。また，関係省庁間の連携の徹底など取り組むべき課題は多い。　　［中田尚美］

障害児

　障害のある児童（満18歳に満たない者）のことを指す。児童福祉法の定めに基づけば，身体に障害のある児童，知的障害のある児童，精神に障害のある児童又は治療方法が確立していない疾病その他の特殊の疾病のある児童のことをいう。精神に障害のある児童には発達障害児が含まれ「自閉症，アスペルガー症候群その他の広汎性発達障害，学習障害，注意欠陥多動性障害その他これに類する脳機能の障害であってその症状が通常低年齢において発現するものとして政令で定める」障害のある児童が含まれる。また，治療方法が確立していない疾病その他の特殊の疾病のある児童とは，「障害者の日常生活及び社会生活を総合的に支援するための法律（平成17年法律第123号）第4条第1項の政令で定めるものによる障害の程度が同項の主務大臣が定める程

度である」児童のことをいう。身体障害者福祉法や精神保健及び精神障害者福祉に関する法律には，それぞれ身体障害者や精神障害者について規定されているが，知的障害者福祉法には知的障害者に関する規定が見られない。このため特別支援学校学習指導要領解説（2018）等に基づき，「知的機能の発達に明らかな遅れと，適応行動の困難性を伴う状態が，発達期に起こるもの」を知的障害として理解し，教育的な対応を行っている。　［武富博文］

障害児施設給付制度

　障害児施設給付制度は，2006年の障害者自立支援法（現：障害者総合支援法）の施行に伴って改正された児童福祉法に基づく，障害児関係の福祉サービスを利用するにあたっての取り扱いである。2012年にこれまで障害種別で分かれていた施設が，通所と入所の利用形態別に再編された。児童福祉法第21条の5の2では児童発達支援や放課後等デイサービスなどの利用者（保護者）に障害児通所給付費を支給すると定めている。また，同法第24条の2により障害児入所施設等を利用する児の保護者に対して障害児入所給付費が支給される。実際は，サービス提供事業者・施設が代理受領する。給付費はサービスにかかる費用の9割を国・自治体が負担し，原則1割が自己負担となるが，負担の軽減が図られている。障害福祉サービス及び障害児支援の自己負担は，世帯の所得に応じて4区分の利用者負担上限月額があり，ひと月に利用したサービス量にかかわらず，それ以上の負担は生じない。　［藤原伸夫］

障害児入所施設

　児童福祉法第42条に規定されている障害児を入所させて，各種の支援を行うことを目的とする施設である。施設の区分として福祉型障害児入所施設と医療型障害児入所施設に分けられ，福祉型では障害児の保護や日常生活の指導，独立自活に必要な知識技能の付与を行う。また，

医療型ではこれらに加えて治療を行うものとされている。従前は，知的障害児施設，第1種自閉症児施設，第2種自閉症児施設，盲ろうあ児施設，肢体不自由児療護施設，肢体不自由児施設，重症心身障害児施設といった障害種別に応じて設置されていたが，障害の重複化等の実情を踏まえて平成24年度より一元化が図られた。これにより，複数の障害に対応が可能となり，医療の提供の有無によって福祉型，医療型に再編された。設置者には，障害児が自立した日常生活や社会生活を営むことができるように本人や保護者の意思をできる限り尊重すること，行政機関，教育機関等との連携のもと，障害児入所支援を本人の意向，適性，障害の特性，その他の事情に応じて，常に障害児及びその保護者の立場に立って効果的に行うよう努力することが求められている。　［武富博文］

障害児保育

　障害のある子どもを保育機関で受け入れて行う保育のこと。集団の中で生活や遊びを通して心身の発達を促進することを目的としている。保育の場としては，学校教育法第76条にある特別支援学校幼稚部，児童福祉法第43条にある児童発達支援センター（知的障害，難聴，肢体不自由）がある。これらの保育の場では，発達段階に応じてグルーピングされ発達課題に沿った取組を行っている。障害児を健常児と分離せず一緒に保育する統合保育の場として保育所，幼稚園がある。2020年の『保育白書』によると，障害児保育を担当する職員数は2017年度末で非常勤職員が4割弱を占めている。また障害児を受け入れた保育所は，2018年度は2011年度に比べ約1.7倍（18,137か所）の増加であるが，障害児保育担当保育士の自治体の加配基準は3割弱の自治体が「障害の程度を問わず一律の加配基準」を設け「概ね障害児1人あたり保育士1人」が3割強，「3人あたり保育士1人」

が2割強となっており，十分な保育環境とはいえない。障害児保育の保障には予算の確保，地域の医療・福祉・教育・保育の連携が求められ，さらに保護者に対するサポートも大きな課題である。

[福山恵美子]

障害者基本法

1970年に制定された心身障害者対策基本法を1993年に「障害者基本法」と改称，改正したもの。1981年の国際障害者年の「完全参加と平等」の基本理念が取り入れられ，その第1条で，障害者は保護の対象ではなく権利の主体であることと，国・地方自治体等の責務を明確にし，「障害者の自立及び社会参加の支援等のための施策を総合的かつ計画的に推進すること」を目的として定められた。2004年の改正では障害を理由とする差別の禁止が明記され，2011年の改正では国連の「障害者の権利に関する条約」の批准に向けた国内法整備の一環で，障害の範囲に発達障害が明記されるなど障害者の定義の拡大や，合理的配慮の考えが反映された。基本原則（第3条〜第5条）は，地域社会における共生等，差別の禁止，国際的協調である。わが国は，本法の改正や障害者差別解消法の成立等を経て2014年1月20日条約に批准した。

[藤原伸夫]

障害者の権利宣言

障害者の権利に関する宣言。1975年第30回国連総会にて採択された。この宣言では，障害者を「先天的か否かにかかわらず，身体的又は精神的能力の不全のために，通常の個人又は社会生活に必要なことを確保することが，自分自身では完全に又は部分的にできない人」と定義したうえで，障害を否定せず，障害があることを当たり前の前提として，障害者その人のあらゆる権利を尊重することが示された。この宣言は法的拘束力を持つものではなかったが，2006年には「障害者の権利に関する条約」として国連で採択

されることとなる。

[松島 京]

障害者の日常生活及び社会生活を総合的に支援するための法律

障害者が地域の中で自ら望む日常生活を送り，社会参加することができるよう総合的かつ計画的に障害福祉サービスの充実等を図り，支援するための法律。とりわけ，障害児への支援のニーズは多様化しており，よりきめ細やかで質の高いサービスを提供することが求められている状況を踏まえ，この法律をもとに様々なサービスの提供や環境整備が行われる。その中には，障害が重度であることなどの理由により外出が著しく困難な障害児に対して，居宅を訪問して発達支援を行うサービスが位置付けられたり，医療的ケアが必要な障害児が適切な支援を受けられるよう，地方公共団体において，各関連分野の連携促進に努めることが規定されている。また，障害のある子どもが通う保育所や幼稚園，認定こども園等の集団生活を営む施設を訪問して，障害のない子どもと共に集団生活を営むために専門的な支援を行う「保育所等訪問支援」については，乳児院や児童養護施設もその対象となっている。さらに，障害児支援の提供体制の計画的な構築を図るため，地方公共団体において，「障害児福祉計画」を策定することが義務付けられている。

[武富博文]

生涯発達

受胎から老死まで，人間が環境との相互作用の中で，成長，保持，変容，衰退していく発達過程を指す。従来の乳児期，幼児期，児童期，青年期に至るまでの発達過程の概念を大きく拡張し，成人期，中年期，老年期も含むライフコースのことである。生涯発達の特徴として，発達の多次元や多様性，獲得としての発達であると同時に喪失としての発達，多方向であり可塑性，経験を内省することによる方向付け，個人の生涯発達的変化に関する認識は社会システムにも反映される

などが挙げられる。従来の発達の概念とは違って、生涯発達には包括的な広い発達概念の必要性がもたらされている。

[芝田圭一郎]

小学校学習指導要領

国（文部科学大臣）の定めた小学校の学校教育の教育課程の基準といわれるもの。学習指導要領は、社会情勢の変化を踏まえ、約10年ごとに全面改訂されてきている。『保育所保育指針』や『幼稚園教育要領』と比較して、『小学校学習指導要領』にはいくつかの特徴的な相違点が挙げられる。大きな相違点として小学校教育は、学習を中心とする教育活動として指導要領では定められているのに対して、幼稚園教育要領では、遊びを中心とする教育活動を中心に捉えられていることが挙げられる。その他、小学校の教育課程では、各教科（国語、社会、算数、理科、生活、音楽、図画工作、家庭、体育及び外国語）、総合的な学習の時間、特別活動、特別の教科道徳、外国語活動の5領域から成り立っているのに対して、幼稚園教育では5領域（健康、人間関係、環境、言葉、表現）から成り立っている。小学校教育では、各学年または低学年、中学年、高学年毎に教科の目標や内容が示されており、例えば「国語」の別表の学年別漢字配当表では第1学年では80字、第6学年では191字が示されている。また小学校教育では、「生きる力」を中心として、「確かな学力」「豊かな心」「健やかな体」の調和的・総合的な発達が目指されている。平成29年度に告示された小学校学習指導要領では、「何ができるようになるのか」という視点とともに、主体的・対話的で深い学び（アクティブ・ラーニング）が強調され、またカリキュラム改善としてカリキュラム・マネジメントの導入のほか、様々な配慮を要する児童に対しての指導のあり方などが新たに示されている。 [津田 徹]

小規模保育事業

子ども・子育て新制度によって2015年に始められた事業で、家庭的保育事業と保育所の中間的規模の認可保育所のひとつである。原則として、満3歳未満の保育を必要とする乳幼児に対して行う保育で、定員は6人以上19人以下である。入所できる子どもは、子ども・子育て新制度法において、3歳未満児の3号認定を受けた子どもである。実施要件によってA型（保育所に近い類型）、B型（中間型）、C型（家庭的保育に近い類型）の3つのタイプに分類されている。事業主体は、市町村または民間事業者等である。この事業は、待機児童解消のための大きな役割を果たしている。認可基準では、子どもの保育・教育の継続を保証するために保育所、幼稚園、認定こども園と連携をとることとしているものの、実際には受け入れ先が既に定員を満たしていて入所できない、または受け入れ施設が確保できていないなどの課題も残されている。そのため、小規模保育事業を就学前の幼児までを対象と認める措置の拡充が考えられている。制度の拡充だけでなく、幼児期の子どもの生活環境の質的な課題も視野に入れていかなければならない。

[岸本朝子]

条件づけ

ある経験をすることによって行動が変容し、新しい行動が得られること。行動主義では条件づけは学習の成立を意味する。条件づけには、古典的条件づけとオペラント条件づけがある。

古典的条件づけでは、パブロフのイヌが有名である。これは、イヌは餌（無条件刺激）を見ると唾液（無条件反応）が出るが、ベルやメトロノームなどの音（条件刺激）を聞かせて餌を与えることを繰り返すと、音を聞かせるだけで唾液が出るようになるというパブロフの実験に由来するものである。音を聞いた後に唾液が出ることは条件刺激によって新た

に引き起こされた反応であるため，条件反応（条件反射）とよび，この一連の過程が学習の成立と捉えられている。一方，オペラント条件づけは，自発的な反応を報酬や罰を与え，強化することによって学習が成立することである。たとえば，レバーを押すと餌が出てくる箱にネズミを入れ，ネズミが偶然そのレバーに触れ，餌が出てきたという経験を繰り返すと，自らレバーを押すようになるスキナーの実験が有名である。

　このような条件づけは，人間の行動理解にも用いられ，学校で友達にからかわれて気分が悪くなることが続いた後に自宅で学校に行くことを考えただけで気分が悪くなったり（古典的条件づけ），ラジオ体操に参加するとスタンプがもらえるので，休まずに参加する（オペラント条件づけ）など様々な例があげられる。

[松本麻友子]

条件反射

　条件刺激によって新たに引き起こされた反応のことであり，条件反応ともいう。パブロフはイヌを対象とした実験によって条件反応を説明している。イヌは餌（無条件刺激）を与えられると唾液を出すが，これは生まれつき備わっている反応で，無条件反応とよばれる。一方で，ベルやメトロノームの音を聞いてもイヌはとくに反応を示さないが，音を聞かせて餌を与える経験を繰り返すと，音（条件刺激）を聞いただけで唾液が出るようになる。このときの唾液分泌の反応が条件反応である。つまり，条件反応は生得的なものではなく，経験によって後天的に獲得された反応といえる。また，無条件刺激を与えずに条件刺激だけを提示し続けると徐々に条件反応は生じにくくなり消失する（消去）。消去によって反応が起こらなくなった後に休憩をはさんで，条件刺激を与えると条件反応が起こる。これを自発的回復というが，再び条件刺激のみを与え続けると条件反応は徐々に

減少していく。　　　　　　[松本麻友子]

少子化

　合計特殊出生率，いわゆる出生率が低下し，子どもの数が減ること。合計特殊出生率とは，1人の女性が一生の間に生む子どもの数の平均である。国際連合によれば，人口を安定的に保つためには，合計特殊出生率が2.1以上でなければならない。日本では，1975年に2.0を下回って以来，合計特殊出生率は下がり続け，1989年には1.57，2005年には1.26を記録した。しかし，2003年の「少子化対策基本法」や2010年の「子ども・子育てビジョン」等の行政の取り組みにより，合計特殊出生率は2006年に1.32と上昇に転じ，その後は，微増か横ばい傾向が続いている。とはいえ，2.1には遠く，超高齢化社会の到来を考えると，少子化対策は依然として喫緊の課題である。

[小川　雄]

少子化社会対策基本法

　2003（平成15）年，議員立法により成立した法律である。少子化の主たる要因であった晩婚化・未婚化に加え，「夫婦の出生力そのものの低下」という新たな現象の把握と急速な少子化の進行を踏まえ，その流れを変える為に従来の取組に加え，もう一段の対策を推進することが必要であり，国民や社会の意識変革を迫る目的で制定された。この法律は，急速な少子化の進行という事態に直面して「家庭や子育てに夢を持ち，かつ，次代の社会を担う子どもを安心して生み，育てることができる環境を整備し，子どもがひとしく心身ともに健やかに育ち，子どもを生み，育てる者が真に誇りと喜びを感じることのできる社会を実現し，少子化の進展に歯止めをかけること」（前文）を趣旨とする法律である。少子化対策の目的，基本理念や国・地方公共団体・事業主・国民の責務について規定するとともに，雇用環境の整備，保育サービス等の充実，ゆとりある教育の推進，

生活環境の整備，経済的負担の軽減，教育および啓発等の施設の推進を図るべきことが規定されている。その上で，少子化社会対策会議を内閣府に設置することを規定している。　　　　　　　　［熊田凡子］

少子化と教育

　少子化とは出生率の低下に伴い，人口が将来的に減少する現象を意味する。人口の維持には，安定的な子どもの出生が必要となるが，日本は世界的にみて出生率が最も低い国のひとつである。少子化には様々な要因があり，諸要因が相互に影響を及ぼしていると考えられるが，わが国の少子化の要因の一つに子どもの教育費の問題や，正規雇用の縮小などによる収入の減少など，経済的な問題が考えられる。そのため，子育てをしやすい環境を整えることで少子化を抑制しようと，保育所の量的整備や多様な保育ニーズに対応するための病児・病後児保育や夜間保育の実施といった様々な取り組みが推進されている。また，少子化が教育に及ぼす影響として中央教育審議会（2000）の「少子化と教育について（報告）の要旨」では，①子ども同士の切磋琢磨の機会が減少すること，②親の子どもに対する過保護，③子育てについての経験や知恵の伝承・共有が困難になること，④学校や地域において一定規模の集団を前提とした教育活動やその他の活動（学校行事や部活動，地域における伝統行事等）が成立しにくくなること，⑤良い意味での競争心が希薄になることなどが考えられる，ことが挙げられている。少子化によって子どもの教育環境が乏しくなることのないよう，保育・教育現場だけでなく地域を含む社会全体で子どもの育ちを守る取り組みが求められている。
　　　　　　　　　　　　　　［大江まゆ子］

小舎制（中舎制・大舎制）

　主に児童養護施設における養育形態の一つ。入所児が生活する１舎（養育単位）当たりの定員が12名以下の場合を小舎制，13～19名の場合を中舎制，20名以上の場合を大舎制と呼ぶ。大舎制は，多くの子どもが集団生活をする様式で，大半の居室は相部屋，食事も食堂にて大人数で食べることが多い。集団の統制は取りやすいものの，生活が管理的になりがちで，子ども一人ひとりに寄り添った養育が難しくなるという課題がある。それに対し，小舎制は，集団が小さくなることで個別のケアを行いやすく，各ホームで調理を行うなど，より家庭的な環境を保障しやすい。しかし，職員の負担や設備面のコストが大きくなる傾向がある。中舎制は，施設の空間を区切ることで生活単位の小規模化を図る形態である。児童養護施設は，以前は大舎制での養育が大半であったが，より家庭的な環境を保障し，個別の状況に応じた支援を行うため，近年，小舎制への移行など小規模化が進められている。　　　　　　［松浦　崇］

情操教育

　教育基本法（2006）に５つの教育の目標の１つとして「幅広い知識と教養を身に付け，真理を求める態度を養い，豊かな情操と道徳心を培うとともに，健やかな身体を養うこと」（第２条第１号）と定められている。情操教育とは，体験や経験を通して五感を刺激し，情緒や個性，道義的など「心」を育てる教育法である。事象について「なぜ？　どうして？」と不思議さを感じ自分で考える心などを養う「科学的情操」，困っている人がいたら，「どうしたの？」と声をかけたい，助けたいと思う気持ちなどを育てる「道徳的情操」，夕焼けを見て「きれいだな」，音楽を聞いて感じる思いなど，多様な感情を育む「美的情操」，生き物の世話を通して，命を大切にする心などを育む「宗教的情操」の４つに分類される。学校教育において，体育や図工，音楽，道徳など，５教科以外の科目は，情操教育の観点から取り入れられている。
　　　　　　　　　　　　　　［大嶋健吾］

象徴遊び

　幼児はおよそ1歳半頃になると，現実の世界の人・物・事をふり遊びや見立て遊びの中で置き換え，イメージをしながら遊び始める。たとえば，空のコップで飲むふりや，食べ物を食べるふりなど，大人の行動を観察して，それを模倣する。このように，現実にある物を想像の物に見立て，誰かのつもりになって演じるなど，ふり遊びや見立て遊びを総称して象徴遊びという。これは，子どもの象徴機能の発達に深く関わっているが，そこには乳児期より信頼できる大人の存在が必要不可欠である。心より信頼できる大人といっしょに目線を注ぎ共有する共同注視，同じ行動をまねる模倣，同じ遊びを一緒に楽しむという相互作用を通して，子どものイメージの世界は形成される。その後，他者とイメージを共有して遊ぶ「ごっこ遊び」へとつながる。

［猪田裕子］

象徴機能

　ピアジェの発達理論では，子どもが現前しないものやことを，身振りや言語，描画や心象などにより表現する機能を指す。また，具体的に見たものや経験したものを，しばらく時間をおいて再現する遅延模倣の出現は，象徴機能の発生する重要な指標とされている。特に2歳から4歳にかけては，遅延模倣行為を繰り返しながら，ごっこ遊びや見立て遊びといったような象徴機能を使いながらの遊びの姿が頻繁に見られる。ピアジェは，このような特徴を示す発達段階を，象徴的思考段階と呼ぶ。それは子どもの心理的世界を豊かにし，情動的側面やその後の言語の獲得，認知の発達においても重要な役割を果たすと考えられている。

［猪田裕子］

情緒障害

　情緒障害とは，状況に合わない感情・気分が持続し，不適切な行動が引き起こされ，それらを自分の意志ではコントロールできないことが継続し，学校生活や社会生活に適応できなくなる状態のことをいう。状態像や指導内容によって2つのタイプに分けられている。1つ目のタイプは発達障害や自閉症等の障害を要因として，言語発達の遅れや対人関係の形成が難しいといったタイプである。この場合，発達障害や自閉症に対応する療育指導が必要となる。つぎに，2つ目のタイプは心理的な要因が主で，社会的適応が困難である状態である。選択性かん黙，心理的な情緒的理由により不登校となったり，症状として，多動，常同行動，チックなどといった身体に現れるタイプである。このタイプには，子どもが不安に感じている要因に合わせて，支援者等との信頼関係の上に行う支援が必要となる。

［木下隆志］

情緒の発達（情動の発達）

　情緒とは，人がある出来事について思ったり，体験したりする際に生じる様々な感情のことである。喜びや怒り，悲しみや驚きなどはその一例である。人は，他者とスムーズなコミュニケーションをとるために，これらの感情をその時々の状況に合わせて，表出したり，抑制したりする。このように，社会的な活動において，人が感情のコントロールができるようになるプロセスのことを情緒の発達という。情緒の発達においては，乳児期に，良好な母子関係が基本的な信頼関係のもとに築かれていることが重要である（愛着形成）。子どもが安心して自分の感情を表出できることは，情緒の安定につながる。この状態をベースに，子どもは，母親以外の人との関わりの中で，状況によっては感情を表出するだけではなく，抑制することも必要であることを学んでいく。逆に，乳児期に母子間の基本的な信頼関係が築かれていないと，子どもは感情表出の仕方を学ぶ機会を逸することになり，その後の人間関係の広がりが困難になることもある。

[髙橋貴志]

常同行動

　他者からは無目的に見える，同じ行為を繰り返し行う状態のことを言う。何回も飛び跳ねる，何度も足を組み替える，何度も拍手をする（手をたたく），廊下を行ったり来たりする，何度も壁に頭をぶつける，などは一例である。多くの場合，生後 3 年以内に起こり，自然に消失することもある。しかし，発達障害や知的障害等を伴う場合は，3 歳以降も継続することが多く，その行動が日常生活に支障をきたした際には，治療が必要となる。治療方法としては行動療法が中心となるが，自傷行為が伴うなど，行動が過度の場合は，薬物療法を組み合わせることもある。一見，無目的な行動と思われる常道行動にも，行動する本人には何らかの理由がある。それゆえ，保育者等が常同行動をとる子どもと関わる際には，行動の背景に何があるのか，子どもの意図はどこにあるのか等を読み取ることが不可欠である。その上で，必要に応じて，臨床心理士，小児科医，児童精神科医等の専門職と連携をとることも重要である。

[髙橋貴志]

小児保健

　小児保健とは，小児（原則，18歳まで）の子どもとその家族及び集団を形成する子どもを対象とし，①健康の保持・増進，②疾病の予防，③安全管理・事故防止，④母胎内から出生後の成長・発達し成熟する過程（発育）の保障に向けて社会的システムを構築する専門領域である。小児保健の学習内容は，子どもの成長・発達，家族の発達，小児栄養，子育て支援，小児期の病気と治療，健康管理・疾病予防，小児看護，救命・救急処置，安全管理・事故防止，医療保育・療育，健康教育，防災教育等が包括される。また，胎児期から乳幼児期の子どもの健康は，母親の健康に大きく依存することから，母性保健と小児保健の分け目のな

い緊密な連携が重要である。さらに，子どもと家族の健康と安全は，保健・医療・福祉・教育が統合されて成り立つものである。小児保健の実践においては，医師（小児科医・産婦人科医・眼科医・耳鼻咽喉科医・整形外科医・皮膚科医・児童精神科医・歯科医等），保健師，看護師，助産師，保育士，医療保育専門士・栄養士，教員，リハビリテーション療法士（理学療法士，作業療法士，言語聴覚療法士）など，多職種の連携と協働が重要となる。

[森田惠子]

少　年

　少年とは「少年野球」「少年漫画」が示しているように，社会通念上 7，8 歳頃から15，16歳頃までの未成年である男子を対象としている。しかしながら，法令上は「少女」を含むすべての子どもを包括している。「児童福祉法」第 4 条では，児童を乳児，幼児，少年と区分した上で「少年とは小学校就学の始期から満18歳までの子どもを対象とする」と規定し，小学生から高校生までをその範疇として，児童福祉法の対象としている。また「少年法」第 2 条では，「少年」とは20歳に満たない者と示している。少年の健全な育成を期し，非行のある少年に対して性格の矯正及び環境の調整に関する保護処分を行うとともに，少年の刑事事件について特別の措置を講ずることを目的としたのがこの少年法である。一方，令和 4 （2022）年 4 月から民法上の成年年齢が18歳に改正され，18歳以上が選挙権を持つことになった。成人年齢は引き下げられたがあくまでも「少年法」では満20歳までを少年とし，18歳以上20歳未満の者を特定少年と位置付け，17歳以下の少年とは異なる特例を定めた。

　「少年」はそれぞれ法令や立場によってとらえ方は異なるが，「少年老い易く学なり難し」「少年よ，大志を抱け」の格言が示すように，少年・少女が社会への第一歩を踏み出す過度期であることは

言うまでもない。　　　　　　［柏原栄子］

少年法

　20歳未満の少年の健全育成について定めた法で，1922年制定の旧少年法を改正し1948年に制定された。非行のある少年に対して，保護観察や少年院送致など，性格の矯正や環境調整に関する保護処分を行うとともに，刑事事件について特別の措置を講じることを目的としている。対象となる少年は，14歳以上で罪を犯した犯罪少年，14歳未満で刑罰法令に触れる行為をした触法少年，将来的に罪を犯すおそれのある行為が見られるぐ犯少年の3種類に分けられ，家庭裁判所の審判に付されることとなっている。2000年の改正により，刑事罰の対象年齢が16歳以上から14歳以上へと引き下げられたのをはじめ，2007年の改正では，少年院送致の対象年齢が，14歳以上からおおむね12歳以上へと引き下げられるなど，近年，厳罰化の方向で改正が進められている。なお，民法改正で成年年齢が18歳に引き下げられたことを受け，2021年の改正で18，19歳の者は「特定少年」として，17歳以下とは異なる取り扱いがされることとなった。　　　　　　　　　　［松浦　崇］

食　育

　心身の成長及び人格形成に大きな影響を与える「食」に関する知識の習得と食事行動の自立を育むことを目標とする教育の総称。2005年に制定された食育基本法によって，食育の基本的理念が提示された。

　栄養バランスの良い食生活，「食」を選択する力の習得は，豊かな人間性を育み，生きる力を身につけていく。子どもの食育においては，食べる喜びや楽しみ，食べ物への興味，関心が深められることにより，五感や心が育まれる。食べたいという生理的欲求は，食に関する問題の早期解決へとつながる。種まきから収穫までの栽培活動は，自分で育てた野菜の採れたてを食べると，より美味しく感じ，

嫌いな食材も食べられるようになるという利点がある。土に触れる体験も自然の恩恵を身近に感じるために大切である。クッキング保育も食育の観点から位置づけられる。調理される前の食材にふれることで，食への関心を持つきっかけになり，調理器具の使用方法や食材を洗ったり，切ったりする活動を子どもたちが協力し合って自分たちで料理体験する多くの学びの貴重な機会である。　［湯元睦美］

食育基本法

　食育基本法は2005年7月に制定された。第1条は，この法律の目的を示している。「近年における国民の食生活をめぐる環境の変化に伴い，国民が生涯にわたって健全な心身を培い，豊かな人間性をはぐくむための食育を推進することが緊要な課題となっていることにかんがみ，食育に関し，基本理念を定め，及び国，地方公共団体等の責務を明らかにするとともに，食育に関する施策の基本となる事項を定めることにより，食育に関する施策を総合的かつ計画的に推進し，もって現在及び将来にわたる健康で文化的な国民の生活と豊かで活力ある社会の実現に寄与することを目的とする」。食育は，生きる上での基本であって，知育・徳育・体育の基礎となるものであり，様々な経験を通じて「食」に関する知識と「食」を選択する力を習得し，健全な食生活を実現することができる人間を育てることである。食育基本法の第2条から第8条は，「食育基本法における7つの基本理念」を定めている。第5条では，「食育は，父母その他の保護者にあっては，家庭が食育において重要な役割を有していることを認識するとともに，子どもの教育，保育等を行う者にあっては，教育，保育等における食育の重要性を十分自覚し，積極的に子どもの食育の推進に関する活動に取り組むこととなるよう，行われなければならない」と，保護者や教育関係者等の，食育における役割を定めて

いる。　　　　　　　　　［廣田有加里］

食事摂取基準

　健康増進法（平成14年法律第103号）第16条の2に基づき厚生労働大臣が定めるものであり，国民の健康の保持・増進を図る上で摂取することが望ましいエネルギー及び栄養素の量の基準を示すもので，5年毎に改定を行っている。食事摂取基準では，エネルギーや栄養素の「摂取量の範囲」を定めて，欠乏症だけではなく過剰摂取も防ぐことができるよう配慮されている。それぞれの基準は，エネルギーについては「推定エネルギー必要量」，栄養素については，「推定平均必要量」，「推奨量」，科学的根拠が得られない場合の「目安量」，生活習慣病予防のため当面の目標とすべき摂取量やその範囲を示す「目標量」，とり過ぎることで健康を損なうことのない最大量を示す「耐容上限量」という指標が設定されている。　　　　　　　　　［廣田有加里］

食事の習慣

　人間が生きていく上で必要な栄養を摂取するために，何かを食べる行為は不可欠な営みであり，朝・昼・夜の1日3回の食事を摂るのが一般的である。食べたいという欲求のために，食事と食事の間には，十分に活動をして，規則的に空腹感を感じることが求められる。しかしながら，食習慣の基礎的な確立には，それだけではなく，家族や友だち，保育者と一緒に，落ち着いた温かい雰囲気の中で食事を楽しむ必要がある。食事の前に手を洗ったり，「いただきます」「ごちそうさま」という食前食後の挨拶や食事中の姿勢や態度なども，食べる喜びを前提として，付随するマナーである。食事中の適度な会話は，コミュニケーション能力を豊かにし，過食や早食いを予防する。テレビを視聴しながらやおもちゃで遊びながら食べる行為は，幼児期にやめた方が良い。また偏食や残食の課題が改善されるためには，周りの大人の適切な援助

が大切である。つまり，美味しく味わって食べるという食事における良い習慣には，子どもの心身の成長につながる多くの要素が含まれる。　　　　　［湯元睦美］

食事バランスガイド

　「食事バランスガイド」は，望ましい食生活についてのメッセージを示した「食生活指針」を具体的な行動に結びつけるものとして，1日に「何を」「どれだけ」食べたらよいかの目安を分かりやすくコマの絵で表現したもの。コマは，上から「主食」「副菜」「主菜」「牛乳・乳製品」「果物」という5つの料理グループで表現している。またコマの軸は「水・お茶」，「菓子・嗜好飲料」はコマをまわすヒモとして描かれている。厚生労働省と農林水産省の共同により2005年（平成17）年6月に策定された。
　　　　　　　　　　　　［廣田有加里］

触法少年

　非行少年の一種で，少年法第3条第1項に規定されており，14歳未満で刑罰法令に触れる行為をした少年をいう（少女も含まれる）。刑法において，14歳未満は刑事未成年として刑事責任能力がないとされており，たとえ人を傷つけたり物を盗んだりしても，法に触れただけということになる。そのため罰を受けることはなく，児童福祉法の下で児童相談所が対応する。児童相談所では，本人や保護者に対して指導を行うほか，児童養護施設や児童自立支援施設に措置する場合もある。また，少年法による保護が必要と判断された場合は家庭裁判所に送致されることもある。子どもを支援する上では，子どものその行動（非行）にのみ着目するのではなく，その背景にある課題を見つける必要がある。なお，少年法には，他に犯罪少年（罪を犯した14歳以上18歳未満の少年）とぐ犯少年（将来，罪を犯し，又は刑罰法令に触れるおそれのある少年）が規定されている。なお，民法改正により2022年4月から成年年齢が20歳

から18歳に引き下げられた。同時に少年法も改正され罪を犯した18歳，19歳は特定少年として引き続き少年法が適用されることとなった。

[芦田麗子]

食物アレルギー

摂取した食物が原因となり免疫学的機序（体を守る働きを免疫という）を介して，じん麻疹・湿疹・下痢・咳・ゼーゼーなどの症状が起こることである。食物アレルギーは1歳未満の乳児で最も多く発症している。厚生労働省の調査によると小児から成人まで幅広く認められており，最近では様々な食品にアレルギーが認められようになってきたのも特徴で，以前ではみられなかった果物・野菜・芋類などによる食物アレルギーの報告もされている。

[廣田有加里]

助産施設

児童福祉法第7条に基づいて国または地方公共団体が設置している児童福祉施設の一つである。同法第22条には，すべての人が安心してお産ができるように，「経済的理由により，入院助産を受けることができない場合において，その妊産婦から申込みがあったときは，その妊産婦に対し助産施設において助産を行わなければならない」と記されている。厚生労働省は，出産を取り巻く状況を鑑みて，2019（令和元）年に「児童福祉法第22条の規定に基づく助産の円滑な実施について」の通達を発出し，各自治体に入院助産制度の周知徹底を図り，支援が必要な妊産婦へのサービスの活用を促した。入所できる妊産婦には，所得制限が設けられており，生活保護世帯や市区町村民税非課税世帯に限られている。かかる経費の徴収金の基準額についても明示されている。さらに，産前産後の保護や支援が必要な場合は，母子生活支援施設や婦人対象の保護施設の活用を促すことが入院助産制度においても推進されている。

このような助産施設の存在についての周知徹底を図ることにより，今後，経済

的に苦しい環境での妊産婦を支援することができ，生まれてきた子どもの養育を継続的に見守ることができるようになる。

[柏原栄子]

助産術（産婆術）

古代ギリシアの哲学者ソクラテスの用いた教育方法の中心概念である。ソクラテスは問答法を用いて一人ひとりのアテネ市民を導こうとした。問答法とは，知っていると思い込んでいる相手に問いかけ，その答えにさらに深く問いかけて考えさせるという連続的な問いの営みであるが，それには，結局事柄の本質はわかっていないという自覚（無知の知）へと導くという一面と，考えの深化によって新たな知を見出すという一面とがあった。ソクラテスの実際の問答においてはこの両面は区別しにくいことも少なくはなく，また前者にのみ終わることもあった。しかし，無知の自覚を深めながら新たな知の発見へと導くというこの営みは，教育とは知識や技術を学習者に与えるのではなく，学習者が自らそれを見出す，すなわち生み出すことを助ける営みであるという，教育の在り方の根本的な変革であり，ソクラテスはこれを母ファイナレテが助産師であったことから助産術と名づけたと言われる。

[隈元泰弘]

初任者研修

教育公務員特例法第23条により，新規採用された教員（幼稚園，幼保連携型認定こども園，小学校，中学校，高等学校，中等教育学校，特別支援学校）に対して，採用された日から1年間（幼稚園教諭，保育教諭は2年間），都道府県教委員会が実施する国が定める法定研修の一つ。小，中，高校での内容は教科指導や生徒指導を著しい支障なく実践できる資質能力や，教科指導，生徒指導，学級経営等の職務遂行能力の向上を目指すものである。時間数は週あたり10時間以上で，年間では300時間以上とされている。また，企業や福祉施設，教育センター等での校

外研修も年間25日以上必要とされる。幼稚園教諭，保育教諭は，園内，園外においてそれぞれ2年間で10日間（1年目8日，2年目2日）ずつ受講しなければならない。また2年目には課題研究もある。指導教員は，初任者研修を受ける教諭が所属する副園（校）長や，教頭，主幹教諭，教諭，主幹保育教諭，指導保育教諭，保育教諭等が担当する。　　　　［佐野　茂］

私立学校法

私立学校の組織や資産などを定めている法律。第1条で，「私立学校の特性にかんがみ，その自主性を重んじ，公共性を高めることによって，私立学校の健全な発達を図ること」を，この法律の目的としている。私立学校は学校法人が設置するが，学校法人を認可するのは「所轄庁」であり，大学は文部科学大臣，それ以外の幼稚園や小中高等学校などは都道府県知事となる。私立学校法第35条において「役員として，理事五人以上及び監事二人以上を置かなければならない」とあり，理事のうち一人が理事長となることが定められている。理事によって開かれる理事会は，学校法人の最高意思決定機関となる。第41条においては評議員会について規定があり，評議員会は理事会の諮問機関であり，予算や事業計画について，意見を述べることができる。

［冨江英俊］

自立活動

特別支援学校幼稚部教育要領第2章に定められた障害のある幼児のための特別の指導の領域のことをいう。特別支援学校では，「障害による学習上又は生活上の困難を克服し自立を図るために必要な知識技能を授けること」が目的として掲げられており，これに対応した教育課程として「自立活動」が，ねらいや内容とともに設定されている。なお，保育所保育指針や幼稚園教育要領にも「障害のある子どもの保育」や「特別な配慮を必要とする幼児への指導」の項目が総則の中

に位置づけられているが，実際的な対応にあたっては「自立活動」のねらいや内容を十分に踏まえることが求められている。特に障害のある幼児にとっての「自立」の意味は，「幼児がそれぞれの障害の状態や発達の段階等に応じて，主体的に自己の力を可能な限り発揮し，よりよく生きていこうとすること」と捉えることが重要である。また，自立活動の指導を行うにあたっては，個々の幼児の実態把握を行った上で，指導すべき課題を明確にするとともに，個別に指導のねらいや具体的な指導内容を定めた個別の指導計画を作成することが必要となる。自立活動の内容は，人間としての基本的な行動を遂行するために必要な要素と，障害による学習上又は生活上の困難を改善・克服するために必要な要素で構成され，6区分27項目で示されている。

［武富博文］

自立と自律

乳幼児期に十分に愛され，支えられた経験のある子どもは，自分の行為に自信をもち，自ら環境に働きかけ，試し，行動しようとする。つまり，自分の力でものごとをやりぬくという力の育ちが自立である。例えば，服の着脱などの基本的な生活習慣においてもそれは見られる。この自立を促すためには，子どもの可能性を信じ，自立しようとする気持ちに寄り添い，寛容な態度で見守る大人の姿が大切である。その後，自分で選ぶ「自己選択」，自分で決める「自己決定」，自分で責任をとる「自己責任」という，自分自身の立てた規範に従って行動することができるようになる。これが自律であり，自らの意志によって普遍的道徳法則を立て従う姿である。　　　　［猪田裕子］

事例研究

一事例あるいは少数事例について，その対象となる事象を様々な側面からとらえ，多角的・総合的に考察を深めていく研究方法のことである。保育の場で用い

る場合，子どもの姿や保育者の援助等，具体的な場面を取り上げ，それを観察し，詳細な記録をとり，資料を収集しながら，整理・分析する。その後，同じ職場のスタッフや外部からの観察者などとともにケースカンファレンスを開き，複眼的に検討することで，子どもの行為の意味について考え，具体的な援助の在り方を共有し確認することにも有効とされる。

[猪田裕子]

人　格

人格とは，その人の特徴をつかさどり，個人と環境とのかかわり方を規定する思考，感情，行動の特徴的な様式である。1930年代に，オールポートとオドバード（Allport & Odbert, 1936）は，英語辞書を参考に約4,500語の行動特徴に関連する言葉を抜き出したのが始まりである。その後，キャッテル（Cattell, 1943, 1945）は因子分析の手法を用いて，16因子の性格特徴を抽出した。さらにアイゼンクの人格因子では，神経症的傾向の2因子として，内向性－外向性，不安定－安定が見出された。最近では，人格の5因子説，ビッグ・ファイブが有力である。ビッグ・ファイブの基本構造は，開放性（知的好奇心，創造性といった目新しさを好む傾向），外向性（社交的で他人とのかかわりを求める傾向），誠実性（堅実性，勤勉性といった自己コントロールしながら忠実に行動する傾向），協調性（調和性，同調性といった思いやりや協力して行動する傾向），神経症傾向（神経質で感受性が高い一方で，心理的ストレスを受けやすい傾向）という5つの行動傾向があると考える。欧米やアジアなど文化圏を越えて再現性があるとされている。幼少期の生活経験は人格形成に大きく影響を及ぼすと考えられている。たとえば，虐待などにより愛着形成がうまくなされなかった子どもは，表情が乏しく，脳の発達にも悪影響があることがわかっている。精神分析理論では，人が不安や苦痛などから逃れるための心の働き，防衛機制で説明する。主な防衛機制は，抑圧（苦痛な思い出を意識から締め出すこと），合理化（自分の行動にもっともらしい説明を当てはめること），退行（本来の発達段階より赤ちゃん返りすること）があって，苦痛から逃れる不適応行動の原因とされる。

[西浦和樹]

新教育運動

教師中心の教育に対して，児童の個性や興味を中心として，子どもの自主性を尊重する教育のこと。19世紀末以降，欧米を中心に実践が広まっていく。日本では大正期に盛んになる。大正デモクラシーと結びつき，沢柳政太郎は，1917（大正6）年に成城小学校を設立し，先駆的な働きをする。他に羽仁もと子の自由学園等が有名。さらに鈴木三重吉が創刊した雑誌『赤い鳥』は，優れた童話等が掲載されている。芥川龍之介や山本有三も執筆している。また，山本鼎（かなえ）は児童自由画運動に注力し，従来の臨画を批判し，子どもの生き生きした絵画の重要性を説いた。アメリカでは，パーカーが，児童中心教育の先駆的な進歩主義教育運動の父と呼ばれた。デューイは，問題解決学習を考案して，「なすことによって学ぶ」という経験主義を唱えた。スウェーデンの女性思想家のエレン・ケイは，1900年に『児童の世紀』を著し，ルソーの消極教育を徹底した。「教育の秘訣は教育しないこと」は有名な言葉である。イタリアのモンテッソーリは，幼児教育の分野で貢献し，1909年刊行の主著『モンテッソーリ・メソッド』は，各国の幼児教育現場で実践されている。

[広岡義之]

親　権

親権とは父母の養育者としての権利と義務の総称をいい，詳細は民法に規定される。未成年の子に対する権利と義務として，身の回りの世話や教育をする「身上監護権」と「財産管理権」に大別され

る。「身上監護権」には監護教育権，居所指定権，職業許可権のほか，今日社会問題となっている児童虐待に関連する懲戒権がある。子どもの「しつけ」と称した児童虐待が後を絶たず，2019年の児童虐待防止法等の改正で親権者による体罰の禁止が明文化されたものの，民法の懲戒権は残ったままで，その後削除に向けて議論された。

社会的養護では，児童虐待等で子どもの利益を害する際の親権の制限として，親権喪失があったが，親子の断絶という厳しい処分のため，2011年の民法改正で新たに家庭裁判所が2年以内で期間を定める親権停止制度が設けられた。また同年の児童福祉法改正で，児童相談所長や児童福祉施設長が，親権者がいない要保護児童の親権を代行する等の権限が強化された。

父母が離婚の場合，どちらか一方が親権者（共同親権から単独親権）となるため，親権争いが問題となるが，親権は子どもの権利条約の理念に沿った，子どもの最善の利益を主体とするものでなければならない。　　　　　　　　［藤原伸夫］

人権教育

人権とは，あらゆる人が生まれながらもっている権利であり，国籍や性別等に関わらず，等しく人として基本的に有している自由でかつ平等であるということ。この考えは，子どもが生まれながらに自然にもっているものではなく，社会生活の中で獲得するものであることを意識して教育する必要がある。従って，保育者は，幼児の生活の中で具体的な事例をとおして，人として自由，平等であること，自分と異なることに対して差別的な感情をもつことの問題点を丁寧に説明し，年齢に応じて納得することを目指して，日々の生活で指導する役割がある。また，保護者とも共有して家庭での人権教育も推進することが重要である。さらに，保育者自身が人として正しいことがなんで

あるのか，常に意識して行動することが何よりも問われる。　　　　［名須川知子］

心情・意欲・態度

平成29年3月に告示された幼稚園教育要領，保育所保育指針，幼保連携型認定こども園教育・保育要領では，幼児期に育みたい3つの資質・能力として「知識及び技能の基礎」「思考力，判断力，表現力等の基礎」「学びに向かう力，人間性等」が示された。これまで，日本の幼児教育が大切にしてきた心情・意欲・態度の文言は，「学びに向かう力，人間性等」の中に記され，心情・意欲・態度が育つ中で，いかによりよい生活を営むかという視点が重視された。また，物事の面白さや不思議さなどに心が動かされる「心情」，そこからやってみたいことが生まれる「意欲」，そのことに向けて粘り強く取り組む姿「態度」等は，全て遊びの中で育まれ，それは非認知能力の育ちでもある。　　　　　　　　　［猪田裕子］

心身症

日本心身医学会によると，「心身症とは身体疾患の中で，その発症や経過に心理社会的因子が密接に関与し，器質的ないし機能的障害が認められる病態をいう。ただし，神経症やうつ病など，他の精神障害に伴う身体症状は除外する」と定義されている。心身症は，消化性潰瘍などの器質的な身体病変を呈する場合と片頭痛や過敏性腸症候群などの病態生理的な機能的障害を呈する場合に分類できる。心身症の人は，真面目で，自分の気持ちを無理に抑えてでも周囲の要求や期待に応えようとする過剰適応の傾向がよくみられる。また，子どもは心身が未成熟で未分化であるため，全身的な症状を示すことがある。したがって，身体面の治療のみならず，心理面からの治療も必要となる。　　　　　　　　　［松本麻友子］

新生児期

妊娠・分娩による影響が消失し，子宮内の共生生活から子宮外の独立生活への

生理的適応過程が終了するまでの期間を
いう。出生児の成長発達状況の程度に
よって異なるが，統計および法規上では，
乳幼期初期の出生から4週間未満あるい
は1か月までの時期で，出生により母胎
から分離する過程で，自力呼吸や栄養摂
取をするようになり独立した個体として
の生活を始める時期である。しかし，全
面的な監護と養育を必要とする時期でも
ある。最初の1週間は生理的体重減少や
新生児黄疸などの発症がある。味覚や触
覚などの近感覚はある程度発達している
が，視覚や聴覚などの遠感覚は充分では
ない。運動性は反射と塊運動が主となっ
ていて，有意運動はまだ発達していない。
新生児反射（原始反射）と原始行動を有
するのが特徴となっている。これは普通
3か月頃から消失する。この時期は，特
定の人物との初期接触，母性的愛撫など
マザリングが子どもの心身の安定的発達
に重要である。さらにこの時期にハイリ
スク，例えば低出生体重児など，呼吸器，
循環器，神経系統などに成長上のリスク
が生じることもある。したがって疾患・
障害のリスクについて，予後のフォロー
アップに医療，保育，教育等の多職種間
連携が必要である。　　　　［西本　望］

深層心理

　普段は意識されていない，心の無意識
の領域のこと。自分でも気づかない心の
働き。人の無意識について発見したフロ
イトは，日常生活の中で受け入れられな
い体験や，思い出したくない感情や観念，
不都合で達成されない願望が抑圧されて
無意識に沈んでいくとした。そのような
抑圧された内容は，普段は意識されるこ
とはないが，消失したわけではなく，無
意識の中に常にあって，人の行動や認知
に影響を与える要因となると考えられる。
さらに，意識化されることは少ないため，
歪められたり，偽装されたりした形で現
れるとされる（意識しないちょっとした
言い間違いや失敗，ヒステリー症状，神
経症症状等）。フロイトは，精神分析の
アプローチとして，抑圧されたさまざま
な葛藤を，話すことによって意識化させ，
自我の無意識的な緊張を弱めるという，
自由連想法の技法を確立した。

[古川　心]

身体発育

　子どもが年齢と共に姿を変えていく状
態を現わすことばとして，発育・発達・
成長・成育・成熟などがある。発育，成
長は英語では growth，発達は develop-
ment，成熟は mature といえるが，こ
れらのことばは用いる者によって内容が
異なっていることも多く，用語が一定し
ていない。平井信義によれば，発育とい
うことばは，身体発育といわれるように，
形態面の年齢的な変化を表現する場合が
多い。すなわち，①細胞数の増加，②細
胞そのものの増大，③細胞間質の増加に
よって，形態はその量を増し，それが身
長や体重の増加となって現れてくる。一
方，発達ということばは精神発達，運動
機能の発達といったように用いられ，機
能の年齢的な複雑化を意味し，むしろ質
的な面に重点が置かれる。しかし，子ど
もの年齢的変化の中で，形態と機能とは
別個に営まれるものではない。形態の増
大は，しばしば機能の複雑化を伴う。と
ころが，形態の量的増加は，必ずしも機
能の複雑化を伴うわけではないことも留
意すべきである。たとえば，体重が増加
したからといって，他の機能が向上した
とはいえないし，脳の重量が増加したか
らといって，直ちに精神的機能が複雑化
するわけではない。このように量的変化
と質的変化の関係は慎重に検討される必
要がある（平井，1970）。

　1930年に発表された，誕生から20歳ま
での発育を神経型，リンパ型，生殖型，
一般型の4つのパターンで示すスキャモ
ンの発育曲線が現在も用いられている
（藤井，2013）。　　　　　　［村井尚子］

身体表現

　保育や学校教育では，保育内容領域表現や教科体育において，身体活動をともなった表現的な活動をさす。たとえばダンスなどの運動することによって，思考を身体活動により可視化して伝えていこうとするもの。身体表現は，幼児期の教育課程・保育計画にある保育内容領域「表現」の内容・方法に位置づけられていて，遊びの中で総合的に行われる。それは教員養成校や保育士等養成校の養成課程において，保育内容領域「表現」に係る授業科目として，たとえば「造形・絵画表現」，「音楽表現」，「身体表現」のように，おおよそ三つに分化した専門科目としておかれている。それらを学生たちは，より専門的に分化した形態で学修することになる。幼児教育・保育での身体表現は，幼児らが頭の中で描いたイメージを身体，つまり頭・頸，体幹，手・腕，足・脚などの各部位やそれらの総合体としての動きを振りや回転などで表現する。これにより心と体の調和のとれた律動的な動きづくりとともに，精神的な開放にも役立つとも言われる（舘，1980）。教師・保育士等指導者側としては，幼児のもつイメージを受容して，創造性を担保するようにする。さらに音楽表現とも重複するところもあるが，器楽による伴奏等を用いることによって，幼児らのイメージがさらに生起し，身体的行為がより促進されることも見込まれる。例としては，模倣遊び，わらべ歌と組み合わせた遊び，フォークダンス，リトミック，オペレッタなどがある。

[西本　望]

診断的評価

　米国の教育心理学者のブルーム（Bloom, B. S.）による教育評価の方法である。ブルームが提唱した完全習得学習（Mastery Learning）理論において，指導のための手がかりを得る手段と位置づけられている3つの評価，診断的評価，形成的評価，総括的評価のひとつ。診断的評価（diagnostic assessment）は，一連の学習の最初の段階（入学時，学年の始まり，授業の開始時等）において，学習者である児童・生徒の特性を理解するために行う評価である。具体的には学習者が，すでにどのような知識・技能をもっているか，どのようなことに興味や関心があるか，どのような先行経験をしているかといったことを明らかにして，学習の前提となる学力の実態や生活経験の内容等を把握する目的で実施する。この評価により得られた情報は，学習の開始前に学習者の不足している学力を回復させておくことや，教師が自身の授業計画を修正あるいは改善するために活用される。それにより，学習の効果を向上させることが期待できる。評価の方法として，教師が作成する筆記試験，質問紙，観察記録，実技（口頭試問），心理検査などが用いられる。→形成的評価；総括的評価；評価の方法　　　　　　[大森雅人]

進歩主義教育

　一般にパーカー（Parker, F. W., 1837-1902）が進歩主義教育の父といわれ，1896年シカゴ大学に実験学校を開設したデューイがプラグマティズムに基づく進歩主義教育理論を確立した。19世紀末に端を発し，1910年代から30年代にかけて最盛期を迎え，50年代なかばに消滅したアメリカにおける新教育運動の理論と実践に対する総称。教育を「社会の進歩と改革の基本的手段」ととらえ，旧教育の教師中心主義，教科万能主義に対し，児童の自由・活動・興味・自発性を尊重する児童中心主義の立場にたち，具体的な生活経験を通しての学習を強調する点に特徴がある。1919年「進歩主義教育協会」Progressive Education Associationが結成され，進歩主義教育の普及・発展に貢献した。協会の活動は，児童の個性や興味，自己表現を強調するあまり，社会や文化に対する顧慮に欠け，30年代に

入ると，このいきすぎた児童中心主義に対し，カウンツ（Counts, G. S., 1899-1974）らの内部批判や本質主義，永遠主義からの非難・攻撃を浴び，学校と地域社会との関連を重視する社会中心主義への方向転換を迫られた。しかし，40年代以降の保守化傾向のなかで進歩主義教育運動が衰退し，55年，協会はついに解散に追い込まれている。

日本においては，とくに第二次世界大戦後，進歩主義教育運動が活発に展開されたが，1950年代後半以降，アメリカと同じ運命をたどった。しかし近年，その再評価の動きが現れている。狭い形式主義と児童不在に陥っていた伝統的教育に敢然と挑戦し，児童の自発的活動に立脚した教育観を，広く世界の教育界に定着させた進歩主義教育の功績は大きい。

［大方美香］

心理療法

心理療法とは，セラピスト（治療者）がクライエント（患者）の抱える問題を対話や訓練といった介入によって，こころや身体の不調の回復，健康の維持増進をはかろうとする心理的支援をいう。臨床心理学では心理療法，精神医学では精神療法ともいう。心理療法を行うセラピストは，その拠り所とする理論の違いによって，精神分析療法，行動療法，認知行動療法といわれる技法を使うことで心理的支援を行う。実際のクライエントが抱える問題の解決には，クライエント自身が問題を言語化できるだけの能力が必要なので，認知行動療法は保護者への支援に対しては有効であるが，園児に対しては精神分析療法や行動療法のような働きかけが適している。→サイコセラピー

［西浦和樹］

す

水 痘

水痘（みずぼうそう）は，ウイルスによって起こる発疹性・伝染性の病気である。感染者の咳やくしゃみに含まれるウイルスを吸い込むことによる感染（飛沫感染・空気感染），あるいは水疱（水ぶくれ）や痰・鼻水などの排出物に接触することによる接触感染がある。伝染力は発疹出現の1～2日前から出現後4～5日，水疱が乾いて痂疲（かさぶた）を形成するまでである。家庭や施設内での接触による発症率は90％と報告されている。初発症状は発熱（38度程度）と発疹で，発疹は頭皮，次いで体幹，四肢へと全身性に出現し，かゆみを伴い，短時間で水疱となる。病状の重症化は水痘そのものではなく，熱性けいれん，肺炎，気管支炎等の合併症によるものである。予防は予防接種が有効で，1歳から3歳までに2回ワクチンを接種する。保育所内で水痘が発生した場合は，子どもの予防接種歴及び罹患歴を確認し，未接種・未罹患者のいる場合は，嘱託医に速やかに相談をする。水痘患者に接触した場合，3日以内にワクチンを接種すれば80％から90％発病を予防でき，家族内感染の予防，施設内感染の防止に有効とされている。水痘は，学校保健安全法により学校感染症第2種に指定され，出席停止期間はすべての発疹が痂皮化するまでである。登園の再開に際しては，意見書（医師が記入）の提出が必要となる自治体・保育所がある。水痘は大人になって初めて感染すると重篤化しやすい。特に妊婦への感染（妊婦の周産期水痘や水痘肺炎，胎児の先天性水痘症候群等）も重篤であるため，保護者への連絡・確認，送迎時等における感染防止策も重要となる。

［森田惠子］

睡 眠

人生の約3分の1は睡眠と言われているように，睡眠は生物の機能を維持するうえで重要な機能となっている。特に子どもにおいては，心身の健全な発達のためにも必要不可欠である。子どもの睡眠

については，国や文化，生活スタイルによる違いがあるほか，インターネットやスマートフォンなどの情報通信機器が広く普及する中で，その様相も変化している。近年，24時間社会の広がりに伴う生活の夜型化によって，子ども達の遅寝，睡眠時間の減少，睡眠障害等，子どもをめぐる睡眠の状況が問題視されており，良好な睡眠を確保することが急務となっている。子どもの睡眠の問題は，将来の生活習慣病のリスクを高めるといった身体的影響や心理的な影響があることも実証されており，より良い睡眠への取り組みは，成人以上に重要である。また，子どもに安全な睡眠環境を確保するためには，保護者の睡眠習慣や保護者の情報通信機器の使用を見直す必要も生じている。

[福井逸子]

スキナー
Skinner, Burrhus Frederic（1904-1990）

アメリカの心理学者。ネズミのレバー押し行動に対して餌が与えられる装置（スキナー箱）を考案し，オペラント条件づけの原理を解明した。スキナーの実験では，箱の中に入れられた空腹のネズミが偶然にレバーを押すことで餌を手に入れる。この動作を何度か繰り返すうちにネズミは餌を手に入れるためにレバーを押すようになる。この行動はパブロフの条件反射（古典的条件づけ）とは異なり，餌（報酬）によって行動が強化される。スキナーは，この研究で得たオペラント原理を教育的に応用し，プログラム学習を提唱した。スキナーの学習理論は，ワトソン（Watson, J. B.）の行動主義の思想に影響を受けている。動物の行動から刺激と反応を分析した実験的行動分析，それを人間の行動に応用した応用行動分析の基礎を築いた。

[森 知子]

スキャモンの発育曲線
ヒトは，誕生から成人（20歳）するまでの過程で，身長や臓器が大きく成長していくが，その成長具合をグラフで示したのが，スキャモン（Scammon, R. E., 1883-1952）による発育曲線である。スキャモンの発育曲線では，20歳時点での発育を100％としたときの成長パターンを①一般型，②神経型，③生殖型，④リンパ型の4つに分類した。①一般型：身長，体重，筋肉，骨格等の成長を示すもので，生まれてすぐの時期と12歳頃の思春期の時期に大きくなる。②神経型：脳や脊髄，視覚器などの神経系や感覚器系の成長である。神経系の発育曲線は，出生後から一気に増加し，成長期には100％の状態まで達する。③生殖系：男性・女性の生殖器，乳房，咽頭などの成長を示すものであり，思春期になると急に上昇してゆく。④リンパ型：胸腺などのリンパ組織の成長をしめしたものであり，これは免疫力とも関係している。免疫機能のピークは思春期にあり，リンパ型の発育曲線も思春期に最も高くなり，そこから徐々にさがっていく形となっている。

[松本 敦]

スキンシップ
スキンシップ（skin ship）は，一般的に直接肌と肌を接触させることで，安心感や愛情などの心理的効果を得ることができる行為といわれている。わが国では，児童心理学者であり小児科医でもある平井信義が紹介し広まったとされているが，明確な定義がなされていない。子どもとの関わりの中でスキンシップの具体的な行為としては，おんぶ，抱っこ，添寝や共寝，なでたり手をつなぐことなどがあげられる。

スキンシップは子どもにとって情緒の安定をもたらし，子どもが育つ上で重要なものとされているが，親にとっても心の安定につながるといわれている。スキンシップに関して，保育所保育指針解説（2018年）は保育士等との「温かなやりとりやスキンシップが日々積み重ねられることにより，子どもは安定感をもって過ごすことができるようになる。特に，

乳幼児の子どもが十分にスキンシップを受けることは，心の安定につながるだけでなく，子どもの身体感覚を育てる」とし，スキンシップの大切さを説いている。
[大塚優子]

スクールカウンセラー

　学校で生じる問題や課題に臨床心理学的視点から様々な支援を行う専門家（臨床心理士資格取得者が多くを占める。その他，公認心理師や精神科医，臨床心理について豊富な知識と経験を有する者等）。文部科学省は，1995年4月に「スクールカウンセラー活用調査研究委託事業」を開始，多様化・複雑化する児童生徒や保護者の抱える悩みを受け止め，学校におけるカウンセリング機能の充実を図ることを目的に，全国の小・中・高等学校にスクールカウンセラーを配置した。近年，学校現場では，いじめや不登校，通常学級に在籍する特別な支援を必要とする子どもの増加，学級崩壊など，多様な問題が存在し，子どもと家族，コミュニティに対する心理教育的援助サービスが求められている。スクールカウンセラーの業務は，児童生徒本人とその保護者や教職員等に対して，カウンセリング・情報収集・アセスメント・助言や援助等のコンサルテーションを行うこと，全ての児童生徒が安心して学校生活を送れるような環境作り（研修の実施，予防教育，危機対応及び危機管理）を行うことである。
[古川　心]

鈴木三重吉

すずき　みえきち（1882-1936）

　小説家，童話作家，雑誌編集発行者。広島県猿楽市生まれ。京都第三高等学校卒業後，東京帝国大学英文学科に進学し，在学中に夏目漱石に宛てた私信のなかで書いた「千鳥」から小説家としての道を歩み始め，文壇の人気作家となる。執筆の行き詰まりから出版活動に集中した時期を経て，1916年に出版したはじめての童話集『湖水の女』において西洋の昔話

を再話し，子どもの文学に傾倒していった。巌谷小波の叢書「日本お伽噺」「世界お伽噺」「世界お伽文庫」が一世を風靡していた時代に，三重吉は小波流の口演口調の文体を卑俗として退け，芸術性の高い真実を写す新たな子どもの文学を開拓していった。三重吉が主宰した児童文芸誌『赤い鳥』の刊行は，近代童話の確立を果たした児童文学史における功績である。世界的な自由主義志向と児童の個性尊重を提唱する教育思潮を背景に，童心主義によって立つ児童文学・児童文化の質的な向上を実現した文学活動であった。『赤い鳥』では文壇から多くの作家詩人の協力を得て，芥川龍之介，有島武郎，宇野浩二，小川未明，菊池寛，佐藤春夫，島崎藤村，豊島与志雄など今日に残る童話の傑作が数多く生まれ，北原白秋，泉鏡花，三木露風，西条八十などによる童謡，また清水良雄，深沢省三などによる童画，少年少女劇などが開花した。→『赤い鳥』
[生駒幸子]

スタートカリキュラム

　小学校に入学した子どもが，幼稚園・保育園・認定こども園などの遊びや生活を通した学びと育ちを基礎として，主体的に自己を発揮し，新しい学校生活を創り出していくためのカリキュラムである。スタートカリキュラムは，幼児期の教育において育成された資質・能力を存分に発揮し，小学校の各教科等で期待される資質・能力の育成に向け，なめらかに接続していくためのカリキュラムである。小学校1年生の前半に設定される。幼児期の教育との連携や接続を意識したスタートカリキュラムにおいては，幼児期における遊びを通した総合的な学びから，各教科等におけるより自覚的な学びに円滑に移行できるよう，入学当初において，生活科を中心とした合科的・関連的な指導などの工夫を行うことが大切である。小学校入学当初において生活科を中心としたカリキュラムのデザインを行うこと

で，小学校へ入学した児童が，安心して学校生活を送るともに，自信をもって成長し，学習者として確かに歩んでいくようになることが期待される。

[日坂歩都恵]

スタンフォード・ビネー知能検査

1905年，フランスのビネー（Binet, A., 1857-1911）によって最初の知能検査が作られた。目的は知的に問題がある学童を判別するためのもので，就学する学童（6〜12歳）が授業についていけるかどうかを弁別するための道具として開発されたものである。1916年にアメリカのターマン（Terman, L. M., 1877-1956）がこのビネー検査に「精神年齢」「知能指数」という概念を取り入れたのが「スタンフォード・ビネー式」の知能検査である。知能指数（IQ，比率 IQ）は，検査成績から「精神年齢」（その成績が何歳何か月程度の水準に該当するかの指標）を算出し，これを「生活年齢」（誕生した日から数える暦上の年齢；暦年齢）で割って100を掛けたものである。知能に関する捉え方も，ビネー当時の「一次元の能力」（知能が高ければ知的作業に関しては優れている）から，最近では，「知能はさまざまな能力の総体である」という見方に変化している。IQも高ければ「頭が良い」という解釈より，平均値と比較してどれだけ違いがあるのかをはかる尺度と解釈した方が良いとされている。

[松本　敦]

ストーリーテリング

日本では，1950年代頃から，図書館における業務のひとつとして紹介された「お話を語ること」を指す。それまでも，いわゆる囲炉裏端における昔話の語りや，口演童話といった日本の伝統的な語りがあったが，ストーリーテリング（storytelling）という場合，体系化・理論化された語りの技法という意味合いが強い。日本におけるストーリーテリングの実践と理論化および普及に大きな影響を与え

た人物としては，渡辺茂男（1928-2006），松岡享子（1935-2022），間崎ルリ子（1937-）らがいる。ストーリーテリングの基本は，「語り手が物語を覚え，本や絵本などを用いずに聞き手に語る」という形式である。そのため，語り手の語り方が聞き手に大きな影響を与える。アメリカの図書館学におけるストーリーテリングの授業では，「発音の明晰さ」「顔の表情」「間の取り方」「声」など細かな評価項目によってトレーニングされている。なお，日本の保育現場においては「素話（すばなし）」がストーリーテリングと同義とされており，絵本の読み聞かせと同様に，保育者の言語表現活動として重視されている。

[高橋一夫]

ストレス

セリエ（Selye, H.）はストレスを「外界からのあらゆる要求に対する生体の非特異的反応」と定義した。ストレスの源（ストレッサー）には，親からの分離，両親の不和，学校生活，人前での発表，仕事上の人間関係など心理的・社会的なものだけでなく，暑さ寒さ，騒音など物理的なものも含まれる。また，離婚や失業といった生活上の大きな出来事（ライフイベント）もストレッサーとなる。これには入園・入学，結婚といった一見めでたいイベントも含まれる。ストレッサーにさらされると，内分泌系，神経系，免疫系などに変化が生じる。また不安感や抑うつ，怒りやイライラといった心理的反応が生じ，頭痛，不眠，肩こり，食欲減衰などの身体的症状も現れる。心身症などのストレス性疾患が引き起こされる場合もある。ラザルス（Lazarus, R. S.）は，ストレスに対する認知的評価の重要性を指摘した。同じストレッサーにさらされても個人差があるのは，その刺激や環境をどのように理解するかという主観的評価が，子どもによって異なるからである。ストレスに対処することをス

トレスコーピングという。これには問題焦点的（直接的に問題となっている刺激や状況に対応する）と情動焦点的（状況に対する考え方を変えたり気晴らしをしたりする）がある。ストレスを受けた場合，家族や友人・知人からの有形無形の援助であるソーシャル・サポートが重要な役割を果たす。これはストレス緩和につながり，心身の健康にとって有効であることが示されている。なお，セリエはストレスには良いストレス（ユーストレス）もあり，ストレスとのバランスをとることが重要であるとも述べている。

[三浦正樹]

砂遊び

保育・教育施設や公園の砂場で，あるいは砂浜での砂を使用した遊び全般をさす。砂のサラサラとした触感は，直接子どもの手指を敏感に刺激し，大脳活動を活発にさせることによって情緒も安定し，遊ぶ意欲を盛んにする。砂は好きな形に作り，簡単に壊すという作業を繰り返し楽しむことができ，素材の面白さや可塑性は実に魅力的である。スコップや砂ふるいなどの道具を使うと遊びはもっと広がる。型抜きに砂を入れて固め，食べ物にしたり，小石や花びらを散りばめてさまざまな見立てができる。団子作りだけでなく，穴を掘ったり，山を高くしたりする時にも，水を加えるとさらに砂の形や硬さは変化するため，子どもにとって砂は，実に魅力的であり，創造性や想像性を高めるものである。裸足で遊ぶことも解放感につながり，川や池を作ったり，ダムやトンネル作りへと工事現場さながらの工夫された展開が友達との役割分担によって広げられ，協調性や協同性も育まれる。砂遊びの特長は，繰り返し遊ぶことによって，砂自体の特性が自然に体得されていくことである。　[湯元睦美]

スーパーヴィジョン

福祉，教育，看護などの対人援助専門職において，経験豊富な援助者が経験の浅い援助者に指導や助言を行う教育訓練の方法である。指導を行う側を「スーパーバイザー」，指導を受ける側を「スーパーバイジー」といい，対人援助の専門性の維持や質の向上を図るために必要なものとなっている。スーパーヴィジョンの三大機能として，①教育的機能（援助者に知識や技術を提供し教育する機能），②支持的機能（援助者の悩みや課題を共有し精神的に支える機能），③管理的機能（業務の調整や勤務状況を管理する機能）がある。形態としては，①1対1で実施する個人スーパーヴィジョン，②グループ単位で実施するグループスーパーヴィジョン，③仲間や同僚同士で実施するピアスーパーヴィジョンがある。保育においては，子どもを取り巻く環境が変化し，保育や子育て支援のあり方が複雑・多様化していることから，保育者が直面する問題や課題に対する適切なスーパーヴィジョンが求められる。

[森　知子]

素　話

日本における伝統的な語りである口承文芸を源流に持つ，保育現場における語りを指す。保育現場において豊かに実践されている絵本の読み聞かせとは異なり，絵本や児童書を用いずに保育者が子ども達に物語などを語る形式である。その意味においては，図書館学のストーリーテリング（storytelling）の概念が当てはまる。保育現場における語りとしては，明治期の巌谷小波，久留島武彦，岸部福雄らによる「口演童話」があるが，どちらかといえば啓蒙的な意味合いが強く，子ども達をはじめとする聴衆の人数も多いため，現在の保育現場における「素話」とは様相が大きく異なる。「素話」は一般的に，日々の保育の中で保育者が必要と思われる事柄や物語を担当する子ども達に語るといったもので，絵本の読み聞かせと同様の規模で実践される。ただ，昨今の保育現場での実践は減少傾向

にある。その原因として，保育者自身が幼少期に家庭において口承文芸に触れる機会が少ないことや，保育者に求められる業務が多岐にわたり時間的な余裕がなくなりつつあることなどが考えられる。保育者が実践する言語表現活動のなかでも，内容を覚える，語りを整えるといった準備にかなりの時間を必要とする「素話」は，重要な保育活動のひとつとして捉えられているものの，その実践が難しくなってきているといえるだろう。

［高橋一夫］

スーパーバイザー

ソーシャルケースワークや心理療法において，経験豊富な指導者が経験の浅い臨床実践者に指導・助言を行う過程をスーパーヴィジョンといい，その指導にあたるものをスーパーバイザーという。現代では，福祉，教育，看護の対人援助専門職で一般的な教育訓練の方法となっている。保育所等においては，施設長や主任保育士・主幹保育教諭等のリーダー的立場の職員がスーパーバイザーとなり，経験の浅い職員（スーパーバイジー）が直面している課題を把握し，指導・助言を行うことが求められる。また，研修等をとおして外部からスーパーバイザーを招き，保育の事例から自らの実践を見直すことで，保育の質の向上を図ることも必要である。

［森　知子］

刷り込み

インプリンティング（imprinting），刻印付けとも言われる。オーストリアの生物学者ローレンツ（Lorenz, K. Z., 1903-1989）によって見出された。典型的には鳥類で観察される，生後最初に出会った動く物体（自然界の場合，親鳥であることが多い）に接近したり，後をついて回る現象のこと。学習の一種で，遺伝的・生得的にプログラムされているものであり，1回の提示で成立するとされる。刷り込みの臨界期についての研究（Hess, 1959）では，孵化後13時間が最

も刷り込みが成立しやすいタイミングであること，孵化後24時間後では成立しないことが報告されている。また，この学習は一度刷り込まれると，以降変更しない（不可逆的現象）こともわかっており，特殊な学習であると言える。　［古川　心］

せ

性格形成新学院

1816年，ロバート・オーエンが，スコットランドのニュー・ラナークで自分の経営する紡績工場内に設立した学院である。産業革命の中，ニュー・ラナークでは，多くの子どもたちが工場で働き，労働者階級によって育児や教育の実情が異なっていた。人間疎外や家庭崩壊などによる子どもたちの貧困を前にしたオーエンは，搾取のない人間本性の発達と，人格は環境によって形成されるという「性格形成原理」に基づく教育を構想した。性格形成新学院は，幼児学校（1～5歳），年長学級（小学校）（6～10歳），そして卒業後働く成人のための夜間学級（10～20歳）の形態で運営し，ニュー・ラナークの全村民に開放された。オーエンは，特に幼児学校では，体罰や注入教育を排除し，色々な模型や絵を置いて明るく自由な教育的環境を整備した。そこで，直観的な刺激より，子どもの側から自発的に好奇心が起こるのを待ち，会話を通した経験的教育が行われた。こうして，子どもの自発性を尊重し，書物や玩具を使わず，具体的な生活経験に基づく教育，性格形成と集団生活訓練に努めたのである。オーエンの思想と実践は，イギリスにおける幼児教育の先駆となり，特に集団主義保育の評価は高い。→オーエン　　　　　　　　　　　　　［熊田凡子］

性格検査

心理検査の一つで，人のパーソナリティや行動パターンを測定する検査。自己理解や学校，職場での適応能力を捉え

たり，診断や治療方針に役立てたり，生徒指導や進路指導に活用するなど幅広く用いられている。性格検査には，大きく分けて質問紙法，作業検査法，投影法の3つがある。

質問紙法は，パーソナリティの特徴を表す複数の質問項目に回答させ，その回答を得点化することによってパーソナリティを測定する方法である。代表的なものに，ハサウェイ（Hathaway, S. R.）とマッキンリー（Mckinley, J. C.）によって開発されミネソタ多面人格目録（MMPI）やギルフォード（Guilford, J. P.）らのパーソナリティ検査をもとに矢田部達郎らが日本人向けに構成した YG性格検査，アイゼンク（Eysenck, H. J.）が開発したモーズレイ性格検査（MPI）などがある。

作業検査法は，被検査者に一定の作業を行わせて，その作業量や作業量の変化，作業の質からパーソナリティを測定する方法である。代表的なものに，1桁の数字を連続加算する作業を繰り返し行うことでパーソナリティを測定する内田・クレペリン検査がある。

投影法とは，曖昧で多義的な刺激（図形や絵，文章）を提示し，それに対する反応からパーソナリティを測定する方法である。代表的なものには，ロールシャッハ（Rorschach, H.）が開発したロールシャッハ・テストやローゼンツヴァイク（Rosenzweig, S.）が開発したP-Fスタディ，マレー（Murray, H. A.）らが開発した TAT（主題統覚検査），コッホ（Koch, K.）が開発したバウムテストなどがある。　　　　　　［松本麻友子］

生活

我が国の保育・幼児教育の理論的先駆者であり，指導者でもある倉橋惣三は，幼児の自発的な生活を尊重し，さながらの生活を通して自己充実を図り，充実指導を通して誘導・教導に導く幼児教育論を展開した。「生活を，生活で，生活か

ら」は彼の保育観を顕著に示している。倉橋の唱えた児童中心主義保育は，戦後の日本の幼児教育・保育理論の基盤となり，生活や遊びを重視する保育に受け継がれている。

現行の「幼稚園教育要領」（2018）第1章には「幼児の主体的な活動を促し，幼児期にふさわしい生活が展開されるようにすること」が，また同様に「保育所保育指針」でも「保育所は福祉を積極的に増進することに最もふさわしい生活の場でなければならない」と明記され，まさしく子どもの生活そのものが保育の対象であり，生活そのものを援助することが保育の基本であると記している。

そもそも生活のもつ教育力を主張したのはスイスの教育思想家，実践家ペスタロッチである。彼は「生活（Leben）」が陶冶する（陶冶＝教育）」ことを教育の本質として捉え，家庭の居間にこそ，教育の原点があるとする「居間の教育」の重要性を唱えた。

平成4（1992）年施行の「小学校学習指導要領」では低学年の社会と理科を合体した「生活科」が新設された。この教科は知識を外から注入する教科ではなく，生活上での経験や実体験を通して，幼児教育と小学校教育の連携を図ることを主なねらいとしている点においても重要な役割を担っている。　　　　　　［柏原栄子］

生活科

1989年の学習指導要領の改訂に伴って小学校の1，2年生の科目として理科・社会科に代わって導入された。理論的背景として，ルソーやデューイといった児童中心主義，経験主義の教育思想があるとされる。生活科の設置にあたっては，1967年の教育課程審議会から議論が重ねられてきたが，1987年の中教審答申において，「低学年については，生活や学習の基礎的な能力や態度などの育成を重視し，低学年の児童の心身の発達状況に即した学習指導が展開できるようにする観

点から，新教科として生活科を設定し，体験的な学習を通して総合的な指導を一層推進するのが適当である」と示された。さらに，「生活科は，具体的な活動や体験を通して，自分と身近な社会や自然とのかかわりに関心をもち，自分自身や自分の生活について考えさせるとともに，その過程において生活上必要な習慣や技能を身に付けさせ，自立への基礎を養うことをねらい」とするとされている。

2017年に改訂された学習指導要領においては，幼児期の教育と小学校教育の円滑な接続が求められ，小学校におけるスタートカリキュラムが示されたが，生活科はスタートカリキュラムの中核的な役割を担っている。生活科の内容は，①学校と生活，②家庭と生活，③地域と生活からなる児童の生活圏としての環境に関する内容が基盤となり，④公共物や公共施設の利用，⑤季節の変化と生活，⑥自然や物を使った遊び，⑦動植物の飼育・栽培，⑧生活や出来事の交流からなる自らの生活を豊かにしていくために低学年の時期に体験させておきたい活動に関する内容，さらに⑨自分の成長という自分自身の生活や成長に関する内容からなる。

[村井尚子]

生活カリキュラム

カリキュラムの編成原理は経験主義と系統主義に大別される。科学や学問にもとづいた知識体系を前提として，教育の内容や方法を決定する立場をとる系統主義に対して，経験主義は，子どもの生活経験における気づきや疑問を前提として，その発展としての教育の内容や方法を決定する立場をとる。生活カリキュラムはこの経験主義の考え方に基づく。デューイは，19世紀後半のアメリカにおいて，産業の集中化と労働の分業によって子どもたちと生産活動とが切り離されてしまったことを問題視し，学校と家庭や地域での子どもたちの生活との連続性を重視し，シカゴ大学附属実験学校において

「仕事」を中軸に据えたカリキュラムを実践した。

我が国でも，世界大戦後から1950年代初めにかけて，経験を重視するカリキュラムが多く見られた。文部省教科書局実験学校連盟編の『生活カリキュラム構成の方法』においては，生活カリキュラムはコアカリキュラムと同義のものとされている。東京高等師範学校附属小学校（当時）では，各教科ばらばらで相互に関連がなかったり，重複が多いために学習効果が発揮できない教科カリキュラムに対して，各教科間の調整をとり，相互に有機的な連絡，綜合をはかることが重要とされ，そのかなめに「児童の生活」を置くとしている。その後，学習指導要領におけるカリキュラムの編成原理は系統主義に傾倒していたが，1989年改訂の学習指導要領において導入された生活科，1998年の改訂において導入された総合的な学習の時間はこの生活カリキュラム（経験カリキュラム）の考えに基づく。

[村井尚子]

生活言語

生活言語は学習言語との対比において用いられる。生活言語とは，具体的な場面や自分の行動を中心とした内容について一対一や小集団でのやりとりの中で言語化していく言語活動であり，話し言葉が中心となる。これに対して学習言語は，時間的，空間的にも拡がりがあり，具体的な場面や行動を離れた内容について，不特定多数の相手に対してある程度筋道を立てて言語化していく言語活動とされる。話し言葉だけでなく，書き言葉も含まれる。言語発達には個人差が大きいが，幼児期には日常生活での言語経験，聞く，話すは一応完成すると言われている。

バイリンガル教育における理論的枠組みとして，Cummins は言語の層をBICS（Basic Interpersonal Communicative Skills）と CALP（Cognitive/ Academic Language Proficiency）の2つに

分けている。この二つの用語は日本語では、「基本的対人伝達能力」と「認知・学習言語能力」、あるいは「生活言語」と「学習言語」（学校教育にあっては「教科用語」に相当）などと呼ばれている。「生活言語」は日常生活の場面における伝達能力を指し、「学習言語」は抽象的な内容を場面に依存せずに伝達する能力を指す。自然な状態における子どもの言語習得・発達は、5〜6歳で文法的な知識を身につけ、9〜10歳頃には論理的思考が発達し、母語が決まるとされている。 [村井尚子]

生活指導

峰地光重が『文化中心綴方新教授法』（1922）ではじめて用いたとされる。子どもたちが書いた文章を読み合い、彼らの生活についてともに考え、よりよく生きるにはどうしたらよいか話し合うことをめざした綴方を重視していた教師たちが、当時の教育体制への批判を込めて生活指導という語を用い始めた。

一方、児童の村小学校の訓導であった野村芳兵衛は、生活指導を集団協働の自治訓練としての生活訓練の文脈で用いた。このように戦前の生活指導はやや異なったアプローチをとってはいたが、いずれも民間の活動から生まれた概念であり、子どもの現実の生活を重視し、その生活の指導を集団の指導と結びつけて切りひらこうとしたものであり、子どもを自己の生活や集団に働きかける主体として形成することをめざしていたといえる。

戦後においては、生徒指導と生活指導の混同が見られ、文部省『生徒指導の手引き』（1965）において、生徒指導という語を用いるとされた。

乳幼児においては、具体的な日常の生活経験を通じて教育が行われるべきであり、小学校以降のように教科指導と生活指導（生徒指導）が分けられるわけではない。その領域として、基本的習慣の確立を助ける、集団生活への参加を助ける、健康安全のための指導、個人的適応を助成する指導、矯正・治療的指導などが含まれるとされてきた（東江ほか、1979）。2000年以降、保育の文脈において生活指導という語はあまり用いられなくなってきている。 [村井尚子]

生活発表会

子どもたちの日常の園生活を発表し、保護者に子どもの成長をみていただく機会をもつ行事の一つである。生活発表会の内容は、描いたり作ったりしたものを展示する造形展や歌、合奏、合唱、リズム表現、劇等いろいろな表現活動を取り入れたものが多い。保育者は、発表会の成果を重視するあまり練習を強いたりするのではなく、子どもが主体的、自発的に参加できるようにし、子どもの遊びのプロセスを大切にしていくことが求められる。 [日坂歩都恵]

生活保護法

日本国憲法第25条に規定された生存権の理念に基づき、生活保護制度について定めた法律である。1946年に制定された旧生活保護法を全面改正し、1950年に制定された。国が困窮するすべての国民に必要な保護を行い、最低限度の生活を保障するとともに、その自立を助長することを目的としている。国家責任、無差別平等、最低生活、保護の補足性という4つの原理、申請保護、基準及び程度、必要即応、世帯単位という4つの原則が定められている。保護の種類として、生活扶助、教育扶助、住宅扶助、医療扶助、介護扶助、出産扶助、生業扶助、葬祭扶助の8種類が定められ、必要に応じて支給されることとなっている。保護費は、国が4分の3、地方自治体が4分の1を負担する。基本的人権を保障するための制度として重要な役割を果たしているが、近年、医療扶助の適正化、就労支援の強化などの改正が進められている。

[松浦　崇]

生活リズム

ひとは約24時間を1日とする地球のリズムの上で生活する昼行性の動物であることから，生活にかかわる習慣（基本的生活習慣）は，環境の影響を受けながら獲得形成されていく。つまり誕生後に明暗が識別できる環境のもとで，昼間に覚醒し活動することが習慣化され，さらに体内ホルモンが24時間内の周期，日，週，季節，年などの単位で経時的に分泌される。ホルモン分泌や神経の伝達物質による概日リズム（circadian rhythm）は生理現象として，いわゆる体内時計ともよばれる。概日リズムは内在的に形成されるものであるが，光や温度，食事など外界からの刺激によって修正される。生活習慣病の予防や学力の維持，情緒の安定等に関連するとも調査結果より示されている。これらはひとを含む動物，植物，菌類，藻類などほとんどの生物に存在している。もし，リズムが崩れると，不快感のある，俗にいう時差ボケを生じさせるなど睡眠の阻害要因となる。「早寝，早起き，朝ご飯」の標語を文部科学省は掲げて，その獲得形成を求めている。ただし，早寝─早起きの順での習慣は成立しない。つまり早起きをしようと考え床に入ったとしても，覚醒状態では眠れない。早起きするためには，その前日に，眠たくても起床して早起き覚醒しておくと，その日は早寝がしやすくなる。その結果として，翌日早起きも容易になる。

［西本　望］

性教育

性に関する生物学的，生理学的な知識を与えるだけでなく，人間の性を人格の基本的部分として捉え，心理的，社会的な側面などを含む幅広い概念にたって行う教育のこと。日本では大正期に，生物学者である山本宣治が性を科学的に取り上げ，性科学を啓蒙普及する活動において性教育という言葉を初めて用いたといわれている。一方で，同時期に性道徳を強調する形で性の純潔性が取り上げられ，1947（昭和22）年に「純潔教育の実施について」という文部省社会教育局長名の通達がだされる。このことにより，日本の性教育は「純潔教育」として公的に初めて登場し，以後社会教育や学校教育において普及していった。「純潔教育」から「性教育」に変わったのは，1970年ごろといわれている。

性教育は，人間形成を図ることを目ざした教育であり，性的成熟や生殖現象，同性および異性の特質などの生理面，性認識，ジェンダー，両性の人間関係のあり方，同性愛のような多様な性といった心理面，男女平等，性別役割，結婚，家族などの社会面が含まれることを考えると，学校のみならず家庭や社会でも行われることや，発達の段階を踏まえて行うことが望ましい。幼児期においても，子どもから男女の身体の違い，生命の誕生，性器への関心などについての疑問がしばしば投げかけられることがあるが，その場合でも子どもに分かりやすく，肯定的に対応することが必要である。

［大塚優子］

成　熟

人のこころやからだが十分に成長すること。何かをするのに最も適した時期に達すること。発達臨床心理学では，発達に影響を与える要因の一つで，「学習」と対の概念とされる。ゲゼルは，人の発達は遺伝的な要因に規定されるとし，成熟優位説を唱えた。これに対してワトソン（Watson, J. B.）は，環境を重視し，人や動物の発達は経験による条件付けによって成り立つとする経験優位説を唱えた。このほか，折衷案としての輻輳説を唱えたシュテルン（Stern, W.）の説があるが，これは，遺伝と環境の要素が合わさって発達に影響するという考え方である。

［古川　心］

精神保健

精神保健は，1988年に精神衛生法が精

神保健法（現精神保健福祉法）に改められてから用いられている言葉である。精神保健は，精神の健康に関する学問で「精神面における健康，あるいはそれを保つこと」であり，精神的健康，精神衛生，メンタルヘルスとも言う。精神的健康の保持・増進と，早期治療，社会復帰を目的とする。2015年には公認心理師法が成立し，心理学に関する専門的知識や技術のある公認心理師が保健医療，福祉，教育分野で心理に関する相談，指導助言等を行っている。また，労働安全衛生法の改正（平成26年法律第82号）によるストレスチェック制度（2015年12月施行）は，労働者の心理的な負担の程度を把握し，セルフケアや職場環境の改善につなげ，メンタルヘルス不調の未然防止の取組を強化することを目的とし，この制度の周知・指導等を進めている。

[福山恵美子]

精神保健福祉士

精神保健福祉士とは，精神保健福祉士法によって「精神障害者の保健及び福祉に関する専門的知識及び技術をもって，精神科病院その他の医療施設において精神障害の医療を受け，又は精神障害者の社会復帰の促進を図ることを目的とする施設を利用している者の地域相談支援の利用に関する相談その他の社会復帰に関する相談に応じ，助言，指導，日常生活への適応のために必要な訓練その他の援助を行うことを業とする者」とされている国家資格である。精神保健福祉士は精神障害者がその人らしいライフスタイルの獲得を目標として，医療機関（精神科病院等），障害福祉サービス等事業所（地域活動支援センター，児童養護施設等），福祉行政機関（保健所，精神保健福祉センター等），司法施設（保護観察所等）に配置されている。また近年，教育機関（スクールソーシャルワーク等），産業・労働分野（ハローワーク等）への配置の必要性が認められている。保育士

はたとえば，園児の保護者が精神疾患・障害のある場合，精神保健福祉士と家族関係や子育て等について連携をとることがある。

[山内佐紀]

生存権

単に生命を脅かされないのみでなく，人間らしい健康で文化的な生活を営む権利であり，基本的人権の中核をなす。教育権（教育を受ける権利）や労働基本権などと並ぶ社会権の一つに位置づき，国家に対して，人間らしい生活の保障を求める権利である。1919年，ドイツで制定されたワイマール憲法における規定が端緒となり，後の法に影響を与えたとされる。日本国憲法第25条において，「すべて国民は，健康で文化的な最低限度の生活を営む権利を有する」と規定されており，同条第2項では，「国は，すべての生活部面について，社会福祉，社会保障及び公衆衛生の向上及び増進に努めなければならない」と，国の責任が示されている。社会福祉，児童福祉の根幹となるものであり，それゆえ，その実質的保障や水準のあり方が訴訟などで争われることもある。

[松浦 崇]

性的虐待

「児童虐待の防止等に関する法律」で定められた，身体的虐待，ネグレクト，心理的虐待と並ぶ児童虐待の一種である。保護者が，監護する18歳未満の児童に対してわいせつな行為をすること，または児童にわいせつな行為をさせることであり，その内容としては，児童への性交や性的暴行，性器を触らせるなど性的行為の強要や教唆，性器や性交を見せること，児童ポルノの被写体にさせることなどが挙げられる。児童虐待の内，児童相談所における相談対応件数は最も少ないものの，児童が幼い場合には性的虐待であると自覚できない場合もあることや，周りに知られたくないと考える児童も多いことなどから，表面化しにくく，対応が難しい虐待である。性的虐待への対応を強

化するため，2017年の刑法改正において，監護者が，影響力があることを利用して18歳未満の児童に対してわいせつな行為，性交等を行った場合には，暴行や脅迫がなくても処罰の対象とする，監護者わいせつ罪，監護者性交等罪が新設された。

[松浦　崇]

青年期

　青年期は，児童期と成人期の中間にあり，心身の成熟期を意味するとともに，特定の文化・社会的影響を受ける。第2次反抗期と呼ばれる反抗は，青年期のいらだちや情動不安定の結果によることが多い。青年前期においては，児童期の合理的思考や社会性の発達のアンチテーゼとして，すべてを否定し破壊的になる。よって，親子関係や教師との関係における反抗として表われる。この時期においては，児童期までの両親への依存を脱して，親から独立しようとする心理的離乳がおこなわれる。大部分の青年は中期・後期で，この葛藤を克服し，自我を確立していく。今日，青年期は高学歴化により遅延化し，成人の仲間入りするための期間が長くなる一方，栄養条件の向上などによる早熟傾向になっている。よって，より早くからより遅くまでの長い期間にわたる青年期が出現するという，青年期延長説が認められている。　[金山健一]

生理的早産説

　スイスの動物学者ポルトマンが唱えた学説で，人間は他の哺乳類よりも1年早く産まれる特徴があり，その状態を「生理的早産」と呼んだ。たとえば，牛や馬のような哺乳類の子どもが誕生するとき，出産後わずか数時間で立ち上がることができる。同じことが，しかし人間の場合には生後1年を必要とするとポルトマンは指摘した。なぜなら，人間は大脳の発達が顕著なために，十分な成熟を待ってからの出産は，難産が心配されるために，約1年早く生まれるようになったと彼は主張した。その意味で乳児期は，子宮外

「胎児」であると捉えられている。人間は，極めて可塑性に富んだ存在であるので，未熟な状態で子宮外に出て，様々な刺激を受ける必要がある。人間の妊娠期間は他の霊長類と比較して長いが，種の特徴である二足歩行や言語の使用が可能になるまでに約1年を必要とする。他の哺乳類は行動が種の本能によって規制されているのに対して，人間は環境によって形成されていく側面が極めて大きい。誕生後の人間の新生児だけが，他の動物の新生児と比べて，比較にならないほど，高い形成の可能性を持っている。

[広岡義之]

『世界図絵』

　ラテン語でオルビス・ピクツスと言われ，コメニウスが1658年に著した世界で最初の「絵入り」の教科書として，教育史上，特筆されるべきもの。コメニウスの感覚的実学主義の教育理論を具体化したものである。元来，語学教科書として編集されたが，実用的で百科全書的知識の習得にも有効であった。絵図によって，外界の具体的事物から出発して抽象的概念の理解へ進み，直観させつつ，同時に言語を事物認識と結び付けて学ぶことができる。絵図の後にラテン語とドイツ語で説明が付されている。コメニウスは言語中心だった当時の教授法を批判し，事物を通した教授法として，絵入りの言葉の教科書を著した。200年間，世界各国語に翻訳されて広範囲に普及した。本書は教育学に長い歴史にわたって強い影響力を及ぼし，学校教育において，視聴覚教材として，先駆的な働きをなしたと言える。ゲーテもまた子ども時代に本書を手に取ったと伝えられている。日本で明治初年に出版された初歩の国語教材である「単語図」は，『世界図絵』を模倣して作成されたものである。→コメニウス

[広岡義之]

関信三

せき　しんぞう（1843-1880）

　浄土真宗大谷派（東本願寺）僧侶の出身で，キリスト教排斥運動のために信仰を偽って洗礼を受け，キリスト教の動向を調べる諜者活動を行った。その後，西欧視察団の通訳としてヨーロッパを訪問する特異な経歴を持つが，その語学力が認められ1875（明治8）年に開設した東京女子師範学校（現：お茶の水女子大学）の英語教師として招かれ，翌年の附属幼稚園の開設と同時に初代監事（園長）を務めた人物である。幼稚園に関する翻訳『幼稚園記』を1875年に，執筆は『幼稚園創立法』を1878年，『幼稚園法二十遊戯』を1879年に著した。『幼稚園法二十遊戯』は，フレーベルの20種の恩物をわかりやすく紹介したものだが，フレーベルの思想を受け止めつつ，日本の幼稚園としてのあり方や幼稚園教育の基礎作りに尽力した。かつて幼稚園というものが日本になかった時代に，関の言語力によって幼児教育に関する一つひとつの言葉が編み出され，黎明期（ある事柄が形になる前の始まりの時）といわれたわが国の幼稚園教育に多大な功績を残した。　　　　　　　　　　［川谷和子］

責任実習

　保育実習，教育実習において実習生が主たる保育者となり，子どもの活動や安全に対して責任をもって保育を行うこと。責任実習は，一日の一部の時間帯を担当する「部分実習」と一日（半日）のすべてを担当する「全日（半日）実習」に分別される。後者の全日実習は，完全実習，終日実習とも呼ばれ，それらを責任実習としてとらえている保育現場も多い。

　部分実習では，クラスの子どもに対して同じ時間に一緒に何かをする保育形態が多く，絵本の読み聞かせや手遊びなど，比較的短時間でできる内容と，1時間程度を必要とする製作やリズム遊びなどの内容がある。担当する時間内のそれぞれの活動については，導入から，展開，まとめなどの流れをとらえたうえで，ねらい・内容，主な活動，環境構成，保育者の援助や配慮を示した指導計画案（指導案）を作成する。全日実習では，一日の園生活を構想するため，登園前の準備から降園後の片づけまで，子どもの生活全体を視野に入れた指導案を作成し，子どもの健康状態の把握，着脱衣，排泄の誘導，食事や午睡などを配慮して，一つひとつの活動について丁寧に保育を実施していく。　　　　　　　　　　　　［川谷和子］

絶対評価・相対評価

　相対評価とは，偏差値のように，ある集団全体がどれだけできたかを基準にしながら，その基準のなかに一人一人の子どもの評価を位置づけるやり方である。だから，相対評価では，子どもの達成の度合いは，他の子どもとの比較をとおして測られることになる。これに対して，絶対評価は，そのような比較をしない評価のやり方である。たとえば，教師があらかじめ設定した基準に照らして子どもがどこまで到達したのかを見る「到達度評価」，あるいは，何らかの外的な基準に頼るのではなく，子ども自身の変化に着目し，その変化に子どもの発達を見てとる「個人内評価」がある。幼児教育においては，絶対評価，とりわけ，「個人内評価」が重視されている。たとえば，「幼稚園教育要領」（2018）には，「指導の過程を振り返りながら幼児の理解を進め，幼児一人一人のよさや可能性などを把握し，指導の改善に生かすようにすること。その際，他の幼児との比較や一定の基準に対する達成度についての評定によって捉えるものではないことに留意すること」（第1章総則，第4指導計画の作成と幼児理解に基づいた評価）とある。それゆえ，幼児教育においては，子ども自身の変化をどう捉え，それをどのように記録するかを考えながら，教育を進めていかなければならない。　　［小川　雄］

設定保育

　一般的には，保育者が一定の指導目標を持って活動を計画し，明確な意図のもと，それを設定して行う保育形態のことである。クラス全体に対して行うことが多いが，グループや少人数を対象に設定されることもある。いずれも，保育における5領域の活動をバランスよく経験できることや，同じ活動を通して友達と楽しさや一体感を共有し，達成感を感じる経験等が重視される。設定保育は，一斉保育と同じような意味合いで用いられることも多いが，一斉に活動を行うことに重点が置かれているのではなく，保育者が意図的に活動を計画し，設定することに重点が置かれているため，その差異は明確である。ここで大切な視点は，その計画が子どもの育ちを支えるという点に即して考えられているか否か，その活動が「今」必要であるか否かを検討しているかということである。　　　　　[猪田裕子]

セツルメント

　宗教家，医師，教育者などの知識人が，貧困地域に定住し，地域の改善，福祉の向上を目指す活動およびその拠点のことである。住民とともに生活を送りながら，生活の困難の背景にある社会問題に着目し，個人への援助に留まらず，科学的調査に基づく社会改良を企図した点に特徴がある。今日のソーシャルアクションの原点となる活動である。1884年，イギリスのロンドンでバーネット（Barnett）夫妻によって設立されたトインビーホールがその端緒であり，1889年には，アメリカのシカゴにおいて，アダムズ（Addams, J.）らによってハルハウスが創設された。日本では，1897年，片山潜が東京の神田に設立したキングスレー館が代表的な活動として挙げられる。その後，関東大震災を契機に東京帝大セツルメントが創設されるなど，学生による活動も広がっていった。　　　　　[松浦　崇]

セラピスト

　セラピストは，主に身体・精神的な困難さを抱えている人を対象に，それぞれの困難に対応した治療やケアを専門としている職種の人々のことである。セラピストについて特定の定義はないが，国家資格では，理学療法士（PT：Physical Therapist），言語聴覚士（ST：Speech-Language-Hearing Therapist），作業療法士（OT：Occupational Therapist）などが英語表記にもあらわれているようにセラピストである。理学療法士は，運動機能が低下した人に対しリハビリなどをおこなう専門職である。運動機能の回復を主な目的とし運動療法などを行っている。言語聴覚士は，ことばによるコミュニケーションに困難を抱えている人に専門的サービスを提供し，自分らしい生活を構築できるよう支援する専門職である。作業療法士は，日常生活が不自由になった人に対しリハビリをおこなう専門職である。食事や排泄といった生活動作の獲得や家事・仕事・余暇・地域活動への復帰を目的とし，動作訓練や活動しやすい環境作りなどを行っている。なお，理学療法士，言語療法士，作業療法士は病院や介護施設などの他に，保健・福祉・教育機関，児童福祉施設等幅広い領域で専門的支援を担っており，いずれの組織においてもチームで支援をする場合に重要な役割を果たす。その他，こころなどの心理面に対して支援を行う専門職としては，公認心理師や臨床心理士などの資格が代表として挙げられるが，それぞれの資格ともセラピストという表記ではなく，サイコロジストである。　　[坂田和子]

0歳児保育

　0歳児保育では，養護と情緒の両観点をもちながら保育を行う必要がある。養護の観点では，子どもが健康で安全かつ快適に過ごしながら，生理的欲求（食べる，寝る，排せつなど）が十分に満たされ，健康増進が積極的に図られるような

生活に対する配慮が求められる。また，情緒の観点では，０歳児が主体として受け止められながら，子どもが安定して過ごす中で，自分の気持ちを安心して表し，自分を肯定する気持ちが育まれるように気持ちに寄り添いながら，応答的で極めて丁寧な関わりが特に求められる。保育所保育指針解説（2018）には，「発達過程の最も初期に当たる乳児期には，養護の側面が特に重要であり，養護及び教育の一体性を特に強く意識して行われることが求められる」（第２章）と，養護の側面が特に重要であることについても触れられている。

０歳児の保育士の配置基準は０歳児３人に保育士１人である。その為，０歳児クラスは，複数担任となる。０歳児にとって自分と関わる保育士がその都度変わると，情緒が不安定になり落ち着かなくなる。また，愛着関係を築くうえで特定の大人との絶対的な信頼関係を築く必要がある時期であることから，担当制の保育を実施していることが多い。そのことは，保育所保育指針解説（2018）において「緩やかな担当制の中で，特定の保育士等が子どもとゆったりとした関わりをもち，情緒的な絆を深められるよう指導計画を作成する」（第１章第３の（２））と記載されている。　　［片岡章彦］

全国保育士会倫理綱領

保育士によって構成されている任意団体の「全国保育士会」が，保育士資格の法定化を機に保育の更なる質の向上と保育者の行動規範や社会に果たすべき役割として，保育士がふまえておかなければならない基本的事項について前文，３つの宣言と８項目にまとめ，2003年に策定された。

前文では，子どもを自ら伸びていく無限の可能性を持つ存在としてとらえ，子どもが現在を幸せに生活し，未来を生きる力を育てる保育の仕事に誇りと責任を持つこと，そして自身の専門性の向上に

努め，子どもを心から尊重する保育士の基本姿勢をあらわしている。３つの宣言では保育者と保育施設の役割として，「子どもの育ちを支えること」，「子どもの幸せのために保護者および家庭支援を行うこと」，「家庭を取り巻く社会へ働きかけること」が示されている。８項目は，「子どもの最善の利益を尊重する」，「子どもの発達保障」，「プライバシーの保護」，「チームワークと自己評価」など，子どもの命を預かる専門職者が大切にしている価値を具体化していくために，必要となる考え方や行動のあり方などがまとめられている。
［川谷和子］

潜在的カリキュラム

年間計画や学習指導案の作成に追われている学校や教師は，自らが計画した意図的なカリキュラムこそが子どもたちの学びであると考えてしまいがちである。しかし，子どもが学んでいるのは，教える側が用意したカリキュラムだけではない。たとえば，授業が思うように進行しないとき，教師は，子どもたちが手を挙げても無視したり，質問できる人数を減らしたりする。教師としては，このような取り組みは，授業進行を管理するための手立てであり，それをとおして，子どもたちに何事かを伝えようとはしていない。しかし，子どもたちは，教師のそうした反応から，教室では自分の願望が拒絶されることがあると学び，自分の要求を教師に伝えるためには忍耐が必要なのだと学んでいるかもしれない。この事例のように，学校や教師による意図的なカリキュラムでは捉えつくせない，子どもが学校生活のなかで実際に学び身につけている内容のことを，「潜在的カリキュラム」と呼ぶ。「潜在的カリキュラム」の観点からすると，暗黙のうちに前提している制度や授業のあり方，あるいは，普段はあまり意識しない身振りや態度について，それが子どもたちにどのように影響するかを問いかけることが，学びの

実態の解明につながる。　　　［小川　雄］

全人教育

1921年に小原國芳（おばら　くによし，1887-1977）が提唱した教育理念。小原によれば「全人」とは「全き人間」（the whole man）を意味し，教育は内容的に文化の全体に関わることで調和的な人格の形成を目指すものとして全人教育でなければならない，と考えた。文化は学問，道徳，芸術，宗教，健康，生活の6分野からなり，前4者に真・善・美・聖という規範的価値を見，後2者に健・富の価値を置いた。文化を総合的に教育することでこれらの6つの価値を育み，調和的な人格を実現しようとした。全人教育の理念は，その淵源としてはすでに古代ギリシアにみられる。アテネではカロカガティア（美善）を理想とした心身の調和的発達をめざす教育が行われた。当然のことながら，古典古代の文芸の復興を目指したルネサンスでは，ヒューマニズムの教育として知・徳・体の調和による人間形成が教育目標となった。18世紀後半から19世紀初頭にはドイツにおける人間形成論の系譜において，市民社会における人間の相互的分断，内面的分裂の克服という文脈でギリシアの調和的人間の理想が注目された。ペスタロッチにおいては，自発的な活動を通しての諸能力の調和的発達が人間教育の原理として位置づけられた。近年においてはホリスティック教育が，頭・心・体の一体感と自然とのつながりの実感とを強調して全人的な教育の重要性を掲げている。　［隈元泰弘］

喘息

「発作性に起こる気道狭窄によって，喘鳴や呼気延長，呼吸困難を繰り返す疾患である。これらの症状はその都度，自然ないしは治療により軽快，消失するが，ごく稀に致死的となる」と定義されている。気道狭窄が起こる原因は，慢性の気道炎症と，気道過敏性である。慢性的に気道が炎症を起こし，気管支が過敏になると，呼吸器感染症や受動喫煙，アレルギー反応などで誘発もしくは悪化して，気道狭窄を起こす。

診察時に「喘息の症状」がみられても，気管支喘息と診断されたとは限らない。特に乳幼児期には呼吸器感染症の症状の一部として喘鳴が聞かれることが多い。喘息の症状であるか判断の一つとして，気管支拡張薬を吸入して反応をみることがある。　　　　　　　　　［石田寿子］

全体的な計画

「全体的な計画」とは，幼稚園や保育所，認定こども園において作成されるカリキュラムのことである。2017（平成29）年に改定（改訂）された保育所保育指針や幼稚園教育要領から，保育所・幼稚園・幼保連携型認定こども園のすべての就学前施設で「全体的な計画」という共通した文言が用いられるようになった。保育所においてはこれまで「保育課程」と呼ばれていたものである。保育所における「全体的な計画」は保育所保育の全体像を示すものであり，指導計画，保健計画，食育計画などが含まれ，保育の目標を達成するためにそれぞれの施設の保育方針や保育理念に基づいて，保育内容を組織的・計画的に構成し，生活全体を通して総合的に展開されることが求められている。「全体的な計画」作成においては，子どもの発達過程，家庭の状況，地域の実情などを踏まえる必要があり，PDCAサイクルの考えを取り入れた実践が求められている。幼稚園における「全体的な計画」の作成では，教育課程に基づき，教育時間の終了後に行う教育活動の計画，学校保健計画，学校安全計画などと関連させ，一体的に教育活動が展開されることが求められている。認定こども園における「全体的な計画」には，満3歳以上の園児の教育活動のための計画，満3歳以上の保育を必要とする子どもの保育のための計画，学校安全計画，学校保健計画，食育計画などが含まれる。

先天異常

[佐藤智恵]

　先天性異常とは，いわゆる生まれつきの病気のことである。出生前に何らかの原因によって機能的，あるいは形態学的に異常がある状態で，代謝異常，染色体異常，内臓や手指などの形成不全などを指す。原因としては，遺伝子異常や染色体異常などの遺伝的な要因，母親が妊娠に気づかずに服薬したり，風疹などの感染症に罹患する，母親の栄養障害など環境的な要因がある。先天性のものであるので，根本的な治療は困難な場合が多いが，先天性代謝異常の1つであるフェニルケトン尿症などは，早期発見により治療が可能となる場合があるために，生後4～6日に新生児マス・スクリーニングが実施されている。先天性の代謝異常とは，生まれつき代謝がうまくいかず，体に必要なものが不足したりする状態で，そのままにしておくと知的障害や生命にかかわる障害などが発生することがある。

[佐藤智恵]

喘　鳴

　喘鳴（ぜんめい・ぜいめい）とは，息を吸ったり吐いたりする時に聴こえる音である。一般的に，気管支は息を吸う時に広がり，吐く時に細くなる。乳幼児は大人に比べて気道の内径が狭いため，ウイルスや細菌などの感染で気道粘膜の炎症，浮腫や分泌物の貯留が起こると，容易に気道の狭窄を起こす。狭くなった気道を空気が通過する時に生じる雑音が喘鳴の原因となる。1歳，2歳の子どもは，のどで痰が絡んでいたり，鼻がつまり，自分でうまく排出できず，息を吸う時に「ゼーゼー／ヒューヒュー」という音が聞こえる時がある。注意深く診て聴いてあげたい喘鳴は，細い下部気道がより狭くなっている時に起こる①息を吐くときに音がする，②息を吐きづらそうにしている，③息を吐く時間が息を吸う時間に比べて長くなっている時である。このよ

うな時は，可能な限り呼吸を楽にする姿勢・体位をとるように世話をする。具体的には，子どもを仰臥位か側臥位にして，上体を高くし，膝を少し曲げると楽なる。そして口をすぼめて，ゆっくりと息を吐くように声をかけることが大切である。

[山内佐紀]

そ

総括的評価

　ブルームが提唱した3つの評価である，診断的評価，形成的評価，総括的評価のひとつ。総括的評価は，一連の学習の最終段階（単元終了時，学期末，学年末等）において実施され，学習の成果である学習者の学力を総合的に評価する目的で実施される。この評価の結果は，いわゆる成績評価にも使用される。学習の最終段階において実施されるこの評価は，成績評価のための評価としての目的が強調されがちだが，教師にとっても自身が実践した授業の効果が十分であったかを評価する目的があることにも注目しなければならない。総括的評価の結果をフィードバックすることで，次の授業実践の際の教育効果の向上につながるからである。また，学習者にとっても，総括的評価の結果がフィードバックされて，それに応じた適切な対応をとることで，学力の向上につながることが期待できる。そうした活用をすることで，総括的評価も形成的評価の側面を持たせることが可能となる。評価の方法として，教師が作成する筆記試験を中心として，レポート・作文，制作物，実技，発表などが用いられる。→形成的評価；診断的評価；評価の方法

[大森雅人]

早期教育

　「早く知能や技術を指導すれば，子どもはそれだけ知識や技術を習得でき，能力を発揮することが出来る」という米国の心理学者であるワトソン（Watson, J.

B., 1878-1958）の環境万能主義に基づき，胎児期を含めた早い時期から知能や技術の学習，その向上を目指しておこなう教育を一般的に早期教育と呼ぶ。

　早期教育のきっかけは，1957（昭和32）年10月4日，ソビエトのスプートニク1号が世界初の人工衛星を打ち上げによる米国が受けたスプートニク・ショックである。それ以降，米国はソビエトの科学技術を追い越すために基礎的学力である3Rsの教育を促進，理数科教育をはじめとする早期教育プログラムを開発し，1964年にはヘッド・スタート運動を展開した。さらに1960年に米国ハーバード大学の心理学者ブルーナーによって発刊された『教育の過程』では「どの教科でも，知的性格をそのままに保って，発達のどの段階のどの子どもにも効果的に教えることができる」とする仮説による理論を展開し，知的な早期教育を後押しした。

　米国の早期教育の流れを受けて日本でも石井式漢字メソッド，鈴木メソッド等をはじめとする注入主義の早期教育に関心が向けられた。乳幼児からの早期の知識や特定の技術の習得が，その後の進学や人生に有利に働くと信じた保護者はおけいこ，スポーツ教室，学習塾等に子どもを参加させた。確かに早期の才能教育や知的教育によってその能力が開花する子どもたちもいるが，子どもの意向を無視した大人からの一方的なこのような教育の提供は必ずしも子どもの成長，発達に効果をもたらすとは言い難い。

　　　　　　　　　　　　　　［柏原栄子］

造形表現

　領域「表現」におけるかいたり，つくったり，見たりする内容及び活動のこと。設定保育での表現だけではなく，生活や遊びの中で感じることや探求することで現れる表現も含まれる。特に乳幼児期では自然（物）や様々な素材，美しいもの，心を動かすものなどに出会うこと

を大切にしたい。「保育所保育指針」（2017）等における領域「表現」のねらいでは，「感じたことや考えたことを自分なりに表現することを通して，豊かな感性や表現する力を養い，創造性を豊かにする」と記されている。造形表現においては，大人と子どもの違いを理解し，子どもが自分なりに考えてつくることを大切にしたい。また表現することを「通して」とあるように，作品をつくることが目的ではなく，その過程を重視して感性や表現力，創造性を豊かにすることが目的となる。そのため，子どもが工夫している様子や材料とのかかわりを文字や写真などで記録したドキュメンテーションを活用している園も多くなってきている。

　造形の内容としては，材料や場所との出会いや技法・行為を全身の感覚を使って楽しむ造形遊び，観察や生活経験，思ったことなどを絵や立体として表す表現，季節の飾りや動いたり遊んだりできる工作などの表現がある。また，他の子どもの表現や美術作品などの鑑賞活動もおこないたい。

　造形表現における教師の役割は，「今」「ここ」で感じ，考え，工夫している子どもを見守り，支え，その表現に受容し共感することである。また，子どもの発達段階を把握し，材料などの大きさや量を考え，安心して没頭できる環境づくりを大切にしたい。　　　　　　［須増啓之］

総合的な指導

　幼児が生活の中で，主体的に活動を展開し，様々な体験をすることで生きて働く力を身につけていくように，幼児自身の生活経験に即して行う指導を「総合的な指導」また「総合的な保育」と言う。幼児期の生活は，心身の発達に必要な要素が多様に包含された総合的な経験から成り立っており，子どもの生活の大部分は遊びによって占められる。こうした生活経験に即する指導をするということは，

幼児にとって必然性のある，ありのまま
の生活の中で行われる連続的で多様な活
動を重視することであり，領域に示され
た内容を活動化させるといった細切れに
型にはめる生活をさせることではない。
このように，幼児教育は，幼児の主体性
を重視し生活経験に即して指導を行うと
いうことで必然的に総合的になるのであ
る。こうした意味で，小学校教育におけ
る総合とは，見方は異なると言える。総
合的な指導では，幼児の生活がどのよう
な意味を持って展開されるのかを見極め，
環境構成のあり方や保育者の関わり方を
考えなければならない。　　［熊田凡子］

想像遊び

　生活の中で見聞きしたことをまねる，
自分以外の人物や動物，役割になりきる
など，現実から離れた想像による遊びで，
「虚構遊び」，「ごっこ遊び」，「見立て遊
び」とも言われる。おうちごっこ，人形
遊びなどが代表的だが，泥遊びや砂遊び
なども含まれている。これらは，子ども
の心に思い描いたことをイメージする力
（象徴機能）の発達や認知能力，言葉，
社会性の発達とも関連しているため，成
長とともにその遊びにも変化がみられる
ようになる。
　たとえば，1歳ごろから身近なおとな
を模倣して，ぬいぐるみを抱いたり寝か
しつけたりする行為は，やがて模倣だけ
でなく，おとなの役割などを演じること
に興味が移るようになる。1歳半ごろか
ら，イメージする力の発達とともに積み
木や箱を自動車などに見立てる行為は，
2歳ごろには，「ブーブー，着きました」
などの言葉を添えた「見立て遊び」に変
化していく。2歳半ごろから，模倣と見
立てを組み合わせた「ごっこの世界」が
現れ，自分の知識や生活経験に基づいた
想像の遊びが始まる。3歳ごろには，言
葉の発達に伴い，遊びに時間的な流れや
物語性を加えることで，単なる日常生活
の再現ではないストーリーができていく。

4歳ごろからは，ストーリーを友達と共
有し，展開してくために，互いの気持ち
を伝えたり考えを理解しあったりする行
為が見られる。5歳ごろには，遊びのな
かに空想豊かな出来事や創作性が組み込
まれ，ストーリーを展開していくために，
複雑な役割や場面，状況づくりを協同で
行うようになる。　　　　　［川谷和子］

相談支援事業

　相談支援事業とは，社会の中で生きづ
らさを感じている人々が，気軽に窓口へ
来て幸福な社会生活を送ることが出来る
ように支援する福祉サービスを行う事業
である。国の制度ではあるが，相談支援
や課題を解決するための計画などは，市
町村が窓口となって実施している。また，
市町村が委託する相談支援事業者に専門
的職員が配置されたり，県が圏域ごとに
委託する相談支援事業者に専門的職員を
配置したりすることもある。たとえば，
障碍児の個別ケースでは，発達相談員や
保育施設関係者などで調整会議を開くな
ど，多様なかたちで適切な相談支援事業
を進めることになる。大切なことは，相
談者にとって，中立・公平性を確保する
観点から，相談支援事業の運営評価等を
実施・具体的な困難事例への対応のあり
方について指導・助言するために関係機
関によるネットワークを構築することで
ある。ここで述べる関係機関とは，行政
や医療機関，社会福祉協議会，障がい福
祉サービス事業所，民生委員・児童委員，
ボランティアなどが含まれる。その相談
支援事業の主な内容は，総合的な相談支
援・福祉サービスの利用援助，情報提供，
アセスメント，ケア計画の作成，障碍児
者の相談，子育て相談，保健・医療，企
業・就労支援，子育て支援，高齢者介護
など広域にわたっている。また，保育所
や乳児院などの児童福祉施設や幼稚園で
は，そこに配置された臨床心理士やベテ
ラン保育者などによって，子どもと保護
者の相談支援を担っている場合も存在し

ている。いずれにしても，相談支援事業は，多くの専門家の支援によって成立している。　　　　　　　　　　　　［大橋喜美子］

ソクラテス
Sōkratēs（前 470/469-399）

　古代ギリシアの哲学者，教育者。ソクラテスはその後半生，アテネの街かどや体操場で若者や街の有力者を相手に，知の根源を吟味する論争を行い，無知の自覚に導こうと努力した。ソクラテス以前の哲学は宇宙や自然の根源（アルケー）を求めるものであったが，ソフィストが功利主義的処世的な実践的技術や知識を売りにしたことに対して，自己と自己の根源への問いを哲学の主題とし，同時にそれを教育の本質とみなして実践した。ソクラテスの教育は問答法（ディアレクティケー）をもって行われた。知っていると思い込んでいる相手に問いかけ，その答えにさらに深く問いかけることで，結局その本質についてはわかっていないという自覚（無知の知）へと導こうとした。これは同時に真の知を求める営為であり，ソフィストが自らをソフィスト（知者）と自称したのに対し，ソクラテスは自分は無知なるものであるが，どこまでも知を愛するものであるとして愛知者（フィロソファー＝哲学者）と称して，これが哲学（フィロソフィー＝愛知の営み）の語源となった。そして，この教育の営みこそ人の魂を善へと導くものであるとして「魂の世話（配慮）」と呼んだ。そのひたむきな教育への傾倒から「人類の教師」と呼ばれることもある。
　　　　　　　　　　　　　　［隈元泰弘］

ソシオメトリー
　20世紀初頭，人間科学的な研究の潮流の中で，モレノ（Moreno, J. L., 1889-1974）が，集団的な人間関係について情感を基に関係性を明らかにする思想と方法を創出したものである。必ずしも行動と直結しない人間のもつ細やかな感情について，心理的関係の分析と再構築によ

り明確にし，最終的に集団における成員間の人間関係を明らかにしようとしたものである。感情としては，選択（親和）と排除（反発）の対立軸による捉え方が示されたが，その後「フォーマルグループ」「インフォーマルグループ」といった概念にも発展している。測定法は，行動観察，質問紙調査，面接等がある。ソシオメトリーの考え方と方法により，たとえば，ある幼児の行動観察からクラス内における仲間関係の関連している状況を明らかにすることができ，クラス集団における課題と改善を促すことも可能である。あるいは，「ごっこ遊び」に見られる行動観察から，母親役とか子ども役のような遊びの中での役割取得における感情的なやりとりからグループの人間関係を捉えることも可能である。
　　　　　　　　　　　　　［名須川知子］

ソーシャル・ワーク
　社会福祉援助技術ともいう。社会福祉における方法や技術の体系のことをさす。国際ソーシャルワーカー連盟によるソーシャル・ワークの定義は次の通りである。「社会変革と社会開発，社会的結束，および人々のエンパワメントと解放を促進する，実践に基づいた専門職であり学問である。社会正義，人権，集団的責任，および多様性尊重の諸原理は，ソーシャル・ワークの中核をなす。ソーシャル・ワークの理論，社会科学，人文学および地域・民族固有の知を基盤として，ソーシャル・ワークは，生活課題に取り組みウェルビーイングを高めるよう，人々やさまざまな構造に働きかける」。ソーシャル・ワークは，人々が生活するうえで抱える問題の解決や緩和に向けて，社会福祉専門職が，専門的な知識や技術や方法を用いて行う専門的で実践的な取り組みである。　　　　　　　　　［松島　京］

粗大運動
　粗大運動とは，姿勢を保ったり身体の移動を伴うような身体の大きな動きの事

をいう。姿勢を保つとは，首が坐る，うつぶせの姿勢から頭を上げる，つかまり立ち，自立，片足立ち等のことである。移動を伴うような身体の動きとは，寝返り，ハイハイ，つたい歩き，歩く，後ろ歩き，走る，階段をのぼる，片足飛び，三輪車をこぐなどである。これらの大きな身体の動きとは対照に，指先等の細かな動きであるつまむなどは微細運動といわれている。また，スポーツをするためや，危険を回避するための身体全体の動きが伴う粗大運動は，一般に身のこなしと言われている。近年では，木のぼりや塀の上を歩く，高いところから飛び降りるといった遊びが危険とみなされて，やる機会を奪われている。その結果として粗大運動の発達が阻害され，身のこなしが上手く出来ない子どもが多く見られるようになっている。粗大運動の発達を促すためには，歩いたり，走ったり，跳んだりするような全身を使った遊びを繰り返し楽しむ機会が必要となる。

[片岡章彦]

『育ての心』

倉橋惣三の著書，代表作品の１つである。倉橋が昭和初期に，自身の実践を通じて，保育者の観点を記した数多くの文章を倉橋が編集し，1936年に出版された。『育ての心』「序」では，「自ら育つものを育たせようとする心，それが育ての心である。世にこんな楽しい心があろうか。それは明るい世界である。温かい世界である。育つものと育てるものとが，互いの結びつきに於いて相楽しんでいる心である」とある。倉橋が，子どもの心もちに寄り添う保育の在り方を提唱し，保育者としてのあるべき姿についての言葉を書いている。エッセイスタイルで，保育者や親向けに分かりやすい文章が特徴と言える。たとえば，「驚く心」（一部引用）では，「おや，この子に，こんな力が。……あっ，あの子に，そんな力が。……驚く人であることに於て，教育者は

詩人と同じだ。驚く心が失せた時，詩も教育も，形だけが美しい殻になる」とあるように，子どもの今の心もちを理解し，共感的に関わり，子どもと共に心を動かして歩む保育者であることが示されている。

[熊田凡子]

ソフィスト

原語はギリシア語のソピステース（Sophistēs）で，「知恵ある人＝知者」「賢い人」の意味。アテネを中心に前５世紀から前４世紀初期にかけて政治・法律を中心とした学識一般，特に弁論術を教えた。授業料をとって生活した歴史上最も早い時期の職業教師である。経済的な繁栄のもとで，民主制のアテネでは知識・弁論に優れていることが社会的成功につながった。ソフィストたちはそのような時代の要求に応え，主に富裕層の子弟に演説や論争のために用いることを目的とした実践的な知識や技術（特に弁論術）を教えた。プロタゴラス，ゴルギアスらが代表者。ソフィストの教えは，生産的な議論のためというよりも，言葉巧みに相手を論駁することを目的としたため，後世では転じて詭弁家を意味するようになった。しかし，プロタゴラスのように人間主義・主観主義・相対主義といった革新的思想を唱える者もいた。その意味で，神話的世界観が主流であった当時の社会において，ソフィストが民衆の啓蒙に果たした教育的役割は大きい。

[隈元泰弘]

ソーンダイク

Thorndike, Edward（1874-1949）

ソーンダイクは，アメリカの心理学者・教育学者であり，動物を用いた「問題箱の実験」で試行錯誤学習を検証した。動物の行動は，個々の行為を何らかの見通しのもとに行っているわけではなく試行錯誤にすぎないことを強調した。彼の試行錯誤学習という考え方は，後にスキナーのオペラント条件づけの知的基盤となった。また，ある対象を評価する際に

その対象の特徴的な印象に引きずられて評価を行ってしまう認知バイアス（認知の歪みや偏り）を持ってしまいがちであることを指摘した。権威のある専門家が発言する専門外の意見でも優秀な見解であると思い込んでしまったり，悪い印象の人が他にも悪いことをしているなどと思い込んでしまう，すなわち，良い印象からポジティブな方向と，反対に悪い印象からネガティブな方向に向かうハロー効果現象があることを提唱している。

［松本　敦］

た

待機児童問題

両親の共働きなどの理由によって乳幼児を認可保育園に預けたいと思っても，保育所の定員に空きがなく，入所できずに順番待ち（待機）をしている状態のことである。厚生労働省は待機児童を，「保育が必要な認定を受けていて，特定の教育・保育施設又は特定地域型保育事業に利用申請をしているものの，利用できていない子どものこと」と定義をしている。待機児童は，大都市部に多くみられる問題であり，地方によっては待機児童が一人もいない自治体もある。待機児童数は毎年，厚生労働省によって報告されているが，保育所に入所できなかったために保護者が育児休暇を延長したり，地方単独保育事業（地方自治体が定めた基準を満たした認可外保育所）を利用するものなどは，待機児童数から除外されており，実際の待機児童数は報告されている数よりも多いと言われている。

[佐藤智恵]

胎 教

胎教とは妊娠中から胎児にできるだけよい環境を整えることを意図して，胎児に音楽を聴かせたり，話しかけたりといった働きかけを行うことを意味する。胎児の健やかな成長には，母親自身の心身の健康状態も良好であることが望まれる。そのため，胎児への働きかけのみを胎教とするのではなく，母体である母親自身がリラックスして過ごし，生活を楽しむ心身の状態で過ごすために行うことも，胎児にとっての最適な環境をつくるということから胎教として考えられることもある。胎教の効果を胎教に積極的な群とそうでない群を比較した研究からは，妊娠後期のリラックス度および出産体験の受けとめ方が胎教に積極的な群の方が優位に高いという結果が示されている

（水上・港，1996）。いずれにしても，母体である母親自身が出産に対して前向きに過ごすことのできる環境そのものが，胎児にとっての最適な環境となると考えられる。

[大江まゆ子]

『大教授学』

近代教授学の祖コメニウスの代表作の一つ。全33巻の内容は，キリスト教的教育（現世から来世への在り方を強調），教授技術・方法の重要性，学校における規律の必要性，学校の意義と学校改革の意義，母親学校・母国語学校・ラテン語学校・大学の4つの学校階梯などが取り上げられている。いずれの章も比較的簡潔な論述で構成され，古代ギリシア思想家や聖書からの引用や論証をもって論を進めている点が特徴である。教育・保育との関連で言及するならば，第28章の母親学校の原型の箇所を挙げることができる。「形而上学も，この学校から始まります。なぜなら，初め幼少の心には，すべてのものは，大まかな・漠然としたまとまりではいってくるわけです。～中略～ですから，初めはまず，大まかな目じるし，つまり，或るもの，ないもの，在る，ない，こうである，ちがう，どこ，いつ，等々，似ている，似ていない等々のことをのみ込ませます」。こうして20の学問（例，幼児の文法学とは母国語を正しく発音すること）を提示し，「立派な教育を受けた青少年に徳性がいわば同化しているようにしたければ，なによりもまず徳行の本当にしっかりした土台をつくっておかなければならない」として，「ほど［筆者注　程度の度合いのこと］を知ることです」（これは節制の心），「とくに教えてほしいのは友愛です」「この年頃では，なによりも忍耐心を養わなくてはなりません」などが挙げられる（コメニュウス，1962）。これにつづいて，母国語学校，ラテン語学校，大学の教育内容と教育方法が展開される。→コメニウス

[津田 徹]

第三者評価

　公正・中立な第三者機関が，専門的・客観的な立場から評価を行う仕組み。自己評価と相互補完的な関係にあり，第三者評価を受けるには，まず自己評価を行い，その結果を元にしながら行われる。

　全国社会福祉協議会によると，第三者評価の目的は，福祉施設・事業所全体での議論を経て，課題等が共有されることであり，受審と活用を組織として明確に位置付け，定期的・継続的に取り組まれている。社会的養護関係施設（児童養護施設・乳児院・母子生活支援施設・児童心理治療施設・児童自立支援施設）に関しては2012年度から，3年に1度の受審・公表が義務化された。第三者評価基準は，概ね3年毎に見直すことになっている。また，「児童福祉施設の設備及び運営に関する基準」によると，保育所では，第三者評価は努力義務とされている（第36条の2）。

　文部科学省は，「学校の第三者評価のガイドラインに盛り込むべき事項について」の中で，第三者評価は，学校運営に関する外部の専門家が中心となり，自己評価や学校関係者評価の実施状況も踏まえつつ，教育活動その他の学校運営全体について，専門的視点から評価を行うものと位置付けている。現在義務化されている「自己評価」「学校関係者評価」が効果的に実施されているかどうかを検証し，学校評価システム全体の実効性を高めるという役割も期待されている。学校が受審する第三者評価に関して，法令上の義務付けはない。　　　　　［鋳物太朗］

第二次性徴期

　成長とは，身体が形態的に増大していく過程を示す。子どもは，誕生から日々体重が増えて1歳ごろには誕生時の約3倍になり，身長は1歳ごろ1.5倍に，4歳ごろには新生児期の約2倍近くまで伸びていく。この時期は第一次成長期と呼ばれ，一生のうちで最も成長が速い時期

である。

　第二次成長期は，3，4歳ごろから始まる「前思春期」から「思春期」が終わる18歳ごろまでの長い期間を示し，第二次成長期の後期となる「思春期」が第二次性徴期とも言われている。第二次成長期は身長や体重だけでなく，運動神経や自律神経，顔（あご）の成長，ホルモンの変化なども関連しあい，心身ともに様々な変化がみられるようになる。成長という言葉から一般的には身体の変化について述べられることが多いが，3，4歳ごろから幼児は視野を広げ，認識力を高め，自己探求や他者とのかかわりを深めていく時期でもあり，身体の変化だけでなく心も変化（成長）していることを理解しておく必要がある。　　［川谷和子］

体　罰

　親，教師などが，監督する関係にある子どもに対して，肉体的苦痛を罰として与える行為を体罰という。例えば，身体に対する侵害（叩く，踏みつける，突き飛ばすなど）や肉体的苦痛（外出を禁ずる，個室に監禁する，長時間の正座や直立の姿勢を強いるなど）を与えることを示し，他にも怒鳴りつける，にらみつけるなど，心に苦痛を与えることを総称して体罰等とされている。親が子どもに対して「しつけのためにする」という考えが根強くある社会においては，子どもの行いを正すために叩くことなどは，やむを得ないこととして体罰が加えられている。しかし，国際的に見て，1989年に国連総会によって採択された「子どもの権利条約」において，父母や保護者などからあらゆる形態の身体的もしくは精神的な暴力，傷害から児童を保護するための措置をとる，ということが述べられている。また，国内においては，2019年の児童福祉法等の改正で，体罰は許されないものであることが法定化されている。

　同様に，教育現場においても，教育上必要がある場合において，懲戒を加える

ことはできるが，教師が児童生徒の身体に罰を加える行為（体罰）は，教育指導の域を超えているとの見解を示している。これらのことから，子どもへの体罰は，子どもの様々な権利を侵害しているということを理解しておかなければならない。

[川谷和子]

ダウン症

ダウン症候群は，染色体異常の１つである。通常，染色体は２本ずつであるが，ダウン症の子どもの場合，21番目の染色体が３つずつある。ダウン症の多くの子どもに知的障害がみられるが，その他に平衡機能発達の遅れ，構音障害，低緊張による運動発達遅滞がみられることもある。定頸（首がすわること）は生後６か月，独歩は２，３歳と定型発達の子どもたちよりは遅れるものの，ゆっくりと発達し追いついていく事が多い。ダウン症の子どもには，先天性の心臓疾患が合併症として多く見られるほか，消化器系の疾患，滲出性中耳炎，屈折異常など耳鼻科や眼科などの問題がある場合も見られる。ダウン症候群は，生まれて比較的早い時期に診断が行われるために，早期療育を行うことが可能である。保護者の障害受容などの程度にもよるが早い場合には，生後すぐからの超早期療育が実施されている。

[佐藤智恵]

滝廉太郎

たき　れんたろう（1879-1903）

大分県出身の日本を代表するピアニスト，作曲家である。東京音楽学校（現在の東京芸術大学）でピアノを学び，作曲とピアノの才能を開花させる。多くの歌曲を作曲しており，今でも小学校の音楽科の鑑賞教材や中学校の歌唱教材として取り扱われている。歌曲の代表作としては「荒城の月」（作詞：土井晩翠），「花」（作詞：武島羽衣），「箱根八里」（作詞：鳥居忱）が挙げられる。特に，1901（明治34）年に作曲された「荒城の月」は，日本の５音音階ではなく西洋の７音音階

を用いて作曲された初めての歌曲であり，日本の芸術歌曲において非常に重要な作品である。子どものための唱歌も作曲しており，代表作には「お正月」（作詞：東くめ）などがある。

[高　奈奈]

託児所

現在，託児所は認可保育施設である幼稚園や保育所に対して，商業施設や美容室などといった一時的に子どもを預かる認可外保育施設を意味して用いられることが多い。しかし，歴史を遡ると託児所の始まりは，筧雄平（1842-1916）が農繁期に鳥取県の持家で，村民に敬慕され，子ども好きであった尼僧に子どもの世話を頼んだことが最初であると考えられる。筧はこの託児所は子どもにとっても，村の家庭にとっても必要であるとの認識に至り，次第に様々な遊具や部屋の環境も整備し，保育施設としての形が整ったのは，1890（明治23）年とされている。尼僧が転任後も，筧の妹などにより子どもの世話を継続し，村民の協力も得て「保育所の形」ができてきたとされ，保育所が誕生する前に保育の必要な子どもたちが大人によって守られる機能を有する保育施設として託児所は存在していた。

[大江まゆ子]

縦割り保育

年齢ごとに人数で分けられた集団としてのクラス運営ではなく，混合した年齢でのクラスによる保育の形態である。園内でクラスはあるが，３〜５歳児が共に同一クラスで生活したり，時には２歳児も入ったりして，１〜２歳児での混合クラスである場合も含まれる。異年齢保育を実施するのは，各クラスの人数を考慮した保育運営の便宜上の問題だけではなく，あえて教育上の効果を考慮して子どもの年齢を混合した保育形態を縦割り保育という。代表的なものとして，モンテッソーリ保育では異年齢混合で実施されている。縦割り保育のメリットは，同じクラスの年長児が自分よりも年齢の低

い子どもの様子を見て，面倒をみたり気遣いをもったりして，思いやりの体験を日々行うことができることである。また，3，4歳児も自分よりも年上の子どもの行動を見て，その様子を真似ることをとおして多くのことを学ぶことができる。また，その学年にふさわしい保育内容を実施する際には，日々の異年齢のクラスから離れて年齢別に活動を実施する場合もあり，異年齢保育をベースとして組み合わせて実施している園もある。現代のようなきょうだいの少ない子ども達にとっては必要な保育形態であるとも言える。

[名須川知子]

多　動

多動の問題は，親子関係など心理社会的な問題としてとらえることもあるが，情緒的な問題から脳障害を持つ者まで，多様な背景を持つ。一時的な多動は，子どもが緊張したり，不安になったりする時にも見られるものである。持続的な多動でも，子どもは生物学的にも，社会学的にも未熟なので，環境要因の影響も大きい。脳障害の多動を示す子どもたちには，医学的な診断がされるようになった。多動症候群，注意欠陥障害（ADD），注意欠陥多動性障害（ADHD），学習障害（LD）などである。

多動そのものは年齢依存性があり，幼児期後半から学童前期に最も多いので，それを考慮して治療にあたる必要がある。背景の脳障害の状態によって，治療の方向も効果も違うので，診断的な考察は大切である。親や教師などに対する情緒的支持とともに，多動に対する情報提供，教育技術的援助，関係機関との連携，学校内チーム支援も対応に効果的である。

[金山健一]

WHO 憲章

世界保健機関（WHO：World Health Organization ： Organisation mondiale de la santé）憲章は，1946年にニューヨークで61か国の代表により署名され，1948年より効力が発生した。日本では1951（昭和26）年に条約として公布された。WHO は，国際連合での健康と基本的人権の達成を目的としておかれた専門機関であることから，その基本的な方針や施策などをうたった宣言が WHO 憲章となる。憲章は19章82条から構成されている。そこには目的，任務，加盟国及び準加盟国の地位，諸機関，世界保健総会，執行理事会，事務局，委員会，会議，本部，地域的取組，予算及び経費，表決，各国が提出する報告，法律行為能力・特権及び免除，他の機関との関係，改正，解釈，効力の発生などが示されている。その前文に記されている健康についての定義には，「完全な肉体的，精神的及び社会的福祉の状態であり，単に疾病又は病弱の存在しないことではない。到達しうる最高基準の健康を享有することは，人種，宗教，政治的信念又は経済的若しくは社会的条件の差別なしに万人の有する基本的権利の一つである」とある。1998年の第101回 WHO 執行理事会において，「spiritual（霊的）と dynamic（動的）」を加えた新しい健康の定義が検討されたが，採択は見送られている。

[西本　望]

多文化共生保育

国籍，その他あらゆる属性にかかわらず，子ども一人一人が，互いの違いや多様性を認め合い，それぞれが自分らしく，安心して共に生きられることを保障する保育。2019年現在における日本の在留外国人数は約293万人となり，過去最高になっており，多国籍化も進んでいる。総務省によると，多文化共生とは，「国籍や民族などの異なる人々が，互いの文化的違いを認め合い，対等な関係を気付こうとしながら，地域社会の構成員として共に生きていくこと」と説明されている。一言に多文化共生保育と言っても，それが意味している内容は多様である。「国籍」の問題だけでも，「文化的差異」の

問題だけでも,「言語」の問題だけでも説明しきれない多様性をもった課題を含んでいる。多文化共生保育が対象として想定する子どもたちの属性や状況は極めて多様であり, 1つの呼称でその子どもたちを呼び表わすことは難しい。保育者の援助としては, カウンセリング・マインドが前提であり, その上で, 保護者を含めた子ども一人ひとりの文化や言葉の違いに応じた対応が求められている。

[鋳物太朗]

ダルクローズ
Jaques-Dalcroze, Émile（1865-1950）

　ダルクローズは, オーストリアのウィーン出身で, 20世紀初頭に「ダルクローズ・リトミック」という音楽教育法のひとつを開発した音楽教育家である。リトミック（rythmique：仏）とは, フランス語でよいリズムという意味であるが, ダルクローズは音楽においてリズムが最も重要であり, 音楽だけでなく身体表現や日常の生活, 心の動きにおいてもリズムは重要であると考えた。ダルクローズ・リトミックの教育法は, 身体運動を伴うリトミック, ソルフェージュ（視唱と聴音の訓練）, 即興演奏の3つの学習方法からなる。これらの活動を通して, 聴いたり感じ取ったりした音楽の様々な要素（リズム, 速度, 拍子, 音価, 休符, 調性, 強弱, アクセント, ダイナミクスなど）と身体の動きと結びつけ, 目に見えない音を身体で具現化することにより, 豊かな表現力を育むことができるとされている。音楽を集中して聴き身体を反応させるため, 注意力や判断力も養われる。

　また, 感覚的に音楽と身体を結びつけた活動を行うため, 神経系疾患の療育や情緒の養育にも作用があると考えられている。→リトミック　　　　　　[高　奈奈]

探索活動
　自らの感覚に訴えかける対象に対して, 内発的な動機づけにより積極的に関わる

ことを通して, 様々な学びを獲得する活動のことをいう。保育, 教育においては, 各々の内側からわきあがる興味, 関心にもとづき, 主体的に環境に関わる探索活動を十分に保障することによって, 子どもに学び手としての有能な自己像や主体性を育むことが大切である。乳幼児は自発的な好奇心や探求欲求に支えられ, 遊びを通して試行錯誤しながら様々な能力を身に付けていくことから, 乳幼児期の保育では遊びが重視される。そのため, 遊びの中での学びを保障するには, 探索活動を引き出し, 夢中になって十分に遊ぶことのできる物的, 人的, 時間的な環境を整えることが重要となる。

[大江まゆ子]

男女共同参画社会基本法
　男女共同参画社会の形成に関する取り組みを総合的, 計画的に推進することを目的として, 1999年に制定された法律である。同法第2条第1項において, 男女共同参画社会とは,「男女が, 社会の対等な構成員として, 自らの意思によって社会のあらゆる分野における活動に参画する機会が確保され, もって男女が均等に政治的, 経済的, 社会的及び文化的利益を享受することができ, かつ, 共に責任を担うべき社会」とされている。法では, その実現のため, 男女の人権の尊重, 社会における制度または慣行についての配慮, 政策などの立案および決定への共同参画, 家庭生活における活動と他の活動の両立, 国際的協調という5つの基本理念が示されている。政府は, 法の理念に基づき, 施策を総合的, 計画的に推進するため,「男女共同参画基本計画」を策定することとされている。2020年には第5次基本計画が策定され, 政策・方針決定過程への女性の参画拡大などが盛り込まれている。

[松浦　崇]

男女雇用機会均等法
　正式には「雇用の分野における男女の均等な機会及び待遇の確保等に関する法

律」（昭和47年法律第113号）。雇用の分野での男女の均等な機会及び体制の促進を目的としている。

「勤労婦人福祉法」を前身とし，1985年の改正を経て，1997年の改正により現在の名称となった。97年法は，男女の均等な機会・待遇の確保と並んで，女性労働者の妊娠中と出産後の健康確保を目的として掲げ，労働基準法上の女性保護規定が廃止される一方で，母性健康管理について保護が強化された。さらに募集・採用，配置・昇進，福利厚生，定年・退職・解雇における女性差別を禁止し，事業者によるセクシャル・ハラスメント防止のための取組が義務付けられるとともに，勧告に従わなかった企業名を公表する制裁措置も設けられた。また2007年の改正では，妊娠・出産・育児等による不利益取り扱いの禁止や，男女双方に対する雇用上の差別の禁止などが規定された。2017年の改正により，不利益取り扱いの禁止に加えて，マタニティ・ハラスメントについて防止措置を講じることが事業主に義務付けられた。　　　　［中田尚美］

担当制

子ども一人一人を担当する保育者を決めて1対1の応答的な保育を可能にする保育形態の一つ。乳児保育においては，生活面のケアを丁寧に行うことが大切であるが，1対1の応答的な保育を通して生活面のケアを丁寧に行うことによって，保育者と子どもとの間に情緒的な絆が結ばれていく。この意味で，担当制の保育は，子どもの情緒的な安定感をもたらすことを意図して行われる保育である。保育所保育指針解説（2018）には，「人との関わりの面では，表情や体の動き，泣き，喃語などで自分の欲求を表現し，これに応答的に関わる特定の大人との間に情緒的な絆が形成されるとともに，人に対する基本的信頼感を育んでいく」ことの大切さが指摘されている。

保育現場においては，3歳未満児の保育において，とりわけ0歳児の保育において行われることが多い。子ども一人とじっくり関わり専心することによって，子ども理解が促進されるメリットがあるが，担当の保育者が担当の子どもを囲い込んでしまうようになるデメリットもある。そのため，「柔軟なかたちでの担当制」（「保育所保育指針解説書」2008）や「緩やかな担当制」（「保育所保育指針解説」2018）を考えていくことが大切である。　　　　　　　　　　　［戸江茂博］

ち

地域型保育事業

子ども・子育て支援新制度では，教育・保育施設を対象とする施設型給付・委託費に加え，市町村の認可事業として地域型保育事業を児童福祉法上位置付けている。小規模な保育施設への財政措置である地域型保育給付の対象とし，①小規模保育事業（利用定員6人以上19人以下），②家庭的保育事業（利用定員5人以下），③居宅訪問型保育事業，④事業所内保育事業（主として従業員の子どものほか，地域において保育を必要とする子どもにも保育を提供）の4種類がある。大都市部の待機児童対策や児童人口減少地域の子育て支援など，多様な保育ニーズにきめ細かく対応することを目的としている。地域型保育事業の認可にあたっては，職員数・資格要件，設備・面積基準等国が定める認可基準を踏まえ，市町村が条例として策定し，客観的な認可基準に適合することが求められている。

　　　　　　　　　　　　［藤原伸夫］

地域子育て支援拠点事業

児童福祉法第6条の3第6項に定められた「内閣府令で定めるところにより，乳児又は幼児及びその保護者が相互の交流を行う場所を開設し，子育てについての相談，情報の提供，助言その他の援助を行う」事業。公共施設や保育所，児童

館等の地域の身近な場所で，乳幼児のいる子育て中の親子の交流や育児相談，情報提供などを実施する。事業実施の背景には，核家族化や地域のつながりが希薄化する中で，子育てが孤立化し，子育ての不安感，負担感を抱える保護者が増えていることがあげられる。公共施設空きスペース，商店街空き店舗，民家，マンション・アパートの一室，保育所，幼稚園，認定こども園等を活用する常設の「一般型」と，児童館等の児童福祉施設等を活用する「連携型」の2つに分けられる。　　　　　　　　　　　　[松島　京]

地域福祉

地域は様々な人間関係の織りなす生活の場であるが，地域福祉でいう「地域」はそれに加え，住民の主体力や自治能力を要件として，互いの人権を尊重し，共感しあい問題解決能力のある生活圏域を創り出すことを意味している。地域福祉の目的は，福祉サービスの利用者がその有する能力を発揮し自立した日常生活を行うことができるよう支援することである。また，その活動は生活課題を抱える人々が地域社会から排除されることなく家族，地域社会の一員として認められる福祉コミュニティづくりを進めていくために，住民と行政が新たなパートナーシップのもとに展開されなければならない。特に子どもの貧困と地域での居場所づくりは喫緊の課題で，行政における取組とともに地域の中に子どもの居場所をつくる動きも盛んになっている。その一つである子ども食堂は，地域が子どもたちの課題に気づくことができる場所として，全国で広がりつつある。しかしながら，運営を担っている NPO 法人などの民間団体は，資金面で安定した収入が得られず運営が不安定になりがちであるという課題もある。　　　　　　[福山恵美子]

チック

突然に起こり，素早くて，不規則かつ繰返しのある動きや音声を表す。運動チックや音声チックに分けられ，前者には，目をパチパチと開閉したり，鼻をピクピクと動かしたり首を振ったり，肩をすくめたりするなどの単純なものから，顔の表情を複雑に変化させたり，飛び跳ねたり，蹴り上げたりするなどの複雑な動作や運動を伴うものがある。また，後者には咳払いや「えへ」などの音声を繰り返したり，ハミングのような鼻を通した声を出したりする単純な音声による症状や，人が言った言葉を復唱するように繰り返したり，場にふさわしくない言葉を発するなどの複雑な音声を伴う症状が認められる。これらの動作や運動の多くは，無意図的に行われるものであり，就学前後に発症することが多く，症状の出現は本人自身の状況や周囲の環境に応じて多くなったり少なくなったりする。また，多くの場合は一過性で症状が改善するので，特段の治療を行わず経過を観察することも多い。なお，注意欠如・多動症（Attention Deficit/ Hyperactivity Disorder：ADHD）や強迫症に併発することもあり，これらの疾病の対応も必要になる。　　　　　　　　　　　[武富博文]

窒　息

窒息とは，呼吸が阻害されることによって血液中のガス交換ができず血中酸素濃度が低下し，二酸化炭素濃度が上昇して，脳や内臓など重要な組織が機能障害を起こした状態である。乳幼児の死亡で「不慮の事故」は，毎年約100〜120名が亡くなっている。その中でも 0 歳児の不慮の事故死の約80%は窒息である。そして 0 歳の窒息は，就寝時（31.9%），胃内容物の誤嚥（22.5%）が多く，1・2歳では胃内容物の誤嚥や食物の誤嚥が13〜16%と報告されている。これらの結果から，2歳未満児の哺乳後や午睡時には，①1歳までは仰向けで寝かせる，②乳児用の硬めの敷布団に寝かせる，③かけ布団は，子どもが払いのけられる軽いものを使用し，顔にかぶらないように見

守る，④寝ている子どもの顔の近くに衣類，ぬいぐるみを置かず，よだれかけもしない，⑤子どもの布団と壁の隙間をつくらない，⑥授乳後は必ずゲップをさせてから寝かせることが重要である。午睡時の観察は，0歳児5分毎，1～2歳児は10分毎に姿勢とブレスチェックを行い記録することも重要である。また，保育室内にある小さな玩具などでの窒息や食事中の窒息も報告されている。生後5か月の子どもがいる乳児保育室では「誤飲チェッカー」等を用いて玩具や保育教材のリスクを判定し，事故防止に努める。また食事中，口にものを入れたままで大きな声でおしゃべりをしたり，大笑いしたり，立ち歩くことをしないよう見守ることが求められる。また，窒息事故が起こりやすい睡眠時，食事時，水遊び時に，ビデオ等の記録機器を活用することも推奨されている。　　　　　　　　　［森田惠子］

知的発達

　知的発達は，特定の知識や技能を獲得する視点と試行錯誤などのように考えて導き出す視点との二つの視点で捉えることができる。特定の知識や技能を獲得する視点は，知っているか知らないか，できるかできないかという評価で見られがちである。しかし，重要なことは，どのように知識や技能を獲得したかであり，繰り返し努力をしたり，友だちと教え合ったりするなどのプロセスが問われるべきである。もう一方の考えて導き出す知的発達の視点では，それまでに獲得した知識や技能を活かしながら，粘り強く考えて導き出すというプロセスが大切である。また，考えて粘り強く導き出す過程で，友達と協力することも含めて様々に試行錯誤するのである。このような育ちは非認知能力といわれている。

　保育において知的発達を促すには，子どもが内発的に動機付けられる必要があり，保育者の応答的な関わりや，子ども自らが主体的に関わったり試行錯誤した

りできるような環境の備えと，じっくり取り組める時間や活動を共にできる仲間が必要になる。　　　　　　　　　［片岡章彦］

知能検査

　知能を客観的に測定するために開発された検査。1905年にフランス文部省の要請を受け，ビネー（Binet, A.）がシモン（Simon, T.）とともに学校の授業についていけない子どもの判別を目的としてビネー式知能検査を作成した。この検査では，各年齢に結びつけられたいくつかの問題を設定し，ある年齢の子どもがどの年齢段階の問題まで解けるかによって，その子どもの精神年齢（mental age）を算出する。その後，1916年にターマン（Terman, L. M.）が，シュテルン（Stern, W.）の考案した知能指数（intelligence quotient；IQ）という知能を表す指標を知能検査に採用し，普及させた。我が国においても田中寛一による田中ビネー式知能検査が代表的であり，現在は田中ビネー知能検査Ⅴが用いられている。

　これに対し，ウェクスラー（Wechsler, D.）によって開発された知能検査は，いくつかの下位検査で構成され，知能を多面的に測定することができる。幼児用の WPPSI（Wechsler Preschool and Primary Scale of Intelligence），児童用の WISC（Wechsler Intelligence Scale for Children），成人用の WAIS（Wechsler Adult Intelligence Scale）があり，現在は WPPSI-Ⅲ，WISC-Ⅴ，WAIS-Ⅳが用いられている。　　　　　　　　　［松本麻友子］

地方裁量型認定こども園

　幼稚園・保育所いずれの認可もない地域の教育・保育施設が，認定こども園として必要な機能を果たすタイプである。「地方裁量型認可化移行施設」の創設については，待機児童解消のための保育の受け皿拡大と保育の質の確保は「車の両輪」であり，保育園等による保育は，国が定める設備運営基準を満たす保育園等により実施されることが基本とされてい

る。一方で，各自治体が独自の創意工夫
のもと，待機児童解消のための取組に積
極的に取り組めるよう，国家戦略特区に
おいて，待機児童が多い自治体が自ら定
める基準に基づく「地方裁量型認可化移
行施設」を設置して，「保育支援員」等
を活用しながら待機児童の解消に取り組
むことを認める方向で検討されている
（時限措置）。

　その目的は，認可外保育施設の認可化
移行を支援し，待機児童の解消を図ると
ともに，子どもを安心して育てることが
できる体制整備を行うことである。実施
要件等として，認可化移行計画を策定し，
計画期間内に移行を図ること，施設整備
は，計画期間内に認可基準を満たすこと，
職員配置については，認可基準の3分の
1以上は有資格者とし，比率（3分の1，
6割，10割）に応じて補助単価を設定す
ること等が挙げられている。　[猪田裕子]

地方版子ども・子育て会議

　平成27年4月に子ども・子育て支援新
制度がスタートした。この制度では，国
には「子ども・子育て会議」の設置が義
務付けられ，市町村など自治体にも「地
方版子ども・子育て会議」が置かれるこ
ととなった。市町村では「地方版子ど
も・子育て会議」の設置は努力義務とさ
れている。新制度では，市町村が実施主
体となり地域のニーズに基づき計画を策
定，給付・事業を実施することとなった。
市町村は，事業計画を立てる際には，有
識者や子育ての当事者などで構成される
「地方版子ども・子育て会議」の意見を
聞き取らなければならない。「地方版子
ども・子育て会議」では，教育・保育・
子育て支援のニーズが適切に把握されて
いるか，保育施設の利用定員の設定，子
ども・子育て支援事業計画などに関して，
市町村に対して意見を挙げる。支援事業
計画については，人口や利用状況の実態
を踏まえ，必要に応じて見直しを行うこ
ととしており，その見直しにあたって，

「子ども・子育て会議」において検討・
議論が行われている。　　　　[佐藤智恵]

着脱衣の習慣

　着脱衣の習慣とは，衣服を着たり脱い
だりすることが一人で出来ることをいい，
社会的・文化的・精神的基盤に立つもの
とされている。日常生活に必要であり習
慣化された行動の中で，生命維持のため
に毎日繰り返し行われるものを基本的生
活習慣というが，着脱衣の習慣はその中
の一つである。ほかに食事，睡眠，排泄，
清潔がある。

　保育所保育指針（2017年告示）による
と，着脱衣の習慣は1歳以上3歳未満の
時期には「つまむ，めくるなどの指先の
機能も発達し，食事，衣類の着脱なども，
保育士等の援助の下で自分で行うように
な」り（第2章2（1）ア），3歳以上
になると「基本的な生活習慣もほぼ自立
できるようになる」（第2章3（1）ア）
と記されている。また保育所保育指針解
説（2018年）には，その際保育士は「急
がせることなく，一人一人の子どもの様
子をよく見て，その子どもにとって適切
な時期に適切な援助をしていくこと」や，
「見通しをもって，子どもに分かりやす
く手順や方法を示すなど，一人一人の子
どもが達成感を味わうことができるよう
援助を行う」とされている。さらに「子
どもが，自信や満足感を持ち，更に自分
でしてみようとする意欲を高めていくこ
とが重要である」としている。

　近年は衣類の変化に伴い，衣類の着脱
時に手や指を使う機会が減少し，手指の
巧緻性が問われている。また，幼い時期
から保育所などに通う子どもが増え，基
本的生活習慣の形成が保育の現場に委ね
られることも多くなっている。基本的生
活習慣の形成における保育者の役割は，
今後大きくなっていくと思われる。

　　　　　　　　　　　　　　[大塚優子]

中央教育審議会

　中央教育審議会は，平成13（2001）年，

これまでの中央教育審議会，生涯学習審議会，教育課程審議会や教育職員養成審議会などの審議会を統合し，文部科学省に設置された。この審議会の主たる役割は，文部科学大臣の諮問に応じて，教育の振興，生涯学習の推進，創造的な人材の育成等のかかわる事項を調査審議することである。その任期は2年（ただし，再任可），30人以内の委員によって構成され，4つの分科会がある。近年では，「道徳に係る教育課程の改善等について」（平成26年10月）や「子供の発達や学習者の意欲・能力等に応じた柔軟かつ効果的な教育システムの構築について」（平成27年12月），さらには，「幼稚園，小学校，中学校，高等学校及び特別支援学校の学習指導要領等の改善及び必要な方策等について」（平成28年12月）といった今日の学校教育の根幹にかかわる重要な答申を出している。　　　　　［島田喜行］

腸重積

腸重積は，腸管の一部がそれと続く腸管腔内へ入り込んで，腸管が閉塞され腸粘膜がむくみ血行が妨げられた状態になる病気である。この病気は2歳以下の乳幼児，特に生後4～9か月の乳児（男女比は2：1で男児）に多い。腸重積の多くは，回腸（小腸の終わりの部分）とそれに続く結腸（大腸のはじまりの部分）に起こることが多い。典型的な症状として，突然に今まで機嫌のよかった子どもが泣き出し，腹痛で足を「く」の字に曲げ腹部に引きつけ，顔面は蒼白となり苦しそうにする3～4分間があり，それが突然におさまる，こうしたことを5～30分間隔で繰り返し起こる，こういった特有のはじまり方がある。嘔吐も最初のころに現れ，血便も発症後数時間でみられ，苺ゼリー様である。腸重積を放置すると，腸管に壊死や穿孔が起こり，腹膜炎を起こし重症になる危険性がある。このため，最初の目撃者（多くは母親や保育士）の観察と判断が重要になる病気である。治療法は，軽症であれば浣腸で，入り込んだ腸管を整復する方法が一般的である。再発率は約10％あるため，乳児期から6歳以下の幼児の泣き方には，注意を払う必要がある。　　　　　［笠井純子］

調乳

粉末状のミルクを湯で溶いて，乳児の飲用に適した状態の人工乳をつくることである。調乳方法には，無菌操作法と終末殺菌法がある。無菌操作法は，家庭や保育所などで広く行われている一般的な方法で，あらかじめ消毒した哺乳瓶や器具を使い，授乳のたびに1回分ずつ調乳する。終末殺菌法は，病院や乳児院など多くの乳児がいる施設で行われ，1日分を一度にまとめて調乳し，必要量ずつ哺乳瓶に注ぎ，加熱殺菌し，冷却保存して授乳時に保温して提供する方法である。調乳のポイントとしては，①乳児用調製粉乳の調乳に当たっては，使用する湯は70℃以上を保つこと，②乳後2時間以内に使用しなかったミルクは廃棄することがあげられる。　　　　　［廣田有加里］

調理員

調理員は，給食を提供する各種施設で，栄養士が考えたメニューに沿って利用者のニーズにあわせて調理をし，配食をする職業である。主な仕事は調理や配食であるが，その前後にあたる作業も担当しており，施設に届く食材の仕分けや洗浄，調理工程の準備確認，残飯チェックから食器の洗浄，そして清掃など，幅広い業務を行う。調理員として働くには，特別な資格は必要ない。　　　　　［廣田有加里］

通過儀礼

人が発達段階上にある課題など，ある状況から他の状況（不可逆的段階）へ参入することの可否によって獲得することで得られる新たな段階的経験のこと。文化人類学や社会学などはもちろん教育学

では通過儀礼を人の新たな領域への参入過程として読みとることが可能である。『日本大百科全書』によれば、通過儀礼とは「人の一生は、誕生、命名、入学、成人、就職、結婚、還暦、死など、いくつかの節（ふし）からなっている。こうした人生における節は、個人が属する集団内での身分の変化と新しい役割の獲得を意味している」とある。人の一生には心身上、社会制度上などいくつかの観点から理解されるものが存在する。例えば誕生、発達、成熟、老化、死などは生理・医学・心理学が得意とする概念かもしれない。他方、思春期、成人（式）、就職、結婚などは制度により大きく規定されるものである。G. H. ミードが主張して学界で大きく話題になった思春期という概念の是非はさておき、身体的変化と並行しながら異種の世界へ参入することは教育上も大きな意味をもっている。日本史上の各時代の民衆文化では、かつて七五三、元服、お歯黒、村寄合、などの風習や習慣が社会に根付いて、その教育的機能を果たしたことが伝えられている。海外でもバンジージャンプや牛の背中を駆け抜ける事などがある。こうした通過儀礼では試練の意味と自立を促す意味、社会的に認知・宣言させる意味などが考えられる。　　　　　　　　［津田　徹］

積み木

　木製玩具の代表的なもの。その形状は、主に立方体、直方体、円柱などの形をしているが、人形の箱積み木、組み木式のもの、文字や絵入り、動物の形に木をくりぬいたもの、タイヤなどを組み合わせ車などが製作できるものなど様々である。材質は木製が主流であるが、ゴム、プラスチック、コルクなど多様な素材がある。積木を幼児教育に取り入れたのは、幼稚園の創始者であるフレーベルであると言われている。フレーベルが考案した20種類ある「恩物」の第三恩物から第六恩物までが積み木である。積み木遊びには、主に積み木を自動車や家に見立て意味づけたり命名しながら遊ぶ象徴的な積み木遊びと、積み木を並べたり、転がしたり、組み立てたり、積んで高いタワーを作ったりしながら遊ぶ物理的な積み木遊びがある。積み木遊びにより、手先の感覚と運動機能の発達だけでなく、高く積むために形や長さを分類し、積む順番を順序づけ、バランスを取るために向きや置く場所を工夫するなど、考える力、探究心、創造力などが育まれる遊びである。

［大谷彰子］

手足口病

　幼児を中心に夏季に流行する風邪の一種で、A群コクサッキーウイルス、エンテロウイルスなどの感染によって起こる急性感染症である。発熱は3分の1にみられるが38℃前後で高くならず、ほとんどの発病者は数日間のうちに治る病気である。感染してから3～5日後に、口の中、手のひら、足底や足背などに痛みを伴う水疱や赤みをもった米粒くらいのブツブツ（丘しん）ができる。また、口の中に水疱性の発疹ができ、破れて口内炎になり、食欲が落ちる。潜伏期間は3～6日で、感染者のせきやくしゃみから感染したり、便に出たウイルスで感染することもある。便中へのウイルスの排出期間が長いため、発病した人だけを長期間隔離しても有効な感染対策とはならず、現実的ではない。そのため、蔓延予防のための登校停止は不必要である。手足口病には特効薬はなく、治療は対症療法である。基本的には軽い症状の病気だが、口腔内の発疹が痛みを伴うときには、水分補給や薄口で口当たりのよい食べ物を与え、食後は茶などを飲ませ、食べかすを取り除くなど、食事の内容や摂取方法に配慮する必要がある。一般に予後は良好であるが、合併症として、無菌性髄膜

炎や脳炎, 心筋炎などがあるので, 経過観察をしっかりと行い, 嘔吐する, 頭を痛がる, 高熱が続くなどの症状がみられた場合は, すぐに医療機関を受診するようにする。 [山口香織]

手遊び・指遊び

　言葉や音に合わせながら手や指, 体を使って遊ぶ表現遊び。手遊び歌は, 民謡やわらべうたが伝承されてできたものや海外でうまれたもの, 生活の中の出来事から創作されたものなどがある。特別な道具を必要とせず, いつでも, どこでも, 誰でも, 手軽に楽しく遊ぶことができる。0歳児から大人までが遊べ, 1人で遊ぶもの, 一対一で遊ぶもの, 集団で遊ぶものなど, 様々である。また, 単純な繰り返しが多いので, 旋律やリズムがすぐに覚えられて, じっくり遊びこめるところも面白い。子どもたちは, 手遊びを繰り返し楽しむなかで, 感覚運動機能が発達したり, 言葉や数の概念が身に付いたりする。また, 他者と触れ合う心地よさやみんなと一緒に遊ぶことの楽しさを感じることができ, コミュニケーションや社会性の発達にも影響する。手遊びは保育のなかでもよく使われ, 子どもを落ち着かせたり, 活動の区切りや場つなぎの手段として用いられることが多い。しかし, 手遊びは「遊び」であり, 目的は「遊ぶ」ことである。はじめから手段や教育効果を期待して活用するのではなく, 子どもが手遊びを通して楽しみ, 自然に気持ちが高まったり, 発見したり, 考えたりすることが大切なのである。そのためには, 対象となる子どもの発達段階や興味関心を理解し, その場に応じた手遊びを保育者自らが楽しみながら展開することであり, 子どもが無理なく達成感を持ったり, 自信をつけたりできる環境を用意しなければならない。 [山口香織]

デイ・ケア

　在宅で生活をしている障害児・者の地域での生活の維持・継続・向上を可能とするために行われるケアサービス。デイサービスともいう。デイ・ケア（デイサービス）を行う施設に通所する通所サービス事業と, 利用者の自宅に訪問する訪問サービス事業がある。日常生活援助や, 機能回復のためのリハビリテーション, レクリエーションなどを行う。障がいのある子どもが通所する施設として, 児童発達支援センター（福祉型・医療型）がある。また, 就学している障がいのある子どもが利用するものとして放課後等デイサービスがある。 [松島 京]

ティーム・ティーチング

　複数人の教員が協力して一つの学級の授業を行う方法の総称。協力教授組織, 協力的な指導, あるいは, 英語の頭文字をとって「TT」や「TT方式」とも呼ばれる。1956年にアメリカのケッペル（Keppel, F., 1916-1990）によって提唱され, 1957年にマサチューセッツ州レキシントンのフランクリン小学校で始まった, レキシントン・ティーム・ティーチング・プログラム（LTTP）がその発祥であると言われている。日本では, 1963年に東京都内の小学校でティーム・ティーチングがはじめて導入された。アメリカにおけるティーム・ティーチングの当初の狙いは, 職階制の導入による優秀な教員の転出の防止, 教員不足の解消, 協力体制をもとにした授業の改善などが挙げられる。それに対して, 日本では, 学級担任制を前提とした教授組織で生じる問題点を補う補助的な方法としてティーム・ティーチングが導入された。特に特別支援学校では, ティーム・ティーチングが数多く実践されている。ティーム・ティーチングの利点として, 生徒それぞれの学習状況に応じた細やかな指導ができる点, 学習の評価が多角的に行える点, 多様な学習環境を提供できる点, 教員同士の協力体制を強化できる点などがある。その一方で, 授業準備にかかる時間の増大, 教員の指導観の対立,

教員同士の人間関係の調整などといった課題もある。　　　　　　　　　　　[阿部康平]

ティーム保育

　ティーム保育とは，小学校で実践されていたティーム・ティーチングの考えを基に，ティーム保育として実践されるようになったものである。幼児教育では，子どもの様子や育ちを複数の保育者が多面的に捉えながら協力をして，適切な援助を行うことを目的としている。チーム保育の形態は，複数担任，学年に対してティーム保育担当保育者を配属，園の全クラスに対してフリーという形でティーム保育担当保育者を配属，特定の時（新入園児のいるクラスが落ち着くまで，遠足の時など）だけ必要なクラスや学年にティーム保育担当保育者を配属する，クラスや学年に関係なく保育を行う際に保育者が連携協力して全体の子どもを見る等，園の保育形態や状況に合わせて多様な形態がある。幼稚園教育要領（2018）では，幼稚園全体の協力体制としてティーム保育について「幼稚園全体の協力体制を高め，きめ細かい指導の工夫をするために，ティーム保育の導入などが考えられる」とある。また，ティーム保育の重要性について「ティーム保育によって指導方法を工夫することは，幼児が人との関わりや体験を一層豊かにしたり，深めたりして，一人一人の特性に応じた指導の充実を図る上で重要である」（第1章第4節3の（8））と記載されている。　　　　　　　　[片岡章彦]

デイリープログラム

　デイリープログラムとは，登園から降園するまでの子どもが園で過ごす一日の生活の流れを表したものであり，日案とも言う。記載される内容は主に，時間，環境構成，子どもの生活や活動の具体的な内容，保育者の活動や援助，配慮が基本であるが，園独自の書式，記載項目を使用している場合もある。縦軸ではそれぞれの項目における時系列の流れ，横軸では子どもがいつ何をして，それに対してどのような環境の備えが必要で，保育者は何をすればよいのか，どのような援助や配慮をすればよいのかが分かるようになっている。デイリープログラムを計画する際には，子どもの姿から発達の状況を踏まえ，ねらいを立てて，そのねらいを達成するためにはどのような活動（保育内容）が適しているのか，また，ねらいを達成するためにはどのような保育者の援助や配慮が必要なのかを念頭に置き，子どもの姿を予想しながら計画を立てる必要がある。また，デイリープログラムを作成する際の手立てとして，保育所保育指針解説（2018）には「保育所の生活における子どもの姿から，子どもの発達過程を見通し，生活の連続性，季節の変化などを考慮して，子どもの実態に即した具体的なねらい及び内容を設定すること」（第1章第3（2）のウ）と記載されている。　　　　　　　　[片岡章彦]

適 応

　小1プロブレムあるいは中1ギャップといった課題が指摘されているように，人は誰でも新しい学校に慣れ，うまくやっていけるようになるまで，すなわち新しい環境に適応するには苦労を要する。

　適応とは，人が自分自身の欲求を満足させながら環境との間に調和的な関係を達成している状態あるいはその過程のことをさす。ここでいう環境とは，保育・教育分野では主に保育園等や学校そのもの，あるいは保育者や他の園児との人間関係などを含めた社会環境をさすが，広義には物理的環境，自然環境，文化的環境などに広げて考えることもできる。

　適応には2種類あり，受動的な適応では学校からの要請に自分自身の欲求や行動を修正したり変容したりする。それに対し，能動的な適応ではまわりの環境に積極的に働きかけて，環境を自分の欲求に合うように改変していく。

　子どもが保育園等に適応していく際に

は保育者との信頼関係の構築が必要になる。信頼関係が構築されることにより子どもが心理的安定を得、自ら周囲の環境に関わり始め変容していくことが出来るからである。また、基本的生活習慣を確立することも、子どもが自立して適応していくための条件となる。さらに遊びの要因も大きい。子どもは遊びを通して人間関係を構築し、社会的スキルを獲得していく。つまり遊びは周囲の環境に対する意識を育み、環境との相互作用を可能にしていくために欠かせないものであり、それが適応につながるものと考えられる。

[三浦正樹]

テ・ファリキ

アオテアロア（ニュージーランド）の幼児教育のナショナル・カリキュラム。保育関係者の声を集めて6年もの歳月をかけてボトムアップ式に創り上げ、1996年に公布された。テ・ファリキは先住民マオリ族の言葉で「敷物」という意味がある。それは、幼稚園、保育センター、家庭的保育サービス、プレイセンター、コハンガレオなどニュージーランドのあらゆる幼児教育施設の基盤となるカリキュラムを象徴している。4つの原理（エンパワーメント、ホリスティックな発達、家族とコミュニティ、関係性）と5つの要素（ウェルビーイング、所属、貢献、コミュニケーション、探求）が編み込まれ、各要素にはそれぞれ目標と学びの成果（知識、技能、態度）が示されている。2017年改定では学びの成果を整理するなど見直しがなされた。社会文化的なアプローチに基づく先駆的なカリキュラムとして国際的に高く評価されている。

[湯地宏樹]

デューイ

Dewey, John（1859-1952）

アメリカの教育思想家、哲学者、心理学者。プラグマティズムの代表者の一人。デューイは自分の立場を「道具主義」と呼ぶ。その基本的態度は、概念、理論、思想体系などの価値を、日常的な道具と同じように、実際の経験での有用性や効果に求めるところにある。ジョンズ・ホプキンス大学の大学院で博士号を取得後、ミシガン大学、シカゴ大学、コロンビア大学で教鞭を執った。シカゴ大学では、同大学の付属実験学校の責任者を務めた。その教育研究の成果は『学校と社会』（1899）や『民主主義と教育』（1916）などに結実している。デューイの教育理論の強調点は、生徒の自発性、コミュニケーション、問題状況の解決、各科目の連関と実生活との連続性にある。教育の目的は、成長の連続そのものであり、その外部に目的を持たない。成長の基盤は、教育の参加者とそれに固有の環境との相互作用である。教師の発言や態度も、教材や教室も、学習者の活動の条件となるものはすべて環境である。その意味で、学習者が想像するものも、環境である。学習者が環境との相互作用のなかで、自分の行いや自分がかかわる物事の意味を把握し、それを使用して自分と環境とをうまく制御できる力を獲得していく過程が、成長であり、経験の再構成とも呼ばれる。このようなプラグマティックな経験主義に基づくデューイの教育理論は、「為すことによる学び」として理解され、20世紀前半のアメリカの初等・中等教育だけでなく、国外にも波及し、日本の戦後の教育改革にも影響を与えた。

[阿部康平]

てんかん

脳の神経細胞の過剰な活動によって異常な電気信号が脳内へ伝わり、意識が不鮮明になったり身体のピクつきや痙攣を繰り返したりする発作のことをいう。過剰な活動の発生が脳内のどの部分で起こるかによって発作の様態は様々であり、部分的な発作に留まらず脳内の全般に及ぶケース、最初から脳内の広範囲で過剰な活動が生じるケースがある。大別すると部分発作と全般発作に分けられるが、

意識と痙攣の伝わり方の様子によって，部分発作はさらに①発作中も意識は明瞭である単純部分発作，②発作中に意識が明瞭でなくなり周囲の状況を理解しづらくなる複雑部分発作，③部分発作からはじまって次第に脳内の全般に及び意識が消失する二次性全般発作に分けられる。また，全般発作は多くの場合，最初から意識を消失し，大脳の右左の両半球全般にわたって過剰な電気的興奮が起こることにより，全身を硬直させる発作（強直発作）やガクガクと震えるような発作（間代発作）を引き起こす。さらには，全身の力を脱力させて崩れ落ちるように倒れこむ発作（脱力発作）や会話中などに急に動きが止まり意識を消失するような発作（欠神発作）も見られる。てんかんは主に服薬により治療を行うが，場合によっては外科的な治療を行うケースもある。　　　　　　　　　　　［武富博文］

伝承あそび

　伝承あそびとは，昔から親しまれてきた遊びが人から人へ遊び伝えられ，受け継がれてきた遊びである。わらべうたもその一種である。伝承あそびが受け継がれてきたのは，伝承あそびが異年齢集団で遊ばれることが多く，その集団の中で年上の子どもから年下の子どもに伝えられたり，大人から子どもへ伝えられたりしてきたからである。この伝承される関係性の中で，年上の子どもや大人に対しての憧れを抱く機会にもなっていた。しかし，現代では少子化の進行や空き地といったあそび場の減少等により，異年齢集団での遊びがほとんど存在しなくなった。その為，伝承あそびが受け継がれなくなり，鬼ごっこといった極めて簡単なルールのものや，昔遊びを大切にしようとする学校や幼稚園，保育園等の施設で行われているけん玉や竹馬，わらべ歌，かるた等などが今でも子どもたちに遊ばれている程度である。

　伝承あそびは，協力，役割分担，共感，教え合いなど人と関わる力である社会性の発達や言葉，数，科学などの知的な発達，運動，身のこなし，巧緻性など運動の発達等を促す要素が含まれている遊びでもある。　　　　　　　　　　［片岡章彦］

伝染性紅斑（リンゴ病）

　伝染性紅斑はウイルスによる流行性発疹性で，ほぼ5年ごとに，秋から春にかけて，乳幼児に発生数が増える病気である。ウイルス感染後，約7～10日の潜伏期を経て前駆症状（軽度の発熱，倦怠感，筋肉痛，頭痛等）が出現する。その後約1週間後に両頬に蝶翼状の紅斑が出現し，この症状からリンゴ（ほっぺ）病とよばれる。人から人への感染は，発症初期の有熱期から発疹出現前の期間にあり，発疹期には感染力はないと考えられている。感染経路は，気道分泌物の飛沫と接触感染である。妊婦が伝染性紅斑に感染すると，胎児に感染し，約20％が全身に浮腫をきたす胎児水腫になり，約10％は流産や死産の起こることが報告されている。しかし，風疹のような先天異常は知られていない。学校保健安全法で「その他の感染症」に定められており，必ずしも出席停止になるわけではない。自治体・保育園及び医師会等との取り決めにより，出席停止になる可能性がある。また登園の再開については，登園届（保護者記入）の提出が必要となる場合もある。感染予防対策として，現時点でワクチンはなく，ウイルス排泄期には特徴的な症状がないため感染予防対策はない。また両頬に紅斑の出現する時期には感染力がほとんどないため，二次感染予防策の必要はない。妊婦への感染防止は重要である。わが国の成人の抗体保有率は約20～50％で，妊婦の半数以上は免疫を持たず，感染する危険性がある。保育所で伝染性紅斑が発生した場合は，すぐに保護者に知らせ，子どもの送迎時等における感染防止対策（マスクの着用，感冒様症状のある人には近づかない等），妊娠中の保育

士については流行が終息するまで勤務体制に配慮することが望まれる。

［森田惠子］

と

トイレット・トレーニング

おむつを常時使用する状態から，自分の意思でトイレで排泄し，後始末できるようになる練習のことを指す。トイレット・トレーニングでは通常の便座ではなく，おまるや補助便座（洋式便器の便座の上に取り付けて口径を小さくする器具）などを使用し，幼児が安定，安心して用を足しやすいよう配慮して行われる。この時期には，尿を漏らした時に濡れた不快感を感じられるようトレーニングパンツを着用することも多い。トレーニングの開始要件については，子どもが自分で歩き便座に安定して座ることができること，排泄の間隔が2～3時間以上空いていること，トイレに興味があること，言葉やしぐさで気持ちを伝えることができること等があげられ，その時期を見極めて始めることが望ましい。その際に，大人は時間的，気持ち的に余裕を持ち，子どもとの関係が安定しているかを確認し，排泄を失敗することで子どもが罪悪感や劣等感を抱かないよう無理強いをせず楽しんで行うことが大切である。また，トイレット・トレーニングを始める時期は春から夏が多いが，その理由として，汗をかくためトイレの回数が減少し，失敗する回数を減らせることや，薄着になるため着脱がしやすい等があげられる。

［大谷彰子］

同一視

同一視とは，主体が対象を模倣し，対象と同じように考え，感じ，振る舞うことを通じて，その対象を内在化する過程をいう。フロイトによれば，子どもは自分が親よりも能力が劣っているという事実に対処するための1つの手段として，自分の親のようになりたいと願い，意識的，無意識的に努力し励む。同一視は子どもの成長推進力であるという。

また，観察学習，モデリングでも同一視が働く。直接的学習だけでなく，子どもが直接的に経験しなくても，親や教師や仲間などモデルの行動を観察するだけで学習が成立することもある。自分と心理的に近い人間的関係があり，相手のようにありたいと思う場合において同一視が働く。同一視・模倣・観察学習・モデリングは，前提とする理論や強調点を異にしてはいるが，いずれも子どもが特定の社会・文化に生をうけ，その社会の規範・価値を身につけてゆく社会化の過程と密接にかかわるのである。　［金山健一］

投影法

投影法は，パーソナリティを査定する人格検査の一つである。投影法は，被検者の固有なパーソナリティの特徴や，願望・感情・葛藤にいたるまで，できる限り導き出すことである。そのため，被検者が反応に際して，表面的・形式的な応答で済ませたりできないような課題を設定されている。投影法の刺激素材の条件とは，未分化，未組織，不完全，多義性，あいまいさを備え，被検者固有の素質にもとづいた判断や想像（意味づけ）を加えなければ完成されない性質をもつ。そして，このような刺激を被検者がいかに受けとるか（判断の仕方や連想の内容），どのようにして反応を形成するか（表現の形式および内容，課題解決の過程）などの中に，性格傾向や願望や葛藤などが反映されることになる。

ロールシャッハ（Rorschach, H）のロールシャッハテスト，ローゼンツヴァイク（Rosenzweig, S）の絵画欲求不満テスト，コッホ（Koch, K）のバウムテスト，バック（Buck, J. N.）のHTPテストなどはわが国でもよく知られている投影法である。　［金山健一］

登園拒否

　保育施設などへの登園に際し、拒否感を抱いて行き渋ったり、頑なに拒みつづけたりする状態を意味する。登園拒否には様々な要因の影響が考えられ、母親をはじめ養育者から離れることに強い不安感をもつ場合や、緊張感が高く保育施設の中になかなか居場所を見つけることができない場合、また他児や保育者との関わり方がうまくいかなかったことが原因で登園拒否となる場合もある。ほかにも新たな生活が開始される入園や進級、きょうだいの誕生、また長い休み明けといった、大きく環境が変化するタイミングは心身に大きな負荷がかかり、登園拒否が生じやすい時期であるといえる。保護者と保育者が密に連絡を取り合い、連携することによって、まずは保護者自身の不安をやわらげ、協力して子どもにとっての関わりや環境を整えていくことが重要である。　　　　　　　［大江まゆ子］

同化と調節

　子どもの認知発達に際して同化と調節は、子どもが外界の事物や事象を理解するために用いる認知機能として考えられる。ピアジェの認知発達理論では、子どもが外界を理解するために用いる知識、すなわちシェマ（schemas）といわれる知識があり、新しい事物や事象に出会うと、自分が知っている知識に合わせて物事を考えようとする。このことを同化という。一方、自分の知っている知識に合わない場合は、自分が知っている知識を修正して、自分の考えを改めようとする。このことを調節という。たとえば、子どもが何かを食べようとしたときに、いつも食べている食材であれば、細かく噛み砕いたり、熱いものは冷ましたり、問題なく同化して経験として知識を蓄えていく。一方、初めての食材で、大きすぎて飲み込めない場合は、大人の力を借りて、ナイフで細かく刻むなど、大人の方法をまねることで調節しながら経験を蓄えて

いく。ピアジェは、自分の子どもたちが遊んでいる様子を直接観察し、簡単な科学的な質問に対して、どうやって答えにたどり着くのか、なぜ誤りが生じるのか、をもとに、認知発達理論を考えた。その結果、子どもの思考する能力は発達に伴って変化し、質的に異なる4つの段階があり、自分と物を区別する感覚運動段階（誕生から2歳）、言葉やイメージを使って考える前操作段階（2歳から7歳）、数量関係を理解できる具体的操作段階（7歳から11歳）、そして抽象的な問題が扱えるようになる形式的操作段階（11歳以上）があるとした。　　［西浦和樹］

東京女子師範学校附属幼稚園

　1876（明治9）年11月、東京女子師範学校（現、お茶の水女子大学）に設置されたわが国最初の官立（国立）幼稚園。初代監事（園長）には関信三、首席保母にはドイツでフレーベル主義の教員養成校を卒業した松野クララ、保母には豊田芙雄、近藤濱が就いた。開園当初、園児は上流階級の子女が大部分を占めていた。1877（明治10）年「東京女子師範学校附属幼稚園規則」に定められた保育科目は物品科、美麗科、知識科の3科目で、25の細目からなっていた。大半はフレーベルの恩物に準拠したものであった。1881（明治14）年に改正され、保育科目は会集、修身の話、庶物の話など20科目となった。1878（明治11）年に東京女子師範学校幼稚園保母練習科が置かれ、保育者の養成も始まった。　　　［湯地宏樹］

統計的有意性

　たとえば、2グループ間での比較で、標本平均に差があった場合に、その差が偶然によって生じた差なのか、本当に差があるのかを考慮する必要がある。統計的有意性（statistical significance）とは、標本平均に生じた差が、本当の差なのか、単に偶然により生じた差なのかを判断する手がかりである。統計的有意性があるとされた場合には、標本平均に見られた

差は，偶然によって生じたとは考えにくいことが，統計的解析によって示されたことを意味する。統計的有意性は，通常はP値と呼ばれる指標で評価され，この値が，0.05（5％）や0.01（1％）を下回った場合に，統計的有意性が認められたとする。保育・教育の分野においても，新たな保育方法や教育方法の効果を検討するといった実践研究などで，統計的有意性の確認が行われている。しかしながら，そうした統計的方法の使用において，誤用や誤解が多いことがかねてより指摘されている。2016年には，アメリカ統計協会から統計的有意性とP値の使用に関しての声明も出されているので，統計的方法の使用には細心の注意が求められる。　　　　　　　　　　　[大森雅人]

統合保育

　障害のある子どもと定型発達の子どもを，同じクラスの中で一緒に保育すること。現代の社会福祉・ソーシャルワークの基本理念の一つで，ノーマライゼーションの考え方に基づいている。1974年厚生省（現厚生労働省）より出された「障害児の保育に関する通知」により，保育現場で障害のある子どもの受け入れが始まった。受け入れ当初は，障害のある子どもにとって定型発達の子どもと生活を共にすることは，発達において刺激になるという理由から統合保育が推奨された。また，定型発達の子どもにとっても障害がある子との関わりを通して，思いやりの心や障害理解を深めることになるとされていた。その後，2006（平成18）年に「障害者権利条約」が国連で採択され，障害のある子どもにも主体的に遊ぶ楽しさや，学びを理解する楽しさを享受する権利があることが表明された。これに基づき近年は，障害の有無にかかわらず，子どもは主体的に遊んだり学んだりする権利が保証されているという考えのもと，多様な子どもたちを包括的に保育するという意味の，インクルーシブ

（包括的）な保育へと考え方がかわってきている。　　　　　　　　　　　[新家智子]

童心主義

　1918（大正7）年，主宰者である鈴木三重吉によって創刊された雑誌『赤い鳥』からはじまる童話や童謡の運動における基本的な理念であり，大正期の教育や児童文化にも大きな影響を与えることとなった。第一次世界大戦後，大正デモクラシーによる自由主義と児童中心主義の近代的な子ども観の広がりは，子どもの個性と主体性を尊重し，創造性を重視するという考え方を生み出したが，こうした流れの中で，童謡運動を牽引した北原白秋（1885-1942）は，子どもの本性は純粋無垢であり，このような子どもの心（童心）こそが人間が持つべき重要な価値であるとした。また，この童心は子どもだけでなく大人の中にもあり，いわば「永遠の子ども性」に訴えるものとして童話や童謡をとらえた。だが，その一方で，現実の子どもから離れ，子どもの無邪気さなどを過大に美化したり，大人の単なる子ども時代への郷愁にとどまる作品も生まれるなどし，やがて時代の移り変わりとともに童心主義批判もおこるようになった。　　　　　　　　　　[川勝泰介]

頭足人

　子どもの描画の発達段階である3歳頃（象徴期，前図式期の段階）から現れる絵の特徴の一つ。丸を描けるようになると，その中にも丸や点を描き，人の顔のような人物表現が始まる。その顔や頭のような丸から手や足の棒線が出ている象徴的な絵記号を「頭足人（とうそくじん）」という。一見，頭や顔のように見える丸の部分は，子どもにとっては胴体も含んでいることを大人は意識する必要がある。丸の中に服やボタンを描いたり，棒表現の手足ではなくしっかりした手足を描いたりと様々な表現がある。この頭足人の描画から，徐々に頭と胴体が分かれ，胴体から手足が描かれる人物表現に

なっていく。大人はこの時期の子どもの絵に正確な人物描写を急いで求めるのではなく，頭足人の表現を受容することを大切にしたい。　　　　　　　　［須増啓之］

同調行動

　周りの人の意見に合わせた行動や自分と類似した者の行動様式を選好しようとすること。これには「判断の拠りどころとして，とりあえず周囲と同じ行動をとる」または「人と違うことをして，周りの人たちに嫌われたくない」という心理が働いている。

　幼児期は，大人を規準として自己の行動を判断することが多く，まだ自他の違いの認識が十分でないことや，認識していても同調への圧力を感じないことから同調傾向は少ないとされる。仲間集団としての凝集性が高まる児童期になると，仲間から受容されたいという要求がうまれ同調傾向が強まる。青年期になると自己判断が可能となり，その傾向は減少する。このように同調行動は社会性の発達により変化していくものである。仲間への同調行動は，子ども同士の遊びを発展させたり，円滑な人間関係を保つ上で必要である一方，集団内の均質性からはずれた者の排除にもつながる。子どもとかかわる保育者は，仲間への同調がもたらすメリットとデメリットの両側面に配慮しながら，見通しをもって子ども同士の関係性を支援していくことが重要である。
　　　　　　　　　　　　　　［山口香織］

道　徳

　『礼記』や司馬遷の『史記』などの中国の古典によれば，「道」は，「社会生活を営むうえで踏み行うべき道筋」のことであり，ここから転じて，「人間らしい理想のあり方に向かって伸びている規範」を意味する。また「徳」は，もともと「実践的能力」という意味をもつ。したがって，この意味での「道徳」とは，社会生活に必要な規範を遵守する力を磨き，人間の理想的なあり方を追求してい

く実践的な能力をさす。また，明治時代に西洋の学問を導入したさいに，英語 moral（ドイツ語 Moral，フランス語 morale）の翻訳語に選定された「道徳」は，その語源であるラテン語 mos（複数形 mores）に遡れば，「習俗，風習，習慣」という意味をもつ。それゆえ，この意味での「道徳」は，ある共同体に暮らす人々が守るべき慣習的なルールをさす。　　　　　　　　　　　　　　［島田喜行］

道徳性の発達

　「道徳性」とは基本的には善さ・正しさに関わる意志・判断力・心情・性格などの内面的資質である。道徳的発達の考え方については古代ギリシア以来の歴史がある。古代ギリシアでは道徳の事柄は「徳」（アレテー：人としての卓越性）の問題として扱われた。アリストテレス（Aristotelēs）は道徳的発達を「人柄」としてのよい「性格」（ヘクシス：性向）が形成される過程とした。近世に至ってカント（Kant, I.）は，道徳性の本質を定言命法（すべての人の立場に立っても正しいと思えるように行為せよという良心の命令）に従う「意志」の問題としつつ，他方ではそのような決断を日常的に支えうる「品性」ないしは「道徳的心情」の形成を重視した。現代においては道徳的判断力・実践力の向上に道徳性の発達を見ようとする潮流がある。精神分析理論は，親の体現する道徳的規範が子どもに内面化されることで道徳的基準が形成されると見なした。認知発達理論では主体と外界との相互作用による認知構造の変化が道徳的判断の基準を変容・発達させると考えられた。ピアジェは子どもの道徳性の発達を自己中心性（他律）から協同（自律）へという「脱自己中心化」のプロセスとして理解した。コールバーグ（Kohlberg, L.）は道徳判断の基準に着目し，外在的基準から集団的基準を経て自律的普遍的基準へと変化する過程に道徳性の発達を見た。ギリガン

(Gilligan, C.) はコールバーグが伝統的な男性主導の正義概念の枠組みにとらわれていることを批判し、女性には共感・思いやり等の別の道徳基準とその発達があることを論じた。現在の教育現場は多彩な発達理論混在の場といった様相である。　　　　　　　　　　　[隈元泰弘]

道徳性の芽生え

　道徳教育の充実という観点から、幼児期から「道徳性の芽生え」を培うことが焦眉の課題となってきている。特に社会規範や思いやりが道徳教育では重要になるが、発達段階の未熟な幼児に道徳性を身につけさせるためには、様々な創意工夫が必要になる。幼児期には、小・中学校のように道徳性にのみ焦点を当てた指導はむずかしい。それゆえ園生活全体を通して、「道徳性の芽生え」を培うことが求められるようになる。たとえば、道徳性の芽生えを培うために、幼児間の異年齢とのかかわりの中で、環境づくりをめざす取り組みが考えられる。幼児期において、多様な人、自然、ものに触れる機会を通して、幼稚園の内外での自然体験や交流体験を設定し、日々の保育の見直しを行うことが可能である。
　　　　　　　　　　　　　　[広岡義之]

当番活動

　集団生活において必要不可欠であり、個人ではこなすことが難しい仕事や業務を、交替で担当する活動形態を指す。一般社会において、組織で業務にあたる際に用いられる活動形態であり、学校教育の現場でも小学校段階から児童・生徒の活動に用いられている。保育現場においても、幼児の活動に関して用いられ「お当番さん」などと呼ばれることが多い。一般的には日替わりで担当する「日直さん」や、クラスで編成されている班に対して保育者から特定の仕事を指示される活動が多い。子ども達は担当する仕事を、保育者の支援のもとで成し遂げる経験をすることができる。このような「当番活動」を繰り返し経験することで、子ども達に責任感や物事を最後まで行うことの重要性といった、円滑な社会生活を行う上で必要不可欠な「社会情動的スキル」の基礎を身に付けることができる。そのため、特に就学期を控えた年長児の保育活動にはよく用いられる。　[高橋一夫]

童　謡

　童謡とは、狭義では1920年代に一流の詩人や優れた作曲家たちによって創作された子どものための歌曲のことである。現在では、子どものための歌すべてを広く童謡と呼ぶ。大正時代初期、それまで子どもたちが歌ってきた学校教育のために作られた堅い内容の唱歌だけではなく、子どもの心に寄り添った歌詞と美しいメロディーの作品を作りたい、という動きが起こった。1918（大正7）年に鈴木三重吉が中心となり創刊した児童文学雑誌『赤い鳥』に多くの芸術性豊かな子どものための歌が掲載されたことをきっかけに大きく発展を遂げた。「夕焼小焼」(1919, 作詞：中村雨紅, 作曲：草川信),「ゆりかごのうた」(1921, 作詞：北原白秋, 作曲：草川信),「雨降り」(1925, 作詞：北原白秋, 作曲：中山晋平)「赤とんぼ」(1927, 作詞：三木露風, 作曲：山田耕筰) などの作品があり、今でも子どもたちによく歌われている。
　　　　　　　　　　　　　　[高　奈奈]

童　話

　学校教育法第23条第4号「日常の会話や、絵本、童話等に親しむことを通じて、言葉の使い方を正しく導くとともに、相手の話を理解しようとする態度を養うこと」と領域「言葉」の教育目標のなかに「童話」という文言が示されているように、保育・幼児教育において乳幼児期の言葉を豊かに育む児童文化財としての童話の取り扱いが明示されている。児童文学研究においては、児童を対象とした文学性のある読み物で、就学前から小学校低学年向けの短編物語を「童話」、また

「幼年童話」「幼年文学」とも呼ぶ。「童話」以前には，明治期に巌谷小波（いわやさざなみ）が「少年文学」という呼称に満足せず，「お伽噺（おとぎばなし）」の語を作って用いた。「童話」の呼称が一般化したのは，鈴木三重吉が1918年に創刊した童話雑誌『赤い鳥』の影響が大きい。その後，小川未明が「今後を童話作家に」（東京日日新聞，1926）において童話宣言を行い，その際に「童話文学」の文言を用いた。昭和10年代に「児童文学」の呼称が用いられるようになったが，明治期からの「少年文学」が文学研究の術語として長く用いられたのと同様，「童話」は幼い子どものための文学を指している。　　　　　　　　［生駒幸子］

同和教育（保育）

　同和教育とは，士・農・工・商・えた（穢多）・ひにん（非人）という近世に成立した身分制度に由来する「賤民身分の人たちが，その出生のため，自分たちには全く責任はないのに，人間として幸せに生きていくという願い・権利を不当に踏みにじられ，社会的不利益」を今日まで被っているという事態にかかわる問題（同和問題）について，学び，考える教育のこと。具体的には，誰であれ，わたしたち一人ひとりが人間としてもっている基本的人権（人間の尊厳にかかわる権利）とは何か，市民としての自由と権利（社会的自由と権利）のあり方などが「差別」という観点から主題化される。

　それゆえ，こうした同和教育は，「貴族あれば賤族あり」（松本治一郎）という部落解放運動のテーゼとともに，日本国憲法第1条と第14条とをどのように解釈するのかという問題とも密接な関係をもつ。　　　　　　　　　　　［島田喜行］

ドキュメンテーション

　ドキュメンテーションは，イタリアのレッジョ・エミリアの乳幼児教育において用いられており，我が国においても保育の記録として多くの実践が行われるよ

うになってきている。ドキュメンテーションとは，「保育者によって，子どもの言葉・活動の過程・作品などが写真・テープ・ノートなど多様な手段で記録・整理・集約されたもの」を指している。このドキュメンテーションによって，教師は子どもが何を学ぼうとしているかを同僚とともに探究し，それを土台に教育を考えていく。子ども自身も学びの経験を教師と対話しながら振り返ることができる。そしてそれを念頭に置きながら，学びを進めていくようになる。また，ドキュメンテーションを通じて日々の家庭とのコミュニケーションを行ったり保護者会などでのやり取りを通じ，親も教育に参加していく。ドキュメンテーションは評価のツールとしても機能しているが，それは，一定の基準で査定するという意味の評価ではなく，学びの状況の中に埋もれている意味や価値を見いだすという意味での評価ツールとして用いられている（秋田・松本2021）。　　［村井尚子］

徳永恕

とくなが　ゆき（1887-1973）

　幼少より兄の影響でキリスト教会に通い，1905（明治35）年に荒木町福音教会でゲフィン宣教師より洗礼を受ける。東京府立第二高等女学校を1908（明治41）年に卒業し二葉幼稚園に採用される。「二葉の大黒柱」と創立者の野口幽香園長より評され，1910（明治43）年主任保母となる。1913（大正2）年に園児数が250人，1916（大正5）年には，新宿分園を開設する。当時の社会状況によって乳児から預かり，長時間保育を行うなど幼稚園規則に当てはまらないため，1916年に二葉保育園と名称を変更する。さらに地域社会の必要に応じて，貧困児童のための小学校，少年少女クラブ（学童保育），夜間診療，五銭食堂などを運営し，児童300名，母子65世帯200名などのために尽力した。　　　　　　　［荒内直子］

特別支援学校

視覚障害者，聴覚障害者，知的障害者，肢体不自由者，または病弱者（身体虚弱者を含む）に対して，幼稚園，小学校，中学校または高等学校に準ずる教育を施すとともに，障害による学習上又は生活上の困難を克服し自立を図るために必要な知識技能を授けることを目的とする学校である。ここで「準ずる」とは原則として同一という意味を示しており，特別支援学校の幼稚部，小学部，中学部，高等部における教育は，それぞれ学校教育法に示す幼稚園，小学校，中学校，高等学校の目標の達成に努めなければならない。また，特別支援学校に通う幼児児童生徒の障害の種類は視覚障害，聴覚障害，知的障害，肢体不自由，病弱の５つの種類であるが，その障害の程度は，学校教育法施行令第22条の３に規定されている。教育課程上に自立活動が位置付いていることが特徴であり，これによって障害による学習上又は生活上の困難を克服し自立を図るための指導を行う。なお，幼児児童生徒一人一人の教育的ニーズを捉えて個別の教育支援計画や個別の指導計画を作成し，活用しながら指導や支援を行うこととなっている。　　　　［武富博文］

特別支援教育

特別支援教育とは，障害のある幼児児童生徒の自立や社会参加に向けた主体的な取組を支援するという視点から，幼児児童生徒一人一人の教育的ニーズを把握し，その持てる力を高め，生活や学習上の困難を改善又は克服するため，適切な指導及び必要な支援を行う教育である。従前は特殊教育と称していたが，平成18年６月に公布された「学校教育法等の一部を改正する法律（平成18年法律第80号）」により，我が国では平成19年４月１日から特別支援教育体制がスタートした。この背景には，幼児児童生徒の障害が重度化・重複化・多様化したことや，小中学校等の通常の学級においても発達

障害やその可能性のある児童生徒等が在籍し，個々の教育的ニーズに応じた指導や支援を行う必要性が高まったこと，学校のみならず福祉，医療，労働等の関係機関との連携が必要となっていたことなどがあげられる。特別支援教育体制の充実のために特別支援教育コーディネータの指名や校内委員会の設置が進められるとともに個別の教育支援計画や個別の指導計画が作成・活用され，交流及び共同学習をはじめとした共生社会を形成するための特別支援教育が推進されている。
　　　　［武富博文］

都市化

農村・村落から仕事を求めて人口が移動し，人口集中地域（都市）が形成されていく過程，また都市の文化及び習慣がその周辺や農村に浸透（拡大）していくことを意味する。産業構造が農業から工業・サービスへと転換していくに伴い，人口量が多く人口密度が高い多様な職業を持つ住民が生活する都市が形成され，そこでは，固有な生活様式や生活意識が形成されていく。この都市的生活様式は，産業化の進展，高度な通信，情報・交通手段の発達，大量消費と情報文化の享受による便利なスタイルで，自由に参加集団を選択できる。都市的生活では，親族の束縛や近隣集団の相互扶助意識からは解放される一方，匿名性や相互の無関心に陥り，住民同士の連帯性や互助扶助性，地域への関心などが薄れて，他者とのつながりが希薄になり，孤立した生活意識に陥りやすい。このように，都市生活者は，地域の生活問題への対処力や地域の教育力は弱体化し，問題解決を行政に頼らざるを得なくなる。　　　　［熊田凡子］

突発性発疹

38度以上の発熱が３日間くらい続き，解熱とともに発疹が出現する。発疹は鮮紅色の斑丘疹であり，体幹を中心に顔面，四肢に出現する。発疹は２〜３日で消退し，落屑（らくせつ）や色素沈着はない。

ヒトヘルペスウイルス6型または7型によるウイルス感染症である。年中発生し，流行季節はない。予後は良好であり，対症療法で経過を観察する。感染症法の報告対象であるが，隔離は必要としない。

[石田寿子]

とびひ

とびひ（伝染性膿痂疹）は，皮膚に侵入した細菌によってひきおこされる皮膚感染症で，水疱をつくるタイプと水疱はつくらず膿をもって厚いかさぶたをつくるタイプがある。原因となる細菌は黄色ブドウ球菌や溶血性レンサ球菌で，これらの細菌は健康な人の皮膚や鼻のなか，のどなどにいる常在菌である。虫刺されやあせも，転んでできた傷など，皮膚にできた小さな傷から常在菌が入り込み，とびひを起こす。また鼻を触る癖がある子どもは，鼻の周囲からとびひがはじまり，鼻を触った手であせも，虫刺されなどをひっかくことで，顔や手足など露出部のとびひになり，ほかの子どもへも感染を広げていく。生活上の注意点は①患部は石鹸を使ってこすらず丁寧に洗い，シャワーで流して皮膚の清潔を保つ，②手洗いを励行する，③爪を短く切る，④虫刺され，あせも，外傷等を触ったり，かいたりして皮膚を傷つけないことが大切である。とびひは学校感染症の第三種感染症に分類されている。通常，保育所を休ませる必要はないが，ほかの子どもにうつす可能性があるため，病変部はガーゼや包帯で覆い露出しない。プールは肌と肌が接触する可能性があり，病変の接触によって感染するため完治するまで禁止となる。きょうだいのとびひは，一緒に入浴することは避ける。

[笠井純子]

留岡幸助

とめおか　こうすけ（1864-1934）

明治・大正期の社会事業家で，感化院（現在の児童自立支援施設）教育の先駆者。備中松山藩（現在の岡山県高梁市）

生まれ。18歳でキリスト教の洗礼を受け1888（明治21）年同志社神学校卒業後，丹波第一教会の牧師をへて1891（明治24）年北海道の空知集治監（現在の刑務所）の教誨師となる。そこで人が罪を犯す原因が家庭の教育や環境にあると考え，1894（明治27）年米国に留学し監獄制度，感化事業を学んだ。帰国後感化院（家庭学校）設立のために奔走し，1899（明治32）年東京巣鴨に少年教護のための家庭学校を設立した。1914（大正3）年には北海道上湧別（かみゆうべつ）村に家庭学校の分校と農場を開設した（現在の北海道家庭学校）。当時留岡は東京と北海道を行き来しながら二つの学校を指導監督した。家庭学校では，これまでの懲罰を課すことでの感化ではなく，教育による人の育成が重視された。

[藤原伸夫]

ドメスティック・バイオレンス

同居関係にある配偶者などの間で起こる暴力行為のことを指す。英語表記「Domestic Violence」の頭文字からDVと略される。また，特に恋人関係の間柄で起こる暴力行為については，「デートDV」と称される。「配偶者からの暴力の防止及び被害者の保護等に関する法律」の定義によると，「配偶者」には婚姻の届出をしていない「事実婚」を含み，男女の別を問わず，離婚後に引き続き暴力を受ける場合も含むとされている。また，「暴力」とは「身体に対する暴力又はこれに準ずる心身に有害な影響を及ぼす言動」を指し，精神的・性的暴力も含まれている。内閣府の調べによると，配偶者暴力相談支援センターにおける相談件数は，2018（平成30）年度で11万4,481件に上り，若干の減少がみられる年度もあるものの，全体として増加傾向にある。また，警察における配偶者からの暴力事案等の相談等件数（警察庁調べ）においは，2018（平成30）年度で7万7,482件に上り，毎年増加している。一方で，震災の被災地などではDVや

児童虐待が増加することを示した調査も
あり，2020（令和2）年の新型コロナウ
イルス感染症（COVID-19）に伴う外出
自粛や休業等では，生活不安やストレス
による DV 被害の深刻化も懸念され，
その対応が求められた。　　　[高橋一夫]

豊田芙雄

とよだ　ふゆ（1845-1941）

　女子教育家，女子高等教育の先駆者，
日本の幼稚園教育の開拓者である。日本
人初の幼稚園保姆として，創設期の幼稚
園教育を実践面で支えた人物である。18
歳で豊田小太郎と結婚するが，尊王開国
論者であった夫が暗殺され，その遺志を
継いで勉学に励む道を選んだ。私塾を開
いて子女の教育にあたり，1873（明治
6）年，発桜女学校の教員に採用された。
1875（明治8）年，東京女子師範学校設
立にあたって読書教員となり，翌年，附
属幼稚園が創設されると保姆に任じられ
た。首席保姆のドイツ人松野クララの指
導の下で，フレーベル主義幼稚園の保育
方法を学びながら保育に従事した。また，
翻訳書から文語調の唱歌を子ども向けに
改訳したり，古歌を取り入れたりして，
作曲を宮内省雅楽課の伶人（れいじん）
たちに依頼し，唱歌を作りだした。1879
（明治12）年に鹿児島県への出張を命じ
られ，日本で2番目となる鹿児島女子師
範学校付属幼稚園の設立に携わり，幼児
の保育と保姆養成に尽力した。鹿児島か
ら帰京後，再び東京女子師範学校に勤務
した。1887（明治20）年，水戸徳川家の
徳川篤敬がイタリア特命全権公使として
赴任する際に随行員に選ばれ，同時に文
部省から「渡欧中女子教育事情取調べ」
の命を受け約2年余り外国の文化や女子
教育を学び，帰国後それをもとに女学校
を開き専念した。「保育の栞」「恩物大意
（おんぶつたいい）」などの手記がある。
1937（昭和12）年のヘレン・ケラーの茨
城県来訪時に水戸駅前で出迎えを行って
いる。　　　[荒内直子]

ドルトン・プラン

　パーカースト（Parkhurst, H., 1887-
1973）が，1920年代に，アメリカのマサ
チューセッツ州のドルトンのハイスクー
ルで，学校生活の改善を創案し指導・実
施した教育計画のことである。パーカー
ストは，学校全体を地域社会へと改造し，
社会生活に基づいて，教師中心の画一的
な教育から，文化と経験を共に重視する
教育へと転換することを目指した。全教
科は主教科（数学，歴史，英語など）と
副教科（音楽・美術・体操など）に二分
され，時間割を廃止した。午前中は，主
教科を教科別に設けられた実験室で，教
師と相談しながら立てた学習計画を基に，
自分のペースで個別に学習ができるよう
にした。午後は，副教科について，学級
で進度を報告したり課題について話し
合ったり集団での学び合いを重視した。
このように，個性豊かな人間形成を目指
し，「自由」と「協同」を基本原理とし
た，新教育の代表的なプランのことであ
る。日本では1922年，大正自由教育運動
の末期にまず成城小学校に導入された。
　　　[熊田凡子]

な

内言・外言

　外言は，他人との意思伝達のための音声として発声される社会的言語であるのに対して，内言は，音声を伴わない内面化された思考としての言語を指す。内言は，主に思考のために使われ，相手が存在しないため自分の中で文章が圧縮されたり省略されたりする。内言の発達により，子どもの中に自己調整のための能力が育ち，子どもの内部で言葉によって行動をコントロールする力が身につく。ヴィゴツキーによると，発達的には「外言から内言」へと移行し，発達の初期にみられる独り言は，外言と内言の分化が不十分な段階における，思考に外的な発声が伴ったものであるとしている。一方，ピアジェは，「内言から外言」へと移行し，思考ができるようになってから話し始めると考えられており，ヴィゴツキーとは対立姿勢を取っていた。ピアジェは，遊びの場面でみられる独り言を自己中心性言語とし，内言が漏れたもので，伝達機能を持たない非社会的言語であるとした。　　　　　　　　　　　［大谷彰子］

内発的動機づけ

　内発的動機づけは，動因低減説への反論として導入された。動因低減説では人を怠けものみなし，なんらかの不快な状態（空腹や渇きなどの動因）がないかぎり，自ら進んで行動を開始しないと考えた。この考え方は「怠けものの心理学」といわれている。マレー（Murray, 1964）は動因低減説では説明できない動機として，環境的な刺激作用を求める感性動機，新奇性を求める好奇動機，パズルを解くなど何か「する」ことを求める操作動機，知識や理解を求める認知動機をあげ，これらに基づく動機を内発的動機づけと呼んだ。

　内発的動機づけとはその活動自体を目的に行動や活動が遂行される場合の動機づけである。興味や関心から勉強し，新たな知識を得ることで満足感を獲得する場合がこれであり，知的好奇心にも通じるものである。人は決して「怠けもの」ではなく，環境と相互作用する中で自らの認識を深め能力を高めるようなメカニズムが生得的に備わっている存在である，というのが内発的動機づけの考え方である。内発的動機づけに基づいて行動しているところに，外的な報酬を期待させるとかえって意欲が低下するという研究結果がある。レッパーらは園児が自由にお絵描きをしているときに，園児にご褒美を約束したところ，お絵描きに対する意欲が低下することを見出した。自分の行動が外的報酬を得るためにしていたと思うと，自発的意欲がそがれてしまうのである。　　　　　　　　　　　　　［三浦正樹］

仲間関係

　子どもにおける人と関わる力は，生来的にもつ気質や親の養育による影響のほかに，幼い頃からの仲間関係のなかで育まれていく。保育所や幼稚園で，3歳〜4歳頃の子どもたちの様子を観察していると，お絵かきや砂場遊び等遊びたい内容が同じ子どもたちが同じ場所に集まり，とくに関わり合うことなくそれぞれで楽しんでいる平行（並行）遊びが見られることが多い。その後，近くにいる仲間の遊びに興味を持ち，同じことをしたいという思いから関わり合いが増えていく。しかし，年少の頃は自己中心的であるため，場所を占領したり，道具やおもちゃを独り占めにしたり，いざこざが起きることが多いが，年長児頃になると，子ども達は，いざこざをより建設的に解消するために，遊ぶ場所を分けたり，おもちゃを順番に使う約束をする等，協力的な態度をとるようになっていく。このように子ども達は，遊びを通して徐々に仲間関係を発達させていくのである。

　　　　　　　　　　　　　［福井逸子］

中村五六

なかむら　ごろく（1860-1946）

女子高等師範学校教授，同附属幼稚園主事。1884年に東京師範学校を卒業，1891年より附属幼稚園主事となり，以後約20年間，幼稚園教育界を指導した人物である。附属幼稚園では規則改正を実施して保育内容改革に取り組むとともに，92年には附属幼稚園に分室を設けて，下層階級の幼児を保育する「簡易幼稚園」のモデルとし，その研究と普及に努めた。また，96年に結成されたフレーベル会では，主幹として活躍し，幼稚園教育の改革に尽力した。著書に『保育法』（1906）がある。『保育法』では，保育とは「幼児を保護養育するの意にして幼児教育の義に外ならず」とあり，保育と幼児教育は同義であるとしている。中村は保育を，幼稚園教育に限定せず，幼児を対象とする教育（幼児教育）と定義した。そして，保育に必要な知識・技能は教育全般に及ぶとし，幼稚園保姆には教育学の知識とともに，幼児教育の理論と実践に通じることを求めたのである。　　　　［中田尚美］

中村正直

なかむら　まさなお（1832-1891）

明治の啓蒙思想家，教育家。幼稚園創設の功労者。女子教育や障害児教育にも関心を示した。英国書を翻訳して『西国立志編』（1871年），『自由之理』（1873年）などを出版し，自由と平等の社会の理想像を与えた。1875（明治8）年東京女子師範学校の摂理（校長）となり，1876（明治9）年，東京女子師範学校附属幼稚園の創設に尽力した。1876（明治9）年，文部省『教育雑誌』に「ドウアイ氏幼稚園論ノ概旨」や「フレーベル幼稚園論ノ概旨」を訳述し，幼稚園がどのようなところかをわかりやすく紹介している。附属幼稚園を開設するにあたって，幼稚園教育の意義を広く教育関係者に啓蒙宣伝したと思われる。　　　［湯地宏樹］

ナースリ・スクール（保育学校）

ナースリ・スクールは，1911年にマクミラン姉妹（McMillan, R. & McMillan, M.）がロンドンに設置した「野外保育学校」を起源とする就学前の幼児のための教育機関。1910年代のロンドンは，衛生状態が非常に悪く，富裕層と労働層との間に幼児教育の格差もあった。マクミラン姉妹は，乳幼児のためにロンドンの貧民区の自宅を開放し，共働き家庭の5歳以下の子どもを対象とする「ナースリ・スクール」を開設した。ナースリ・スクールは，労働者階級や貧困家庭の子どもたちを対象に栄養，衛生，習慣などの健康面の改善・指導を行い，質の高い給食の提供や登園時の沐浴の実施など，健康面に手厚く配慮した。保育内容は，当時，知的教育に偏っていた幼児教育の反省から，お昼寝や沐浴，手洗いなどの健康管理や衛生指導に加えて，身体を丈夫にするための屋外での十分な遊びを主にしたものであった。そのことから，当時すでに各国に根付いていた幼児学校（infant school）や幼稚園（Kindergarten）といった施設とは一線を画していた。1918年にはフィッシャー教育令を受けて，イギリス学校制度の最も基礎となる教育として位置付けられた。現在でもイギリスの初等教育（2歳〜5歳）はナースリ・スクール（保育学校）と呼ばれている。　　　　　　　［大谷彰子］

ならし保育

保育所や幼保連携型認定こども園に入園する乳幼児が園に慣れるために予定の全日程を園で過ごす前に一定期間短時間保育を行うことをいう。園によって期間は2日から2週間程度，また1日の保育時間も2時間程度から始めて半日，午睡後までなど徐々に保育時間を延ばすなどして行われる。保護者の勤務状況など家庭の実態に応じて園と相談しながら行っていくこともある。乳幼児にとっては日常生活を共にしている保護者と初めて離

れて過ごすことになるため，乳幼児が保育者との信頼関係を築き，園の環境になじみ生活を体験して安心して園生活が送れるようになるための経験となる。保育者は乳幼児の特徴や発達，生活習慣等について把握し，受容的に接するとともに適切な支援方法等についても検討していく。また保護者とも面談をしたり，保育見学をしてもらったり，信頼関係を築くよう努める。分離不安の状態等には個人差があるため，園での様子を保護者に丁寧に伝えて安心して預けてもらえるように配慮する。　　　　　　　　［桃島香代］

喃　語

乳児が，生後4か月ごろから発する意味のない音声を指す。乳児が言葉を獲得する前段階として，「クークー」など子音が混じった音声を出す。その音声を受け，養育者が「クークーって言ってるの」など真似をして返事をすることが多い。このような音と言葉のかけ合いを通して，乳児は会話をしているような社会化された音を発し応答するようになる。さらに唇や喉の周辺機能の発達が進むと，口腔内を器用に操り「アーアーアー」等様々な音を発し，明瞭な音声のやりとりができるようになる。この時期には自分で発した音を聴覚で受け取り，同じ音を繰り返すして遊ぶような姿が見られる。このような音遊びの時期を経て，生後8か月頃には母音と子音を組み合わせた「マンマンマン」「ばぁばぁ」などの喃語が現れるようになる。これを基準喃語という。このように，過渡期の喃語に始まり，子音と母音を組み合わせて明瞭に音節を区切って発する音声を「基準喃語」，会話をしているかのような音節を長く組み合わせた「ジャーゴン（会話様喃語）」の時期を経て，意味づけされた言語の獲得へと発達する。　　　　　　［新家智子］

に

新美南吉

にいみ　なんきち（1913-1943）

児童文学作家。本名は正八。愛知県知多郡半田町に生まれる。生家は畳屋と下駄屋のかたわら農業も営み，一帯は通称岩滑（やなべ）新田と呼ばれる農村地帯。4歳のときに実母を失い，8歳のときに半田町に住む実母の継母と養子縁組して新美の姓となる。この生い立ちと病弱な体質が南吉作品の底流にある。1926年に半田中学へ進学，在学中から童話・童謡・小説などを書き，村の文芸雑誌の編集をするような文学少年であった。1931年に中学を優秀な成績で卒業したが岡崎師範学校を受験するも不合格，しばらく母校の小学校代用教員のかたわら童謡・童話の創作に励むが，『赤い鳥』に投稿した童謡・童話が採用されたことはその後の作家活動に大きな影響をもたらした。南吉の才能を認めたのは北原白秋であり，1931年には巽聖歌（たつみせいか）主宰の「チチノキ」に参加，1932年には東京外語専門学校に入学し，この時期には巽を中心に与田準一らとの親交も深めた。1936年に卒業して希望しない職に就くが，病に伏す。卒業後ではあったが，1938年には念願の教員免許状を取得し，安城高等女学校の教員として勤務して生活もようやく安定したのも束の間，1943年には体調を崩し30歳で夭折した。1932年『赤い鳥』に掲載された童話「ごん狐」は，実は鈴木三重吉によって加筆されたテキストであったが，懐かしい郷土の風景や人々をモデルにしてリアリティーに富む描写でドラマ性ゆたかな物語となっている。検定国語教科書に長年，掲載され，愛着ある国民的教材として世代を超えて広く読まれている。ほか代表作に「おぢいさんのランプ」（1942），「花のき村と盗人たち」（1943）などがある。

[生駒幸子]

2号認定

満3歳以上の小学校就学前の子どもであって，保護者の労働又は疾病その他の内閣府令で定める事由により家庭において必要な保育を受けることが困難であるもの（子ども・子育て支援法第19条第1項第2号）をいう。「保育短時間」と「保育標準時間」の2つの時間設定がある。「保育短時間」は，就労時間が月60時間以上120時間未満の一日最大8時間までの利用のみ可能である。「保育標準時間」は，月120時間以上の就労時間で，一日最大11時間まで利用することができる。入所手続きは，保護者が市町村に「保育の必要性」の認定申請をし，市町村から認定証が交付されると利用希望申し込みを開始する。申請者の希望と認可保育所，認定こども園，地域型保育事業所の状況を鑑み，市役所が調整の上，利用先を決定し，正式入所となる。2019年10月からの幼児教育無償化により，保育料は無償となる。

認定こども園では，1号認定児と原則同一のクラスで一緒に保育し，教育及び保育を実現することが求められる。乳児や1・2歳児の育ちを参考にしながら，3歳以降についても連続性を図っていく必要がある。　　　　　　　　　[湯元睦美]

2歳児保育

2歳の子どもの保育を，幼稚園，保育園，認定こども園等で行うこと。保育園，認定こども園では，3号認定（満3歳未満で保育を必要があると認定された子ども）の子どもは，2歳児保育を受けることができる。幼稚園は，満3歳児から就学前までの子どもが保育を受ける学校であるため，2歳児保育はほとんど行われていなかった。女性の就業率増加に伴い，保育利用率も増加し，待機児童の増加が社会現象になった。内閣府は，2013年から「待機児童解消加速化プラン」，2017年からは「子育て安心プラン」を実施し，

待機児童の7割を占める，1・2歳児の保育の受け皿を増やすことを目的にした。その取り組みの一つに，「幼稚園における2歳児の受け入れや預かり保育の支援」がある。家庭の状況や，保育を必要な状況（保護者の就労，介護など）により，3号認定を受けた2歳児（2歳の誕生日を迎えてから，原則として3歳に到達するまでの間）に対して，利用料が軽減される。子どもが3歳になった際，そのまま継続して幼稚園に入園することができる。

2歳児保育のもう一つの形として「未就園児クラス」，「プレ保育」がある。週に数回，月に数回，不定期開催など，形態は園によって様々である。園で保育を受ける形，親子一緒に保育体験をする形など，様々な取り組みが行われている。

[鑄物太朗]

日　案

日の指導計画ともいう。幼稚園や保育所の保育の実践計画であり，保育のデザインである指導計画のもっとも最小の単位である。日案においては，子どもの姿，ねらい及び内容を上段に示す。ねらい及び内容については，一人一人の子どもの人間関係の変化，自然や季節の変化，子どもの生活する姿の変化等を踏まえて，適切に設定する。指導計画用紙の中段に大きな幅を取って，時程を伴って，環境の構成と子どもの活動と保育者の援助を丁寧にかつ詳細に書き込む。戸外遊びを主として展開する保育においては，図式化して，遊びの姿とその際の援助の詳細を提示することもある。子ども理解が保育実践の基本とされていることから，保育の終わった後，最も印象に残る子どもの活動や育ちの実態をエピソード風に記述した保育記録を書き，翌日の保育のねらいや内容の設定に，保育の流れづくりに役立てることが大切である。

[戸江茂博]

2年保育

　幼稚園，保育園，幼保連携型認定こども園に2年間通うこと。一般的には満4歳になった4月に入園し，2年間通うことである。学校教育法第26条に，「幼稚園に入園することのできる者は，満三歳から，小学校就学の始期に達するまでの幼児とする」と定められている。近年，私立幼稚園のほとんどが3年保育を行っており，利用する家庭が多くなっているが，公立幼稚園では2年保育が多い状況である。2年保育を選ぶ理由は家庭によって様々であるが，「家庭での子どもとの時間を大事にしたい」「子どもの性格や発達，友達関係」などが考えられる。2019年（令和元年）より開始された幼児教育・保育の無償化により，以前に比べると家計の負担は少なくなっている。よって，経済的理由は少なくなっていくと思われる。

　一方保育園は，共働き，親族の介護などの事情で家庭で保育できない（保育を必要とする）保護者が利用するため，園児の多くは2年以上保育を受けている。また，認定こども園では，1号認定の園児が2年保育を利用することがある。

［鋳物太朗］

日本語教育

　外国人など，日本語以外の言語を母語とする人を対象としておこなう日本語の教育を指す。その内容は学校教育などにおける日本語を母語とする人に対する国語教育とは大きく異なるため，音声や文法などについての言語学的な知識を持ち，語学教授法や言語の習得過程についても精通する日本語教師が担当する。現時点では，日本語教師になるための明確な資格はないが，教育機関の採用試験において「日本語教育能力検定試験に合格していること」，「420時間の養成講座を修了していること」，「大学・大学院における日本語専攻で学ぶこと」などを求められることが一般的である。保育・幼児教育の現場において，在籍する乳幼児が将来就学することを考えた場合，日本語を母語としない乳幼児に対する日本語教育の基礎を担うのは保育者であるといえる。その際に，内田千春（2019）は「乳幼児期の保育は環境を通して行われること」，「言語認知発達が著しい時期であり，生活における関わりのなかで言語も獲得されること」，「乳幼児期・就学期といった制度的な区切りと，個々の子どもの発達の時期は異なること」などを配慮することが重要であると指摘している。

［高橋一夫］

日本国憲法

　大日本帝国憲法にかわり，昭和21（1946）年11月3日公布，昭和22（1947）年5月3日から実施された憲法。日本国民は，正当な選挙によって選出された代表者からなる国会の決議に基づいて行動することや政府の行為によって再び戦争の惨禍が起こることのないように決意することを中核とする国民主権をその原理とする。「象徴天皇性」についての第1章，「戦争の放棄」と「国際平和の希求」についての第2章，そして「侵すことのできない永久の権利として」日本国民に付与される「基本的人権」を含む国民の権利と義務について明記した第3章など，全11章からなる。平成24（2012）年，自由民主党が『日本国憲法改正草案』を表明したことを契機に，憲法改正が議論されている。

［島田喜行］

日本脳炎

　日本脳炎は蚊が媒介するウイルス性の病気である。蚊が豚を刺し，豚の体内でウイルスが増えて，豚の血液中のウイルスを蚊が吸血し，その蚊がヒトを刺して感染する。人から人へ感染することはない。感染しても日本脳炎を発病するのは100〜1000人に1人程度で，大多数は無症状に終わる。症状は，数日間の高い熱（38〜40度，あるいはそれ以上），頭痛，悪心，嘔吐，めまいなどで発病し，これ

らに引き続き項部硬直（下あごが前胸につかなくなる），光線過敏（光をまぶしく感じる），意識障害やけいれん等が現れる。治療は対症療法が中心で，高熱とけいれんの管理が重要となる。日本脳炎は症状が現れた時点で，すでにウイルスが脳に達し，脳細胞を破壊しているため，一度破壊された脳細胞の修復は困難であり，治療は難しい。発病すると約20〜40％の人がなくなり，多くの人が後遺症を残す。予防は，蚊の対策と予防接種である。養豚の盛んな地域では，毎年5月から9月にかけて豚の感染状況調査（感染指標である HI 抗体の保有率）で，基準値を超えると住民への注意喚起をしている。日本脳炎ウイルスをもつ蚊は，水田・沼地といった水たまりで発生し，日没後に活動が活発になることもふまえ，予防対策として，夏季の夜間の外出を控える，水たまりの除去（蚊の発生が起こりにくい環境づくり），蚊が屋内に入らぬよう網戸を使用する，夜間の窓・戸の開閉を少なくする，防虫スプレーの使用等，蚊に刺されない工夫をする必要がある。日本脳炎の予防接種は標準的には3歳時・4歳時にワクチン接種をして基礎免疫をつけ，9歳で追加免疫をつけることで，日本脳炎にかかるリスクを減らすことができる。　　　　　　　　［森田惠子］

乳児院

　児童福祉法第37条に定められた施設。「乳児（保健上，安定した生活環境の確保その他の理由により特に必要のある場合には，幼児を含む。）を入院させて，これを養護し，あわせて退院した者について相談その他の援助を行うこと」を目的としている。保護者の病気，死亡や家出，経済的困難，子どもが虐待を受けているなど，様々な理由により家庭で生活ができない子どもが入所している。授乳や食事，おむつの交換や入浴など，日常生活の支援を行っている。子どもは退所後に家庭へ戻るケースもあるため，保護

者への支援も行う。家庭に戻ることが難しい場合は，児童養護施設への入所，里親委託や養子縁組などが行われる。保育士や児童指導員，看護師，家庭支援専門相談員，里親支援専門相談員などが職員として配置されている。　　　［松島 京］

乳児期

　出生から満1歳までをいう。この時期の乳児は，外界へと急激な環境への変化に適応し，一生のうちで最も著しく心身が成長・発達するとともに，生活のリズムを形成する。特に，視覚，聴覚，嗅覚などの感覚機能は成熟しており，泣く，笑うなどの表情の変化やしぐさ，身体の動き，クーイングや喃語（言葉になる前段階の声）により自分の欲求を表現する。また，日常的に養育してくれる特定の大人の応答的なかかわりによって，情緒的な絆（愛着）が深まり，人に対する信頼感をはぐくむ。これは対人関係の第一歩であり，自分を受け入れ，人を愛し，信頼する力へと発展していく。［山口香織］

乳児の事故

　内閣府によると教育・保育施設等において発生した死亡事故や治療に要する期間が30日以上の負傷や疾病を伴う重篤な事故は，2021年の1年間で2,347件報告されている。そのうち5件は死亡事故であり乳幼児期に圧倒的に多く発生している。死亡事故は認可保育所で2件，認可外保育施設で3件あるが，認可保育所の利用児童数200万3,934人と認可外保育施設児童数25万9,536人（2020年3月31日現在）との割合を考えると，認可外保育施設での事故の割合が非常に高いことがわかる。乳児の死亡理由のひとつである乳幼児突然死症候群（SIDS）の原因はまだ解明されていないが，あおむけで寝ている時よりも，うつぶせで寝ている方が SIDS の発生率が高いため，うつぶせで寝させることは禁止，0歳児は5分間，1・2歳児は10分に1回の睡眠チェックを行うことが推奨されている。なお，乳

児死亡率（出生1,000人当たりの生後1年に到達する前に死んだ乳児の数）は，昭和初期は120〜130であったが，1950年には60.1と半減し，2021年には1.7まで減少している。これは世界最低レベルである。　　　　　　　　　　　［芦田麗子］

乳児保育

　児童福祉法や母子保健法では「満1歳に満たない者」を乳児と規定している。従来の保育業界では，3歳以上児を対象とする保育を「幼児保育」「幼児教育」と呼ぶのに対し，3歳未満児までの保育を「乳児保育」と呼ぶことが通例となっており，乳児の定義も0歳から2歳までの広義で捉えられていた。しかし，2018（平成30）年改定の保育所保育指針では，1歳未満児（0歳児）の保育を「乳児保育」とし，「1歳以上3歳未満児の保育」と分けて示されている。これは近年，教育・保育施設での乳児保育への期待が高まっていることを受け，0・1・2歳児の保育に関する記載の充実が求められたためである。同指針の「第2章　保育の内容」には，乳児保育，1歳以上3歳未満児の保育のそれぞれに「ねらい」および「内容」が追記された。指針で示されている0・1・2歳児の保育に関する事項は，幼保連携型認定こども園教育・保育要領でもほぼ同様に示されており，内容の共通化が図られている。

　　　　　　　　　　　　　　　［山口香織］

乳幼児家庭全戸訪問事業

　乳児のいる家庭の孤立化防止や健全な育成環境のサポート，乳児及び保護者の心身の状況や養育環境の把握などのため，子育て支援に関する情報の提供などを通して，必要な場合には適切な支援サービスにつなげていく役割を担っている。そのため，生後4か月までの乳児のいるすべての家庭を，原則的に1回は訪問するという児童福祉法に根拠を置く事業である。通称「こんにちは赤ちゃん事業」ともいわれており，実施主体は市町村である。訪問スタッフとして，保健師や助産師，看護師のほか，保育士や母子保健推進員，愛育班員や児童委員，子育て経験者など幅広く登用している。訪問にあたっては，事前に必要な研修を実施している。　　　　　　　　　　　　　　［猪田裕子］

ニール

Neill, Alexander（1883-1973）

　イギリスの新教育運動の教育家で，フロイトの精神分析に基づく自由主義教育を主張。1908年，エジンバラ大学入学。第一次世界大戦に従軍。ドイツの改革教育運動に影響を受けて，1921年にドイツのドレスデン郊外に自由主義の国際学校を設立。この学校は一時オーストリアに移るものの最終的に，世界で一番自由な学校と言われている「サマーヒル・スクール」として，1925年イギリスで創設された。授業への参加を子どもたち自らに委ねる等，学校自治が尊重された。フロイトの精神分析学に立脚して，教師の権威を可能なかぎり排除する方向性を示した。生徒と教師の共同生活，共同決定，非宗教的・情操的・創造的能力の育成を重視した。「子どもを学校に合わすのではなく，学校を子どもにあわせる」という名言をニールは残して，進歩主義教育の重要な担い手となった。主著に『問題の子ども』『問題の親』等，問題シリーズがある。　　　　　　　　　　　［広岡義之］

認可外保育施設

　児童福祉法に基づいて国が定めた敷地面積，保育上人数，衛生管理などの設置基準を満たしていない保育施設の総称。認可外保育施設には，ベビーホテル，駅型保育所，駅前保育所，事業所内保育所，病院内保育所，へき地保育所，季節保育所などがある。2001（平成13）年児童福祉法改正の際に認可外保育施設の届出が必要とされ，「認可外保育施設指導監督基準」が定められた。2015（平成27）年，子ども・子育て支援新制度の施行に伴い，小規模保育（6人以上19人以下），家庭

的保育（5人以下），居宅訪問型保育，事業所内保育が新たに地域型保育事業として認可されることになった。認可外保育施設から地域型保育事業へ移行した施設は毎年増加している。認可外保育施設は待機児童の受け皿になっている現状もある。

［湯地宏樹］

認可定員

保育所，幼稚園等の設置について，従前は児童福祉法，学校教育法等各根拠法令に基づき，県知事による認められた人数（認可定員）があったが，新制度においては，地域型保育事業（小規模保育事業，家庭的保育事業等）についても新たに認可制度が設けられ，市が定める設備及び運営の基準に基づき，認可するものとなった。さらに新制度においては，子ども・子育て支援法に基づき，施設型給付施設や地域型保育給付施設は，認可定員の範囲内で給付費算定の基礎となる定員（利用定員）を定め運営費等財政支援を受ける。なお，利用定員は認定区分（1～3号認定）ごとに定めることになっている。

［藤原伸夫］

人間関係（領域）

1989（平成元）年幼稚園教育要領改訂から編成された5領域の一つ。領域「人間関係」に関して，1998（平成10）年改訂では「道徳性の芽生え」など，2008（平成20）年改訂では「共通の目的」や「規範意識の芽生え」などが加わった。2017（平成29）年改訂では，「ねらい（2）身近な人と親しみ，関わりを深め，工夫したり，協力したりして一緒に活動する楽しさを味わい」や「諦めずにやり遂げることの達成感や，前向きな見通しをもって」など，育みたい資質・能力が反映されている。「幼児期の終わりまでに育ってほしい姿」の「協同性」「道徳性・規範意識の芽生え」「社会生活との関わり」などが「人間関係」と深く関係している。保育所保育指針と幼保連携型認定こども園教育・保育要領の改訂（改

定）では乳児と1歳以上3歳未満児の保育に関する記載の充実がなされ，乳児保育に関しては「身近な人と気持ちが通じ合う」など3つの視点が示されている。

［湯地宏樹］

『人間の教育』

19世紀ドイツのロマン主義の教育思想家フレーベルの主著である。諸大学での研究やペスタロッチ主義の学校での教育経験を経て生涯の教育の道に向かおうとしたときに執筆されたもので（1826年），民衆教育の思想と実践を，また同時に子どもの発達段階に即した教育的配慮を体系的に著述したものである。自身のキリスト教的信念と思想を背景に，本書の冒頭には「すべてのもののなかに，永遠の法則が，宿り，働き，かつ支配している。この法則は，外なるもの，すなわち自然のなかにも，内なるもの，すなわち精神のなかにも，自然と精神を統一するもの，すなわち生命のなかにも，つねに同様に明瞭に，かつ判明に現れてきたし，またげんに現れている」とされ，この永遠の法則を支配する統一者を神として，神的なものを顕現させることが教育の使命であると考えられた。本書は，乳児保育から青少年教育までをキリスト教的に論じるが，全編を支配しているのは有機体論的教育観である。すなわち，内部にある育ちの芽が，あたかも植物のようにその内面の法則に従って伸びてくるというものである。この植物的成長観に即して考えれば，「教育，教授，および教訓は，根源的にまたその第一の特徴において，どうしても受動的，追随的（たんに防禦的，保護的）であるべきで，決して命令的，規定的，干渉的であってはならない」のである。幼児期から少年期の教育にかけて，遊びの教育学が展開されるのも本書の特徴である。遊びはドイツロマン主義哲学において人間の根源的行為として浮き彫りにされたが，その思想を継承してフレーベルは遊びの教育的意義を

包括的に示し，遊びの教育学を展開したのである。　　　　　　　　　[戸江茂博]

認証保育園

東京都などが行う，待機児童解消のために行う地方単独型保育事業の一つ。国の基準を満たしていない認可外（無認可）保育施設に対して，自治体独自で設定した基準を満たしている場合に運営費などの助成を行うシステム。東京都の場合，設置主体，対象年齢，規模に応じてＡ型（民間事業者，０〜５歳児対象，20〜120人定員）とＢ型（個人，０〜２歳児，６〜29人定員）に分けられる。設置基準は認可保育園に準ずるが，東京都のように待機児童が多い地域ほど土地などの取得が難しく国の基準を満たすことができない場合が多いため，Ａ型の場合，設置基準は3.3㎡／１人だが，年度途中は2.5㎡／１人まで弾力化されている。Ｂ型においては０・１歳児面積3.3㎡／１人が2.5㎡／１人に緩和されている。同様に地方公共団体における単独保育政策を行っているところは，神奈川県，横浜市，名古屋市，川崎市，さいたま市，仙台市，千葉市，堺市，浜松市，大阪市，相模原市，東大阪市がある。それぞれ名称が異なっており，認可保育所と混同しないように気を付けること。[加納　章]

認知の発達

ピアジェは，子どもの認知発達を４つの段階に分類した。まず，０歳〜２歳頃は，言葉に先立って，見る・聞くといった感覚や自分の身体を使った行動を通して，外の世界を理解していく時期であり，感覚運動期とよばれる。この時期は，おもちゃに布をかぶせて見えなくなっても，そこにおもちゃがあることを理解するといった対象の永続性の獲得が特徴である。ピアジェは，生後８か月頃に対象の永続性を獲得することができると提唱したが，それよりも早い時期（生後３か月）に可能であることを報告した研究もある。２歳から７歳頃は，表象や言葉を用いて世界を捉えることができるようになる。前操作期とよばれ，自己中心的な思考と視覚的特徴に影響されやすいことが特徴である。この時期の子どもは，並べたおはじきの間隔を広げると，直感的に「増えた」と感じ，数の正しい判断ができなくなる。これは対象の形や状態を変えても，ある次元の属性は変わらないという保存の概念が備わっていないことを意味する。また，象徴機能が発達するため，ごっこ遊びが盛んになる。さらに，生物と無生物の区別ができず，無生物も意思や感情をもっているように考えるアニミズムもこの時期の特徴である。７歳から11歳頃になると，思考が自己中心的なものから客観的になり，具体的な経験の支えがあれば論理的に物事を考えることが可能になる。この時期を具体的操作期とよび，可逆性や相補性，同一性の理解に伴い，保存の概念が獲得されたり，物の分類や順序づけが可能となる。11，12歳以降になると形式的操作期といい，具体的な事物や経験に対する働きかけがなくても抽象的な思考や仮説演繹的な思考が可能となる。　　　　　　　　　[松本麻友子]

認定区分

「子ども・子育て支援法」では，教育・保育を利用する子どもに対して，保育の必要性から，３つの認定区分を設けている。１号認定：満３歳以上で保育の必要性がない場合，２号認定：満３歳以上で保育の必要性がある（「保育の必要な事由」に該当する）場合，３号認定：満３歳未満で保育の必要性がある（「保育の必要な事由」に該当する）場合。保育の必要性がある子どもとは，子ども・子育て支援法（第19条，第20条）によれば，「保護者に労働または疾病その他の内閣府令で定める事由により家庭において必要な保育を受けることが困難である子ども」とされ，その事由については，保護者の就労や妊娠・出産，疾病，障害，同居親族の介護，災害復旧，求職活動，

就学，虐待等があげられる。

[日坂歩都恵]

認定こども園

　教育・保育を一体的に行う施設である。就学前の子どもに，保護者が働いている，いないに関わらず受け入れて幼児教育・保育を提供する機能と，地域における子育て支援を行う機能の両方を併せ持ち，認定基準を満たす施設は都道府県等より認定を受けることができる。管轄は内閣府である。認定こども園には，地域の実情や，各家庭のニーズに応じて選択が可能になっており，「幼保連携型」「幼稚園型」「保育所型」「地方裁量型」という4つの類型がある。職員の資格に関しては，幼保連携型は保育教諭と称し，幼稚園教諭免許状と，保育士資格を併有。その他の認定こども園は，満3歳以上は両免許・資格の併有が望ましいとされ，満3歳以下は保育士資格が必要とされている。教育・保育の内容は，「幼保連携型認定こども園教育・保育要領」を踏まえて教育・保育を実施される（幼稚園型は「幼稚園教育要領」，保育所型は「保育所保育指針」に基づくことが前提）。4時間程度の教育標準時間と，保育所に準じた保育時間をもって，教育・保育が行われている。認定こども園では，「1号認定」「2号認定」「3号認定」と子どもを3つに分けて対応をする。1号認定は，保育を必要とする事由に該当しない満3歳以上の子どもにあたり，共働きでない家庭の子どもは概ね1号認定を受けることとなる。2号認定は，保育を必要とする満3歳以上の子どもになり，3号認定は，保育を必要とする満3歳未満の子どもが対象になる。この認定は市町村によって各家庭の状況に合わせて決められる。

　内閣府の「認定こども園に関する状況について」の報告によれば，2011年には全国で762園であったが，2020年には8,016園となっており，増加傾向にある。

[鋳物太朗]

認定こども園こども要録

　「認定こども園こども要録」は「幼稚園幼児指導要録」及び「保育所児童保育要録」に相当するもので，園児の学籍並びに指導の過程及びその結果の要約を記録し，その後の指導及び外部に対する証明等に役立たせるための原簿となるものである。2006（平成18）年10月認定こども園が創設されたことに伴い，2009（平成21）年「認定こども園こども要録について（通知）」がなされた。2015（平成27）年から幼保連携型認定こども園は「幼保連携型認定こども園園児指導要録」となった。2018（平成30）年から幼稚園型認定こども園は「幼稚園幼児指導要録」，保育所型認定こども園は「保育所児童保育要録」も可能となった。2017（平成29）年の幼保連携型認定こども園教育・保育要領の改訂に伴い，「幼児期の終わりまでに育ってほしい姿」の活用が加わった。「「幼児期の終わりまでに育ってほしい姿」が到達すべき目標ではないことに留意し，項目別に園児の育ちつつある姿を記入するのではなく，全体的，総合的に捉えて記入すること」が重要である。

[湯地宏樹]

ね

ネグレクト

　親などの養育者が，子どもに対する基本的な保護，管理，医療介護や介助をしないこと。また，子どもの基本的な要求に親などの養育者が応えないこと。一般的に，以下の4つのカテゴリーを含むとされる。①身体的ネグレクト（例：食事を与えない，ひどく不潔にする等），②医療的ネグレクト（重い病気にかかっている等必要があるのに病院へ連れて行かない，必要な医療や検査を受けさせない等），③教育的ネグレクト（子どもを学校へ通わせない，必要な支援を受けさせない等），④情緒的ネグレクト（子ども

の情緒的欲求に応えない，心理的なケアをしない，子どもが不適切な物質（薬やアルコール等）を摂取することを放置する等）。子どもへの虐待であり，著しい人権侵害である。一見気づかれにくいが，子ども虐待のベースには，必ずネグレクトが存在していると言われる。ネグレクトは，子どもの心身の成長・発達に大きな影響を及ぼすと言われており（例：健康への有害な影響，基本的信頼感の欠如，自己概念・自己コントロールの問題，他者と安定した関係を構築することの困難さ等），予防を含めたケアが重要であるとされる。　　　　　　　　　　［古川　心］

熱性けいれん

「おもに生後6か月から60か月までの乳幼児に起こる。通常38度以上の発熱に伴う発作性疾患（けいれん性，非けいれん性を含む）で，髄膜炎などの中枢神経感染症，代謝異常，そのほかの明らかな発作の原因がみられず，てんかんの既往のあるものを除外したもの」と定義されている。発作については次の状態に注意する。①焦点性発作（部分発作）の存在，②15分以上持続する，③一発熱期間，通常は24時間以内に複数回反復する。①～③の1つでも当てはまれば複雑型熱性けいれんといい，すべてに該当しない場合は単純型熱性けいれんという。単純型が70％，複雑型が30％である。再発率は30％であるが，一般的に学童期までに軽快する。熱性けいれんの再発予防として，既往がある子どもが37.5度以上の発熱がみられた場合は，ジアゼパム座薬を挿肛する方法が有効である。　　　［石田寿子］

熱中症

人は，体温が上がっても汗などで体温を外へ逃がして調節している。体温の上昇とその調整機能のバランスが崩れて，体に熱が溜まる状態を熱中症という。気温や湿度が高い，風が弱いなどの環境下で，長時間にわたる屋外での作業や水分を取らないなどの行動をすることで，体内に熱が生じたり暑い環境に体が対応できないことで生じる。熱中症の症状には，めまいや失神，筋肉痛や筋肉の硬直，大量の発汗，頭痛，不快感，吐き気，嘔吐，倦怠感，虚脱感，意識障害，けいれん，手足の運動障害，高体温が挙げられる。呼びかけに反応がないときには，救急車を呼ぶことを含め応急処置を行う。熱中症の予防には，涼しい服装，日陰の利用や日傘・帽子の使用，水分や塩分の補給があり，また室内においても湿度を測り環境調整が必要である。　　　［石田寿子］

ネフローゼ症候群

糸球体の毛細血管には血液中の蛋白を尿に漏れ出させない仕組みがある。ネフローゼ症候群はその仕組みが壊れ，尿に淡白が多量に出て，血液中の淡白が減り，その結果むくみ（浮腫）が起こる。瞼や下肢の浮腫，尿量の減少，体重増加から近医を受診した結果，診断されることが多い。また，浮腫により消化管の動きが悪くなり，腹痛・下痢・嘔吐などがみられることもある。ネフローゼ症候群にはいくつかのタイプがあるが，小児では微小変化型が多い。治療法には副腎皮質ステロイドを使う。むくみを改善するために尿量を増やす薬（利尿剤）の使用や塩分制限を行うことがある。ネフローゼ症候群は再発（尿に淡白が出る）することがあるため，退院後も定期的な通院，感染症にかからないこと，処方された薬を確実に服用すること，薬の副作用に注意することが必要となる。　　　［石田寿子］

ねらい及び内容

「ねらい及び内容」は，幼稚園や保育所における保育内容を構成する中心的な要素である。「ねらい」は，「幼稚園教育において育みたい資質・能力を幼児の生活する姿から捉えたもの」，「内容」は，「ねらいを達成するために指導する事項」とされる。「ねらい」は，5領域それぞれに3項目ずつ設定され，「幼稚園における生活の全体を通じ，幼児が様々な体

験を積み重ねる中で相互に関連をもちながら次第に達成に向かうもの」，また「内容」は，5領域それぞれに8〜13項目設定され，「幼児が環境に関わって展開する具体的な活動を通して総合的に指導されるもの」となっている。保育所保育指針においては，「内容」は，「ねらいを達成するために，子どもの生活やその状況に応じて保育士等が適切に行う事項と，保育士等が援助して子どもが環境に関わって経験する事項」とされ，保育所の場合，保育士等が行う養護の事項と子どもの経験する事項の両面を含むものとされている。子どもの育ちに即して「ねらい及び内容」をいかに組織していくかは，保育カリキュラム編成の中心である。なお，「ねらい及び内容」は，1歳児から5歳児までは5領域の枠組みの中に設定されているが，0歳児の保育内容においては，発達が未分化な0歳児の特性を踏まえ，乳児の身体的発達，社会的発達，精神的発達という大きな枠組みにおいて，「ねらい及び内容」を設定することが求められている。　　　　　　　　［日坂歩都恵］

年間指導計画

　保育所・幼稚園・子ども園の保育は，「全体的な計画」に基づいて実施されている。保育所ではさらに「保育の計画」，幼稚園・こども園には教育課程があり，指導計画には長期指導計画（年間・期別）と短期指導計画（月案・週案・日案）がある。具体的な長期指導計画の一つが「年間指導計画」である。クラス運営を行う上で，年間指導計画はかかせない。年間指導計画は，「全体的な計画」に基づき，各年度に行う指導内容・方法等を具体化した指導計画であり，当該年度における取組の全体像を具体的に把握し，共通認識をもって保育・幼児教育に取り組めるようにするための指針となるものである。年間指導計画の策定は，全体的な計画の見直し等と並行して，すべての保育者・教職員等の話し合いや協力

の下に共有しながら行われることが重要である。年間指導計画を作成する際には，各クラスの子どもの発達過程を踏まえ，就学迄の「資質・能力」を見据えた計画とする。年間指導計画に基づく保育の実施は，年度当初の子どもの実態に基づき，各クラスの年間目標を見通した活動やねらいに配慮する。また，年間指導計画における子どもの具体的活動は，生活の中で様々に変化することに留意し，子どもが望ましい方向に向かって自ら活動を展開できるよう必要な援助を行うことが大切である。その為には，期別指導計画が重要であり，子どもの姿や活動の時期を考慮した取り組み計画が求められる。保育者は，子どもの実態や子どもを取り巻く状況の変化などに即して保育の過程を記録するとともに，これらを踏まえ，指導計画に基づく保育の内容の見直しを行い，改善を図る。　　　　　　　［大方美香］

粘土遊び

　「保育所保育指針」（2017）等の満1歳以上満3歳未満の園児の保育に関する「表現」におけるねらい及び内容では，「水，砂，土，紙，粘土など様々な素材に触れて楽しむ」と記されている。乳幼児期において，子どもは触ることで世界とつながっていくため，様々な感触との出会いが重要となる。その一つとして粘土遊びがある。粘土の特徴として押したり，つまんだり，丸めたり，ちぎったりすることで形が変わるといった可塑性に富むことが挙げられる。また，手指だけでなく体全体を使って感触や形の変化を楽しむことができる。粘土遊びをおこなう際，保育者は粘土の種類と特徴を理解し，活動やねらい，発達段階に応じて粘土を選ぶ必要がある。たとえば油粘土は乾燥して固まることがないため，つくり直しが容易で繰り返して遊ぶことができる。紙粘土は乾燥が早いが，芯材を用いた形づくりや着色が可能である。土粘土は大量に用意して体全体で造形遊びをお

こなうことができ，水を混ぜることで感触も変化する。そのほか，焼成して作品にすることができる陶芸用粘土や液体粘土などがある。また保育題材としての手作り粘土もある。たとえば小麦粉（米粉）粘土，片栗粉粘土，スライム，寒天など，もとの素材からの感触の変化を自分なりに楽しむことができる。ただし食物アレルギーを起こしやすい材料などには配慮が必要となる。粘土遊びは手で十分に触れて楽しむことが大切だが，発達段階によって粘土ベラや割箸，型抜きなどを道具として使用していくなど，子どものつくりたい形や思いを実現できる道具選びも重要となる。個人活動だけでなく，粘土の量などを増やして共同で探求できる活動も大切にしたい。　［須増啓之］

脳性麻痺

「受胎から新生児（生後4週間以内）までの間に生じた脳の非進行性病変に基づく，永続的なしかし変化しうる運動および姿勢の異常である。その症状は満2歳までに発現する。進行性疾患や一過性の運動障害，または正常化されるであろうと思われる運動発達遅延は除外する」と定義されている。脳性麻痺は，一つの病気というよりも種々の原因により生じた，運動と姿勢の異常を中心とする複合障害である。病型は筋緊張の異常の種類によって分類され，痙直型，アテトーゼ型，強直型，失調型，低緊張型に分かれる。痙直型は，筋肉に力が入りすぎて動かしづらい状態で，脳性麻痺の70〜80％を占める。脳性麻痺の治療目標は機能障害の改善および障害をもちながらの社会参加である。運動および知的発達予後は，脳性麻痺の成因，てんかんなどの合併症の有無，麻痺の重症度により大きく異なる。理学療法，作業療法，言語療法，療育が行われる。　［石田寿子］

能力主義

能力を「課題の達成を可能にする潜在的，顕在的な力」と定義できるが，能力主義とは企業等で採用されている評価理念で，課題達成に必要な潜在的，顕在的能力を持っている人が評価されるという理念になる。一方，今日の園，学校においては，この能力主義の価値観，評価観はなじまない。もし，園や学校において能力主義が採用されれば，まず能力に応じたクラス分けや学習進度別の授業が一般的なものになるだろうし，園や学校が競争や序列の場となり，人間の価値が能力の有無で決定されるという偏狭なものになる。保育，学校現場において「能力」を考える場合，保育士・教諭にとって重要なことは，子ども達が持っている様々な能力の伸長にどれだけ貢献したかということになる。子ども側においても，生来の能力とは別に到達目標に対してどれだけ努力したかということが重要になる。ただ，個々の能力を最大限伸長するという意味で，理数系の分野に限って高校，大学における飛び級的な学力エリート養成は今後の重要な懸案事項でもある。
　［佐野　茂］

ノン・カリキュラム

正式なカリキュラムを有さずに，個々の学習者の興味・関心にしたがい学習指導等の展開を進めていく教育方法。一斉授業や統一された到達目標は設けられてはいないが，教育目的とそれにともなう教育内容が全くない，ということではない。学校教育のフォーマルなカリキュラムに対して，公け，明示化されたカリキュラムがないとされるノン・フォーマル教育（Nonformal learning：NFE）の非定形・不定形な教育の形態の一つとみなされる。それは無意図的な教育（informal education）ではなく，一般的な学校の教育課程のような定形的な教育でもない。教育の方法論として，学習者の個々人の学習の過程，進捗状況を重視す

る。それゆえ教師等指導者には，学習者の様々な興味関心に対応するために，多岐にわたり，しかも深い知識や方法技術を有し，かつ柔軟な思考と判断力が必要となる。

[西本　望]

野口幽香

のぐち　ゆか（1866-1950）

二葉幼稚園の創立者であり，幼児教育者。播磨国姫路清水（現在の兵庫県姫路市）に生まれる。1890（明治23）年，東京女子高等師範学校（現在のお茶の水女子大学）を卒業（第1回）後，同校の附属幼稚園の保姆となった。その後1894（明治27）年，華族女学校付属幼稚園に異動となった際，通勤途中に目にする貧しい子どもたちの姿を見て，この子たちにも附属幼稚園の子どもたちと同じフレーベルによる教育をと考えるようになった。そして1900（明治33）年，同僚の森島美根と共に貧民のために二葉幼稚園を設立したのである。二葉幼稚園では，子どもたちに基本的生活習慣を身につけさせることからはじめ，徐々に遊びや園外保育などを取り入れると共に，家庭訪問，父母会の開催，貯金や衛生などの指導といった保護者への支援も行った。1906（明治39）年，東京の三大貧民窟の一つであった四谷鮫ケ橋（現在の新宿区南元町）に移転し，本格的に貧民のための幼稚園を始める。1916（大正5）年には保育の実態や社会制度の変化に合わせ二葉幼稚園の名称を二葉保育園に改め，二葉保育園新宿分園（現在の新宿）を設立した。1922（大正11）年，本園に不就学児童のための小学部や図書館の開設，母子寮の建設なども行った。1935（昭和10）年，園の運営は後継者徳永恕に任され，幽香は第一線から退いた。また学生であった1889（明治22）年にキリスト教に受洗，聖書の研究を熱心に努め，二葉独立教会も設立している。生涯独身で，1950（昭和25）年84歳で死去。

[大塚優子]

ノーマライゼーション

ノーマライゼーションとは，社会福祉に関する理念の1つである。1950年代にデンマークのバンク＝ミケルセンが提唱したもので，「障害の有無にかかわらず，みんなが地域で一緒に差別なく生活できることが当たり前の社会を作ろう」という理念である。それまでの時代，障害のある人は生まれ育った地域社会の中で生活することが困難であり，本人や家族が自らの意思で選択することなく施設入所することが当然とされていた。バンク＝ミケルセンはこのような状態に疑問を抱き，知的障害者の生活を可能な限り通常の生活状態に近づけるようにすることを目指して，ノーマライゼーションの活動を展開した。その後，この考えは，全世界に広がっていった。日本では1980年代からこの考え方を取り入れた福祉が展開されており，厚生労働省は「障害のある人もない人も，互いに支え合い，地域で生き生きと明るく豊かに暮らしていける社会を目指す」という理念に基づき，障害者の自立と社会参加の促進を図っている。

[佐藤智恵]

ノロウイルス感染症

ノロウイルス感染症は，ノロウイルスの感染による胃腸炎で，急性流行性の感染症である。感染経路はほとんどが経口感染であり，ウイルスが含まれた水・食品・手を介して口から感染する。また，感染者の排泄物や吐物に多量のウイルスが含まれており，それが乾燥し，ウイルスが空気中にただよい，それを吸い込むことによって空気感染（飛沫核感染）を起こすこともある。ノロウイルスの便中排泄は，感染後1週間から1か月に及ぶ。そのため罹患者の登園は，嘔吐や下痢症状が治まり，食事が摂取できるようになれば可能となるが，登園を再開した後も排泄物・吐物は適切に処置することが重要になる。加えて，ノロウイルス感染症の治療薬やワクチンはないことからも予

防が重要となる。流行期の感染予防対策は①保育士が食品や調理器具を取り扱う場合，手洗いを徹底し，加熱が必要な食品は中心部までしっかりと過熱する，②保育士が排便後の世話やおむつ交換を行う場合，個別に別室で行う，③保育士は，排便後の世話やおむつ交換時に，必ず使い捨てマスク・手袋を着用する，④子どもが嘔吐をした時，使い捨てマスク・手袋を着け，吐物を直ちに新聞紙やビニールで覆い，空気に触れる時間を短くし，汚れた紙等はビニール袋に入れて結び，室外蓋つきバケツで保管・処理する，⑤吐物や便の付着した着衣は，園内で洗わず，ビニール袋に入れて結び，保護者へその旨を伝える，⑥保育士は，石鹸・流水による手洗いを励行し，手洗い後の手指消毒を徹底する，⑦保育室の玩具・遊具は，用いた都度に水洗いや湯拭き，次亜塩素酸ナトリウムによる消毒や乾燥を行い，可能な限り，午前と午後で遊具の交換を行う等が必要となる。　［笠井純子］

は

配偶者からの暴力の防止及び被害者の保護等に関する法律

　通称「DV 防止法」といわれ，配偶者からの暴力の防止及び被害者の保護を図るため，2001（平成13）年に制定された。2004（平成16）年，2007（平成19）年，2013（平成25）年と 3 回の大きな改正を経て現在に至る。

　DV とは，Domestic Violence の略であり，ドメスティック・バイオレンスはそのカタカナ表記をしたものである。配偶者からの暴力とは，身体に対する暴力以外に，心身に有害な影響を及ぼす言動，つまり言葉や態度等による精神的暴力も含まれる。対象者は，事実婚を含む配偶者，元配偶者，生活の本拠を共にする交際相手，いわゆる同棲，同居の交際相手である。同居していない恋愛カップル間の暴力（いわゆるデート DV）は対象外となり，課題が残されている。配偶者からの暴力防止と被害者保護について，都道府県は基本計画を定め，配偶者暴力相談支援センターを設置する義務を負い，市町村も努力が求められている。配偶者からの暴力を発見した者，医師等の医療関係者には警察や配偶者暴力相談支援センターへの通報や情報提供等努力義務を課している。また裁判所は，被害者の申し立てにより，加害者に接近禁止命令や住居からの退去命令等を出すことができ，命令に違反した場合懲役または罰金に処せられる。従来 DV 被害者は女性が多かったが，近年男性被害者も増えている。

　また，子どもの目の前で一方の親がもう片方の親に暴力をふるう DV 行為を面前 DV といい，子どもの健全な発達や成長を阻害するとして2004（平成16）年の児童虐待の防止等に関する法律の改正で，心理的虐待にあたると明記された。

［大塚優子］

排泄の習慣

　排泄（はいせつ）とは，排便（うんちをする）と排尿（おしっこをする）を総称した人間の生理的機能に不可欠な営みである。

　排尿や排便の自立は，生理的な諸機能の成熟に伴って排泄機能が成熟することにより可能となる。延髄の随意反射でおこなわれていた 0 歳児のおむつでの排泄の期間を経て，1 歳頃になると排泄の間隔が 2 時間を超えるようになり，おむつ交換の回数が減ってくる。排泄の間隔が一定となり，1 回の尿量が多くなってきた頃が，おむつはずしの目安であると言われている。このような排泄の自立にむけた取り組みをトイレット・トレーニングと呼ぶ。排泄については個人差が顕著であるため，集団保育の場では，個別に排泄時間を記録するチェック表を活用するなどして工夫に努める。保育者は徐々に子ども自身が尿意を感じるようになる 2 歳前後のタイミングを見計らって排泄を促してみる。うまく排尿できた時には「おしっこ出たね」等の喜びの共有を図ることが大切である。大脳皮質の発達で膀胱や肛門の括約筋を制御できるようになる 3 歳児頃になると排泄の予告ができ，一人でトイレに行けるようになる。排便は排尿よりも遅く，満 4 歳頃に自分でトイレに行き，自分で拭けるようになるが，保育者の見守りは必要である。排泄の習慣は，身体諸体機能の発達に伴って自立するので，しつけと称して，無理矢理に排泄を強要することがあってはならない。また，おもらし等排泄の失敗は緊張を伴う集団保育の場面では多々見受けられるが，保育者は子どもの不快感や恥ずかしさを速やかに取り除くように配慮し，排泄の自立につながる優しい，丁寧な対応が求められる。→トイレット・トレーニング

［柏原栄子］

バイタルサイン

　バイタルサイン（vital signs）とは，

生命徴候のことで，呼吸（呼吸数）・循環（心拍数や血圧）・体温・意識を数値化して全身の健康状態を把握するための指標である。人のからだは恒常性を維持しようとするので，子どものからだの中で今何が起きているかを推測する手段の一つがバイタルサインである。たとえば，子どもの体温が基準値を超えて高い場合は，からだの中で「感染」が起きているのかもしれない。また子どもは，年齢が低いほど言葉で自分の症状や痛み・苦しみを伝えることが難しい。そのため，測定したバイタルサインが基準値の範囲内にあるのか，子どもの普段の測定値との違い，一時点だけでなく経時的に測定値の変化が生じていないのか等，比較して考えることは大切である。そしてバイタルサイン値と併せて，子どもの機嫌，活気，顔色，食欲，睡眠状況，下痢・嘔吐，排尿状況等も観察して健康状態を把握し，保育士間で情報を共有し，園長や保護者への報告が必要である。　　　［山内佐紀］

バウムテスト

バウムテストとは，個人の特徴を投影法という測定のしかたで行う心理検査の一つである。方法は，画用紙に鉛筆で木を自由に描き全体的印象をはじめとした筆記反応をみていく。その際，「実のなる木を1本描いてください」などいくつかの教示がありそれにしたがって進めていく。この検査の特徴は，言語によるコミュニケーションが難しい場合であっても，木の絵を描くことと教示の理解が可能であれば，年齢問わず実施できることである。木の描かれた位置などの空間的側面，筆圧などの動態的側面，そして内容分析として幹・樹・枝・実・花・根・地面などの状態について全体的にとらえ，対象者の無意識の自己像やこころのあり方，原始的なパーソナリティを客観的に理解しようとする検査である。
　　　　　　　　　　　　　［坂田和子］

白昼夢

日中の覚醒時に見られる空想や妄想に近いもの。白日夢ともいう。夜のレム睡眠時に見られる夢とは異なる。現実的な内容のものが多く，中学生頃が最も盛んに見られる。しばしば大人にもみられる現象である。たとえば授業中に，ぼんやりと外を眺めているうちに授業とは関係ないことを思い描き空想の世界に意識が移り，授業中であることを忘れているような状態になる。しばらくして隣の席の子が発表を指名され，立ち上がる動作に伴う音をきっかけに授業に意識が戻るなどである。また，心的発達が乏しく空想と現実世界の境界が弱い幼児期にもよく見られ，戦隊もののヒーローやお姫様など，物語の主人公になって，お話を1人で展開することがある。ごっこ遊びでも見られる姿だが，幼い子どもの場合は意識をしても現実世界との境界が曖昧になり，空想が現実世界に引きずられることもある。白昼夢の特徴として，話の始まりの場面想定が同じであったり，願望や期待される姿を表現するものが多い。白昼夢は，自分の意識で現実の場面に戻ることができるので，精神的な病の状態とは区別される。　　　　［新家智子］

箱庭療法

砂の入った木箱（縦57cm・横72cm・高さ7cm）の中に，小さな玩具を置いて自由なイメージ表現を行う心理療法。イギリスのローエンフェルト（Lowenfeld, M.）が考案した「世界技法」をスイスのカルフ（Kalff, D.）がユング（Jung, C. G.）の分析心理学を基盤として発展させたものである。日本には1965年に河合隼雄によって導入された。砂箱の中の玩具は，人間，動物，植物，乗り物，建物，家具，海獣などであり，箱の内側は青色に塗られ，砂を盛れば山ができ，掘れば川，池，海なども表現できる。子どもの言葉で表されない内的世界が可視化されるという特徴があり，治療者は完成

した作品をとおして，子どもの内面にある不安，緊張，葛藤など心身の状態を解釈する。箱庭療法は子どもの心理療法の手段として考案されたが，子どもから高齢者まで適用が可能であり，教育現場，福祉施設，病院など幅広い分野で用いられている。　　　　　　　　　　　［森　知子］

破傷風

破傷風は，破傷風菌が産生する毒素の一つである神経毒素（破傷風毒素）により強直性けいれんを引き起こす感染症である。破傷風菌は土壌中に広く常在しており，転倒や土いじりなどで創傷部位から体内に侵入する。潜伏期間3～21日の後に，口が開きにくくなったり，顎が疲れる，食べ物が飲み込みにくいといった症状から始まり，歩く時にこける，排尿・排便ができないといった症状へ進行し，全身の筋肉が固くなって体を弓のように反り返らせたり（後弓反張），重篤な場合は呼吸筋の麻痺によって窒息することもある病気である。近年は，小児期の発症はないし，人から人へ感染が広がる病気ではないが，現代でも致死率が高い（20～50％）感染症であることから，予防は重要である。破傷風の予防は，破傷風トキソイドワクチン接種により100％近く十分な抗体を獲得するとされている。そのため現在は，予防接種法により定期接種が推奨されている。4種混合ワクチン（ジフテリア・破傷風・百日咳・ポリオ）として，生後3か月から1歳までに3回，3回目の接種から6か月以上の間隔をおいて追加1回，合計4回の予防接種を受ける。

保育所の入園にあたっては，子どもの予防接種歴を把握することが重要である。加えて，砂場は定期的に（可能な限り，毎日）掘り起こして，砂全体を日光に当て消毒をすること，砂遊びをした子どもは石鹸を用いて流水で手洗いを行うことが重要である。　　　　　　　　　［森田恵子］

パーセンタイル

パーセンタイル法は，身長・体重・胸囲・頭囲の計測値の統計的分布の上で，小さい方から数えて何％目の値は，どのくらいかという見方をする統計的表示法である。50パーセンタイル値が中央値となる。乳幼児の基準値は，10年毎に行われる厚生労働省の全国調査「乳幼児身体発育調査結果」に基づいて決められている。現在は，平成22年度の調査結果が用いられている。10パーセンタイルから90パーセンタイルまでは「発育上問題なし」とされる。比較的短期間でパーセンタイル曲線を下向き／上向きに2つ以上横切る10パーセンタイル未満や90パーセンタイルを超える場合は，「要経過観察」と判断され，健康教育，保健指導，その後の医学的な診断に活かされる。

　　　　　　　　　　　　［森田恵子］

パーソナリティ

パーソナリティとは，個人的特徴の総称であり，その個人独自の行動と考えとを決定する心理的機能の統合的全体像である。人格の原語であり，パーソナリティと人格が同義に用いられることもある。また，パーソナリティを性格の側面からとらえると，多様な個人差や類型を説明する概念として用いられ，遺伝的で身体的条件をあらわす気質や生育環境の関係性でつくられる気性，そしてそれぞれの場に適応するための社会的性格（ペルソナ＝仮面）などがあり，生まれながら持っている特徴はあるものの，社会の中で後天的に形成されていくものがあり，パーソナリティを構成する要素は発達とともに変化していく。パーソナリティを理解する枠組みについては，類型論と特性論がある。類型論は人間を代表的なタイプに分類するとらえ方で，分類し類型化することによってパーソナリティを説明しようとしている。特性論は，特性を外向性－内向性や情緒安定性－不安定性など，特性を連続した数値として考える

分類である。現在ではこの特性論による次元的アプローチがパーソナリティを理解する枠組みの主流となっており，近年ではビッグ・ファイブと呼ばれる経験への開放性，誠実性，外向性，調和性，神経症傾向の5つの特性因子次元の強弱で個人的特徴の一側面がみられるようになっている。　　　　　　　　　[坂田和子]

発育・発達の原則

　発育・発達には法則性があり，個人差はあるがおおむね一定の原則に従って進んでいく。

　①順序性がある：乳児期の運動発達が示すとおり，寝返り→座位→ハイハイ→つかまり立ち→歩く，というように同じ時期に同じような流れで発達していく。②方向性がある：頭部から足・尾部へ。身体の中心から末梢へ。粗大運動から微細運動へ。個から集団へ。③速度の多様性：同じ年齢，年齢であっても個人差があり個々の置かれている環境によって様々である。④敏感期がある：それぞれの発育発達の減少にはそれに適した時期があり，段階を踏まないと得られないもの，早期に経験しても得られないものがある。器官，機能，情緒，認識などの成熟を待たなければならない。逆にその時を逃すと得にくいものがある。⑤相互作用がある：それぞれの個人や情緒などが作用しあい，次の段階や状態へ進んでいく。一人の子どもの走る行動が他の子どもの情緒を刺激し，ともに走りだし，個から集団へと広がり，ともに楽しさを共有するという情緒を刺激し，その楽しさから運動量が増え運動能力を高め，コミュニケーションを生む。さらにはそのことを母親に伝えるなどして言語発達に作用していくというように，様々な方向へつながり作用している。　　[加納　章]

発達加速度現象

　精神的，身体的な発達の速度が速くなる現象のこと。たとえば，平均身長を比べる時，祖父母世代よりも父母世代，さらには自身の世代の方が高い，というように世代が新しいほど身体的発達が早期化し，性的成熟年齢が早まる。また，全地域，全世界で同じような時期に加速現象が認められるわけではなく，日本国内においても特定の個人，集団が他の地域・集団比べて発達が早くなるなど，環境などの要因によって地域差がある。その原因として，社会の高度成長などによる生活条件の変化や栄養状態の改善，都市化や工業化，情報過多などの影響などが関係していると考えられている。身長・体重・胸囲などの量的加速化という成長加速現象，初潮・精通など性的成熟，乳歯・永久歯の初歯・生歯完了といった質的変化の早期化という成熟前傾現象などがある。　　　　　　　　　[加納　章]

発達課題

　人の一生を発達段階によって分け，その各段階において到達することが期待されるような心理・社会的課題。アメリカの心理学者ハヴィガースト（Havighurst, R. J., 1900-1991）によって提唱されたのが起源となる。ハヴィガーストによると，発達課題は，①身体的な成熟，②社会や文化からの要求や圧力，③個人の達成しようとする目標や努力によって生じるとし，それぞれの発達課題は関連しており，一つの課題を達成することは，その他の課題もうまくいく（その反対も起こり得る）等の予測性を持つことができるとしている。また，エリクソンは，心理社会的な自我という観点から，人間の発達を捉え，社会とのかかわりの側面を重視して心の発達を考察した。エリクソンは，人の生涯を8つの段階に分け，各段階で，発達的危機と心理社会的課題が存在することを提唱，それまで前向きなものとして捉えられていた発達には，退行的方向や病理的な方向をも含めて考えられることを示唆した。　　　　　　　[古川　心]

発達曲線

　人の発達は個人それぞれの特徴がある。

それぞれ異なる個人の発達において，発達のしかたの原理はある一定の特徴がみられる。スキャモンは器官別に年齢の増加に伴う心身の発達的変化を計測し，その計測値を縦軸に，暦年齢を横軸にとって20歳の時に100となるよう示している。身体の部位によって成長のしかたは異なり，その分類は身体発達の特徴からのリンパ型，神経型，一般型，生殖型の4つに分類され，図示されたものがスキャモンの発達曲線と呼ばれている。それぞれの特徴について，扁桃腺，リンパ腺などの分泌腺の発達をあらわしたリンパ型は，10歳から12歳にかけて最も発達し，その後は年齢とともに低下する。脳髄，脊髄，感覚器官などの神経組織の発達をあらわしている神経型は，生後から急速に発達が進み，幼児後半には約90％に到達し，12歳頃にほぼ完了する。骨格，筋肉，内臓，身長，体重などの発達をあらわしている一般型では，1歳から2歳，第2次性徴期に著しく変化している。そして生殖型は生殖に関する器官で，12歳以降急速に発達していく。このように，発達のしかたはそれぞれの器官の特徴によってあらわれる波動が異なっていることが発達曲線をみることでわかる。　　[坂田和子]

発達障害

　発達障害とは，自閉スペクトラム症，LD（限局性学習症），ADHD（注意欠如・多動症），その他これによく似た脳機能の障害による特性が，主に低年齢のうちに現われ，支援を必要とする状態の総称である。自閉スペクトラム症，LDとそれぞれ障害名があるにもかかわらず，発達障害という総称がある理由の1つとしては，ADHD・LD など，それぞれの障害の特性は重なり合っていることがあり，明確に区別することが難しい場合があるためである。発達障害が起こる原因は，まだはっきりと明らかにされていないが，先天的な脳の機能障害から起こるとされている。発達障害は，完治することはないが，周囲の理解や適切な支援が得られることにより，成長とともに子ども自身の困り感が少なくなったり，特性が目立ちにくくなったりする。一方，周りからの理解が得られなかったり，常に叱責されたりするなど適切な支援が得られないことが続くと，いつまでも生きづらさがあったり，特性が余計に際立ったりすることもある。　　[佐藤智恵]

発達障害者支援法

　2004年制定。「発達障害を早期に発見し，発達支援を行うことに関する国及び地方公共団体の責務を明らかにするとともに，学校教育における発達障害者への支援，発達障害者の就労の支援，発達障害者支援センターの指定等について定めることにより，発達障害者の自立及び社会参加に資するようその生活全般にわたる支援を図り，もってその福祉の増進に寄与すること」を目的として定められた。また，この法律において「発達障害」とは，「自閉症，アスペルガー症候群その他の広汎性発達障害，学習障害，注意欠陥多動性障害その他これに類する脳機能の障害であってその症状が通常低年齢において発現するもの」として定めている。これにより，それまでの日本の法律では規定されておらず，その範疇に含まれていなかった，自閉症，アスペルガー症候群等の広汎性発達障害や，学習障害，注意欠陥多動性障害なども法的に定められることになった。　　[松島 京]

発達段階

　発達過程における，ある時期に特有な発達的特徴に基づいて，発達を質的に区分した段階のこと。年齢区分ではなく，成長し成熟するにつれて辿っていく身体的，精神的，感情的な段階のこと。乳幼児に関する発達段階説の代表的なものとして，ピアジェの認知発達に関する発達段階，エリクソンの心理社会的発達段階，パーテン（Parten, M. B.）の子ども同士の社会的相互交渉の段階などがある。ピ

アジェの発達段階は，0〜2歳頃の見るなどの感覚と摑むなどの運動により自分の周囲の世界を把握し認識する感覚運動段階，2〜7歳頃の他者の視点に立ってものごとを理解することができず，自己中心性の特徴を持つ前操作段階，7〜12歳頃の数や量の保存概念が成立し，具体的な物事について論理的に考えることができるようになる具体的操作段階，12歳以上の仮説に基づいて抽象的な問題解決が行える形式的操作段階がある。エリクソンの発達段階は，自我の発達が一生続くことを理論づけ，一生を8つの段階に分け成長や発展などの発達と衰退などの危機が「対」となって存在しており，段階ごとの問題解決を目指すといった特徴がある。パーテンの発達段階は，乳幼児の友達との関わりから①「何もしない行動」②他の子どもとは関わっていない「ひとり遊び」③他の子どもやその遊びに関心を持ち始める「傍観遊び」④他の子どもの遊びに興味を持ち，同じ場所で同じことをしていても一緒に遊んでいない「平行遊び」⑤他の子どもと一緒に一つの遊びをし，おもちゃの貸し借りは見られるが，分業されていない「連合遊び」⑥他の子どもと一定の目的のために役割分担をして組織的に遊ぶ「協同遊び」に分けられている。　　［大谷彰子］

発達の最近接領域

　ヴィゴツキーが子どもの知的発達を語る際に用いた用語で，子どもが自力で問題解決できる現在の発達水準と，他者からの助けがあれば問題解決できる未来の発達水準を見通して教育すべきと考え，この二つの発達水準のずれを発達の最近接領域とよんだ。たとえば，ルールのある遊びの中で，サッカーの複雑なドリブルを見せられたとしても，自分で理解できないものは模倣が難しい。しかし，自分が知的に理解できるものであれば，試してみたり，アドバイスを受けることでできるようになる。模倣するためには，

このような知的なずれを埋め合わせるような，教育的な働きかけが必要となる。それまでの児童学では，子どもの過去に起こった結果のみを扱ったのに対して，ヴィゴツキーの理論は将来起こりうる発達プロセスを教育する際に考慮することの重要性を説き，教授・学習心理学に発達プロセスという新しい観点を持ち込んだ。　　　　　　　　　　　　［西浦和樹］

発　熱

　乳幼児期の発熱の多くは，ウイルスや細菌などの感染による発熱が多い。感染症法では，37.5度以上を発熱，38度以上を高熱と定義している。乳幼児が発熱しやすい特徴は，①体重の割合に比べ基礎代謝が大きい，②体温調節中枢が未発達であり，環境温度の影響（気温・室温・衣服等）を受けやすい，③体重に比べて体表面積が大きく，皮下脂肪が少なく，筋肉層も薄く，熱放散が大きい，④発汗機能が未熟である，⑤皮膚血管の温度に対する反応が緩慢である，⑥生後5〜6か月頃に母体由来の抗体が少なくなることから，ウイルスや細菌による感染症に罹患しやすい等がある。以上のことから，乳幼児が発熱をした時は，①安静・安楽な体位の保持，②冷罨法（れいあんぽう）：着衣枚数の調整，室温を下げる，換気をよくする，氷枕やアイスノン等で冷却する，③水分・電解質の補給：発汗や呼吸回数の増加，不感蒸泄の促進等が起こるため，経口摂取により水や経口補水液等を与える，④四肢末梢の保温：体温が上がる時に四肢末梢の冷感が強くなることがある。このため，手足の保温に努める等の世話が求められる。
　　　　　　　　　　　　　　　［山内佐紀］

羽仁もと子

はに　もとこ（1873-1957）
　青森県八戸市に生まれた。1890（明治23）年に洗礼を受け，生涯にわたってキリスト教を信仰した。1897（明治30）年報知新聞の校正係の職を得て，日本初め

ての女性ジャーナリストとなり，1903
（明治36）年に雑誌『家庭之友』を創刊
し，1908（明治41）年には婦人之友社を
設立し，雑誌『婦人之友』を刊行した。
『婦人之友』において，家庭生活の合理
化や女性の自己修養を推し進め，自らの
学校経験や育児経験をもとに独自の教育
論を展開した。1921（大正10）年に自由
学園を創設した。キリスト教の理念に基
づいて「真の自由人」を育てることを目
指した。　　　　　　　　　　［日坂歩都恵］

パネルシアター

　1973年に古宇田亮順（1937-）により
創案された。パネルシアター用のパネル
板とPペーパー（不織布）などに描いた
絵人形を使用して演じる手作りのミニシ
アターである。摩擦によってパネル板と
絵人形を自由に貼ったり，はがしたり，
動かしたりできる。人形劇やペープサー
トと同様，登場人物の整理がつき，子ど
もの興味や関心を引くという点から，言
語表現教材として保育や教育の現場で広
がった。内容としては，子どもの年齢や
発達，興味，季節などに合わせてお話，
クイズ，歌遊びなどの展開が考えられる。
パネルシアターはつくる，演じる，見る
活動を通して，子どもの反応を見ながら
一緒にかかわり，楽しむことができる。
　使用する絵人形などはPペーパーに絵
の具やペンで色を塗ってつくることが多
い。その際，遠くからも見ることができ
るように油性の黒ペンなどで縁取ること
が必要となる。また，絵人形のしかけと
しては「重ねて貼る」，「裏返し」，「ポ
ケットに入れたり，出したりする」など
がある。それらの仕掛けを使うことで，
表情などの変化や方向転換などの様々な
演出ができるようになる。内容や展開に
よってしかけを使って効果的に演じるこ
とができるように絵人形などの表現を工
夫したい。　　　　　　　　　　［須増啓之］

母親学級

　これから出産する母親を対象に，妊娠
中の体の変化や出産，育児についての不
安をやわらげるために産婦人科や保健セ
ンターが中心になって運営している。最
近では，両親学級として，父親も共に参
加し，妻の出産にむけて，またその後の
育児について学ぶ機会を地方自治体が子
育て支援ルーム等で実施しているところ
もある。子育ては，両親ですることであ
り，共に受講することでその効果もみら
れ，この取り組みは注目されているが，
実施している自治体や参加者もまだ少な
いのが現状である。また，出産後の子育
てについても，子育て支援センターで継
続して実施することで，実際の子どもの
様子を見ながら子育て相談も可能となり，
孤立しがちな子育てを地域とつなぐ意味
も大きい。このように，妊娠→出産→育
児の連携は地域ぐるみで病院，助産院，
子育て支援ルーム等へ自治体が中心に
なって連携することで，少子化のわが国
にとって効果があると考えられている。
　　　　　　　　　　　　　　　［名須川知子］

パブロフ

Pavlov, Ivan Petrovich（1849-1936）

　パブロフは旧ソ連の生理学者である。
中部ロシアの古都リャザンに，牧師の子
として生まれる。生地の神学校で学んだ
後，1870年，サンクトペテルブルク大学
へ入学し生理学を専攻する。1904年，消
化腺の研究に対して，生理学者として初
めてノーベル生理学賞が与えられる。そ
の後，科学アカデミーによって設立され
た生理学研究所の所長を務める。この研
究所は彼の死後，彼の名前を冠してパブ
ロフ生理学研究所として現在に至ってい
る。
　パブロフの心理学への貢献としては，
条件反射の研究が最も有名である。条件
反射とは，信号となる刺激と信号づけら
れる反応との間に，一時的な結合が形成
されることによる神経系の適応活動であ
る。パブロフは，犬の唾液分泌が，食物
を摂取する時のみならず，飼育者の足音

を聞いただけでも起こるなどの事実から，条件反射の理論を打ち立てた。条件反射説は，行動主義的心理学の展開において中心的な役割を果たしており，学習理論の発展にも寄与することとなる。

[金山健一]

場面緘黙

器質的な障害が認められず，正常な言語能力を持っているにもかかわらず，特定の場面や特定の人に対して，話すことができない状態。発話の抑制だけではなく，動作が抑制される子どもから，うなずきや素振りは可能な子ども，音読ができる子ども，特定の友人や日常生活場面から離れた初対面の人とは話せる場合がある子どもなど，その臨床像は多様である（角田，2011）。保育所や幼稚園の入園，小学校の入学など集団生活の開始から始まることが多いが，家では話すことができるため，養育者が気づきにくく，園や学校でも「おとなしい子」として問題視されにくい。発症要因としては，不安になりやすいなどの先天的な気質に加えて，心理的な要因，発達的な要因，園や学校，家族などの環境要因があるが，単一の要因ではなく，複合的要因から生じていると考えられている。

[松本麻友子]

ハロー効果

対人関係において，相手が持っている部分的な良い面・悪い面に対する評価を，その人の全体的な評価にまで影響させてしまうこと。ソーンダイクによって名付けられた。「後光効果」「後背効果」とも言われる。他者を評価する際，その人が持つ際立った特徴にひっぱられ，その人の全体的な評価に歪みを生じさせるような，認知的なバイアスの一つ。その影響は，ポジティブな面にもネガティブな面にも働き，それぞれポジティブ・ハロー効果，ネガティブ・ハロー効果と呼ばれる。たとえば，教育現場で，教師が成績の良い生徒を性格や行動面においても高く評価

したり，反対に，問題行動が多い生徒に対して，成績や性格面において低く評価するといったことが挙げられる。

[古川 心]

反抗期

自我意識の強まる3〜4歳の時期および青年前期の2期があり，前者を第一反抗期，後者を第二反抗期という。第一反抗期は周囲にいる年長者に対して，何事にも拒否反応をしたり，受ける指示や命令の反対のことを行ったり，頑なに自分の意志を強硬に主張したりする。この時期の反抗は衝動的だが，子ども自身の自我の芽生えを示す。運動能力の発達により，意のままに自分の手足を使えるようになり，何事も自分でやってみようとする意欲が高まる。以前は，大人の力を借りないとできなかったため，受け入れていた大人のサポートや援助にストレスを感じ，これを拒否しようと反抗行動として表現される。次に，第二反抗期は，反抗の対象が第一反抗期と異なり，自分を取り巻く伝統的な習慣や権力などに対するものになる。またこの時期の反抗は自我の確立期にあたり意識的である。反抗は，子どもの自我の発達にとって不可欠なものであり，精神発達の過程で，著しく反抗的態度を示す時期である。精神発達の過程で成熟に先立ち，他人の指示に抵抗を示したり他人との社会的交渉を退けたりして拒否的態度や行動を示す期間をさす。

[大嶋健吾]

反社会的行動

社会規範（法律や規則，常識やマナーなど）に照らしたときに，何らかの好ましくない意味を持つ行動を「問題行動」と呼ぶ。これは，「反社会的な問題行動」（暴力行為・暴走行為・窃盗・恐喝・いじめなど，欲求不満や不安を社会に対して攻撃的な形で示すもの）と「非社会的問題行動」（不登校・ひきこもり・自傷行為・自殺など，不安やストレスを解消しようとする行動が自己の内面に向けら

れ，社会的不適応を起こすもの）とに大別される。

反社会的とは「その社会の法秩序にあえて反抗したり道徳上の社会通念を故意に無視したりする言動をとることによって，社会の他の成員にまで好ましくない影響を与える様子」である（『新明解国語辞典』第8版）。これまで，反社会的行動を行う個人の自己制御能力の低さや認知的側面の問題が注目されてきている。それに加えて，早期の養育やしつけの影響が大きいことが指摘されている。たとえば，一貫性のないしつけ，厳しい身体的なしつけ，親子のあたたかい交流や教育的関わりの不足が反社会的行動のリスクを高めることが複数の研究において報告されている（新井，2018；吉澤ほか，2017）。　　　　　　　　［村井尚子］

ピアジェ
Piaget, Jean（1896-1980）

児童心理学の進歩において最も貢献したスイスの心理学者で，認知発達段階説などを提唱した。そこでは認知の発達段階を，感覚運動期，前操作期，具体的操作期，形式的操作期の4つに区分し，子どもと大人の思考構造の違いを研究した。また，子どもの思考の特徴として，自分自身の視点を中心にして周囲の世界を見るという自己中心性に着目し，そこから脱する脱中心化までの道筋や過程を検証した。そこでは，子どもの自発的な活動が重んじられ，興味から導かれる活動，自然的発達の重視とそこから示される活力，自由と自律，個人と乳幼児期の尊重という考えが提示された。これは，まさに教師や教科書中心の画一的教育から子どもの自発性や活動性，創造性を重んじる教育への転回である。特に，子どもの遊びの中に見られる，自発的な活動に注目した彼の研究は，現代の幼児教育にも

様々な形で応用されている。［猪田裕子］

ビオトープ

水，空気，土，太陽光の4つの要素と生物が複雑に関係しあって成立しているのが自然生態系である。自然生態系は長い年月をかけてつくられており，一度破壊されると簡単には元に戻すことができない。いろいろな生き物が関係をもちながら生息することができる空間をビオトープという。草地，森林，川などである。地域の野生の生き物が暮らす場所ともいえる。日本には様々な種類のビオトープがあり，そこに適した生き物が生息していたが，その数は激減している。その地域にもともといた生物を守り育てることが求められている。また，学校や幼稚園・保育所の敷地などに設けるビオトープを「学校ビオトープ・園庭ビオトープ」と呼ぶ。私たちの生きる基盤である自然環境の不思議さ，大切さ，人と自然との共存などを体験的に学ぶ，環境教育の教材として活用されている。

［椛島香代］

東基吉
ひがし　もときち（1872-1958）

和歌山県東牟婁郡新宮町（現在の新宮市）の須川家に生まれ東家の養子となった。和歌山県師範学校卒業後，小学校訓導を経て東京高等師範学校でも学んだ。その後，岩手県師範学校教諭・附属小学校主事を経て，東京女子師範学校で幼稚園教育に携わった。その後も宮崎県師範学校，栃木県女子師範学校，三重県女子師範学校，大阪府池田師範学校，宮城県師範学校，十三職業学校，大阪女子商業学校の各校長を歴任した。その間，フレーベル等，世界の幼児教育の理論について研究し，それにともない欧米直輸入的な日本の幼稚園教育界に広がっている形式主義，とくに恩物中心主義保育に疑問をもち，自由主義や児童中心主義に関心をもち，幼児の自己活動を重視する遊戯の価値を尊重し，体系的保育理論書

『幼稚園保育法』（目黒書店）を著わした。妻くめも口語体童謡の創作を行った。著書は他に『フレーベル氏教育論』（1900），『教育童話　子供の楽園』（1907）などがある。　　　　　　　　　　　［西本　望］

ひきこもり

ひきこもりについて，厚生労働省では，仕事や学校に行かず，かつ家族以外の人との交流をほとんどせずに，6か月以上続けて自宅にひきこもっている状態をひきこもりと定義している。また，ひきこもりは，単一の疾患や障害の概念ではなく，様々な要因が背景になって生じるとしている。厚生労働省ではひきこもりに関する施策として精神保健福祉分野，児童福祉分野，ニート対策において引きこもりに関する各種事業を実施しており，全国の精神保健福祉センター，保健所，児童相談所等において，ひきこもり含む相談等の取り組みを行っている。これらの取り組みに加え，平成21年から，ひきこもりの支援に特化した「ひきこもり地域支援センター」を全国の都道府県・指定都市に対して整備を行っている。このセンターは，本人や家族が，地域の中で最初に相談する窓口を明確化することで，より支援に結びつきやすくすることを目的にしたものである。ひきこもりになるきっかけは，不登校（小学校・中学校・高校）や職場になじめなかったり，就職活動や人間関係がうまくいかなかったり，病気ということが主である（内閣府，2016）。ひきこもりに必然的に伴う家族の機能不全がひきこもりの長期化を招く要因なっており，ひきこもり対象者だけを支援すればよいというわけではなく，ひきこもりを抱える家族に対しても支援をする必要がある。　　　　　［片岡章彦］

被虐待児症候群

親や世話する人の虐待によって引き起こされる子どもの心身の健康障害のこと。虐待により認知機能の発達が阻害され，知的障害・学習障害の傾向や落ち着きの

なさ，フラッシュバックや夜驚，記憶が欠落するといったような解離症状を示すこともある。また，怒りや恐怖などの感情をコントロールすることができず，衝動的，攻撃的な行動に至ってしまうこともある。医師のケンプ（Kempe, H.）は，1962年に被虐待児症候群の主な特徴として，どの年齢でも生じるが，一般的に3歳以下，健康状態は平均以下，皮膚の不潔さ，複数の軟部組織（筋など）の損傷，栄養不足などのネグレクトの状態，硬膜下血腫や様々な回復段階にある多数の骨折が見られると報告している。虐待が継続・日常化した場合，被害者が抵抗する意欲を失うばかりか，虐待をごく自然な行為として甘んじて受ける「学習性無力感」を引き起こすこともある。周りとの安心できる関係を経験せず育つと，適切な対人関係を築くことが困難となり，年齢相応の社会性や良好な自己像を形成することが難しく自己肯定感が育ちにくい。子どもも親も治療の対象であるが，自ら治療を求めないことが多いため，児童虐待防止法で，気づいた者に通告義務を課し，児童相談所に子どもを保護し親を指導する権限を与えている。　　［大谷彰子］

非叫喚的発声

産声に始まり，生まれてから言葉を話すまでのプロセスの一つ。快状態のとき発声であり，発声していること自体を楽しむような状態。叫喚的発声のような鳴き声ではなく，より静かで穏やかな発声となっている。クーイングとも言われ，主に母音による発声で特に意味のない言葉とされている。個人差はあるが2か月ごろからみられる。この後に続く喃語や発語のための，自ら発する音や口唇の感覚を楽しみながら唇や舌を動かして準備している。この行為に対して，母親などの親しい大人が，笑顔で好意をもって，穏やかな気持ちで応答的に対応することで，さらに喜びが増しコミュニケーション能力獲得への大きな原動力となる。

「生後2か月　赤ちゃん　お話　クーイング」などのキーワードで検索をすると，YouTube 等の動画投稿サイトで実際にその様子を見ることができる。→叫喚的発声；喃語　　　　　　　　　［加納　章］

ピグマリオン効果

　教師の児童・生徒に対する期待が成就されるように機能すること。ローゼンタール（Rosenthal, R.）により提唱されたもので，教師期待効果ともいう。なお，ピグマリオンとは，ギリシア神話に由来する名前である。ローゼンタールら（Rosenthal & Jacobson, 1968）の実験では，あるテストを実施し，実際の成績とは関係なく，無作為に選んだ児童・生徒について，「今後成績が伸びる」と教師に伝え，8か月後に再テストを実施したところ，実際にその児童・生徒の知能が高くなり，特に低学年でその傾向が顕著であった。さらに，教師がその児童・生徒に対して，ヒントや回答へのフィードバックを与えたり，正解すると褒めるなどの行動をしていたことも明らかとなった。したがって，成績が伸びるという期待を実現しようと意図的，無意図的に教師が児童・生徒に働きかけた結果，児童・生徒の成績が期待に沿うようになったと考えられている。　　　［松本麻友子］

非言語的コミュニケーション

　非言語的コミュニケーションとは，言葉以外を用いてコミュニケーションをとる方法のことである。ノンバーバルコミュニケーションとも言う。人は誰かとコミュニケーションをとる際，主に言葉を用いてお互いの気持ちや考えを伝えあっている。一方，その際に言葉以外のコミュニケーション手段（表情，身振り，姿勢，態度など）も同時に用いてコミュニケーションをとっているのである。たとえば「ありがとう」という言葉を怒ったような表情で伝えた場合，相手は「何か嫌なことがあるのかな」と感じるだろう。このようにコミュニケーションには言葉だけでなく，非言語によるものが大きな要素を占めている。非言語的コミュニケーションには，意識的に行われるものもあれば，無意識下の中で表されるものもある。言葉を持たない乳児などと関わる場合，この非言語的コミュニケーションを読み取る力が重要になってくる。
　　　　　　　　　　　　　［佐藤智恵］

非指示的カウンセリング

　非指示的カウンセリングは，ロジャーズ（Rogers, C）によって創始された。このカウンセリングの特徴としては，治療者の権威性を否定し，医師以外の非専門家の人々へもクライエント中心の援助者としてのアイデンティティを提供したことや，科学的な実証研究を遂行してきたことなどが挙げられる。ロジャーズの著書『カウンセリングと心理療法』は議論を呼び，心理臨床における指示-非指示論争を生むこととなった。ロジャーズは，「クライエントが自ら責任をとることや自由な表現の尊重，場面構成によって，自らがこの場の主体であり，自己決定の方向が示唆される。これらはカウンセラーの受容や明確化によって進行し，洞察に導かれる。それとともに新しい行動が積極的に起こり，洞察と行動が深く広く統合されるにつれて，独立した人格としてのクライエントが明確にあらわれはじめ，終結を自ら決定する」という。このようなロジャーズの立場を非指示的カウンセリングと呼んでいる。

　　　　　　　　　　　　　［金山健一］

PTSD

　PTSD（Post Traumatic Stress Disorder）は，心的外傷後ストレス障害と呼ばれる。PTSD とは強い心的外傷（トラウマ）を被ったことにより，心身の特有な反応を生じることである。強い心的外傷とは本人の生命や身体に重大な危害を被ったり，その脅威を深刻に体験することである。PTSD の反応は，①再体験症状，②回避症状，③過覚醒症状の症

状群がある。①再体験症状では，圧倒的な生々しさで外傷的出来事を再び体験する。これには恐怖や不安を伴い，生理的反応（動悸や呼吸促迫，振戦，発汗など）も伴う。②回避症状では，外傷に関連した刺激を回避し続けようとする。回避傾向が広く生活全般に及ぶ場合もある。③過覚醒症状では，全般的に覚醒水準が高くなりすぎ過敏傾向となって，過剰な驚愕反応や過剰警戒，怒り，不眠，集中困難などを生じる。PTSD の治療については，心理・社会療法と薬物療法の両者をうまく組み合わせた折衷的な治療をしていくのが現実的である。　　［金山健一］

PDCA

教育・保育の質の向上のための目標達成の管理プロセス。工場において，品質生産の技術を継続的に改善していく本来の管理手法の経済産業用語が教育システムに応用された。すなわち，Ｐ：Plan プラン・計画，Ｄ：Do 実践・実行，Ｃ：Check 反省・評価，Ａ：Act 改善を意味する頭文字が取られ，各段階が表記されたもの。この４段階は螺旋のように１周ごとに少しずつ上がっていき，それぞれの段階が継続的に改善され繰り返される仕組みになっている。一般的なサイクルとしてＰが出発点とされているが，どの段階から始めてもよいし，どこからつなげることも可能である。

教育・保育現場においては，Ｐ：今日の保育の目標をＤ：どのように実践し，Ｃ：結果はどうだったのか，Ａ：次回はどうするのかを明確に記載できるよう工夫するといった導入方法がある。それはさらに，Ｐ：今年度の保育目標を，Ｄ：どのように実践しＣ：どのように改善し工夫した上で，Ａ：来年度にどう生かしていくか，といったシステム体系を拡充発展させていくことができるものである。　　　　　　　　　　　［湯元睦美］

人見知り

乳児が見慣れない人をみると，視線をあわさない，顔をそむける，抱かれている母親の胸に顔をうずめてみないようにする，べそをかく，泣き叫ぶなど不安や恐れを表す反応をいう。生後６〜８か月頃からみられる。乳児が養育者（多くの場合は母親）の顔と見慣れない人の顔を識別する認知能力の発達による。一般的には８〜11か月をピークとして，徐々に減少する。しかし，乳児の人見知りが始まる時期，人見知りをする期間，反応の強さなどには個人差がある。また，養育者の在・不在，養育者との距離，見知らぬ人の近づき方，場所に対するなじみ方などの状況も関連する。スピッツ（Spitz, R. A.）は，生後８か月に最も多く現れることから８か月不安といった。ボウルビィは，６〜７か月頃に養育者（母親）との愛着（attachment）が形成されると，養育者と他の人に対する反応に違いが現れるとした。人見知りをしても，養育者を心理的安全基地として少しずつ関心を示したり，養育者と一緒なら見知らぬ人へ笑顔をみせたりする。人見知りは子どもと養育者や二次的な愛着対象（家族，保育者）との関係性，具体的には愛着の形成の状態も影響する。
　　　　　　　　　　　　　　　［椛島香代］

ひとり遊び

ひとり遊びは，他の子どもとは関わらず，ひとりで遊ぶ状態のことをいう。乳児のひとり遊びの代表的なものに，生後２か月頃からの「ハンドリガード」という自分の手を目の前にかざして見つめるといった行動がある。視界に入った自分の手を「もの」として認識できるようになり，その手を動かしたり，しゃぶったりするうちに，自分の意思で動かせる体の一部であることを認識するようになる遊びである。ひとり遊びには，積み木で坂道を作り，どこから転がせば思った穴に入るのか繰り返し熱中して遊び込んでいる子ども等，ひとりでものに深く関わり満足して遊んでいる場合と，他者と上

手く関われずひとりで遊んでいる場合とがある。前者は，他児を意識せず自分自身やものと向き合い，熱中して自身の内面世界を広げており，後者は，ひとりで遊んでいるが，友達を意識し一緒に遊びたい思いを抱えている状態である。保育者として援助をする場合，遊んでいる人数などの外見的な判断ではなく，その子どもの内面を理解し，その状況に見合った援助をすることが求められる。

[大谷彰子]

ひとり親家庭（シングルペアレント・ファミリー）

　ひとり親家庭の原因としては，離婚，死別，行方不明，その他等が考えられる。厚生労働省の「母子家庭等及び寡婦の生活の安定と向上のための措置に関する基本的な方針」（令和2年）によれば，「母子家庭が123.2万世帯及び父子家庭が18.7万世帯と依然として多くの母子家族及び父子家庭が存在している」という。ひとり親家庭の課題としては，経済的観点，養育・教育的観点から考えられることがある。経済的視点からは母子世帯の場合，養育費が取得できないことや，就労収入の水準が低い傾向にあることなどが挙げられる。また子育てと就業の両立が困難である場合が多く，特に就業を成立させるため，複数の職業を行うなどして就労上の問題だけでなく健康上の問題や精神上の問題など様々な苦労が絶えない事が多い。養育・教育的視点からはひとり親家庭の場合，経済上や家庭環境が子どもの教育に負の連鎖を引き起こすのではないかという深刻な問題意識も存在する。先の方針内では，母子世帯，父子世帯にそれぞれ困っていることを調査しているが，母子世帯の母が困っている内容のトップは「家計」（50.4%），続いて「仕事」（13.6%），「自分の健康」（13%）の順であり，父子世帯の父が困っている内容のトップは「家計」（38.2%），続いて「家事」（16.1%），「仕事」（15.4%）

の順，寡婦（夫に死別した女性のこと）の困っている内容のトップが「家計」（28.6%），「親族の健康・介護」（23.6%），「自分の健康」（17.6%）の順となっている。経済的支援や各種相談対応の充実，子どもの生活向上のための支援，就学や学習の支援などが必要である。

[津田　徹]

避難訓練

　避難訓練とは，実際の災害にあった場合に，安全に避難できるように避難方法や経路を把握するために行うもので，地震の他にも火災，台風，水害，大気汚染時，不審者侵入時などがある。保育所保育指針には「避難訓練は，災害発生時に子どもの安全を確保するために，職員同士の役割分担や子どもの年齢及び集団規模に応じた避難誘導等について，全職員が実践的な対応能力を養うとともに，子ども自身が発達過程に応じて，災害発生時に取るべき行動や態度を身に付けていくことを目指して行われることが重要である」と明記されており，まずは災害発生当初の一時的な避難場所，さらに二次的避難場所を定め，避難方法をあらかじめ検討し，保護者や医療機関との連携，連絡方法についてもあらかじめ決めた上で保育者は非常時の水や食料の確保などにも配慮しておく必要がある。実際の避難訓練においては園児，保育士，保護者に向けて目的をきちんと把握したうえで訓練を行うことが重要である。自分自身での対処に限りのある子どもたちは災害という未知の事象に対して必要以上に不安を感じることがあるという点に配慮は必要で，絵やペープサート，保育士による劇等避難訓練の大切さを子どもたちが理解できるような取り組みも有効である。園の規模や施設の場所によって，避難経路や避難場所が異なるため，園独自のマニュアルが必要となるが保育中の避難訓練実施を年間保育計画に組み込んでおき，実施後の保育者間での協議を通してマ

ニュアルの再構築が求められる。

[大嶋健吾]

非認知的能力

先進諸国でつくる OECD（経済開発協力機構）によれば，①目標を達成するための忍耐力や自己抑制，目標への情熱，②他者と協力するための社会性，他者への思いやり，③自己の情動をコントロールするための自尊心や自信，楽天性などのメンタリティー，姿勢，能力などをさすものとされている。生涯にわたるウェルビーイング（心と体の健康および幸福感）や社会的成功（経済的安定性や心理的に豊かな生活の質）は，乳幼児期に「非認知」的な心の土台がしっかりと養われてこそ，長期的に，また持続的に可能になる，とその重要性が強調されている。また，幼少期に「非認知」的な心の土台が形成されていると，やがて認知能力や学力も徐々に高まってくる傾向があるとされている。

[日坂歩都恵]

肥満度

幼児期から思春期の肥満度は標準体重に対して実測体重が何％上回っているかを示すもので下記の式で計算される。

肥満度（％）＝（実測体重－標準体重）/標準体重×100

幼児期では肥満度15％以上は太りぎみ，20％以上はやや太りすぎ，30％以上は太りすぎとされ，学童期・思春期では肥満度20％以上を軽度肥満，30％以上を中等度肥満，50％以上を高度肥満という。評価には成長曲線や肥満曲線を用い，個人差を考慮する必要がある。

[廣田有加里]

評価の方法

保育や教育における評価は，評価の主体，評価の対象，評価の目的によって，用いられる方法が異なっており，その種類は極めて多い。すべての方法を網羅することは困難であるが，代表的な評価方法を以下に挙げる。①教師が作成する筆記試験（選択解答式，自由記述式）②質問紙③観察記録④レポート・作文⑤制作物（絵画，曲など）⑥実技（演奏，運動技能実演，口頭試問など）⑦発表（口頭発表，プレゼンテーションなど）などがある。さらに，新しい評価方法として，パフォーマンス評価やポートフォリオ評価などがある。パフォーマンス評価は，実際の場面で遭遇する様々な課題を，修得した知識・技能を活用して解決できるかを評価する方法である。ポートフォリオ評価は，設定した規準・基準などにより継続的・系統的に，学びの成果，子どもの自己評価，教師の指導と評価の記録を収集したポートフォリオを作成し，それを振り返ることにより子どもの成長を評価する。ここに挙げた評価法は，主に小学校以降で使われているが，観察記録やポートフォリオ評価は保育の場でも活用されている。

[大森雅人]

表現（領域）

昭和31年幼稚園教育要領においては，教育内容を「健康」，「社会」，「自然」，「言語」，「音楽リズム」，「絵画制作」の六領域に分類し，さらにその領域区分ごとに「幼児の発達上の特質」およびそれぞれの内容領域において予想される「望ましい経験」を示した。昭和39年の改訂においてもこの六領域は継続された。平成元年改訂の際にこの六領域について議論された。六領域について，小学校の教科をより簡易なものととらえるなど，幼稚園の指導の場での理解が不十分であるという反省から，教師にとって幼児を理解する上で必要なものであると同時に，幼児に対して分割的，体系的に課すべき指導内容ではないことがわかるよう改めて「領域」について再検討が行われた。そこで，平成元年の幼稚園教育要領においては，五領域が示された。「健康」「人間関係」「環境」「言葉」「表現」である。領域「表現」は「感じたことや考えたことを自分なりに表現することを通して，豊かな感性や表現する力を養い，創造性を豊かにする」としている。この定義か

ら，単に「絵画製作」，「音楽リズム」を統合した領域ではないということがわかる。幼児が生活や遊びの中で感性を育てること，感じたこと考えたことを様々な方法で表すことが大切なのである。身の回りに対する興味，関心を育てるとともに，豊かな表現手段を育てることが求められているのである。　　　　　　［椛島香代］

病児・病後児保育

　病気の回復期で保育所などに通うことができず，また保護者の仕事の都合等で家庭での保育が困難な場合，子どもを預かって保育を実施すること。こうした保育需要に対応するため，病院・保育所等において病気の児童を一時的に保育するほか，保育中に体調不良となった児童への緊急対応並びに病気の児童の自宅に訪問するとともに，その安全性，安定性，効率性等について検証等を行うことで，安心して子育てができる環境を整備し，児童の福祉の向上を図ることを目的とする。実施主体は，市町村（特別区及び一部事務組合を含む。以下同じ。）。なお，市町村が認めた者へ委託等を行うことができる。保育を必要とする乳児・幼児又は保護者の労働もしくは疾病その他の事由により家庭において保育を受けることが困難となった小学校に就学している児童であって，疾病にかかっているものについて，保育所，認定こども園，病院，診療所，その他の場所において，保育を行う事業である。

　病児対応型は，病気の回復期に至っていないことから，集団保育が困難であり，かつ，保護者の勤務等の都合により家庭で保育を行うことが困難な児童や，市町村が必要と認めた乳児・幼児又は小学校に就学している児童。病後児対応型は，病気の回復期であり，集団保育が困難で，かつ，保護者の勤務等の都合により家庭で保育を行うことが困難な児童であって，市町村が必要認めた乳児・幼児又は小学校に就学している児童が対象となる。

［大方美香］

ふ

ファミリー・サポート・センター

　子育て支援事業のために設立された。ファミリー・サポート・センター事業は，平成17年度から次世代育成支援対策交付金（ソフト交付金），平成23年度から「子育て支援交付金」，平成24年度補正予算により「安心こども基金」へ移行し，平成26年度は「保育緊急確保事業」として実施されてきた。平成27年度からは「子ども・子育て支援新制度」の開始に伴い，「地域子ども子育て支援事業」として実施されている。この事業は，乳幼児，小学生等の児童をもつ子育て中の労働者，主婦など育児の援助を受けることを希望する人（依頼会員）と，育児援助を行いたい人（提供会員）との相互援助活動である。ファミリー・サポート・センターは，援助を希望する人と援助を提供したい人の連絡・調整を行う。地域における相互援助組織であるところに特徴がある。援助活動の終了後，依頼会員から提供会員に対して，活動時間，内容に応じた料金（活動報酬）が支払われる。金額は市町村，活動内容，時間帯によって異なる。ファミリー・サポート・センターでは，会員募集・登録，依頼会員と提供会員のマッチングを行うほか，会員に対する必要な知識を提供する講習会の開催，会員同士の交流会，情報交換会の開催，保育所・医療機関等子育て支援関連施設・機関との連絡・調整なども行っている。　　　　　　　　　　［椛島香代］

ファンタジー

　ファンタジーは，子ども自らが抱いた願望や希望が膨らみ，想像による空想の世界と現実の世界との境界がなくなることで，想像力が強く掻き立てられて生じる世界観である。ファンタジーの世界では，現実世界では実現されていないこと

をイメージすることによって実現化させている。この過程で客観的にものを見たり，時には相手の立場にたって相手の気持ちについて考えることもある。また，子ども自らがファンタジーの世界を語ることは，物事を客観的に捉えたり，物事のつじつまを合わせながら論理的に考えたりすることにつながるのである。

ファンタジーは，想像力と言語能力が発達を遂げる3歳から4歳ごろに見られるようになる。そして，子どもが成長すると共に，想像の世界と現実の世界との境界がはっきりしてくると，ファンタジーは子どもの遊びや生活から消失していく。ファンタジーは，子どもの成長過程において，その時期特有のものとして，ファンタジーの世界観が備わっている時期には，その世界観を一緒に楽しんであげることが大切である。　　　[片岡章彦]

フィンガーペインティング

指で絵の具を塗りたくる造形遊び。何かをえがくのではなく，指で自由な線をえがいたり，手のひらで思いっきり絵の具を伸ばしたり，手の形を写したりなど指だけではなく手全体を使って絵の具の感触や塗る行為を楽しむ活動である。結果，色が混ざって黒っぽくなったとしても，たっぷり遊んだ経験そのものを大切にしたい。手だけではなく脚や体全体での絵の具遊びとして展開することもできる。フィンガーペインティングという技法や結果としての作品として捉えるのではなく，自身の身体で絵の具に触れ，感触を自分なりに味わう機会として捉えたい。また，遊んだ紙を切ったり貼ったりして，他の作品づくりに展開することもできる。

描画材としてポスターカラーや安全性に配慮されたフィンガーペインティング用の絵の具などを使用することが多い。また，絵の具に洗濯糊や紙粘土，砂などを混ぜたりして感触を変えたり，香りを入れて嗅覚を刺激することもある。活動

を保障するために十分な絵の具の量を準備することが大切である。　　[須増啓之]

風疹

風疹は患者の上気道粘膜より排泄されるウイルスが飛沫（咳やくしゃみなど）を介して感染し，14日〜21日の潜伏期間の後，発熱・発疹（淡紅色で，小さく，皮膚面よりやや膨隆している）・リンパ節腫脹（耳介後部）に出現する。ウイルスの排泄期間は，発疹出現の前後約1週間とされており，解熱すると排泄するウイルス量は激減し感染力は消失する。予防はMR（麻疹・風疹）混合ワクチンの定期接種が有効である。保育所への入所前に，子どものワクチンの接種歴を確認する。1歳以上で未接種であったり，未罹患である場合は，入所前にワクチン接種を受けるよう保護者へ周知する。0歳児については，1歳になったらワクチン接種を受けるよう周知する。保育所内で風疹の子どもが1名でも発生した場合には，直ちに子ども全員及び職員全員の予防接種歴及び罹患歴を確認し，未接種かつ未罹患の者がいる場合は，嘱託医に速やかに相談する。風疹は学校保健安全法で第2種感染症に指定されており，発疹が消失するまでの出席停止期間が定められている。登園の再開に際しては，医師が記入した「意見書」の提出が求められる自治体・保育所がある。風疹は通常軽症で，自然経過で治癒するが，先天性風疹症候群を防止するために，妊婦への感染防止が重要となる。妊娠初期（主として，妊娠初期3か月以内）に母体が風疹ウイルスに感染すると，出生児に先天性風疹症候群と総称される障がい（先天性心疾患，聴力障害，白内障，網膜症，発育遅滞，精神発達遅滞等）を引き起こすことがある。そのため，妊婦あるいはその可能性のある者への感染防止対策は重要で，保護者への連絡・確認，送迎時等における感染防止策も重要となる。

　　　　　　　　　　　　[森田惠子]

福祉型障害児入所施設

児童福祉法第42条に基づく障害児入所施設のうち，福祉型の施設を言う。障害のある児童を入所させることにより，その児童を保護したり，日常生活の指導を行ったり，独立して自活できるようになるための様々な知識や技能を身に付けさせたりするための施設である。対象者は知的障害児，自閉症児，盲児，ろうあ児，肢体不自由児。支援サービスは，食事，排泄，入浴等の介護を行うほか，日常生活上の相談支援，身体能力や日常生活能力を維持・向上させるための訓練などを行う。この施設では「児童福祉法に基づく指定障害児入所施設等の人員，設備及び運営に関する基準」に則って，基本的に居室，調理室，浴室，便所，医務室及び静養室を設けなければならないこととなっている。また，対象者の障害の種類に応じて遊戯室，訓練室，職業指導に必要な設備等を設けなければならない規定となっている。入所者の入所経路は家庭からの入所が最も多く，その他には，児童相談所一時保護，児童養護施設，乳児院等からの入所が多い。入所理由は様々であるが，措置入所の場合，虐待やその疑い，契約入所では保護者の養育力不足が多くなっている。→医療型障害児入所施設　　　　　　　　　　　　　　［武富博文］

福祉教育

「福祉教育」とは社会福祉や地域活動への主体的参加を促すことを目的とした福祉・教育機関や地域における教育活動の総称である。だれもが安心して暮らせる共生社会を作るためには，幼少期からの福祉意識を育成することが求められる。幼稚園・保育園での高齢者との交流，障害のある友人との自然な交流のなかで，実践される福祉教育が重要な視点となってくる。また小・中・高等学校でも施設訪問や高齢者・障害者等の行動に参加する機会も増加している。やさしさやおもいやり，感謝と感動の心，ふるさとを愛する心などの育成が重点目標となる。「福祉教育」は，「社会福祉問題」をも包摂する。「社会福祉問題」とは，人の幸福を阻害する事柄を指し示す。「社期福祉問題」に気づき，それを軽減したり，除去するためにはどのように対処すればよいのかを熟慮し，実際に行動するための力を育成することが「福祉教育」の意義である。福祉教育の対象と内容は広範囲にわたるが，おおよそ以下の三つに区分できるだろう。第一は学校教育における福祉に関する体験的学習，第二は地域住民を対象とした福祉についての理解の促進と活動支援，第三は福祉専門職の養成を目的とした専門教育に区分できる。具体的に「福祉教育」は，一人ひとりが地域の生活課題や福祉課題に気づき，共有し，その解決に向けて協働していく，「気づき」と「つながり」のプロセスのことである。各地方自治体の社会福祉協議会もさかんに福祉活動，福祉教育をおこなっている。　　　　　　　［広岡義之］

輻輳説（ふくそうせつ）

人間の発達に影響を及ぼす要因として，遺伝を重視する説，環境を重視する説があった。遺伝を重視する立場の代表者としては，ゴールトンなどがいる。その立場は「瓜の蔓に茄子はならぬ」「蛙の子は蛙」などと言って表現されてきた。環境を重視する立場の代表者としては，エルヴェシウスなどである。この立場は「氏より育ち」などと言って表現されてきた。遺伝を重視する立場は生まれつきの素質などの先天的な（a priori）要素を重視するという意味で，環境を重視する立場は経験などの後天的な（a posteriori）要素を重視するという意味にも理解され，後者はイギリス経験論（ロック）やオーエンなどの論者も含まれることとなる。こうした考え方に対して，ドイツの心理学者で哲学者のシュテルンは「発達は単に遺伝的要因の発現でもなければ，環境的要因の単なる受け入れでも

ない。両要因は協同して発達のために機能する」と述べ，両者の統合的な要因により発達が期されるとの見方を提示している。教育は，後天的な要素に立脚する部分が強いとみる解釈も根強いが，決して一面的に理解されるものでもなく，素質に恵まれた者であっても教育は必要であるし，環境に恵まれていたとしても発現しないことも考えられることから，いずれの場合も理想的人間に至るためには教育は必要であり，その意味では輻輳説の主張は一般的な考えであるといえる。

［津田　徹］

父子家庭

配偶者を持たない父親と，満20歳未満で未婚である子どもによって構成されている家庭。母子家庭の母親がシングルマザーとも呼ばれるのに対し，父子家庭の父親はシングルファザーと呼ばれる。2014年の「国民生活基礎調査」によると，児童のいる世帯総数は，1,208万5,000世帯である。このうち，母子家庭は，82万1,000世帯あり，父子家庭は，9万1,000世帯ある。従来は，父子家庭は母子家庭よりも経済的な点で安定していると思われてきたが，近年の父子家庭の就労収入は減少傾向にある。2006年全国母子世帯等調査では，398万円だった父子家庭の平均年間就労収入は，2011年には360万円と減少した。父子家庭は，母子家庭と同じく，経済困難の問題があるだけでなく，相談相手のいない孤立状態や，子もの教育や進学をめぐる悩みといった問題も抱えている。2010年に児童扶養手当法の改正により，手当の対象が母子家庭から父子家庭にも拡大した。父子家庭の子育て支援も整備されつつあるが，母子家庭と同様に，それぞれの家庭の実情に寄り添った支援の拡充が求められている。

［阿部康平］

二葉幼稚園（保育園）

二葉幼稚園は，クリスチャンである野口幽香と米国の無償幼稚園で学んで帰国した森島峰（美根）（1868-1936）が1900（明治33）年，東京市麹町区（現千代田区）の借家で子ども6名と始めた貧民のための幼稚園である。当時，富裕層を対象としていた華族女学校（学習院）附属幼稚園に勤務していた野口と森島は，通勤途上で貧困の子ども達が路上で遊んでいる様子を垣間見て，子どもの救済とともに幼児教育の必要性を実感して開園に及んだのである。1906（明治39）年には，東京の三大貧民窟の一つとされていた四谷区鮫ケ橋（現新宿区）に移転，貧民幼稚園としての役割を担う。そこでは200人以上の子どもたちへの衛生的な指導や充実した幼児教育を保障するとともに，保護者の就労支援にも積極的に取り組んだ。幼稚園でありながら，内実は乳児保育，母子就労支援にも取り組み，日露戦争後は社会福祉事業に内務省から補助金が交付された背景もあり，1916（大正5）年には幼稚園を廃止し，名称を二葉保育園と改め，新たな一歩を踏み出した。

戦後は社会福祉法人として，その主旨を受け継ぎ，保育所，乳児院，児童福祉施設を拡大，創設者の野口幽香は，昭和10（1935）年に後継者である徳永恕にその事業を委ね，享年84歳の生涯を閉じる。キリスト教精神に基づいて，子どもたちの未来と地域福祉の向上に貢献する社会福祉法人二葉保育園は2か所の保育園をはじめ計6つの事業の運営を掌って現在に至っている。

［柏原栄子］

仏教保育

仏教の開祖である釈迦の教えをもとに，各宗派の宗祖の教えを加えた仏教精神に基づき行われる保育のことである。仏教は，人が人としてどうあるべきかという人間の自己形成の道を，釈迦が説いたものである。主として「慈悲」「知恵」「恩」などで，子どもを平等な人間の存在としてとらえ，豊かな人間性を育む保育を重視している。これを仏教保育の根本精神とし，乳幼児期より仏心を育てる

ことで，相手の立場に立って物事を考える思いやりの心を育てることを，仏教保育では実践している。　　　　　[猪田裕子]

不適応

個人が環境に適応（adaptation）できていない状態。個人が適応できている場合には，その個人の行動や考え方は，環境との均衡が保たれている。個人が適応する環境には，自然的環境と社会的環境がある。不適応とは，このいずれかの環境と自分自身との間に保たれるべき均衡が崩れ，心身が不安定となる状況である。不適応の要因は，個人の性格や知能などの個人に起因するものと，自然的ないし社会的環境の持つ何らかの特徴に起因するものがある。これらの要因は，相互に関連しあっている場合が多い。また，適応には，受動的適応と能動的適応がある。受動的適応では，個人が環境に対して自分の性格や考え方を合わせていこうとするのに対し，能動的適応では，個人は，自分自身の性格や考え方に合わせて，環境の側を変化させる。不適応状態の個人は，このいずれもができずに，日常生活に支障が出ている場合がある。特に，児童生徒が学校などの社会的な環境に適応できない場合には，児童生徒が環境に適応するための心理的なケアが求められるが，同時に，社会的な環境の側にもそのあり方の見直しが必要とされる場合もある。　　　　　[阿部康平]

不登校

病気および経済的理由以外で，長期間に渡り学校を欠席している状態。不登校の子どもは，不登校児や不登校者と呼ばれ，文部科学省の定義では，「何らかの心因的，情緒的，身体的，あるいは社会的要因・背景により児童生徒が登校しないあるいはしたくともできない状況にある者（ただし，『病気』や『経済的理由』による者を除く）」とされてある。また，それに該当するのは，欠席が年間30日以上の児童生徒である。「不登校」という言葉は，1980年代頃から使われ始め，「学校ぎらい」や「登校拒否」という用語と併用されていた。また，1960年代頃までは，「学校恐怖症」と呼ばれることもあった。不登校の要因は様々あり，心理的な不安だけでなく，怠学や非行，発達障害，家庭環境なども含まれる。2018年の文部科学省の調査では，不登校児・者は，小中学校では16万4,528人，また，高校では5万2,723人いると確認されており，1998年度の調査以来，微増と微減を繰り返している。不登校そのものは，生徒児童の問題行動とは見なされないが，進路や社会的自立にとって望ましいものではなく，支援が必要な対象である。学校，家庭，社会による不登校の予防，効果的な支援，多様な学びの機会の整備が求められている。　　　　　[阿部康平]

フリースクール

日本においては，既存の学校教育制度における学校とは異なり，不登校の子ども達が安心して過ごせる場を提供し，学習権を保障する団体や施設の総称を指すことが多い。その規模や活動内容は多様であるが，2015（平成27）年に実施された文部科学省の調査によると，その形態は7割弱が法人格を有し，そのうちNPO法人が最も多くなっている。1960年代以前から設立されたものもあるが，2000年以降に設立された団体や施設が全体の7割ほどを占めている。学習カリキュラムを決めている団体や施設が約5割であり，学習教材として，教科書の使用が8割弱を占めているが，同様に，市販の教材や独自に用意した教材も7割を超えて使用されている。学校教育法の第1条に規定されている学校の要件に該当しないフリースクールがほとんどであるが，1992（平成4）年の文部省初等中等教育局長通知「登校拒否問題への対応について」，および2009（平成21）年の文部科学省初等中等教育局長通知「高等学校における不登校生徒が学校外の公的機

関や民間施設において相談・指導を受けている場合の対応について」を受けて，在籍する小学校・中学校・高校の校長裁量により，一定の要件などを満たした場合，学校外での相談・指導を指導要録上出席扱いとすることができるようになった。

[高橋一夫]

ブルーナー
Bruner, Jerome Seymour（1915-2016）

　認知心理学の知見を基本に発見学習をはじめとして，教育内容の現代化に貢献する。主著『教育の過程』（1960）において「どんな教科でも知的性格を保って，ある種の形式に直せばどのような年齢の子ども達にも効果的に教えることができる」との仮説を提唱した。この場合，教科内容を子ども達のそれぞれの発達に準じた思考形式に翻案することと，教科の持つ基本構造を教えることが条件になる。そのような前提において，子ども達の主体的関わりを基本に，知識の類似性，規則性などの「発見」を促進させるというのがブルーナーの方法論であり，教育の最重要課題になる。発見の喜び，興奮がさらなる知的探求心を生み，内発的動機に基づき継続的，螺旋的に学ばせていくことが教育の核となる。また単なる方法理論としての発見学習の提唱だけではなく，カリキュラム開発と発見学習を連動させたところに教育学上の意義がある。

[佐野　茂]

プール熱
　アデノウイルスの感染により，咽頭の発赤・持続する38〜39度の発熱・結膜充血の症状がみられる「咽頭結膜熱」である。アデノウイルスには60種類以上の型があり，咽頭結膜熱は3型によって起こる。かつてプールで流行したことがあり「プール熱」と呼ばれる。現在は塩素濃度管理の徹底等によりプールの水による感染は稀と考えられている。アデノウイルスに汚染した手指からの感染するため，予防法は流水と石鹸による手洗い，うが

いを行い，タオル等は共有しないことである。咽頭結膜熱に対する特別な治療法はなく，自然に治ることが多い。学校感染症の一つであり，主要症状がなくなった後，2日間登校禁止となる。

[石田寿子]

プレイグループ
　地域のボランティアや有志が中心になっておおむね2歳から4歳くらいまでの子どもたちを対象に，遊びの時間や空間を非公式に提供するグループをイギリスではプレイグループと呼んでいる。イギリスの義務教育の開始は「5歳になる誕生日から」と規定されているため，9月の時点で満4歳の子どもは小学校の準備クラスであるレセプション（reception）に入る。この小学校の準備教育に入る前の子どもが参加する就学前教育施設を保育学校（nursery school/class）と呼ぶ。イギリスの保育は，日本でいう幼稚園（pre-school/nursery）や保育所（day nursery）をはじめ，チャイルドマインダー，プレイグループ等多様な形態があり，保護者は家庭の状況や生活リズムに応じて柔軟に選択し，参加することができる。プレイグループは主に教会やコミュニティセンター，地域の児童館を用いて月曜日から金曜日（週3〜4回），おおむね9時頃から2〜3時間，子どもたちと保護者の居場所となっている。そこではアクティヴィティと呼ばれる絵本，クラフト，音楽遊び等の様々な活動が展開されている。子どもはおやつ（スナックと飲み物），大人にはティータイムが準備されている。経費は有料ではあるが低料金で利用できる。

　1960年頃からイギリス全土に広がる大きな運動に発展したこのプレイグループは日本における子育て支援等事業等の一端である「集いの広場」がイメージに近い。本活動はボランティア等の自主的な運営が基盤であり，行政主導ではないところが特色であるといえるであろう。

[柏原栄子]

フレイレ

Freire, Paulo（1921-1997）

ブラジルの貧しい農村で識字教育を行った教育学者である。非識字の農夫に言葉の読み書きを教えることで，自分たちの境遇を考え，暮らしや生活を変えていくという教育を行った。フレイレの教育実践とその考え方は，1968年に出版された『被抑圧者の教育学』の中で述べられている。それは，「抑圧−被抑圧」関係の変革であり，教育制度における公正さと平等の問題を追及するものである。そこでは「銀行型教育」と「問題提起型教育」とが対置されている。知識は金庫に貯金されるとたとえられ，教師が一方的に知識を詰め込むという捉え方と，双方の対話により知識は能動的に深まるという捉え方である。もちろん，フレイレの理想とする教育の姿は後者であり，ブラジル人の識字学習の支援を行った経験をもとに書かれていることから，発展途上国で広く読まれている。　　　［猪田裕子］

フレネ

Freinet, Célestin（1896-1966）

フランスの教育者。フレネ学校の創立者。当校での教育が「フレネ教育」として注目された。師範学校在学時に第一次世界大戦が勃発し招聘されて従軍した。戦場での経験と負傷の後遺症が彼に大きな影響を与えた。1920年南フランスの公立小学校に赴任したが，子どもたちを学校外で社会に触れさせて積極的・実践的に学ばせようとする教育姿勢が市当局との軋轢を生み，サンポール事件と言われる教育論争に発展した。フレネは学校の権威主義を排し，子どもを戦争に送らない教育を目指した。フレネにとってこの両者は一体であった。第一次大戦の当時，学校はその権威によって愛国主義を注入し軍事調練を行って子どもたちを兵士として育てる準備機関ともなっていたからである。フレネは退職し，1935年ヴァンスに実験学校を設立した（フレネ学校）。自由と子どもの自主性を尊重し，その実現のための独創的な教育方法と学校の在り方とが生み出された。教師による一斉教授を廃し，子どもたちが各自自分で計画して学べるよう工夫された。学校が子どもたち自身の生活の場として機能し，教師との協同による学校運営を目指して学校協同組合という学校運営機関が組織され，児童のイニシアティブ（自主性・率先的行動）を重視して学習活動と学校生活との一体化を目指した。フレネ教育は現在も世界各地で発展的に継承されている。　　　　　　　　　　［隈元泰弘］

フレーベル

Fröbel, Friedrich（1782-1852）

ドイツの教育家で，世界最初の幼稚園（Kindergarten）を創始。ルソーやペスタロッチの考えを継承した。幼児教育をするうえで，遊戯を重んじ，「恩物」と呼ばれる遊具を考案した。主著は『人間の教育』。テューリンゲンの出身で，すでに幼少の頃より自然に深い愛情を寄せていた。彼は1805年に教師としての活動に目覚め，教職を自己の真の使命と受け止めていった。1805年，1806年そして1810年に，イヴェルドンにペスタロッチを訪問し，彼の教育思想と世界を受容しつつ成長していく。フレーベルの求めた「生命の通った，自然に基づいた授業」は全世界と全生命とに関連して根拠づけられる。根本諸原則の足跡を辿るために，フレーベルはその後の数年間（1811年から1816年まで），広範囲にわたる自然研究と言語研究をおこなった。自然と人間世界はフレーベルの直接的な探究領域である。フレーベル主義に根ざしたわが国最初の幼稚園が1876（明治9）年に東京女子師範学校に付設された。フレーベルによれば，万物の唯一の根源は神にある。自然も人間も共に神から生まれ，両者の間には同一の法則が支配している。神性は万物に宿り，万物は神がそのなかに働

くことによってのみ存在すると考えた。そこからフレーベルは、教育は人間のなかにある神性を導き出し、人間と神を合一させることが目的であると結論づけた。幼児の本性が善であるならば、幼児教育の任務は、幼児の本質より出たものをゆがめずに、すなおに発展させることに他ならない。したがって幼児教育は要求的・命令的であってはならず、むしろ受動的・追随的なものとなるべきであると考えた。　　　　　　　　　　［広岡義之］

フロイト
Freud, Sigmund（1856-1939）

　フロイトはオーストリアの精神科医で、精神分析理論と療法の創設、心的過程の無意識過程を重視、自我という調整機能をもつパーソナリティの構造論と独自の発達論など、幅広く人間理解に有用な概念を提唱している。人間の行動や精神現象は、心理的、身体的、社会的な力が相互に力動的に関連しあった結果生じるとし、フロイトは精神力動的立場から、無意識を意識化することが精神的健康の回復につながるという「自由連想法」を考え出した。この方法では、無意識の中に抑圧されているものを自由に想起することで気づきが起こり、心の問題が解決されていくとされている。また、発達論では、人間に生得的に備わった本能的性的なエネルギーをリビドーと呼び、リビドーが人の心的活動の源として発達的な法則性をもつとし5つの発達段階に分類している。口唇期（0歳〜1歳6か月）、肛門期（1歳6か月〜4歳）、エディプス期（4歳〜6歳）、潜伏期（6歳〜12歳）、性器期（12歳〜成人）である。口唇期は、吸う、飲み込む、吐き出すなどの行為に象徴される時期で、乳などを自分の中にとり入れる働きと、不快な感覚を外界に吐き出すなど、自己から分離する自我の働きが芽生える。肛門期では、トイレット・トレーニングなどに代表される通り、それを受け入れるか、反抗す

るかなど葛藤がもたらされる。エディプス期の特徴としては、男女の性意識が発達し、それぞれの性に対する自己概念が形成される。この時期に母親をめぐり父親とライバル関係になったり、両親それぞれに対する複雑な感情を抱くことがある。この状況はエディプス・コンプレックスと呼ばれている。　　　　［坂田和子］

プログラム学習

　プログラム学習（programed learning, programed instruction：PL）は、アメリカの新行動主義の学習理論から考案された学習方法である。PLの創始者はスキナーとされているが、それ以前にPL開発の基盤となった先行研究が存在していたと言われている。PLの原理は、次の5つで構成されている。①スモール・ステップの原理：学習者が無理なく学べるように、学習内容を系列化、細分化してスモールステップにする。②積極的反応の原理：オペラント条件付けを活用して、学習者の学習意欲を喚起する。③即時確認の原理：学習者が解答した直後にその正誤に関するフィードバックを行う。④学習者自己ペースの原理：学習者が自分に合ったペースで学習を進められる。⑤学習者検証の原理：学習者が懸命に努力して学習を進めても十分な効果が得られない場合には、学習プログラムそのものに問題があると考え修正を行う。PLは現在においても、タブレットなどを活用した自己学習で活かされており、論理的に理解を積み上げるような学習やドリルなどではその効果を発揮している。　　　　　　　　　　　　　［大森雅人］

プロジェクト活動

　日本の保育・教育の場におけるプロジェクト活動と言われる実践には、その基とする原理が複数存在している。源流に位置付く原理として、米国のキルパトリック（Kilpatrick, W. H.）による論文"The Project Method"（1918）を挙げることができる。デューイの弟子であるキ

ルパトリックは，論文でデューイの教育思想を実践化する方法原理を示した。そこでのプロジェクト活動は，次の4つの段階を経る学習活動とされている。生活経験の中で生じた課題を対象として，①purposing：目的を定める，②planning：計画を立てる，③executing：実行する，④judging：結果を判断する。そこでは，強い目的意識をもつこと，他者と関わることを求めている。また日本の倉橋惣三による誘導保育論も，プロジェクト活動の原理のひとつとなっている。誘導保育論は，フレーベルやデューイに影響を受けて考案したと言われている。さらに，イタリアのレッジョ・エミリアの考え方も原理のひとつである。これらに共通しているのは，目的をもち，グループで協力・役割分担し，一定時間をかけて進める活動という点である。　　　［大森雅人］

プロジェクト・メソッド

デューイに師事した米国の進歩主義教育学者，キルパトリック（1871-1965）が提唱した学習者中心の教育方法。プロジェクトの概念は子どもが，学習に全精神を打ち込み，目的ある活動をすることになる。具体的には，まず子ども自らが目的を設定し（purposing），そのための計画をたて（planning），実行し（executing），そして判断する（judgig）というものである。この過程において生徒が自発的に学習活動に精励することで学習が成立するとした。日本においては大正期の自由教育運動の後，この実践方法，内容が松濤泰厳（まつなみたいがん，1883-1962）などによって紹介されたが定着はしなかった。　　　　［佐野　茂］

分離不安

登園時などに養育者（多くは母親）と離れることに対し，不安を感じることをいう。分離不安は養育者との間に基本的な信頼関係が芽生え始めたことの裏返しであり，自然な発達の一側面である場合であることが多い。そのため，分離不安がみられることイコール問題行動であると安易に決めつけることがあってはならない。「不安」という言葉から，否定的なものとして扱ってしまいがちであるが，分離が母親にも子どもにも積極的な意味合いをもつことを扱った研究もある（柏木・蓮香，2000）。一方で，養育者との間に情緒的な結びつきが希薄であるために不安定になり，分離不安を示す場合もあるので，子どもと養育者の様子をよくみて，必要な関わりを行うことが重要である。　　　　　　　　　　　［大江まゆ子］

平行遊び

他の子どもの遊びに興味を持ち，複数の幼児が同じ場所で同じような遊びをしているが，相互に関わりを持たない状態を指す。平成20年の保育所保育指針「第2章子どもの発達」の「おおむね3歳」の項目に「自我がよりはっきりしてくるとともに，友達との関わりが多くなるが，実際には，同じ場所で同じような遊びをそれぞれが楽しんでいる平行遊びであることが多い」と記述されている。この頃になると，友達への関心が強まり興味を示すようになるが，まだ自己中心的で一緒に協力して遊んでいるわけではない。パーテン（Parten, M. B.）は，子どもの遊びを社会的参加度の観点から6種類に分類しており，その4番目が平行遊びである。その後，他の子どもと物のやりとりをして，同じようなおもちゃで一緒に遊ぶ「連合遊び」，子どもそれぞれが役割を持ち，共通の目標に向けて仲間関係が組織される「協同遊び」へと発展していく。　　　　　　　　　　［大谷彰子］

へき地保育所

保育所の設置が著しく困難と認められる山間地や離島などのへき地で保育を要する児童の最善の利益を保障するため，設置される保育施設である。設置主体は

市町村であり，設備および運営については児童福祉施設最低基準の精神を尊重して行うものとされ，認可外保育施設に該当する。戦後初期からの農繁期託児所に代わる通年の常設保育所設置の要望によって，1961年にへき地保育所制度が創設され，農村部の多くに設置された。1970年代前半に設置数がピークを迎えたが，認可保育所整備が進んだ1970年代中期以降は急減した。へき地保育所は，2015年の子ども・子育て支援新制度施行に伴い，地域型保育給付により市町村の自主事業として実施される小規模保育事業に吸収され，へき地保育所制度は廃止された。しかし，へき地保育所と子ども・子育て支援新制度下での小規模保育所には，制度上，対象年齢や保育料，保育要件をはじめ，かなり大きな違いがあるため，新制度により事実上は廃止となったへき地保育所の運営を，町立の事業としてそのまま継続している実態も確認されている。　　　　　　　［大江まゆ子］

ペスタロッチ

Pestalozzi, Johann Heinrich（1746-1827）

　スイス，チューリッヒ生まれで，18世紀後半から19世紀にかけて初等教育についての近代教育思想の基礎を築いた，教育思想家であり，また教育実践家。彼の墓碑に刻まれている「ノイホーフにおいては貧民の救済者，リーンハルトとゲルトルートにおいては庶民の説教者，シュタンツにおいては孤児の父，ブルグドルグ，およびミュンヘンブフゼーにおいては庶民の学校の建設者，イフェルテンにおいては人類の教育者。人間，キリスト教徒，市民，すべてを他のために，自らのためには何事もせず。彼の名に栄光あれ」がペスタロッチの教育の偉業を物語っているように，近代教育学の父と呼ばれている。ノイホーフ（チューリヒ郊外のビル村に開いた農場を指す）時代には，彼の主要著書になる『隠者（いんじゃ）の夕暮』『リーンハルトとゲルトルート』『立法と嬰児殺し』を著わしている。日本においては明治に入り，高嶺秀夫よりペスタロッチ教育が紹介され，明治15年には伊沢修二より「開発教授」として紹介された。　　　　　　　［佐野　茂］

ヘッド・スタート計画

　1960年代に，「貧困との闘い」を掲げたアメリカのジョンソン大統領（Johnson, L. B.）のもとで始まった，育児支援政策。3歳から4歳の未就学児をもつ貧困家庭を対象にした政策であり，そのねらいは，貧困家庭の子どもの身体的・知知的・情操的な発達を支援して，就学以降の学習効果を高めることである。教師，保育者，医師，栄養士や地域の人々の協力態勢の下で実施され，これまでに2,200万人以上の子どもたちがこの政策の支援を受けてきた。ヘッド・スタート計画は，高校中退率や犯罪率の低減に貢献しているとされ，現在も続いている。　　　　　　　［小川　雄］

ベビーシッター

　保護者に代わって，子どもを引き受けて世話をする仕事，人。乳幼児から小学生（0歳～12歳くらいまで）の子どもたちに対して，子どもの安全を第一に，食事や遊び，コミュニケーションを通じて子どもの世話をする。家庭訪問保育とも言う。利用する保護者のニーズに合わせて，一時保育，リフレッシュ保育，産後ケア，病後児保育，二重保育，学童のサポート，双生児保育，障害を持つ子どもの保育，グループ保育など，多様で柔軟なサービスが受けられる。会社により，そのサービス内容は異なり，私的保育である。一方，公的保育としては，居宅訪問型保育がある。ベビーシッターになるには，法律的には資格は必要ない。公益社団法人保育サービス協会が実施，認定している，「認定ベビーシッター」という資格があり，保育士を養成する大学や短期大学，専門学校で養成課程がある場

合もある。また，JADP（日本能力開発推進協会），ABA 全国ベビーシッター協会などが「ベビーシッター資格」を独自認定している。全国保育サービス協会によると，ベビーシッターの年齢は，40代以上が7割強を占めており，子育てを経験した先輩として安心感をもって預けられる人材が主に活躍されている。

［鋳物太朗］

ベビーホテル

ベビーホテルは認可外保育施設であり，厚生労働省によって①夜8時以降の保育，②宿泊を伴う保育，③利用児童のうち一時預かりの児童が半数以上，のいずれかを常時運営している施設と定義されている。ベビーホテルが登場した背景に，当時の認可保育所の保育時間は平日の昼間労働を常態としたものであったこと，乳児保育を実施する保育所があまりなかったこと，年度途中の入所が困難であったことなどが挙げられる。その後，1980年代に劣悪な環境で乳幼児が死亡する事件が多発したいわゆるベビーホテル問題を契機に児童福祉法が改正され，それまでは事実上，何の規制もなかったベビーホテルに対し，「認可外保育施設指導監督の指針」および「認可外保育施設指導監督基準」が定められ，年1回以上の立入調査が原則となり，やむを得ず対象施設を絞って指導監督を行う際であっても，ベビーホテルについては年1回以上，立入調査を実施することになっている。しかし，調査実施状況および認可保育施設を下回る基準である「認可外保育施設指導監督基準」への適合率については不十分な実情がある。ベビーホテルをめぐる問題は，子どもたちの発達保障の問題である。すべての子どもおよび子育て家庭が質の担保された保育を享受できるよう，社会全体でベビーホテルを利用する子どもと子育て家庭の実情に関心を寄せ，保育環境を整備していくことが求められている。

［大江まゆ子］

ベビーマッサージ

指や手のひら全体を使い，一定の圧をかけながら乳児の全身をゆっくりと摩ったり，なでたりし，スキンシップをとる行為。日本では，江戸時代に小児按摩（あんま）と呼ばれる治療院があり，これがベビーマッサージの始まりと言われている。赤ちゃんが触れられることに慣れてきた生後6～8週頃から行うことができる。しかし，自己流で行うことは危険であり，必ず専門家が教える正しい方法で行うことが重要である。ベビーマッサージにおける親子のお互いのスキンシップが最も大切なものとされている。子どもへの効果としては，抱かれたり，触れられることによって安心感を覚え，情緒が安定する。健やかな成長のためには，肌の触れ合いが効果的であり，皮膚への刺激を行うことで，緊張が緩和し，心身の発達が促進される。ベビーマッサージの親への効果としては，子どもへの愛着形成，肯定的な感情が強くなる。そして，情緒の安定，ストレスの低下，子どもの反応を捉えやすくなり，満足感を与えるとされている。子どもも親もお互いにより深いコミュニケーションをとることができる。地域の児童センターなどで，定期的にベビーマッサージを行っている市町村も多い。　　　［鋳物太朗］

ペープサート

紙に書いた絵に棒をつけて，動かして演じる人形劇。表と裏に絵を描き，裏返すと別の絵を見せることができる。子どもの表情を見ながら，興味や関心に合わせたストーリーを自由に変えられ，子どもの年齢を選ばずに楽しめる。ペープサートの源流は，江戸時代の写し絵から始まった。明治末期から大正期を中心に，平面の紙人形に串のついたものを使って街頭を劇場に飴売りが演じていた。「写し絵」や，「影芝居」と呼ばれていたが，大正末期には，「紙芝居」という言葉へと変化している。昭和には「立絵」から

現代と同じ形状の絵話式の紙芝居が生まれることになる。なお，この2種の紙芝居を区別するため，紙人形式のものは「立絵」，絵話式のものは「平絵」と呼ばれていた。この「立絵」は，「平絵」の発展と共に廃れてしまうが，戦後，永柴孝堂によって改良され，平絵の紙芝居と区別するために，「ペープサート」と名付けられた。これは，「紙人形劇」（paper puppet theater）を短縮した造語である。現在，保育教材として広く普及している。　　　　　　　　　　　［鋳物太朗］

偏食

食べ物の好き嫌いが極端で食べられる食品が限定されること。子どもの成長期の好み，しつけ，生活環境などによって偏食が発生する。偏食がひどく特定の食品しか食べない状態では，成長・発育に必要なタンパク質やビタミン，ミネラルなどの栄養素が不足しやすくなる。いずれの場合も長期間続くと，体力，知力の低下，抵抗力の減少を招き，有害な結果を招きかねない。偏食の一部には，アレルギーに対する潜在的防衛反応が働いており，乳糖分解酵素をもたないために，牛乳を飲むと下痢をするような生理的条件が関与している場合もある。就学前の子どもの保護者に対する厚生労働省（2016）の調査では，子ども（1歳以上）の食事で困っていることの第2位「偏食する」約35％（1位「遊び食い」約45％），となっている。偏食をなくすために，保育所や幼稚園など集団生活の場では，食事が楽しいものとなるよう友達と一緒に食事をし，嫌いな食べ物や慣れない食べ物でも食べようとする心を育てることが大切である。また，園庭などでの野菜作りや，食事作りへの参加，買い物をするなど食育を行うことで食に興味を持つことも，偏食を改善する一つの方法である。　　　　　　　　　　　［大谷彰子］

ほ

保育

「乳幼児の教育」を表すわが国固有の言葉である。1876年に，わが国初めての幼稚園である東京女子師範学校附属幼稚園が開設されたが，その幼稚園規則に「園中ニアリテハ保姆小児保育ノ責ニ任ス」とあり，これが「保育」初出とされる。その後，「保育」は乳幼児の教育一般を示す言葉として，とくに乳幼児教育の実践や実際を強く含意するような意味合いで使われるようになり，現在では，幼稚園の制度でも保育所の制度でも「保育」が一般的に使用されている。ちなみに，学校教育法の幼稚園の目的規定（第22条）は次のようである。「幼稚園は，義務教育及びその後の教育の基礎を培うものとして，幼児を保育し，幼児の健やかな成長のために適当な環境を与えて，その心身の発達を助長することを目的とする」。英語で表現するときは，Early Childhood Education and Care（ECEC）という。すなわち，「乳幼児の教育とケア（世話）」である。わが国の保育所の保育は，養護（ケア）及び教育から構成され，「養護及び教育を一体的に行うこと」が保育所保育の特性であるとされている。なお，保育の「保」は〔ひとが子どもをうぶぎにくるんで背負うさま〕であることから，「保育」には，子どもに寄り添う姿勢，温かみのある雰囲気が含蓄されている。　　　　　　　　　　　［戸江茂博］

保育環境

子どもの育ちに何らかの関連，つながりをもつ，子どもの周りの環境（人的環境，物的環境，社会的環境，自然的環境，文化的な環境等）をさす。ブロンフェンブレンナー（Bronfenbrenner, U.）は，生態学的な視点から，子どもの育ちを軸として，その周りに入れ子状にさまざまな環境が層をなしていることを明らかに

した。①マイクロ・システム（最も身近な自分の周りの環境で，日常の生活環境や人的環境。自分自身，親，兄弟，家庭，保育所・幼稚園の先生，地域社会と人々など），②メゾ・システム（子どもが直接かかわる日常の生活環境や人的環境の相互のかかわり），③エクソ・システム（子どもが直接関係していない，子どもを取り巻く広い環境や環境条件），④マクロ・システム（価値観，信念，法律，制度などの文化的環境）ブロンフェンブレンナーは，生態学的な視点から，すなわち人と環境の相互作用による様々な影響の枠組みをシステムと呼んでいるが，子どもの育ちに影響を与える環境状況のあり方をこのように説明している。保育環境には，人的なもの，社会的なもの，自然的なもの，文化的なものがあると考えられるが，環境と関わって環境から何らかの影響を受けて子どもは成長していくものであることを踏まえ，保育においてどのような保育環境を構成していけばよいか，保育者としてつねに意識しておきたい。　　　　　　　　　［日坂歩都恵］

保育カンファレンス

　医療や臨床現場において，医師や看護師，カウンセラーなどの専門家が行う協議や意見交換を，保育に適用したものが保育カンファレンスである。そこでは一定の時間が設定され，集まった保育者がお互いに意見を交わすことで，日々の保育を振返り，子どもに関する情報共有が行われる。保育者の主体的な参加が求められるが，子ども理解や保育内容に関する理解も深まり，新たな気付きの場となっている。最近では，配慮を要する子どもや要支援家庭の子どもを抱える園も増えているため，担任だけに任せるのではなく，保育カンファレンスを通して園全体で情報を共有し，今後の見通しを持つことも必要であるとされている。
　　　　　　　　　　　　　　［猪田裕子］

保育教諭

　「保育教諭」は，「就学前の子どもに関する教育，保育等の総合的な提供の推進に関する法律」（「認定こども園法」ともいう。平成18年）において創設された「幼保連携型認定こども園」において，園児の教育及び保育をつかさどる職員の名称である。保育士資格及び幼稚園教諭免許状の両方を取得していなければならない。2015（平成27）〜2029（令和11）年の15年間は，どちらか一方の資格・免許を有していれば保育教諭として勤務することができる特例措置が設けられている。特例措置の対象は，幼稚園教諭免許状か保育士資格のいずれかをもち，3年以上かつ4,320時間以上の実務経験がある者と規定されている。しかし，特例措置期間中に，もう一方の免許・資格を取得する必要がある。　　　［日坂歩都恵］

保育記録

　月案や週案などの案と保育後に書く保育日誌などがあるが，記録の形式，種類などは各園によって様々である。日々の保育のようすを保育後に記す保育記録には，「保育記録」と「個人記録」がある。いずれも子どもの育ちの記録が目的だが，保育記録は，クラスの活動やその活動の様子や雰囲気をエピソード的に記録する。一方，個人記録は，子どもの成長を個別に記録することで，保育者がその子どもへのどのようなアプローチをし，どのような変化があったか，また今後どのような援助が必要かを考えることができる。保育は子どもとのやり取りの中で行われるので記録をとり子どもの姿を受け取っていくことが，必然的に保育者自身の保育のあり方も振り返ることになる。継続的な記録を通して保育者が自身の保育を考察し，日々刻々と変容する子どもの姿を捉え，次の保育につなげることが可能となり，指導計画作成へ発展していく。また一つ一つの場面の連続である保育を記録することは，情報共有も可能となる。

保育者同士が共有し，研修の材料とすることは，園全体の保育の質が高まりにつながる。　　　　　　　　　　　　　　［大嶋健吾］

保育士

保育士（Childcare Worker）は，一般に保育所など児童福祉施設において子どもの保育を行う者であり，日本の法定資格の一つである。また，児童福祉法第18条の4には，保育士とは，「保育士の名称を用いて，専門的知識及び技術をもつて，児童の保育及び児童の保護者に対する保育に関する指導を行うことを業とする者をいう」と示されており，名称独占資格の一つとされている。保育士資格は，児童福祉法第18条の6に基づき，都道府県知事の指定する保育士を養成する学校その他の施設で所定の課程・科目を履修し卒業するか，保育士試験に合格するかのいずれかの方法によって取得することができる。さらに，昨今，保育所に入所することを希望しながらも，種々の理由により入所できない待機児童が急増しており，政府・地方自治体は待機児童解消の施策により保育所等の増設を進めているが，大都市を中心に保育所や認可外保育施設の新設が進んだ地域では，慢性的な保育士不足という課題に直面している。　　　　　　　　　　　　　　［福井逸子］

保育実習

保育実習とは，保育士資格取得のために，保育実習実施基準に基づいて実施する保育所を含む児童福祉施設等でおこなわれる実地体験学習のことで，保育実習実施基準には「保育実習は，その習得した教科全体の知識，技能を基礎とし，これらを総合的に実践する応用能力を養うため，児童に対する理解を通じて保育の理論と実践の関係について習熟させることを目的とする」とある。つまり，保育実習とは机上の知識を現場経験に結びつける大切な場であり，現場に働く人間関係のなかで，体験的に実習することによって，学んできた知識や技能を基礎として総合的に関連づける力と，保育実践に応用する力を養うためのものである。また，児童を取り巻く保育の現実の理解を通して，保育の理論と実践の関係について学習し，実践的能力，必要な知識，技術など，現実の問題としてとらえながら保育者となるための課題を発見し理解することに務めることが必要となる。　　　　　　　　　　　　　　［大嶋健吾］

保育所

保育所は保護者が働いているなどの理由によって保育を必要とする0歳児から就学前の乳幼児を預かり，保育することを目的とする通所の施設であり，児童福祉法第7条に規定されている「児童福祉施設」のひとつである。女性の就労（共働き家庭）の増加や就労形態の多様化によって夜間保育や一時緊急型保育，時間延長保育など多様な保育サービスが求められている。保育所には，児童福祉法に基づき都道府県等が設置を認可した認可保育所と設置が届出制で地方自治体が定めた基準を満たした認可外保育所がある。保育所では入所する子どもの最善の利益を考慮され，保育所保育指針に基づいた保育が養護と教育の一体化を根本とし子どもの生活や遊びを通してこれらが互いに関連性を持ちながら，総合的に展開される。また，「量」と「質」の両面から子どもの育ちと子育てを社会全体で支えることを目的とした子ども・子育て支援新制度（2015）の施行や0〜2歳児を中心とした保育所利用児童数の増加（1・2歳児保育所等利用率27.6%（2010）→38.1%（2015）→48.1%（2019）），子育て世帯における子育ての負担や孤立感の高まり，児童虐待相談件数の増加（42,664件（2008）→159,850件（2018）と約4倍）などから保育の質の向上は喫緊の課題とされ，地域の子育て支援センターとしての役割も求められている。　　　　　　　　　　　　　　［大嶋健吾］

保育士養成制度

　児童の保育と保護者に対する保育指導の専門職である保育士の養成は，児童福祉法施行令および同法施行規則，指定保育士養成施設指定基準等に基づいて実施されている。養成システムとしては，保育士養成学校および施設によるものと，都道府県が指定試験機関に委託して実施する保育士試験によるものとがある。前者は国の指定を受けた大学，短期大学，専修学校，保育士養成施設で実施されており，修業年限は2年以上である。2017年に保育を取り巻く社会情勢の変化，保育所保育指針の改定等を踏まえ，より実践力のある保育士の養成に向けて，保育士養成課程等の見直しが，乳児保育の充実，幼児教育の実践力の向上，「養護」の視点重視，子どもの育ちや家庭支援の充実，社会的養護や障害児保育の充実，保育者としての資質・専門性の向上の点から行われた。近年は「幼保一元化」の動きの中で，幼稚園・保育所のいずれに求職する場合においても幼稚園教諭免許状と保育士資格の双方が求められることが多くなり，保育士資格と幼稚園教諭免許の一体化など保育士資格制度そのもののあり方も今後の検討課題とされている。
〔大嶋健吾〕

保育所型認定こども園

　2006（平成18）年10月から開始された「認定こども園」は，0歳から小学校就学前の乳幼児に保育と幼児教育とを提供する機能と，地域における子育て支援の機能とを併せ持った施設である。この「認定こども園」は，4つの類型に分けられており，いずれも，地域の実情や保護者のニーズに応じて選択が可能となっている。その中で，保育所型認定こども園は，認可保育所が学校教育としての幼児教育など幼稚園的機能を備え，就学前の子どもに関する教育・保育等の総合的な提供をするものである。満3歳以上を担当する場合，幼稚園教諭免許及び保育士資格の併用が望ましいとされているが，現在のところ，いずれかの免許及び資格であっても担当することは可能である。ただし，満3歳未満及び教育相当時間以外の保育に従事する場合は，保育士資格が必要である。
〔猪田裕子〕

保育所児童保育要録

　保育所児童保育要録については，保育所保育指針（2018）によると「子どもに関する情報共有に関して，保育所に入所している子どもの就学に際し，市町村の支援の下に，子どもの育ちを支えるための資料が保育所から小学校へ送付されるようにすること」（第2章4（2）ウ）とある。子どもの育ちを支え，保育所保育と小学校教育との円滑な接続の為の資料であり，子ども一人一人の姿や発達の状況，子どもの指導の過程，性格，成長を記録する。記録内容は入所に関する記載と保育に関する記載の2つに分類でき，保育に関する記載には子どもの育ちに関わる事項と養護（生命の保持及び情緒の安定）（子どもの健康状態等）に関わる事項，教育（発達援助）に関わる事項の3つの項目についての記録が必要である。保育所保育指針の改定（2017年）により「幼児期の終わりまでに育ってほしい姿」を活用して記入することが求められるようになった。
〔大嶋健吾〕

保育所地域活動事業

　保育所地域活動事業は1989（平成元）年に創設された。1999（平成11）年保育所保育保育指針改定によって，地域における子育て支援として，①一時保育，②地域活動事業，③乳幼児の保育に関する相談・助言が求められるようになった。この保育所保育指針には「保育所における地域活動事業は，保育所が地域に開かれた児童福祉施設として，日常の保育を通じて蓄積された子育ての知識，経験，技術を活用し，また保育所の場を活用して，子どもの健全育成及び子育て家庭の支援を図るものである。このため，保育

所は，通常業務に支障を及ぼさないよう配慮を行いつつ，積極的に地域活動に取り組むように努める」とある。保育所地域活動事業の内容は，世代間交流等事業，異年齢児交流等事業，育児講座・育児と仕事両立支援事業，小学校低学年児童の受入れ，地域の特性に応じた保育需要への対応，家庭的保育を行う者と保育所との連携を行う事業と多岐にわたる。

[湯地宏樹]

保育所保育指針

保育所指針は，1947（昭和22）年に小中学校教諭のための手引書として「学習指導要領（試案）」が刊行されたのを契機に，倉橋惣三らとアメリカから来日したヘレン・ヘファナンらによって民主主義教育を基本とした保育の指針が検討された。そして，1948（昭和23）年には「保育要領―幼児教育の手びき―」（昭和22年度（試案））が文部省から出された。2年後の1950（昭和25）年に保育所の運営に関わる「保育所運営要領」が通知として出された。内容は，「保健指導」，あそび・身辺自立・協力などの社会性や自立に関する「生活指導」，家庭教育である「家庭整備」だった。次に1952（昭和27）年に「保育指針」が保育所と保育所以外の児童福祉施設を対象に刊行された。保育所保育指針が独自に6領域（健康・社会・自然・言語・音楽リズム・絵画製作）として示されたのは1965（昭和40）年であったが，当時の厚生省からの通知であり，法的な位置づけではなかった。その後，「幼稚園教育要領」の改訂に準じて1990（平成2）年，1999（平成11）年，2008（平成20）年に改定された。1990年版からは，5領域（健康・人間関係・環境・言葉・表現）の編成となった。保育所保育指針が法的な根拠を備えたのは2008（平成20）年告示，2009（平成21）年施行の改定からである。そして，保育所保育指針は，2017（平成29）年3月31日に幼保連携型認定こども園教育・

保育要領，幼稚園教育要領とともに同時期に改訂（定）告示された。ここでは，「養護に関する基本的事項」や「幼児教育を行う施設として共有すべき事項」などが盛り込まれ，乳幼児の保育と教育を担う保育所保育のガイドラインの意味づけを強めている。

[大橋喜美子]

保育短時間利用

保育短時間利用とは，保育の必要性が認定（2号認定・3号認定）された子どもに対し，保育の必要量（保育を利用できる時間）が1日最大8時間まで利用可能とする区分をいう。保育短時間の認定要件は，両親の両方またはいずれかがパートタイムの就労を想定しており，1か月あたり64時間以上120時間未満の就労や求職活動，育児休業中の保護者が対象となる。また，保護者の就労時間の下限については，各市町村によって異なっており1か月あたり48〜64時間の範囲で定められている。就労時間は目安で，通勤時間も考慮して認定される。なお，就労時間が「保育短時間」に該当する場合でも，保育を必要とする時間帯が各園の定める「保育短時間」を超えるときは，「保育標準時間」とすることもある。

[山口香織]

保育の必要時間

教育・保育を利用できる時間をいう。子ども・子育て支援新制度（2015）では，保育所や認定こども園などの保育施設を利用する子どもに対し，市町村で保育の必要性の有無と保育の必要量について認定を受ける必要がある。保育の必要性の認定は，保護者の就労時間やその他の状況（就学，出産，病気，介護など）に応じ3つの認定区分（1号認定，2号認定，3号認定）が設けられている。保育の必要性があると認定された「2号認定」（満3歳以上）と「3号認定」（0〜2歳）は，さらに保育の必要量の認定によって「保育標準時間（最長11時間）」または「保育短時間（最長8時間）」に

区分される。なお，保育の必要性のない
1号認定については，「教育標準時間」
として幼稚園・認定こども園において標
準4時間の教育時間が認定される。

[山口香織]

保育標準時間利用

保育標準時間利用とは，保育の必要性
が認定（2号認定・3号認定）された子
どもに対し，保育の必要量（保育を利用
できる時間）が1日最大11時間まで利用
可能とする区分をいう。保育標準時間の
認定要件は，主に両親ともフルタイムの
就労を想定した基準となっている。具体
的には1か月あたり120時間以上の就労，
妊娠・出産，災害復旧にあたっている保
護者が対象となり，認定には，就労証明
書等の保育の必要性を確認するための書
類が必要となる。 [山口香織]

保育要領

保育内容に関する国が作成した最初の
手引書，基準文書。1947（昭和22）年3
月に学校教育法が成立し，幼稚園は初め
て正規の学校として法律上位置づけられ
た。1948（昭和23）年3月，文部省に
「幼稚園教育内容調査委員会」がおかれ
て準備が進められ，「保育要領—幼児教
育の手引き—」が刊行された。倉橋惣
三，坂元彦太郎など16名の委員が作成メ
ンバーとなり，幹事として笠原健二郎，
玉越三郎が任命された。従来，GHQ の
ヘレン・ヘファナン（Heffernan, H.）の
主導で進められたと理解されていたが，
日本側の主体性と委員による民主的な討
議があったことが指摘されている。保育
要領の特色は大きく二つある。まず一つ
めは，幼児期の特質に即した方法が示さ
れたことである。第一に，教育の出発点
を「子供の興味や要求」とし，その通路
である「子供の現実の生活」を尊重する
こと，第二に，教師は「幼児の活動を誘
い促し助け，その生長発達に適した環境
を作る」ことである。幼児の一日の生活
では，自由な遊びが主とされ，教師は幼

児一人ひとりに注意を向けて，個々に適
切な指導をするよう求められた。保育内
容については，見学，リズム，休息，自
由遊び，音楽，お話，絵画，製作，自然
観察，ごっこ遊び，劇遊び，人形芝居，
健康保育，年中行事と，12項目の「楽し
い幼児の経験」を列挙している。保育要
領の特色としての二つめは，幼児教育全
体の参考になる手引書として，幼稚園だ
けでなく，保育所，一般の父母に役立た
せようとして書かれたことである。当時，
全国各地で開催された説明会には保育所
関係者も多く参加したという。実質的に，
保育要領を改訂する形で，後の幼稚園教
育要領が作成され，また幼稚園教育要領
に準じて保育所保育指針が作成されるよ
うになっている。 [鋳物太朗]

ホイジンガ

Huizinga, Johan（1872-1945）

ホイジンガは，20世紀前半に活躍した
オランダの歴史家，文化史家である。
14〜15世紀のフランス，オランダの文化
を実証的に研究した『中世の秋』（1919）
は，ヨーロッパの文化史研究に大きな影
響を与えた。さらに『ホモ・ルーデン
ス』（1938）を執筆し，ヨーロッパ文明
全体の成立と発展の歴史を「遊戯の相の
下に」明らかにした。『ホモ・ルーデン
ス』では，ホイジンガは人間を遊ぶ存在
ととらえ，遊びを文化の源として包括的
に論じている。ホイジンガにおいては，
遊びとは，「あるはっきり定められた時
間，空間の範囲内で行われる自発的な行
為もしくは活動」であり，「自発的に受
け入れた規則に従う」ものであるという。
また，「『日常生活』とは『別のもの』と
いう意識に裏づけられている」という特
徴をもつという。さらに，「遊びの目的
は行為そのもののなかにある」と述べて，
遊びという行為の自己完結性を強調した。

[戸江茂博]

防衛機制

防衛機制は，受け入れがたい状況，ま

たは潜在的に危険な状況に置かれた時に、その不安を軽減しようとする無意識的な心理的メカニズムである。社会に適応が出来ない状態に陥った時に行われる自我の再適応を指し、様々な形態がある。

①昇華は本能的欲求（性的欲求・攻撃性）を、社会的価値の高いものに置き換える。②同一視は自分の理想の人物の言動、服装、口調をまねる。③反動形成は、自分の欠点を隠し、社会的に認められる態度をあえてする。④抑圧は、思い出すのも苦痛な精神的外傷体験（虐待等）・記憶・感情があると、それらを忘却して心（無意識の世界）に閉じこめてしまう。⑤合理化は、自分の失敗を、一見もっともらしい口実を作って言い逃れる。⑥退行は、ある現実から以前の未熟な発達段階にあと戻りして、未熟な行動をする。⑦逃避は、困難な状況に直面したとき、その事態の合理的な解決をさける。⑧置き換えは、欲求不満を生じさせている対象に向けていた感情を、別の対象に置き換える。⑨代償は、目標への達成が難しいとき、代わりのもので満足する。⑩補償は、自分の欠点や弱点を、他の面を強調することで補う。　　　　　　　〔金山健一〕

放課後児童健全育成事業

放課後児童健全育成事業とは、児童福祉法第6条の3第2項の規定に基づき、「小学校に就学している児童であって、その保護者が労働等により昼間家庭にいないものに、授業終了後に児童厚生施設等の施設を利用して適切な遊び及び生活の場を与えて、その健全な育成を図る」事業をいう。「放課後児童クラブ」ともいうが、従前より保護者が不在の家庭にいる小学校低学年（おおむね10歳未満）の児童への居場所の確保として行われてきた「学童保育」が正式に厚生労働省の保育事業として法制化されたものである。2012年の同法改正によって、対象児童は小学生に拡大された。放課後の時間帯において、適切な遊びや生活を支援するこ

とを通して子どもの健全育成を図るとともに、子どもの安心安全の居場所となることが目指されている。法規定では、児童厚生施設（児童館など）において実施されることとなっているが、小学校の余裕教室が使われることが多い。子どもが安定して過ごせること、子どもの発達に応じた遊びや活動ができること、おやつの提供、必要な休息など健康生活への配慮などの環境整備が大切である。「放課後子ども総合プラン」（2014年、文部科学省、厚生労働省。2020年から「新・放課後子ども総合プラン」）の実施展開により、各市の教育委員会の管轄する「放課後子供教室」と一体的に運営するなど、統合強化が進められている。また、「子ども子育て支援新制度」（2015年より）において地域子育て支援事業の一翼を担うものとして位置付けられ、より積極的に次代を担う人材育成の視点からその充実整備が図られている。　　　〔戸江茂博〕

放課後等デイサービス

2012年に児童福祉法第6条の2の2に規定された新たな支援である。小学校、中学校、高等学校へ通学している障害児に対し、放課後や夏休みなどの長期休暇中に、児童発達支援センターその他の内閣府令で定める施設に通わせ、生活能力向上のための訓練などを継続的に提供し、障害児の自立を促進するとともに、放課後等の居場所づくりを行う支援である。2015年に通知された厚生労働省によるガイドラインでは、①子どもの最善の利益の尊重、②共生社会の実現に向けた後方支援、③保護者支援の3つの役割が期待されている。障害者手帳がない状態でも、通所支援受給者証があれば利用することができる。市区町村に申請し、市区町村の判断によって可否が決まる。なお、世帯の所得に応じて利用料の負担上限月額が異なる。　　　　　　　　〔芦田麗子〕

忘却曲線

記憶した内容が時間の経過とともにど

の程度忘れるかを示した曲線のこと。最も有名なものには、エビングハウス（Ebbinghaus, 1885）が発見した忘却曲線である。保持曲線とも言う。エビングハウスは、人が物事を覚えるときに、記銘（覚えること）と想起（思い出すこと）を繰り返し行うことで想起にかかる時間が節約されることを実験で示し、想起にかかる時間の節約率を指標として忘却の経緯について示した。この実験で人は、記憶した後に早い段階で急速に記憶の保持が低下するが、その後は一定の水準を保ちながらなだらかに下降し、記憶が安定していくことがわかった。エビングハウスはこの実験で、純粋な記憶の過程を取り出すために、無意味な音節を記憶して、その後の時間経過に沿って記憶の再生率を測定した。　　　　[新家智子]

ボウルビィ

Bowlby, John（1907-1990）

　イギリスの医師、精神分析家。母子関係が人格形成に及ぼす影響について、特に母性的人物のような愛情対象の喪失が与える重大な影響について、研究、考察を行った。彼が提唱したアタッチメント（愛着）は、その後の人格形成の核となるものとみなされ、様々な研究がなされている。その中でも、エインズワースら（Ainsworth et al., 1978）のストレンジシチュエーション法を用いたアタッチメントの安定性・質を評価する方法は有名であり、今日でも臨床現場で使われている。ボウルビィは、アタッチメントの発達過程として次の4段階があるとしている。①初期のアタッチメント段階：生後12週頃まで。母親と他人の区別がついておらず、近くにいる人に誰に対しても働きかける。②アタッチメント形成段階：生後12週～6か月頃。母親と他人の区別がつくようになる。母親の方をよく見る、母親があやす方が機嫌が良いという行動がみられる。③明確なアタッチメント段階：6か月～2、3歳頃。母親への明確

な愛着を形成。母親の後追いをしたり、泣いていても母親が抱くと泣き止むようになる。④目標修正的協調関係：2、3歳過ぎ。母親がその場を離れても「すぐ帰ってくる」と母親の行動を予測して安心して過ごすことができるようになる。
→アタッチメント　　　　　　　[古川　心]

保健指導

　健康の保持や増進、疾病の予防や管理のために、集団または個人に対して具体的に助言を行うことを保健指導という。保育所や幼稚園、認定こども園においては、うがいや手洗い、歯みがきなどに関する健康教育の実施や生活習慣に対する援助が行われる。また、親どうしの交流の機会を設ける支援や子育ての悩みに対する相談や助言にも配慮しながら、子どもたちの生活習慣に対する援助が行われる。母親が子どもに対して行う保健指導もあれば、専門職が連携して子どもや家族に対して行う指導もある。[猪田裕子]

母子家庭

　配偶者を持たない母親と、満20歳未満で未婚である子どもによって構成されている家庭。母子家庭の母親は、シングルマザーとも呼ばれる。2016年の厚生労働省による全国ひとり親世帯等調査の推計によると、日本における母子家庭の世帯は、123.2万世帯ほどある。母子家庭の数は、1960年代以降は、一時的に減少することはあるものの全体としては、増加傾向にある。2019年の「国民生活基礎調査」によると、「生活が大変苦しい」と答えた母子世帯は、41.9％で、「やや苦しい」と答えたのは、44.8％である。シングルマザーの就業率は、世界的に見ても高い水準にあるが、その仕事は、子育てをするうえで、十分な労働条件でない場合が多い。子育てと仕事の両立を可能にするような、就労制度の整備が求められている。　　　　　　　　　　[阿部康平]

母子生活支援施設

　児童福祉法第7条に規定された児童福

祉施設の一つであり，同法38条に「配偶者のない女子又はこれに準ずる事情にある女子及びその者の監護すべき児童を入所させて，これらの者を保護するとともに，これらの者の自立の促進のためにその生活を支援し，あわせて退所した者について相談その他の援助を行うことを目的」とする施設と定義されている。なお，同施設は，第一種社会福祉事業である。

生活支援とは，親子関係の再構築や退所後の生活安定を図るために，個々の母子家庭生活や収入等の状況に応じて，就労，家庭生活，児童の養育に関する相談・助言・指導，関係機関との連絡調整等のサービスを指す。当施設には，施設長，母子支援員，心理療法担当職員，少年指導員等の職員が配置されている。利用にあたっては，住所区域を管轄する福祉事務所において相談の上，申し込みを進めていくことになる。近年，利用の理由には DV 被害が増加傾向にあり，児童虐待，経済事情，住宅事情等が挙げられる。1998年児童福祉法改正まで「母子寮」と呼ばれていた。　　　　　　　[橋本好市]

母子保健法

1965（昭和40）年に制定された母子保健法は，「母性並びに乳児及び幼児の健康の保持及び増進を図るため，母子保健に関する原理を明らかにするとともに，母性並びに乳児及び幼児に対する保健指導，健康診査，医療その他の措置を講じ，もつて国民保健の向上に寄与することを目的」とした法律である。この法律は，第二次世界大戦の終戦から10年以上経っても，日本は妊産婦死亡率，乳児死亡率，乳幼児の栄養状態が改善されず，地域格差のあったことから，母子保健福祉施策の体系化と積極的な推進の必要性から制定された。現在は，健やか親子21の取組との併せて，育てにくさを感じる親に寄り添う子育て支援，妊娠期からの産後うつや児童虐待防止にかかわる健康支援等に重点を移しながら，妊娠期から幼児期にかけて①保健事業（母子健康手帳交付，乳幼児と妊産婦の健康診査及び公費補助，妊産婦訪問指導，乳児家庭全戸訪問事業等），②医療対策（不妊に悩む方への特定治療支援事業，妊産婦・乳幼児に対する高度な医療の提供，未熟児養育医療等）をもってすべての子どもが健やかに育つ社会の確立を目指している。

　　　　　　　[山内佐紀]

ホスピタリズム

乳児院や病院などで，子どもが親から離されて集団のなかで保育され，一対一の情緒的な関係が希薄なときにおこる障害をいう。その障害は，1920年ごろドイツの小児科医によって指摘された。乳児院において医学的に管理が行き届いているにもかかわらず，死亡率が高く，また栄養素が整っている食物を与えているにもかかわらず，身体発育が悪いなどが報告された。その後，医学的な面での保育条件に改善が加えられ，身体上の問題は解決されたが，心理的な面での問題が，イギリスを中心とした研究者によって指摘されるようになった。すなわち，知的能力や言語発達の遅れ，著しい癖の出現などである。さらに，情緒面では，表情に乏しく，他人との温かい関係をつくる能力に欠け，非行に走る危険性があることがいわれ，「いかなるよい施設も，悪い家庭に劣る」とさえ主張されるに至った。その結果，イギリスにおいては，児童福祉施設に対する考え方に変革が生じ，できるだけ家庭的処遇に近い状況を子どもに与える努力が始まり，里親制度が振興されるようになった。我が国では，昨今，家庭においてホスピタリズム症状をもっている子どもが増加しているが，両親の乳児に対するスキンシップや言語的刺激が少ないことが原因等に起因すると言われている。　　　　　　　[福井逸子]

母性神話

幼い頃の子どもの養育は母の手によって行うことが最善であり，当然であると

する考え。多くの人がこの考えを知らぬ間に内在化し、女性がその考えに捉われたり、母親の周囲にいる人が子育ての責任を母親のみに帰するような言動をとってしまったりすることは、ときに育児ストレスを高める要因ともなる。育児ストレスが高い状況で母子が過ごすことは、双方によい影響をもたらすとは言い難い。また、経済的、心理的、時間的な余裕が持てない厳しい生活環境下においては、子育てに苛立ちを募らせる状況に陥りやすく、母子が一緒に過ごしていても適切な愛情を注ぐことが困難な場合もある。そのため、子どもが幼い間は母親の手で育てるべきといった一面的な価値観で、子育てのあり方や子どもが3歳未満の時期からの母親の就労復帰と子どもの発達の関連について判断することは回避する必要がある。子どもの育ちにとって重要なことは、自らの存在が尊重される適切で応答的なかかわりを通じて、自らへのあたたかな愛情が感じられる環境を保障することである。保育、教育の現場で働く人には、多様な子育て環境やライフスタイルがあることへの配慮と視点をもち、保育及び教育の質の向上によって、すべての子どもと子育て家庭のしあわせの保障を目指すことが重要となる。

[大江まゆ子]

ポートフォリオ

ポートフォリオとは、書類を保管するケースやファイルのことを意味する言葉である。一般的には、さまざまな情報を収集し、一元的に管理をしながら、必要に応じて活用することを目的に作成される。保育の場合は、子どもの学びや育ちの姿を、年間を通じて文章や写真、スケッチや図表などの記録を積み重ね、それをファイルなどに綴ることが多い。これにより、個々の子どもの育ちや学びの実態が可視化され、それを振り返り、評価し、共有しながら、次に向けた活動や改善のための手がかりとして実践に活か

すことができる。ここで大切な視点は、収集のための記録ではなく、子どものことを語り合うための記録であることを覚えておきたい。

[猪田裕子]

母乳

哺乳動物の母親が子を育てるために乳腺から分泌される白色不透明な液体のことである。初乳と成乳（成熟乳）で成分組成が変化する。母乳の利点は、①乳児に最適な成分組成で少ない代謝負担、②感染症の発症及び重症度の低下、③小児期の肥満やのちの2型糖尿病の発症リスクの低下などの報告がされている。分娩後数日間に出る初乳には、特定の病原菌の感染やアレルギーから新生児を守る免疫物質が含まれている。初乳は成乳よりも色が黄色く粘りがあり、脂質や糖質は成乳よりも少なく、特殊なたんぱく質（ラクトアルブミン、ラクトフェリンなど）が含まれている。

[廣田有加里]

母乳栄養

母親が栄養として新生児・乳児に対して母乳を授乳させる行為である。厚生労働省は、「授乳・離乳の支援ガイド（2019年版）」において、母乳を与えることによって、①産後の母体の回復の促進、②乳児の感染症の発症および重症度の低下、③母子関係の良好な形成などの利点をあげている。そのほか、母乳栄養児は人工栄養児に比べ乳幼児突然死症候群（SIDS）の発症頻度が低いとされている。

[廣田有加里]

保幼小連携

就学前教育の場である保育所や幼稚園、認定こども園などにおいては、乳幼児期の子どもは総合的な活動としての遊びや生活を通して体験的に学びを獲得している。しかし、小学校入学後は授業による計画的な学習が主となる。そのため、生活や経験を重視する経験カリキュラムに基づく学びから教科カリキュラム中心の学びのスタイルにうまく移行できず、入学後の1年生が着席できずに立ち歩く、

教室の外に出ていく，話を聞かずに私語がやまないといった「小1プロブレム」と呼ばれる状況が指摘されるようになった。そこで，子どもの発達，学びの連続性を保障するために保育所，幼稚園，認定こども園の保育者と小学校の教職員が交流・連携し，意見交換や互いの実践の参観，協議を重ね，意識的に幼児期と児童期の子どもの学びを接続していくことが求められている。「幼稚園教育要領」（2017），「保育所保育指針」（2017），「幼保連携型認定こども園教育・保育要領」（2017）には，「小学校との接続にあたっての留意事項」が示され，「小学校学習指導要領」（2017）では「幼児期の教育を通して育まれた資質・能力を踏まえて教育活動を実施し，児童が主体的に自己を発揮しながら学びに向かうことが可能となるようにすること。（中略）特に，小学校入学当初においては，幼児期において自発的な活動としての遊びを通して育まれてきたことが，各教科等における学習に円滑に接続されるよう，生活科を中心に，合科的・関連的な指導や弾力的な時間割の設定など，指導の工夫や指導計画の作成を行うこと」（第1章第2 4 学校段階等間の接続（1））と明記されている。　　　　　　　　　　　　［大江まゆ子］

ポリオ

ポリオ（急性灰白髄炎・小児麻痺）はポリオウイルスが口の中に入って，咽頭や小腸の粘膜で増えることで感染する。増えたポリオウイルスは便の中に排泄され，この便を介して他の人へ感染する。ポリオウイルスに感染しても，約90〜95％の人は病気として明らかな症状は出ず，約5％は発熱・頭痛・咽頭痛・悪心・嘔吐などの感冒様症状が出て，免疫ができていく。しかし感染者の0.1〜2％に，リンパ節を介して血液中に入ったウイルスが脊髄の一部に入り込み，主に脊髄や脳幹の運動神経に感染し，その結果，手や足に麻痺が現れ，その麻痺が一

生残ってしまうことがある。これが，典型的なポリオの症状となる。予防は，ポリオワクチンの接種である。そのため現在は，予防接種法により定期接種が推奨されており，4種混合ワクチン（ジフテリア・破傷風・百日咳・ポリオ）として，生後3か月から1歳までに3回，3回目の接種から6か月以上の間隔をおいて追加1回，合計4回の予防接種を受ける。ポリオは学校保健安全法第1種感染症に定められており，完全に治癒するまで出席停止とされている。登園の再開に際しては，自治体・保育所によって異なるが，医師による「意見書」を提出することが必要となる。　　　　　　　　　　　［森田惠子］

ポルトマン

Portmann, Adolf（1897-1982）

ポルトマンは，スイスの生物学者であるが，人間とは何かと究明しようとする哲学的人間学を学的に成立させた哲学者としても知られる。ポルトマンは，1944年に『人間論の生物学的断章』（日本語訳『人間はどこまで動物か』岩波新書，1961年）を執筆し，人間の生まれ方，育ち方の生物学的な特殊性を明らかにした。ポルトマンによれば，人間は離巣性（巣から早く自立する）の特徴を持つ高等哺乳類であるであるにもかかわらず，生まれ方が特殊なため（直立歩行や重い脳を持つため），胎児のように生まれてしまい，その姿は就巣性（長い間巣に就き自立が遅い）の下等哺乳類のように見えてしまうという。ポルトマンは人間を「二次的に就巣する」動物と考え，胎児のように未熟なままで早く生まれてしまう人間の生まれ方を「生理的早産」と名付けた。「人間は生後1歳になって，真の哺乳類が生まれた時に実現している発育状態に，やっとたどりつく。そうだとすると，この人間がほかのほんとうの哺乳類なみに発達するには，われわれ人間の妊娠期間が現在よりもおよそ1か年のばされて，約21か月になるはずだろう」。こ

の仮説は，人間の生物学的特殊性として原則的に認知されるものとなっている。このような徹底的な未熟性（「子宮外の胎児期」）のため，人間の初期の育ちには丁寧な養育が必要とされる一方で，この未熟性は本能的な行動様式を組み込まれていない豊かな未熟性でもあり，この点でポルトマンは，生まれながらの人間の自由性や世界開放性を人間の特徴として観たのである。世界開放性という人間の存在様式は，20世紀の代表的な人間観となった。

［戸江茂博］

ま

マイコプラズマ感染症

肺炎マイコプラズマ細菌の感染によって起こる呼吸器感染症である。初発症状は発熱，全身倦怠感，頭痛などである。咳（乾いた咳が特徴）は初発症状出現後3～5日から始まることが多く，経過にしたがい咳は徐々に強くなり，解熱後も長く続く（3～4週間）。多くの人は感染しても気管支炎ですが，一部は肺炎となり，重症化することもある。マイコプラズマ細菌の排出は，初発症状が出始める数日前から始まり，症状が軽快後も4～6週間以上排出されることから，感染予防対策が重要となる。感染予防対策は，①咳エチケットの励行，②手洗いの励行，③感染者との濃厚な接触を避けることである。マイコプラズマ感染症は，学校保健安全法の学校感染症の第三種感染症のため，登園に際して医師の診断を受け保護者が登園届を記入し提出することがある。この病気は咳症状が長く続き，菌排出期間も長いため，保育所と保護者との情報共有・情報発信が重要である。

[笠井純子]

マカレンコ

Makarenko, Anton Semyonovich
(1888-1939)

ソビエト連邦の教育者。1917年に師範学校を卒業し，小学校校長を務めたのち，ロシア革命が起きた1920年から，非行少年のための教育施設である労働コローニヤの所長となる。また1928年より同種の施設，ジェルジンスキー・コムーナの主任を務める。これらの実践を通じて，「集団主義教育」の理論を確かなものとした。集団主義教育とは，子どもの生活を組織化し，集団として教育することで集団が発展し，それが個人の成長につながる，という考えである。日本では第二次世界大戦後，学校での集団づくりの原理にマカレンコの理論が参照されたり，また生活綴方運動を通じてその思想が教育界に広まりを見せるなど，主に生活指導の領域で影響があった。さらに『親のための本』や『教育詩』などの著作は，教育界のみならず広く一般に読者を得た。

[塩見剛一]

マザーグース

英語圏諸国に広く伝承されてきた童謡や歌謡の通称で，マザーグースまたはマザー・グースの唄と呼ばれる。ペロー（Perrault, C., 1628-1703，フランスの詩人・童話作家）の童話集が18世紀前半にイギリスで英訳された際のサブタイトルが「マザーグースの話」であったが，ニューベリー（Newbery, J., 1713-1767，イギリスでの児童図書出版の先駆者）がそれを模して『マザーグースのメロディ』のタイトルで童謡集を出版して人気となったことから，わらべ歌の代名詞としてマザーグースが使われるようになった。マザーグースの魅力は，繰り返しや韻を踏んだ（頭韻・脚韻）歌詞の心地よい響きにある。歌の物語には意味のない（ナンセンスな）ものが多く，日本では大正時代に北原白秋（1885-1942）が日本初の訳詩集『まざあ・ぐうす』（1921）を出版し，『赤い鳥』に掲載した作品を含め132篇を収録している。日本でのマザーグース流行は，谷川俊太郎の翻訳によるリチャード・スカーリーの絵本『スカーリーおじさんのマザー・グース』（1970），同じく谷川の翻訳と堀内誠一の絵による『マザー・グースのうた』全5集（1975-76）の出版によるところが大きい。

[生駒幸子]

マザリング

乳児に対する母性的愛撫のこと。この言葉を最初に専門的用語として用いたのはリブル（Ribble, M. A.）である。具体的には母親が愛情をこめて抱く，なでる，ゆったりと揺り動かす，あやす，子守歌などを歌う，話しかける，などの行動を

さす。リブルは，乳児には生理的欲求を満たすだけでなく，暖かい愛情をこめたかかわりが必要であり，これらのかかわりをマザリング（mothering）と呼んだ。マザリングは乳児に快さ，安心感を与え，子どもの触覚，聴覚，視覚等知覚に多くの刺激を与えることができる。子どもの情緒的，社会的，精神的発達を促すものでもある。リブルは，子ども，大人の精神病の問題や乳児と母親の関係を継続して観察することで，マザリングが子どもの心身の発達に重要な影響を及ぼすと述べ，乳児の心理的要求に応える育児方法の重要性を主張した。マザリングの重要性についてスピッツ（Spitz, R. A.）がさらに検討し，マザリングの完全欠如による子どもの衰弱状態，部分的欠如による依存抑うつ状態を報告している。

[桃島香代]

麻疹

麻疹（はしか）はウイルス性の病気で，同じ部屋で過ごす（空気感染），咳やくしゃみ（飛沫感染），抱っこ・握手，同じおもちゃを使う等（接触感染）で，人から人へうつる。症状は高熱（38度前後）で発症し，鼻水，咳，目の充血，頬部内側の白色斑（コプリック斑）が出る。発熱に続いて発疹が顔から上頸部そして全身に広がる。麻疹にかかると一過性に強い免疫機能抑制状態を生じ，別の細菌やウイルス等による感染症が重症化し，肺炎や脳炎を起こし，死亡することもある。潜伏期間は10日〜12日で，ウイルスの感染力はとても強い。感染力は発疹が出る約4日前から，発疹が消失した約4日後まである。麻疹は空気感染をするため，手洗いやマスクでは十分予防できないこともある。予防は，予防接種法に基づき生後12〜15か月にワクチンを接種することがとても重要である。保育所で麻疹患者が一人でも発生した場合は，嘱託医や保健所，そして保護者と連携して，感染拡大を防止することが最重要となる。

予防接種を受けていない1歳以前に，ワクチンを接種する選択もある。麻疹患者接触後72時間以内に麻疹含有ワクチンを接種することで，発症を予防できる可能性はある。発症すると特異的な治療法はなく，対症療法が中心となる。麻疹は学校保健安全法施行規則により学校感染症第2種に指定され，出席停止期間は解熱後3日を経過するまでとされている。自治体，保育所によっては，登園の再開に際して，意見書（医師が記入）を保育所に提出する必要がある。

[森田惠子]

マズロー

Maslow, Abraham Harold（1908-1970）

アメリカの産業心理学者。ウィスコンシン大学で学位を取得。コロンビア，ブルックリン等の大学で教えた。当初は異常心理学や臨床心理学の研究に従事していた。行動主義や精神分析を批判し，やがて「人間性心理学」を主張。自己実現や至高体験等の研究に従事する。1962年，ヒューマニスティック心理学会を創設。さらに1967年から1968年の間，アメリカ心理学会会長に任じられた。自己実現，創造性，価値，美，至高体験，成熟，健康等の従来の心理学では取り組まれてこなかった分野の人間的なものの研究を深めた。彼は，人間は欠乏しているものを充足するために行動するといういわゆる「欠損動機」に対して，人間は成長して自己実現するために行動するという，いわゆる「成長動機」を唱えた。人間の欲求は次の5段階に分かれるという。①生理的欲求，②安全の欲求，③愛情の欲求，④自尊の欲求，⑤自己実現欲求。そして①から順に⑤の上位に向かって欲求充足のニーズが進むという「欲求の段階説」を唱えた。乳幼児期にあっては，生理的要求を満足させるだけでなく，大人に庇護され，仲間と共に安心して過ごせるような安らぎの環境が必要である。主著『完全なる人間』。また『人間性心理学雑誌』の創刊にも携わる。

[広岡義之]

松野クララ
まつの くらら (1853-1941)

1876 (明治9) 年に日本で初めて創設された幼稚園である,東京女子師範学校附属幼稚園 (現お茶の水女子大学附属幼稚園) において,指導的な役割 (主席保姆) を果たしたドイツ人女性。林学者で東京山林学校初代校長の松野礀と結婚したため松野姓となった。ドイツの保育者養成学校でフレーベル保育について学び,恩物を中心としたフレーベル保育を採用していた同園の日本人保姆に対してその保育方法を伝授したが,彼女がフレーベルから直接指導を受けたという歴史的事実は証明されていない。また,日本語を十分修得していなかったため (日本人保姆に対する指導も英語で行っていた),実際の保育に携わることは少なく,週一回子どもが遊戯をする際,ピアノを弾いていたと言われている。東京女子師範学校附属幼稚園に「保姆練習科 (保育者養成施設)」が開設されて以降は,ここで保育に関する講義を行っていた。同幼稚園退職後,1886 (明治19) 年に,華族女学校 (現学習院女子中・高等科) の音楽教諭となった。　　　　　　　　[高橋貴志]

マルトリートメント
子どもに対する不適切なかかわりや養育のこと。日本では,児童虐待よりも幅広い概念として使われることが多い。実際に子どもを育てたり,日々子どもと接したりする中で,マルトリートメントが全くない状態を続けることは難しい。しかし,その強さや回数が増すことで,成長過程の脳が変形する可能性があることが報告されており,社会に適応しづらい青年や成人の背景に,子ども時代にマルトリートメントを受けた可能性も考えられる。マルトリートメントという概念を用いることで,大人の子どもに対するかかわりや養育を見直すことができる。また,子どもに体罰や不適切な行為をしたときに,「虐待とまでは言えない行為」を見落としてしまわないようにすることもできる。なお,諸外国では「マルトリートメント」概念が一般化しており,身体的,性的,心理的虐待及びネグレクトであり,日本の児童虐待に相当する。
　　　　　　　　　　　　　　　[芦田麗子]

満3歳児保育
学校教育法第26条では「幼稚園に入園することができる者は,満3歳から,小学校就学の始期に達するまでの幼児とする」と規定されている。一方,幼稚園設置基準では第4条に「学級は,学年の初めの日の前日において同じ年齢にある幼児で編制することを原則とする」と規定されている。そのため,4月当初に満3歳になっている幼児のみを入園させていた。しかし,設置基準の規定は学級編制について述べられているものであり,満3歳になった時点での入園を妨げるものではない。それゆえ,満3歳になった幼児を積極的に受け入れ保育を行うために,学期ごと,あるいは数カ月ごとに入園の時期を決めている場合が多い。
　　　　　　　　　　　　　　　[猪田裕子]

水遊び
近年,温暖化の影響もあり,熱中症で体調を崩す子どもが増えている。このような状況の中,水遊びを導入することは,自分の火照った体が冷めていく感覚や,自然への愛着等を育むことにもつながる。たとえば,乳児から幼児にかけて,水がピチャピチャする感覚や触れて冷たいと感じる感覚,手で叩く足でけり上げる等,さまざまな感覚を学んでいる。この時期の発育のねらいには,「水の感覚を楽しむ」「水に親しみを持つようにする」等があげられ,これを通して「安全意識を養う」「泳ぐことに興味を持つ」等の育ちが期待される。たとえば,就学前の幼児には,プールの中で手をつないでぐる

ぐる回る洗濯機ごっこやプールの中での
ロンドン橋，じゃんけん電車ごっこや水
中に沈む宝探しなどの遊びを通して，泳
ぐことにつながっていく。　［植山佐智子］

見立て遊び（ふり遊び・つもり遊び）

　見立て遊びとは，目の前にあるものを
別のものに見立てて，イメージや想像力
を膨らませる遊びである。たとえば，砂
をご飯に見立てて食べるふりをしたり，
積木を電車に見立ててガタンゴトンと言
いながら積木（電車）を動かしたりする。
子どもは見立て遊びを1歳半ころから楽
しんで行うようになる。からのコップで
ぐっとジュースを飲むふりをしたり，料
理をしているようなしぐさをしたりする。
子どもの生活の中で見たことのまねをす
る（模倣する）ことから始まることが多
い。2歳くらいになると，人形を赤ちゃ
んに見立てて可愛いがったり，積木をスマ
ホのように見立てて電話ごっこをしたり
するようになる。子どもが見立て遊びを
するようになるのは，子どもの中に表象
能力や象徴機能が育ってきたためである。
目の前にそのものがなくてもそのものを
思い浮かべることができる能力，これを
表象能力といい，象徴機能は，表象能力
を前提として，物事や事象を別のものに
置き換えて認識する働きである。見立て
遊び（ふり遊び・つもり遊び）は，2歳
半，3歳くらいになると，ごっこ遊びに
発展していく。他者とイメージを共有し
て何者かになりきったりして，お店屋さ
んごっこやままごとをするようになる。
　　　　　　　　　　　　　　［戸江茂博］

三つ子の魂百まで

　幼い頃の性格は年をとっても変わらな
いということを示すことわざのひとつ。
「三つ子」は「3歳児」の意味だが，「幼
い子ども全般」の意味で使われている。
「魂」は「性格」という意味で，心，知
恵，根性など解釈される場合もある。
「百まで」は「百歳まで」という意味で
ある。しかし，人は周囲の環境に影響さ

れ，成長と共に変わることも踏まえ，3
歳で線を引くことなく，子どもに関わる
ことが大切である。また，生後3歳まで
は子どもの成長にとって大切な時期で，
この時期に母親が子育てに専念しないと，
その後の成長発達に深刻な影響を及ぼす
という考え方は「3歳児神話」と呼ばれ
るが，1998年度の『厚生白書』において，
3歳児神話には「少なくとも合理的な根
拠は認められない」と否定されている。
　　　　　　　　　　　　　　［芦田麗子］

宮沢賢治

みやざわ　けんじ（1896-1933）

　詩人，童話作家。岩手県稗貫郡花巻町
（現・花巻市）に生まれる。盛岡高等農
林学校で農芸化学を専攻。在学中から級
友らと同人誌を編集する。また在学中か
ら，法華経の信仰が高まり，それがのち
の創作にも反映している。高等農林卒業
後は，意に反して家業の古着・質商を勤
めるも，家出し，一時東京に過ごす。妹
トシの発病を機に帰郷後は，農学校教諭
となり，4年あまり在職。その間，詩集
『春と修羅』，童話集『注文の多い料理
店』を自費出版した。妹の死後，教師を
辞して農耕生活を開始し，羅須地人協会
を設立し農村向上運動に取り組む。その
後，病に倒れ，運動は中絶。一時期，平
癒して，採石工場の技師になったが病気
が再発し，数え年38歳で没。今日では著
名作家の一人に数えられるが，彼の作品
は，生前にはほとんど知られることがな
かった。

　郷里の岩手をモチーフとして，イーハ
トーヴと名付けた架空の理想郷が登場す
るイーハトーヴ童話集『注文の多い料理
店』には，同名の作品のほか「どんぐり
と山猫」「狼森と笊森，盗森」「水仙月の
四日」「かしはばやしの夜」などが収録
されている。その他，生前には未発表の
「銀河鉄道の夜」「風の又三郎」「セロ弾
きのゴーシュ」などがあるほか，「雨ニ
モマケズ」や「永訣の朝」の詩でも有名

である。　　　　　　　　　　［川勝泰介］

『民主主義と教育』

　アメリカの哲学者デューイの教育哲学上の主著で1916年に出版された。民主主義に関する理念の提示は，生活の様式が急激に変化した20世紀初頭の社会の必須課題であった。デューイが本書のなかで批判しているのは，子どもを受動的な学習者とみなす伝統的な教育観である。これにたいして本書で提示される教育の方法は，生徒と教師とがコミュニケーションによって経験を分かち合っていく共同的な探究である。このなかで，学習者は，みずから問題を発見しその解決に向けて思考する。一方で教師は，生徒が能動的に学ぶための課題を提供し，生徒とともにそれに取り組む。両者は，コミュニケーションをとりながら経験を再構成し，互いに成長する。デューイが提示した理想的な社会は，人々の共同的な探究活動が形成する民主主義的な社会であり，それは教育を再生産する母体でもある。→デューイ　　　　　　　　　　［阿部康平］

民生委員

　民生委員は各市町村の区域に配置されており，それぞれの地域において社会福祉に携わる役割を担っている。民生委員の職務は民生委員法で，住民の生活状態を適切に把握することや，生活に関する相談に応じ助言その他の援助を行うこと，必要な情報の提供を行うことなどが定められている。具体的には，高齢者や障害者がいる世帯，生活困窮世帯，子育て中の世帯，妊婦がいる世帯，ひとり親世帯など地域住民の立場に立って相談に応じ，必要な援助を行い，社会福祉の増進に努めている。民生委員は，その地域の議会の選挙権を持ち，社会福祉の増進に熱意のある者の中から，都道府県知事又は政令指定都市若しくは中核市の長が推薦し，厚生労働大臣が委嘱することによって決定され，児童委員も兼ねている。
　　　　　　　　　　　　　　［佐藤智恵］

む

昔　話

　長い年月をかけて民衆が口伝えで語り継いできた物語。昔話は時代，場所，人物が特定されておらず，物語の内容を真実として信じることを読者に要求しない。それに対して伝説は時代，場所，人物を特定し，共同体の歴史のうえで本当にあった事柄として信じられるように求めるものである。また昔話は口承の文芸であることから，一定の語りのパターンを持っている。「むかし，むかし，あるところに」で始まり，語りの終わりにも「とっぴんぱらりのぷう」など，現実から物語の世界へ行き，そして物語の世界から現実へ戻るお決まりの言葉を持つ。詳細な状況描写，心理描写や写実的な表現は用いられず，昔話の主人公を中心にして，単眼的に起こった出来事を簡潔な言葉でテンポよく語る。昔話は勧善懲悪や教訓というよりも，多様な人間像や誕生や死，成長など，人間存在の本質的な姿を語るものである。日本や世界の昔話を絵本，アニメーションなど多様なメディアに再編集したものもある。現代の価値観によって子どもに聞かせるには残酷と思われる部分や結末を改変したものもあるが，先述の通り，昔話は何百年もの長い時間をかけて語り継がれているもので，人間の本質を語るものである。子どもに語る昔話を選ぶ場合は，改変されていないもの，子どもの発達特性に合ったテーマのものを吟味して選ぶことが大切である。　　　　　　　　　［生駒幸子］

6つの基礎食品

　栄養成分の類似している食品を6群に分類することによりバランスのとれた栄養を摂取するために，具体的にどんな食品をどのように組合せて食べることが望ましいかを誰もがわかるように工夫したものであり，これを活用することによっ

て栄養教育の効果をあげることが期待できる。1群：魚，肉，卵，大豆，大豆製品，2群：牛乳，乳製品，海藻，小魚類，3群：緑黄色野菜，4群：淡色野菜，果物，5群：穀類，イモ類，砂糖，6群：油脂類，脂肪の多い食品に分類されている。　　　　　　　　　　　　　［廣田有加里］

め

メルヘン

　日本語では「童話」や「おとぎ話」を意味する語として用いられることが多いが，本来のドイツ語の意味では「昔話（口承の民間伝承）」が最も近く，あくまでも聞き手を意識して語られる「つくり話」である。特徴としては，動物が話をしたり，魔女や魔法使いなどが登場し，魔法が使われるなどがあるが，このように変身や魔法など超自然的なことが当然であるような魔法メルヘンが，正統的なメルヘンであるとされる。しかし，それらは必ずしも子ども向けのものとは限らず，教訓的な内容を強調するために，時には残酷な場面が出てくることもある。そのため，昔話やメルヘンは子どもにはふさわしくないと批判されることもあるが，聞き手は，あくまでも「むかしむかし……」の発端句から始まり，「めでたしめでたし」などの結末句で終わる非現実世界でのつくり話であることを了解の上で聞くものであるとされる。なお，数多くのメルヘンを蒐集し，それを『子どもと家庭のための童話集（Kinder- und Hausmärchen）』（1812）として編纂したグリム兄弟は，メルヘンを「歴史的人物・特定の場所に結び付かない物語」と定義している。　　　　　［川勝泰介］

も

模範幼稚園

　1879年5月3日，大阪市に大阪府立模範幼稚園が開設された。模範幼稚園は，日本の東京女子師範学校附属幼稚園（1876年11月），鹿児島女子師範学校附属幼稚園（1879年2月）に次ぐ3番目の官立幼稚園である。1878年2月，大阪府は，知事の要請で大阪市内に幼稚園を創設することを目指し，保姆見習いの為2人の小学校女子教員，氏原銀と木村末を東京女子師範学校附属幼稚園に派遣した。氏原が同年8月末に，木村が12月末に見習いを終え帰阪し，模範幼稚園の設立準備に関わった。模範幼稚園の始めの保姆である。こうして，幼稚園を創って幼児を集め，母親に代って適切な保育を行えば，幼児はより良い発達を遂げることができ，幼稚園で保育の模範を示すことにより，父母に幼児期の教育の重要性を認識させることができる。模範幼稚園は，幼児期の教育の充実および小学校の予備教育機関であり，保姆の養成と母親の教育の場としての役割も担い幼児を保育した。園舎は，北区中之島府立中学校の一部を床に布を張って改造し，衣食住の様子が描かれた額や動植物の標本玩具等を開いて観て遊ぶことができる娯楽室なども設けられていた。模範幼稚園の組織・内容はおおむね東京女子師範附属幼稚園と同様であったが，保育料は徴収されなかった。しかし，開設4年後，府議会で幼稚園の費用を支出することは時期尚早であるとの理由から，廃園となる。これに対して保護者の熱烈な要望と協力，並びに氏原銀の献身的努力によって，模範幼稚園を私立幼稚園とし，幼稚園の存続を図ったと言われる。　　　　　　　　　　［熊田凡子］

模 倣

　他者の表情や行動，態度を観察し，同じようにできる現象のこと。生後間もない新生児でも大人の表情や顔の動き（口の開閉や舌出しなど）を見て模倣することができる。このことは，原始模倣（共鳴動作）といい，意図的な模倣ではない。目の前にないものを思い浮かべる表象

（イメージ）の獲得がみられるようになると，相手の行動を観察してから一定の時間が経過したあとに模倣することができるようになる。これを延滞模倣（遅延模倣）といい，1歳半ごろから頻繁にみられるようになる。ごっこ遊びのなかで，母親が普段よくしている仕草や話し方をしたりすることは，この延滞模倣によるものである。

また，子どもの模倣は大人に対してだけではなく，園の友達など仲間に対しても行われる。子ども同士が模倣し合ったり，仲間に加わるために模倣するなど模倣がコミュニケーションとして機能したり，新しい行動様式を模倣するなど学習として機能することもある。さらに，弟や妹の誕生によって，抱っこを求めたり，哺乳瓶でミルクを飲みたがったり，おもらししたりするなどのいわゆる赤ちゃんがえりは，退行と考えられてきたが，弟や妹への興味や関心から模倣により生じているという考えもある。　［松本麻友子］

森のようちえん

自然体験活動を基軸にした子育て・保育，乳児・幼少期教育の総称。1954年デンマークのエラ・フラタウが自身や近所の子どもを森に連れて行き保育をおこなったことが「森のようちえん」の始まりと言われている。森のようちえんでは，「豊かな発想，のびのびとした心と体，友だちを想いやること，生活それ自体の中で，社会性や自立を獲得すること」を目指している。その為に保育者は，子どもたちの自ら成長する力を信じ，主体性を尊重し，ゆっくり時間を掛けて子どもたちが自ら動き出すのを見守り待つ保育を行っている。森のようちえんには，認定こども園の認可施設の他に，野外活動団体，保育者，保護者等が主催する認可外施設や自主保育の運営形態があり，認可施設以外では，園舎を持たず一日中自然の中で過ごす森のようちえんもある。また保育形態として，通年で自然の中で過ごす「通年型森のようちえん」，保育の一部が森のようちえんの「融合型森のようちえん」，行事で自然体験を行う「行事型森のようちえん」に分けられる。自然の多様さや応答性，有限性などには子どもを夢中にさせる力があり，決まった遊び方の遊具がない分，考える力や想像力，イメージを共有するためのコミュニケーション能力が育つ。また，自然空間は季節，天気，動植物等によって日々変化するため，それに対応するための高度な注意力と柔軟性や適応力が育まれる。2005年から「森のようちえん全国交流フォーラム」が開催され，2016年に「森のようちえん全国ネットワーク連盟」が設立された。また，2015年度には長野県の「信州型自然保育事業」，鳥取県の「森のようちえん認証制度」が創設され，県独自での自然保育への支援が行われている。　［大谷彰子］

モロー反射

モロー反射は新生児期にみられる原始反射の1つであり，生まれつき外からの刺激に対して無意識に反応する動作である。この反射は，乳児の頭を支えながら仰向けに身体を持ち上げた後，急に降ろそうとすると，脚と頭が伸び，両腕が上に大きく開くような動きをし，戻っていく。また眠っている時などにもあらわれることがある。モロー反射は，養育者から急に落ちそうな時につかまろうとするために備わっている反射であると考えられている。この反射は出生後すぐにみられ，月齢4か月ごろまでには自然に消失する。　［坂田和子］

モンテッソーリ

Montessori, Maria（1870-1952）

イタリア生まれの医師。モンテッソーリ・メソッドで有名。イタール，セガン，セルギの影響を受け，ローマの貧民街にある「子どもの家」での実践が彼女の独自の教育観を生み出すこととなる。この子どもの家での教育実践から，様々な感

覚教具が作り出された。音階の相違の認識を確認する教具，文字の形象をサンドペーパーの素材で構成した文字認識の教具，微かな重量を認識させるための分銅，色彩の相違を認識させる糸巻などがある。これらは当初就学前の障害をかかえた子どものために考えられたようだが，後にそうでない子どもにも適応されるようになったという。「子どもの家」はムッソリーニ（1883-1945）により閉鎖されるまで継続した。彼女の思想はイギリス，ドイツ，アメリカにも影響を及ぼし影響力は大きかった。教員養成への関心も高かった。彼女の教育思想は，自立活動を通した自己実現にあった。また彼女の教育論が科学的教育ともいわれているが，観察の重要性も挙げておきたい。「話すことの代わりに，黙って観察すること」，「想像的能力が哲学的生き方に通じること」など（ヘルマン・ローズ，2000）が挙げられる。→子どもの家　　［津田　徹］

文部科学省

　文部科学省は，2001年に，文部省と科学技術庁が統合してできた国の省庁の一つである。文部省は明治４年から設置されている歴史ある省庁であったが，当時の中央省庁再編により文部科学省として新たなスタートを切った。文部科学省のトップは文部科学大臣で，組織としては，大きく本省と外局に分かれる。本省には，初等中等教育局，高等教育局，科学技術・学術政策局，研究開発局などがある。外局にあたるのはスポーツ庁と文化庁で，それぞれの長として長官がいる。文部科学省の権限を考える時に，よく出される議論が教育委員会（地方教育行政）との関係である。文部科学省設置法第４条の２には，文部科学省の事務として，「地方教育行政に関する制度の企画及び立案並びに地方教育行政の組織及び一般的運営に関する指導，助言及び勧告に関すること」と定められている。この「指導，助言及び勧告」という文言に様々に解釈があるが，「地方分権」という文脈からは，教育委員会に権限が委譲されることが求められているといえる。　［冨江英俊］

夜間保育

　保護者の就労等により夜間の保育が必要な児童の最善の利益を保障するために実施される保育である。日本の保育施策としての夜間保育はベビーホテル問題への対応策として，1981年にモデル事業として開始され，1995年にモデル事業の枠組みを外れて一般事業となった。夜間保育を行う主な保育施設に認可保育施設では夜間保育所および夜間保育を実施する認定こども園，認可外保育施設ではベビーホテルなどがある。夜間保育所は概ね11時から22時を標準的な保育時間とし，夜間の保育のみを実施するのではなく夜間の保育も行う保育施設である。子どもの生活リズムの形成を考え，多くの認可夜間保育施設が11時前からの午前の延長保育を実施しており，22時以降の延長保育や24時間保育を実施している認可保育施設もある。夜間保育の子どもへの影響に関する調査研究（安梅・呉，2000）からは，子どもの発達には「保育の形態や時間帯」ではなく「家庭における育児環境」，「保護者の育児への自信やサポートの有無」などの要因が強く関連していたことが示されている。そのため，夜間保育施設における家庭支援は子どもの発達を保障する上で非常に重要であるが，現状は公的な補助が得られにくく，家庭支援を行う人的環境も十分とは言い難い認可外保育施設が夜間保育ニーズの多くを担っている。保育を必要とする時間帯により享受できる保育の質に公平性が保たれているとは言い難い現状が夜間保育をめぐる課題である。　　　　　[大江まゆ子]

山下俊郎

やました　としお（1903-1982）
　幼児心理学者，教育学者。1928年東京帝国大学文学部心理学科卒業。学位論文『幼児における基本的習慣の研究』（東北大学）をはじめ，『一人子の心理と教育』（1937），『教育的環境學』（1937），『幼児心理学』（1938），『幼児の家庭教育』（1944），『児童心理学：子供の心はいかに発達するか』（1949），『幼児の家庭教育』（1952），『児童相談：幼稚園から小学校卒業まで：子供をよくする心理学』（1954）など，幼児心理学を基礎とした保育研究を行い，多数の著書を出版している。心理学の専門の立場から幼児教育内容調査委員会委員として戦後の保育要領作成にも大きな役割を果たした。倉橋惣三の後を継いで日本保育学会会長を約27年間（1955（昭和30）〜1982（昭和57）年）務めている。OMEP（世界幼児教育・保育機構）日本委員会会長なども務めた。愛育研究所所員，愛育幼稚園園長，東京帝大講師，東京家政大学教授，東京都立大学教授などを歴任した。
　　　　　　　　　　　　　[湯地宏樹]

誘導保育

　倉橋惣三が『幼稚園保育法真諦』（1934年）において提唱した保育理論。倉橋は「幼児のさながらの生活―自由設備―自己充実―充実指導―誘導―教導」と示した。倉橋によれば，「さながら」というのは，幼児の生活それ自身が「自己充実」の大きな力をもっていることを信頼して，それをできるだけ発揮させていくことであるという。適当な「自由と設備（環境）」を十分に保障し，子どもが自分の力で充実するように子どもの内側から指導する（「充実指導」）。幼児の生活に中心を与え，系統づけることで，幼児の生活を生活としてだんだんと発展させていく（「誘導」）。子どもが求めてきたときなどには，少し知識を与えることもある（「教導」）。このように誘導保育論は実践を通して「生活を生活で生活へ」を理論化したもので，今日の保育実践の礎となっている。　　[湯地宏樹]

ユネスコ

　正式名称は，国際連合教育科学文化機関。1942年にイギリスで開催された連合国文部大臣会議で教育，文化に関する国際機関の設立が検討され，1945年ロンドンで連合国教育文化会議が開催，44か国の代表によりユネスコ憲章が起草され，採択，1946年11月に発効，12月に国連との協定により，国連の専門機関としてユネスコはできた。「ユネスコ活動に関する法律」第1条でユネスコ活動の目標は以下のように定義されている。「わが国におけるユネスコ活動は，国際連合教育科学文化機関憲章（昭和26年条約第4号。以下「ユネスコ憲章」という。）で定めるところに従い，国際連合の精神に則って，教育，科学及び文化を通じ，わが国民の間に広く国際的理解を深めるとともに，わが国民と世界諸国民との間に理解と協力の関係を進め，もつて世界の平和と人類の福祉に貢献することを目標とする」。これを踏まえて，文部科学省内にユネスコ国内委員会を置く（同法第5条）。世界遺産の登録，ユネスコスクールの認定，近年では「持続可能な開発は教育から」（ESD = Education for Sustainable Development）等の主張が注目を集めている。2015年の国連サミットでは ESD を通じた SDGs の達成が目標とされることが全会一致で採択され，2030年までに「質の高い教育をみんなに」などを含んだ世界を変えるための17の「持続可能な開発目標」（Sustainable Development Goals：SDGs）が掲げられた。

[津田　徹]

指差し行動

　対象を手や指で指し示すノンバーバルコミュニケーションの一種である指差しによって，乳児が親などに意思を伝達しようとする行動を指す。指差しによってコミュニケーションの3項関係（伝え手と受け手と指示対象）が成立することから言葉とは違った重要なコミュニケーションである。乳児の発達過程において生後10か月頃から指差し行動は出現する。初めは親や保護者が指し示す対象を注視することができ始め，1歳頃には明確に他者に指示する「要求の指差し」が出現する。1歳半頃には，親から尋ねられたものを指差しで答える「応答の指差し」が出現する。このように初期には親などからの指差しによる注視が起こり，その後，乳児主導による指差しが出現する。このことから言葉の発達においては有意味語の出現の前に，指差しによってコミュニケーションが成立すると考えられているため，指差し行動は，乳児の成長過程における良好な言語発達の兆しであるとされている。

[芝田圭一郎]

指しゃぶり

　乳幼児が指をしゃぶったり吸ったりする行為を癖のように繰り返す行為を指す。生後間もなくから始まり，多くは年齢とともに減少し，消失していく。乳児の指しゃぶりには，手の意図的な動きを獲得する，不安や疲れから自己を落ちつかせるなどの理由があり，発達的な意味も持ち合わせている。指しゃぶりがなかなか消失しないケースもあり，その原因として生理的な習慣として残っている場合や，背景としてストレスやフラストレーション，情緒不安定が指しゃぶりにつながっている場合も考えられる。指しゃぶりを見かけたとして，すぐさまその行為を禁止したり，叱ったりすることよりも，まずはその子どもの背景や環境要因といった情報収集により，指しゃぶりの原因を明らかにすることが必要である。背景にストレスがある場合にはそのストレスを取り去るように援助するなど，指しゃぶりという行為を消去するための働きかけを続けていくことが重要である。

[芝田圭一郎]

よ

養護

　養護の概念は，実践（対象）の場によって異なる。保育所では，保育所保育指針（2017年）に「保育の目的を達成するために保育士が家庭との連携のもとに，子どもの状況や発達過程を踏まえ，保育所の環境を通して養護及び教育を一体的に行う」と明記している。ここでいう「養護」とは，「子どもの『生命の保持』『情緒の安定』を図るために保育士が行う援助や関わり」を指している。この養護理念及び構成要素を踏まえた教育との一体的取り組みが保育所保育実践における養護の特性である。次に，児童養護施設にみられる「養護」とは，児童福祉施設の設備及び運営に関する基準第44条に「児童に対して安定した生活環境を整えるとともに，生活指導，学習指導，職業指導及び家庭環境の調整を行いつつ児童を養育することにより，児童の心身の健やかな成長とその自立を支援する」ことと定義している。この養護理念と構成要素を踏まえた支援が児童養護実践における養護の特性である。　　　　　［橋本好市］

幼児期

　1歳から小学校就学の始期に至るまでの時期をいう。発語や歩行などの運動機能の発達に始まり，知的・情緒的・身体的・社会的発達が顕著で，基本的生活習慣（食事，睡眠，排泄，清潔，着脱衣など）がほぼ確立していく時期である。また自我の芽生えも見られ，自分と他者との区別がすすむようになる。親子関係においても，乳児期は全面的依存であったが，それは次第に安全基地へと変化する。この時期の心理的特徴として，判断や行動の基準を自分の側に置く自己中心性や意識や行動の分化が進んでいない未分化性，全ての事象に心や感情があると考えるアニミズムなどが挙げられる。

［猪田裕子］

幼児期の終わりまでに育ってほしい姿

　幼児期の終わりまでに育ってほしい姿は保育所保育指針（2017），幼稚園教育要領（2017），幼保連携型認定こども園教育・保育要領（2017）のそれぞれの総則の中に新たに盛り込まれた事項である。保育，教育活動全体を通して資質・能力が育まれている子どもの幼稚園修了時（認定こども園修了時，小学校就学時）の具体的な姿を意味するもので，幼児期の終わりまでに育ってほしい姿を「健康な心と体」「自立心」「協同性」「道徳性・規範意識の芽生え」「社会生活との関わり」「思考力の芽生え」「自然との関わり・生命尊重」「数量や図形，標識や文字などへの関心・感覚」「言葉による伝え合い」「豊かな感性と表現」と記載している。あくまで育ってほしい方向性であり，育つべき能力や到達目標のように，達成しなければならない課題ではない。　　　　　　　　　　　　　［大嶋健吾］

幼児の事故

　令和3年6月に，内閣府が発表した「令和2年教育・保育施設等における事故報告集計」では，全国の教育・保育施設等で発生した死亡事故，治療に要する期間が30日以上の負傷や疾病を伴う事故は，2,015件であり，前年度より271件増えている。また，独立行政法人日本スポーツ振興センターは，令和3年3月に幼稚園・幼保連携型認定こども園・保育所等で発生した負傷・疾病（医療費の給付が行われたもののみ）の概況を報告しているが，その中で負傷・疾病の分類を見ると，「挫傷・捻挫」が最も多く，幼稚園では30.2％，幼保連携型認定こども園では，30.0％，保育所等では28.5％となっている。さらに，負傷疾病の部位のうち，最も割合が高いのは，「顔部」であり，幼稚園では，46.9％，幼保連携型認定こども園では，48.3％，保育所等では，50.4％であり，「頭部」と合わせる

と，全体の6割を占めている。これは，頭部が大きく，重心が上にあるためバランスがとりにくいという幼児の体型の特徴が原因の一つであると考えられる。このように，子どもの保育現場での事故は日常的に発生している。　　　［福井逸子］

幼穉遊嬉場（ようちゆうぎじょう）

1875年11月，京都の上京第30区に設置された公立小学校の柳池校に附設された幼児教育施設のことである。日本の幼児教育機関としては，京都府下の幼穉院（1875年10月京都府船井郡十五区龍正寺の住職が教師となり幼児にイロハ五十音や単語図を指導した施設）に続いて最も早い時期に設立されたものとされる。いずれも学生における幼稚小学の規定とは関係なく開設されたものである。幼穉遊嬉場の目的は，「概則」によれば，ドイツを模範として，学齢に達しない幼児を対象に「街頭ニ飄遊シ鄙野ノ悪弊ヲ被ル」ことより保護し，「遊嬉中ニ於テ英才ヲ養ヒ」「勉学ノ基」を形成することであった。幼穉遊嬉場では小学教育の素養のある老実の婦人が教師となり，動植物・食物や文字の描かれた「天造，人工ノ玩具，立法形小片木，平方形ノ小木牌，絵本」などを使用して，見聞を広めるために「稚児ノ発才ヲ誘導スル具」である玩具の使用を重視し，幼児の能力を引き出した。柳池校の幼穉遊嬉場は，地域住民の十分な理解を得られず1年半ほどで閉鎖された。一方，「幼穉遊嬉場」の名称は，初期の幼児教育施設の名称として明治20年代まで各地で用いられた。　　　［熊田凡子］

幼児理解

幼児に対して，相応しい幼児教育・保育を実施するにあたって，対象の幼児，一人一人を深く理解することが保育者に求められる。幼児教育・保育は一人一人の幼児が保育者や多くの他の幼児たちとの集団生活の中で周囲の環境と関わり，発達に必要な経験を自ら得られるように

援助することが求められる。そのために幼児が今，どのような環境におかれているのか，どのような発達状況であるのか，何を感じ，考え，どのようなものに興味・関心をもっているのか，等をとらえなければならない。そのような幼児について理解することから日々の保育は始まり，幼児の発達に必要な経験を得るための環境構成や保育者の関わり方が適当になり，幼児一人一人の健全な心身の発達へつながっていく。保育者が幼児をどのように理解するかは，保育者自身の保育に対する姿勢や幼児の見方によって左右される。幼児教育・保育の中で幼児の言動から幼児の心の動きや発達する姿をとらえようとして記録をとるが，そこに見られる幼児の姿は，保育者がその幼児をどのように見てきたか，そしてどのように接してきたかという保育者の姿勢を映し出したものに他ならない。また幼児理解は保育者が幼児を一方的に理解しようとすることだけで成り立つものでもない。幼児も保育者を理解するという相互理解によるものであると同時に，それは相互影響の過程で生まれたものであることを踏まえておくことが必要である。これらのことを踏まえて，保育者は自分自身に対する理解を深めるとともに，幼児と保育者を取り巻く人々，状況などとの関連で幼児をとらえることが重要である。

［芝田圭一郎］

幼稚園

学校教育法第1条に基づき，小学校，中学校などと並ぶ学校の一種である。わが国における学校教育制度の最初の教育機関である。幼稚園は，満3歳から小学校就学の始期に達するまでの幼児を対象に，「義務教育及びその後の教育の基礎を培うものとして，幼児を保育し，幼児の健やかな成長のために適当な環境を与えて，その心身の発達を助長することを目的とする」（同法第22条）施設である。文部科学省の管轄である。幼稚園の設置

は，国，地方公共団体，学校法人，社会福祉法人に認められている。1日の教育時間は4時間を標準として，年間39週を下ってはならないとされるが，近年は教育課程に係る教育時間終了後等に行う教育活動として，「預かり保育」を実施する園が増えている。　　　　　［日坂歩都恵］

幼稚園型認定こども園

2006（平成18）年10月から開始された「認定こども園」は，0歳から小学校就学前の乳幼児に保育と幼児教育とを提供する機能と，地域における子育て支援の機能とを併せ持った施設である。この「認定こども園」は，4つの類型に分けられており，いずれも，地域の実情や保護者のニーズに応じて選択が可能となっている。その中で，幼稚園型認定こども園は，認可幼稚園が保育を必要とする子どものための保育時間を確保するなど保育所的な機能を備え，就学前の子どもに関する教育・保育等の総合的な提供をするものである。満3歳以上を担当する場合，幼稚園教諭免許及び保育士資格の併用が望ましいとされているが，現在のところ，いずれかの免許及び資格であっても担当することは可能である。ただし，満3歳未満を担当する場合は保育士資格が必要である。　　　　　［猪田裕子］

幼稚園教育要領

文部科学省が告示する幼稚園における教育課程の基準のことである。保育要領（1948）に代わる幼稚園の教育課程を明確に示す基準の作成が求められるようになり，実質的には保育要領を改訂する形で，1956（昭和31）年に幼稚園教育要領が作成された。小学校との一貫性を持たせるため，幼稚園教育の目標を具体化し，指導計画の作成の際に役立つようにした。目標に照らして適切な経験を選ぶ必要があるとして，6領域（1．健康，2．社会，3．自然，4．言語，5．音楽リズム，6．絵画製作）に分類し，それぞれの領域において予想される「望ましい経験」が表示された。1964（昭和39）年の告示では，教育内容を精選し，幼稚園修了までに達成することが「望ましいねらい」として明示された。1989（平成元）年には大きな改訂が行われた。まず，幼稚園教育は，「環境を通して行う」ことを明示し，幼児の主体的な活動としての遊びを通した総合的な指導，一人ひとりの発達の特性に応じた指導によって，幼児期にふさわしい生活を大切にすることが重視された。そして，一人ひとりの子どもの発達をとらえる窓口としての5領域（1．健康，2．人間関係，3．環境，4．言葉，5．表現）を編成した。1998（平成10）年の改訂では，計画的な環境構成において保育者の果たす役割を明示した。2008（平成20）年の改訂では，子育て支援や，教育課程修了後の保育の内容や意義を明確化した。2017（平成29）年の改訂では，幼稚園教育において育みたい資質・能力（「知識及び技能の基礎」「思考力，判断力，表現力等の基礎」「学びに向かう力，人間性等」）及び「幼児期の終わりまでに育ってほしい姿」が10項目あげられた。　　　　　［鋳物太朗］

幼稚園教諭

いわゆる幼稚園の先生である。幼稚園は，学校教育法第1条において学校と位置付けられ，同法第27条では幼稚園に教諭を置かなければならないと定められている。

幼稚園教諭は，教育職員免許法第2条において教育職員であること，同法3条で幼稚園の教育職員として相当の免許状を有することが求められている。免許状には一種免許状，二種免許状，専修免許状があり，一種免許状は幼稚園教諭養成課程をもつ大学，二種免許状は文部科学省指定の短期大学などを卒業すること，専修免許状は幼稚園教諭養成課程のある大学院修士課程を修了することで取得できる。教育職員免許法は度々改正されており，2007（平成19）年の改正により

2009（平成21）年から教員免許更新制が導入された。これにより，幼稚園教諭は10年ごとに30時間以上の免許状更新講習を受講・修了することとなったが，2022（令和4）年の教育職員免許法改正により教員免許更新制は解消された。幼稚園教諭は，文部科学省が定めた幼稚園教育要領に基づき，満3歳から小学校就学の始期に達するまでの幼児を対象に，1日4時間を標準として保育や教育などを行う。近年は子育て支援として，保護者や地域の人々への対応も重要な役割となっている。保育士も就学前の子どもに関わる仕事をしているが，保育士は厚生労働省管轄の児童福祉法に基づく資格であるのに対し，幼稚園教諭は文部科学省管轄の免許状となる。また，最近増えている認定こども園のうち，幼保連携型認定こども園では幼稚園教諭免許状と保育士資格の両方を有する保育教諭であることが必要である。　　　　　　　　　［大塚優子］

幼稚園設置基準

　幼稚園を設置するための必要最低限の基準。学校教育法第3条の規定に基づき定められた文部科学省の省令である。主なものとして，一学級の幼児数は35人以下（第3条），各学級に1人の専任教諭を配置すること（第5条），園舎は原則二階建て以下であること（第8条第1項），園庭・運動場は園舎と同一敷地内もしくは隣接する位置に設けること（第8条第2項）（保育所のように近隣の公園などは認められていない）。その他，職員室，保育室などの面積や遊具などの規定が定められている。幼稚園の基準は学級数を基準として算出される。認可保育園においても同様に，厚生労働省から設置基準が定められているが，保育者の対応数や園庭に関する項目や，給食室，調乳室など給食を作ることを前提とした基準などにおいて違いがみられる。保育園の基準は園児数を基準として算出される。様々な研究から，ていねいな保育を

するためには人的配置，面積など見直しが必要だとされているものもある。また，保育における音に関する視点も近年注目されているため，音環境に関する配慮も必要になってくる。現段階では設置基準のはるか上のものが必要になるが，経営との関係を無視できないところでもある。
　　　　　　　　　　　　　　［加納　章］

幼稚園保育及設備規程

　1899（明治32）年6月に公布された，幼稚園の編制，組織，保育項目などについて規定したものが「幼稚園保育及設備規程」である。1872（明治5）に公布された「学制」により「幼稚小学」が規定され，京都では「幼穉遊嬉場（ようちゅうぎじょう）」が小学校に付設された。1876年（明治9年）には最初に幼稚園を名乗った東京女子師範学校附属幼稚園が開園し，明治20年代に大きく増加していった。そのため，幼稚園の明確な位置づけのための制度化が求められるようになり，1890（明治23）の「小学校令」において触れられていた幼稚園に関する規則が未制定であったため，1899（明治32）年に公布された。この規程によって，満3歳から小学校に就学するまでの幼児を保育するところが幼稚園であると明確化され，「保育時数は一日五時間以内」「保母一人の保育する幼児の数は四〇人以内」「一幼稚園の幼児数は一〇〇人以内とし，特別の事情があるときは一五〇人まで増加することができる」「保育項目を遊嬉・唱歌・談話・手技とする」「建物は平屋造りとし，保育室，遊戯室，職員室などを備える」「保育室の大きさは幼児四人につき一坪より小さくならない」「遊園は幼児一人につき一坪より小さくならない」「恩物，絵画，遊嬉道具，楽器，黒板，机，腰掛，時計，寒暖計，暖房器具などを備える」といった詳細な法的規定が初めて設けられた。

　　　　　　　　　　　　　［高橋一夫］

幼稚園幼児指導要録

幼稚園幼児指導要録は満3歳～4歳児の記録、5歳児の記録を分けて記録する。小学校等における児童の指導に活かされるよう、幼稚園教育要領第1章総則に示された「幼児期の終わりまでに育ってほしい姿」を活用して幼児に育まれている資質・能力を捉え、育ちつつある姿と指導の過程をわかりやすく記入する。「幼児期の終わりまでに育ってほしい姿」が到達すべき目標ではないことや個別に取り出して指導するものではないことに留意し、項目別に記入しないように留意することが必要である。最終年度の記録に際しては幼稚園教育要領第2章「ねらい及び内容」に示された各領域のねらいを視点として、当該幼児の発達の実情から向上が著しいと思われるものを記録する。その際、他の幼児との比較や一定の基準に対する達成度についての評定によって捉えるものではないことに留意することが求められている。　　　　　　［大嶋健吾］

幼稚園令

1926（大正15）年4月、日本における幼稚園に関する最初の単独の勅令として公布された法令を指す。同時に「幼稚園令施行規則」も文部省令として制定された。背景として幼稚園が普及し、学校教育制度としての幼稚園の地位を確立する目的があった。第1条に「幼稚園ハ幼児ヲ保育シテ其ノ心身ヲ健全ニ発達セシメ善良ナル性情ヲ涵養シ家庭教育ヲ補フヲ以テ目的トス」と幼稚園の目的を示し、第6条に「三歳ヨリ尋常小学校就学ノ始期ニ達スル迄」と入園年齢を明記し、第9条では「女子ニシテ保姆免許状ヲ有スル者」と保育者は保母の資格をもつ女子と定められた。その他に幼稚園の設置、職員構成と職務内容、保母に関する基準なども示された。「幼稚園令施行規則」では第2条で幼稚園の保育項目として、遊戯、唱歌、観察、談話、手技等が示されている。「幼稚園令」と「幼稚園令施行規則」は幼稚園、園長、保母に教育制度上の明確な地位を与えるものであった。以後、1947（昭和22）年に「学校教育法」が制定されるまで日本の幼稚園制度の基本法であった。　　　　　　［芝田圭一郎］

要保護児童対策地域協議会

要保護児童とは、保護者のいない児童又は保護者に監護させることが不適当であると認められる児童で、虐待を受けた子どもに限らず、非行児童なども含まれる。児童虐待の防止等に関する法律第4条では、教職員、児童福祉施設職員、医師、保健師、弁護士など児童の福祉に職務上関係のある者には、児童虐待の早期発見、努力義務が課せられている。さらに同第6条では、児童虐待を受けたと思われる児童を発見した者の通告義務が規定されている。要保護児童対策地域協議会とは、要保護児童の適切な保護又は要支援児童（保護者の養育を支援することが特に必要であると認められる児童）若しくは特定妊婦（出産後の養育について出産前において支援を行うことが特に必要であると認められる妊婦）に関する情報交換や支援内容の協議を行う場である。自治体を事務局として、児童相談所や医療機関、保健所、警察、学校、幼稚園、保育所等保育施設、民間団体など関係機関がネットワークを形成している。要保護児童地域協議会の設置により、要保護児童等の早期発見、迅速な支援の開始、情報の共有化、各関係機関等間で役割分担の共通理解、各機関等の役割分担を通じて責任をもった体制づくり、支援を必要とする家庭がよりよい支援を受けること、各機関の限界や困難さを分かち合うこと等が期待できる。　　　　　　［福山恵美子］

幼保の「一元化」「一体化」

幼稚園と保育所という所管の異なる二つの教育・保育施設の一体的運用を図ること。「幼保一元化」が幼稚園と保育所の制度の統一をさすのに対して、「幼保一体化」は両者の関係を密接なものとし、

その運用を弾力的，一体的に進めること
をいう。

　日本では，幼稚園が明治初期に中上流
層の幼児教育施設として誕生し，その後，
労働者層の幼児の保育施設として託児所
（保育所）が成立した。そのような歴史
的経緯の中で幼保の二元化が起こり，戦
後の保育改革期にも，文部省と厚生省の
調整がつかず，一元化は見送られた。戦
後，幼稚園は文部省所管の学校として，
保育所は厚生省所管の児童福祉施設とし
て明確に二元化され，現在に至っている。
しかし，近年の少子化の進行や共働き家
庭の一般化に伴う保育ニーズの多様化は，
幼稚園の経営難や保育所入所待機児童の
増加などの問題を顕在化させている。そ
うしたなかで，幼保施設の共用化が進め
られ，2006年には認定こども園の制度が
発足した。しかし，幼稚園と保育所が併
設されていても，認定こども園は「一体
化」であって「一元化」ではない。さら
に，2015年には幼稚園とも保育所とも異
なる第三の施設として，「幼保連携型認
定こども園」が登場した。しかし「幼保
連携型認定こども園」も，幼保の「一元
化」ではなく，第三の施設として「学校
としての教育」と「児童福祉としての保
育」を一体的に行うことをめざすもので
ある。現在，国の制度として「幼保一元
化」は認められていない。近年の規制緩
和政策を背景として，各地で進められて
いる幼保の関係を密接にしようとする試
みは，「幼保一体化」というべきもので
あろう。　　　　　　　　　［中田尚美］

幼保連携型認定こども園

　2006（平成18）年10月から開始された
０歳から小学校就学前の乳幼児に幼児教
育と保育を提供する機能と，地域におけ
る子育て支援の機能を併せもった施設を
「認定こども園」といい，地域の実情や
保護者のニーズに応じて選択が可能とな
るよう多様な４つの類型に分けられる。
その中で幼稚園と保育所が一体となり連

携して取り組む施設を「幼保連携型認定
こども園」という。幼保連携型認定こど
も園は子どもに対する教育及び保育を一
体的に行うとともに，保護者等に対する
子育ての支援を行うことを目的とした施
設であり，保護者の就労やその他の家族
の生活形態を反映した状況等により，多
様な生活経験をもつ０歳から小学校就学
前までの園児が共に生活している。子ど
もの在園期間や在園時間が異なることか
ら，一日の生活リズムや園生活の過ごし
方が多様であることに加えて入園した年
齢により集団生活の経験が異なることに
配慮しながら，教育及び保育を展開して
いくことが求められている。幼保連携型
認定こども園の職員は幼稚園教諭の免許
状と保育士資格を併有する保育教諭と定
められている。但し，保育教諭は幼稚園
教諭免許状及び保育士資格の両方を有す
ることが原則だが，施行後５年間に限り，
いずれか一方しか有さない者も可能とし
ている。教育・保育の内容として，幼保
連携型認定こども園教育・保育要領を踏
まえて教育・保育を実施することが求め
られる。　　　　　　　　　［芝田圭一郎］

幼保連携型認定こども園教育・保育要領

　2006（平成18）年10月から開始された
０歳から小学校就学前の乳幼児に幼児教
育と保育を提供する機能と，地域におけ
る子育て支援の機能を併せもった施設を
「認定こども園」の内，「幼保連携型認定
こども園」の保育の内容の基準となる要
領を指す。2014（平成26）年４月に本要
領を内閣府，文部科学省，厚生労働省の
共同告示により公示し，2015（平成27）
年４月に施行した。全ての子どもに質の
高い幼児期の学校教育及び保育の総合的
な提供を行うため，幼保連携型認定こど
も園の教育課程とその他の教育及び保育
の内容に関する基準として策定された。
幼稚園教育要領及び保育所保育指針との
整合性の確保や小学校における教育との
円滑な接続に配慮しなければならないと

規定されている。そのため，環境を通した保育の内容とねらい等についても，「健康」「人間関係」「環境」「言葉」「表現」の5つの領域から構成されている。2017（平成29）年の幼稚園教育要領と保育所保育指針の改訂（改定）に当たり，その内容を反映させ，また策定されてから数年間の実践によって蓄えられた知見等を反映させられ，同様に本要領も2017（平成29）年に改訂された。

[芝田圭一郎]

溶連菌感染症

A群溶血連鎖球菌感染症は，突然の発熱と全身倦怠感，咽頭痛によって発症する感染症である。子どもの咽頭（のどの奥）は赤く腫れ，扁桃（のどの横）も赤く腫れて，浸出液を伴う。感冒様症状の咳がでたり，声がかれることはほとんど見られないことも特徴である。発症は5歳から15歳の子ども，特に学童初期に最も多い病気である。A群溶血連鎖球菌は，健康な子どもの約5～20%が咽頭（のどの奥）に保菌しており，無症候性保菌者から感染の広がることはない。感染者の唾液や鼻汁を介した飛沫感染と接触感染で感染が広がり，感染力は強いため，保育所・学校などでの集団感染も多い。治療は抗菌薬療法である。注意すべきは，不十分な抗菌薬の内服（たとえば，自己判断で，熱が下がったから内服を止める等）による再燃である。リウマチ熱や急性糸球体腎炎等の続発症にならぬよう，医師の指示通り（約10日間）の服薬が重要となる。感染予防対策は，手洗い，咳エチケット等の一般的な予防方法を確実に実施することである。　[笠井純子]

予防接種

予防接種法において，予防接種とは「疾病に対して免疫の効果を得させるため，疾病の予防に有効であることが確認されているワクチンを，人体に注射し，または接種することをいう」（第2条）とされている。予防接種の目的は，ワクチン接種により，病気にかかることを予防したり，人に感染させてしまうことで社会に病気が広がってしまうことを防ぐ，そして病気にかかっても重い症状になることを防ぐことにある。そのため保育所や幼稚園に入園する子どもは，感染症対策として，入園前の標準的な接種期間に，ワクチン接種により病原体に対する免疫を獲得することが予防対策となる。

予防接種法に基づく定期予防接種には，A類疾病とB類疾病（成人対象）がある。A類疾病の予防接種は，誰もが受けるべき予防接種で，対象となる疾患は，ジフテリア・百日咳・破傷風・急性灰白髄炎（ポリオ），結核，麻疹，風疹，日本脳炎，インフルエンザ菌b型，小児の肺炎球菌感染症，ヒトパピローマウイルス感染症，水痘，B型肝炎，ロタウイルス感染症がある。これらの予防接種は，乳幼児期といった病気にかかりやすい年齢や重症化しやすい年齢に応じて接種する必要がある。特にA類疾病の病気は，多くの者が予防接種を受け免疫を持つことで，感染者が少なく，感染が起こっても社会に病気が広がって流行しない状態に保てる。

[森田惠子]

4歳児保育

おおむね4歳頃になると全身のバランスをとる能力が発達し，体の動きが巧みになる。保育者は簡単なルールのある遊びを少しずつ取り入れ，子どもの体を動かす体験を増やしていくことが望ましい。またこの時期になると，自然など身近な環境に積極的に関わり，様々な物の特性を知り，それらとの関わり方や遊び方を体得していく。想像力が豊かになり，目的をもって行動することができるようになるが，自分の行動やその結果を予測して不安になるなどの葛藤も経験する。また，遊びや生活の中で守らなければならないルールがあることに気付き，きまりを守ろうとするようになる。さらにこの頃から，保育者や友達など，身近な人の

気持ちを察し，少しずつ自分の気持ちを抑えたり，我慢ができるようになってくる。感情が豊かになり，仲間とのつながりが強くなる一方で，大勢の友達の中で自分の力をだしていくことに困難を感じることも経験し，けんかも増えてくる。

保育者は，子どもが自己主張のぶつかり合いや葛藤を経験しながら，自ら集団との関係を広げていけるように，また遊びの魅力にひかれて集団が形成されるような状況をつくるように援助することが求められている。　　　　　　　　　［中田尚美］

ら

ラーニング・ストーリー

ラーニング・ストーリーとは，ニュージーランドの「テ・ファリキ」の枠組みに沿った子どもの学びの評価の記録様式である。「学びの物語」と訳される。「テ・ファリキ」の代表執筆者カー（Carr, M.）を中心に開発された。「テ・ファリキ」の5つの要素（ウェルビーイング，所属，貢献，コミュニケーション，探求）に基づいて，子どもの学びのエピソードが文字や写真によって記録される。子どもが何に関心をもっているか，何に熱中しているのかなど「学びの構え」を保育者が見取る。「できない」ことよりも「参加しようとしている行動」に焦点を当てている。ラーニング・ストーリーは子どもや保護者と共有される。保育者にとっては日々の保育の形成的評価として活用される。レッジョ・エミリアのドキュメンテーションなどと並んで国際的にも注目されている。→テ・ファリキ

[湯地宏樹]

ラポール

心理学において，人と人との関係性がなごやかな心の通い合った状態にあることを指す。臨床心理学のカウンセリングについて理論化の基礎を築いたロジャーズ（Rogers, 1940）によると，カウンセリングの初期段階としてラポール（rapport）が確立されるといい，クライエントが批判されることなく受容されるような状況をラポールがある状況としている。また，人間はラポールがある状況では，自己を認容するようになると指摘しており，受容の必要性を指摘している。このような人を受容する姿勢については，保育においても重視されている。たとえば，保護者への支援については「保育所保育指針」の総則において，「一人一人の保護者の状況やその意向を理解，受容し，それぞれの親子関係や家庭生活等に配慮」することが明記されている。また，子どもに対する保育者の姿勢として「保育所保育指針」「幼稚園教育要領」「幼保連携型認定こども園教育・保育要領」において，様々な場面において受容する姿勢を示すことの重要性が指摘されている。

[髙橋一夫]

り

リズム遊び

メロディに乗せて体を動かす活動のことである。音楽を教育に取り入れる方法として「音育」という言葉で説明されることもある。子どもたちは，音楽やリズムにあわせて元気に体を動かすのが大好きであり，リズム遊びは脳に刺激をたくさん与え，体力やリズム感，感性，音感，心など子どもの成長に欠かせないさまざまな要素を伸ばすことができる。リズム遊びの効果としては次のようなものが挙げられる。感性が豊かになる：多彩なメロディを聞き，ピアノをはじめとするさまざまな楽器に触れ，自由に感じたことを表現することで，豊かな感性を育むことができる。親子の絆が深まる：リズム遊びは，赤ちゃんの頃からお家でもできる遊びである。小さい頃からリズム遊びを行うことで，親子で楽しい時間を共有する機会が増え，親子の絆が深まる。言語能力が高くなる：さまざまな要素が絡み合っているメロディを耳にすることで「聴く」能力が鍛えられ，それが言語の理解にもつながる。運動神経の発達に役立つ：音楽に合わせて体を動かすことで，楽しみながら運動能力を伸ばすことができる。集中力を養う：音楽に合わせてリズムを刻むには，音の変化を捉える必要がある。集中して音楽を聞くため，自然と集中力が養われるとされている。

[植山佐智子]

リズムジャンプ

「リズム感を高めることで運動能力を向上させる」新感覚のトレーニング。ラインと呼ばれる障害物（幅5cm×厚さ5mm×長さ8m程度）を使用し、ビートの強い曲に合わせて、さまざまなステップを踏む運動である。音楽リズムに合わせながら、前後左右方向のジャンプに加え、回転やステップ、手の動きを加え、難易度を上げることもできる。また、「線を踏まない」「音楽に合わせる」「合図でスタートする」という、トリプルタスクを脳に課し、脳と身体を鍛える。陸上の三段跳びの選手だった津田幸保が2010年、跳躍のリズム感を養うトレーニングを基に考案した。音楽のビートは脳の「運動野」を刺激する。ビートの強い音楽を聴くと動きたくなるのはこのため。「運動野」が刺激されると隣接する「前頭前野」も活性化する。「前頭前野」は先のことを考える、相手の気持ちを考える、感情をコントロールするといった人間らしさを司る部分で、この部分の活性が弱いと集中力が欠けているように見え、逆にこの部分が活性化すると笑顔が多くなり目が輝いてくる。リズムジャンプを幼児期におこなう利点として、①運動能力が高まる、②社会性が育つ、③自己肯定感を育むという3点があげられている。

［植山佐智子］

リッチモンド

Richmond, Mary Ellen（1861-1928）

代表作は『社会診断』（1917）および『ソーシャル・ケースワークとは何か？』（1922）。19世紀末から20世紀初めにアメリカの慈善組織協会（COS）において、「友愛訪問」と呼ばれる貧困救済の活動を行うなかでケースワーク論を確立すると同時に、社会福祉の専門職教育を提唱し、"ケースワークの母"と呼ばれている。『ソーシャル・ケースワークとは何か？』において、ソーシャル・ケースワークを「人間と社会環境との間を個別に、意識的に調整することを通してパーソナリティを発達させる諸過程から成り立っている」と定義した。つまり、クライエントを個人的および社会的な背景をふまえて理解し、クライエントに直接的に働きかけるとともに、社会環境を通じて間接的に働きかけることで、クライエントの社会関係は改善され、パーソナリティの発達を図るということである。

［芦田麗子］

リトミック

リズム遊びとリトミックとはどう違うのか。この2つは違うものではなく、リズム遊びを取り入れた教育法の一つが「リトミック」である。身体表現を通して、音楽を表現し、理解する能力を発達させ、心身の豊かな発達を目指すことができる。リトミックとは、スイスの音楽教育家・作曲家、エミール・ジャック＝ダルクローズが創案した音楽教育方法である。音楽をよく聴き、筋肉運動を通して身体表現に置換すること、即ち音楽の様々な要素を頭だけでなくからだ全体で理解し、体得する"音楽"と"動き"を融合した教育方法であることが特徴とされている。幼児はからだ全体で音楽表現することが大好きであり、幼少期に、この「からだ全体で音楽を楽しみ、味わい、表現することの喜び」を知る経験をすることで、その先も豊かな表現意欲を持って、音楽に接する気持ちを育むことができる。日本でもその歴史は長く、明治時代から多くの教育家や音楽家、演劇人、舞踏家などがヨーロッパで学び、それぞれの分野で取り入れていた。戦後間もなくニューヨークで学んだ板野平（1928-2009）が、国立音楽大学の専門課程において教鞭をとったことにより、日本の幼児教育界に広まっていった。

［植山佐智子］

離 乳

母乳または育児用ミルク等の乳汁栄養から幼児食に移行する過程をいう。乳汁

を飲む，吸う行為から食べ物を嚙み，飲み込むという行為への発達を目的としている。厚生労働省『授乳・離乳支援ガイド（2019年版）』では，原始反射の一つである哺乳反射が消え始めてきたら離乳食を開始しても良いと定義しており，その時期を生後5～6か月ごろとしているが，離乳の時期は乳児の成長の過程を踏まえて評価する。具体的には，母子健康手帳には，乳幼児身体発育曲線が掲載されており，このグラフに体重や身長を記入し，成長曲線のカーブに沿っているかどうかを確認することが大切である。

［廣田有加里］

離乳食

　乳幼児に対して栄養源を母乳または育児用ミルク等の乳汁栄養以外の食品からも栄養素を取り入れる食事のことであり，半固形状の食べ物のことを離乳食という。乳児は離乳食を通して，少しずつ食べ物に親しみながら食物を嚙みつぶして飲み込むことを体験していく。乳児の成長に合わせた栄養量を充足させていきながら，食べる意欲を育みながら，楽しく，おいしい食事ができるような環境，雰囲気づくりを行い，それぞれに合ったペースで離乳食を進めていく。　　［廣田有加里］

流行性耳下腺炎（おたふくかぜ）

　流行性耳下腺炎（ムンプス，おたふくかぜ）はウイルス性の病気で，罹患する年齢は3歳から6歳までの子どもに多い。症状は発熱，唾液腺（耳下腺・顎下腺・舌下腺）という首周り（顎の下から耳の下まで）の腫れ，痛み，嚥下（ものを飲み込む時）の痛みが出る。また，明らかな症状のない感染例が約30％存在する。感染力は強く，咳やくしゃみで唾液を介する飛沫感染，手をつないだり，おもちゃの共有等の接触感染をする。症状の出ない感染者のいることや症状出現の7日前から唾液にウイルスが排泄されることから，感染拡大を防止することは難しい。感染者と接触をした場合の予防策と

して緊急にワクチン接種を行っても，症状の軽快は認められても，発症を予防することは困難である。流行性耳下腺炎は学校保健安全法による学校感染症第2種に定められており，耳下腺，顎下腺または舌下腺の腫脹（腫れ）が発現した後5日を経過し，かつ全身状態が良好になるまで出席停止とされている。登園の再開に際しては，自治体・保育所によっては，意見書（医師が記入）の提出が必要となる。流行性耳下腺炎の合併症は軽症と考えられるが無菌性髄膜炎があり，思春期以降では男性の約20～30％に睾丸炎をおこす。また頻度は少ないが，永続的な障害となる難聴，膵炎は重篤な合併症となる。　　　　　　　　　　　　　［森田恵子］

利用者支援事業

　子ども・子育て支援とは「全ての子どもの健やかな成長のために適切な環境が等しく確保されるよう，国若しくは地方公共団体又は地域における子育ての支援を行う者が実施する子ども及び子どもの保護者に対する支援をいう」と，子ども・子育て支援法第7条に定義されている。この定義に則り，本法第59条では「地域子ども・子育て支援事業」を規定している。利用者支援事業とは，市町村子ども・子育て支援事業計画に基づく各種事業の一事業である。利用者支援事業の目的は，子どもとその保護者，妊産婦等が，教育・保育施設（保育所・幼保連携型認定こども園・幼稚園）や地域の子育て支援事業等を円滑に利用できるようサポートしていくことにあり，「利用者支援」と「地域連携」の二本柱で構成されている。ここでいう「利用者支援」とは，子育て家庭のニーズを把握し，各種施設や地域子育て支援事業等の利用について，情報提供・相談・利用支援等を行うことである。「地域連携」とは，子育て支援等の関係機関との連絡調整，連携・協働の体制づくりを行い，地域の子育て資源の育成，地域課題の発見・共有，

地域における社会資源の開発等を行うことである。なお，利用者支援事業は，「基本型：利用者支援と地域連携を共に実施する形態（窓口：行政機関以外で親子が継続的に利用できる施設）」「特定型：利用者支援を実施する形態（窓口：行政機関）」の二形態で実施される。子育て中の親子が集まりやすい利用者支援実施施設に「利用者支援専門員」を配置し，地域の子育て家庭に対する相談事や情報提供，適切な施設や事業等の利用に向けた支援をしている。　　　［橋本好市］

両親教育

　両親が育児，子どもの教育を適切に行うことができるよう育児に必要な知識，技能，態度などを学ぶ。社会状況の変化，家族のあり方の多様性，乳幼児とのかかわりの経験の希薄化，結婚年齢の多様化，など複雑な社会経済的諸条件，多様な価値観が存在する中で，子育てに不安や戸惑いを感じる保護者は多い。乳幼児の特徴や発達等についての知識は薄く，乳児を抱いたのはわが子が初めてであるというカップルも存在する。子どもの健全な成長発達のために両親教育の重要性が認識されている。妊娠中からお産や新生児についての理解を深め，夫婦で助け合いながら育児に取り組めるよう支援することもある。また，産後保健師等が個別訪問を行い保護者の不安や疑問に対応することもある。幼児教育施設（保育所，幼稚園，幼保連携型認定こども園）では，親子の様子を観察しながら保護者へ支援を行う。その際，子どもの最善の利益を図るために保育者と保護者が協働できるよう信頼関係を築くことが重要である。
　　　　　　　　　　　　　　　［椛島香代］

利用定員

　子ども・子育て支援新制度では，児童福祉法，学校教育法等に基づく施設・事業所の認可を前提に，実施主体である市町村から「確認」を受けた対象施設・事業所に対して，子ども・子育て支援法に基づく施設型給付・地域型保育給付の対象を決定する。なお，各施設・事業所の運営基準については，国が定める基準を踏まえ，地域の実情を勘案して市町村が条例として策定していく。教育・保育施設（認定こども園・幼稚園・保育所・地域型保育事業〈家庭的保育事業・小規模保育事業・事業所内保育事業・居宅訪問型保育事業〉）の設置にあたり，実績や保育室等の設備及び職員数等を勘案して算出され，運営基準を満たし認可をされた受け入れ上限定員のことを「認可定員」という。なお，各歳児利用数は認可定員を超えてはならない。これに対して，認可を受けた当該施設・事業の認可定員の範囲内で，過去の利用実績や今後の利用見込みを踏まえたうえで設定する定員（1号・2号・3号認定区分ごと）のことを「利用定員」という。利用定員を設定するにあたっては，子ども・子育て支援法において，当該地方公共団体の設置する子ども・子育て会議における意見聴取を踏まえるものとされている。なお，利用定員は認可定員に一致させることを原則としており，利用定員を超えて児童を入所（利用）させることはできない。利用定員は，施設型給付費等の基礎単価となる。　　　　　　　　　　　　　［橋本好市］

臨界期

　カモなどの離巣性の鳥類のヒナは，孵化後一定時間内に動くものを見せると後追いをする。孵化したヒナがその期間に見るのは親鳥であることが多いが，人間や動くおもちゃの場合でも同じように後追いをする。この現象をローレンツ（Lorenz, K. Z.）は刻印づけ（インプリンティング）とよんだ。刻印づけは，孵化後13〜16時間に最も起こりやすく，30時間を過ぎると生じなくなる。これは，あることを学習する際には特定の時期があり，その時期を逃すと学習が成立しなくなることを示している。このような限定的な時期を臨界期という。人間の学習

や発達にも，言語の獲得や愛着の形成について，臨界期の存在が主張されており，幼児期から多くの習い事を行わせたり，英語を習わせたりするケースがあるものの，人間の発達は可逆性が高く，修正の可能性も比較的高いことが報告されている。そのため，時期を過ぎると一切学習ができなくなるという意味の臨界期とはよばずに，ある学習が成立しやすい時期があるというもっと緩やかな広がりをもつ敏感期とよぶこともある。

[松本麻友子]

臨床心理士

臨床心理士とは，臨床心理学に基づく知識や技術を用いて，心に問題を抱える人々を支援する専門家のことをいう。実際には，公益財団法人日本臨床心理士資格認定協会が認定する民間資格およびその有資格者のことをさす。「臨床心理士」は，1988年の資格認定が始まってから，35,912名が認定されている（2019年4月1日現在）。一般的によく知られているのは，1995年以降，全国公立中学校や小学校にスクールカウンセラーとして任用（派遣）され，約5,000名が活躍している。その他にも，子育て支援，高齢者支援，犯罪被害者等支援だけでなく，それから私設心理相談所を開設する臨床心理士もいる。臨床心理士の主な業務は以下の3つに集約される。①種々の心理テストの査定や面接に精通していること。②面接援助技法を使用した的確な援助能力を有していること。③地域の心の健康・維持増進へのコーディネートやコンサルテーション能力を有していること。臨床心理士は，個人的な熱意や人生経験だけでは難しく，専門家としての知識と技能を人々の福祉の増進のために用いるように努めることが求められる。このため，臨床業務が多くの人々の生活に影響を与える社会的責任を負うものであり，高い倫理感が求められる。

[西浦和樹]

『リーンハルトとゲルトルート』

スイスの教育実践家ヨハン・ハインリヒ・ペスタロッチが，1781年から順次出した全4部構成の著作である。副題は，「民衆のための書」とあり，これは「民衆の生活をよりよくするためには，どうすればよいかを明らかにするもの」（ペスタロッチ，1969）である。ペスタロッチが貧しい農民生活に直接入り込んで，そこで得られた内容を述べた物語である。主人公のリーンハルトは石工で，その妻ゲルトルートとともに7人の子どもを養う大黒柱である。しかし，彼を料亭に誘って彼の財貨を費やそうと考える者たちがいて，その意味ではリーンハルトも弱い人間であったが，賢明な妻ゲルトルートのおかげで，この妻中心の家庭教育が美しく子どもを育てていくこととなる。第1部は，社会背景となる悪代官の影響とそれを成敗する名城主アルネルが描かれる。第2部は，彼らのボナル村の不幸について述べられる。二つの不幸（村の共有地が富者に占有されているが，これらを貧者に分割して耕作できるよう城主アルネルが努力する話，料亭に出入りする百姓が賃借の混乱のゆえに困窮する問題だが，これ）をアルネルが解決させようとする。その後アルネル家の執事グリューフィが真実の学校を経営し，そこではゲルトルートの家庭教育の理念が尊重される。こうしてボナル村の改革が進められていく。ゲルトルートの家庭教育のあり方が再確認されるとともに，賢明な城主アルネルの施政（宗教と民衆指導による）が展開される。

[津田 徹]

る

ルソー

Rousseau, Jean-Jacques（1712-1778）

フランスの思想家・小説家で，啓蒙主義の思想家である。絶対王政の非合理な社会制度や精神を批判しつつ，代議制や

議会制度を基礎とする市民社会にも否定的であった。『社会契約論』が代表的な著書であるが，文学や音楽など，多岐にわたって作品を残しており，「近代に生きる人間のあり方」を様々な形で考察していた。ルソーの教育についての著書は，『エミール』である。孤児であるエミールを，ルソー自身の投影とされる家庭教師が引き取り，結婚するまで育てていくという小説である。重視されるのは「自然」である。この「自然」とは，山や川や草木などではなく，人間の中にある「内なる自然」，人間に内在する心身を発達させる力を指している。教育者の役割は，子どもの援助であるという基本的な原則を示し，社会や世間から子どもを遠ざけ守る「消極的教育」を唱えた。また，子どもは年齢（発達段階）によって様々な欲求や感情を持っており，それに対応して家庭において愛情を注いで育てていくことが重要であるという，「子ども期」に固有の価値を見出したことから『エミール』は「子どもの発見」の書ともいわれている。　　　　　　　　　[冨江英俊]

れ

レジリエンス

　レジリエンスは，日本語では「跳ね返り，弾力，弾性」であり，心理学の領域では，「精神的回復力，立ち直り力」と訳されている。アメリカ心理学会では「トラウマ，悲劇的な脅威，ストレスの重大な原因などの逆境（家族や重要な他者との関係性の問題，深刻な健康問題，職場や経済的なストレッサーなど）に直面したとき，それにうまく適応するプロセス」と定義されている。レジリエンスの構成要因は，環境要因（安定した家庭環境や親子関係，安定した学校環境），子どもの個人内要因（自尊感情，自律性，決断力，内的統制感，精神的自立性，根気強さや楽観主義など），子どもによっ

て獲得される要因（ソーシャルスキルや衝動のコントロール，問題解決能力）などが挙げられている。また，レジリエンスが弱められる要因として，運動不足や睡眠不足，人間関係の希薄さ，自己中心主義などが挙げられている。レジリエンスの学習可能性についても近年盛んに研究が行われており，小林（2019）は，アメリカ心理学会が策定している保護者と教師のための子どものレジリエンスを育てる10のコツを紹介している。①つながりを築く，②子どもに人を助ける経験をさせる，③毎日の日課を守る，④ひと休みする，⑤セルフケアを教える，⑥目標に向かって進む，⑦自己肯定感を育む，⑧事実を正しく捉え，楽観的な見通しをもつ，⑨自己発見のきっかけを探す，⑩人生に変化はつきものだと受け入れる，の10個である。　　　　　　　　[村井尚子]

レッジョ・エミリア・アプローチ

　イタリア北部のレッジョ・エミリア市を中心に展開されている幼児教育であり，レッジョ・エミリア・アプローチとして世界的に知られている。その始まりは，第二次世界大戦後，戦争の爆撃によって倒壊した建物のレンガを集め，子どもたちのために街全体で学校を手作りしたことからである。さらにローリス・マラグッツィの革新的な教育哲学が「100の言葉」として，レッジョ・エミリア・アプローチの根底に流れている。つまり，このアプローチは単なる教育法ではなく，教育哲学として捉えられるべきものである。特徴として，家族の参加，教員と職員のチームワーク，教育環境の重要性，アトリエリスタの存在，校内調理の給食，ペダゴジスタとの連携などが挙げられる。また，アトリエ空間では子どもが毎日多様な素材と出会うことにより，手と脳と心を同時に動かし，自身の表現力や創造性を解放させている。このように地域で生まれ，地域に根付いたこの活動は，常に街の運営と連動し，街の資源や市民の

意思と対話しながら行われているため「繋がりの教育」「聞く教育」とも呼ばれている。　　　　　　　　　　［猪田裕子］

レディネス

　学習が効果的に行われるために必要な知識や経験を含む発達的素地，心身の準備性のこと。レディネスが成立していれば，その学習に関心や興味を持って進んで学習するが，レディネスを無視した学習はあまり効果が上がらないとされる。アメリカの心理学者ゲゼル（Gesell, A. L. 1880）は，一卵性双生児を対象に階段上りの訓練を行い，レディネスが成立していない早期の段階で訓練を行った子どもよりも，レディネスが自然に成立するのを待って訓練を開始した子どもの方が，効率的・効果的に学習することができたと報告し（Gesell & Thompson, 1929），教育や訓練は，子どもが成熟してから始めるべきであるとする成熟優位説を提唱している。一方，成熟を待つのではなく，教育によってレディネスを作り上げようとする教育優先論（もしくは，学習優位論）の立場もある。　［古川　心］

連合遊び

　アメリカの発達心理学者であるパーテン（Parten, M. B., 1902-1970）が，その研究論文において幼児の自由遊びの場面における社会参加の様子を「Unoccupied behavior」「Onlooker」「Solitary independent play」「Parallel activity」「Associative play」「Cooperative or organized supplementary play」の6つに分類したが，それぞれ「専念しない行動」「傍観者遊び」「ひとり遊び」「平行遊び」「連合遊び」「協同遊び」と訳されている。そのなかの「Associative play」が「連合遊び」である。「連合遊び」についてパーテン（1932）は，「幼児同士の間で一緒に遊び，遊びの最中におもちゃの貸し借りや，遊びについての共通の会話は見られるが，基本的には各自が好きなように遊び，自分の興味を一緒に

遊んでいる幼児たちに強制させるようなことはしない」と述べている。また，彼女は「幼児の遊びにおける社会参加の段階には，遊びのグループにおける子ども達の結びつきの強さと，遊びのグループにおけるその幼児の位置付けの2つによって決定される」とも記している。

　　　　　　　　　　　　［高橋一夫］

ろ

六領域

　現行の「保育所保育指針」「幼稚園教育要領」「幼保連携型認定こども園教育・保育要領」では，子ども達に育みたい資質・能力を子どもの姿から捉え，保育・幼児教育の内容やねらいを「健康」「人間関係」「環境」「言葉」「表現」の5つの領域としてまとめている。「幼稚園教育要領」においては1989（平成元）年に，また，「保育所保育指針」においては1990（平成2）年にそれぞれ25年ぶりの改訂があり，それまでの六領域について構造的な捉え直しが図られ，5つの領域に変更された。具体的な六領域については，1956（昭和31）年制定，および1964（昭和39）年改訂の「幼稚園教育要領」では「健康」「社会」「自然」「言語」「音楽リズム」「絵画製作」，また，1965（昭和40）年制定の「保育所保育指針」では4歳以上の保育内容について，「健康」「社会」「自然」「言語」「音楽」「造形」として示されている。

　領域が初めて規定されたのは，1948（昭和23）年に文部省が刊行した「保育要領」が改訂されることによって制定された，1956（昭和31）年の「幼稚園教育要領」からである。そこでは，それぞれの領域に「幼児の発達上の特質」・「望ましい経験」が示された。また，小学校以上の教科とは異なるとする一方で，小学校の教育課程を考慮した保育計画も各領域については求められていた。

[高橋一夫]

ロタウイルス感染症

ロタウイルス感染症は、ロタウイルスの感染によって引き起こされる胃腸炎で、急性流行性の感染症である。主な症状は嘔吐と下痢で、白色便になることがある。感染経路は主に接触感染による人から人への糞口感染である。感染者の下痢便中に多量のウイルスが含まれ、感染源となる。ロタウイルスは感染力が極めて高く、少量のウイルスで感染が成立し、たとえ十分に手洗い・水洗いをしても手や爪、器物の表面で数時間から数日間感染力を保持することがある。したがって乳幼児が集団で生活する保育所などでは容易に感染拡大し、初感染時は重症化（合併症として、脱水、けいれん、急性脳症による意識障害等）しやすい。登園のめやすは、嘔吐・下痢等の症状が治まり、普段の食事が摂れること、である。ただし、登園後も少なくとも1週間（中には3週間以上）は糞便中にウイルスが排出されるため、感染予防対策は①排泄の世話やおむつ交換は、個別に別室で行う、②保育士は、排便後の世話やおむつ交換時に、必ず使い捨てマスク・手袋を着用する、③保育士は、石鹸・流水による手洗い、手洗い後のアルコール製剤による手指消毒を徹底する、④保育室の玩具・遊具は、用いた都度に水洗いや湯拭き、次亜塩素酸ナトリウム等による消毒や乾燥を行い、可能な限り、午前と午後で遊具の交換を行う等が重要となる。現在、ロタウイルス感染症の重症化や合併症の予防を目的として、生後6週間から任意でワクチン接種が受けられる。2020年10月より定期接種となった。　　　　　[笠井純子]

ロールシャッハ検査

投影法に分類される性格検査で、10枚の図版からなり、それぞれの図版が特徴的なインクのしみ（インクブロット）によってつくられている。被検者は、1枚ずつ図版を見て、その図版が表しているものが何か、心に浮かんだイメージを回答する。検査者は、被検者がどのように反応したか、全体的な印象や反応傾向（防衛的、率直、競争的など）を分析し、解釈する。この原型は、スイスの精神科医ロールシャッハ（Rorshach, H.）によって1921年に考え出された。精神分析理論では、人の無意識な願望や葛藤を検査するためのツールとして、自由連想法（心に浮かんだことを何でも自由に表現させる技法）を活用していたが、その後、ロールシャッハ検査では、図版のようなあいまいな刺激を被検者に見せることで、人の反応傾向が明らかになる、すなわち、被検者の人格が図版を通して明らかになると考えたことによる。　　　[西浦和樹]

ロールプレイ

特定の役割を演じることをいい、役割演技、ロールプレイングともいわれる。精神分析家であり教育者のモレノ（Moreno, J. L., 1889-1974）は、他者の役割を自発的に演じてみることが悩みをかかえる人に対し治療的意味を持つことを発見し、それに基づきサイコドラマ（心理劇）という集団療法における技法を創案した。ロールプレイはこのサイコドラマ（心理劇）に起源を持つが、近年では他者の立場に立つ、他者を共感的に理解するという文脈の中で、自己や他者に対する気づきや理解を深めることを目的に実行されることが多い。たとえば、教員養成において、子ども役と教師役が設定され、即興的演劇を行い、その後、お互いの立場を実感することにより、相手の立場や気持ちへの理解を深めるという試みでもある。このように、場面や主題、それぞれの役割等が決められ、その後、目的に応じて自発性と創造性に任せて役割が演じられることもあれば、筋書きに沿って進められることもあり、その実施法はさまざまである。　　　[猪田裕子]

ローレル指数

学童期の肥満ややせについて、身長と

体重の値を組み合わせて算出された数値を用いて評価する方法である。体重（kg）を身長（cm）の3乗で割り，10の7乗をかけて求められる。115〜145は標準とされている。現在は，ローレル指数やBMI（カウプ指数参照）では，年齢や身長によって基準値が大きく異なるため不適切とされている。そのため，「児童・生徒等の健康診断マニュアル（平成27年度改定）」に基づき，身長・体重測定の結果より『身長別標準体重による肥満度』により判定される。肥満度は，（実測体重－身長別標準体重）を身長別標準体重で割り，100をかけて求められる。−20％〜＋20％未満は「普通」と評価される。−20％以下のやせ，＋20％以上の肥満の者については個別の成長曲線と肥満度曲線を描いたうえで，生活環境（食習慣，身体活動量等）を含め評価する。そして担任，養護教諭や栄養教諭が家庭と連携して，保健指導，健康教育に活かしていくことが望まれる。

［森田惠子］

わ

和田實

わだ　みのる（1876-1954）

　東基吉に続いて明治後期から大正に時代にかけて，日本ではじめて「幼児教育」を体系的に位置付け，理論的に構築した幼児教育家である。1876（明治9）年東京牛込に生まれ，神奈川県尋常師範学校を卒業後，県下の小学校教員となるが，1905（明治38）年東京女子高等師範学校の教員として保育実習科に奉職。1906（明治39）年東基吉が初代編集長を務めた「婦人と子ども」の編集に携わる。和田は，ルソー，ペスタロッチ，フレーベル等から自然主義の教育思想の理論的影響を受け，当時の保育4項目（遊嬉，唱歌，談話，手技）による画一的な保育からの脱却を図り，子どもの「生活」や「遊戯」の重要性を主張した。1908（明治41）年には恩師の中村五六との合著による日本で最初の「幼児教育」の名称を用いた『幼児教育法』を発刊，「幼児ノ生活ハ遊嬉ト習慣ノ集マリ」であり，幼児教育は誘導的な方法を用いるべきであると唱えた。この方法論は倉橋惣三の誘導保育論のさきがけであるといえるであろう。1915（大正4）年に39歳で東京女子師範学校を退職し，自ら目白幼稚園を創設，1930（昭和5）年には，保育者の養成を目的として目白保母養成所を設立，東京教育専門学校として今も存在している。1932（昭和7）年に「実験保育学」，1943（昭和18）年には「保育学」を刊行し，保育の総合的理論の構造化に取り組んだ。1954（昭和29）年78歳で逝去。

[柏原栄子]

わらべ歌

　わらべ歌は，はっきりとした楽譜や作曲者は存在せず，家族や地域社会の中で人から人へ口づたいに伝承されてきた子どものための歌である。特に高度経済成長期以前は，祖父母との関わりや地域の人々との交流の中で大人から子どもに伝えられてきた。遊び歌を中心に子どもの生活に密接した内容が多く，「数え歌」「天気予報の歌」「お名前呼び歌」「子守唄」「手毬唄」などに分類される。2人で手を合わせながら歌う「みかんの花の咲く丘」や集団で歌いながら遊ぶ「はないちもんめ」などもわらべ歌にあたる。日本固有の5音音階（陽音階：ドレミソラ，陰音階：ミファラシド）でできていることや，メロディーが2〜3音で構成されていることが特徴である。また，楽譜がないことから楽曲のはっきりとした原形がないため，歌われていた地域や世代によってメロディーやリズム，歌詞の内容に違いがある。

[高　奈奈]

ワロン

Wallon, Henri（1879-1962）

　フランスの精神科医，発達心理学者，教育学者。1908年，パリ大学医学部を卒業後，精神病院で障害児の治療と研究に従事した経験から，精神障害は生物学的原因だけではなく，環境や社会的関係が大きく作用していることを明らかにし，環境の改善と教育の力で障害の克服が可能であると考えた。その後，1919年から1949年まで教師として，とりわけ1937年から1949年までコレージュ・ド・フランスの教授として教育と研究に従事した。その講義内容は，子どもの言語的知能や推論的知能といった知的能力の起源に向けられた。子どもの知的発達における運動の重要性を説き，歩行と言葉，運動と気質に関して，子どもの精神発達と人間関係に大きな影響を与えるものとして考えた。つまり，子どもが欲求を満たすには，周囲の人々を動かすこと以外にないため，子どもの生活は，物理的な環境だけでなく社会的な関係の方が重要であると考えた。ワロンはフランスの発達心理学者ピアジェと比較されるが，ピアジェが知能の構造的側面に着目したのに対し

て，ワロンは生理・心理・社会的な側面からパーソナリティの発達を捉えようとしたことに違いがある。

［西浦和樹］

関連法規・資料

憲法・法律等

日本国憲法（抄）

教育基本法

こども基本法

児童の権利に関する条約（抄）

学校教育法（抄）

学校教育法施行規則（抄）

学校保健安全法（抄）

学校保健安全法施行規則（抄）

児童福祉法（抄）

社会福祉法（抄）

母子保健法（抄）

就学前の子どもに関する教育，保育等の総合的な提供の推進に関する法律（抄）

食育基本法（抄）

少子化社会対策基本法（抄）

教育公務員特例法（抄）

地方公務員法（抄）

地方教育行政の組織及び運営に関する法律（抄）

教育職員免許法（抄）

児童虐待の防止等に関する法律（抄）

発達障害者支援法（抄）

いじめ防止対策等推進法（抄）

基準・資料等

児童憲章

児童権利宣言

児童福祉施設の設備及び運営に関する基準（抄）

幼稚園設置基準

特別支援学校設置基準（抄）

幼保連携型認定こども園の学級の編制，職員，設備及び運営に関する基準（抄）

学事奨励ニ関スル被仰出書（学制序文）

保育制度関連年表

凡　例

項番号：原文に項の数字表記がないものは，②③…と記号を付して項数を示した。

憲法・法律等

日本国憲法（抄）
（1946（昭和21）年，11月3日公布）

日本国民は，正当に選挙された国会における代表者を通じて行動し，われらとわれらの子孫のために，諸国民との協和による成果と，わが国全土にわたつて自由のもたらす恵沢を確保し，政府の行為によつて再び戦争の惨禍が起ることのないやうにすることを決意し，ここに主権が国民に存することを宣言し，この憲法を確定する。そもそも国政は，国民の厳粛な信託によるものであつて，その権威は国民に由来し，その権力は国民の代表者がこれを行使し，その福利は国民がこれを享受する。これは人類普遍の原理であり，この憲法は，かかる原理に基くものである。われらは，これに反する一切の憲法，法令及び詔勅を排除する。

日本国民は，恒久の平和を念願し，人間相互の関係を支配する崇高な理想を深く自覚するのであつて，平和を愛する諸国民の公正と信義に信頼して，われらの安全と生存を保持しようと決意した。われらは，平和を維持し，専制と隷従，圧迫と偏狭を地上から永遠に除去しようと努めてゐる国際社会において，名誉ある地位を占めたいと思ふ。われらは，全世界の国民が，ひとしく恐怖と欠乏から免かれ，平和のうちに生存する権利を有することを確認する。

われらは，いづれの国家も，自国のことのみに専念して他国を無視してはならないのであつて，政治道徳の法則は，普遍的なものであり，この法則に従ふことは，自国の主権を維持し，他国と対等関係に立たうとする各国の責務であると信ずる。

日本国民は，国家の名誉にかけ，全力をあげてこの崇高な理想と目的を達成することを誓ふ。

第3章　国民の権利及び義務

第11条　国民は，すべての基本的人権の享有を妨げられない。この憲法が国民に保障する基本的人権は，侵すことのできない永久の権利として，現在及び将来の国民に与へられる。

第12条　この憲法が国民に保障する自由及び権利は，国民の不断の努力によつて，これを保持しなければならない。又，国民は，これを濫用してはならないのであつて，常に公共の福祉のためにこれを利用する責任を負ふ。

第13条　すべて国民は，個人として尊重される。生命，自由及び幸福追求に対する国民の権利については，公共の福祉に反しない限り，立法その他の国政の上で，最大の尊重を必要とする。

第14条　すべて国民は，法の下に平等であつて，人種，信条，性別，社会的身分又は門地により，政治的，経済的又は社会的関係において，差別されない。

② ・ ③　（略）

第15条　公務員を選定し，及びこれを罷免することは，国民固有の権利である。

②　すべて公務員は，全体の奉仕者であつて，一部の奉仕者ではない。

③ ・ ④　（略）

第19条　思想及び良心の自由は，これを侵してはならない。

第20条　信教の自由は，何人に対してもこれを保障する。いかなる宗教団体も，国から特権を受け，又は政治上の権力を行使してはならない。

②　何人も，宗教上の行為，祝典，儀式又は行事に参加することを強制されない。

③　国及びその機関は，宗教教育その他いかなる宗教的活動もしてはならない。

第21条　集会，結社及び言論，出版その他一切の表現の自由は，これを保障する。

②　（略）

第23条　学問の自由は，これを保障する。

第25条　すべて国民は，健康で文化的な最低限度の生活を営む権利を有する。

②　国は，すべての生活部面について，社会福祉，社会保障及び公衆衛生の向上及び増進に努めなければならない。

第26条　すべて国民は，法律の定めるところにより，その能力に応じて，ひとしく教育を受ける権利を有する。

②　すべて国民は，法律の定めるところにより，その保護する子女に普通教育を受けさせる義務を負ふ。義務教育は，これを無償とす

る。

教育基本法
(2006（平成18）年，法律第120号）

　我々日本国民は，たゆまぬ努力によって築いてきた民主的で文化的な国家を更に発展させるとともに，世界の平和と人類の福祉の向上に貢献することを願うものである。

　我々は，この理想を実現するため，個人の尊厳を重んじ，真理と正義を希求し，公共の精神を尊び，豊かな人間性と創造性を備えた人間の育成を期するとともに，伝統を継承し，新しい文化の創造を目指す教育を推進する。

　ここに，我々は，日本国憲法の精神にのっとり，我が国の未来を切り拓く教育の基本を確立し，その振興を図るため，この法律を制定する。

第1章　教育の目的及び理念
（教育の目的）

第1条　教育は，人格の完成を目指し，平和で民主的な国家及び社会の形成者として必要な資質を備えた心身ともに健康な国民の育成を期して行われなければならない。

（教育の目標）

第2条　教育は，その目的を実現するため，学問の自由を尊重しつつ，次に掲げる目標を達成するよう行われるものとする。

一　幅広い知識と教養を身に付け，真理を求める態度を養い，豊かな情操と道徳心を培うとともに，健やかな身体を養うこと。

二　個人の価値を尊重して，その能力を伸ばし，創造性を培い，自主及び自律の精神を養うとともに，職業及び生活との関連を重視し，勤労を重んずる態度を養うこと。

三　正義と責任，男女の平等，自他の敬愛と協力を重んずるとともに，公共の精神に基づき，主体的に社会の形成に参画し，その発展に寄与する態度を養うこと。

四　生命を尊び，自然を大切にし，環境の保全に寄与する態度を養うこと。

五　伝統と文化を尊重し，それらをはぐくんできた我が国と郷土を愛するとともに，他国を尊重し，国際社会の平和と発展に寄与する態度を養うこと。

（生涯学習の理念）

第3条　国民一人一人が，自己の人格を磨き，豊かな人生を送ることができるよう，その生涯にわたって，あらゆる機会に，あらゆる場所において学習することができ，その成果を適切に生かすことのできる社会の実現が図られなければならない。

（教育の機会均等）

第4条　すべて国民は，ひとしく，その能力に応じた教育を受ける機会を与えられなければならず，人種，信条，性別，社会的身分，経済的地位又は門地によって，教育上差別されない。

2　国及び地方公共団体は，障害のある者が，その障害の状態に応じ，十分な教育を受けられるよう，教育上必要な支援を講じなければならない。

3　国及び地方公共団体は，能力があるにもかかわらず，経済的理由によって修学が困難な者に対して，奨学の措置を講じなければならない。

第2章　教育の実施に関する基本
（義務教育）

第5条　国民は，その保護する子に，別に法律で定めるところにより，普通教育を受けさせる義務を負う。

2　義務教育として行われる普通教育は，各個人の有する能力を伸ばしつつ社会において自立的に生きる基礎を培い，また，国家及び社会の形成者として必要とされる基本的な資質を養うことを目的として行われるものとする。

3　国及び地方公共団体は，義務教育の機会を保障し，その水準を確保するため，適切な役割分担及び相互の協力の下，その実施に責任を負う。

4　国又は地方公共団体の設置する学校における義務教育については，授業料を徴収しない。

（学校教育）

第6条　法律に定める学校は，公の性質を有するものであって，国，地方公共団体及び法律に定める法人のみが，これを設置することができる。

2　前項の学校においては，教育の目標が達

成されるよう，教育を受ける者の心身の発達
に応じて，体系的な教育が組織的に行われな
ければならない。この場合において，教育を
受ける者が，学校生活を営む上で必要な規律
を重んずるとともに，自ら進んで学習に取り
組む意欲を高めることを重視して行われなけ
ればならない。

（大学）

第7条 大学は，学術の中心として，高い教
養と専門的能力を培うとともに，深く真理を
探究して新たな知見を創造し，これらの成果
を広く社会に提供することにより，社会の発
展に寄与するものとする。

2 大学については，自主性，自律性その他
の大学における教育及び研究の特性が尊重さ
れなければならない。

（私立学校）

第8条 私立学校の有する公の性質及び学校
教育において果たす重要な役割にかんがみ，
国及び地方公共団体は，その自主性を尊重し
つつ，助成その他の適当な方法によって私立
学校教育の振興に努めなければならない。

（教員）

第9条 法律に定める学校の教員は，自己の
崇高な使命を深く自覚し，絶えず研究と修養
に励み，その職責の遂行に努めなければなら
ない。

2 前項の教員については，その使命と職責
の重要性にかんがみ，その身分は尊重され，
待遇の適正が期せられるとともに，養成と研
修の充実が図られなければならない。

（家庭教育）

第10条 父母その他の保護者は，子の教育に
ついて第一義的責任を有するものであって，
生活のために必要な習慣を身に付けさせると
ともに，自立心を育成し，心身の調和のとれ
た発達を図るよう努めるものとする。

2 国及び地方公共団体は，家庭教育の自主
性を尊重しつつ，保護者に対する学習の機会
及び情報の提供その他の家庭教育を支援する
ために必要な施策を講ずるよう努めなければ
ならない。

（幼児期の教育）

第11条 幼児期の教育は，生涯にわたる人格
形成の基礎を培う重要なものであることにか

んがみ，国及び地方公共団体は，幼児の健や
かな成長に資する良好な環境の整備その他適
当な方法によって，その振興に努めなければ
ならない。

（社会教育）

第12条 個人の要望や社会の要請にこたえ，
社会において行われる教育は，国及び地方公
共団体によって奨励されなければならない。

2 国及び地方公共団体は，図書館，博物館，
公民館その他の社会教育施設の設置，学校の
施設の利用，学習の機会及び情報の提供その
他の適当な方法によって社会教育の振興に努
めなければならない。

（学校，家庭及び地域住民等の相互の連携協
力）

第13条 学校，家庭及び地域住民その他の関
係者は，教育におけるそれぞれの役割と責任
を自覚するとともに，相互の連携及び協力に
努めるものとする。

（政治教育）

第14条 良識ある公民として必要な政治的教
養は，教育上尊重されなければならない。

2 法律に定める学校は，特定の政党を支持
し，又はこれに反対するための政治教育その
他政治的活動をしてはならない。

（宗教教育）

第15条 宗教に関する寛容の態度，宗教に関
する一般的な教養及び宗教の社会生活におけ
る地位は，教育上尊重されなければならない。

2 国及び地方公共団体が設置する学校は，
特定の宗教のための宗教教育その他宗教的活
動をしてはならない。

第3章 教育行政

（教育行政）

第16条 教育は，不当な支配に服することな
く，この法律及び他の法律の定めるところに
より行われるべきものであり，教育行政は，
国と地方公共団体との適切な役割分担及び相
互の協力の下，公正かつ適正に行われなけれ
ばならない。

2 国は，全国的な教育の機会均等と教育水
準の維持向上を図るため，教育に関する施策
を総合的に策定し，実施しなければならない。

3 地方公共団体は，その地域における教育
の振興を図るため，その実情に応じた教育に

関する施策を策定し，実施しなければならない。

4　国及び地方公共団体は，教育が円滑かつ継続的に実施されるよう，必要な財政上の措置を講じなければならない。

（教育振興基本計画）

第17条　政府は，教育の振興に関する施策の総合的かつ計画的な推進を図るため，教育の振興に関する施策についての基本的な方針及び講ずべき施策その他必要な事項について，基本的な計画を定め，これを国会に報告するとともに，公表しなければならない。

2　地方公共団体は，前項の計画を参酌し，その地域の実情に応じ，当該地方公共団体における教育の振興のための施策に関する基本的な計画を定めるよう努めなければならない。

第4章　法令の制定

第18条　この法律に規定する諸条項を実施するため，必要な法令が制定されなければならない。

附　則　抄

（施行期日）

1　この法律は，公布の日から施行する。

こども基本法
（2022（令和4）年，法律第77号）

第1章　総　則

（目的）

第1条　この法律は，日本国憲法及び児童の権利に関する条約の精神にのっとり，次代の社会を担う全てのこどもが，生涯にわたる人格形成の基礎を築き，自立した個人としてひとしく健やかに成長することができ，心身の状況，置かれている環境等にかかわらず，その権利の擁護が図られ，将来にわたって幸福な生活を送ることができる社会の実現を目指して，社会全体としてこども施策に取り組むことができるよう，こども施策に関し，基本理念を定め，国の責務等を明らかにし，及びこども施策の基本となる事項を定めるとともに，こども政策推進会議を設置すること等により，こども施策を総合的に推進することを目的とする。

（定義）

第2条　この法律において「こども」とは，心身の発達の過程にある者をいう。

2　この法律において「こども施策」とは，次に掲げる施策その他のこどもに関する施策及びこれと一体的に講ずべき施策をいう。

一　新生児期，乳幼児期，学童期及び思春期の各段階を経て，おとなになるまでの心身の発達の過程を通じて切れ目なく行われるこどもの健やかな成長に対する支援

二　子育てに伴う喜びを実感できる社会の実現に資するため，就労，結婚，妊娠，出産，育児等の各段階に応じて行われる支援

三　家庭における養育環境その他のこどもの養育環境の整備

（基本理念）

第3条　こども施策は，次に掲げる事項を基本理念として行われなければならない。

一　全てのこどもについて，個人として尊重され，その基本的人権が保障されるとともに，差別的取扱いを受けることがないようにすること。

二　全てのこどもについて，適切に養育されること，その生活を保障されること，愛され保護されること，その健やかな成長及び発達並びにその自立が図られることその他の福祉に係る権利が等しく保障されるとともに，教育基本法（平成十八年法律第百二十号）の精神にのっとり教育を受ける機会が等しく与えられること。

三　全てのこどもについて，その年齢及び発達の程度に応じて，自己に直接関係する全ての事項に関して意見を表明する機会及び多様な社会的活動に参画する機会が確保されること。

四　全てのこどもについて，その年齢及び発達の程度に応じて，その意見が尊重され，その最善の利益が優先して考慮されること。

五　こどもの養育については，家庭を基本として行われ，父母その他の保護者が第一義的責任を有するとの認識の下，これらの者に対してこどもの養育に関し十分な支援を行うとともに，家庭での養育が困難なこどもにはできる限り家庭と同様の養育環境を確保することにより，こどもが心身ともに健やかに育成されるようにすること。

六　家庭や子育てに夢を持ち，子育てに伴う喜びを実感できる社会環境を整備すること。

（国の責務）

第4条　国は，前条の基本理念（以下単に「基本理念」という。）にのっとり，こども施策を総合的に策定し，及び実施する責務を有する。

（地方公共団体の責務）

第5条　地方公共団体は，基本理念にのっとり，こども施策に関し，国及び他の地方公共団体との連携を図りつつ，その区域内におけるこどもの状況に応じた施策を策定し，及び実施する責務を有する。

（事業主の努力）

第6条　事業主は，基本理念にのっとり，その雇用する労働者の職業生活及び家庭生活の充実が図られるよう，必要な雇用環境の整備に努めるものとする。

（国民の努力）

第7条　国民は，基本理念にのっとり，こども施策について関心と理解を深めるとともに，国又は地方公共団体が実施するこども施策に協力するよう努めるものとする。

（年次報告）

第8条　政府は，毎年，国会に，我が国におけるこどもをめぐる状況及び政府が講じたこども施策の実施の状況に関する報告を提出するとともに，これを公表しなければならない。

2　前項の報告は，次に掲げる事項を含むものでなければならない。

一　少子化社会対策基本法（平成十五年法律第百三十三号）第九条第一項に規定する少子化の状況及び少子化に対処するために講じた施策の概況

二　子ども・若者育成支援推進法（平成二十一年法律第七十一号）第六条第一項に規定する我が国における子ども・若者の状況及び政府が講じた子ども・若者育成支援施策の実施の状況

三　こどもの貧困の解消に向けた対策の推進に関する法律（平成二十五年法律第六十四号）第八条第一項に規定するこどもの貧困の状況及びこどもの貧困の解消に向けた対策の実施の状況

第2章　基本的施策

（こども施策に関する大綱）

第9条　政府は，こども施策を総合的に推進するため，こども施策に関する大綱（以下「こども大綱」という。）を定めなければならない。

2　こども大綱は，次に掲げる事項について定めるものとする。

一　こども施策に関する基本的な方針

二　こども施策に関する重要事項

三　前二号に掲げるもののほか，こども施策を推進するために必要な事項

3　こども大綱は，次に掲げる事項を含むものでなければならない。

一　少子化社会対策基本法第七条第一項に規定する総合的かつ長期的な少子化に対処するための施策

二　子ども・若者育成支援推進法第八条第二項各号に掲げる事項

三　こどもの貧困の解消に向けた対策の推進に関する法律第九条第二項各号に掲げる事項

4　こども大綱に定めるこども施策については，原則として，当該こども施策の具体的な目標及びその達成の期間を定めるものとする。

5　内閣総理大臣は，こども大綱の案につき閣議の決定を求めなければならない。

6　内閣総理大臣は，前項の規定による閣議の決定があったときは，遅滞なく，こども大綱を公表しなければならない。

7　前二項の規定は，こども大綱の変更について準用する。

（都道府県こども計画等）

第10条　都道府県は，こども大綱を勘案して，当該都道府県におけるこども施策についての計画（以下この条において「都道府県こども計画」という。）を定めるよう努めるものとする。

2　市町村は，こども大綱（都道府県こども計画が定められているときは，こども大綱及び都道府県こども計画）を勘案して，当該市町村におけるこども施策についての計画（以下この条において「市町村こども計画」という。）を定めるよう努めるものとする。

3　都道府県又は市町村は，都道府県こども

計画又は市町村こども計画を定め，又は変更したときは，遅滞なく，これを公表しなければならない。

4　都道府県こども計画は，子ども・若者育成支援推進法第九条第一項に規定する都道府県子ども・若者計画，こどもの貧困の解消に向けた対策の推進に関する法律第十条第一項に規定する都道府県計画その他法令の規定により都道府県が作成する計画であってこども施策に関する事項を定めるものと一体のものとして作成することができる。

5　市町村こども計画は，子ども・若者育成支援推進法第九条第二項に規定する市町村子ども・若者計画，こどもの貧困の解消に向けた対策の推進に関する法律第十条第二項に規定する市町村計画その他法令の規定により市町村が作成する計画であってこども施策に関する事項を定めるものと一体のものとして作成することができる。

（こども施策に対するこども等の意見の反映）

第11条　国及び地方公共団体は，こども施策を策定し，実施し，及び評価するに当たっては，当該こども施策の対象となるこども又はこどもを養育する者その他の関係者の意見を反映させるために必要な措置を講ずるものとする。

（こども施策に係る支援の総合的かつ一体的な提供のための体制の整備等）

第12条　国は，こども施策に係る支援が，支援を必要とする事由，支援を行う関係機関，支援の対象となる者の年齢又は居住する地域等にかかわらず，切れ目なく行われるようにするため，当該支援を総合的かつ一体的に行う体制の整備その他の必要な措置を講ずるものとする。

（関係者相互の有機的な連携の確保等）

第13条　国は，こども施策が適正かつ円滑に行われるよう，医療，保健，福祉，教育，療育等に関する業務を行う関係機関相互の有機的な連携の確保に努めなければならない。

2　都道府県及び市町村は，こども施策が適正かつ円滑に行われるよう，前項に規定する業務を行う関係機関及び地域においてこどもに関する支援を行う民間団体相互の有機的な

連携の確保に努めなければならない。

3　都道府県又は市町村は，前項の有機的な連携の確保に資するため，こども施策に係る事務の実施に係る協議及び連絡調整を行うための協議会を組織することができる。

4　前項の協議会は，第二項の関係機関及び民間団体その他の都道府県又は市町村が必要と認める者をもって構成する。

第14条　国は，前条第一項の有機的な連携の確保に資するため，個人情報の適正な取扱いを確保しつつ，同項の関係機関が行うこどもに関する支援に資する情報の共有を促進するための情報通信技術の活用その他の必要な措置を講ずるものとする。

2　都道府県及び市町村は，前条第二項の有機的な連携の確保に資するため，個人情報の適正な取扱いを確保しつつ，同項の関係機関及び民間団体が行うこどもに関する支援に資する情報の共有を促進するための情報通信技術の活用その他の必要な措置を講ずるよう努めるものとする。

（この法律及び児童の権利に関する条約の趣旨及び内容についての周知）

第15条　国は，この法律及び児童の権利に関する条約の趣旨及び内容について，広報活動等を通じて国民に周知を図り，その理解を得るよう努めるものとする。

（こども施策の充実及び財政上の措置等）

第16条　政府は，こども大綱の定めるところにより，こども施策の幅広い展開その他のこども施策の一層の充実を図るとともに，その実施に必要な財政上の措置その他の措置を講ずるよう努めなければならない。

第3章　こども政策推進会議

（設置及び所掌事務等）

第17条　こども家庭庁に，特別の機関として，こども政策推進会議（以下「会議」という。）を置く。

2　会議は，次に掲げる事務をつかさどる。

一　こども大綱の案を作成すること。

二　前号に掲げるもののほか，こども施策に関する重要事項について審議し，及びこども施策の実施を推進すること。

三　こども施策について必要な関係行政機関相互の調整をすること。

四　前三号に掲げるもののほか，他の法令の規定により会議に属させられた事務

3　会議は，前項の規定によりこども大綱の案を作成するに当たり，こども及びこどもを養育する者，学識経験者，地域においてこどもに関する支援を行う民間団体その他の関係者の意見を反映させるために必要な措置を講ずるものとする。

（組織等）

第18条　会議は，会長及び委員をもって組織する。

2　会長は，内閣総理大臣をもって充てる。

3　委員は，次に掲げる者をもって充てる。

一　内閣府設置法（平成十一年法律第八十九号）第九条第一項に規定する特命担当大臣であって，同項の規定により命を受けて同法第十一条の三に規定する事務を掌理するもの

二　会長及び前号に掲げる者以外の国務大臣のうちから，内閣総理大臣が指定する者

（資料提出の要求等）

第19条　会議は，その所掌事務を遂行するために必要があると認めるときは，関係行政機関の長に対し，資料の提出，意見の開陳，説明その他必要な協力を求めることができる。

2　会議は，その所掌事務を遂行するために特に必要があると認めるときは，前項に規定する者以外の者に対しても，必要な協力を依頼することができる。

（政令への委任）

第20条　前三条に定めるもののほか，会議の組織及び運営に関し必要な事項は，政令で定める。

　　　　　　附　則　抄

（施行期日）

第1条　この法律は，令和五年四月一日から施行する。

```
児童の権利に関する条約（抄）
（1989（平成元）年，国際連合総会／
1994（平成6）年，日本国について批准）
```

第1条

　この条約の適用上，児童とは，18歳未満のすべての者をいう。ただし，当該児童で，そ

の者に適用される法律によりより早く成年に達したものを除く。

第2条

1　締約国は，その管轄の下にある児童に対し，児童又はその父母若しくは法定保護者の人種，皮膚の色，性，言語，宗教，政治的意見その他の意見，国民的，種族的若しくは社会的出身，財産，心身障害，出生又は他の地位にかかわらず，いかなる差別もなしにこの条約に定める権利を尊重し，及び確保する。

2　締約国は，児童がその父母，法定保護者又は家族の構成員の地位，活動，表明した意見又は信念によるあらゆる形態の差別又は処罰から保護されることを確保するためのすべての適当な措置をとる。

第3条

1　児童に関するすべての措置をとるに当たっては，公的若しくは私的な社会福祉施設，裁判所，行政当局又は立法機関のいずれによって行われるものであっても，児童の最善の利益が主として考慮されるものとする。

2　締約国は，児童の父母，法定保護者又は児童について法的に責任を有する他の者の権利及び義務を考慮に入れて，児童の福祉に必要な保護及び養護を確保することを約束し，このため，すべての適当な立法上及び行政上の措置をとる。

3　締約国は，児童の養護又は保護のための施設，役務の提供及び設備が，特に安全及び健康の分野に関し並びにこれらの職員の数及び適格性並びに適正な監督に関し権限のある当局の設定した基準に適合することを確保する。

第5条

　締約国は，児童がこの条約において認められる権利を行使するに当たり，父母若しくは場合により地方の慣習により定められている大家族若しくは共同体の構成員，法定保護者又は児童について法的に責任を有する他の者がその児童の発達しつつある能力に適合する方法で適当な指示及び指導を与える責任，権利及び義務を尊重する。

第6条

1　締約国は，すべての児童が生命に対する固有の権利を有することを認める。

2 締約国は，児童の生存及び発達を可能な最大限の範囲において確保する。

第12条

1 締約国は，自己の意見を形成する能力のある児童がその児童に影響を及ぼすすべての事項について自由に自己の意見を表明する権利を確保する。この場合において，児童の意見は，その児童の年齢及び成熟度に従って相応に考慮されるものとする。

2 このため，児童は，特に，自己に影響を及ぼすあらゆる司法上及び行政上の手続において，国内法の手続規則に合致する方法により直接に又は代理人若しくは適当な団体を通じて聴取される機会を与えられる。

第14条

1 締約国は，思想，良心及び宗教の自由についての児童の権利を尊重する。

2 締約国は，児童が1の権利を行使するに当たり，父母及び場合により法定保護者が児童に対しその発達しつつある能力に適合する方法で指示を与える権利及び義務を尊重する。

3 宗教又は信念を表明する自由については，法律で定める制限であって公共の安全，公の秩序，公衆の健康若しくは道徳又は他の者の基本的な権利及び自由を保護するために必要なもののみを課することができる。

第15条

1 締約国は，結社の自由及び平和的な集会の自由についての児童の権利を認める。

2 1の権利の行使については，法律で定める制限であって国の安全若しくは公共の安全，公の秩序，公衆の健康若しくは道徳又は他の者の権利及び自由の保護のため民主的社会において必要なもの以外のいかなる制限も課することができない。

第17条

締約国は，大衆媒体（マス・メディア）の果たす重要な機能を認め，児童が国の内外の多様な情報源からの情報及び資料，特に児童の社会面，精神面及び道徳面の福祉並びに心身の健康の促進を目的とした情報及び資料を利用することができることを確保する。このため，締約国は，

(a) 児童にとって社会面及び文化面において有益であり，かつ，第29条の精神に沿う情報及び資料を大衆媒体（マス・メディア）が普及させるよう奨励する。

(b) 国の内外の多様な情報源（文化的にも多様な情報源を含む。）からの情報及び資料の作成，交換及び普及における国際協力を奨励する。

(c) 児童用書籍の作成及び普及を奨励する。

(d) 少数集団に属し又は原住民である児童の言語上の必要性について大衆媒体（マス・メディア）が特に考慮するよう奨励する。

(e) 第13条及び次条の規定に留意して，児童の福祉に有害な情報及び資料から児童を保護するための適当な指針を発展させることを奨励する。

第19条

1 締約国は，児童が父母，法定保護者又は児童を監護する他の者による監護を受けている間において，あらゆる形態の身体的若しくは精神的な暴力，傷害若しくは虐待，放置若しくは怠慢な取扱い，不当な取扱い又は搾取（性的虐待を含む。）からその児童を保護するためすべての適当な立法上，行政上，社会上及び教育上の措置をとる。

2 1の保護措置には，適当な場合には，児童及び児童を監護する者のために必要な援助を与える社会的計画の作成その他の形態による防止のための効果的な手続並びに1に定める児童の不当な取扱いの事件の発見，報告，付託，調査，処置及び事後措置並びに適当な場合には司法の関与に関する効果的な手続を含むものとする。

第28条

1 締約国は，教育についての児童の権利を認めるものとし，この権利を漸進的にかつ機会の平等を基礎として達成するため，特に，

(a) 初等教育を義務的なものとし，すべての者に対して無償のものとする。

(b) 種々の形態の中等教育（一般教育及び職業教育を含む。）の発展を奨励し，すべての児童に対し，これらの中等教育が利用可能であり，かつ，これらを利用する機会が与えられるものとし，例えば，無償教育の導入，必要な場合における財政的援助の提供のような適当な措置をとる。

(c) すべての適当な方法により，能力に応じ，

すべての者に対して高等教育を利用する機会が与えられるものとする。

(d) すべての児童に対し，教育及び職業に関する情報及び指導が利用可能であり，かつ，これらを利用する機会が与えられるものとする。

(e) 定期的な登校及び中途退学率の減少を奨励するための措置をとる。

2 締約国は，学校の規律が児童の人間の尊厳に適合する方法で及びこの条約に従って運用されることを確保するためのすべての適当な措置をとる。

3 締約国は，特に全世界における無知及び非識字の廃絶に寄与し並びに科学上及び技術上の知識並びに最新の教育方法の利用を容易にするため，教育に関する事項についての国際協力を促進し，及び奨励する。これに関しては，特に，開発途上国の必要を考慮する。

第29条

1 締約国は，児童の教育が次のことを指向すべきことに同意する。

(a) 児童の人格，才能並びに精神的及び身体的な能力をその可能な最大限度まで発達させること。

(b) 人権及び基本的自由並びに国際連合憲章にうたう原則の尊重を育成すること。

(c) 児童の父母，児童の文化的同一性，言語及び価値観，児童の居住国及び出身国の国民的価値観並びに自己の文明と異なる文明に対する尊重を育成すること。

(d) すべての人民の間の，種族的，国民的及び宗教的集団の間の並びに原住民である者の理解，平和，寛容，両性の平等及び友好の精神に従い，自由な社会における責任ある生活のために児童に準備させること。

(e) 自然環境の尊重を育成すること。

2 この条又は前条のいかなる規定も，個人及び団体が教育機関を設置し及び管理する自由を妨げるものと解してはならない。ただし，常に，1に定める原則が遵守されること及び当該教育機関において行われる教育が国によって定められる最低限度の基準に適合することを条件とする。

第31条

1 締約国は，休息及び余暇についての児童

の権利並びに児童がその年齢に適した遊び及びレクリエーションの活動を行い並びに文化的な生活及び芸術に自由に参加する権利を認める。

2 締約国は，児童が文化的及び芸術的な生活に十分に参加する権利を尊重しかつ促進するものとし，文化的及び芸術的な活動並びにレクリエーション及び余暇の活動のための適当かつ平等な機会の提供を奨励する。

学校教育法（抄）
（1947（昭和22）年，法律第26号）

第1条 この法律で，学校とは，幼稚園，小学校，中学校，義務教育学校，高等学校，中等教育学校，特別支援学校，大学及び高等専門学校とする。

第2条 学校は，国（国立大学法人法（平成十五年法律第百十二号）第二条第一項に規定する国立大学法人及び独立行政法人国立高等専門学校機構を含む。以下同じ。），地方公共団体（地方独立行政法人法（平成十五年法律第百十八号）第六十八条第一項に規定する公立大学法人（以下「公立大学法人」という。）を含む。次項及び第百二十七条において同じ。）及び私立学校法（昭和二十四年法律第二百七十号）第三条に規定する学校法人（以下「学校法人」という。）のみが，これを設置することができる。

② この法律で，国立学校とは，国の設置する学校を，公立学校とは，地方公共団体の設置する学校を，私立学校とは，学校法人の設置する学校をいう。

第6条 学校においては，授業料を徴収することができる。ただし，国立又は公立の小学校及び中学校，義務教育学校，中等教育学校の前期課程又は特別支援学校の小学部及び中学部における義務教育については，これを徴収することができない。

第9条 次の各号のいずれかに該当する者は，校長又は教員となることができない。

一 禁錮以上の刑に処せられた者

二 教育職員免許法第十条第一項第二号又は第三号に該当することにより免許状がその効力を失い，当該失効の日から三年を経過

しない者

三　教育職員免許法第十一条第一項から第三項までの規定により免許状取上げの処分を受け，三年を経過しない者

四　日本国憲法施行の日以後において，日本国憲法又はその下に成立した政府を暴力で破壊することを主張する政党その他の団体を結成し，又はこれに加入した者

第11条　校長及び教員は，教育上必要があると認めるときは，文部科学大臣の定めるところにより，児童，生徒及び学生に懲戒を加えることができる。ただし，体罰を加えることはできない。

第12条　学校においては，別に法律で定めるところにより，幼児，児童，生徒及び学生並びに職員の健康の保持増進を図るため，健康診断を行い，その他その保健に必要な措置を講じなければならない。

第16条　保護者（子に対して親権を行う者（親権を行う者のないときは，未成年後見人）をいう。以下同じ。）は，次条に定めるところにより，子に九年の普通教育を受けさせる義務を負う。

第17条　保護者は，子の満六歳に達した日の翌日以後における最初の学年の初めから，満十二歳に達した日の属する学年の終わりまで，これを小学校，義務教育学校の前期課程又は特別支援学校の小学部に就学させる義務を負う。ただし，子が，満十二歳に達した日の属する学年の終わりまでに小学校の課程，義務教育学校の前期課程又は特別支援学校の小学部の課程を修了しないときは，満十五歳に達した日の属する学年の終わり（それまでの間においてこれらの課程を修了したときは，その修了した日の属する学年の終わり）までとする。

②　保護者は，子が小学校の課程，義務教育学校の前期課程又は特別支援学校の小学部の課程を修了した日の翌日以後における最初の学年の初めから，満十五歳に達した日の属する学年の終わりまで，これを中学校，義務教育学校の後期課程，中等教育学校の前期課程又は特別支援学校の中学部に就学させる義務を負う。

③　前二項の義務の履行の督促その他これら

の義務の履行に関し必要な事項は，政令で定める。

第18条　前条第一項又は第二項の規定によつて，保護者が就学させなければならない子（以下それぞれ「学齢児童」又は「学齢生徒」という。）で，病弱，発育不完全その他やむを得ない事由のため，就学困難と認められる者の保護者に対しては，市町村の教育委員会は，文部科学大臣の定めるところにより，同条第一項又は第二項の義務を猶予又は免除することができる。

第19条　経済的理由によつて，就学困難と認められる学齢児童又は学齢生徒の保護者に対しては，市町村は，必要な援助を与えなければならない。

第20条　学齢児童又は学齢生徒を使用する者は，その使用によつて，当該学齢児童又は学齢生徒が，義務教育を受けることを妨げてはならない。

第21条　義務教育として行われる普通教育は，教育基本法（平成十八年法律第百二十号）第五条第二項に規定する目的を実現するため，次に掲げる目標を達成するよう行われるものとする。

一　学校内外における社会的活動を促進し，自主，自律及び協同の精神，規範意識，公正な判断力並びに公共の精神に基づき主体的に社会の形成に参画し，その発展に寄与する態度を養うこと。

二　学校内外における自然体験活動を促進し，生命及び自然を尊重する精神並びに環境の保全に寄与する態度を養うこと。

三　我が国と郷土の現状と歴史について，正しい理解に導き，伝統と文化を尊重し，それらをはぐくんできた我が国と郷土を愛する態度を養うとともに，進んで外国の文化の理解を通じて，他国を尊重し，国際社会の平和と発展に寄与する態度を養うこと。

四　家族と家庭の役割，生活に必要な衣，食，住，情報，産業その他の事項について基礎的な理解と技能を養うこと。

五　読書に親しませ，生活に必要な国語を正しく理解し，使用する基礎的な能力を養うこと。

六　生活に必要な数量的な関係を正しく理解

し，処理する基礎的な能力を養うこと。

七　生活にかかわる自然現象について，観察及び実験を通じて，科学的に理解し，処理する基礎的な能力を養うこと。

八　健康，安全で幸福な生活のために必要な習慣を養うとともに，運動を通じて体力を養い，心身の調和的発達を図ること。

九　生活を明るく豊かにする音楽，美術，文芸その他の芸術について基礎的な理解と技能を養うこと。

十　職業についての基礎的な知識と技能，勤労を重んずる態度及び個性に応じて将来の進路を選択する能力を養うこと。

第22条　幼稚園は，義務教育及びその後の教育の基礎を培うものとして，幼児を保育し，幼児の健やかな成長のために適当な環境を与えて，その心身の発達を助長することを目的とする。

第23条　幼稚園における教育は，前条に規定する目的を実現するため，次に掲げる目標を達成するよう行われるものとする。

一　健康，安全で幸福な生活のために必要な基本的な習慣を養い，身体諸機能の調和的発達を図ること。

二　集団生活を通じて，喜んでこれに参加する態度を養うとともに家族や身近な人への信頼感を深め，自主，自律及び協同の精神並びに規範意識の芽生えを養うこと。

三　身近な社会生活，生命及び自然に対する興味を養い，それらに対する正しい理解と態度及び思考力の芽生えを養うこと。

四　日常の会話や，絵本，童話等に親しむことを通じて，言葉の使い方を正しく導くとともに，相手の話を理解しようとする態度を養うこと。

五　音楽，身体による表現，造形等に親しむことを通じて，豊かな感性と表現力の芽生えを養うこと。

第24条　幼稚園においては，第二十二条に規定する目的を実現するための教育を行うほか，幼児期の教育に関する各般の問題につき，保護者及び地域住民その他の関係者からの相談に応じ，必要な情報の提供及び助言を行うなど，家庭及び地域における幼児期の教育の支援に努めるものとする。

第25条　幼稚園の教育課程その他の保育内容に関する事項は，第二十二条及び第二十三条の規定に従い，文部科学大臣が定める。

②　文部科学大臣は，前項の規定により幼稚園の教育課程その他の保育内容に関する事項を定めるに当たつては，児童福祉法（昭和二十二年法律第百六十四号）第四十五条第二項の規定により児童福祉施設に関して内閣府令で定める基準（同項第三号の保育所における保育の内容に係る部分に限る。）並びに就学前の子どもに関する教育，保育等の総合的な提供の推進に関する法律（平成十八年法律第七十七号）第十条第一項の規定により主務大臣が定める幼保連携型認定こども園の教育課程その他の教育及び保育の内容に関する事項との整合性の確保に配慮しなければならない。

③　文部科学大臣は，第一項の幼稚園の教育課程その他の保育内容に関する事項を定めるときは，あらかじめ，内閣総理大臣に協議しなければならない。

第26条　幼稚園に入園することのできる者は，満三歳から，小学校就学の始期に達するまでの幼児とする。

第27条　幼稚園には，園長，教頭及び教諭を置かなければならない。

②　幼稚園には，前項に規定するもののほか，副園長，主幹教諭，指導教諭，養護教諭，栄養教諭，事務職員，養護助教諭その他必要な職員を置くことができる。

③　第一項の規定にかかわらず，副園長を置くときその他特別の事情のあるときは，教頭を置かないことができる。

④　園長は，園務をつかさどり，所属職員を監督する。

⑤　副園長は，園長を助け，命を受けて園務をつかさどる。

⑥　教頭は，園長（副園長を置く幼稚園にあつては，園長及び副園長）を助け，園務を整理し，及び必要に応じ幼児の保育をつかさどる。

⑦　主幹教諭は，園長（副園長を置く幼稚園にあつては，園長及び副園長）及び教頭を助け，命を受けて園務の一部を整理し，並びに幼児の保育をつかさどる。

⑧　指導教諭は，幼児の保育をつかさどり，

並びに教諭その他の職員に対して，保育の改善及び充実のために必要な指導及び助言を行う。

⑨　教諭は，幼児の保育をつかさどる。

⑩　特別の事情のあるときは，第一項の規定にかかわらず，教諭に代えて助教諭又は講師を置くことができる。

⑪　学校の実情に照らし必要があると認めるときは，第七項の規定にかかわらず，園長（副園長を置く幼稚園にあつては，園長及び副園長）及び教頭を助け，命を受けて園務の一部を整理し，並びに幼児の養護又は栄養の指導及び管理をつかさどる主幹教諭を置くことができる。

第28条　第三十七条第六項，第八項及び第十二項から第十七項まで並びに第四十二条から第四十四条までの規定は，幼稚園に準用する。

第29条　小学校は，心身の発達に応じて，義務教育として行われる普通教育のうち基礎的なものを施すことを目的とする。

第30条　小学校における教育は，前条に規定する目的を実現するために必要な程度において第二十一条各号に掲げる目標を達成するよう行われるものとする。

②　前項の場合においては，生涯にわたり学習する基盤が培われるよう，基礎的な知識及び技能を習得させるとともに，これらを活用して課題を解決するために必要な思考力，判断力，表現力その他の能力をはぐくみ，主体的に学習に取り組む態度を養うことに，特に意を用いなければならない。

第31条　小学校においては，前条第一項の規定による目標の達成に資するよう，教育指導を行うに当たり，児童の体験的な学習活動，特にボランティア活動など社会奉仕体験活動，自然体験活動その他の体験活動の充実に努めるものとする。この場合において，社会教育関係団体その他の関係団体及び関係機関との連携に十分配慮しなければならない。

第32条　小学校の修業年限は，六年とする。

第33条　小学校の教育課程に関する事項は，第二十九条及び第三十条の規定に従い，文部科学大臣が定める。

第34条　小学校においては，文部科学大臣の検定を経た教科用図書又は文部科学省が著作の名義を有する教科用図書を使用しなければならない。

②　前項に規定する教科用図書（以下この条において「教科用図書」という。）の内容を文部科学大臣の定めるところにより記録した電磁的記録（電子的方式，磁気的方式その他人の知覚によつては認識することができない方式で作られる記録であつて，電子計算機による情報処理の用に供されるものをいう。）である教材がある場合には，同項の規定にかかわらず，文部科学大臣の定めるところにより，児童の教育の充実を図るため必要があると認められる教育課程の一部において，教科用図書に代えて当該教材を使用することができる。

③　前項に規定する場合において，視覚障害，発達障害その他の文部科学大臣の定める事由により教科用図書を使用して学習することが困難な児童に対し，教科用図書に用いられた文字，図形等の拡大又は音声への変換その他の同項に規定する教材を電子計算機において用いることにより可能となる方法で指導することにより当該児童の学習上の困難の程度を低減させる必要があると認められるときは，文部科学大臣の定めるところにより，教育課程の全部又は一部において，教科用図書に代えて当該教材を使用することができる。

④　教科用図書及び第二項に規定する教材以外の教材で，有益適切なものは，これを使用することができる。

⑤　第一項の検定の申請に係る教科用図書に関し調査審議させるための審議会等（国家行政組織法（昭和二十三年法律第百二十号）第八条に規定する機関をいう。以下同じ。）については，政令で定める。

第35条　市町村の教育委員会は，次に掲げる行為の一又は二以上を繰り返し行う等性行不良であつて他の児童の教育に妨げがあると認める児童があるときは，その保護者に対して，児童の出席停止を命ずることができる。

一　他の児童に傷害，心身の苦痛又は財産上の損失を与える行為

二　職員に傷害又は心身の苦痛を与える行為

三　施設又は設備を損壊する行為

四　授業その他の教育活動の実施を妨げる行

為

② 市町村の教育委員会は，前項の規定により出席停止を命ずる場合には，あらかじめ保護者の意見を聴取するとともに，理由及び期間を記載した文書を交付しなければならない。

③ 前項に規定するもののほか，出席停止の命令の手続に関し必要な事項は，教育委員会規則で定めるものとする。

④ 市町村の教育委員会は，出席停止の命令に係る児童の出席停止の期間における学習に対する支援その他の教育上必要な措置を講ずるものとする。

第36条 学齢に達しない子は，小学校に入学させることができない。

第37条 小学校には，校長，教頭，教諭，養護教諭及び事務職員を置かなければならない。

② 小学校には，前項に規定するもののほか，副校長，主幹教諭，指導教諭，栄養教諭その他必要な職員を置くことができる。

③ 第一項の規定にかかわらず，副校長を置くときその他特別の事情のあるときは教頭を，養護をつかさどる主幹教諭を置くときは養護教諭を，特別の事情のあるときは事務職員を，それぞれ置かないことができる。

④ 校長は，校務をつかさどり，所属職員を監督する。

⑤ 副校長は，校長を助け，命を受けて校務をつかさどる。

⑥ 副校長は，校長に事故があるときはその職務を代理し，校長が欠けたときはその職務を行う。この場合において，副校長が二人以上あるときは，あらかじめ校長が定めた順序で，その職務を代理し，又は行う。

⑦ 教頭は，校長（副校長を置く小学校にあつては，校長及び副校長）を助け，校務を整理し，及び必要に応じ児童の教育をつかさどる。

⑧ 教頭は，校長（副校長を置く小学校にあつては，校長及び副校長）に事故があるときは校長の職務を代理し，校長（副校長を置く小学校にあつては，校長及び副校長）が欠けたときは校長の職務を行う。この場合において，教頭が二人以上あるときは，あらかじめ校長が定めた順序で，校長の職務を代理し，又は行う。

⑨ 主幹教諭は，校長（副校長を置く小学校にあつては，校長及び副校長）及び教頭を助け，命を受けて校務の一部を整理し，並びに児童の教育をつかさどる。

⑩ 指導教諭は，児童の教育をつかさどり，並びに教諭その他の職員に対して，教育指導の改善及び充実のために必要な指導及び助言を行う。

⑪ 教諭は，児童の教育をつかさどる。

⑫ 養護教諭は，児童の養護をつかさどる。

⑬ 栄養教諭は，児童の栄養の指導及び管理をつかさどる。

⑭ 事務職員は，事務をつかさどる。

⑮ 助教諭は，教諭の職務を助ける。

⑯ 講師は，教諭又は助教諭に準ずる職務に従事する。

⑰ 養護助教諭は，養護教諭の職務を助ける。

⑱ 特別の事情のあるときは，第一項の規定にかかわらず，教諭に代えて助教諭又は講師を，養護教諭に代えて養護助教諭を置くことができる。

⑲ 学校の実情に照らし必要があると認めるときは，第九項の規定にかかわらず，校長（副校長を置く小学校にあつては，校長及び副校長）及び教頭を助け，命を受けて校務の一部を整理し，並びに児童の養護又は栄養の指導及び管理をつかさどる主幹教諭を置くことができる。

第38条 市町村は，その区域内にある学齢児童を就学させるに必要な小学校を設置しなければならない。ただし，教育上有益かつ適切であると認めるときは，義務教育学校の設置をもつてこれに代えることができる。

第42条 小学校は，文部科学大臣の定めるところにより当該小学校の教育活動その他の学校運営の状況について評価を行い，その結果に基づき学校運営の改善を図るため必要な措置を講ずることにより，その教育水準の向上に努めなければならない。

第43条 小学校は，当該小学校に関する保護者及び地域住民その他の関係者の理解を深めるとともに，これらの者との連携及び協力の推進に資するため，当該小学校の教育活動その他の学校運営の状況に関する情報を積極的に提供するものとする。

第44条 私立の小学校は，都道府県知事の所管に属する。

第49条の2 義務教育学校は，心身の発達に応じて，義務教育として行われる普通教育を基礎的なものから一貫して施すことを目的とする。

第49条の3 義務教育学校における教育は，前条に規定する目的を実現するため，第二十一条各号に掲げる目標を達成するよう行われるものとする。

第49条の4 義務教育学校の修業年限は，九年とする。

第49条の5 義務教育学校の課程は，これを前期六年の前期課程及び後期三年の後期課程に区分する。

第72条 特別支援学校は，視覚障害者，聴覚障害者，知的障害者，肢体不自由者又は病弱者（身体虚弱者を含む。以下同じ。）に対して，幼稚園，小学校，中学校又は高等学校に準ずる教育を施すとともに，障害による学習上又は生活上の困難を克服し自立を図るために必要な知識技能を授けることを目的とする。

第73条 特別支援学校においては，文部科学大臣の定めるところにより，前条に規定する者に対する教育のうち当該学校が行うものを明らかにするものとする。

第76条 特別支援学校には，小学部及び中学部を置かなければならない。ただし，特別の必要のある場合においては，そのいずれかのみを置くことができる。

② 特別支援学校には，小学部及び中学部のほか，幼稚部又は高等部を置くことができ，また，特別の必要のある場合においては，前項の規定にかかわらず，小学部及び中学部を置かないで幼稚部又は高等部のみを置くことができる。

第78条 特別支援学校には，寄宿舎を設けなければならない。ただし，特別の事情のあるときは，これを設けないことができる。

第81条 幼稚園，小学校，中学校，義務教育学校，高等学校及び中等教育学校においては，次項各号のいずれかに該当する幼児，児童及び生徒その他教育上特別の支援を必要とする幼児，児童及び生徒に対し，文部科学大臣の定めるところにより，障害による学習上又は

生活上の困難を克服するための教育を行うものとする。

② 小学校，中学校，義務教育学校，高等学校及び中等教育学校には，次の各号のいずれかに該当する児童及び生徒のために，特別支援学級を置くことができる。

一　知的障害者

二　肢体不自由者

三　身体虚弱者

四　弱視者

五　難聴者

六　その他障害のある者で，特別支援学級において教育を行うことが適当なもの

③ 前項に規定する学校においては，疾病により療養中の児童及び生徒に対して，特別支援学級を設け，又は教員を派遣して，教育を行うことができる。

学校教育法施行規則（抄）
（1947（昭和22）年，文部省令第11号）

第1条 学校には，その学校の目的を実現するために必要な校地，校舎，校具，運動場，図書館又は図書室，保健室その他の設備を設けなければならない。

② 学校の位置は，教育上適切な環境に，これを定めなければならない。

第24条 校長は，その学校に在学する児童等の指導要録（学校教育法施行令第三十一条に規定する児童等の学習及び健康の状況を記録した書類の原本をいう。以下同じ。）を作成しなければならない。

② 校長は，児童等が進学した場合においては，その作成に係る当該児童等の指導要録の抄本又は写しを作成し，これを進学先の校長に送付しなければならない。

③ 校長は，児童等が転学した場合においては，その作成に係る当該児童等の指導要録の写しを作成し，その写し（転学してきた児童等については転学により送付を受けた指導要録（就学前の子どもに関する教育，保育等の総合的な提供の推進に関する法律施行令（平成二十六年政令第二百三号）第八条に規定する園児の学習及び健康の状況を記録した書類の原本を含む。）の写しを含む。）及び前項の

抄本又は写しを転学先の校長，保育所の長又は認定こども園の長に送付しなければならない。

第26条 校長及び教員が児童等に懲戒を加えるに当つては，児童等の心身の発達に応ずる等教育上必要な配慮をしなければならない。

② 懲戒のうち，退学，停学及び訓告の処分は，校長（大学にあつては，学長の委任を受けた学部長を含む。）が行う。

③ 前項の退学は，市町村立の小学校，中学校（学校教育法第七十一条の規定により高等学校における教育と一貫した教育を施すもの（以下「併設型中学校」という。）を除く。）若しくは義務教育学校又は公立の特別支援学校に在学する学齢児童又は学齢生徒を除き，次の各号のいずれかに該当する児童等に対して行うことができる。

一 性行不良で改善の見込がないと認められる者

二 学力劣等で成業の見込がないと認められる者

三 正当の理由がなくて出席常でない者

四 学校の秩序を乱し，その他学生又は生徒としての本分に反した者

④ 第二項の停学は，学齢児童又は学齢生徒に対しては，行うことができない。

⑤ 学長は，学生に対する第二項の退学，停学及び訓告の処分の手続を定めなければならない。

第28条 学校において備えなければならない表簿は，概ね次のとおりとする。

一 学校に関係のある法令

二 学則，日課表，教科用図書配当表，学校医執務記録簿，学校歯科医執務記録簿，学校薬剤師執務記録簿及び学校日誌

三 職員の名簿，履歴書，出勤簿並びに担任学級，担任の教科又は科目及び時間表

四 指導要録，その写し及び抄本並びに出席簿及び健康診断に関する表簿

五 入学者の選抜及び成績考査に関する表簿

六 資産原簿，出納簿及び経費の予算決算についての帳簿並びに図書機械器具，標本，模型等の教具の目録

七 往復文書処理簿

② 前項の表簿（第二十四条第二項の抄本又は写しを除く。）は，別に定めるもののほか，五年間保存しなければならない。ただし，指導要録及びその写しのうち入学，卒業等の学籍に関する記録については，その保存期間は，二十年間とする。

③ 学校教育法施行令第三十一条の規定により指導要録及びその写しを保存しなければならない期間は，前項のこれらの書類の保存期間から当該学校においてこれらの書類を保存していた期間を控除した期間とする。

第29条 市町村の教育委員会は，学校教育法施行令第一条第三項（同令第二条において準用する場合を含む。）の規定により学齢簿を磁気ディスク（これに準ずる方法により一定の事項を確実に記録しておくことができる物を含む。以下同じ。）をもつて調製する場合には，電子計算機（電子計算機による方法に準ずる方法により一定の事項を確実に記録しておくことができる機器を含む。以下同じ。）の操作によるものとする。

2 市町村の教育委員会は，前項に規定する場合においては，当該学齢簿に記録されている事項が当該市町村の学齢児童又は学齢生徒に関する事務に従事している者以外の者に同項の電子計算機に接続された電気通信回線を通じて知られること及び当該学齢簿が滅失し又はき損することを防止するために必要な措置を講じなければならない。

第30条 学校教育法施行令第一条第一項の学齢簿に記載（同条第三項の規定により磁気ディスクをもつて調製する学齢簿にあつては，記録。以下同じ。）をすべき事項は，次の各号に掲げる区分に応じ，当該各号に掲げる事項とする。

一 学齢児童又は学齢生徒に関する事項 氏名，現住所，生年月日及び性別

二 保護者に関する事項 氏名，現住所及び保護者と学齢児童又は学齢生徒との関係

三 就学する学校に関する事項

イ 当該市町村の設置する小学校，中学校（併設型中学校を除く。）又は義務教育学校に就学する者について，当該学校の名称並びに当該学校に係る入学，転学及び卒業の年月日

ロ 学校教育法施行令第九条に定める手続

により当該市町村の設置する小学校，中学校（併設型中学校を除く。）又は義務教育学校以外の小学校，中学校，義務教育学校又は中等教育学校に就学する者について，当該学校及びその設置者の名称並びに当該学校に係る入学，転学，退学及び卒業の年月日

ハ　特別支援学校の小学部又は中学部に就学する者について，当該学校及び部並びに当該学校の設置者の名称並びに当該学校に係る入学，転学，退学及び卒業の年月日

四　就学の督促等に関する事項　学校教育法施行令第二十条又は第二十一条の規定に基づき就学状況が良好でない者等について，校長から通知を受けたとき，又は就学義務の履行を督促したときは，その旨及び通知を受け，又は督促した年月日

五　就学義務の猶予又は免除に関する事項　学校教育法第十八条の規定により保護者が就学させる義務を猶予又は免除された者について，猶予の年月日，事由及び期間又は免除の年月日及び事由並びに猶予又は免除された者のうち復学した者については，その年月日

六　その他必要な事項　市町村の教育委員会が学齢児童又は学齢生徒の就学に関し必要と認める事項

2　学校教育法施行令第二条に規定する者について作成する学齢簿に記載をすべき事項については，前項第一号，第二号及び第六号の規定を準用する。

第31条　学校教育法施行令第二条の規定による学齢簿の作成は，十月一日現在において行うものとする。

第36条　幼稚園の設備，編制その他設置に関する事項は，この章に定めるもののほか，幼稚園設置基準（昭和三十一年文部省令第三十二号）の定めるところによる。

第37条　幼稚園の毎学年の教育週数は，特別の事情のある場合を除き，三十九週を下つてはならない。

第38条　幼稚園の教育課程その他の保育内容については，この章に定めるもののほか，教育課程その他の保育内容の基準として文部科学大臣が別に公示する幼稚園教育要領によるものとする。

第41条　小学校の学級数は，十二学級以上十八学級以下を標準とする。ただし，地域の実態その他により特別の事情のあるときは，この限りでない。

第48条　小学校には，設置者の定めるところにより，校長の職務の円滑な執行に資するため，職員会議を置くことができる。

2　職員会議は，校長が主宰する。

第49条　小学校には，設置者の定めるところにより，学校評議員を置くことができる。

2　学校評議員は，校長の求めに応じ，学校運営に関し意見を述べることができる。

3　学校評議員は，当該小学校の職員以外の者で教育に関する理解及び識見を有するもののうちから，校長の推薦により，当該小学校の設置者が委嘱する。

第50条　小学校の教育課程は，国語，社会，算数，理科，生活，音楽，図画工作，家庭，体育及び外国語の各教科（以下この節において「各教科」という。），特別の教科である道徳，外国語活動，総合的な学習の時間並びに特別活動によつて編成するものとする。

2　私立の小学校の教育課程を編成する場合は，前項の規定にかかわらず，宗教を加えることができる。この場合においては，宗教をもつて前項の特別の教科である道徳に代えることができる。

第52条　小学校の教育課程については，この節に定めるもののほか，教育課程の基準として文部科学大臣が別に公示する小学校学習指導要領によるものとする。

第54条　児童が心身の状況によつて履修することが困難な各教科は，その児童の心身の状況に適合するように課さなければならない。

第57条　小学校において，各学年の課程の修了又は卒業を認めるに当たつては，児童の平素の成績を評価して，これを定めなければならない。

第59条　小学校の学年は，四月一日に始まり，翌年三月三十一日に終わる。

第60条　授業終始の時刻は，校長が定める。

第61条　公立小学校における休業日は，次のとおりとする。ただし，第三号に掲げる日を

除き，当該学校を設置する地方公共団体の教育委員会（公立大学法人の設置する小学校にあつては，当該公立大学法人の理事長。第三号において同じ。）が必要と認める場合は，この限りでない。

一　国民の祝日に関する法律（昭和二十三年法律第百七十八号）に規定する日

二　日曜日及び土曜日

三　学校教育法施行令第二十九条第一項の規定により教育委員会が定める日

第62条　私立小学校における学期及び休業日は，当該学校の学則で定める。

第63条　非常変災その他急迫の事情があるときは，校長は，臨時に授業を行わないことができる。この場合において，公立小学校についてはこの旨を当該学校を設置する地方公共団体の教育委員会（公立大学法人の設置する小学校にあつては，当該公立大学法人の理事長）に報告しなければならない。

第65条　学校用務員は，学校の環境の整備その他の用務に従事する。

第65条の2　医療的ケア看護職員は，小学校における日常生活及び社会生活を営むために恒常的に医療的ケア（人工呼吸器による呼吸管理，喀痰かくたん吸引その他の医療行為をいう。）を受けることが不可欠である児童の療養上の世話又は診療の補助に従事する。

第65条の3　スクールカウンセラーは，小学校における児童の心理に関する支援に従事する。

第65条の4　スクールソーシャルワーカーは，小学校における児童の福祉に関する支援に従事する。

第66条　小学校は，当該小学校の教育活動その他の学校運営の状況について，自ら評価を行い，その結果を公表するものとする。

2　前項の評価を行うに当たつては，小学校は，その実情に応じ，適切な項目を設定して行うものとする。

第67条　小学校は，前条第一項の規定による評価の結果を踏まえた当該小学校の児童の保護者その他の当該小学校の関係者（当該小学校の職員を除く。）による評価を行い，その結果を公表するよう努めるものとする。

第68条　小学校は，第六十六条第一項の規定

による評価の結果及び前条の規定により評価を行つた場合はその結果を，当該小学校の設置者に報告するものとする。

第118条　特別支援学校の設備，編制その他設置に関する事項及び特別支援学級の設備編制は，この章及び特別支援学校設置基準（令和三年文部科学省令第四十五号）に定めるもののほか，別に定める。

第119条　特別支援学校においては，学校教育法第七十二条に規定する者に対する教育のうち当該特別支援学校が行うものを学則その他の設置者の定める規則（次項において「学則等」という。）で定めるとともに，これについて保護者等に対して積極的に情報を提供するものとする。

2　前項の学則等を定めるに当たつては，当該特別支援学校の施設及び設備等の状況並びに当該特別支援学校の所在する地域における障害のある児童等の状況について考慮しなければならない。

第126条　特別支援学校の小学部の教育課程は，国語，社会，算数，理科，生活，音楽，図画工作，家庭，体育及び外国語の各教科，特別の教科である道徳，外国語活動，総合的な学習の時間，特別活動並びに自立活動によつて編成するものとする。

2　前項の規定にかかわらず，知的障害者である児童を教育する場合は，生活，国語，算数，音楽，図画工作及び体育の各教科，特別の教科である道徳，特別活動並びに自立活動によつて教育課程を編成するものとする。ただし，必要がある場合には，外国語活動を加えて教育課程を編成することができる。

第129条　特別支援学校の幼稚部の教育課程その他の保育内容並びに小学部，中学部及び高等部の教育課程については，この章に定めるもののほか，教育課程その他の保育内容又は教育課程の基準として文部科学大臣が別に公示する特別支援学校幼稚部教育要領，特別支援学校小学部・中学部学習指導要領及び特別支援学校高等部学習指導要領によるものとする。

学校保健安全法（抄）

(1958（昭和33）年，法律第56号／
題名改正2008年)

（目的）

第1条 この法律は，学校における児童生徒等及び職員の健康の保持増進を図るため，学校における保健管理に関し必要な事項を定めるとともに，学校における教育活動が安全な環境において実施され，児童生徒等の安全の確保が図られるよう，学校における安全管理に関し必要な事項を定め，もつて学校教育の円滑な実施とその成果の確保に資することを目的とする。

（国及び地方公共団体の責務）

第3条 国及び地方公共団体は，相互に連携を図り，各学校において保健及び安全に係る取組が確実かつ効果的に実施されるようにするため，学校における保健及び安全に関する最新の知見及び事例を踏まえつつ，財政上の措置その他の必要な施策を講ずるものとする。

2 国は，各学校における安全に係る取組を総合的かつ効果的に推進するため，学校安全の推進に関する計画の策定その他所要の措置を講ずるものとする。

3 地方公共団体は，国が講ずる前項の措置に準じた措置を講ずるように努めなければならない。

（学校保健に関する学校の設置者の責務）

第4条 学校の設置者は，その設置する学校の児童生徒等及び職員の心身の健康の保持増進を図るため，当該学校の施設及び設備並びに管理運営体制の整備充実その他の必要な措置を講ずるよう努めるものとする。

（学校保健計画の策定等）

第5条 学校においては，児童生徒等及び職員の心身の健康の保持増進を図るため，児童生徒等及び職員の健康診断，環境衛生検査，児童生徒等に対する指導その他保健に関する事項について計画を策定し，これを実施しなければならない。

（学校環境衛生基準）

第6条 文部科学大臣は，学校における換気，採光，照明，保温，清潔保持その他環境衛生に係る事項（学校給食法（昭和二十九年法律第百六十号）第九条第一項（夜間課程を置く高等学校における学校給食に関する法律（昭和三十一年法律第百五十七号）第七条及び特別支援学校の幼稚部及び高等部における学校給食に関する法律（昭和三十二年法律第百十八号）第六条において準用する場合を含む。）に規定する事項を除く。）について，児童生徒等及び職員の健康を保護する上で維持されることが望ましい基準（以下この条において「学校環境衛生基準」という。）を定めるものとする。

2 学校の設置者は，学校環境衛生基準に照らしてその設置する学校の適切な環境の維持に努めなければならない。

3 校長は，学校環境衛生基準に照らし，学校の環境衛生に関し適正を欠く事項があると認めた場合には，遅滞なく，その改善のために必要な措置を講じ，又は当該措置を講ずることができないときは，当該学校の設置者に対し，その旨を申し出るものとする。

（保健室）

第7条 学校には，健康診断，健康相談，保健指導，救急処置その他の保健に関する措置を行うため，保健室を設けるものとする。

（健康相談）

第8条 学校においては，児童生徒等の心身の健康に関し，健康相談を行うものとする。

（保健指導）

第9条 養護教諭その他の職員は，相互に連携して，健康相談又は児童生徒等の健康状態の日常的な観察により，児童生徒等の心身の状況を把握し，健康上の問題があると認めるときは，遅滞なく，当該児童生徒等に対して必要な指導を行うとともに，必要に応じ，その保護者（学校教育法第十六条に規定する保護者をいう。第二十四条及び第三十条において同じ。）に対して必要な助言を行うものとする。

（就学時の健康診断）

第11条 市（特別区を含む。以下同じ。）町村の教育委員会は，学校教育法第十七条第一項の規定により翌学年の初めから同項に規定する学校に就学させるべき者で，当該市町村の区域内に住所を有するものの就学に当たつて，その健康診断を行わなければならない。

第12条　市町村の教育委員会は，前条の健康診断の結果に基づき，治療を勧告し，保健上必要な助言を行い，及び学校教育法第十七条第一項に規定する義務の猶予若しくは免除又は特別支援学校への就学に関し指導を行う等適切な措置をとらなければならない。

（児童生徒等の健康診断）

第13条　学校においては，毎学年定期に，児童生徒等（通信による教育を受ける学生を除く。）の健康診断を行わなければならない。

2　学校においては，必要があるときは，臨時に，児童生徒等の健康診断を行うものとする。

第14条　学校においては，前条の健康診断の結果に基づき，疾病の予防処置を行い，又は治療を指示し，並びに運動及び作業を軽減する等適切な措置をとらなければならない。

（職員の健康診断）

第15条　学校の設置者は，毎学年定期に，学校の職員の健康診断を行わなければならない。

2　学校の設置者は，必要があるときは，臨時に，学校の職員の健康診断を行うものとする。

第16条　学校の設置者は，前条の健康診断の結果に基づき，治療を指示し，及び勤務を軽減する等適切な措置をとらなければならない。

（健康診断の方法及び技術的基準等）

第17条　健康診断の方法及び技術的基準については，文部科学省令で定める。

2　第十一条から前条までに定めるもののほか，健康診断の時期及び検査の項目その他健康診断に関し必要な事項は，前項に規定するものを除き，第十一条の健康診断に関するものについては政令で，第十三条及び第十五条の健康診断に関するものについては文部科学省令で定める。

3　前二項の文部科学省令は，健康増進法（平成十四年法律第百三号）第九条第一項に規定する健康診査等指針と調和が保たれたものでなければならない。

（保健所との連絡）

第18条　学校の設置者は，この法律の規定による健康診断を行おうとする場合その他政令で定める場合においては，保健所と連絡するものとする。

（出席停止）

第19条　校長は，感染症にかかつており，かかつている疑いがあり，又はかかるおそれのある児童生徒等があるときは，政令で定めるところにより，出席を停止させることができる。

（臨時休業）

第20条　学校の設置者は，感染症の予防上必要があるときは，臨時に，学校の全部又は一部の休業を行うことができる。

（学校医，学校歯科医及び学校薬剤師）

第23条　学校には，学校医を置くものとする。

2　大学以外の学校には，学校歯科医及び学校薬剤師を置くものとする。

3　学校医，学校歯科医及び学校薬剤師は，それぞれ医師，歯科医師又は薬剤師のうちから，任命し，又は委嘱する。

4　学校医，学校歯科医及び学校薬剤師は，学校における保健管理に関する専門的事項に関し，技術及び指導に従事する。

5　学校医，学校歯科医及び学校薬剤師の職務執行の準則は，文部科学省令で定める。

（学校安全に関する学校の設置者の責務）

第26条　学校の設置者は，児童生徒等の安全の確保を図るため，その設置する学校において，事故，加害行為，災害等（以下この条及び第二十九条第三項において「事故等」という。）により児童生徒等に生ずる危険を防止し，及び事故等により児童生徒等に危険又は危害が現に生じた場合（同条第一項及び第二項において「危険等発生時」という。）において適切に対処することができるよう，当該学校の施設及び設備並びに管理運営体制の整備充実その他の必要な措置を講ずるよう努めるものとする。

（学校安全計画の策定等）

第27条　学校においては，児童生徒等の安全の確保を図るため，当該学校の施設及び設備の安全点検，児童生徒等に対する通学を含めた学校生活その他の日常生活における安全に関する指導，職員の研修その他学校における安全に関する事項について計画を策定し，これを実施しなければならない。

（学校環境の安全の確保）

第28条　校長は，当該学校の施設又は設備に

ついて，児童生徒等の安全の確保を図る上で支障となる事項があると認めた場合には，遅滞なく，その改善を図るために必要な措置を講じ，又は当該措置を講ずることができないときは，当該学校の設置者に対し，その旨を申し出るものとする。

（危険等発生時対処要領の作成等）

第29条 学校においては，児童生徒等の安全の確保を図るため，当該学校の実情に応じて，危険等発生時において当該学校の職員がとるべき措置の具体的内容及び手順を定めた対処要領（次項において「危険等発生時対処要領」という。）を作成するものとする。

2 校長は，危険等発生時対処要領の職員に対する周知，訓練の実施その他の危険等発生時において職員が適切に対処するために必要な措置を講ずるものとする。

3 学校においては，事故等により児童生徒等に危害が生じた場合において，当該児童生徒等及び当該事故等により心理的外傷その他の心身の健康に対する影響を受けた児童生徒等その他の関係者の心身の健康を回復させるため，これらの者に対して必要な支援を行うものとする。この場合においては，第十条の規定を準用する。

（地域の関係機関等との連携）

第30条 学校においては，児童生徒等の安全の確保を図るため，児童生徒等の保護者との連携を図るとともに，当該学校が所在する地域の実情に応じて，当該地域を管轄する警察署その他の関係機関，地域の安全を確保するための活動を行う団体その他の関係団体，当該地域の住民その他の関係者との連携を図るよう努めるものとする。

学校保健安全法施行規則（抄）
（1958（昭和33）年，文部省令第18号）

（感染症の種類）

第18条 学校において予防すべき感染症の種類は，次のとおりとする。

一 第一種 エボラ出血熱，クリミア・コンゴ出血熱，痘そう，南米出血熱，ペスト，マールブルグ病，ラッサ熱，急性灰白髄炎，ジフテリア，重症急性呼吸器症候群（病原

体がベータコロナウイルス属SARSコロナウイルスであるものに限る。），中東呼吸器症候群（病原体がベータコロナウイルス属MERSコロナウイルスであるものに限る。）及び特定鳥インフルエンザ（感染症の予防及び感染症の患者に対する医療に関する法律（平成十年法律第百十四号）第六条第三項第六号に規定する特定鳥インフルエンザをいう。次号及び第十九条第二号イにおいて同じ。）

二 第二種 インフルエンザ（特定鳥インフルエンザを除く。），百日咳せき，麻しん，流行性耳下腺炎，風しん，水痘，咽頭結膜熱，新型コロナウイルス感染症（病原体がベータコロナウイルス属のコロナウイルス（令和二年一月に，中華人民共和国から世界保健機関に対して，人に伝染する能力を有することが新たに報告されたものに限る。）であるものに限る。次条第二号チにおいて同じ。），結核及び髄膜炎菌性髄膜炎

三 第三種 コレラ，細菌性赤痢，腸管出血性大腸菌感染症，腸チフス，パラチフス，流行性角結膜炎，急性出血性結膜炎その他の感染症

2 感染症の予防及び感染症の患者に対する医療に関する法律第六条第七項から第九項までに規定する新型インフルエンザ等感染症，指定感染症及び新感染症は，前項の規定にかかわらず，第一種の感染症とみなす。

（出席停止の期間の基準）

第19条 令第六条第二項の出席停止の期間の基準は，前条の感染症の種類に従い，次のとおりとする。

一 第一種の感染症にかかつた者については，治癒するまで。

二 第二種の感染症（結核及び髄膜炎菌性髄膜炎を除く。）にかかつた者については，次の期間。ただし，病状により学校医その他の医師において感染のおそれがないと認めたときは，この限りでない。

イ インフルエンザ（特定鳥インフルエンザ及び新型インフルエンザ等感染症を除く。）にあつては，発症した後五日を経過し，かつ，解熱した後二日（幼児にあつては，三日）を経過するまで。

ロ　百日咳にあつては，特有の咳が消失するまで又は五日間の適正な抗菌性物質製剤による治療が終了するまで。

ハ　麻しんにあつては，解熱した後三日を経過するまで。

ニ　流行性耳下腺炎にあつては，耳下腺，顎下腺又は舌下腺の腫脹が発現した後五日を経過し，かつ，全身状態が良好になるまで。

ホ　風しんにあつては，発しんが消失するまで。

ヘ　水痘にあつては，すべての発しんが痂か皮化するまで。

ト　咽頭結膜熱にあつては，主要症状が消退した後二日を経過するまで。

チ　新型コロナウイルス感染症にあつては，発症した後五日を経過し，かつ，症状が軽快した後一日を経過するまで。

三　結核，髄膜炎菌性髄膜炎及び第三種の感染症にかかつた者については，病状により学校医その他の医師において感染のおそれがないと認めるまで。

四　第一種若しくは第二種の感染症患者のある家に居住する者又はこれらの感染症にかかつている疑いがある者については，予防処置の施行の状況その他の事情により学校医その他の医師において感染のおそれがないと認めるまで。

五　第一種又は第二種の感染症が発生した地域から通学する者については，その発生状況により必要と認めたとき，学校医の意見を聞いて適当と認める期間。

六　第一種又は第二種の感染症の流行地を旅行した者については，その状況により必要と認めたとき，学校医の意見を聞いて適当と認める期間。

（出席停止の報告事項）

第20条　令第七条の規定による報告は，次の事項を記載した書面をもつてするものとする。

一　学校の名称

二　出席を停止させた理由及び期間

三　出席停止を指示した年月日

四　出席を停止させた児童生徒等の学年別人員数

五　その他参考となる事項

（感染症の予防に関する細目）

第21条　校長は，学校内において，感染症にかかつており，又はかかつている疑いがある児童生徒等を発見した場合において，必要と認めるときは，学校医に診断させ，法第十九条の規定による出席停止の指示をするほか，消毒その他適当な処置をするものとする。

2　校長は，学校内に，感染症の病毒に汚染し，又は汚染した疑いがある物件があるときは，消毒その他適当な処置をするものとする。

3　学校においては，その附近において，第一種又は第二種の感染症が発生したときは，その状況により適当な清潔方法を行うものとする。

> 児童福祉法（抄）
> （1947（昭和22）年，法律第164号）

第1条　全て児童は，児童の権利に関する条約の精神にのつとり，適切に養育されること，その生活を保障されること，愛され，保護されること，その心身の健やかな成長及び発達並びにその自立が図られることその他の福祉を等しく保障される権利を有する。

第2条　全て国民は，児童が良好な環境において生まれ，かつ，社会のあらゆる分野において，児童の年齢及び発達の程度に応じて，その意見が尊重され，その最善の利益が優先して考慮され，心身ともに健やかに育成されるよう努めなければならない。

②　児童の保護者は，児童を心身ともに健やかに育成することについて第一義的責任を負う。

③　国及び地方公共団体は，児童の保護者とともに，児童を心身ともに健やかに育成する責任を負う。

第4条　この法律で，児童とは，満十八歳に満たない者をいい，児童を左のように分ける。

一　乳児　満一歳に満たない者

二　幼児　満一歳から，小学校就学の始期に達するまでの者

三　少年　小学校就学の始期から，満十八歳に達するまでの者

②　この法律で，障害児とは，身体に障害のある児童，知的障害のある児童，精神に障害

のある児童（発達障害者支援法（平成十六年法律第百六十七号）第二条第二項に規定する発達障害児を含む。）又は治療方法が確立していない疾病その他の特殊の疾病であつて障害者の日常生活及び社会生活を総合的に支援するための法律（平成十七年法律第百二十三号）第四条第一項の政令で定めるものによる障害の程度が同項の主務大臣が定める程度である児童をいう。

第7条 この法律で，児童福祉施設とは，助産施設，乳児院，母子生活支援施設，保育所，幼保連携型認定こども園，児童厚生施設，児童養護施設，障害児入所施設，児童発達支援センター，児童心理治療施設，児童自立支援施設，児童家庭支援センター及び里親支援センターとする。

② この法律で，障害児入所支援とは，障害児入所施設に入所し，又は独立行政法人国立病院機構若しくは国立研究開発法人国立精神・神経医療研究センターの設置する医療機関であつて内閣総理大臣が指定するもの（以下「指定発達支援医療機関」という。）に入院する障害児に対して行われる保護，日常生活における基本的な動作及び独立自活に必要な知識技能の習得のための支援並びに障害児入所施設に入所し，又は指定発達支援医療機関に入院する障害児のうち知的障害のある児童，肢体不自由のある児童又は重度の知的障害及び重度の肢体不自由が重複している児童（以下「重症心身障害児」という。）に対し行われる治療をいう。

第10条の2 市町村は，こども家庭センターの設置に努めなければならない。

② こども家庭センターは，次に掲げる業務を行うことにより，児童及び妊産婦の福祉に関する包括的な支援を行うことを目的とする施設とする。

一　前条第一項第一号から第四号までに掲げる業務を行うこと。

二　児童及び妊産婦の福祉に関する機関との連絡調整を行うこと。

三　児童及び妊産婦の福祉並びに児童の健全育成に資する支援を行う者の確保，当該支援を行う者が相互の有機的な連携の下で支援を円滑に行うための体制の整備その他の

児童及び妊産婦の福祉並びに児童の健全育成に係る支援を促進すること。

四　前三号に掲げるもののほか，児童及び妊産婦の福祉に関し，家庭その他につき，必要な支援を行うこと。

③ こども家庭センターは，前項各号に掲げる業務を行うに当たって，次条第一項に規定する地域子育て相談機関と密接に連携を図るものとする。

第10条の3 市町村は，地理的条件，人口，交通事情その他の社会的条件，子育てに関する施設の整備の状況等を総合的に勘案して定める区域ごとに，その住民からの子育てに関する相談に応じ，必要な助言を行うことができる地域子育て相談機関（当該区域に所在する保育所，認定こども園，地域子育て支援拠点事業を行う場所その他の内閣府令で定める場所であつて，的確な相談及び助言を行うに足りる体制を有すると市町村が認めるものをいう。以下この条において同じ。）の整備に努めなければならない。

② 地域子育て相談機関は，前項の相談及び助言を行うほか，必要に応じ，こども家庭センターと連絡調整を行うとともに，地域の住民に対し，子育て支援に関する情報の提供を行うよう努めなければならない。

③ 市町村は，その住民に対し，地域子育て相談機関の名称，所在地その他必要な情報を提供するよう努めなければならない。

第12条 都道府県は，児童相談所を設置しなければならない。

② 児童相談所の管轄区域は，地理的条件，人口，交通事情その他の社会的条件について政令で定める基準を参酌して都道府県が定めるものとする。

③ 児童相談所は，児童の福祉に関し，主として前条第一項第一号に掲げる業務（市町村職員の研修を除く。）並びに同項第二号（イを除く。）及び第三号に掲げる業務並びに障害者の日常生活及び社会生活を総合的に支援するための法律第二十二条第二項及び第三項並びに第二十六条第一項に規定する業務を行うものとする。

④ 都道府県は，児童相談所が前項に規定する業務のうち第二十八条第一項各号に掲げる

措置を採ることその他の法律に関する専門的な知識経験を必要とするものについて，常時弁護士による助言又は指導の下で適切かつ円滑に行うため，児童相談所における弁護士の配置又はこれに準ずる措置を行うものとする。

⑤　児童相談所は，必要に応じ，巡回して，第三項に規定する業務（前条第一項第二号ホに掲げる業務を除く。）を行うことができる。

⑥　児童相談所長は，その管轄区域内の社会福祉法に規定する福祉に関する事務所（以下「福祉事務所」という。）の長（以下「福祉事務所長」という。）に必要な調査を委嘱することができる。

⑦　都道府県知事は，第三項に規定する業務の質の評価を行うことその他必要な措置を講ずることにより，当該業務の質の向上に努めなければならない。

⑧　国は，前項の措置を援助するために，児童相談所の業務の質の適切な評価の実施に資するための措置を講ずるよう努めなければならない。

第12条の4　児童相談所には，必要に応じ，児童を一時保護する施設（以下「一時保護施設」という。）を設けなければならない。

②　都道府県は，一時保護施設の設備及び運営について，条例で基準を定めなければならない。この場合において，その基準は，児童の身体的，精神的及び社会的な発達のために必要な生活水準を確保するものでなければならない。

③　都道府県が前項の条例を定めるに当たっては，次に掲げる事項については内閣府令で定める基準に従い定めるものとし，その他の事項については内閣府令で定める基準を参酌するものとする。

一　一時保護施設に配置する従業者及びその員数

二　一時保護施設に係る居室の床面積その他一時保護施設の設備に関する事項であつて，児童の適切な処遇の確保に密接に関連するものとして内閣府令で定めるもの

三　一時保護施設の運営に関する事項であつて，児童の適切な処遇及び安全の確保並びに秘密の保持に密接に関連するものとして内閣府令で定めるもの

第13条　都道府県は，その設置する児童相談所に，児童福祉司を置かなければならない。

②　児童福祉司の数は，各児童相談所の管轄区域内の人口，児童虐待に係る相談に応じた件数，第二十七条第一項第三号の規定による里親への委託の状況及び市町村におけるこの法律による事務の実施状況その他の条件を総合的に勘案して政令で定める基準を標準として都道府県が定めるものとする。

③　児童福祉司は，都道府県知事の補助機関である職員とし，次の各号のいずれかに該当する者のうちから，任用しなければならない。

一　児童虐待を受けた児童の保護その他児童の福祉に関する専門的な対応を要する事項について，児童及びその保護者に対する相談及び必要な指導等を通じて的確な支援を実施できる十分な知識及び技術を有する者として内閣府令で定めるもの

二　都道府県知事の指定する児童福祉司若しくは児童福祉施設の職員を養成する学校その他の施設を卒業し，又は都道府県知事の指定する講習会の課程を修了した者

三　学校教育法に基づく大学又は旧大学令に基づく大学において，心理学，教育学若しくは社会学を専修する学科又はこれらに相当する課程を修めて卒業した者（当該学科又は当該課程を修めて同法に基づく専門職大学の前期課程を修了した者を含む。）であつて，内閣府令で定める施設において一年以上相談援助業務（児童その他の者の福祉に関する相談に応じ，助言，指導その他の援助を行う業務をいう。第八号及び第六項において同じ。）に従事したもの

四　医師

五　社会福祉士

六　精神保健福祉士

七　公認心理師

八　社会福祉主事として二年以上相談援助業務に従事した者であつて，内閣総理大臣が定める講習会の課程を修了したもの

九　第二号から前号までに掲げる者と同等以上の能力を有すると認められる者であつて，内閣府令で定めるもの

④　児童福祉司は，児童相談所長の命を受けて，児童の保護その他児童の福祉に関する事

項について，相談に応じ，専門的技術に基づいて必要な指導を行う等児童の福祉増進に努める。

⑤　児童福祉司の中には，他の児童福祉司が前項の職務を行うため必要な専門的技術に関する指導及び教育を行う児童福祉司（次項及び第七項において「指導教育担当児童福祉司」という。）が含まれなければならない。

⑥　指導教育担当児童福祉司は，児童福祉司としておおむね五年以上（第三項第一号に規定する者のうち，内閣府令で定める施設において二年以上相談援助業務に従事した者その他の内閣府令で定めるものにあつては，おおむね三年以上）勤務した者であつて，内閣総理大臣が定める基準に適合する研修の課程を修了したものでなければならない。

⑦　指導教育担当児童福祉司の数は，政令で定める基準を参酌して都道府県が定めるものとする。

⑧　児童福祉司は，児童相談所長が定める担当区域により，第四項の職務を行い，担当区域内の市町村長に協力を求めることができる。

⑨　児童福祉司は，内閣総理大臣が定める基準に適合する研修を受けなければならない。

⑩　第三項第二号の施設及び講習会の指定に関し必要な事項は，政令で定める。

第18条の4　この法律で，保育士とは，第十八条の十八第一項の登録を受け，保育士の名称を用いて，専門的知識及び技術をもつて，児童の保育及び児童の保護者に対する保育に関する指導を行うことを業とする者をいう。

第18条の6　次の各号のいずれかに該当する者は，保育士となる資格を有する。

一　都道府県知事の指定する保育士を養成する学校その他の施設（以下「指定保育士養成施設」という。）を卒業した者（学校教育法に基づく専門職大学の前期課程を修了した者を含む。）

二　保育士試験に合格した者

第18条の18　保育士となる資格を有する者が保育士となるには，保育士登録簿に，氏名，生年月日その他内閣府令で定める事項の登録を受けなければならない。

②　保育士登録簿は，都道府県に備える。

③　都道府県知事は，保育士の登録をしたと

きは，申請者に第一項に規定する事項を記載した保育士登録証を交付する。

第18条の21　保育士は，保育士の信用を傷つけるような行為をしてはならない。

第18条の22　保育士は，正当な理由がなく，その業務に関して知り得た人の秘密を漏らしてはならない。保育士でなくなつた後においても，同様とする。

第18条の23　保育士でない者は，保育士又はこれに紛らわしい名称を使用してはならない。

第24条　市町村は，この法律及び子ども・子育て支援法の定めるところにより，保護者の労働又は疾病その他の事由により，その監護すべき乳児，幼児その他の児童について保育を必要とする場合において，次項に定めるところによるほか，当該児童を保育所（認定こども園法第三条第一項の認定を受けたもの及び同条第十項の規定による公示がされたものを除く。）において保育しなければならない。

②～⑦　（略）

第36条　助産施設は，保健上必要があるにもかかわらず，経済的理由により，入院助産を受けることができない妊産婦を入所させて，助産を受けさせることを目的とする施設とする。

第37条　乳児院は，乳児（保健上，安定した生活環境の確保その他の理由により特に必要のある場合には，幼児を含む。）を入院させて，これを養育し，あわせて退院した者について相談その他の援助を行うことを目的とする施設とする。

第38条　母子生活支援施設は，配偶者のない女子又はこれに準ずる事情にある女子及びその者の監護すべき児童を入所させて，これらの者を保護するとともに，これらの者の自立の促進のためにその生活を支援し，あわせて退所した者について相談その他の援助を行うことを目的とする施設とする。

第39条　保育所は，保育を必要とする乳児・幼児を日々保護者の下から通わせて保育を行うことを目的とする施設（利用定員が二十人以上であるものに限り，幼保連携型認定こども園を除く。）とする。

②　保育所は，前項の規定にかかわらず，特に必要があるときは，保育を必要とするその

他の児童を日々保護者の下から通わせて保育することができる。

第39条の2 幼保連携型認定こども園は，義務教育及びその後の教育の基礎を培うものとしての満三歳以上の幼児に対する教育（教育基本法（平成十八年法律第百二十号）第六条第一項に規定する法律に定める学校において行われる教育をいう。）及び保育を必要とする乳児・幼児に対する保育を一体的に行い，これらの乳児又は幼児の健やかな成長が図られるよう適当な環境を与えて，その心身の発達を助長することを目的とする施設とする。

② 幼保連携型認定こども園に関しては，この法律に定めるもののほか，認定こども園法の定めるところによる。

第40条 児童厚生施設は，児童遊園，児童館等児童に健全な遊びを与えて，その健康を増進し，又は情操をゆたかにすることを目的とする施設とする。

第41条 児童養護施設は，保護者のない児童（乳児を除く。ただし，安定した生活環境の確保その他の理由により特に必要のある場合には，乳児を含む。以下この条において同じ。），虐待されている児童その他環境上養護を要する児童を入所させて，これを養護し，あわせて退所した者に対する相談その他の自立のための援助を行うことを目的とする施設とする。

第42条 障害児入所施設は，次の各号に掲げる区分に応じ，障害児を入所させて，当該各号に定める支援を行うことを目的とする施設とする。

一　福祉型障害児入所施設　保護並びに日常生活における基本的な動作及び独立自活に必要な知識技能の習得のための支援

二　医療型障害児入所施設　保護，日常生活における基本的な動作及び独立自活に必要な知識技能の習得のための支援並びに治療

第43条 児童発達支援センターは，地域の障害児の健全な発達において中核的な役割を担う機関として，障害児を日々保護者の下から通わせて，高度の専門的な知識及び技術を必要とする児童発達支援を提供し，あわせて障害児の家族，指定障害児通所支援事業者その他の関係者に対し，相談，専門的な助言その

他の必要な援助を行うことを目的とする施設とする。

第43条の2 児童心理治療施設は，家庭環境，学校における交友関係その他の環境上の理由により社会生活への適応が困難となつた児童を，短期間，入所させ，又は保護者の下から通わせて，社会生活に適応するために必要な心理に関する治療及び生活指導を主として行い，あわせて退所した者について相談その他の援助を行うことを目的とする施設とする。

第44条 児童自立支援施設は，不良行為をなし，又はなすおそれのある児童及び家庭環境その他の環境上の理由により生活指導等を要する児童を入所させ，又は保護者の下から通わせて，個々の児童の状況に応じて必要な指導を行い，その自立を支援し，あわせて退所した者について相談その他の援助を行うことを目的とする施設とする。

第44条の2 児童家庭支援センターは，地域の児童の福祉に関する各般の問題につき，児童に関する家庭その他からの相談のうち，専門的な知識及び技術を必要とするものに応じ，必要な助言を行うとともに，市町村の求めに応じ，技術的助言その他必要な援助を行うほか，第二十六条第一項第二号及び第二十七条第一項第二号の規定による指導を行い，あわせて児童相談所，児童福祉施設等との連絡調整その他内閣府令の定める援助を総合的に行うことを目的とする施設とする。

② 児童家庭支援センターの職員は，その職務を遂行するに当たつては，個人の身上に関する秘密を守らなければならない。

第44条の3 里親支援センターは，里親支援事業を行うほか，里親及び里親に養育される児童並びに里親になろうとする者について相談その他の援助を行うことを目的とする施設とする。

② 里親支援センターの長は，里親支援事業及び前項に規定する援助を行うに当たつては，都道府県，市町村，児童相談所，児童家庭支援センター，他の児童福祉施設，教育機関その他の関係機関と相互に協力し，緊密な連携を図るよう努めなければならない。

第48条の4 保育所は，当該保育所が主として利用される地域の住民に対して，その行う

保育に関し情報の提供を行わなければならない。

② 保育所は，当該保育所が主として利用される地域の住民に対して，その行う保育に支障がない限りにおいて，乳児，幼児等の保育に関する相談に応じ，及び助言を行うよう努めなければならない。

③ 保育所に勤務する保育士は，乳児，幼児等の保育に関する相談に応じ，及び助言を行うために必要な知識及び技能の修得，維持及び向上に努めなければならない。

社会福祉法（抄）

（1951（昭和26）年，法律第45号，
題名改正2000年）

（目的）

第1条 この法律は，社会福祉を目的とする事業の全分野における共通の基本事項を定め，社会福祉を目的とする他の法律と相まって，福祉サービスの利用者の利益の保護及び地域における社会福祉（以下「地域福祉」という。）の推進を図るとともに，社会福祉事業の公明かつ適正な実施の確保及び社会福祉を目的とする事業の健全な発達を図り，もつて社会福祉の増進に資することを目的とする。

（定義）

第2条 この法律において「社会福祉事業」とは，第一種社会福祉事業及び第二種社会福祉事業をいう。

2 次に掲げる事業を第一種社会福祉事業とする。

一 （略）

二 児童福祉法（昭和二十二年法律第百六十四号）に規定する乳児院，母子生活支援施設，児童養護施設，障害児入所施設，児童心理治療施設又は児童自立支援施設を経営する事業

三～七 （略）

3 次に掲げる事業を第二種社会福祉事業とする。

一・一の二 （略）

二 児童福祉法に規定する障害児通所支援事業，障害児相談支援事業，児童自立生活援助事業，放課後児童健全育成事業，子育て短期支援事業，乳児家庭全戸訪問事業，養育支援訪問事業，地域子育て支援拠点事業，一時預かり事業，小規模住居型児童養育事業，小規模保育事業，病児保育事業又は子育て援助活動支援事業，同法に規定する助産施設，保育所，児童厚生施設又は児童家庭支援センターを経営する事業及び児童の福祉の増進について相談に応ずる事業

二の二 就学前の子どもに関する教育，保育等の総合的な提供の推進に関する法律（平成十八年法律第七十七号）に規定する幼保連携型認定こども園を経営する事業

二の三 民間あっせん機関による養子縁組のあっせんに係る児童の保護等に関する法律（平成二十八年法律第百十号）に規定する養子縁組あっせん事業

三 母子及び父子並びに寡婦福祉法（昭和三十九年法律第百二十九号）に規定する母子家庭日常生活支援事業，父子家庭日常生活支援事業又は寡婦日常生活支援事業及び同法に規定する母子・父子福祉施設を経営する事業

四～十三 （略）

4 （略）

（福祉サービスの基本的理念）

第3条 福祉サービスは，個人の尊厳の保持を旨とし，その内容は，福祉サービスの利用者が心身ともに健やかに育成され，又はその有する能力に応じ自立した日常生活を営むことができるように支援するものとして，良質かつ適切なものでなければならない。

（地域福祉の推進）

第4条 地域福祉の推進は，地域住民が相互に人格と個性を尊重し合いながら，参加し，共生する地域社会の実現を目指して行われなければならない。

2 地域住民，社会福祉を目的とする事業を経営する者及び社会福祉に関する活動を行う者（以下「地域住民等」という。）は，相互に協力し，福祉サービスを必要とする地域住民が地域社会を構成する一員として日常生活を営み，社会，経済，文化その他あらゆる分野の活動に参加する機会が確保されるように，地域福祉の推進に努めなければならない。

3 地域住民等は，地域福祉の推進に当たつ

ては，福祉サービスを必要とする地域住民及びその世帯が抱える福祉，介護，介護予防（要介護状態若しくは要支援状態となることの予防又は要介護状態若しくは要支援状態の軽減若しくは悪化の防止をいう。），保健医療，住まい，就労及び教育に関する課題，福祉サービスを必要とする地域住民の地域社会からの孤立その他の福祉サービスを必要とする地域住民が日常生活を営み，あらゆる分野の活動に参加する機会が確保される上での各般の課題（以下「地域生活課題」という。）を把握し，地域生活課題の解決に資する支援を行う関係機関（以下「支援関係機関」という。）との連携等によりその解決を図るよう特に留意するものとする。

（福祉サービスの提供の原則）

第5条 社会福祉を目的とする事業を経営する者は，その提供する多様な福祉サービスについて，利用者の意向を十分に尊重し，地域福祉の推進に係る取組を行う他の地域住民等との連携を図り，かつ，保健医療サービスその他の関連するサービスとの有機的な連携を図るよう創意工夫を行いつつ，これを総合的に提供することができるようにその事業の実施に努めなければならない。

（定義）

第22条 この法律において「社会福祉法人」とは，社会福祉事業を行うことを目的として，この法律の定めるところにより設立された法人をいう。

（経営の原則等）

第24条 社会福祉法人は，社会福祉事業の主たる担い手としてふさわしい事業を確実，効果的かつ適正に行うため，自主的にその経営基盤の強化を図るとともに，その提供する福祉サービスの質の向上及び事業経営の透明性の確保を図らなければならない。

2 社会福祉法人は，社会福祉事業及び第二十六条第一項に規定する公益事業を行うに当たつては，日常生活又は社会生活上の支援を必要とする者に対して，無料又は低額な料金で，福祉サービスを積極的に提供するよう努めなければならない。

（情報の提供）

第75条 社会福祉事業の経営者は，福祉サー

ビス（社会福祉事業において提供されるものに限る。以下この節及び次節において同じ。）を利用しようとする者が，適切かつ円滑にこれを利用することができるように，その経営する社会福祉事業に関し情報の提供を行うよう努めなければならない。

2 国及び地方公共団体は，福祉サービスを利用しようとする者が必要な情報を容易に得られるように，必要な措置を講ずるよう努めなければならない。

（福祉サービスの質の向上のための措置等）

第78条 社会福祉事業の経営者は，自らその提供する福祉サービスの質の評価を行うことその他の措置を講ずることにより，常に福祉サービスを受ける者の立場に立つて良質かつ適切な福祉サービスを提供するよう努めなければならない。

2 国は，社会福祉事業の経営者が行う福祉サービスの質の向上のための措置を援助するために，福祉サービスの質の公正かつ適切な評価の実施に資するための措置を講ずるよう努めなければならない。

（社会福祉事業の経営者による苦情の解決）

第82条 社会福祉事業の経営者は，常に，その提供する福祉サービスについて，利用者等からの苦情の適切な解決に努めなければならない。

（運営適正化委員会）

第83条 都道府県の区域内において，福祉サービス利用援助事業の適正な運営を確保するとともに，福祉サービスに関する利用者等からの苦情を適切に解決するため，都道府県社会福祉協議会に，人格が高潔であつて，社会福祉に関する識見を有し，かつ，社会福祉，法律又は医療に関し学識経験を有する者で構成される運営適正化委員会を置くものとする。

（運営適正化委員会の行う苦情の解決のための相談等）

第85条 運営適正化委員会は，福祉サービスに関する苦情について解決の申出があつたときは，その相談に応じ，申出人に必要な助言をし，当該苦情に係る事情を調査するものとする。

2 運営適正化委員会は，前項の申出人及び当該申出人に対し福祉サービスを提供した者

の同意を得て，苦情の解決のあっせんを行う
ことができる。

（運営適正化委員会から都道府県知事への通
知）

第86条 運営適正化委員会は，苦情の解決に
当たり，当該苦情に係る福祉サービスの利用
者の処遇につき不当な行為が行われているお
それがあると認めるときは，都道府県知事に
対し，速やかに，その旨を通知しなければな
らない。

母子保健法（抄）
(1965（昭和40）年，法律第141号)

（目的）

第1条 この法律は，母性並びに乳児及び幼
児の健康の保持及び増進を図るため，母子保
健に関する原理を明らかにするとともに，母
性並びに乳児及び幼児に対する保健指導，健
康診査，医療その他の措置を講じ，もつて国
民保健の向上に寄与することを目的とする。

（母性の尊重）

第2条 母性は，すべての児童がすこやかに
生まれ，かつ，育てられる基盤であることに
かんがみ，尊重され，かつ，保護されなけれ
ばならない。

（乳幼児の健康の保持増進）

第3条 乳児及び幼児は，心身ともに健全な
人として成長してゆくために，その健康が保
持され，かつ，増進されなければならない。

（母性及び保護者の努力）

第4条 母性は，みずからすすんで，妊娠，
出産又は育児についての正しい理解を深め，
その健康の保持及び増進に努めなければなら
ない。

2 乳児又は幼児の保護者は，みずからすす
んで，育児についての正しい理解を深め，乳
児又は幼児の健康の保持及び増進に努めなけ
ればならない。

（用語の定義）

第6条 この法律において「妊産婦」とは，
妊娠中又は出産後一年以内の女子をいう。

2 この法律において「乳児」とは，一歳に
満たない者をいう。

3 この法律において「幼児」とは，満一歳

から小学校就学の始期に達するまでの者をい
う。

4 この法律において「保護者」とは，親権
を行う者，未成年後見人その他の者で，乳児
又は幼児を現に監護する者をいう。

5 この法律において「新生児」とは，出生
後二十八日を経過しない乳児をいう。

6 この法律において「未熟児」とは，身体
の発育が未熟のまま出生した乳児であつて，
正常児が出生時に有する諸機能を得るに至る
までのものをいう。

（健康診査）

第12条 市町村は，次に掲げる者に対し，内
閣府令の定めるところにより，健康診査を行
わなければならない。

一 満一歳六か月を超え満二歳に達しない幼
児

二 満三歳を超え満四歳に達しない幼児

2 前項の内閣府令は，健康増進法（平成十
四年法律第百三号）第九条第一項に規定する
健康診査等指針（第十六条第四項において単
に「健康診査等指針」という。）と調和が保
たれたものでなければならない。

（妊娠の届出）

第15条 妊娠した者は，内閣府令で定める事
項につき，速やかに，市町村長に妊娠の届出
をするようにしなければならない。

（母子健康手帳）

第16条 市町村は，妊娠の届出をした者に対
して，母子健康手帳を交付しなければならな
い。

2 妊産婦は，医師，歯科医師，助産師又は
保健師について，健康診査又は保健指導を受
けたときは，その都度，母子健康手帳に必要
な事項の記載を受けなければならない。乳児
又は幼児の健康診査又は保健指導を受けた当
該乳児又は幼児の保護者についても，同様と
する。

3 母子健康手帳の様式は，内閣府令で定め
る。

4 前項の内閣府令は，健康診査等指針と調
和が保たれたものでなければならない。

（低体重児の届出）

第18条 体重が二千五百グラム未満の乳児が
出生したときは，その保護者は，速やかに，

その旨をその乳児の現在地の市町村に届け出なければならない。

（未熟児の訪問指導）

第19条 市町村長は，その区域内に現在地を有する未熟児について，養育上必要があると認めるときは，医師，保健師，助産師又はその他の職員をして，その未熟児の保護者を訪問させ，必要な指導を行わせるものとする。

2 第十一条第二項の規定は，前項の規定による訪問指導に準用する。

就学前の子どもに関する教育，保育等の
総合的な提供の推進に関する法律（抄）
（2006（平成18）年，法律第77号）

（目的）

第1条 この法律は，幼児期の教育及び保育が生涯にわたる人格形成の基礎を培う重要なものであること並びに我が国における急速な少子化の進行並びに家庭及び地域を取り巻く環境の変化に伴い小学校就学前の子どもの教育及び保育に対する需要が多様なものとなっていることに鑑み，地域における創意工夫を生かしつつ，小学校就学前の子どもに対する教育及び保育並びに保護者に対する子育て支援の総合的な提供を推進するための措置を講じ，もって地域において子どもが健やかに育成される環境の整備に資することを目的とする。

（定義）

第2条 この法律において「子ども」とは，小学校就学の始期に達するまでの者をいう。

2 この法律において「幼稚園」とは，学校教育法（昭和二十二年法律第二十六号）第一条に規定する幼稚園をいう。

3 この法律において「保育所」とは，児童福祉法（昭和二十二年法律第百六十四号）第三十九条第一項に規定する保育所をいう。

4 この法律において「保育機能施設」とは，児童福祉法第五十九条第一項に規定する施設のうち同法第三十九条第一項に規定する業務を目的とするもの（少数の子どもを対象とするものその他の主務省令で定めるものを除く。）をいう。

5 この法律において「保育所等」とは，保育所又は保育機能施設をいう。

6 この法律において「認定こども園」とは，次条第一項又は第三項の認定を受けた施設，同条第十項の規定による公示がされた施設及び幼保連携型認定こども園をいう。

7 この法律において「幼保連携型認定こども園」とは，義務教育及びその後の教育の基礎を培うものとしての満三歳以上の子どもに対する教育並びに保育を必要とする子どもに対する保育を一体的に行い，これらの子どもの健やかな成長が図られるよう適当な環境を与えて，その心身の発達を助長するとともに，保護者に対する子育ての支援を行うことを目的として，この法律の定めるところにより設置される施設をいう。

8 この法律において「教育」とは，教育基本法（平成十八年法律第百二十号）第六条第一項に規定する法律に定める学校（第九条において単に「学校」という。）において行われる教育をいう。

9 この法律において「保育」とは，児童福祉法第六条の三第七項第一号に規定する保育をいう。

10 この法律において「保育を必要とする子ども」とは，児童福祉法第六条の三第九項第一号に規定する保育を必要とする乳児・幼児をいう。

11 この法律において「保護者」とは，児童福祉法第六条に規定する保護者をいう。

12 この法律において「子育て支援事業」とは，地域の子どもの養育に関する各般の問題につき保護者からの相談に応じ必要な情報の提供及び助言を行う事業，保護者の疾病その他の理由により家庭において養育を受けることが一時的に困難となった地域の子どもに対する保育を行う事業，地域の子どもの養育に関する援助を受けることを希望する保護者と当該援助を行うことを希望する民間の団体若しくは個人との連絡及び調整を行う事業又は地域の子どもの養育に関する援助を行う民間の団体若しくは個人に対する必要な情報の提供及び助言を行う事業であって主務省令で定めるものをいう。

（教育及び保育の内容）

第6条 第三条第一項又は第三項の認定を受

けた施設及び同条第十項の規定による公示がされた施設の設置者は，当該施設において教育又は保育を行うに当たっては，第十条第一項の幼保連携型認定こども園の教育課程その他の教育及び保育の内容に関する事項を踏まえて行わなければならない。

（教育及び保育の目標）

第9条 幼保連携型認定こども園においては，第二条第七項に規定する目標を実現するため，子どもに対する学校としての教育及び児童福祉施設（児童福祉法第七条第一項に規定する児童福祉施設をいう。次条第二項において同じ。）としての保育並びにその実施する保護者に対する子育て支援事業の相互の有機的な連携を図りつつ，次に掲げる目標を達成するよう当該教育及び当該保育を行うものとする。

一　健康，安全で幸福な生活のために必要な基本的な習慣を養い，身体諸機能の調和的発達を図ること。

二　集団生活を通じて，喜んでこれに参加する態度を養うとともに家族や身近な人への信頼感を深め，自主，自律及び協同の精神並びに規範意識の芽生えを養うこと。

三　身近な社会生活，生命及び自然に対する興味を養い，それらに対する正しい理解と態度及び思考力の芽生えを養うこと。

四　日常の会話や，絵本，童話等に親しむことを通じて，言葉の使い方を正しく導くとともに，相手の話を理解しようとする態度を養うこと。

五　音楽，身体による表現，造形等に親しむことを通じて，豊かな感性と表現力の芽生えを養うこと。

六　快適な生活環境の実現及び子どもと保育教諭その他の職員との信頼関係の構築を通じて，心身の健康の確保及び増進を図ること。

（教育及び保育の内容）

第10条 幼保連携型認定こども園の教育課程その他の教育及び保育の内容に関する事項は，第二条第七項に規定する目的及び前条に規定する目標に従い，主務大臣が定める。

2　主務大臣が前項の規定により幼保連携型認定こども園の教育課程その他の教育及び保育の内容に関する事項を定めるに当たっては，

幼稚園教育要領及び児童福祉法第四十五条第二項の規定に基づき児童福祉施設に関して内閣府令で定める基準（同項第三号に規定する保育所における保育の内容に係る部分に限る。）との整合性の確保並びに小学校（学校教育法第一条に規定する小学校をいう。）及び義務教育学校（学校教育法第一条に規定する義務教育学校をいう。）における教育との円滑な接続に配慮しなければならない。

3　幼保連携型認定こども園の設置者は，第一項の教育及び保育の内容に関する事項を遵守しなければならない。

（入園資格）

第11条 幼保連携型認定こども園に入園することのできる者は，満三歳以上の子ども及び満三歳未満の保育を必要とする子どもとする。

（設置者）

第12条 幼保連携型認定こども園は，国，地方公共団体（公立大学法人を含む。第十七条第一項において同じ。），学校法人及び社会福祉法人のみが設置することができる。

（職員）

第14条 幼保連携型認定こども園には，園長及び保育教諭を置かなければならない。

2　幼保連携型認定こども園には，前項に規定するもののほか，副園長，教頭，主幹保育教諭，指導保育教諭，主幹養護教諭，養護教諭，主幹栄養教諭，栄養教諭，事務職員，養護助教諭その他必要な職員を置くことができる。

3　園長は，園務をつかさどり，所属職員を監督する。

4　副園長は，園長を助け，命を受けて園務をつかさどる。

5　副園長は，園長に事故があるときはその職務を代理し，園長が欠けたときはその職務を行う。この場合において，副園長が二人以上あるときは，あらかじめ園長が定めた順序で，その職務を代理し，又は行う。

6　教頭は，園長（副園長を置く幼保連携型認定こども園にあっては，園長及び副園長）を助け，園務を整理し，並びに必要に応じ園児（幼保連携型認定こども園に在籍する子どもをいう。以下同じ。）の教育及び保育（満三歳未満の園児については，その保育。以下

この条において同じ。）をつかさどる。

7　教頭は、園長（副園長を置く幼保連携型認定こども園にあっては、園長及び副園長）に事故があるときは園長の職務を代理し、園長（副園長を置く幼保連携型認定こども園にあっては、園長及び副園長）が欠けたときは園長の職務を行う。この場合において、教頭が二人以上あるときは、あらかじめ園長が定めた順序で、園長の職務を代理し、又は行う。

8　主幹保育教諭は、園長（副園長又は教頭を置く幼保連携型認定こども園にあっては、園長及び副園長又は教頭。第十一項及び第十三項において同じ。）を助け、命を受けて園務の一部を整理し、並びに園児の教育及び保育をつかさどる。

9　指導保育教諭は、園児の教育及び保育をつかさどり、並びに保育教諭その他の職員に対して、教育及び保育の改善及び充実のために必要な指導及び助言を行う。

10　保育教諭は、園児の教育及び保育をつかさどる。

11　主幹養護教諭は、園長を助け、命を受けて園務の一部を整理し、及び園児（満三歳以上の園児に限る。以下この条において同じ。）の養護をつかさどる。

12　養護教諭は、園児の養護をつかさどる。

13　主幹栄養教諭は、園長を助け、命を受けて園務の一部を整理し、並びに園児の栄養の指導及び管理をつかさどる。

14　栄養教諭は、園児の栄養の指導及び管理をつかさどる。

15　事務職員は、事務をつかさどる。

16　助保育教諭は、保育教諭の職務を助ける。

17　講師は、保育教諭又は助保育教諭に準ずる職務に従事する。

18　養護助教諭は、養護教諭の職務を助ける。

19　特別の事情のあるときは、第一項の規定にかかわらず、保育教諭に代えて助保育教諭又は講師を置くことができる。

食育基本法（抄）

（2005（平成17）年，法律第63号）

　二十一世紀における我が国の発展のためには、子どもたちが健全な心と身体を培い、未来や国際社会に向かって羽ばたくことができるようにするとともに、すべての国民が心身の健康を確保し、生涯にわたって生き生きと暮らすことができるようにすることが大切である。

　子どもたちが豊かな人間性をはぐくみ、生きる力を身に付けていくためには、何よりも「食」が重要である。今、改めて、食育を、生きる上での基本であって、知育、徳育及び体育の基礎となるべきものと位置付けるとともに、様々な経験を通じて「食」に関する知識と「食」を選択する力を習得し、健全な食生活を実践することができる人間を育てる食育を推進することが求められている。もとより、食育はあらゆる世代の国民に必要なものであるが、子どもたちに対する食育は、心身の成長及び人格の形成に大きな影響を及ぼし、生涯にわたって健全な心と身体を培い豊かな人間性をはぐくんでいく基礎となるものである。

　一方、社会経済情勢がめまぐるしく変化し、日々忙しい生活を送る中で、人々は、毎日の「食」の大切さを忘れがちである。国民の食生活においては、栄養の偏り、不規則な食事、肥満や生活習慣病の増加、過度の痩身志向などの問題に加え、新たな「食」の安全上の問題や、「食」の海外への依存の問題が生じており、「食」に関する情報が社会に氾濫する中で、人々は、食生活の改善の面からも、「食」の安全の確保の面からも、自ら「食」のあり方を学ぶことが求められている。また、豊かな緑と水に恵まれた自然の下で先人からはぐくまれてきた、地域の多様性と豊かな味覚や文化の香りあふれる日本の「食」が失われる危機にある。

　こうした「食」をめぐる環境の変化の中で、国民の「食」に関する考え方を育て、健全な食生活を実現することが求められるとともに、都市と農山漁村の共生・対流を進め、「食」に関する消費者と生産者との信頼関係を構築して、地域社会の活性化、豊かな食文化の継承及び発展、環境と調和のとれた食料の生産及び消費の推進並びに食料自給率の向上に寄与することが期待されている。

　国民一人一人が「食」について改めて意識

を高め，自然の恩恵や「食」に関わる人々の様々な活動への感謝の念や理解を深めつつ，「食」に関して信頼できる情報に基づく適切な判断を行う能力を身に付けることによって，心身の健康を増進する健全な食生活を実践するために，今こそ，家庭，学校，保育所，地域等を中心に，国民運動として，食育の推進に取り組んでいくことが，我々に課せられている課題である。さらに，食育の推進に関する我が国の取組が，海外との交流等を通じて食育に関して国際的に貢献することにつながることも期待される。

　ここに，食育について，基本理念を明らかにしてその方向性を示し，国，地方公共団体及び国民の食育の推進に関する取組を総合的かつ計画的に推進するため，この法律を制定する。

（目的）

第1条　この法律は，近年における国民の食生活をめぐる環境の変化に伴い，国民が生涯にわたって健全な心身を培い，豊かな人間性をはぐくむための食育を推進することが緊要な課題となっていることにかんがみ，食育に関し，基本理念を定め，及び国，地方公共団体等の責務を明らかにするとともに，食育に関する施策の基本となる事項を定めることにより，食育に関する施策を総合的かつ計画的に推進し，もって現在及び将来にわたる健康で文化的な国民の生活と豊かで活力ある社会の実現に寄与することを目的とする。

（子どもの食育における保護者，教育関係者等の役割）

第5条　食育は，父母その他の保護者にあっては，家庭が食育において重要な役割を有していることを認識するとともに，子どもの教育，保育等を行う者にあっては，教育，保育等における食育の重要性を十分自覚し，積極的に子どもの食育の推進に関する活動に取り組むこととなるよう，行われなければならない。

（食に関する体験活動と食育推進活動の実践）

第6条　食育は，広く国民が家庭，学校，保育所，地域その他のあらゆる機会とあらゆる場所を利用して，食料の生産から消費等に至るまでの食に関する様々な体験活動を行うとともに，自ら食育の推進のための活動を実践することにより，食に関する理解を深めることを旨として，行われなければならない。

（教育関係者等及び農林漁業者等の責務）

第11条　教育並びに保育，介護その他の社会福祉，医療及び保健（以下「教育等」という。）に関する職務に従事する者並びに教育等に関する関係機関及び関係団体（以下「教育関係者等」という。）は，食に関する関心及び理解の増進に果たすべき重要な役割にかんがみ，基本理念にのっとり，あらゆる機会とあらゆる場所を利用して，積極的に食育を推進するよう努めるとともに，他の者の行う食育の推進に関する活動に協力するよう努めるものとする。

2　農林漁業者及び農林漁業に関する団体（以下「農林漁業者等」という。）は，農林漁業に関する体験活動等が食に関する国民の関心及び理解を増進する上で重要な意義を有することにかんがみ，基本理念にのっとり，農林漁業に関する多様な体験の機会を積極的に提供し，自然の恩恵と食に関わる人々の活動の重要性について，国民の理解が深まるよう努めるとともに，教育関係者等と相互に連携して食育の推進に関する活動を行うよう努めるものとする。

（国民の責務）

第13条　国民は，家庭，学校，保育所，地域その他の社会のあらゆる分野において，基本理念にのっとり，生涯にわたり健全な食生活の実現に自ら努めるとともに，食育の推進に寄与するよう努めるものとする。

（家庭における食育の推進）

第19条　国及び地方公共団体は，父母その他の保護者及び子どもの食に対する関心及び理解を深め，健全な食習慣の確立に資するよう，親子で参加する料理教室その他の食事についての望ましい習慣を学びながら食を楽しむ機会の提供，健康美に関する知識の啓発その他の適切な栄養管理に関する知識の普及及び情報の提供，妊産婦に対する栄養指導又は乳幼児をはじめとする子どもを対象とする発達段階に応じた栄養指導その他の家庭における食育の推進を支援するために必要な施策を講ず

るものとする。

（学校，保育所等における食育の推進）

第20条 国及び地方公共団体は，学校，保育所等において魅力ある食育の推進に関する活動を効果的に促進することにより子どもの健全な食生活の実現及び健全な心身の成長が図られるよう，学校，保育所等における食育の推進のための指針の作成に関する支援，食育の指導にふさわしい教職員の設置及び指導的立場にある者の食育の推進において果たすべき役割についての意識の啓発その他の食育に関する指導体制の整備，学校，保育所等又は地域の特色を生かした学校給食等の実施，教育の一環として行われる農場等における実習，食品の調理，食品廃棄物の再生利用等様々な体験活動を通じた子どもの食に関する理解の促進，過度の痩身又は肥満の心身の健康に及ぼす影響等についての知識の啓発その他必要な施策を講ずるものとする。

少子化社会対策基本法（抄）
（2003（平成15）年，法律133号）

我が国における急速な少子化の進展は，平均寿命の伸長による高齢者の増加とあいまって，我が国の人口構造にひずみを生じさせ，二十一世紀の国民生活に，深刻かつ多大な影響をもたらす。我らは，紛れもなく，有史以来の未曾有の事態に直面している。

しかしながら，我らはともすれば高齢社会に対する対応にのみ目を奪われ，少子化という，社会の根幹を揺るがしかねない事態に対する国民の意識や社会の対応は，著しく遅れている。少子化は，社会における様々なシステムや人々の価値観と深くかかわっており，この事態を克服するためには，長期的な展望に立った不断の努力の積重ねが不可欠で，極めて長い時間を要する。急速な少子化という現実を前にして，我らに残された時間は，極めて少ない。

もとより，結婚や出産は個人の決定に基づくものではあるが，こうした事態に直面して，家庭や子育てに夢を持ち，かつ，次代の社会を担う子どもを安心して生み，育てることができる環境を整備し，子どもがひとしく心身ともに健やかに育ち，子どもを生み，育てる者が真に誇りと喜びを感じることのできる社会を実現し，少子化の進展に歯止めをかけることが，今，我らに，強く求められている。生命を尊び，豊かで安心して暮らすことのできる社会の実現に向け，新たな一歩を踏み出すことは，我らに課せられている喫緊の課題である。

ここに，少子化社会において講ぜられる施策の基本理念を明らかにし，少子化に的確に対処するための施策を総合的に推進するため，この法律を制定する。

（目的）

第1条 この法律は，我が国において急速に少子化が進展しており，その状況が二十一世紀の国民生活に深刻かつ多大な影響を及ぼすものであることにかんがみ，このような事態に対し，長期的な視点に立って的確に対処するため，少子化社会において講ぜられる施策の基本理念を明らかにするとともに，国及び地方公共団体の責務，少子化に対処するために講ずべき施策の基本となる事項その他の事項を定めることにより，少子化に対処するための施策を総合的に推進し，もって国民が豊かで安心して暮らすことのできる社会の実現に寄与することを目的とする。

（施策の基本理念）

第2条 少子化に対処するための施策は，父母その他の保護者が子育てについての第一義的責任を有するとの認識の下に，国民の意識の変化，生活様式の多様化等に十分留意しつつ，男女共同参画社会の形成とあいまって，家庭や子育てに夢を持ち，かつ，次代の社会を担う子どもを安心して生み，育てることができる環境を整備することを旨として講ぜられなければならない。

2 少子化に対処するための施策は，人口構造の変化，財政の状況，経済の成長，社会の高度化その他の状況に十分配意し，長期的な展望に立って講ぜられなければならない。

3 少子化に対処するための施策を講ずるに当たっては，子どもの安全な生活が確保されるとともに，子どもがひとしく心身ともに健やかに育つことができるよう配慮しなければならない。

4 社会, 経済, 教育, 文化その他あらゆる分野における施策は, 少子化の状況に配慮して, 講ぜられなければならない。

（施策の大綱）

第7条 政府は, 少子化に対処するための施策の指針として, 総合的かつ長期的な少子化に対処するための施策の大綱を定めなければならない。

2 こども基本法（令和四年法律第七十七号）第九条第一項の規定により定められた同項のこども大綱のうち前項に規定する総合的かつ長期的な少子化に対処するための施策に係る部分は, 同項の規定により定められた大綱とみなす。

（年次報告）

第9条 政府は, 毎年, 国会に, 少子化の状況及び少子化に対処するために講じた施策の概況に関する報告を提出するとともに, これを公表しなければならない。

2 こども基本法第八条第一項の規定による国会への報告及び公表がされたときは, 前項の規定による国会への報告及び公表がされたものとみなす。

（雇用環境の整備）

第10条 国及び地方公共団体は, 子どもを生み, 育てる者が充実した職業生活を営みつつ豊かな家庭生活を享受することができるよう, 育児休業制度等子どもを生み, 育てる者の雇用の継続を図るための制度の充実, 労働時間の短縮の促進, 再就職の促進, 情報通信ネットワークを利用した就業形態の多様化等による多様な就労の機会の確保その他必要な雇用環境の整備のための施策を講ずるものとする。

2 国及び地方公共団体は, 前項の施策を講ずるに当たっては, 子どもを養育する者がその有する能力を有効に発揮することの妨げとなっている雇用慣行の是正が図られるよう配慮するものとする。

（保育サービス等の充実）

第11条 国及び地方公共団体は, 子どもを養育する者の多様な需要に対応した良質な保育サービス等が提供されるよう, 病児保育, 低年齢児保育, 休日保育, 夜間保育, 延長保育及び一時保育の充実, 放課後児童健全育成事業等の拡充その他の保育等に係る体制の整備並びに保育サービスに係る情報の提供の促進に必要な施策を講ずるとともに, 保育所, 幼稚園その他の保育サービスを提供する施設の活用による子育てに関する情報の提供及び相談の実施その他の子育て支援が図られるよう必要な施策を講ずるものとする。

2 国及び地方公共団体は, 保育において幼稚園の果たしている役割に配慮し, その充実を図るとともに, 前項の保育等に係る体制の整備に必要な施策を講ずるに当たっては, 幼稚園と保育所との連携の強化及びこれらに係る施設の総合化に配慮するものとする。

（地域社会における子育て支援体制の整備）

第12条 国及び地方公共団体は, 地域において子どもを生み, 育てる者を支援する拠点の整備を図るとともに, 安心して子どもを生み, 育てることができる地域社会の形成に係る活動を行う民間団体の支援, 地域における子どもと他の世代との交流の促進等について必要な施策を講ずることにより, 子どもを生み, 育てる者を支援する地域社会の形成のための環境の整備を行うものとする。

（母子保健医療体制の充実等）

第13条 国及び地方公共団体は, 妊産婦及び乳幼児に対する健康診査, 保健指導等の母子保健サービスの提供に係る体制の整備, 妊産婦及び乳幼児に対し良質かつ適切な医療（助産を含む。）が提供される体制の整備等安心して子どもを生み, 育てることができる母子保健医療体制の充実のために必要な施策を講ずるものとする。

2 国及び地方公共団体は, 不妊治療を望む者に対し良質かつ適切な保健医療サービスが提供されるよう, 不妊治療に係る情報の提供, 不妊相談, 不妊治療に係る研究に対する助成等必要な施策を講ずるものとする。

（ゆとりのある教育の推進等）

第14条 国及び地方公共団体は, 子どもを生み, 育てる者の教育に関する心理的な負担を軽減するため, 教育の内容及び方法の改善及び充実, 入学者の選抜方法の改善等によりゆとりのある学校教育の実現が図られるよう必要な施策を講ずるとともに, 子どもの文化体験, スポーツ体験, 社会体験その他の体験を豊かにするための多様な機会の提供, 家庭教

育に関する学習機会及び情報の提供，家庭教育に関する相談体制の整備等子どもが豊かな人間性をはぐくむことができる社会環境を整備するために必要な施策を講ずるものとする。

（生活環境の整備）

第15条 国及び地方公共団体は，子どもの養育及び成長に適した良質な住宅の供給並びに安心して子どもを遊ばせることができる広場その他の場所の整備を促進するとともに，子どもが犯罪，交通事故その他の危害から守られ，子どもを生み，育てる者が豊かで安心して生活することができる地域環境を整備するためのまちづくりその他の必要な施策を講ずるものとする。

（経済的負担の軽減）

第16条 国及び地方公共団体は，子どもを生み，育てる者の経済的負担の軽減を図るため，児童手当，奨学事業及び子どもの医療に係る措置，税制上の措置その他の必要な措置を講ずるものとする。

（教育及び啓発）

第17条 国及び地方公共団体は，生命の尊厳並びに子育てにおいて家庭が果たす役割及び家庭生活における男女の協力の重要性について国民の認識を深めるよう必要な教育及び啓発を行うものとする。

2　国及び地方公共団体は，安心して子どもを生み，育てることができる社会の形成について国民の関心と理解を深めるよう必要な教育及び啓発を行うものとする。

教育公務員特例法（抄）
（1949（昭和24）年，法律第1号）

（この法律の趣旨）

第1条 この法律は，教育を通じて国民全体に奉仕する教育公務員の職務とその責任の特殊性に基づき，教育公務員の任免，人事評価，給与，分限，懲戒，服務及び研修等について規定する。

（定義）

第2条 この法律において「教育公務員」とは，地方公務員のうち，学校（学校教育法（昭和二十二年法律第二十六号）第一条に規定する学校及び就学前の子どもに関する教育，

保育等の総合的な提供の推進に関する法律（平成十八年法律第七十七号）第二条第七項に規定する幼保連携型認定こども園（以下「幼保連携型認定こども園」という。）をいう。以下同じ。）であつて地方公共団体が設置するもの（以下「公立学校」という。）の学長，校長（園長を含む。以下同じ。），教員及び部局長並びに教育委員会の専門的教育職員をいう。

2　この法律において「教員」とは，公立学校の教授，准教授，助教，副校長（副園長を含む。以下同じ。），教頭，主幹教諭（幼保連携型認定こども園の主幹養護教諭及び主幹栄養教諭を含む。以下同じ。），指導教諭，教諭，助教諭，養護教諭，養護助教諭，栄養教諭，主幹保育教諭，指導保育教諭，保育教諭，助保育教諭及び講師をいう。

3　この法律で「部局長」とは，大学（公立学校であるものに限る。第二十二条の六第三項，第二十二条の七第二項第二号及び第二十六条第一項を除き，以下同じ。）の副学長，学部長その他政令で指定する部局の長をいう。

4　この法律で「評議会」とは，大学に置かれる会議であつて当該大学を設置する地方公共団体の定めるところにより学長，学部長その他の者で構成するものをいう。

5　この法律で「専門的教育職員」とは，指導主事及び社会教育主事をいう。

（研修）

第21条 教育公務員は，その職責を遂行するために，絶えず研究と修養に努めなければならない。

2　教育公務員の研修実施者は，教育公務員（公立の小学校等の校長及び教員（臨時的に任用された者その他の政令で定める者を除く。以下この章において同じ。）を除く。）の研修について，それに要する施設，研修を奨励するための方途その他研修に関する計画を樹立し，その実施に努めなければならない。

（研修の機会）

第22条 教育公務員には，研修を受ける機会が与えられなければならない。

2　教員は，授業に支障のない限り，本属長の承認を受けて，勤務場所を離れて研修を行うことができる。

3 教育公務員は，任命権者（第二十条第一項第一号に掲げる者については，同号に定める市町村の教育委員会。以下この章において同じ。）の定めるところにより，現職のままで，長期にわたる研修を受けることができる。

（初任者研修）

第23条 公立の小学校等の教諭等の研修実施者は，当該教諭等（臨時的に任用された者その他の政令で定める者を除く。）に対して，その採用（現に教諭等の職以外の職に任命されている者を教諭等の職に任命する場合を含む。）の日から一年間の教諭又は保育教諭の職務の遂行に必要な事項に関する実践的な研修（次項において「初任者研修」という。）を実施しなければならない。

2 指導助言者は，初任者研修を受ける者（次項において「初任者」という。）の所属する学校の副校長，教頭，主幹教諭（養護又は栄養の指導及び管理をつかさどる主幹教諭を除く。），指導教諭，教諭，主幹保育教諭，指導保育教諭，保育教諭又は講師のうちから，指導教員を命じるものとする。

3 指導教員は，初任者に対して教諭又は保育教諭の職務の遂行に必要な事項について指導及び助言を行うものとする。

（中堅教諭等資質向上研修）

第24条 公立の小学校等の教諭等（臨時的に任用された者その他の政令で定める者を除く。以下この項において同じ。）の研修実施者は，当該教諭等に対して，個々の能力，適性等に応じて，公立の小学校等における教育に関し相当の経験を有し，その教育活動その他の学校運営の円滑かつ効果的な実施において中核的な役割を果たすことが期待される中堅教諭等としての職務を遂行する上で必要とされる資質の向上を図るために必要な事項に関する研修（次項において「中堅教諭等資質向上研修」という。）を実施しなければならない。

2 指導助言者は，中堅教諭等資質向上研修を実施するに当たり，中堅教諭等資質向上研修を受ける者の能力，適性等について評価を行い，その結果に基づき，当該者ごとに中堅教諭等資質向上研修に関する計画書を作成しなければならない。

（指導改善研修）

第25条 公立の小学校等の教諭等の任命権者は，児童，生徒又は幼児（以下「児童等」という。）に対する指導が不適切であると認定した教諭等に対して，その能力，適性等に応じて，当該指導の改善を図るために必要な事項に関する研修（以下この条において「指導改善研修」という。）を実施しなければならない。

2 指導改善研修の期間は，一年を超えてはならない。ただし，特に必要があると認めるときは，任命権者は，指導改善研修を開始した日から引き続き二年を超えない範囲内で，これを延長することができる。

3 任命権者は，指導改善研修を実施するに当たり，指導改善研修を受ける者の能力，適性等に応じて，その者ごとに指導改善研修に関する計画書を作成しなければならない。

4 任命権者は，指導改善研修の終了時において，指導改善研修を受けた者の児童等に対する指導の改善の程度に関する認定を行わなければならない。

5 任命権者は，第一項及び前項の認定に当たつては，教育委員会規則（幼保連携型認定こども園にあつては，地方公共団体の規則。次項において同じ。）で定めるところにより，教育学，医学，心理学その他の児童等に対する指導に関する専門的知識を有する者及び当該任命権者の属する都道府県又は市町村の区域内に居住する保護者（親権を行う者及び未成年後見人をいう。）である者の意見を聴かなければならない。

6 前項に定めるもののほか，事実の確認の方法その他第一項及び第四項の認定の手続に関し必要な事項は，教育委員会規則で定めるものとする。

7 前各項に規定するもののほか，指導改善研修の実施に関し必要な事項は，政令で定める。

（指導改善研修後の措置）

第25条の2 任命権者は，前条第四項の認定において指導の改善が不十分でなお児童等に対する指導を適切に行うことができないと認める教諭等に対して，免職その他の必要な措置を講ずるものとする。

（大学院修学休業の許可及びその要件等）

第26条 公立の小学校等の主幹教諭，指導教諭，教諭，養護教諭，栄養教諭，主幹保育教諭，指導保育教諭，保育教諭又は講師（以下「主幹教諭等」という。）で次の各号のいずれにも該当するものは，任命権者（第二十条第一項第一号に掲げる者については，同号に定める市町村の教育委員会。次項及び第二十八条第二項において同じ。）の許可を受けて，三年を超えない範囲内で年を単位として定める期間，大学（短期大学を除く。）の大学院の課程若しくは専攻科の課程又はこれらの課程に相当する外国の大学の課程（次項及び第二十八条第二項において「大学院の課程等」という。）に在学してその課程を履修するための休業（以下「大学院修学休業」という。）をすることができる。
一～四　（略）
2　（略）

地方公務員法（抄）
（1950（昭和25）年，法律第261号）

（この法律の目的）
第1条　この法律は，地方公共団体の人事機関並びに地方公務員の任用，人事評価，給与，勤務時間その他の勤務条件，休業，分限及び懲戒，服務，退職管理，研修，福祉及び利益の保護並びに団体等人事行政に関する根本基準を確立することにより，地方公共団体の行政の民主的かつ能率的な運営並びに特定地方独立行政法人の事務及び事業の確実な実施を保障し，もつて地方自治の本旨の実現に資することを目的とする。

（降任，免職，休職等）
第28条　職員が，次の各号に掲げる場合のいずれかに該当するときは，その意に反して，これを降任し，又は免職することができる。
一　人事評価又は勤務の状況を示す事実に照らして，勤務実績がよくない場合
二　心身の故障のため，職務の遂行に支障があり，又はこれに堪えない場合
三　前二号に規定する場合のほか，その職に必要な適格性を欠く場合
四　職制若しくは定数の改廃又は予算の減少により廃職又は過員を生じた場合

2　職員が，次の各号に掲げる場合のいずれかに該当するときは，その意に反して，これを休職することができる。
一　心身の故障のため，長期の休養を要する場合
二　刑事事件に関し起訴された場合
3　職員の意に反する降任，免職，休職及び降給の手続及び効果は，法律に特別の定めがある場合を除くほか，条例で定めなければならない。
4　職員は，第十六条各号（第二号を除く。）のいずれかに該当するに至つたときは，条例に特別の定めがある場合を除くほか，その職を失う。

（服務の根本基準）
第30条　すべて職員は，全体の奉仕者として公共の利益のために勤務し，且つ，職務の遂行に当つては，全力を挙げてこれに専念しなければならない。

（服務の宣誓）
第31条　職員は，条例の定めるところにより，服務の宣誓をしなければならない。

（法令等及び上司の職務上の命令に従う義務）
第32条　職員は，その職務を遂行するに当つて，法令，条例，地方公共団体の規則及び地方公共団体の機関の定める規程に従い，且つ，上司の職務上の命令に忠実に従わなければならない。

（信用失墜行為の禁止）
第33条　職員は，その職の信用を傷つけ，又は職員の職全体の不名誉となるような行為をしてはならない。

（秘密を守る義務）
第34条　職員は，職務上知り得た秘密を漏らしてはならない。その職を退いた後も，また，同様とする。
2　法令による証人，鑑定人等となり，職務上の秘密に属する事項を発表する場合においては，任命権者（退職者については，その退職した職又はこれに相当する職に係る任命権者）の許可を受けなければならない。
3　前項の許可は，法律に特別の定がある場合を除く外，拒むことができない。

（職務に専念する義務）

第35条 職員は，法律又は条例に特別の定がある場合を除く外，その勤務時間及び職務上の注意力のすべてをその職責遂行のために用い，当該地方公共団体がなすべき責を有する職務にのみ従事しなければならない。

地方教育行政の組織及び運営に関する
法律（抄）
（1956（昭和31）年，法律第162号）

（この法律の趣旨）
第1条 この法律は，教育委員会の設置，学校その他の教育機関の職員の身分取扱その他地方公共団体における教育行政の組織及び運営の基本を定めることを目的とする。

（基本理念）
第1条の2 地方公共団体における教育行政は，教育基本法（平成十八年法律第百二十号）の趣旨にのっとり，教育の機会均等，教育水準の維持向上及び地域の実情に応じた教育の振興が図られるよう，国との適切な役割分担及び相互の協力の下，公正かつ適正に行われなければならない。

（大綱の策定等）
第1条の3 地方公共団体の長は，教育基本法第十七条第一項に規定する基本的な方針を参酌し，その地域の実情に応じ，当該地方公共団体の教育，学術及び文化の振興に関する総合的な施策の大綱（以下単に「大綱」という。）を定めるものとする。

2 地方公共団体の長は，大綱を定め，又はこれを変更しようとするときは，あらかじめ，次条第一項の総合教育会議において協議するものとする。

3 地方公共団体の長は，大綱を定め，又はこれを変更したときは，遅滞なく，これを公表しなければならない。

4 第一項の規定は，地方公共団体の長に対し，第二十一条に規定する事務を管理し，又は執行する権限を与えるものと解釈してはならない。

（総合教育会議）
第1条の4 地方公共団体の長は，大綱の策定に関する協議及び次に掲げる事項についての協議並びにこれらに関する次項各号に掲げる構成員の事務の調整を行うため，総合教育会議を設けるものとする。

一 教育を行うための諸条件の整備その他の地域の実情に応じた教育，学術及び文化の振興を図るため重点的に講ずべき施策

二 児童，生徒等の生命又は身体に現に被害が生じ，又はまさに被害が生ずるおそれがあると見込まれる場合等の緊急の場合に講ずべき措置

2 総合教育会議は，次に掲げる者をもつて構成する。

一 地方公共団体の長

二 教育委員会

3 総合教育会議は，地方公共団体の長が招集する。

4 教育委員会は，その権限に属する事務に関して協議する必要があると思料するときは，地方公共団体の長に対し，協議すべき具体的事項を示して，総合教育会議の招集を求めることができる。

5 総合教育会議は，第一項の協議を行うに当たつて必要があると認めるときは，関係者又は学識経験を有する者から，当該協議すべき事項に関して意見を聴くことができる。

6 総合教育会議は，公開する。ただし，個人の秘密を保つため必要があると認めるとき，又は会議の公正が害されるおそれがあると認めるときその他公益上必要があると認めるときは，この限りでない。

7 地方公共団体の長は，総合教育会議の終了後，遅滞なく，総合教育会議の定めるところにより，その議事録を作成し，これを公表するよう努めなければならない。

8 総合教育会議においてその構成員の事務の調整が行われた事項については，当該構成員は，その調整の結果を尊重しなければならない。

9 前各項に定めるもののほか，総合教育会議の運営に関し必要な事項は，総合教育会議が定める。

（設置）
第2条 都道府県，市（特別区を含む。以下同じ。）町村及び第二十一条に規定する事務の全部又は一部を処理する地方公共団体の組合に教育委員会を置く。

（組織）

第3条 教育委員会は，教育長及び四人の委員をもつて組織する。ただし，条例で定めるところにより，都道府県若しくは市又は地方公共団体の組合のうち都道府県若しくは市が加入するものの教育委員会にあつては教育長及び五人以上の委員，町村又は地方公共団体の組合のうち町村のみが加入するものの教育委員会にあつては教育長及び二人以上の委員をもつて組織することができる。

（任命）

第4条 教育長は，当該地方公共団体の長の被選挙権を有する者で，人格が高潔で，教育行政に関し識見を有するもののうちから，地方公共団体の長が，議会の同意を得て，任命する。

2　委員は，当該地方公共団体の長の被選挙権を有する者で，人格が高潔で，教育，学術及び文化（以下単に「教育」という。）に関し識見を有するもののうちから，地方公共団体の長が，議会の同意を得て，任命する。

3　次の各号のいずれかに該当する者は，教育長又は委員となることができない。

一　破産手続開始の決定を受けて復権を得ない者

二　拘禁刑以上の刑に処せられた者

4　教育長及び委員の任命については，そのうち委員の定数に一を加えた数の二分の一以上の者が同一の政党に所属することとなつてはならない。

5　地方公共団体の長は，第二項の規定による委員の任命に当たつては，委員の年齢，性別，職業等に著しい偏りが生じないように配慮するとともに，委員のうちに保護者（親権を行う者及び未成年後見人をいう。第四十七条の五第二項第二号及び第五項において同じ。）である者が含まれるようにしなければならない。

（任期）

第5条 教育長の任期は三年とし，委員の任期は四年とする。ただし，補欠の教育長又は委員の任期は，前任者の残任期間とする。

2　教育長及び委員は，再任されることができる。

（教育長）

第13条 教育長は，教育委員会の会務を総理し，教育委員会を代表する。

2　教育長に事故があるとき，又は教育長が欠けたときは，あらかじめその指名する委員がその職務を行う。

（会議）

第14条 教育委員会の会議は，教育長が招集する。

2　教育長は，委員の定数の三分の一以上の委員から会議に付議すべき事件を示して会議の招集を請求された場合には，遅滞なく，これを招集しなければならない。

3　教育委員会は，教育長及び在任委員の過半数が出席しなければ，会議を開き，議決をすることができない。ただし，第六項の規定による除斥のため過半数に達しないとき，又は同一の事件につき再度招集しても，なお過半数に達しないときは，この限りでない。

4　教育委員会の会議の議事は，第七項ただし書の発議に係るものを除き，出席者の過半数で決し，可否同数のときは，教育長の決するところによる。

5　教育長に事故があり，又は教育長が欠けた場合の前項の規定の適用については，前条第二項の規定により教育長の職務を行う者は，教育長とみなす。

6　教育委員会の教育長及び委員は，自己，配偶者若しくは三親等以内の親族の一身上に関する事件又は自己若しくはこれらの者の従事する業務に直接の利害関係のある事件については，その議事に参与することができない。ただし，教育委員会の同意があるときは，会議に出席し，発言することができる。

7　教育委員会の会議は，公開する。ただし，人事に関する事件その他の事件について，教育長又は委員の発議により，出席者の三分の二以上の多数で議決したときは，これを公開しないことができる。

8　前項ただし書の教育長又は委員の発議は，討論を行わないでその可否を決しなければならない。

9　教育長は，教育委員会の会議の終了後，遅滞なく，教育委員会規則で定めるところにより，その議事録を作成し，これを公表するよう努めなければならない。

（事務局）

第17条 教育委員会の権限に属する事務を処理させるため，教育委員会に事務局を置く。

2 教育委員会の事務局の内部組織は，教育委員会規則で定める。

（指導主事その他の職員）

第18条 都道府県に置かれる教育委員会（以下「都道府県委員会」という。）の事務局に，指導主事，事務職員及び技術職員を置くほか，所要の職員を置く。

2 市町村に置かれる教育委員会（以下「市町村委員会」という。）の事務局に，前項の規定に準じて指導主事その他の職員を置く。

3 指導主事は，上司の命を受け，学校（学校教育法（昭和二十二年法律第二十六号）第一条に規定する学校及び就学前の子どもに関する教育，保育等の総合的な提供の推進に関する法律（平成十八年法律第七十七号）第二条第七項に規定する幼保連携型認定こども園（以下「幼保連携型認定こども園」という。）をいう。以下同じ。）における教育課程，学習指導その他学校教育に関する専門的事項の指導に関する事務に従事する。

4 指導主事は，教育に関し識見を有し，かつ，学校における教育課程，学習指導その他学校教育に関する専門的事項について教養と経験がある者でなければならない。指導主事は，大学以外の公立学校（地方公共団体が設置する学校をいう。以下同じ。）の教員（教育公務員特例法（昭和二十四年法律第一号）第二条第二項に規定する教員をいう。以下同じ。）をもつて充てることができる。

5 事務職員は，上司の命を受け，事務に従事する。

6 技術職員は，上司の命を受け，技術に従事する。

7 第一項及び第二項の職員は，教育委員会が任命する。

8 教育委員会は，事務局の職員のうち所掌事務に係る教育行政に関する相談に関する事務を行う職員を指定するものとする。

9 前各項に定めるもののほか，教育委員会の事務局に置かれる職員に関し必要な事項は，政令で定める。

（教育委員会の職務権限）

第21条 教育委員会は，当該地方公共団体が処理する教育に関する事務で，次に掲げるものを管理し，及び執行する。

一 教育委員会の所管に属する第三十条に規定する学校その他の教育機関（以下「学校その他の教育機関」という。）の設置，管理及び廃止に関すること。

二 教育委員会の所管に属する学校その他の教育機関の用に供する財産（以下「教育財産」という。）の管理に関すること。

三 教育委員会及び教育委員会の所管に属する学校その他の教育機関の職員の任免その他の人事に関すること。

四 学齢生徒及び学齢児童の就学並びに生徒，児童及び幼児の入学，転学及び退学に関すること。

五 教育委員会の所管に属する学校の組織編制，教育課程，学習指導，生徒指導及び職業指導に関すること。

六 教科書その他の教材の取扱いに関すること。

七 校舎その他の施設及び教具その他の設備の整備に関すること。

八 校長，教員その他の教育関係職員の研修に関すること。

九 校長，教員その他の教育関係職員並びに生徒，児童及び幼児の保健，安全，厚生及び福利に関すること。

十 教育委員会の所管に属する学校その他の教育機関の環境衛生に関すること。

十一 学校給食に関すること。

十二 青少年教育，女性教育及び公民館の事業その他社会教育に関すること。

十三 スポーツに関すること。

十四 文化財の保護に関すること。

十五 ユネスコ活動に関すること。

十六 教育に関する法人に関すること。

十七 教育に係る調査及び基幹統計その他の統計に関すること。

十八 所掌事務に係る広報及び所掌事務に係る教育行政に関する相談に関すること。

十九 前各号に掲げるもののほか，当該地方公共団体の区域内における教育に関する事務に関すること。

（長の職務権限）

第22条 地方公共団体の長は，大綱の策定に関する事務のほか，次に掲げる教育に関する事務を管理し，及び執行する。

一　大学に関すること。

二　幼保連携型認定こども園に関すること。

三　私立学校に関すること。

四　教育財産を取得し，及び処分すること。

五　教育委員会の所掌に係る事項に関する契約を結ぶこと。

六　前号に掲げるもののほか，教育委員会の所掌に係る事項に関する予算を執行すること。

（幼保連携型認定こども園に関する意見聴取）

第27条 地方公共団体の長は，当該地方公共団体が設置する幼保連携型認定こども園に関する事務のうち，幼保連携型認定こども園における教育課程に関する基本的事項の策定その他の当該地方公共団体の教育委員会の権限に属する事務と密接な関連を有するものとして当該地方公共団体の規則で定めるものの実施に当たつては，当該教育委員会の意見を聴かなければならない。

2　地方公共団体の長は，前項の規則を制定し，又は改廃しようとするときは，あらかじめ，当該地方公共団体の教育委員会の意見を聴かなければならない。

（幼保連携型認定こども園に関する意見の陳述）

第27条の2　教育委員会は，当該地方公共団体が設置する幼保連携型認定こども園に関する事務の管理及び執行について，その職務に関して必要と認めるときは，当該地方公共団体の長に対し，意見を述べることができる。

（幼保連携型認定こども園に関する資料の提供等）

第27条の3　教育委員会は，前二条の規定による権限を行うため必要があるときは，当該地方公共団体の長に対し，必要な資料の提供その他の協力を求めることができる。

（幼保連携型認定こども園に関する事務に係る教育委員会の助言又は援助）

第27条の4　地方公共団体の長は，第二十二条第二号に掲げる幼保連携型認定こども園に関する事務を管理し，及び執行するに当たり，必要と認めるときは，当該地方公共団体の教育委員会に対し，学校教育に関する専門的事項について助言又は援助を求めることができる。

（私立学校に関する事務に係る都道府県委員会の助言又は援助）

第27条の5　都道府県知事は，第二十二条第三号に掲げる私立学校に関する事務を管理し，及び執行するに当たり，必要と認めるときは，当該都道府県委員会に対し，学校教育に関する専門的事項について助言又は援助を求めることができる。

第47条の5　教育委員会は，教育委員会規則で定めるところにより，その所管に属する学校ごとに，当該学校の運営及び当該運営への必要な支援に関して協議する機関として，学校運営協議会を置くように努めなければならない。ただし，二以上の学校の運営に関し相互に密接な連携を図る必要がある場合として文部科学省令で定める場合には，二以上の学校について一の学校運営協議会を置くことができる。

2　学校運営協議会の委員は，次に掲げる者について，教育委員会が任命する。

一　対象学校（当該学校運営協議会が，その運営及び当該運営への必要な支援に関して協議する学校をいう。以下この条において同じ。）の所在する地域の住民

二　対象学校に在籍する生徒，児童又は幼児の保護者

三　社会教育法（昭和二十四年法律第二百七号）第九条の七第一項に規定する地域学校協働活動推進員その他の対象学校の運営に資する活動を行う者

四　その他当該教育委員会が必要と認める者

3　対象学校の校長は，前項の委員の任命に関する意見を教育委員会に申し出ることができる。

4　対象学校の校長は，当該対象学校の運営に関して，教育課程の編成その他教育委員会規則で定める事項について基本的な方針を作成し，当該対象学校の学校運営協議会の承認を得なければならない。

5　学校運営協議会は，前項に規定する基本的な方針に基づく対象学校の運営及び当該運

営への必要な支援に関し，対象学校の所在する地域の住民，対象学校に在籍する生徒，児童又は幼児の保護者その他の関係者の理解を深めるとともに，対象学校とこれらの者との連携及び協力の推進に資するため，対象学校の運営及び当該運営への必要な支援に関する協議の結果に関する情報を積極的に提供するよう努めるものとする。

6　学校運営協議会は，対象学校の運営に関する事項（次項に規定する事項を除く。）について，教育委員会又は校長に対して，意見を述べることができる。

7　学校運営協議会は，対象学校の職員の採用その他の任用に関して教育委員会規則で定める事項について，当該職員の任命権者に対して意見を述べることができる。この場合において，当該職員が県費負担教職員（第五十五条第一項又は第六十一条第一項の規定により市町村委員会がその任用に関する事務を行う職員を除く。）であるときは，市町村委員会を経由するものとする。

8　対象学校の職員の任命権者は，当該職員の任用に当たつては，前項の規定により述べられた意見を尊重するものとする。

9　教育委員会は，学校運営協議会の運営が適正を欠くことにより，対象学校の運営に現に支障が生じ，又は生ずるおそれがあると認められる場合においては，当該学校運営協議会の適正な運営を確保するために必要な措置を講じなければならない。

10　学校運営協議会の委員の任免の手続及び任期，学校運営協議会の議事の手続その他学校運営協議会の運営に関し必要な事項については，教育委員会規則で定める。

教育職員免許法（抄）
（1949（昭和24）年，法律第147号）

（この法律の目的）
第1条　この法律は，教育職員の免許に関する基準を定め，教育職員の資質の保持と向上を図ることを目的とする。

（定義）
第2条　この法律において「教育職員」とは，学校（学校教育法（昭和二十二年法律第二十六号）第一条に規定する幼稚園，小学校，中学校，義務教育学校，高等学校，中等教育学校及び特別支援学校（第三項において「第一条学校」という。）並びに就学前の子どもに関する教育，保育等の総合的な提供の推進に関する法律（平成十八年法律第七十七号）第二条第七項に規定する幼保連携型認定こども園（以下「幼保連携型認定こども園」という。）をいう。以下同じ。）の主幹教諭（幼保連携型認定こども園の主幹養護教諭及び主幹栄養教諭を含む。以下同じ。），指導教諭，教諭，助教諭，養護教諭，養護助教諭，栄養教諭，主幹保育教諭，指導保育教諭，保育教諭，助保育教諭及び講師（以下「教員」という。）をいう。

2　この法律で「免許管理者」とは，免許状を有する者が教育職員及び文部科学省令で定める教育の職にある者である場合にあつてはその者の勤務地の都道府県の教育委員会，これらの者以外の者である場合にあつてはその者の住所地の都道府県の教育委員会をいう。

3　この法律において「所轄庁」とは，大学附置の国立学校（国（国立大学法人法（平成十五年法律第百十二号）第二条第一項に規定する国立大学法人を含む。以下この項において同じ。）が設置する学校をいう。以下同じ。）又は公立学校（地方公共団体（地方独立行政法人法（平成十五年法律第百十八号）第六十八条第一項に規定する公立大学法人（以下単に「公立大学法人」という。）を含む。）が設置する学校をいう。以下同じ。）の教員にあつてはその大学の学長，大学附置の学校以外の公立学校（第一条学校に限る。）の教員にあつてはその学校を所管する教育委員会，大学附置の学校以外の公立学校（幼保連携型認定こども園に限る。）の教員にあつてはその学校を所管する地方公共団体の長，私立学校（国及び地方公共団体（公立大学法人を含む。）以外の者が設置する学校をいう。以下同じ。）の教員にあつては都道府県知事（地方自治法（昭和二十二年法律第六十七号）第二百五十二条の十九第一項の指定都市又は同法第二百五十二条の二十二第一項の中核市（以下この項において「指定都市等」という。）の区域内の幼保連携型認定こども園の

教員にあつては，当該指定都市等の長）をいう。

4　この法律で「自立教科等」とは，理療（あん摩，マッサージ，指圧等に関する基礎的な知識技能の修得を目標とした教科をいう。），理学療法，理容その他の職業についての知識技能の修得に関する教科及び学習上又は生活上の困難を克服し自立を図るために必要な知識技能の修得を目的とする教育に係る活動（以下「自立活動」という。）をいう。

5　この法律で「特別支援教育領域」とは，学校教育法第七十二条に規定する視覚障害者，聴覚障害者，知的障害者，肢体不自由者又は病弱者（身体虚弱者を含む。）に関するいずれかの教育の領域をいう。

（免許）

第3条　教育職員は，この法律により授与する各相当の免許状を有する者でなければならない。

2　前項の規定にかかわらず，主幹教諭（養護又は栄養の指導及び管理をつかさどる主幹教諭を除く。）及び指導教諭については各相当学校の教諭の免許状を有する者を，養護をつかさどる主幹教諭については養護教諭の免許状を有する者を，栄養の指導及び管理をつかさどる主幹教諭については栄養教諭の免許状を有する者を，講師については各相当学校の教員の相当免許状を有する者を，それぞれ充てるものとする。

3　特別支援学校の教員（養護又は栄養の指導及び管理をつかさどる主幹教諭，養護教諭，養護助教諭，栄養教諭並びに特別支援学校において自立教科等の教授を担任する教員を除く。）については，第一項の規定にかかわらず，特別支援学校の教員の免許状のほか，特別支援学校の各部に相当する学校の教員の免許状を有する者でなければならない。

4　義務教育学校の教員（養護又は栄養の指導及び管理をつかさどる主幹教諭，養護教諭，養護助教諭並びに栄養教諭を除く。）については，第一項の規定にかかわらず，小学校の教員の免許状及び中学校の教員の免許状を有する者でなければならない。

5　中等教育学校の教員（養護又は栄養の指導及び管理をつかさどる主幹教諭，養護教諭，

養護助教諭並びに栄養教諭を除く。）については，第一項の規定にかかわらず，中学校の教員の免許状及び高等学校の教員の免許状を有する者でなければならない。

6　幼保連携型認定こども園の教員の免許については，第一項の規定にかかわらず，就学前の子どもに関する教育，保育等の総合的な提供の推進に関する法律の定めるところによる。

（種類）

第4条　免許状は，普通免許状，特別免許状及び臨時免許状とする。

2　普通免許状は，学校（義務教育学校，中等教育学校及び幼保連携型認定こども園を除く。）の種類ごとの教諭の免許状，養護教諭の免許状及び栄養教諭の免許状とし，それぞれ専修免許状，一種免許状及び二種免許状（高等学校教諭の免許状にあつては，専修免許状及び一種免許状）に区分する。

3　特別免許状は，学校（幼稚園，義務教育学校，中等教育学校及び幼保連携型認定こども園を除く。）の種類ごとの教諭の免許状とする。

4　臨時免許状は，学校（義務教育学校，中等教育学校及び幼保連携型認定こども園を除く。）の種類ごとの助教諭の免許状及び養護助教諭の免許状とする。

5　中学校及び高等学校の教員の普通免許状及び臨時免許状は，次に掲げる各教科について授与するものとする。

一　中学校の教員にあつては，国語，社会，数学，理科，音楽，美術，保健体育，保健，技術，家庭，職業（職業指導及び職業実習（農業，工業，商業，水産及び商船のうちいずれか一以上の実習とする。以下同じ。）を含む。），職業指導，職業実習，外国語（英語，ドイツ語，フランス語その他の各外国語に分ける。）及び宗教

二　高等学校の教員にあつては，国語，地理歴史，公民，数学，理科，音楽，美術，工芸，書道，保健体育，保健，看護，看護実習，家庭，家庭実習，情報，情報実習，農業，農業実習，工業，工業実習，商業，商業実習，水産，水産実習，福祉，福祉実習，商船，商船実習，職業指導，外国語（英語，

ドイツ語，フランス語その他の各外国語に分ける。）及び宗教

6　小学校教諭，中学校教諭及び高等学校教諭の特別免許状は，次に掲げる教科又は事項について授与するものとする。

一　小学校教諭にあつては，国語，社会，算数，理科，生活，音楽，図画工作，家庭，体育及び外国語（英語，ドイツ語，フランス語その他の各外国語に分ける。）

二　中学校教諭にあつては，前項第一号に掲げる各教科及び第十六条の三第一項の文部科学省令で定める教科

三　高等学校教諭にあつては，前項第二号に掲げる各教科及びこれらの教科の領域の一部に係る事項で第十六条の四第一項の文部科学省令で定めるもの並びに第十六条の三第一項の文部科学省令で定める教科

（効力）

第9条　普通免許状は，全ての都道府県（中学校及び高等学校の教員の宗教の教科についての免許状にあつては，国立学校又は公立学校の場合を除く。以下この条において同じ。）において効力を有する。

2　特別免許状は，その免許状を授与した授与権者の置かれる都道府県においてのみ効力を有する。

3　臨時免許状は，その免許状を授与したときから三年間，その免許状を授与した授与権者の置かれる都道府県においてのみ効力を有する。

児童虐待の防止等に関する法律（抄）
（2000（平成12）年，法律第82号）

（目的）

第1条　この法律は，児童虐待が児童の人権を著しく侵害し，その心身の成長及び人格の形成に重大な影響を与えるとともに，我が国における将来の世代の育成にも懸念を及ぼすことにかんがみ，児童に対する虐待の禁止，児童虐待の予防及び早期発見その他の児童虐待の防止に関する国及び地方公共団体の責務，児童虐待を受けた児童の保護及び自立の支援のための措置等を定めることにより，児童虐待の防止等に関する施策を促進し，もって児

童の権利利益の擁護に資することを目的とする。

（児童虐待の定義）

第2条　この法律において，「児童虐待」とは，保護者（親権を行う者，未成年後見人その他の者で，児童を現に監護するものをいう。以下同じ。）がその監護する児童（十八歳に満たない者をいう。以下同じ。）について行う次に掲げる行為をいう。

一　児童の身体に外傷が生じ，又は生じるおそれのある暴行を加えること。

二　児童にわいせつな行為をすること又は児童をしてわいせつな行為をさせること。

三　児童の心身の正常な発達を妨げるような著しい減食又は長時間の放置，保護者以外の同居人による前二号又は次号に掲げる行為と同様の行為の放置その他の保護者としての監護を著しく怠ること。

四　児童に対する著しい暴言又は著しく拒絶的な対応，児童が同居する家庭における配偶者に対する暴力（配偶者（婚姻の届出をしていないが，事実上婚姻関係と同様の事情にある者を含む。）の身体に対する不法な攻撃であって生命又は身体に危害を及ぼすもの及びこれに準ずる心身に有害な影響を及ぼす言動をいう。）その他の児童に著しい心理的外傷を与える言動を行うこと。

（児童に対する虐待の禁止）

第3条　何人も，児童に対し，虐待をしてはならない。

（児童虐待の早期発見等）

第5条　学校，児童福祉施設，病院，都道府県警察，女性相談支援センター，教育委員会，配偶者暴力相談支援センターその他児童の福祉に業務上関係のある団体及び学校の教職員，児童福祉施設の職員，医師，歯科医師，保健師，助産師，看護師，弁護士，警察官，女性相談支援員その他児童の福祉に職務上関係のある者は，児童虐待を発見しやすい立場にあることを自覚し，児童虐待の早期発見に努めなければならない。

2　前項に規定する者は，児童虐待の予防その他の児童虐待の防止並びに児童虐待を受けた児童の保護及び自立の支援に関する国及び地方公共団体の施策に協力するよう努めなけ

ればならない。

3　第一項に規定する者は，正当な理由がなく，その職務に関して知り得た児童虐待を受けたと思われる児童に関する秘密を漏らしてはならない。

4　前項の規定その他の守秘義務に関する法律の規定は，第二項の規定による国及び地方公共団体の施策に協力するように努める義務の遵守を妨げるものと解釈してはならない。

5　学校及び児童福祉施設は，児童及び保護者に対して，児童虐待の防止のための教育又は啓発に努めなければならない。

（児童虐待に係る通告）

第6条　児童虐待を受けたと思われる児童を発見した者は，速やかに，これを市町村，都道府県の設置する福祉事務所若しくは児童相談所又は児童委員を介して市町村，都道府県の設置する福祉事務所若しくは児童相談所に通告しなければならない。

2・3　（略）

第7条　市町村，都道府県の設置する福祉事務所又は児童相談所が前条第一項の規定による通告を受けた場合においては，当該通告を受けた市町村，都道府県の設置する福祉事務所又は児童相談所の所長，所員その他の職員及び当該通告を仲介した児童委員は，その職務上知り得た事項であって当該通告をした者を特定させるものを漏らしてはならない。

発達障害者支援法（抄）

（2004（平成16）年，法律第167号）

（目的）

第1条　この法律は，発達障害者の心理機能の適正な発達及び円滑な社会生活の促進のために発達障害の症状の発現後できるだけ早期に発達支援を行うとともに，切れ目なく発達障害者の支援を行うことが特に重要であることに鑑み，障害者基本法（昭和四十五年法律第八十四号）の基本的な理念にのっとり，発達障害者が基本的人権を享有する個人としての尊厳にふさわしい日常生活又は社会生活を営むことができるよう，発達障害を早期に発見し，発達支援を行うことに関する国及び地方公共団体の責務を明らかにするとともに，

学校教育における発達障害者への支援，発達障害者の就労の支援，発達障害者支援センターの指定等について定めることにより，発達障害者の自立及び社会参加のためのその生活全般にわたる支援を図り，もって全ての国民が，障害の有無によって分け隔てられることなく，相互に人格と個性を尊重し合いながら共生する社会の実現に資することを目的とする。

（定義）

第2条　この法律において「発達障害」とは，自閉症，アスペルガー症候群その他の広汎性発達障害，学習障害，注意欠陥多動性障害その他これに類する脳機能の障害であってその症状が通常低年齢において発現するものとして政令で定めるものをいう。

2　この法律において「発達障害者」とは，発達障害がある者であって発達障害及び社会的障壁により日常生活又は社会生活に制限を受けるものをいい，「発達障害児」とは，発達障害者のうち十八歳未満のものをいう。

3　この法律において「社会的障壁」とは，発達障害がある者にとって日常生活又は社会生活を営む上で障壁となるような社会における事物，制度，慣行，観念その他一切のものをいう。

4　この法律において「発達支援」とは，発達障害者に対し，その心理機能の適正な発達を支援し，及び円滑な社会生活を促進するため行う個々の発達障害者の特性に対応した医療的，福祉的及び教育的援助をいう。

（基本理念）

第2条の2　発達障害者の支援は，全ての発達障害者が社会参加の機会が確保されること及びどこで誰と生活するかについての選択の機会が確保され，地域社会において他の人々と共生することを妨げられないことを旨として，行われなければならない。

2　発達障害者の支援は，社会的障壁の除去に資することを旨として，行われなければならない。

3　発達障害者の支援は，個々の発達障害者の性別，年齢，障害の状態及び生活の実態に応じて，かつ，医療，保健，福祉，教育，労働等に関する業務を行う関係機関及び民間団

体相互の緊密な連携の下に，その意思決定の支援に配慮しつつ，切れ目なく行われなければならない。

（国及び地方公共団体の責務）

第3条　国及び地方公共団体は，発達障害者の心理機能の適正な発達及び円滑な社会生活の促進のために発達障害の症状の発現後できるだけ早期に発達支援を行うことが特に重要であることに鑑み，前条の基本理念（次項及び次条において「基本理念」という。）にのっとり，発達障害の早期発見のため必要な措置を講じるものとする。

2　国及び地方公共団体は，基本理念にのっとり，発達障害児に対し，発達障害の症状の発現後できるだけ早期に，その者の状況に応じて適切に，就学前の発達支援，学校における発達支援その他の発達支援が行われるとともに，発達障害者に対する就労，地域における生活等に関する支援及び発達障害者の家族その他の関係者に対する支援が行われるよう，必要な措置を講じるものとする。

3　国及び地方公共団体は，発達障害者及びその家族その他の関係者からの各種の相談に対し，個々の発達障害者の特性に配慮しつつ総合的に応ずることができるようにするため，医療，保健，福祉，教育，労働等に関する業務を行う関係機関及び民間団体相互の有機的連携の下に必要な相談体制の整備を行うものとする。

4　発達障害者の支援等の施策が講じられるに当たっては，発達障害者及び発達障害児の保護者（親権を行う者，未成年後見人その他の者で，児童を現に監護するものをいう。以下同じ。）の意思ができる限り尊重されなければならないものとする。

5　国及び地方公共団体は，発達障害者の支援等の施策を講じるに当たっては，医療，保健，福祉，教育，労働等に関する業務を担当する部局の相互の緊密な連携を確保するとともに，発達障害者が被害を受けること等を防止するため，これらの部局と消費生活，警察等に関する業務を担当する部局その他の関係機関との必要な協力体制の整備を行うものとする。

（国民の責務）

第4条　国民は，個々の発達障害の特性その他発達障害に関する理解を深めるとともに，基本理念にのっとり，発達障害者の自立及び社会参加に協力するように努めなければならない。

（児童の発達障害の早期発見等）

第5条　市町村は，母子保健法（昭和四十年法律第百四十一号）第十二条及び第十三条に規定する健康診査を行うに当たり，発達障害の早期発見に十分留意しなければならない。

2　市町村の教育委員会は，学校保健安全法（昭和三十三年法律第五十六号）第十一条に規定する健康診断を行うに当たり，発達障害の早期発見に十分留意しなければならない。

3　市町村は，児童に発達障害の疑いがある場合には，適切に支援を行うため，当該児童の保護者に対し，継続的な相談，情報の提供及び助言を行うよう努めるとともに，必要に応じ，当該児童が早期に医学的又は心理学的判定を受けることができるよう，当該児童の保護者に対し，第十四条第一項の発達障害者支援センター，第十九条の規定により都道府県が確保した医療機関その他の機関（次条第一項において「センター等」という。）を紹介し，又は助言を行うものとする。

4　市町村は，前三項の措置を講じるに当たっては，当該措置の対象となる児童及び保護者の意思を尊重するとともに，必要な配慮をしなければならない。

5　都道府県は，市町村の求めに応じ，児童の発達障害の早期発見に関する技術的事項についての指導，助言その他の市町村に対する必要な技術的援助を行うものとする。

（早期の発達支援）

第6条　市町村は，発達障害児が早期の発達支援を受けることができるよう，発達障害児の保護者に対し，その相談に応じ，センター等を紹介し，又は助言を行い，その他適切な措置を講じるものとする。

2　前条第四項の規定は，前項の措置を講じる場合について準用する。

3　都道府県は，発達障害児の早期の発達支援のために必要な体制の整備を行うとともに，発達障害児に対して行われる発達支援の専門性を確保するため必要な措置を講じるものと

する。

（保育）

第7条 市町村は，児童福祉法（昭和二十二年法律第百六十四号）第二十四条第一項の規定により保育所における保育を行う場合又は同条第二項の規定による必要な保育を確保するための措置を講じる場合は，発達障害児の健全な発達が他の児童と共に生活することを通じて図られるよう適切な配慮をするものとする。

（教育）

第8条 国及び地方公共団体は，発達障害児（十八歳以上の発達障害者であって高等学校，中等教育学校及び特別支援学校並びに専修学校の高等課程に在学する者を含む。以下この項において同じ。）が，その年齢及び能力に応じ，かつ，その特性を踏まえた十分な教育を受けられるようにするため，可能な限り発達障害児が発達障害児でない児童と共に教育を受けられるよう配慮しつつ，適切な教育的支援を行うこと，個別の教育支援計画の作成（教育に関する業務を行う関係機関と医療，保健，福祉，労働等に関する業務を行う関係機関及び民間団体との連携の下に行う個別の長期的な支援に関する計画の作成をいう。）及び個別の指導に関する計画の作成の推進，いじめの防止等のための対策の推進その他の支援体制の整備を行うことその他必要な措置を講じるものとする。

2 大学及び高等専門学校は，個々の発達障害者の特性に応じ，適切な教育上の配慮をするものとする。

いじめ防止対策等推進法（抄）
（2013（平成25）年，法律第71号）

（目的）

第1条 この法律は，いじめが，いじめを受けた児童等の教育を受ける権利を著しく侵害し，その心身の健全な成長及び人格の形成に重大な影響を与えるのみならず，その生命又は身体に重大な危険を生じさせるおそれがあるものであることに鑑み，児童等の尊厳を保持するため，いじめの防止等（いじめの防止，いじめの早期発見及びいじめへの対処をいう。

以下同じ。）のための対策に関し，基本理念を定め，国及び地方公共団体等の責務を明らかにし，並びにいじめの防止等のための対策に関する基本的な方針の策定について定めるとともに，いじめの防止等のための対策の基本となる事項を定めることにより，いじめの防止等のための対策を総合的かつ効果的に推進することを目的とする。

（定義）

第2条 この法律において「いじめ」とは，児童等に対して，当該児童等が在籍する学校に在籍している等当該児童等と一定の人的関係にある他の児童等が行う心理的又は物理的な影響を与える行為（インターネットを通じて行われるものを含む。）であって，当該行為の対象となった児童等が心身の苦痛を感じているものをいう。

2 この法律において「学校」とは，学校教育法（昭和二十二年法律第二十六号）第一条に規定する小学校，中学校，義務教育学校，高等学校，中等教育学校及び特別支援学校（幼稚部を除く。）をいう。

3 この法律において「児童等」とは，学校に在籍する児童又は生徒をいう。

4 この法律において「保護者」とは，親権を行う者（親権を行う者のないときは，未成年後見人）をいう。

（基本理念）

第3条 いじめの防止等のための対策は，いじめが全ての児童等に関係する問題であることに鑑み，児童等が安心して学習その他の活動に取り組むことができるよう，学校の内外を問わずいじめが行われなくなるようにすることを旨として行われなければならない。

2 いじめの防止等のための対策は，全ての児童等がいじめを行わず，及び他の児童等に対して行われるいじめを認識しながらこれを放置することがないようにするため，いじめが児童等の心身に及ぼす影響その他のいじめの問題に関する児童等の理解を深めることを旨として行われなければならない。

3 いじめの防止等のための対策は，いじめを受けた児童等の生命及び心身を保護することが特に重要であることを認識しつつ，国，地方公共団体，学校，地域住民，家庭その他

の関係者の連携の下，いじめの問題を克服することを目指して行われなければならない。
（いじめの禁止）

第4条 児童等は，いじめを行ってはならない。

（学校及び学校の教職員の責務）

第8条 学校及び学校の教職員は，基本理念にのっとり，当該学校に在籍する児童等の保護者，地域住民，児童相談所その他の関係者との連携を図りつつ，学校全体でいじめの防止及び早期発見に取り組むとともに，当該学校に在籍する児童等がいじめを受けていると思われるときは，適切かつ迅速にこれに対処する責務を有する。

（保護者の責務等）

第9条 保護者は，子の教育について第一義的責任を有するものであって，その保護する児童等がいじめを行うことのないよう，当該児童等に対し，規範意識を養うための指導その他の必要な指導を行うよう努めるものとする。

2　保護者は，その保護する児童等がいじめを受けた場合には，適切に当該児童等をいじめから保護するものとする。

3　保護者は，国，地方公共団体，学校の設置者及びその設置する学校が講ずるいじめの防止等のための措置に協力するよう努めるものとする。

4　第一項の規定は，家庭教育の自主性が尊重されるべきことに変更を加えるものと解してはならず，また，前三項の規定は，いじめの防止等に関する学校の設置者及びその設置する学校の責任を軽減するものと解してはならない。

（学校におけるいじめの防止）

第15条 学校の設置者及びその設置する学校は，児童等の豊かな情操と道徳心を培い，心の通う対人交流の能力の素地を養うことがいじめの防止に資することを踏まえ，全ての教育活動を通じた道徳教育及び体験活動等の充実を図らなければならない。

2　学校の設置者及びその設置する学校は，当該学校におけるいじめを防止するため，当該学校に在籍する児童等の保護者，地域住民その他の関係者との連携を図りつつ，いじめ

の防止に資する活動であって当該学校に在籍する児童等が自主的に行うものに対する支援，当該学校に在籍する児童等及びその保護者並びに当該学校の教職員に対するいじめを防止することの重要性に関する理解を深めるための啓発その他必要な措置を講ずるものとする。

（いじめの早期発見のための措置）

第16条 学校の設置者及びその設置する学校は，当該学校におけるいじめを早期に発見するため，当該学校に在籍する児童等に対する定期的な調査その他の必要な措置を講ずるものとする。

2　国及び地方公共団体は，いじめに関する通報及び相談を受け付けるための体制の整備に必要な施策を講ずるものとする。

3　学校の設置者及びその設置する学校は，当該学校に在籍する児童等及びその保護者並びに当該学校の教職員がいじめに係る相談を行うことができる体制（次項において「相談体制」という。）を整備するものとする。

4　学校の設置者及びその設置する学校は，相談体制を整備するに当たっては，家庭，地域社会等との連携の下，いじめを受けた児童等の教育を受ける権利その他の権利利益が擁護されるよう配慮するものとする。

（いじめに対する措置）

第23条 学校の教職員，地方公共団体の職員その他の児童等からの相談に応じる者及び児童等の保護者は，児童等からいじめに係る相談を受けた場合において，いじめの事実があると思われるときは，いじめを受けたと思われる児童等が在籍する学校への通報その他の適切な措置をとるものとする。

2　学校は，前項の規定による通報を受けたときその他当該学校に在籍する児童等がいじめを受けていると思われるときは，速やかに，当該児童等に係るいじめの事実の有無の確認を行うための措置を講ずるとともに，その結果を当該学校の設置者に報告するものとする。

3　学校は，前項の規定による事実の確認によりいじめがあったことが確認された場合には，いじめをやめさせ，及びその再発を防止するため，当該学校の複数の教職員によって，心理，福祉等に関する専門的な知識を有する者の協力を得つつ，いじめを受けた児童等又

はその保護者に対する支援及びいじめを行った児童等に対する指導又はその保護者に対する助言を継続的に行うものとする。

4 学校は，前項の場合において必要があると認めるときは，いじめを行った児童等についていじめを受けた児童等が使用する教室以外の場所において学習を行わせる等いじめを受けた児童等その他の児童等が安心して教育を受けられるようにするために必要な措置を講ずるものとする。

5 学校は，当該学校の教職員が第三項の規定による支援又は指導若しくは助言を行うに当たっては，いじめを受けた児童等の保護者といじめを行った児童等の保護者との間で争いが起きることのないよう，いじめの事案に係る情報をこれらの保護者と共有するための措置その他の必要な措置を講ずるものとする。

6 学校は，いじめが犯罪行為として取り扱われるべきものであると認めるときは所轄警察署と連携してこれに対処するものとし，当該学校に在籍する児童等の生命，身体又は財産に重大な被害が生じるおそれがあるときは直ちに所轄警察署に通報し，適切に，援助を求めなければならない。

（校長及び教員による懲戒）

第25条 校長及び教員は，当該学校に在籍する児童等がいじめを行っている場合であって教育上必要があると認めるときは，学校教育法第十一条の規定に基づき，適切に，当該児童等に対して懲戒を加えるものとする。

（出席停止制度の適切な運用等）

第26条 市町村の教育委員会は，いじめを行った児童等の保護者に対して学校教育法第三十五条第一項（同法第四十九条において準用する場合を含む。）の規定に基づき当該児童等の出席停止を命ずる等，いじめを受けた児童等その他の児童等が安心して教育を受けられるようにするために必要な措置を速やかに講ずるものとする。

基準・資料等

児童憲章
(1951 (昭和26) 年 5 月 5 日制定)

われらは，日本国憲法の精神にしたがい，児童に対する正しい観念を確立し，すべての児童の幸福をはかるために，この憲章を定める。

児童は，人として尊ばれる。

児童は，社会の一員として重んぜられる。

児童は，よい環境の中で育てられる。

一　すべての児童は，心身ともに健やかにうまれ，育てられ，その生活を保障される。

二　すべての児童は，家庭で，正しい愛情と知識と技術をもつて育てられ，家庭に恵まれない児童には，これにかわる環境が与えられる。

三　すべての児童は，適当な栄養と住居と被服が与えられ，また，疾病と災害からまもられる。

四　すべての児童は，個性と能力に応じて教育され，社会の一員としての責任を自主的に果たすように，みちびかれる。

五　すべての児童は，自然を愛し，科学と芸術を尊ぶように，みちびかれ，また，道徳的心情がつちかわれる。

六　すべての児童は，就学のみちを確保され，また，十分に整つた教育の施設を用意される。

七　すべての児童は，職業指導を受ける機会が与えられる。

八　すべての児童は，その労働において，心身の発育が阻害されず，教育を受ける機会が失われず，また，児童としての生活がさまたげられないように，十分に保護される。

九　すべての児童は，よい遊び場と文化財を用意され，悪い環境からまもられる。

十　すべての児童は，虐待・酷使・放任その他不当な取扱からまもられる。あやまちをおかした児童は，適切に保護指導される。

十一　すべての児童は，身体が不自由な場合，または精神の機能が不充分な場合に，適切な治療と教育と保護が与えられる。

十二　すべての児童は，愛とまことによつて

結ばれ，よい国民として人類の平和と文化に貢献するように，みちびかれる。

児童権利宣言
(1959 (昭和34) 年11月20日，国連総会)

国際連合の諸国民は，国際連合憲章において，基本的人権と人間の尊厳及び価値とに関する信念をあらためて確認し，かつ，一層大きな自由の中で社会的進歩と生活水準の向上とを促進することを決意したので，

国際連合は，世界人権宣言において，すべて人は，人種，皮膚の色，性，言語，宗教，政治上その他の意見，国民的若しくは社会的出身，財産，門地その他の地位又はこれに類するいかなる事由による差別をも受けることなく，同宣言に掲げるすべての権利と自由とを享有する権利を有すると宣言したので，

児童は，身体的及び精神的に未熟であるため，その出生の前後において，適当な法律上の保護を含めて，特別にこれを守り，かつ，世話することが必要であるので，

このような特別の保護が必要であることは，一九二四年のジユネーヴ児童権利宣言に述べられており，また，世界人権宣言並びに児童の福祉に関係のある専門機関及び国際機関の規約により認められているので，

人類は，児童に対し，最善のものを与える義務を負うものであるので，

よつて，ここに，国際連合総会は，

児童が，幸福な生活を送り，かつ，自己と社会の福利のためにこの宣言に掲げる権利と自由を享有することができるようにするため，この児童権利宣言を公布し，また，両親，個人としての男女，民間団体，地方行政機関及び政府に対し，これらの権利を認識し，次の原則に従つて漸進的に執られる立法その他の措置によつてこれらの権利を守るよう努力することを要請する。

第 1 条

児童は，この宣言に掲げるすべての権利を有する。すべての児童は，いかなる例外もなく，自己又はその家庭のいづれについても，その人種，皮膚の色，性，言語，宗教，政治上その他の意見，国民的若しくは社会的出身，

財産，門地その他の地位のため差別を受ける
ことなく，これらの権利を与えられなければ
ならない。

第2条

児童は，特別の保護を受け，また，健全，
かつ，正常な方法及び自由と尊厳の状態の下
で身体的，知能的，道徳的，精神的及び社会
的に成長することができるための機会及び便
益を，法律その他の手段によつて与えられな
ければならない。この目的のために法律を制
定するに当つては，児童の最善の利益につい
て，最高の考慮が払われなければならない。

第3条

児童は，その出生の時から姓名及び国籍を
もつ権利を有する。

第4条

児童は，社会保障の恩恵を受ける権利を有
する。児童は，健康に発育し，かつ，成長す
る権利を有する。この目的のため，児童とそ
の母は，出産前後の適当な世話を含む特別の
世話及び保護を与えられなければならない。
児童は，適当な栄養，住居，レクリエーショ
ン及び医療を与えられる権利を有する。

第5条

身体的，精神的又は社会的に障害のある児
童は，その特殊な事情により必要とされる特
別の治療，教育及び保護を与えられなければ
ならない。

第6条

児童は，その人格の完全な，かつ，調和し
た発展のため，愛情と理解とを必要とする。
児童は，できるかぎり，その両親の愛護と責
任の下で，また，いかなる場合においても，
愛情と道徳的及び物質的保障とのある環境の
下で育てられなければならない。幼児は，例
外的な場合を除き，その母から引き離されて
はならない。社会及び公の機関は，家庭のな
い児童及び適当な生活維持の方法のない児童
に対して特別の養護を与える義務を有する。
子供の多い家庭に属する児童については，そ
の援助のため，国その他の機関による費用の
負担が望ましい。

第7条

児童は，教育を受ける権利を有する。その
教育は，少なくとも初等の段階においては，
無償，かつ，義務的でなければならない。児
童は，その一般的な教養を高め，機会均等の
原則に基づいて，その能力，判断力並びに道
徳的及び社会的責任感を発達させ，社会の有
用な一員となりうるような教育を与えられな
ければならない。

児童の教育及び指導について責任を有する
者は，児童の最善の利益をその指導の原則と
しなければならない。その責任は，まず第一
に児童の両親にある。

児童は，遊戯及びレクリエーションのため
の充分な機会を与えられる権利を有する。そ
の遊戯及びレクリエーションは，教育と同じ
ような目的に向けられなければならない。社
会及び公の機関は，この権利の享有を促進す
るために努力しなければならない。

第8条

児童は，あらゆる状況にあつて，最初に保
護及び救済を受けるべき者の中に含められな
ければならない。

第9条

児童は，あらゆる放任，虐待及び搾取から
保護されなければならない。児童は，いかな
る形態においても売買の対象にされてはなら
ない。

児童は，適当な最低年令に達する前に雇用
されてはならない。児童は，いかなる場合に
も，その健康及び教育に有害であり，又はそ
の身体的，精神的若しくは道徳的発達を妨げ
る職業若しくは雇用に，従事させられ又は従
事することを許されてはならない。

第10条

児童は，人種的，宗教的その他の形態によ
る差別を助長するおそれのある慣行から保護
されなければならない。児童は，理解，寛容，
諸国民間の友愛，平和及び四海同胞の精神の
下に，また，その力と才能が，人類のために
捧げられるべきであるという充分な意識のな
かで，育てられなければならない。

関連法規・資料

児童福祉施設の設備及び
運営に関する基準（抄）
（1948（昭和23）年，厚生省令第63号，
題名改正2011年）

（児童福祉施設における職員の一般的要件）

第7条 児童福祉施設に入所している者の保護に従事する職員は，健全な心身を有し，豊かな人間性と倫理観を備え，児童福祉事業に熱意のある者であつて，できる限り児童福祉事業の理論及び実際について訓練を受けた者でなければならない。

（入所した者を平等に取り扱う原則）

第9条 児童福祉施設においては，入所している者の国籍，信条，社会的身分又は入所に要する費用を負担するか否かによつて，差別的取扱いをしてはならない。

（虐待等の禁止）

第9条の2 児童福祉施設の職員は，入所中の児童に対し，法第三十三条の十各号に掲げる行為その他当該児童の心身に有害な影響を与える行為をしてはならない。

（苦情への対応）

第14条の3 児童福祉施設は，その行つた援助に関する入所している者又はその保護者等からの苦情に迅速かつ適切に対応するために，苦情を受け付けるための窓口を設置する等の必要な措置を講じなければならない。

2～4　（略）

（種類）

第15条 助産施設は，第一種助産施設及び第二種助産施設とする。

2　第一種助産施設とは，医療法（昭和二十三年法律第二百五号）の病院又は診療所である助産施設をいう。

3　第二種助産施設とは，医療法の助産所である助産施設をいう。

（入所させる妊産婦）

第16条 助産施設には，法第二十二条第一項に規定する妊産婦を入所させて，なお余裕のあるときは，その他の妊産婦を入所させることができる。

（設備の基準）

第19条 乳児院（乳児又は幼児（以下「乳幼児」という。）十人未満を入所させる乳児院

を除く。）の設備の基準は，次のとおりとする。

一　寝室，観察室，診察室，病室，ほふく室，相談室，調理室，浴室及び便所を設けること。

二　寝室の面積は，乳幼児一人につき二・四七平方メートル以上であること。

三　観察室の面積は，乳幼児一人につき一・六五平方メートル以上であること。

第20条 乳幼児十人未満を入所させる乳児院の設備の基準は，次のとおりとする。

一　乳幼児の養育のための専用の室及び相談室を設けること。

二　乳幼児の養育のための専用の室の面積は，一室につき九・九一平方メートル以上とし，乳幼児一人につき二・四七平方メートル以上であること。

（職員）

第21条 乳児院（乳幼児十人未満を入所させる乳児院を除く。）には，小児科の診療に相当の経験を有する医師又は嘱託医，看護師，個別対応職員，家庭支援専門相談員，栄養士及び調理員を置かなければならない。ただし，調理業務の全部を委託する施設にあつては調理員を置かないことができる。

2　家庭支援専門相談員は，社会福祉士若しくは精神保健福祉士の資格を有する者，乳児院において乳幼児の養育に五年以上従事した者又は法第十三条第三項各号のいずれかに該当する者でなければならない。

3　心理療法を行う必要があると認められる乳幼児又はその保護者十人以上に心理療法を行う場合には，心理療法担当職員を置かなければならない。

4　心理療法担当職員は，学校教育法（昭和二十二年法律第二十六号）の規定による大学（短期大学を除く。）若しくは大学院において，心理学を専修する学科，研究科若しくはこれに相当する課程を修めて卒業した者であつて，個人及び集団心理療法の技術を有するもの又はこれと同等以上の能力を有すると認められる者でなければならない。

5　看護師の数は，乳児及び満二歳に満たない幼児おおむね一・六人につき一人以上，満二歳以上満三歳に満たない幼児おおむね二人

につき一人以上，満三歳以上の幼児おおむね四人につき一人以上（これらの合計数が七人未満であるときは，七人以上）とする。

6　看護師は，保育士（国家戦略特別区域法（平成二十五年法律第百七号。以下「特区法」という。）第十二条の五第五項に規定する事業実施区域内にある乳児院にあつては，保育士又は当該事業実施区域に係る国家戦略特別区域限定保育士。次項及び次条第二項において同じ。）又は児童指導員（児童の生活指導を行う者をいう。以下同じ。）をもつてこれに代えることができる。ただし，乳幼児十人の乳児院には二人以上，乳幼児が十人を超える場合は，おおむね十人増すごとに一人以上看護師を置かなければならない。

7　前項に規定する保育士のほか，乳幼児二十人以下を入所させる施設には，保育士を一人以上置かなければならない。

第22条　乳幼児十人未満を入所させる乳児院には，嘱託医，看護師，家庭支援専門相談員及び調理員又はこれに代わるべき者を置かなければならない。

2　看護師の数は，七人以上とする。ただし，その一人を除き，保育士又は児童指導員をもつてこれに代えることができる。

（養育）

第23条　乳児院における養育は，乳幼児の心身及び社会性の健全な発達を促進し，その人格の形成に資することとなるものでなければならない。

2　養育の内容は，乳幼児の年齢及び発達の段階に応じて必要な授乳，食事，排泄，沐浴，入浴，外気浴，睡眠，遊び及び運動のほか，健康状態の把握，第十二条第一項に規定する健康診断及び必要に応じ行う感染症等の予防処置を含むものとする。

3　乳児院における家庭環境の調整は，乳幼児の家庭の状況に応じ，親子関係の再構築等が図られるように行わなければならない。

（自立支援計画の策定）

第24条の2　乳児院の長は，第二十三条第一項の目的を達成するため，入所中の個々の乳幼児について，年齢，発達の状況その他の当該乳幼児の事情に応じ意見聴取その他の措置をとることにより，乳幼児の意見又は意向，

乳幼児やその家庭の状況等を勘案して，その自立を支援するための計画を策定しなければならない。

（業務の質の評価等）

第24条の3　乳児院は，自らその行う法第三十七条に規定する業務の質の評価を行うとともに，定期的に外部の者による評価を受けて，それらの結果を公表し，常にその改善を図らなければならない。

（設備の基準）

第26条　母子生活支援施設の設備の基準は，次のとおりとする。

一　母子室，集会，学習等を行う室及び相談室を設けること。

二　母子室は，これに調理設備，浴室及び便所を設けるものとし，一世帯につき一室以上とすること。

三　母子室の面積は，三十平方メートル以上であること。

四　乳幼児を入所させる母子生活支援施設には，付近にある保育所又は児童厚生施設が利用できない等必要があるときは，保育所に準ずる設備を設けること。

五　乳幼児三十人未満を入所させる母子生活支援施設には，静養室を，乳幼児三十人以上を入所させる母子生活支援施設には，医務室及び静養室を設けること。

（職員）

第27条　母子生活支援施設には，母子支援員（母子生活支援施設において母子の生活支援を行う者をいう。以下同じ。），嘱託医，少年を指導する職員及び調理員又はこれに代わるべき者を置かなければならない。

2　心理療法を行う必要があると認められる母子十人以上に心理療法を行う場合には，心理療法担当職員を置かなければならない。

3　心理療法担当職員は，学校教育法の規定による大学（短期大学を除く。）若しくは大学院において，心理学を専修する学科，研究科若しくはこれに相当する課程を修めて卒業した者であつて，個人及び集団心理療法の技術を有するもの又はこれと同等以上の能力を有すると認められる者でなければならない。

4　配偶者からの暴力を受けたこと等により個別に特別な支援を行う必要があると認めら

れる母子に当該支援を行う場合には，個別対応職員を置かなければならない。

5　母子支援員の数は，母子十世帯以上二十世帯未満を入所させる母子生活支援施設においては二人以上，母子二十世帯以上を入所させる母子生活支援施設においては三人以上とする。

6　少年を指導する職員の数は，母子二十世帯以上を入所させる母子生活支援施設においては，二人以上とする。

（生活支援）

第29条　母子生活支援施設における生活支援は，母子を共に入所させる施設の特性を生かしつつ，親子関係の再構築等及び退所後の生活の安定が図られるよう，個々の母子の家庭生活及び稼働の状況に応じ，就労，家庭生活及び児童の養育に関する相談，助言及び指導並びに関係機関との連絡調整を行う等の支援により，その自立の促進を目的とし，かつ，その私生活を尊重して行わなければならない。

（自立支援計画の策定）

第29条の2　母子生活支援施設の長は，前条の目的を達成するため，入所中の個々の母子について，年齢，発達の状況その他の当該母子の事情に応じ意見聴取その他の措置をとることにより，母子それぞれの意見又は意向，母子やその家庭の状況等を勘案して，その自立を支援するための計画を策定しなければならない。

（業務の質の評価等）

第29条の3　母子生活支援施設は，自らその行う法第三十八条に規定する業務の質の評価を行うとともに，定期的に外部の者による評価を受けて，それらの結果を公表し，常にその改善を図らなければならない。

（設備の基準）

第32条　保育所の設備の基準は，次のとおりとする。

一　乳児又は満二歳に満たない幼児を入所させる保育所には，乳児室又はほふく室，医務室，調理室及び便所を設けること。

二　乳児室の面積は，乳児又は前号の幼児一人につき一・六五平方メートル以上であること。

三　ほふく室の面積は，乳児又は第一号の幼

児一人につき三・三平方メートル以上であること。

四　乳児室又はほふく室には，保育に必要な用具を備えること。

五　満二歳以上の幼児を入所させる保育所には，保育室又は遊戯室，屋外遊戯場（保育所の付近にある屋外遊戯場に代わるべき場所を含む。次号において同じ。），調理室及び便所を設けること。

六　保育室又は遊戯室の面積は，前号の幼児一人につき一・九八平方メートル以上，屋外遊戯場の面積は，前号の幼児一人につき三・三平方メートル以上であること。

七　保育室又は遊戯室には，保育に必要な用具を備えること。

八　（略）

（職員）

第33条　保育所には，保育士（特区法第十二条の五第五項に規定する事業実施区域内にある保育所にあつては，保育士又は当該事業実施区域に係る国家戦略特別区域限定保育士。次項において同じ。），嘱託医及び調理員を置かなければならない。ただし，調理業務の全部を委託する施設にあつては，調理員を置かないことができる。

2　保育士の数は，乳児おおむね三人につき一人以上，満一歳以上満三歳に満たない幼児おおむね六人につき一人以上，満三歳以上満四歳に満たない幼児おおむね十五人につき一人以上，満四歳以上の幼児おおむね二十五人につき一人以上とする。ただし，保育所一につき二人を下ることはできない。

（保育時間）

第34条　保育所における保育時間は，一日につき八時間を原則とし，その地方における乳幼児の保護者の労働時間その他家庭の状況等を考慮して，保育所の長がこれを定める。

（保育の内容）

第35条　保育所における保育は，養護及び教育を一体的に行うことをその特性とし，その内容については，内閣総理大臣が定める指針に従う。

（保護者との連絡）

第36条　保育所の長は，常に入所している乳幼児の保護者と密接な連絡をとり，保育の内

容等につき，その保護者の理解及び協力を得るよう努めなければならない。

（業務の質の評価等）

第36条の2 保育所は，自らその行う法第三十九条に規定する業務の質の評価を行い，常にその改善を図らなければならない。

2 保育所は，定期的に外部の者による評価を受けて，それらの結果を公表し，常にその改善を図るよう努めなければならない。

（設備の基準）

第37条 児童厚生施設の設備の基準は，次のとおりとする。

一 児童遊園等屋外の児童厚生施設には，広場，遊具及び便所を設けること。

二 児童館等屋内の児童厚生施設には，集会室，遊戯室，図書室及び便所を設けること。

（職員）

第38条 児童厚生施設には，児童の遊びを指導する者を置かなければならない。

2 児童の遊びを指導する者は，次の各号のいずれかに該当する者でなければならない。

一 都道府県知事の指定する児童福祉施設の職員を養成する学校その他の養成施設を卒業した者

二 保育士（特区法第十二条の五第五項に規定する事業実施区域内にある児童厚生施設にあつては，保育士又は当該事業実施区域に係る国家戦略特別区域限定保育士）の資格を有する者

三 社会福祉士の資格を有する者

四 学校教育法の規定による高等学校若しくは中等教育学校を卒業した者，同法第九十条第二項の規定により大学への入学を認められた者若しくは通常の課程による十二年の学校教育を修了した者（通常の課程以外の課程によりこれに相当する学校教育を修了した者を含む。）又は文部科学大臣がこれと同等以上の資格を有すると認定した者であつて，二年以上児童福祉事業に従事したもの

五 教育職員免許法（昭和二十四年法律第百四十七号）に規定する幼稚園，小学校，中学校，義務教育学校，高等学校又は中等教育学校の教諭の免許状を有する者

六 次のいずれかに該当する者であつて，児

童厚生施設の設置者（地方公共団体以外の者が設置する児童厚生施設にあつては，都道府県知事）が適当と認めたもの

イ 学校教育法の規定による大学において，社会福祉学，心理学，教育学，社会学，芸術学若しくは体育学を専修する学科又はこれらに相当する課程を修めて卒業した者（当該学科又は当該課程を修めて同法の規定による専門職大学の前期課程を修了した者を含む。）

ロ 学校教育法の規定による大学において，社会福祉学，心理学，教育学，社会学，芸術学若しくは体育学を専修する学科又はこれらに相当する課程において優秀な成績で単位を修得したことにより，同法第百二条第二項の規定により大学院への入学が認められた者

ハ 学校教育法の規定による大学院において，社会福祉学，心理学，教育学，社会学，芸術学若しくは体育学を専攻する研究科又はこれらに相当する課程を修めて卒業した者

ニ 外国の大学において，社会福祉学，心理学，教育学，社会学，芸術学若しくは体育学を専修する学科又はこれらに相当する課程を修めて卒業した者

（遊びの指導を行うに当たつて遵守すべき事項）

第39条 児童厚生施設における遊びの指導は，児童の自主性，社会性及び創造性を高め，もつて地域における健全育成活動の助長を図るようこれを行うものとする。

（設備の基準）

第41条 児童養護施設の設備の基準は，次のとおりとする。

一 児童の居室，相談室，調理室，浴室及び便所を設けること。

二 児童の居室の一室の定員は，これを四人以下とし，その面積は，一人につき四・九五平方メートル以上とすること。ただし，乳幼児のみの居室の一室の定員は，これを六人以下とし，その面積は，一人につき三・三平方メートル以上とする。

三 入所している児童の年齢等に応じ，男子と女子の居室を別にすること。

四 便所は，男子用と女子用とを別にすること。ただし，少数の児童を対象として設けるときは，この限りでない。

五 児童三十人以上を入所させる児童養護施設には，医務室及び静養室を設けること。

六 入所している児童の年齢，適性等に応じ職業指導に必要な設備（以下「職業指導に必要な設備」という。）を設けること。

（職員）

第42条 児童養護施設には，児童指導員，嘱託医，保育士（特区法第十二条の五第五項に規定する事業実施区域内にある児童養護施設にあつては，保育士又は当該事業実施区域に係る国家戦略特別区域限定保育士。第六項及び第四十六条において同じ。），個別対応職員，家庭支援専門相談員，栄養士及び調理員並びに乳児が入所している施設にあつては看護師を置かなければならない。ただし，児童四十人以下を入所させる施設にあつては栄養士を，調理業務の全部を委託する施設にあつては調理員を置かないことができる。

2 家庭支援専門相談員は，社会福祉士若しくは精神保健福祉士の資格を有する者，児童養護施設において児童の指導に五年以上従事した者又は法第十三条第三項各号のいずれかに該当する者でなければならない。

3 心理療法を行う必要があると認められる児童十人以上に心理療法を行う場合には，心理療法担当職員を置かなければならない。

4 心理療法担当職員は，学校教育法の規定による大学（短期大学を除く。）若しくは大学院において，心理学を専修する学科，研究科若しくはこれに相当する課程を修めて卒業した者であつて，個人及び集団心理療法の技術を有するもの又はこれと同等以上の能力を有すると認められる者でなければならない。

5 実習設備を設けて職業指導を行う場合には，職業指導員を置かなければならない。

6 児童指導員及び保育士の総数は，通じて，満二歳に満たない幼児おおむね一・六人につき一人以上，満二歳以上満三歳に満たない幼児おおむね二人につき一人以上，満三歳以上の幼児おおむね四人につき一人以上，少年おおむね五・五人につき一人以上とする。ただし，児童四十五人以下を入所させる施設にあ

つては，更に一人以上を加えるものとする。

7 看護師の数は，乳児おおむね一・六人につき一人以上とする。ただし，一人を下ることはできない。

（自立支援計画の策定）

第45条の2 児童養護施設の長は，第四十四条の目的を達成するため，入所中の個々の児童について，年齢，発達の状況その他の当該児童の事情に応じ意見聴取その他の措置をとることにより，児童の意見又は意向，児童やその家庭の状況等を勘案して，その自立を支援するための計画を策定しなければならない。

（業務の質の評価等）

第45条の3 児童養護施設は，自らその行う法第四十一条に規定する業務の質の評価を行うとともに，定期的に外部の者による評価を受けて，それらの結果を公表し，常にその改善を図らなければならない。

（児童と起居を共にする職員）

第46条 児童養護施設の長は，児童指導員及び保育士のうち少なくとも一人を児童と起居を共にさせなければならない。

（設備の基準）

第48条 福祉型障害児入所施設の設備の基準は，次のとおりとする。

一 児童の居室，調理室，浴室，便所，医務室及び静養室を設けること。ただし，児童三十人未満を入所させる施設であつて主として知的障害のある児童を入所させるものにあつては医務室を，児童三十人未満を入所させる施設であつて主として盲児又はろうあ児（以下「盲ろうあ児」という。）を入所させるものにあつては医務室及び静養室を設けないことができる。

二 主として知的障害のある児童を入所させる福祉型障害児入所施設には，職業指導に必要な設備を設けること。

三 主として盲児を入所させる福祉型障害児入所施設には，次の設備を設けること。

イ 遊戯室，支援室，職業指導に必要な設備及び音楽に関する設備

ロ 浴室及び便所の手すり並びに特殊表示等身体の機能の不自由を助ける設備

四 主としてろうあ児を入所させる福祉型障害児入所施設には，遊戯室，支援室，職業

指導に必要な設備及び映像に関する設備を
設けること。

五　主として肢体不自由（法第六条の二の二
第二項に規定する肢体不自由をいう。以下
同じ。）のある児童を入所させる福祉型障
害児入所施設には、次の設備を設けること。

イ　支援室及び屋外遊戯場

ロ　浴室及び便所の手すり等身体の機能の
不自由を助ける設備

六　主として盲児を入所させる福祉型障害児
入所施設又は主として肢体不自由のある児
童を入所させる福祉型障害児入所施設にお
いては、階段の傾斜を緩やかにすること。

七　児童の居室の一室の定員は、これを四人
以下とし、その面積は、一人につき四・九
五平方メートル以上とすること。ただし、
乳幼児のみの居室の一室の定員は、これを
六人以下とし、その面積は、一人につき
三・三平方メートル以上とする。

八　入所している児童の年齢等に応じ、男子
と女子の居室を別にすること。

九　便所は、男子用と女子用とを別にするこ
と。

（職員）

第49条　主として知的障害のある児童（自閉
症を主たる症状とする児童（以下「自閉症
児」という。）を除く。次項及び第三項にお
いて同じ。）を入所させる福祉型障害児入所
施設には、嘱託医、児童指導員、保育士（特
区法第十二条の五第五項に規定する事業実施
区域内にある福祉型障害児入所施設にあつて
は、保育士又は当該事業実施区域に係る国家
戦略特別区域限定保育士。以下この条におい
て同じ。）、栄養士、調理員及び児童発達支援
管理責任者（障害児通所支援又は障害児入所
支援の提供の管理を行う者としてこども家庭
庁長官が定めるものをいう。以下同じ。）を
置かなければならない。ただし、児童四十人
以下を入所させる施設にあつては栄養士を、
調理業務の全部を委託する施設にあつては調
理員を置かないことができる。

2　主として知的障害のある児童を入所させ
る福祉型障害児入所施設の嘱託医は、精神科
又は小児科の診療に相当の経験を有する者で
なければならない。

3　主として知的障害のある児童を入所させ
る福祉型障害児入所施設の児童指導員及び保
育士の総数は、通じておおむね児童の数を四
で除して得た数以上とする。ただし、児童三
十人以下を入所させる施設にあつては、更に
一以上を加えるものとする。

4　主として自閉症児を入所させる福祉型障
害児入所施設には、第一項に規定する職員並
びに医師及び看護職員（保健師、助産師、看
護師又は准看護師をいう。以下この条及び第
六十三条において同じ。）を置かなければな
らない。ただし、児童四十人以下を入所させ
る施設にあつては栄養士を、調理業務の全部
を委託する施設にあつては調理員を置かない
ことができる。

5　主として自閉症児を入所させる福祉型障
害児入所施設の嘱託医については、第二項の
規定を準用する。

6　主として自閉症児を入所させる福祉型障
害児入所施設の児童指導員及び保育士の総数
については、第三項の規定を準用する。

7　主として自閉症児を入所させる福祉型障
害児入所施設の医師は、児童を対象とする精
神科の診療に相当の経験を有する者でなけれ
ばならない。

8　主として自閉症児を入所させる福祉型障
害児入所施設の看護職員の数は、児童おおむ
ね二十人につき一人以上とする。

9　主として盲ろうあ児を入所させる福祉型
障害児入所施設については、第一項の規定を
準用する。

10　主として盲ろうあ児を入所させる福祉型
障害児入所施設の嘱託医は、眼科又は耳鼻咽
喉科の診療に相当の経験を有する者でなけれ
ばならない。

11　主として盲ろうあ児を入所させる福祉型
障害児入所施設の児童指導員及び保育士の総
数は、通じて、児童おおむね四人につき一人
以上とする。ただし、児童三十五人以下を入
所させる施設にあつては、更に一人以上を加
えるものとする。

12　主として肢体不自由のある児童を入所さ
せる福祉型障害児入所施設には、第一項に規
定する職員及び看護職員を置かなければなら
ない。ただし、児童四十人以下を入所させる

施設にあつては栄養士を，調理業務の全部を委託する施設にあつては調理員を置かないことができる。

13 主として肢体不自由のある児童を入所させる福祉型障害児入所施設の児童指導員及び保育士の総数は，通じておおむね児童の数を三・五で除して得た数以上とする。

14 心理支援を行う必要があると認められる児童五人以上に心理支援を行う場合には心理担当職員，職業指導を行う場合には職業指導員を置かなければならない。

15 心理担当職員は，学校教育法の規定による大学（短期大学を除く。）若しくは大学院において，心理学を専修する学科，研究科若しくはこれに相当する課程を修めて卒業した者であつて，個人及び集団心理療法の技術を有するもの又はこれと同等以上の能力を有すると認められる者でなければならない。

（入所支援計画の作成）

第52条 福祉型障害児入所施設の長は，児童の保護者及び児童の意向，児童の適性，児童の障害の特性その他の事情を踏まえた計画を作成し，これに基づき児童に対して障害児入所支援を提供するとともに，その効果について継続的な評価を実施することその他の措置を講ずることにより児童に対して適切かつ効果的に障害児入所支援を提供しなければならない。

（児童と起居を共にする職員）

第53条 福祉型障害児入所施設（主として盲ろうあ児を入所させる福祉型障害児入所施設を除く。）については，第四十六条の規定を準用する。

（設備の基準）

第57条 医療型障害児入所施設の設備の基準は，次のとおりとする。

一 医療型障害児入所施設には，医療法に規定する病院として必要な設備のほか，訓練室及び浴室を設けること。

二 主として自閉症児を入所させる医療型障害児入所施設には，静養室を設けること。

三 主として肢体不自由のある児童を入所させる医療型障害児入所施設には，屋外遊戯場，ギブス室，特殊手工芸等の作業を支援するに必要な設備，義肢装具を製作する設備を設けること。ただし，義肢装具を製作する設備は，他に適当な設備がある場合は，これを設けることを要しないこと。

四 主として肢体不自由のある児童を入所させる医療型障害児入所施設においては，階段の傾斜を緩やかにするほか，浴室及び便所の手すり等身体の機能の不自由を助ける設備を設けること。

（職員）

第58条 主として自閉症児を入所させる医療型障害児入所施設には，医療法に規定する病院として必要な職員のほか，児童指導員，保育士（特区法第十二条の五第五項に規定する事業実施区域内にある医療型障害児入所施設にあつては，保育士又は当該事業実施区域に係る国家戦略特別区域限定保育士。次項及び第五項において同じ。）及び児童発達支援管理責任者を置かなければならない。

2 主として自閉症児を入所させる医療型障害児入所施設の児童指導員及び保育士の総数は，通じておおむね児童の数を六・七で除して得た数以上とする。

3 主として肢体不自由のある児童を入所させる医療型障害児入所施設には，第一項に規定する職員及び理学療法士又は作業療法士を置かなければならない。

4 主として肢体不自由のある児童を入所させる医療型障害児入所施設の長及び医師は，肢体の機能の不自由な者の療育に関して相当の経験を有する医師でなければならない。

5 主として肢体不自由のある児童を入所させる医療型障害児入所施設の児童指導員及び保育士の総数は，通じて，乳幼児おおむね十人につき一人以上，少年おおむね二十人につき一人以上とする。

6 主として重症心身障害児（法第七条第二項に規定する重症心身障害児をいう。以下同じ。）を入所させる医療型障害児入所施設には，第三項に規定する職員及び心理支援を担当する職員を置かなければならない。

7 主として重症心身障害児を入所させる医療型障害児入所施設の長及び医師は，内科，精神科，医療法施行令（昭和二十三年政令第三百二十六号）第三条の二第一項第一号ハ及びニ（2）の規定により神経と組み合わせた

名称を診療科名とする診療科，小児科，外科，整形外科又はリハビリテーション科の診療に相当の経験を有する医師でなければならない。

（児童と起居を共にする職員等）

第61条　医療型障害児入所施設（主として重症心身障害児を入所させる施設を除く。以下この項において同じ。）における児童と起居を共にする職員，生活指導，学習指導及び職業指導並びに医療型障害児入所施設の長の保護者等との連絡については，第四十六条，第五十条，第五十一条及び第五十四条の規定を準用する。

2　医療型障害児入所施設の長の計画の作成については，第五十二条の規定を準用する。

（設備の基準）

第62条　児童発達支援センターの設備の基準は，発達支援室，遊戯室，屋外遊戯場（児童発達支援センターの付近にある屋外遊戯場に代わるべき場所を含む。），医務室，相談室，調理室，便所，静養室並びに児童発達支援の提供に必要な設備及び備品等を設けることとする。

2　児童発達支援センターにおいて，肢体不自由のある児童に対して治療を行う場合には，前項に規定する設備（医務室を除く。）の基準に加えて，医療法に規定する診療所として必要な設備を設けることとする。

3　第一項の発達支援室及び遊戯室は，次に掲げる基準に適合するものでなければならない。

一　発達支援室の一室の定員は，これをおおむね十人とし，その面積は，児童一人につき二・四七平方メートル以上とすること。

二　遊戯室の面積は，児童一人につき一・六五平方メートル以上とすること。

（職員）

第63条　児童発達支援センターには，嘱託医，児童指導員，保育士（特区法第十二条の五第五項に規定する事業実施区域内にある児童発達支援センターにあつては，保育士又は当該事業実施区域に係る国家戦略特別区域限定保育士。以下この条において同じ。），栄養士，調理員及び児童発達支援管理責任者のほか，日常生活を営むのに必要な機能訓練を行う場合には機能訓練担当職員（日常生活を営むのに必要な機能訓練を担当する職員をいう。以下同じ。）を，日常生活及び社会生活を営むために医療的ケア（人工呼吸器による呼吸管理，喀痰吸引その他こども家庭庁長官が定める医療行為をいう。以下同じ。）を恒常的に受けることが不可欠である障害児に医療的ケアを行う場合には看護職員を，それぞれ置かなければならない。ただし，次に掲げる施設及び場合に応じ，それぞれ当該各号に定める職員を置かないことができる。

一　児童四十人以下を通わせる施設　栄養士

二　調理業務の全部を委託する施設　調理員

三　医療機関等との連携により，看護職員を児童発達支援センターに訪問させ，当該看護職員が障害児に対して医療的ケアを行う場合　看護職員

四　当該児童発達支援センター（社会福祉士及び介護福祉士法（昭和六十二年法律第三十号）第四十八条の三第一項の登録に係る事業所である場合に限る。）において，医療的ケアのうち喀痰吸引等（同法第二条第二項に規定する喀痰吸引等をいう。）のみを必要とする障害児に対し，当該登録を受けた者が自らの事業又はその一環として喀痰吸引等業務（同法第四十八条の三第一項に規定する喀痰吸引等業務をいう。）を行う場合　看護職員

五　当該児童発達支援センター（社会福祉士及び介護福祉士法附則第二十七条第一項の登録に係る事業所である場合に限る。）において，医療的ケアのうち特定行為（同法附則第十条第一項に規定する特定行為をいう。）のみを必要とする障害児に対し，当該登録を受けた者が自らの事業又はその一環として特定行為業務（同法附則第二十七条第一項に規定する特定行為業務をいう。）を行う場合　看護職員

2　児童発達支援センターにおいて，肢体不自由のある児童に対して治療を行う場合には，前項に規定する職員（嘱託医を除く。）に加えて，医療法に規定する診療所として必要な職員を置かなければならない。

3　児童発達支援センターの児童指導員，保育士，機能訓練担当職員及び看護職員の総数は，通じておおむね児童の数を四で除して得

た数以上とし，そのうち半数以上は児童指導員又は保育士でなければならない。

4　児童発達支援センターの嘱託医は，精神科又は小児科の診療に相当の経験を有する者でなければならない。

5　第八条第二項の規定にかかわらず，保育所若しくは家庭的保育事業所等（家庭的保育事業等の設備及び運営に関する基準（平成二十六年厚生労働省令第六十一号）第一条第二項に規定する家庭的保育事業所等（居宅訪問型保育事業を行う場所を除く。）をいう。）に入所し，又は幼保連携型認定こども園に入園している児童と児童発達支援センターに入所している障害児を交流させるときは，障害児の支援に支障がない場合に限り，障害児の支援に直接従事する職員については，これら児童への保育に併せて従事させることができる。

（生活指導及び計画の作成）

第64条　児童発達支援センターにおける生活指導及び福祉型児童発達支援センターの長の計画の作成については，第五十条第一項及び第五十二条の規定を準用する。

（設備の基準）

第72条　児童心理治療施設の設備の基準は，次のとおりとする。

一　児童の居室，医務室，静養室，遊戯室，観察室，心理検査室，相談室，工作室，調理室，浴室及び便所を設けること。

二　児童の居室の一室の定員は，これを四人以下とし，その面積は，一人につき四・九五平方メートル以上とすること。

三　男子と女子の居室は，これを別にすること。

四　便所は，男子用と女子用とを別にすること。ただし，少数の児童を対象として設けるときは，この限りでない。

（職員）

第73条　児童心理治療施設には，医師，心理療法担当職員，児童指導員，保育士（特区法第十二条の五第五項に規定する事業実施区域内にある児童心理治療施設にあつては，保育士又は当該事業実施区域に係る国家戦略特別区域限定保育士。第六項において同じ。），看護師，個別対応職員，家庭支援専門相談員，栄養士及び調理員を置かなければならない。

ただし，調理業務の全部を委託する施設にあつては，調理員を置かないことができる。

2　医師は，精神科又は小児科の診療に相当の経験を有する者でなければならない。

3　心理療法担当職員は，学校教育法の規定による大学（短期大学を除く。以下この項において同じ。）若しくは大学院において，心理学を専修する学科，研究科若しくはこれに相当する課程を修めて卒業した者又は同法の規定による大学において，心理学に関する科目の単位を優秀な成績で修得したことにより，同法第百二条第二項の規定により大学院への入学を認められた者であつて，個人及び集団心理療法の技術を有し，かつ，心理療法に関する一年以上の経験を有するものでなければならない。

4　家庭支援専門相談員は，社会福祉士若しくは精神保健福祉士の資格を有する者，児童心理治療施設において児童の指導に五年以上従事した者又は法第十三条第三項各号のいずれかに該当する者でなければならない。

5　心理療法担当職員の数は，おおむね児童十人につき一人以上とする。

6　児童指導員及び保育士の総数は，通じておおむね児童四・五人につき一人以上とする。

（自立支援計画の策定）

第76条　児童心理治療施設の長は，前条第一項の目的を達成するため，入所中の個々の児童について，年齢，発達の状況その他の当該児童の事情に応じ意見聴取その他の措置をとることにより，児童の意見又は意向，児童やその家庭の状況等を勘案して，その自立を支援するための計画を策定しなければならない。

（業務の質の評価等）

第76条の2　児童心理治療施設は，自らその行う法第四十三条の二に規定する業務の質の評価を行うとともに，定期的に外部の者による評価を受けて，それらの結果を公表し，常にその改善を図らなければならない。

（児童と起居を共にする職員）

第77条　児童心理治療施設については，第四十六条の規定を準用する。

（設備の基準）

第79条　児童自立支援施設の学科指導に関する設備については，小学校，中学校又は特別

支援学校の設備の設置基準に関する学校教育法の規定を準用する。ただし，学科指導を行わない場合にあつてはこの限りでない。

2　前項に規定する設備以外の設備については，第四十一条（第二号ただし書を除く。）の規定を準用する。ただし，男子と女子の居室は，これを別にしなければならない。

（職員）

第80条　児童自立支援施設には，児童自立支援専門員（児童自立支援施設において児童の自立支援を行う者をいう。以下同じ。），児童生活支援員（児童自立支援施設において児童の生活支援を行う者をいう。以下同じ。），嘱託医及び精神科の診療に相当の経験を有する医師又は嘱託医，個別対応職員，家庭支援専門相談員，栄養士並びに調理員を置かなければならない。ただし，児童四十人以下を入所させる施設にあつては栄養士を，調理業務の全部を委託する施設にあつては調理員を置かないことができる。

2　家庭支援専門相談員は，社会福祉士若しくは精神保健福祉士の資格を有する者，児童自立支援施設において児童の指導に五年以上従事した者又は法第十三条第三項各号のいずれかに該当する者でなければならない。

3　心理療法を行う必要があると認められる児童十人以上に心理療法を行う場合には，心理療法担当職員を置かなければならない。

4　心理療法担当職員は，学校教育法の規定による大学（短期大学を除く。以下この項において同じ。）若しくは大学院において，心理学を専修する学科，研究科若しくはこれに相当する課程を修めて卒業した者又は同法の規定による大学において，心理学に関する科目の単位を優秀な成績で修得したことにより，同法第百二条第二項の規定により大学院への入学を認められた者であつて，個人及び集団心理療法の技術を有し，かつ，心理療法に関する一年以上の経験を有するものでなければならない。

5　実習設備を設けて職業指導を行う場合には，職業指導員を置かなければならない。

6　児童自立支援専門員及び児童生活支援員の総数は，通じておおむね児童四・五人につき一人以上とする。

（児童生活支援員の資格）

第83条　児童生活支援員は，次の各号のいずれかに該当する者でなければならない。

一　保育士（特区法第十二条の五第五項に規定する事業実施区域内にある児童自立支援施設にあつては，保育士又は当該事業実施区域に係る国家戦略特別区域限定保育士）の資格を有する者

二　社会福祉士の資格を有する者

三　三年以上児童自立支援事業に従事した者

（自立支援計画の策定）

第84条の2　児童自立支援施設の長は，前条第一項の目的を達成するため，入所中の個々の児童について，年齢，発達の状況その他の当該児童の事情に応じ意見聴取その他の措置をとることにより，児童の意見又は意向，児童やその家庭の状況等を勘案して，その自立を支援するための計画を策定しなければならない。

（児童と起居を共にする職員）

第85条　児童自立支援施設の長は，児童自立支援専門員及び児童生活支援員のうち少なくとも一人を児童と起居を共にさせなければならない。

（設備の基準）

第88条の2　児童家庭支援センターには相談室を設けなければならない。

幼稚園設置基準
（1956（昭和31）年，文部省令第32号）

第1章　総　則

（趣旨）

第1条　幼稚園設置基準は，学校教育法施行規則（昭和二十二年文部省令第十一号）に定めるもののほか，この省令の定めるところによる。

（基準の向上）

第2条　この省令で定める設置基準は，幼稚園を設置するのに必要な最低の基準を示すものであるから，幼稚園の設置者は，幼稚園の水準の向上を図ることに努めなければならない。

第2章　編　制

（一学級の幼児数）

第3条 一学級の幼児数は，三十五人以下を原則とする。

（学級の編制）

第4条 学級は，学年の初めの日の前日において同じ年齢にある幼児で編制することを原則とする。

（教職員）

第5条 幼稚園には，園長のほか，各学級ごとに少なくとも専任の主幹教諭，指導教諭又は教諭（次項において「教諭等」という。）を一人置かなければならない。

2 特別の事情があるときは，教諭等は，専任の副園長又は教頭が兼ね，又は当該幼稚園の学級数の三分の一の範囲内で，専任の助教諭若しくは講師をもって代えることができる。

3 専任でない園長を置く幼稚園にあっては，前二項の規定により置く主幹教諭，指導教諭，教諭，助教諭又は講師のほか，副園長，教頭，主幹教諭，指導教諭，教諭，助教諭又は講師を一人置くことを原則とする。

4 幼稚園に置く教員等は，教育上必要と認められる場合は，他の学校の教員等と兼ねることができる。

第六条 幼稚園には，養護をつかさどる主幹教諭，養護教諭又は養護助教諭及び事務職員を置くように努めなければならない。

第3章 施設及び設備

（一般的基準）

第7条 幼稚園の位置は，幼児の教育上適切で，通園の際安全な環境にこれを定めなければならない。

2 幼稚園の施設及び設備は，指導上，保健衛生上，安全上及び管理上適切なものでなければならない。

（園地，園舎及び運動場）

第8条 園舎は，二階建以下を原則とする。園舎を二階建とする場合及び特別の事情があるため園舎を三階建以上とする場合にあっては，保育室，遊戯室及び便所の施設は，第一階に置かなければならない。ただし，園舎が耐火建築物で，幼児の待避上必要な施設を備えるものにあっては，これらの施設を第二階に置くことができる。

2 園舎及び運動場は，同一の敷地内又は隣接する位置に設けることを原則とする。

3 園地，園舎及び運動場の面積は，別に定める。

（施設及び設備等）

第9条 幼稚園には，次の施設及び設備を備えなければならない。ただし，特別の事情があるときは，保育室と遊戯室及び職員室と保健室とは，それぞれ兼用することができる。

一 職員室

二 保育室

三 遊戯室

四 保健室

五 便所

六 飲料水用設備，手洗用設備，足洗用設備

2 保育室の数は，学級数を下つてはならない。

3 飲料水用設備は，手洗用設備又は足洗用設備と区別して備えなければならない。

4 飲料水の水質は，衛生上無害であることが証明されたものでなければならない。

第10条 幼稚園には，学級数及び幼児数に応じ，教育上，保健衛生上及び安全上必要な種類及び数の園具及び教具を備えなければならない。

2 前項の園具及び教具は，常に改善し，補充しなければならない。

第11条 幼稚園には，次の施設及び設備を備えるように努めなければならない。

一 放送聴取設備

二 映写設備

三 水遊び場

四 幼児清浄用設備

五 給食施設

六 図書室

七 会議室

（他の施設及び設備の使用）

第12条 幼稚園は，特別の事情があり，かつ，教育上及び安全上支障がない場合は，他の学校等の施設及び設備を使用することができる。

第4章 雑 則

（保育所等との合同活動等に関する特例）

第13条 幼稚園は，次に掲げる場合においては，各学級の幼児と当該幼稚園に在籍しない者を共に保育することができる。

一 当該幼稚園及び保育所等（就学前の子どもに関する教育，保育等の総合的な提供の

推進に関する法律（平成十八年法律第七十七号）第二条第五項に規定する保育所等をいう。以下同じ。）のそれぞれの用に供される建物及びその附属設備が一体的に設置されている場合における当該保育所等において，満三歳以上の子どもに対し学校教育法第二十三条各号に掲げる目標が達成されるよう保育を行うに当たり，当該幼稚園との緊密な連携協力体制を確保する必要があると認められる場合

二　前号に掲げる場合のほか，経済的社会的条件の変化に伴い幼児の数が減少し，又は幼児が他の幼児と共に活動する機会が減少したことその他の事情により，学校教育法第二十三条第二号に掲げる目標を達成することが困難であると認められることから，幼児の心身の発達を助長するために特に必要があると認められる場合

2　前項の規定により各学級の幼児と当該幼稚園に在籍しない者を共に保育する場合においては，第三条中「一学級の幼児数」とあるのは「一学級の幼児数（当該幼稚園に在籍しない者であつて当該学級の幼児と共に保育されるものの数を含む。）」と，第五条第四項中「他の学校の教員等」とあるのは「他の学校の教員等又は保育所等の保育士等」と，第十条第一項中「幼児数」とあるのは「幼児数（当該幼稚園に在籍しない者であつて各学級の幼児と共に保育されるものの数を含む。）」と読み替えて，これらの規定を適用する。

　　　　附　則　抄
1　この省令は，昭和三十二年二月一日から施行する。

　　特別支援学校設置基準（抄）
（2021（令和3）年，文部科学省令第45号）

（趣旨）
第1条　特別支援学校は，学校教育法（昭和二十二年法律第二十六号）その他の法令の規定によるほか，この省令の定めるところにより設置するものとする。

2　この省令で定める設置基準は，特別支援学校を設置するのに必要な最低の基準とする。

3　特別支援学校の設置者は，特別支援学校の編制，施設及び設備等がこの省令で定める設置基準より低下した状態にならないようにすることはもとより，これらの水準の向上を図ることに努めなければならない。

（一学級の幼児，児童又は生徒の数）
第5条　幼稚部の一学級の幼児数は，五人（視覚障害，聴覚障害，知的障害，肢体不自由又は病弱（身体虚弱を含む。以下この条及び別表において同じ。）のうち二以上併せ有する幼児で学級を編制する場合にあっては，三人）以下とする。ただし，特別の事情があり，かつ，教育上支障がない場合は，この限りでない。

2　小学部又は中学部の一学級の児童又は生徒の数は，六人（視覚障害，聴覚障害，知的障害，肢体不自由又は病弱のうち二以上併せ有する児童又は生徒で学級を編制する場合にあっては，三人）以下とする。ただし，特別の事情があり，かつ，教育上支障がない場合は，この限りでない。

3　（略）

（学級の編制）
第6条　特別支援学校の学級は，特別の事情がある場合を除いては，幼稚部にあっては，学年の初めの日の前日において同じ年齢にある幼児で編制するものとし，小学部，中学部及び高等部にあっては，同学年の児童又は生徒で編制するものとする。

2　特別支援学校の学級は，特別の事情がある場合を除いては，視覚障害者，聴覚障害者，知的障害者，肢体不自由者又は病弱者の別ごとに編制するものとする。

（教諭等の数等）
第7条　複数の部又は学科を設置する特別支援学校には，相当数の副校長又は教頭を置くものとする。

2　特別支援学校に置く主幹教諭，指導教諭又は教諭（次項において「教諭等」という。）の数は，一学級当たり一人以上とする。

3　教諭等は，特別の事情があり，かつ，教育上支障がない場合は，副校長若しくは教頭が兼ね，又は助教諭若しくは講師をもって代えることができる。

（養護教諭等）
第8条　特別支援学校には，幼児，児童及び

生徒（以下「児童等」という。）の数等に応じ，相当数の養護をつかさどる主幹教諭，養護教諭その他の児童等の養護をつかさどる職員を置くよう努めなければならない。

幼保連携型認定こども園の学級の編制，
職員，設備及び運営に関する基準（抄）
（2014（平成26）年，内閣府・
文部科学省・厚生労働省令第１号）

（学級の編制の基準）

第４条 満三歳以上の園児については，教育課程に基づく教育を行うため，学級を編制するものとする。

2 一学級の園児数は，三十五人以下を原則とする。

3 学級は，学年の初めの日の前日において同じ年齢にある園児で編制することを原則とする。

（職員の数等）

第５条 幼保連携型認定こども園には，各学級ごとに担当する専任の主幹保育教諭，指導保育教諭又は保育教諭（次項において「保育教諭等」という。）を一人以上置かなければならない。

2 特別の事情があるときは，保育教諭等は，専任の副園長若しくは教頭が兼ね，又は当該幼保連携型認定こども園の学級数の三分の一の範囲内で，専任の助保育教諭若しくは講師をもって代えることができる。

3 幼保連携型認定こども園に置く園児の教育及び保育（満三歳未満の園児については，その保育。以下同じ。）に直接従事する職員の数は，次の表の上欄に掲げる園児の区分に応じ，それぞれ同表の下欄に定める員数以上とする。ただし，当該職員の数は，常時二人を下ってはならない。

園児の区分	員数
一 満四歳以上の園児	おおむね二十五人につき一人
二 満三歳以上満四歳未満の園児	おおむね十五人につき一人
三 満一歳以上満三歳未満の園児	おおむね六人につき一人
四 満一歳未満の園児	おおむね三人につき一人

備考

一 この表に定める員数は，副園長（幼稚園の教諭の普通免許状（教育職員免許法（昭和二十四年法律第百四十七号）第四条第二項に規定する普通免許状をいう。以下この号及び附則第六条において同じ。）を有し，かつ，児童福祉法（昭和二十二年法律第百六十四号）第十八条の十八第一項（国家戦略特別区域法（平成二十五年法律第百七号）第十二条の五第五項に規定する事業実施区域内にある幼保連携型認定こども園にあっては，同条第八項において準用する場合を含む。）の登録（以下この号において「登録」という。）を受けたものに限る。），教頭（幼稚園の教諭の普通免許状を有し，かつ，登録を受けたものに限る。），主幹保育教諭，指導保育教諭，保育教諭，助保育教諭又は講師であって，園児の教育及び保育に直接従事する者の数をいう。

二 この表に定める員数は，同表の上欄の園児の区分ごとに下欄の園児数に応じ定める数を合算した数とする。

三 この表の第一号及び第二号に係る員数が学級数を下るときは，当該学級数に相当する数を当該員数とする。

四 園長が専任でない場合は，原則としてこの表に定める員数を一人増加するものとする。

4 幼保連携型認定こども園には，調理員を置かなければならない。ただし，第十三条第一項において読み替えて準用する児童福祉施設の設備及び運営に関する基準第三十二条の二（後段を除く。第七条第三項において同じ。）の規定により，調理業務の全部を委託する幼保連携型認定こども園にあっては，調

理員を置かないことができる。

5　幼保連携型認定こども園には，次に掲げる職員を置くよう努めなければならない。

一　副園長又は教頭

二　主幹養護教諭，養護教諭又は養護助教諭

三　事務職員

（園舎及び園庭）

第6条　幼保連携型認定こども園には，園舎及び園庭を備えなければならない。

2　園舎は，二階建以下を原則とする。ただし，特別の事情がある場合は，三階建以上とすることができる。

3　乳児室，ほふく室，保育室，遊戯室又は便所（以下この項及び次項において「保育室等」という。）は一階に設けるものとする。ただし，園舎が第十三条第一項において読み替えて準用する児童福祉施設の設備及び運営に関する基準第三十二条第八号イ，ロ及びへに掲げる要件を満たすときは保育室等を二階に，前項ただし書の規定により園舎を三階建以上とする場合であって，第十三条第一項において読み替えて準用する同令第三十二条第八号に掲げる要件を満たすときは，保育室等を三階以上の階に設けることができる。

4　前項ただし書の場合において，三階以上の階に設けられる保育室等は，原則として，満三歳未満の園児の保育の用に供するものでなければならない。

5　園舎及び園庭は，同一の敷地内又は隣接する位置に設けることを原則とする。

6　園舎の面積は，次に掲げる面積を合算した面積以上とする。

一　次の表の上欄に掲げる学級数に応じ，それぞれ同表の下欄に定める面積

学級数	面積（平方メートル）
一学級	180
二学級以上	320＋100×（学級数－2）

二　満三歳未満の園児数に応じ，次条第六項の規定により算定した面積

7　園庭の面積は，次に掲げる面積を合算した面積以上とする。

一　次に掲げる面積のうちいずれか大きい面積

イ　次の表の上欄に掲げる学級数に応じ，それぞれ同表の下欄に定める面積

学級数	面積（平方メートル）
二学級以下	330＋30×（学級数－1）
三学級以上	400＋80×（学級数－3）

ロ　三・三平方メートルに満三歳以上の園児数を乗じて得た面積

二　三・三平方メートルに満二歳以上満三歳未満の園児数を乗じて得た面積

（園舎に備えるべき設備）

第7条　園舎には，次に掲げる設備（第二号に掲げる設備については，満二歳未満の保育を必要とする子どもを入園させる場合に限る。）を備えなければならない。ただし，特別の事情があるときは，保育室と遊戯室及び職員室と保健室とは，それぞれ兼用することができる。

一　職員室

二　乳児室又はほふく室

三　保育室

四　遊戯室

五　保健室

六　調理室

七　便所

八　飲料水用設備，手洗用設備及び足洗用設備

2　保育室（満三歳以上の園児に係るものに限る。）の数は，学級数を下ってはならない。

3　満三歳以上の園児に対する食事の提供について，第十三条第一項において読み替えて準用する児童福祉施設の設備及び運営に関する基準第三十二条の二に規定する方法により行う幼保連携型認定こども園にあっては，第一項の規定にかかわらず，調理室を備えないことができる。この場合において，当該幼保連携型認定こども園においては，当該食事の提供について当該方法によることとしてもなお当該幼保連携型認定こども園において行うことが必要な調理のための加熱，保存等の調理機能を有する設備を備えなければならない。

4　園児に対する食事の提供について，幼保

連携型認定こども園内で調理する方法により行う園児数が二十人に満たない場合においては，当該食事の提供を行う幼保連携型認定こども園は，第一項の規定にかかわらず，調理室を備えないことができる。この場合において，当該幼保連携型認定こども園においては，当該食事の提供について当該方法により行うために必要な調理設備を備えなければならない。

5　飲料水用設備は，手洗用設備又は足洗用設備と区別して備えなければならない。

6　次の各号に掲げる設備の面積は，当該各号に定める面積以上とする。

一　乳児室　一・六五平方メートルに満二歳未満の園児のうちほふくしないものの数を乗じて得た面積

二　ほふく室　三・三平方メートルに満二歳未満の園児のうちほふくするものの数を乗じて得た面積

三　保育室又は遊戯室　一・九八平方メートルに満二歳以上の園児数を乗じて得た面積

7　第一項に掲げる設備のほか，園舎には，次に掲げる設備を備えるよう努めなければならない。

一　放送聴取設備

二　映写設備

三　水遊び場

四　園児清浄用設備

五　図書室

六　会議室

（園具及び教具）

第8条　幼保連携型認定こども園には，学級数及び園児数に応じ，教育上及び保育上，保健衛生上並びに安全上必要な種類及び数の園具及び教具を備えなければならない。

2　前項の園具及び教具は，常に改善し，補充しなければならない。

（教育及び保育を行う期間及び時間）

第9条　幼保連携型認定こども園における教育及び保育を行う期間及び時間は，次に掲げる要件を満たすものでなければならない。

一　毎学年の教育週数は，特別の事情のある場合を除き，三十九週を下ってはならないこと。

二　教育に係る標準的な一日当たりの時間

（次号において「教育時間」という。）は，四時間とし，園児の心身の発達の程度，季節等に適切に配慮すること。

三　保育を必要とする子どもに該当する園児に対する教育及び保育の時間（満三歳以上の保育を必要とする子どもに該当する園児については，教育時間を含む。）は，一日につき八時間を原則とすること。

2　前項第三号の時間については，その地方における園児の保護者の労働時間その他家庭の状況等を考慮して，園長がこれを定めるものとする。

（子育て支援事業の内容）

第10条　幼保連携型認定こども園における保護者に対する子育ての支援は，保護者が子育てについての第一義的責任を有するという基本認識の下に，子育てを自ら実践する力の向上を積極的に支援することを旨として，教育及び保育に関する専門性を十分に活用し，子育て支援事業のうち，その所在する地域における教育及び保育に対する需要に照らし当該地域において実施することが必要と認められるものを，保護者の要請に応じ適切に提供し得る体制の下で行うものとする。その際，地域の人材や社会資源の活用を図るよう努めるものとする。

学事奨励ニ関スル被仰出書（学制序文）
（明治5年7月）

人々自ら其身を立て其産を治め其業を昌にして以て其生を遂るゆゑんのものは他なし身を修め智を開き才芸を長ずるによるなり　しかして其身を修め智を開き才芸を長ずるは学にあらざれば能わず　是れ学校の設あるゆゑんにして日用常行言語書算を初め士官農商百工技芸及び法律政治天文医療等に至る迄凡人の営むところの事学あらざるはなし　人能く其才のある所に応じ勉励して之に従事し而して後初て生を治め産を興し業を昌にするを得べし　されば学問は身を立るの財本ともいふべきものにして人たるもの誰か学ばずして可ならんや　夫の道路に迷ひ飢餓に陥り家を破り身を喪の徒の如きは畢竟不学よりしてかかる過ちを生ずるなり　従来学校の

設ありてより年を歴ること久しといえども或
は其道を得ざるよりして人其方向を誤り学問
は士人以上の事とし農工商及婦女子に至って
は之を度外におき学問の何物たるを弁ぜず又
士人以上の稀に学ぶ者も動もすれば国家の為
にすと唱え身を立るの基たるを知らずして或
は詞章記誦の末に趨り空理虚談の途に陥り
其論高尚に似たりといえども之を身に行い事
に施すこと能わざるもの少からず　是すなわ
ち沿襲の習弊にして文明普ねからず才芸の長
ぜずして貧乏破産喪家の徒多きゆえんなり
是故に人たるものは学ばずんばあるべからず
之を学ぶには宜しく其旨を誤るべからず　之
に依て今般文部省に於て学制を定め追々教則
をも改正し布告に及ぶべきにつき自今以後一
般の人民華士族農工商及婦女子必ず邑に不学
の戸なく家に不学の人なからしめん事を期す

人の父兄たるもの宜しく此意を体認し其愛育
の情を厚くし其子弟をして必ず学に従事せし
めざるべからざるものなり　高上の学に至て
は其人の材能に任かすといえども幼童の子弟
は男女の別なく小学に従事せしめざるものは
其父兄の越度たるべき事
　但従来沿襲の弊学問は士人以上の事とし国
家の為にすと唱うるを以て学費及其衣食の用
に至る迄多く官に依頼し之を給するに非ざれ
ば学ばざる事と思ひ一生を自棄するもの少か
らず　是皆惑えるの甚しきもの也自今以後此
等の弊を改め一般の人民他事を抛ち自ら奮て
必ず学に従事せしむべき様心得べき事
右之通被　仰出候条地方官に於て辺隅小民に
至る迄不洩様便宜解釈を加え精細申論文部省
規則に随い学問普及致候様方法を設可施行事
　　　　　明治五年壬申七月　太政官

保育制度関連年表

1871	（明治4）	横浜に亜米利加婦人教授所開設
1872	（明治5）	「学制」発布
1875	（明治8）	東京女子師範学校開校
		柳池小学校（京都）に「幼穉遊嬉場」開設
1876	（明治9）	東京女子師範学校附属幼稚園開園。最初の職員は摂理（校長）中村正直，監事（園長）関信三，主任保姆松野クララ，保姆豊田芙雄及び近藤濱
1878	（明治11）	東京女子師範学校に幼稚園保姆練習科を設置
1879	（明治12）	「教育令」公布（「学制」廃止）
		文部省，音楽取調掛を設置
		関信三編『幼稚園法二十遊嬉』刊行
1880	（明治13）	「第二次教育令」（各府県に師範学校を設置）
1883	（明治16）	渡辺嘉重，茨城県小山村で「子守学校」を開設
1885	（明治18）	「第三次教育令」
		東京女子師範学校附属幼稚園，高等師範学校の附属となる
1886	（明治19）	「小学校令」公布
1887	（明治20）	石井十次，岡山孤児院を設立
		文部省音楽取調掛編『幼稚園唱歌集』刊行
1889	（明治22）	「大日本帝国憲法」発布
		A.L. ハウ，神戸に頌栄保姆伝習所及び頌栄幼稚園を設立
		高等師範学校附属幼稚園，女子高等師範学校附属幼稚園となる
1890	（明治23）	赤沢鍾美，新潟静修学校に託児施設を開設
		「教育ニ関スル勅語」渙発
1891	（明治24）	石井亮一，聖三一孤女学院を創設
1897	（明治30）	「師範学校令」公布
1898	（明治31）	『京阪神聯合保育会雑誌』創刊
1899	（明治32）	文部省「幼稚園保育及設備規程」制定
1900	（明治33）	野口幽香と森島峰，東京麴町に二葉幼稚園を開設
		＊エレン・ケイ『児童の世紀』
1901	（明治34）	フレーベル会，月刊『婦人と子ども』創刊（後に『幼児の教育』）
		『幼稚園唱歌』（東くめ・巌谷小波作詞，滝廉太郎・鈴木毅一作曲）
1904	（明治37）	東基吉『幼稚園保育法』刊行
1906	（明治39）	日本キリスト教幼稚園連盟結成
1907	（明治40）	及川平治，明石女子師範学校附属小学校で分団式動的教育法
		＊マリア・モンテッソーリ，ローマに「子どもの家」を開設
1908	（明治41）	女子高等師範学校を東京女子高等師範学校と改称
		奈良女子高等師範学校設立
1910	（明治43）	倉橋惣三，東京女子高等師範学校講師となる
1911	（明治44）	倉橋惣三，和田実にかわりフレーベル会の機関誌『婦人と子ども』の編集にあたる
1913	（大正2）	和田實『幼児保育法』刊行
1914	（大正3）	河野清丸『モンテッソリー教育法と其応用』刊行

1915（大正4）	和田實，目白幼稚園を設立	
1917（大正6）	倉橋惣三，東京女子高等師範学校附属幼稚園主事となる	
	土川五郎『律動遊戯』刊行	
1918（大正7）	月刊『赤い鳥』創刊（鈴木三重吉主宰）	
1919（大正8）	山本鼎，児童自由画展を開催（自由画教育運動）	
1922（大正11）	橋詰良一，大阪に「家なき幼稚園」開設	
1924（大正13）	野口援太郎ら，「池袋児童の村」を創設	
	小林宗作，リトミック運動始める	
	＊国連総会「児童の権利に関するジュネーブ宣言」採択	
	＊ニール，サマーヒル・スクールを開設	
1925（大正14）	フレーベル著，ハウ訳『人間の教育』刊行	
1926（大正15	「幼稚園令」公布	
＝昭和元）	倉橋惣三『幼稚園雑草』刊行	
1929（昭和4）	北方教育社結成（生活綴方運動起こる）	
1931（昭和6）	倉橋惣三「就学前の教育」（岩波講座『教育科学』）	
1934（昭和9）	倉橋惣三『幼稚園保育法真諦』刊行	
1936（昭和11）	倉橋惣三『育ての心』刊行	
	保育問題研究会発足（会長・城戸幡太郎）	
1937（昭和12）	城戸幡太郎編『保育問題研究』創刊	
1941（昭和16）	「国民学校令」公布（小学校を国民学校と改称）	
	「幼稚園令」改定	
	太平洋戦争始まる	
1943（昭和18）	農繁託児所，全国で5万か所を超える	
1944（昭和19）	東京都，「幼稚園閉鎖令」を出す	
1945（昭和20）	「戦時教育令」公布	
	太平洋戦争終わる	
1946（昭和21）	アメリカ教育使節団来日	
	「日本国憲法」公布	
1947（昭和22）	「教育基本法」「学校教育法」公布	
	「児童福祉法」公布	
1948（昭和23）	文部省『保育要領——幼児教育の手びき』刊行	
	全国私立幼稚園団体連合会発足	
	日本保育学会発足	
	「児童福祉施設最低基準」制定	
	厚生省「保姆養成規程」を定める	
1949（昭和24）	第1回保母試験	
	「教育職員免許法」公布	
	厚生省，「保育所運営要綱」を策定	
1950（昭和25）	厚生省「保育所運営要綱」発刊	
	「私立学校法」公布	
1951（昭和26）	「社会福祉事業法」公布	
	「児童憲章」制定	
1952（昭和27）	厚生省「保育指針」刊行	
1953（昭和28）	中央教育審議会発足	
1955（昭和30）	倉橋惣三没（72歳）	

1956	（昭和31）	文部省「幼稚園教育要領」刊行
		「幼稚園設置基準」制定
1957	（昭和32）	厚生省「季節託児所設置要綱」策定
1958	（昭和33）	「学校保健法」公布
		「小学校学習指導要領」改訂告示
1959	（昭和34）	国連総会「児童権利宣言」採択
1963	（昭和38）	文部・厚生両局長「幼稚園と保育所の関係について」通達
1964	（昭和39）	「幼稚園教育要領」改訂告示
1965	（昭和40）	「保育所保育指針」策定
1968	（昭和43）	「小学校学習指導要領」改訂告示
1975	（昭和50）	「育児休業法」制定
		行政管理庁「幼児の保育及び教育に関する行政監察結果に基づく勧告」（文部省・厚生省の連携及び調整について）
1977	（昭和52）	男性保育者が法的に認められる
		「小学校学習指導要領」改訂告示
1979	（昭和54）	文部省『幼稚園教育百年史』刊行
1984	（昭和59）	臨時教育審議会発足
1989	（昭和64	「小学校学習指導要領」改訂告示
	＝平成元）	「幼稚園教育要領」改訂告示
		国連総会「児童の権利に関する条約」採択
1990	（平成 2 ）	「保育所保育指針」改訂通知
1994	（平成 6 ）	「児童の権利に関する条約」批准
		「エンゼルプラン」策定
1998	（平成10）	「保育士」の名称が定められる（平成11年 4 月施行）
		「幼稚園教育要領」改訂告示
		「小学校学習指導要領」改訂告示
1999	（平成11）	「保育所保育指針」改訂通知
		「新エンゼルプラン」策定
2000	（平成12）	「児童虐待の防止等に関する法律」施行
2001	（平成13）	「児童福祉法」改正（保育士資格の法定化）
2002	（平成14）	完全学校週 5 日制実施
		「教育公務員特例法」一部改正（10年経験者研修を義務化）
2003	（平成15）	「次世代育成支援対策推進法」制定
		「少子化社会対策基本法」制定
		中央教育審議会に幼児教育部会が発足
		保育士資格の法定化の施行
2004	（平成16）	「少子化社会対策大綱」閣議決定
		「発達障害者支援法」制定
		「子ども・子育て応援プラン」策定
2006	（平成18）	中央教育審議会「子どもを取り巻く環境の変化を踏まえた今後の幼児教育のあり方について」答申
		「就学前の子どもに関する教育，保育等の総合的な提供の推進に関する法律」制定
		認定こども園発足
		「教育基本法」全面改正

2008（平成20）	「小学校学習指導要領」改訂告示
	「幼稚園教育要領」改訂告示
	「保育所保育指針」改定告示
2009（平成21）	「学校保健法」改正（「学校保健安全法」に名称変更）
2010（平成22）	「子ども・子育てビジョン」策定
2011（平成23）	「児童福祉施設最低基準」改正（平成24年4月より「児童福祉施設の設備及び運営に関する基準」に名称変更）
2012（平成24）	子ども・子育て関連三法制定（「子ども・子育て支援法」「就学前の子どもに関する教育，保育の総合的な提供の推進に関する法律の一部を改正する法律」「子ども・子育て支援法及び就学前の子どもに関する教育，保育等の総合的な提供の推進に関する法律の一部を改正する法律の施行に伴う関係法律の整備等に関する法律」）
2013（平成25）	「子どもの貧困対策の推進に関する法律」制定
2014（平成26）	「障害者の権利に関する条約」批准
	「放課後児童健全育成事業の設備及び運営に関する基準」制定
	「幼保連携型認定こども園の学級の編制，職員，設備及び運営に関する基準」制定
	内閣府・文部科学省・厚生労働省「幼保連携型認定こども園教育・保育要領」告示
2015（平成27）	「子ども・子育て支援新制度」開始
2017（平成29）	「小学校学習指導要領」改訂告示
	「幼稚園教育要領」改訂告示
	「保育所保育指針」改定告示
	「幼保連携型認定こども園教育・保育要領」改訂告示
	厚生労働省「新しい社会的養育ビジョン」策定
	文部科学省「教職課程コアカリキュラム」公表
2019（平成31 ＝令和元）	「幼児教育・保育の無償化」開始
2021（令和3）	中央教育審議会『「令和の日本型学校教育」の構築を目指して～全ての子供たちの可能性を引き出す，個別最適な学びと，協働的な学びの実現～』答申
2022（令和4）	「教育公務員特例法」「教育職員免許法」一部改正（更新制に関する規定の削除）「こども基本法」制定（令和5年4月施行）
2023（令和5）	こども家庭庁発足
	「こども大綱」制定
2024（令和6）	「子どもの貧困対策の推進に関する法律」改正（「こどもの貧困の解消に向けた対策の推進に関する法律」に名称変更）

参考文献

赤石千衣子『ひとり親家庭』岩波新書，2014.

『赤い鳥』創刊100年記念事業実行委員会「『赤い鳥』100年」，2018.

赤木和重・岡村由紀子編著『「気になる子」と言わない保育』ひとなる書房，2013.

秋田喜代美『知を育てる保育』ひかりのくに，2000.

秋田喜代美編集代表『よくわかる幼保連携型認定こども園教育・保育要領徹底ガイド』チャイルド本社，2015.

秋田喜代美監修，東京大学大学院教育学研究科附属発達保育実践政策学センター『保育学用語辞典』中央法規出版，2019.

秋田喜代美・松本理寿輝監修『保育の質を高めるドキュメンテーション　園の物語りの探究』中央法規出版，2021.

「アトピー性皮膚炎のケア」『小児看護』2018年4月号.

アトム共同保育所・汐見稔幸『一人じゃ子育てできっこない』かもがわ出版，1998.

天野珠路「保育における「領域」とは何か——保育内容の5領域に関する国際比較」『日本女子体育大学紀要』47，2017.

新井肇「児童生徒の問題行動を理解するための視点」NITSニュース第48号，2018　https://www.nits.go.jp/magazine/h30/20180706_001.html（2023年6月28日閲覧）.

アリエス『〈子供〉の誕生』杉山光信・杉山恵美子訳，みすず書房，1980.

安梅勅江・呉栽喜「夜間保育の子どもへの影響に関する研究」『日本保健福祉学会誌』7(1)，2000，pp. 7-18.

飯島梢・井上みゆき『日本におけるベビーマッサージの効果に関する文献レビュー』2015.

飯田大輔「観察論　ケアにおける観察の重要性」 http://door.geidai.ac.jp/compulsory/107/（2024年3月30日閲覧）.

石毛忠・今泉淑夫・笠井昌昭・原島正・三橋建編『日本思想史辞典』山川出版社，2009.

石塚麻衣「多文化共生保育における保育者の専門性——フィンランドの保育実践に見る日本の課題」『聖心女子大学大学院論集』40(1)，2018，pp. 6-28.

石原明・佐藤登志郎・小嶋秀夫・大橋英寿・三宅和夫監修『メンタルケア用語事典』メンタルケア協会，2007.

石部元雄・伊藤隆二・鈴木昌樹・中野善達『心身障害辞典』福村出版，1981.

伊志嶺美津子『保育相談＆育児相談』フレーベル館，2006.

石村卓也『教育課程——これから求められるカリキュラム開発力』昭和堂，2009.

イタール『アヴェロンの野生児』古武彌正訳，福村出版，1976.

井上和幸ほか編『教育学基本マニュアル』創言社，1995.

今井和子『なぜごっこ遊び？』フレーベル館，1992.

岩田聖子「開かれた英語教育を目指して——ティームティーチングからコラボラティヴティーチングへ」『追手門学院大学基盤教育機構基盤教育論集』第4号，2017.

岩堂美智子・吉田洋子・猪野郁子「乳幼児の集団保育を考える」『大阪市立大学生活科学部紀要』第25巻，1977，pp. 155-164.

岩永雅也・松村暢隆『才能と教育——個性と才能の新たな地平へ』放送大学教育振興会，

2010.

上杉聰『天皇制と部落差別——権力と穢れ』解放出版社，2008.

上野谷加代子・松端克文・永田祐『新版よくわかる地域福祉』ミネルヴァ書房，2019.

魚津郁夫編『デューイ』（世界の思想家 20），平凡社，1978.

氏原寛・成田善弘・東山紘久・亀口憲治・山中康裕編『心理臨床大事典』培風館，2004.

内田千春「言語文化的に多様な子どもたちへの保育・教育と子育て支援〜乳幼児期から児童期前期〜」 https://www.mext.go.jp/content/1421517_02.pdf（2024 年 3 月 30 日閲覧）.

卜田真一郎「日本における多文化共生保育研究の動向」『エデュケア』（33），2013，pp. 13-33.

江森一郎『新装版 体罰の社会史』新曜社，2013.

遠藤利彦『赤ちゃんの発達とアタッチメント』ひとなる書房，2017.

オウエン『オウエン自叙伝』五島茂訳，岩波文庫，2018.

大石幸二監修『配慮を要する子どものための個別の保育・指導計画』学苑社，2018.

大方美香『乳幼児教育学』久美，2005.

大桑萌「0 〜 2 歳児の仲間関係における模倣の役割」『保育学研究』52(2)，2014，pp. 28-38.

大阪国際児童文学館編『日本児童文学大事典』大日本図書，1993.

大阪府社会福祉協議会近代化研究会『保育所保育論——改訂保育所保育指針にもとづく』1992.

大阪ボランティア協会編集『福祉小六法 2020』中央法規出版，2019.

大鷹円美・菅原正和・熊谷賢「母子関係と子どものソーシャルスキル発達の阻害要因」『岩手大学教育学部附属教育実践総合センター研究紀要』8，2009，pp. 119-129.

大塚和子『こどものこころ』新教出版社，1999.

大塚和子『こどもの苦しみと喜び』新教出版社，2002.

大塚優子「二葉保育園を通してみる保育と家族援助の本質」『純真紀要』No 44，2004.

大槻晴彦編『ロック ヒューム』（世界の名著 27），中央公論社，1968.

大坪信喜「「職員会議」をチェックする——PDCA マネジメントサイクルで職員会を活性化する」『保育の友』68(6)，2019，p. 9.

大橋喜美子『0・1・2 歳児の保育の中にみる教育——子どもの感性と意欲を育てる環境づくり』北大路書房，2017.

大橋喜美子「保育内容「環境」領域に関する研究」『立命館産業社会論集』第56巻第 2 号，2020，pp. 105-122.

大橋喜美子編著『保育のこれからを考える保育・教育課程論』保育出版社，2017.

大橋喜美子・川北典子編著，糸井嘉他『保育内容 指導法「言葉」——乳幼児と育む豊かなことばの世界』建帛社，2019.

大豆生田啓友『倉橋惣三を旅する 21世紀型保育の探求』フレーベル館，2017.

大豆生田啓友『保護者支援の新ルール 10 の原則』メイト，2017.

大桃伸一「保育要領（1948）における保育方法の技術」『県立新潟女子短期大学研究紀要』45，2008，pp. 95-102.

岡田正章監修『明治保育文献集（別巻）』日本らいぶらり，1975.

岡田正章・千葉喜代ほか編『現代保育用語辞典』フレーベル館，1997.

岡本夏木『子どもとことば』岩波書店，1982.

岡本夏木・清水御代明・村井潤一監修『発達心理学辞典』ミネルヴァ書房，1995.

小川瑛「心理臨床家の経験知に基づくラポールの定義について」『立教大学臨床心理学研究』13，2019，pp. 15-24.

小川博久『遊び保育論』萌文書林，2010.

沖田寛子「欧米と日本におけるフリースクールの比較研究——フリースクールの歴史と系譜をめぐって」『社会分析』No. 25，1997.

荻原尚子「保育所における自己評価——日常的に「PDCA サイクル」を回すことで築く園の質」『保育の友』67(6)，2019，p. 15.

奥美佐子「自由画における子ども間の模倣1　自由画とは何か」『研究紀要　人文科学・自然科学篇＝Shoin review』51，2010，pp. 29-46.

小田豊・芦田宏編著『保育内容　言葉』（新保育ライブラリ　保育の内容・方法を知る）北大路書房，2009.

小田豊・無藤隆・神長美津子編著『新しい教育課程と保育の展開・幼稚園——新幼稚園教育要領実践』東洋館出版社，1999.

落合恵美子『近代家族とフェミニズム』勁草書房，1989.

尾之上高哉・丸野俊一「児童の共感性育成研究の展望」『九州大学心理学研究』第13巻，2012.

小野寺敦子『手にとるように発達心理学がわかる本』かんき出版，2009.

カイヨワ『遊びと人間』清水幾太郎・霧生和夫訳，岩波書店，1970.

カイヨワ『遊びと人間』多田道太郎・塚崎幹夫訳，講談社，1971.

カーソン『沈黙の春　改版』青樹簗一訳，新潮社，1992.

笠間浩幸『〈砂場〉と子ども』東洋館出版社，2001.

柏木恵子・蓮香園「母子分離〈保育園に子どもを預ける〉についての母親の感情・認知」『家族心理学研究』14(1)，2000，pp. 61-74.

片山義弘・片野隆司『障害児保育』福村出版，1993.

加藤繁美「保育要領の形成過程に関する研究」『保育学研究』54(1)，2016，pp. 6-17.

加藤則子・瀧本秀美・横山徹爾「平成22年乳幼児身体発育調査結果について」『小児保健研究』71巻5号，2012，pp. 671-680.

カミイ・加藤泰彦編著『ピアジェの構成論と幼児教育Ⅰ』大学教育出版，2008.

河合隼雄『過保護なくして親離れはない』出版芸術社，2017.

川勝泰介・浅岡靖央・生駒幸子編著『ことばと表現力を育む児童文化』萌文書林，2013.

川上正夫・辻和男監修『実用介護・福祉・ケア用語辞典』土屋書店，2006.

川原佐公編著『保育者と母親のための共に育てる共育書　0・1・2歳児』ひかりのくに，1997.

川原佐公編著『乳児保育総論』保育出版社，1997.

川村匡由編著，石井三智子ほか『相談援助』（福祉ライブラリ）建帛社，2018.

環境省「おしえてビオトープ」　https://www.env.go.jp/nature/biodic/eap61/index.html

（2024年 3 月30日閲覧）.

環境省熱中症予防情報サイト「熱中症の予防方法と対処方法」 https://www.wbgt.env. go.jp/doc_prevention.php （2023年 6 月28日閲覧）.

神崎真実『不登校経験者受け入れ高校のエスノグラフィー』ナカニシヤ出版，2021.

菊地栄治・永田佳之「オルタナティブな学び舎の社会学」『教育社会学研究』第68集，2001.

北本正章『子ども観と教育の歴史図像学——新しい子ども学の基礎理論のために』新曜社，2021.

木村涼子『家庭教育は誰のもの？——家庭教育支援法はなぜ問題か』岩波ブックレット，2017.

キリスト教保育連盟『新キリスト教保育指針』，2010.

楠見孝・海保博之監修『心理学総合事典』朝倉書店，2014.

国吉栄『関信三と近代日本の黎明』新読書社，2005.

倉戸直実監修，大方美香編『乳児保育』聖公会出版，2009.

倉橋惣三『幼稚園和法真諦』東洋図書，1934.

倉橋惣三・新庄よし子『日本幼稚園史』臨川書店，1980.

栗原（荒内）直子・瀧川光治「月刊雑誌『幼児の教育』に見られる幼児期の自然教育観の変遷」『聖和大学論集』第27号 A，1999.

栗原（荒内）直子「賀川豊彦の自然教育理解とそのキリスト教保育への影響」『聖和大学論集』28号，2000.

黒姫童話館「ミヒャエル・エンデについて」 http://douwakan.com/dowakan/ende_about （2024年 3 月30日閲覧）.

黒木俊秀『発達障害の疑問に答える』慶應義塾大学出版会，2015.

黒田実郎監修『乳幼児発達事典』岩崎学術出版社，1985.

ケイ『児童の世紀』小野寺信・小野寺百合子訳，冨山房百科文庫，2005.

結核予防会結核研究所「結核とは？」 https://www.jata.or.jp/about_basic.php （2024年 3 月30日閲覧）.

「現代と保育」編集部編『食事で気になる子の指導』ひとなる書房，1987.

厚生労働省「保育所における食事の提供ガイドライン」 https://www.cfa.go.jp/assets/ contents/node/basic_page/field_ref_resources/e4b817c9-5282-4ccc-b0d5-ce15d7b5018 c/3af60664/20231016_policies_hoiku_75.pdf （2024年 3 月30日閲覧）.

厚生労働省「新しい社会的養育ビジョン」 https://www.mhlw.go.jp/file/05-Shingikai-11901000-Koyoukintoujidoukateikyoku-Soumuka/0000173888.pdf （2023年 6 月28日閲覧）.

厚生労働省「一時保護ガイドライン」 https://www.mhlw.go.jp/content/11900000/000334799. pdf （2024年 3 月30日閲覧）.

厚生労働省「保育所保育指針」，2017.

厚生労働省『保育所保育指針解説』フレーベル館，2018.

厚生労働省「危機管理対策マニュアル策定指針【共通編】」，2020.

厚生労働省「感染症情報」 https://www.mhlw.go.jp/stf/seisakunitsuite/bunya/kenkou_

iryou/kenkou/kekkaku-kansenshou/index.html（2023年6月28日閲覧）.

厚生労働省「児童福祉法第22条の規定に基づく助産の円滑な実施について」.

厚生労働省「指定保育士養成施設における保育実習の実施基準について」.

厚生労働省「民生委員・児童委員はどのような活動をしているのですか？」https://
www.mhlw.go.jp/bunya/seikatsuhogo/minseiiin01/qa03.html（2021年7月31日閲覧）.

厚生労働省「母子家庭等及び寡婦の生活の安定と向上のための措置に関する基本的な方
針」https://www.mhlw.go.jp/web/t_doc?dataId=00011790&dataType=0&pageNo=
1（2021年1月26日閲覧）.

厚生労働省「障害保健福祉関係主管課長会議等資料」, 2011.

厚生労働省「第6回障害児入所施設の在り方に関する検討会　参考資料2」, 2019.

厚生労働省「吃音，チック症，読み書き障害，不器用の特性に気付く『チェックリスト』
活用マニュアル」, 2019.

厚生労働省「要保護児童対策地域協議会設置・運営指針」, 2007.

厚生労働省『厚生労働白書』厚生労働省, 2018.

厚生労働省「てんかん」『知ることからはじめよう　みんなのメンタルヘルス』https://
www.mhlw.go.jp/kokoro/know/disease_epilepsy.html（2020年12月24日閲覧）.

厚生労働省「水痘」https://www.mhlw.go.jp/stf/seisakunitsuite/bunya/kenkou_iryou/
kenkou/kekkaku-kansenshou/varicella/（2024年3月30日閲覧）.

厚生労働省「乳幼児突然死症候群（SIDS）診断ガイドライン（第2版）」https://www.
mhlw.go.jp/content/11908000/000846941.pdf（2024年3月30日閲覧）.

厚生労働省「破傷風」https://www.mhlw.go.jp/stf/seisakunitsuite/bunya/kenkou_iryou/
kenkou/kekkaku-kansenshou/tetanus/index.html（2024年3月30日閲覧）.

厚生労働省「平成30年（2018）人口動態統計月報年計（概数）の概況」https://www.
mhlw.go.jp/toukei/saikin/hw/jinkou/geppo/nengai18/dl/gaikyou30.pdf（2024年3月
30日閲覧）.

厚生労働省「ポリオとポリオワクチンの基礎知識」https://www.mhlw.go.jp/bunya/
kenkou/polio/qa.html（2024年3月30日閲覧）.

厚生労働省「予防接種情報」https://www.mhlw.go.jp/stf/seisakunitsuite/bunya/kenkou_
iryou/kenkou/kekkaku-kansenshou/yobou-sesshu/index.html（2024年3月30日閲覧）.

厚生労働省「精神保健福祉士について」https://www.mhlw.go.jp/stf/seisakunitsuite/
bunya/hukushi_kaigo/shougaishahukushi/seisinhoken/index.html（2024年3月30日
閲覧）.

厚生労働省e-ヘルスネット　https://www.e-healthnet.mhlw.go.jp/information/（2024年
3月30日閲覧）.

厚生労働省雇用均等・児童家庭局総務課少子化対策企画室「子ども・子育て応援プラン
子どもの育ちや子育てを社会全体でしっかりと応援する環境づくりを目指して」2006.

国土緑化推進機構『森と自然を活用した保育・幼児教育ガイドブック』風鳴舎, 2018.

国立感染症研究所ホームページ　https://www.niid.go.jp/niid/ja/（2023年6月28日閲覧）.

国立教育政策研究所編『幼児教育・保育の国際比較：OECD 国際幼児教育・保育従事者
調査2018報告書——質の高い幼児教育・保育に向けて』明石書店, 2020.

国立国会図書館「日本国憲法の誕生」 https://www.ndl.go.jp/constitution/（2024年3月30日閲覧）.

国立成育医療研究センター「ディスレクシア」 https://www.ncchd.go.jp/hospital/sickness/children/007.html（2021年7月31日閲覧）.

国立精神・神経医療研究センター「チック」 https://www.ncnp.go.jp/hospital/patient/disease16.html（2020年12月24日閲覧）.

国立精神・神経医療研究センター「てんかん」 https://www.ncnp.go.jp/hospital/patient/disease17.html（2020年12月24日閲覧）.

国立特別支援教育総合研究所「災害時における障害のある子どもへの配慮——情緒障害のある子どもへの配慮」 https://www.nise.go.jp/nc/report_material/disaster/consideration/consideration12（2021年7月31日閲覧）.

国立特別支援教育総合研究所「サラマンカ声明」 https://www.nise.go.jp/blog/2000/05/b1_h060600_01.html（2020年12月24日閲覧）.

国立特別支援教育総合研究所「肢体不自由のある子どもへの配慮」 https://www.nise.go.jp/nc/report_material/disaster/consideration/consideration07（2024年3月30日閲覧）.

国立保健医療科学院ホームページ https://www.niph.go.jp/（2023年5月1日閲覧）.

こども家庭庁「認定こども園」 https://www.cfa.go.jp/policies/kokoseido/kodomoen（2024年3月30日閲覧）.

こども家庭庁「よくわかる「子ども・子育て支援新制度」」 https://www.cfa.go.jp/policies/kokoseido/sukusuku（2024年3月30日閲覧）.

こども家庭庁「こどもの事故防止ハンドブックについて」 https://www.cfa.go.jp/policies/child-safety-actions/handbook（2024年3月30日閲覧）.

こども家庭庁「保育所における感染症対策ガイドライン（2018年改訂版）」 https://www.cfa.go.jp/assets/contents/node/basic_page/field_ref_resources/e4b817c9-5282-4ccc-b0d5-ce15d7b5018c/c60bb9fc/20230720_policies_hoiku_25.pdf（2024年3月30日閲覧）.

「子どもの症状・けが」『小児看護』2019年4月号.

小林明子編著『しなやかな子どもを育てるレジリエンス・ワークブック』東山書房，2019.

小林京子・高橋孝雄編『小児看護学②　健康障害をもつ小児の看護』メヂカルフレンド社，2019.

コメニュウス『大教授学2』鈴木秀勇訳，明治図書出版，1962.

小森哲郎『Q&A　同和問題の基礎知識　第4版』明石書店，2002.

小山朝子編著『講義で学ぶ乳児保育』わかば社，2019.

斉藤尚子「保育における人形劇の史的検討1——保育に人形劇を導入した倉橋惣三」『東京家政大学研究紀要』(29)，1989，pp. 63-69.

佐伯胖『共感——育ち合う保育のなかで』ミネルヴァ書房，2007.

榊原洋一・今井和子編著『今求められる質の高い乳児保育の実践と子育て支援』ミネルヴァ書房，2006.

坂元彦太郎『倉橋惣三その人と思想』（フレーベル新書14）フレーベル館，1976.

相良順子・村田カズ・大熊光穂・小泉左江子『保育の心理学——子どもたちの輝く未来のために　第2版』ナカニシヤ出版，2013.

櫻井慶一編『夜間保育と子どもたち30年のあゆみ』北大路書房，2014.

櫻井茂男『自ら学ぶ意欲の心理学——キャリア発達の視点を加えて』有斐閣，2009.

佐々木尚之・高浜裕子編『三世代の親子関係——マッチングデータによる実証研究』風間書房，2018.

佐野安仁・荒木紀幸編著『道徳教育の視点　第4版』晃洋書房，2018.

塩野マリ編著『3歳児の指導計画』ひかりのくに，2008.

汐見稔幸ほか監修，佐藤博樹編集代表『ワーク・ライフ・バランス——仕事と子育ての両立支援』（子育て支援シリーズ第2巻）ぎょうせい，2008.

汐見稔幸・松本園子・高田文子・矢治夕起・森川敬子『日本の保育の歴史——子ども観と保育の歴史150年』萌文書林，2017.

重田勝介「オープンエデュケーション——開かれた教育が変える高等教育と生涯学習」『情報管理』59(1)，2016，pp. 3-10.

宍戸健夫『日本における保育園の誕生』新読社，2014.

児童育成協会監修『新基本保育シリーズ15　乳児保育Ⅰ・Ⅱ』中央法規出版，2020.

清水陽子・門田理世・牧野桂一・松井尚子編著『保育の理論と実践』ミネルヴァ書房，2017.

志村聡子編著『はじめて学ぶ乳児保育　第2版』同文書院，2018.

シュタイナー『遺された黒板絵』高橋巖訳，筑摩書房，1997.

「小児疾患の診療のための病態生理1」『小児内科』52，2020年増刊号.

消費者庁「子供の事故防止関連「人口動態調査」調査票分析〜事故の発生傾向について〜」https://www.cfa.go.jp/assets/contents/node/basic_page/field_ref_resources/cc8eede7-527d-40e0-9624-ed93b675742e/16e5db99/20161102_child_safety_actions_review_meetings_2016_doc_01.pdf（2024年3月30日閲覧）.

白木和夫・高田哲編『ナースとコメディカルのための小児科学　改訂第6版』へるす出版，2022.

末安りえ「女子大学生の親子関係・自尊感情・生き方志向と子ども時代の両親の養育態度との関連——過保護・過干渉の観点から」『臨床発達心理学研究』15，2016，pp. 32-48.

鈴木公啓編『パーソナリティ心理学概論——性格理解の扉』ナカニシヤ出版，2012.

全甲社「高橋五山と紙芝居」 https://zenkosha.com/（2023年6月28日閲覧）.

全国保育サービス協会「ベビーシッター事業の現状と課題」.

全国保育サービス協会「ベビーシッター利用ガイド」 http://acsa.jp/images/userguide2019.pdf（2024年3月30日閲覧）.

全国保育士会編『改訂版　全国保育士会倫理綱領ガイドブック』全国社会福祉協議会，2009.

全国保育団体連絡会・保育研究所『保育白書』ひとなる書房，2019.

総務省「多文化共生の推進に関する研究会」 https://www.soumu.go.jp/main_sosiki/kenkyu/tabunka_kenkyu_r01/index.html（2024年3月30日閲覧）.

外林大作・辻正三・島津一夫編『誠信　心理学辞典』誠信書房，1981.

ソビエト教育学研究会編『クルプスカヤ入門』明治図書，1974.

多鹿秀継・上淵寿・堀田千絵・津田恭充『読んでわかる教育心理学』サイエンス社，2018.

高橋惠子・湯川良三・安藤寿康・秋山弘子編『発達科学入門2　胎児期～児童期』東京大学出版会，2012.

高山静子『環境構成の理論と実践──保育の専門性に基づいて』エイデル研究所，2014.

滝口俊子・井上宏子・井口眞美編『保育と心理臨床をつなぐ──保育者・心理職・保護者の協働をめざして』ミネルヴァ書房，2018.

武安宥編『教育のアルケーとテロス』福村出版，1996.

田島信元・岩立志津夫・長崎勤編『新・発達心理学ハンドブック』福村出版，2016.

田尻祐一郎『江戸の思想史──人物・方法・連環』中央公論新社，2011.

田中哲郎，日本小児医事出版社編『保育園における事故防止と安全管理』日本小児医事出版社，2011.

田中博之『子どもの総合学力を育てる──学力調査を活かした授業づくりと学校経営』（シリーズ・21世紀型学力を育てる学びの創造1）ミネルヴァ書房，2009.

谷口正子「国際化と人権　多文化共生保育を考える」ヒューライツ大阪『国際人権ひろば』54，2004.

民秋言・西村重稀・清水益治・千葉武夫・馬場耕一郎・川喜田昌代『幼稚園教育要領・保育所保育指針・幼保連携型認定こども園教育・保育要領の成立と変遷』萌文書林，2017.

男女共同参画局「子供に対する性的な暴力の根絶に向けた対策の推進」『男女共同参画白書　平成28年版』 https://www.gender.go.jp/about_danjo/whitepaper/h28/zentai/html/honpen/b2_s10_04.html（2021年7月31日閲覧）.

千葉茂明編『新エッセンシャル子ども家庭福祉論』みらい，2019.

中央教育審議会「少子化と教育について（報告）」 https://www.mext.go.jp/b_menu/shingi/chuuou/toushin/000401.htm（2020年5月6日閲覧）.

中央法規出版編集部『六訂　社会福祉用語事典』中央法規出版，2012.

土山忠子『新版乳児の保育──0・1・2歳児はどのように育つか』建帛社，1990.

土山牧羔監修『新版現代保育原理　第2版』建帛社，1997.

角田圭子「場面緘黙研究の概観──近年の概念と成因論」『心理臨床学研究』28(6)，2011，pp. 811-821.

津守真・久保いと・本田和子『幼稚園の歴史』恒星社厚生閣，1959.

デューイ『哲学の改造』清水幾太郎訳，岩波文庫，1968.

デューイ『民主主義と教育』松野安男訳，岩波文庫，1975.

土居正人・三宅俊治「親子関係が自傷行為傾向に与える影響」『心身医学』58(5)，2018，pp. 423-431.

独立行政法人福祉医療機構ホームページ　https://www.wam.go.jp/hp/（2020年12月24日閲覧）.

友田明美『子どもの脳を傷つける親たち』NHK出版，2017.

鳥居昭美『子どもの絵をダメにしていませんか』大月書店，2004.

内閣府「若者に関する調査報告書」, 2016.

内閣府『平成22年版　子ども・子育て白書』.

内閣府『令和元年度版　子供・若者白書』.

内閣府「ユースアドバイザー養成プログラム（改訂版）」, 2010.

内閣府ホームページ　https://www.cao.go.jp/（2024年3月30日閲覧）.

内閣府「子ども・子育てビジョン〜子どもの笑顔があふれる社会のために〜」.

内閣府子ども・子育て本部「「令和3年教育・保育施設等における事故報告集計」の公表について」, 2021.

内閣府子ども・子育て本部「「平成29年教育・保育施設等における事故報告集計」の公表及び事故防止対策について」　https://www.cfa.go.jp/assets/contents/node/basic_page/field_ref_resources/68cc3ca7-8946-43e9-939c-5ec2113f1512/3b8ddc71/20230620_policies_child-safety_effort_shukei_03.pdf（2024年3月30日閲覧）.

内閣府男女共同参画局「ドメスティック・バイオレンス（DV）とは」　http://www.gender.go.jp/policy/no_violence/e-vaw/dv/index.html（2024年3月30日閲覧）.

内閣府男女共同参画局「配偶者からの暴力に関するデータ」, 2019.

内閣府男女共同参画局「配偶者からの暴力の防止及び被害者の保護等に関する法律の概要」.

内閣府・文部科学省・厚生労働省「幼保連携型認定こども園教育・保育要領」, 2017.

内閣府・文部科学省・厚生労働省『幼保連携型認定こども園教育・保育要領解説』フレーベル館, 2018.

内閣府・文部科学省・厚生労働省『子ども・子育て支援新制度ハンドブック』2015.

内閣府・文部科学省・厚生労働省「教育・保育施設等における事故防止及び事故発生時の対応のためのガイドライン【事故防止のための取組み】〜施設・事業者向け〜」2016.

中尾安次『不登校・家庭内暴力・病弱児のQ&A』ミネルヴァ書房, 2000.

中尾陽子「ティーム・ティーチング──ラボラトリー体験学習における意味を探る」『人間関係研究』第10号, 2011.

中澤潤・中道圭人・榎本淳子『幼児・児童の発達心理学』ナカニシヤ出版, 2011.

中野綾美編『ナーシンググラフィカ小児看護学①　小児の発達と看護』メディカ出版, 2019.

中村五六・和田實『幼児教育法』学校法人和田実学園, 2007.

中村敬監修「自閉症」『Doctors File』　https://doctorsfile.jp/medication/339/（2021年7月31日閲覧）.

「夏のトラブル〜予防と対策〜あせもができた！とびひになった！」『チャイルドヘルス』2016年8月号.

「夏場に流行る感染症」『小児看護』2016年7月号.

奈良間美保ほか『小児看護学概論　小児臨床看護総論』医学書院, 2020.

成清美治・加納光子編集『現代社会福祉用語の基礎知識　第12版』学文社, 2015.

難病情報センター「一次性ネフローゼ症候群（指定難病222）」　https://www.nanbyou.or.jp/entry/4516（2023年6月28日閲覧）.

西岡笑子「わが国の性教育の歴史的変遷とリプロダクティブヘルス/ライツ」『日衛誌』

2018, p. 73.

日本川崎病学会ホームページ　https://www.jskd.jp/（2024年3月30日閲覧）.

日本看護協会「看護職の倫理綱領」　https://www.nurse.or.jp/nursing/practice/rinri/rinri.html（2024年3月30日閲覧）.

日本緘黙研究会「場面緘黙とは」　https://mutism.jp/about-sm/（2023年6月28日閲覧）.

日本救急医療財団心肺蘇生法委員会『改訂5版　救急蘇生法の指針　2015（医療従事者用）』ヘルス出版，pp. 2-10.

日本血液製剤機構「川崎病　免疫グロブリン療法を受ける患児さんと保護者のかたへ」https://www.jbpo.or.jp/general/pdf/information/kawasaki_disease_05.pdf（2024年3月30日閲覧）.

日本作業療法士協会「「作業療法」って？」　https://www.jaot.or.jp/ot_job/（2021年7月31日閲覧）.

日本児童文学学会編『児童文学事典』東京書籍，1988.

日本重症心身障害福祉協会「医療型障害児入所施設の役割と課題について」，2019.

日本小児科学会ホームページ　https://www.jpeds.or.jp（2024年3月30日閲覧）.

日本小児救急医学会監修，日本小児救急医学会ガイドライン作成委員会編集『エビデンスに基づいた小児腸重積症の診療ガイドライン』へるす出版，2012.

日本小児突然死予防学会「SIDS（乳幼児突然死症候群）の定義」　http://plaza.umin.ac.jp/sids/define.html（2024年3月30日閲覧）.

日本小児皮膚科学会「お役立ちQ&A　とびひ」　http://jspd.umin.jp/qa/02_tobihi.html（2024年3月30日閲覧）.

日本食品衛生協会「食中毒菌などの話」　http://www.n-shokuei.jp/eisei/sfs_index_s01.html（2024年3月30日閲覧）.

日本心身医学会教育研修委員会「心身医学の新しい診療指針」『心身医学』31(7)，1991，pp. 537-573.

日本生態系協会ホームページ　https://www.ecosys.or.jp/（2024年3月30日閲覧）.

日本皮膚科学会「皮膚科Q&A　とびひ」　https://www.dermatol.or.jp/qa/qa13/index.html（2024年3月30日閲覧）.

日本保育学会『保育学とは　問いと成り立ち』（保育学講座1）東京大学出版会，2016.

日本保育学会『保育を支えるネットワーク　支援と連携』（保育学講座5）東京大学出版会，2016.

日本保育学会『保育を支えるしくみ　制度と行政』（保育学講座2）東京大学出版会，2016.

日本保育協会監修，関仁志編『0・1・2歳児の指導計画の立て方』中央法規出版，2017.

農林水産省ホームページ　https://www.maff.go.jp/（2024年3月30日閲覧）.

野村純一・佐藤涼子・江森隆子『ストーリーテリング』弘文堂，1985.

長谷川寿一「共感性研究の意義と課題」『心理学評論』58(3)，2015，pp. 411-420.

長谷川裕己・渡辺明広「特別支援学校（知的障害）におけるティーム・ティーチングによる授業改善の試み――「ティーム・ティーチングでの指導・支援の内容」表を活用した授業実践を通して」『静岡大学教育学部附属教育総合センター紀要』No. 15，2008.

秦野悦子・高橋登編著『言語発達とその支援』ミネルヴァ書房，2017.

花篤實ほか編著『造形表現　理論・実践編』三晃書房，1994.

パブロツカヤ・レヴィドワ『クルプスカヤ――その生涯と思想』海老原遙訳，明治図書，
1969.

浜崎隆司ほか「幼児期における父母のスキンシップと養育態度との関連」『幼年教育研究
年報』30巻，2008.

林泰成『道徳教育の方法――理論と実践』左右社，2018.

原田正文『育児不安を超えて』朱鷺書房，1993.

東日本大震災女性支援ネットワーク調査チーム報告書Ⅱ「東日本大震災「災害・復興時に
おける女性と子どもへの暴力」に関する調査報告書」，2015.

東山明・東山直美『子どもの絵は何を語るのか――発達科学の視点から』NHK 出版，
1999.

東江康治ほか編『保育入門シリーズ第14巻　乳幼児の生活指導』北大路書房，1979.

東山紘久編『子どものこころ百科』創元社，2002.

樋口正春『子育ておもちゃを』エイデル研究所，1991年.

日根野建「アメリカ社会福祉の専門職化とジェンダー――M. E. リッチモンドのケース
ワーク論をめぐって」同志社大学人文科学研究所『社会科学』，2004.

日根野建「M. E. リッチモンドのケースワーク論――『社会的診断』（1917年）について」
『天理大学人権問題研究室紀要』188号，2015.

平井信義『保育学講座⑧　幼児の身体発育と保育』フレーベル館，1970.

広岡義之編『教職をめざす人のための教育用語・法規　改訂新版』ミネルヴァ書房，2021.

広岡義之・津田徹『はじめて学ぶ教育の制度と歴史』ミネルヴァ書房，2019.

福井謙一郎・中島健一郎「保育者養成課程に在籍する学生の養育態度認識が子ども観に与
える影響とその関連」『保育者養成教育研究』2，2017，pp. 13-23.

藤井勝紀「発育発達と Scammon の発育曲線」『スポーツ健康科学研究』35，2013.

藤井千春『ジョン・デューイの経験主義哲学における思考』早稲田大学出版部，2010.

藤田正「教師としての子どもへの関わり方に影響する親の養育態度」『教育研究所紀要』
34，1998，pp. 137-146.

藤田晃之ほか編『最新　教育キーワード』時事通信社，2019.

藤原紀子「イタリアにおけるインクルージョンの変遷と1992年第104法」『世界の特別支援
教育』24，2010，pp. 67-77.

ペスタロッチ『ペスタロッチ全集　第 4 巻』田尾一一訳，玉川大学出版，1969.

保育研究所編集『基礎から学ぶ保育制度――現状と改善・拡充のポイント』保育研究所，
2001.

保育小辞典編集委員会編，宍戸健夫・金田利子・茂木俊彦監修『保育小辞典』大月書店，
2006.

ホイジンガ『ホモ・ルーデンス』高橋英夫訳，中公文庫，1973.

保坂亨『学校を長期欠席する子どもたち――不登校・ネグレクトから学校教育と児童福祉
の連携を考える』明石書店，2019.

細井香編著『保育の未来をひらく子育て・家庭支援論　改訂版』北樹出版，2018.

ボルノウ『教育を支えるもの』黎明書房，1969.

本郷一夫・田爪宏二編著『認知発達とその支援』ミネルヴァ書房，2018.

槙英子『保育をひらく造形表現』萌文書，2008.

正高信男「行動学からみたことばの萌芽」『失語症研究』13(2)，1993，pp. 135-146.

真嶋梨江・岡山万里・髙橋敏之・西山修「幼児の園への適応とその支援に関する文献展望」『岡山大学教師教育開発センター紀要』7号，2017，pp. 41-50.

松岡享子『たのしいお話　お話を子どもに』日本エディタースクール出版部，1994.

松岡享子『たのしいお話　お話を語る』日本エディタースクール出版部，1994.

松田純子「幼児期における基本的生活習慣の形成——今日的意味と保育の課題」『実践女子大学生活科学部紀要』51号，2014.

松田修「日本版 WISC-Ⅳの理解と活用」『教育心理学年報』52集，2013，pp. 238-243.

松原達哉・澤田富雄・楡木満生・宮城まり子編『心のケアのためのカウンセリング大事典』培風館，2005.

松村多美恵・廣瀬由美子監修，新井英靖・茨城大学教育学部附属養護学校編著『「気になる子ども」の配慮と支援——学習障害（LD）・ADHD・高機能自閉症児の正しい理解と対応方法』中央法規出版，2005.

松本和美編著『保育に役立つ言語表現教材』みらい，2014.

松本信吾『身近な自然を活かした保育実践とカリキュラム』中央法規出版，2018.

松山鮎子「口演童話の学校教育への普及過程——社会活動における教師の学びに着目して」『早稲田大学大学院教育学研究科紀要別冊』18(1)，2010.

マレー『動機と情緒』（現代心理学入門3）八木冕訳，岩波書店，1966.

ミクリッツ『森の幼稚園』風鳴舎，2018.

水上明子・港夏希「胎教の効果に関する一考察」『熊本大学教育学部紀要』45巻，1996，pp. 145-151.

宮城音弥『性格』岩波書店，1960.

宮田裕司「保育理念の共有——その必要性と方法」『保育の友』67(6)，2019，p. 12.

宮本美沙子・奈須正裕編『達成動機の理論と展開——続・達成動機の心理学』金子書房，1995.

宮盛邦友「教育理念としての〈子どもと発達〉理解——「子ども期と子ども観」研究の序論的考察」『北海道大学大学院教育学研究院紀要』第119号，2013.

無藤隆監修『実践　新・幼稚園教育要領ハンドブック——保育現場で役立つ言葉かけや遊びがいっぱい』（ラポムブックス）学習研究社，2003.

無藤隆『ここが変わった！3法令改訂（定）の要点とこれからの保育』チャイルド本社，2017.

無藤隆編著『ここが変わった！幼保連携型認定こども園教育・保育要領まるわかりガイド』チャイルド本社，2017.

本明寛編『性格の理論』（性格心理学新講座第1巻）金子書房，1989.

森楙監修『ちょっと変わった幼児学用語集』北大路書房，1996.

森上史郎『児童中心主義の保育』教育出版，1984.

森上史朗・柏女霊峰編『保育用語辞典　第8版』ミネルヴァ書房，2015.

森上史朗・大場幸夫・秋山和夫・高野陽編『最新保育用語辞典』ミネルヴァ書房，1989.

森上史朗・大場幸夫・無藤隆・芝崎正行編『別冊発達7　乳幼児保育実践研究の手びき』ミネルヴァ書房，1988.

森岡清美『新・家族関係学』中教出版，1979.

文部科学省「小・中学校に通っていない義務教育段階の子供が通う民間の団体・施設に関する調査」2015.

文部科学省「幼稚園教育要領」，2017.

文部科学省『幼稚園教育要領解説』フレーベル館，2018.

文部科学省「小学校学習指導要領」，2017.

文部科学省『小学校学習指導要領解説総則編』東洋館出版社，2018.

文部科学省『特別支援学校教育要領・学習指導要領解説自立活動編（幼稚部・小学部・中学部）』開隆館出版販売，2018.

文部科学省「特別支援学校学習指導要領解説各教科等編（小学部・中学部）」開隆館出版販売，2018.

文部科学省ホームページ　https://www.mext.go.jp/（2024年3月30日閲覧）.

文部科学省「学校基本調査」　https://www.mext.go.jp/b_menu/toukei/chousa01/kihon/1267995.htm（2023年6月28日閲覧）.

文部科学省「家庭の教育力の向上」　https://www.mext.go.jp/a_menu/shougai/katei/1246352.htm（2023年6月28日閲覧）.

文部科学省「学校の第三者評価のガイドラインに盛り込むべき事項について」　https://www.mext.go.jp/b_menu/shingi/chousa/shotou/059/attach/1289627.htm（2024年3月30日閲覧）.

文部科学省「特別支援教育の推進について（通知）」，2007.

文部科学省「特別支援教育資料」，2013.

文部科学省「平成31年度予算案における医療的ケア児等への支援施策について」，2018.

文部科学省「今後の特別支援教育の在り方について（最終報告）」，2003.

文部科学省「学校において予防すべき感染症の解説」，2013.

文部科学省初等中等教育局長通知「高等学校における不登校生徒が学校外の公的機関や民間施設において相談・指導を受けている場合の対応について」（文科初第1346号），2009.

文部科学省初等中等教育長通知「「障害のある子供の教育支援の手引～子供たち一人一人の教育的ニーズを踏まえた学びの充実に向けて～」について」（3文科初第608号），2021.

文部科学省スポーツ・青少年局学校健康教育課監修「児童生徒等の健康診断マニュアル平成27年度改訂」　https://www.gakkohoken.jp/book/ebook/ebook_H270030/index_h5.html（2024年3月30日閲覧）.

文部科学省総合教育政策局男女共同参画共生社会学習・安全課「外国人児童生徒等教育の現状と課題」2020.

文部省「保育要領——幼児教育の手引き」師範學校教科書，1948.

文部省『幼稚園教育百年史』ひかりのくに，1979.

文部省「学制百年史」 https://www.mext.go.jp/b_menu/hakusho/html/others/detail/
1317552.htm（2024年3月30日閲覧）.

文部省初等中等教育局長通知「登校拒否問題への対応について」（文初中第330号）, 1992.

谷田貝公昭編集『新版　保育用語辞典』一藝社, 2016.

谷田貝公昭編『保育ミニ辞典』一藝社, 2007.

山縣文治・福田公教・石田慎仁監修『社会福祉小六法　2019』ミネルヴァ書房, 2019.

山田俊介「受容及び無条件の肯定的配慮の意味についての考察——カール・ロジャーズの
とらえ方の変化をもとにして」『香川大学教育学部研究報告第Ⅰ部』149, 2018, pp.
93-110.

山本将之・宮坂慎司・武本大志「造形的視点から見る児童文化財「ペープサート」の発展
と可能性——保育の実践と検証を通して」『大阪大谷大学教育学部幼児教育実践研究
センター紀要』(8), 2018, pp. 33-50.

湯川嘉津美『日本幼稚園成立史の研究』風間書房, 2012.

横田賢一『岡山孤児院物語——石井十次の足跡』山陽新聞社, 2012.

横田俊一郎・山本淳・涌水理恵編著『小児科でよくある症状・疾患ハンドブック』照林社,
2016.

横山徹爾研究代表者「乳幼児身体発育評価マニュアル」（2021年3月改訂）, 2021 https:
//www. niph. go. jp/soshiki/ 07shougai/ hatsuiku/ index. files/katsuyou_2021_3R. pdf
（2024年7月5日閲覧）.

吉澤寛之・吉田琢哉・原田知佳・浅野良輔・玉井颯一・吉田俊和「養育・しつけが反社会
的行動に及ぼす弁別的影響——適応性を考慮した社会的情報処理による媒介過程」
『教育心理学研究』65巻2号, 2017, pp. 281-294.

吉田直子・片岡基明編『子どもの発達心理学を学ぶ人のために』世界思想社, 2003.

依田明編『性格形成』（性格心理学新講座第2巻）金子書房, 1989.

和田貞雄「チック症」『日本鍼灸良導絡医学誌』Vol. 10 No. 5, 1982.

Hess, E. H., "Imprinting, an effect of early experience, imprinting determines later social
behavior in animals," *Science*, 130(3368), 1959, pp. 133-141.

Meltzoff, A. N., & Moore, M. K., "Imitation of facial and manual gestures by human
neonates," *Science*, 198(4312), 1977, pp. 74-78.

Montessori, M., *Dr. Montessori's own Handbook*, Dover, 2005.

Newhall, M. P., "Social Participation among Preschool Children," *Journal of Abnormal
and Social Psychology*, 27(3), 1932, pp. 243-269.

O'Donnell, M., *Maria Montessori*, Bloomsbury, 2013.

Oelkers, J., "Rudolf Steiner," *Fifty Major thinkers on Education*, Routledge, 2001, pp.
187-192.

Richmond, M., *What is Social Case Work?*, 1992.（＝小松源助訳『ソーシャル・ケース
ワークとは何か』中央法規出版, 1991）

Rogers, C. R. "The Processes of Therapy," *Journal of Consulting Psychology*, 4, 1940, pp.
161-164.（＝高柳信子訳「セラピィの過程」伊東博編訳『ロージァズ全集4：サイコ
セラピィの過程』岩崎学術出版社, 1966, pp. 3-10）

Rohrs, H., "Maria Montessori," *Prospects ; the quarterly Review of comparative education,* vol. 24, Unesco, 1994.

Rosenthal, R., & Jacobson, L., "Pygmalion in the classroom," *The urban review,* 3(1), 1968, pp. 16-20.

Steiner, R., *From the course of my Life,* Rudolf Steiner Press, 2007.

分野別索引

1. 保育及び教育の原理

ICT 教育	1
アヴェロンの野生児	1
アクティブ・ラーニング	2
遊び	3
遊び空間	4
遊び仲間	4
遊びの環境	4
遊びの定義	5
遊びの特性	5
遊びの分類	6
遊び場	6
アダルト・チルドレン	6
アプローチカリキュラム	8
安全教育	10
生きる力	11
いじめ	14
一条校	16
異文化理解教育	19
インクルージョン	20
ウェルビーイング	22
英才教育	24
園外研修	29
援助	29
園内研修	31
応答的環境	32
オープンエデュケーション	33
親子関係	34
音感教育	36
恩物	36
核家族	41
学制	42
学級崩壊	45
学校	45
学校教育	47
学校教育法	47
学校行事	47
家庭教育	49
家庭の教育力	50
家庭訪問	50

カリキュラム	52
カリキュラム・マネジメント	52
環境教育	54
環境破壊	55
環境を通して行う保育	55
帰国児童生徒教育	60
キブツの保育	62
義務教育	63
義務教育学校	64
キャリアアップ	64
キャリアパス	64
教育	66
教育委員会	67
教育課程	67
教育基本法	67
教育時間	68
教育職員免許法	68
教育職員免許法施行規則	69
教育勅語	69
教育の国際化	70
教育の情報化	70
教育評価	71
教育法規	71
教員免許状の更新制	71
教科	71
教科カリキュラム	72
教科書	72
教師の権威	74
教師の体罰	74
きょうだい関係	74
教頭・副園（校）長	76
キリスト教保育	77
近代家族	77
キンダーガルテン	77
クラス経営	78
クラスの適正規模	79
グローバリゼーション	81
ケア	82
経験カリキュラム	82
経験主義	82
形式陶冶	82

形成的評価	83
健康教育	87
言語教育	87
現職教育	89
原体験	89
コア・カリキュラム	90
合計特殊出生率	91
五感	95
国際理解教育	96
心の教育	96
個性	98
個性尊重	98
子ども	102
子ども観	104
こども基本法	104
子どもの発見	106
コミュニケーション	108
コンピテンシー	109
コンピュータ教育	110
コンプライアンス	110
災害対策基本法	111
才能教育	111
3歳児神話	115
三世代家族	116
自己充実	121
自己評価	123
自己表現	123
自主性	124
自然主義の保育	127
しつけ	128
実質陶冶	128
指導	129
児童	129
児童中心主義	134
児童文化	138
児童文学	138
社会化	140
社会教育主事	140
社会性	140
自由遊び	143
宗教教育	145
集団主義保育	146
自由保育	148

主体性	149	特別支援学校	211	アニミズム	8
小1プロブレム	151	特別支援教育	211	いじめ	14
生涯学習	152	都市化	211	依存	15
障害児保育	153	仲間関係	214	一語文	15
生涯発達	154	日本語教育	218	遺伝説	18
小学校学習指導要領	155	日本国憲法	218	ウェクスラー式知能検査	
少子化	156	乳児保育	220		22
少子化と教育	157	認定こども園	223	内田・クレペリン精神作業	
情操教育	157	ねらい及び内容	224	検査	22
少年	159	能力主義	226	エピソード分析	26
少年法	160	ノン・カリキュラム	226	エリクソンの発達段階	27
助産術（産婆術）	162	反社会的行動	236	オペラント条件づけ	34
初任者研修	162	PDCA	240	概念形成	38
私立学校法	163	評価の方法	242	外発的動機づけ	38
自立活動	163	福祉教育	245	カウンセリング・マインド	
自立と自律	163	仏教保育	246		40
事例研究	163	不登校	247	鏡文字	40
新教育運動	164	フリースクール	247	過干渉	41
人権教育	165	プログラム学習	250	数概念の発達	43
身体発育	166	プロジェクト活動	250	学校カウンセリング	45
診断的評価	167	プロジェクト・メソッド		葛藤	48
進歩主義保育	167		251	過保護	50
スタートカリキュラム	170	保育	254	かみつき	52
生活	174	保育環境	254	環境説	55
生活科	174	保育士	256	観察	56
生活カリキュラム	175	保育所	256	感情移入	57
生活指導	176	保育所保育指針	258	疑似体験	60
性教育	177	保育要領	259	基本的信頼	63
生理の早産説	179	母性神話	262	ギャングエイジ	65
絶対評価・相対評価	180	保幼小連携	263	教育心理学	69
潜在的カリキュラム	182	三つ子の魂百まで	269	教育相談	69
全人教育	183	文部科学省	273	共感	72
総括的評価	184	誘導保育	274	叫喚的発声	73
早期教育	184	ユネスコ	275	共感的理解	73
ソフィスト	188	養護	276	共同注視（注意）	75
胎教	190	幼児理解	277	クーイング	77
第三者評価	191	幼稚園	277	クライアント	78
体罰	191	幼稚園教育要領	278	言語獲得	87
多文化共生保育	193	幼稚園教諭	278	言語的コミュニケーション	
中央教育審議会	198	幼保の「一元化」「一体化」			88
通過儀礼	199		280	言語発達	88
ティームティーチング	201	ラーニング・ストーリー		検査法	88
テ・ファリキ	203		284	原始反射	89
登園拒否	206	レッジョ・エミリア・アプ		好奇心	91
童心主義	207	ローチ	289	向社会的行動	91
道徳	208			巧緻性	92
道徳性の発達	208	**2. 保育心理学及び**		行動主義	93
道徳性の芽生え	209	**教育心理学**		行動療法	93
同和教育（保育）	210	アイデンティティ	1	公認心理師	94
ドキュメンテーション	210	アタッチメント	6	個人差	97

古典的条件づけ	101	先天異常	184	模倣	271
言葉の発達	102	ソシオメトリー	187	モロー反射	272
サイコセラピー	111	第二次性徴期	191	指差し行動	275
三項関係	114	知的発達	197	指しゃぶり	275
自我	118	知能検査	197	幼児期	276
自我意識の芽生え	118	適応	202	幼児理解	277
刺激－反応	119	同一視	205	ラポール	284
試行錯誤説	120	投影法	205	臨界期	287
思考の発達	120	登園拒否	206	臨床心理士	288
自己概念	120	同化と調節	206	レジリエンス	289
自己肯定感	120	統計的有意性	206	レディネス	290
自己効力感（セルフエフィ		同調行動	208	ロールシャッハ検査	291
カシー）	121	内言・外言	214	ロールプレイ	291

3. 福祉関係（子ども家庭福祉，社会福祉，障害・療育等）

自己実現	121	内発的動機づけ	214		
自己主張	122	喃語	216		
自己中心性	122	乳児期	219		
自己同一性	122	認知の発達	222	アスペルガー症候群	3
自己統制	123	バウムテスト	230	一時保護	16
自己抑制	124	白昼夢	230	医療型障害児入所施設	19
指示的カウンセリング	124	箱庭療法	230	インフォームド・コンセン	
思春期	125	破傷風	231	ト	20
自傷行為	125	パーセンタイル	231	ウェルビーイング	22
質問紙法	129	パーソナリティ	231	運動障害	23
児童期	131	発育・発達の原則	232	ADHD	24
自発性	139	発達加速度現象	232	LD	27
社会的発達	141	発達課題	232	エンパワーメント	31
集団の発達	146	発達曲線	232	親子関係	34
受容	150	発達段階	233	音楽療法	36
条件づけ	155	発達の最近接領域	234	家族関係	43
条件反射	156	場面緘黙	236	家族福祉	44
象徴機能	158	ハロー効果	236	家族療法	44
情緒の発達（情動の発達）		反抗期	236	家庭崩壊	50
	158	非叫喚的発声	238	感覚訓練	54
人格	164	ピグマリオン効果	239	間接的援助	58
心身症	165	非言語的コミュニケーショ		吃音	61
新生児期	165	ン	239	気になる子	61
深層心理	166	非指示的カウンセリング		虐待	64
心理療法	168		239	きょうだい関係	74
スキャモンの発育曲線	169	PTSD	239	苦情の解決	78
スキンシップ	169	人見知り	240	グループホーム	81
スクールカウンセラー	170	非認知的能力	242	ケア	82
スタンフォード・ビネー知		ファンタジー	243	ケースワーク	84
能検査	171	輻輳説	245	言語聴覚士	87
ストレス	171	不適応	247	構音（構音障害）	90
刷り込み	173	プログラム学習	250	厚生労働省	92
性格検査	174	分離不安	251	広汎性発達障害	94
生活言語	175	防衛機制	259	子ども家庭相談室	103
成熟	177	忘却曲線	260	子どもの貧困	107
青年期	179	ホスピタリズム	262	こどもの貧困の解消に向け	
セラピスト	181	マザリング	266		

た対策の推進に関する法律	107	
作業療法士	112	
里親制度	113	
肢体不自由	127	
児童委員	130	
児童館	130	
児童虐待	131	
児童虐待の防止等に関する法律	131	
児童厚生施設	133	
児童自立支援施設	133	
児童心理治療施設	133	
児童相談所	134	
児童手当	134	
児童買春，児童ポルノに係る行為等の規制及び処罰並びに児童の保護等に関する法律	135	
児童発達支援センター	135	
児童福祉	136	
児童福祉施設	136	
児童福祉施設における食事の提供ガイド	137	
児童福祉施設の設備及び運営に関する基準	137	
児童福祉審議会	137	
児童福祉法	137	
児童扶養手当	138	
児童養護施設	139	
児童養護施設入所措置	139	
自閉症	139	
社会福祉	141	
社会福祉士	141	
社会福祉法	142	
社会福祉法人	142	
社会福祉六法	142	
社会保険	143	
社会保障審議会	143	
重症心身障害児施設	145	
習癖障害	147	
授産施設	148	
主任児童委員	150	
守秘義務	150	
障害児	152	
障害児施設給付制度	153	
障害児入所施設	153	
障害児保育	153	
障害者基本法	154	
障害者の権利宣言	154	

障害者の日常生活及び社会生活を総合的に支援するための法律	154
小舎制（中舎制・大舎制）	157
情緒障害	158
常同行動	159
触法少年	161
助産施設	162
親権	164
スーパーヴィジョン	172
スーパーバイザー	173
生活保護法	176
精神保健	177
精神保健福祉士	178
性的虐待	178
セツルメント	181
ソーシャル・ワーク	187
多動	193
男女共同参画社会基本法	194
男女雇用機会均等法	194
地域福祉	196
デイ・ケア	201
ドメスティック・バイオレンス	212
乳児院	219
ネグレクト	223
ノーマライゼーション	227
配偶者からの暴力の防止及び被害者の保護に関する法律	229
発達障害	233
発達障害者支援法	233
母親学級	235
ひきこもり	238
被虐待児症候群	238
ひとり親家庭（シングルペアレント・ファミリー）	241
福祉型障害児入所施設	245
父子家庭	246
母子家庭	261
母子生活支援施設	261
母子保健法	262
マルトリートメント	268
民生委員	270
養護	276
要保護児童対策地域協議会	280

4. 子どもの保健・安全及び食育

アトピー性皮膚炎	7
RS ウイルス感染症	9
アレルギー	9
安全管理	9
安全能力	10
1歳6か月児健康診査	17
インフルエンザ	21
飲料水検査	21
うつぶせ寝	23
栄養	24
栄養教諭	25
栄養士	25
栄養指導	25
SIDS	26
園医	28
O157	31
嘔吐・下痢	32
外気浴	38
カウプ指数	39
学校感染症	46
学校給食法	46
学校保健安全法	48
紙おむつ	51
川崎病	53
看護師	56
間食	57
感染症	58
感染症の登園基準	58
乾布摩擦	59
管理栄養士	59
救急蘇生法	65
給食	66
けいれん	83
結核	85
健康管理	86
誤飲	90
交通安全	92
誤嚥	95
国民健康・栄養調査	96
個食	97
午睡	98
五大栄養素	100
サルモネラ食中毒	113
3歳児健康診査	115
視診	125
湿疹	128
児童福祉施設における食事	

の提供ガイド	137	麻疹	267	子育て支援員	99
出席停止	149	6つの基礎食品	270	子育てネットワーク	99
小児保健	159	幼児の事故	276	こども家庭庁	103
食育	160	溶連菌感染症	282	こども基本法	104
食育基本法	160	予防接種	282	子ども・子育て応援プラン	
食事摂取基準	161	離乳	285		104
食事の習慣	161	離乳食	286	子ども・子育て会議（こど	
食事バランスガイド	161	流行性耳下腺炎（おたふく		も家庭審議会）	105
食物アレルギー	162	かぜ）	286	子ども・子育て支援事業	
水痘	168	ロタウィルス感染症	291		105
睡眠	168	ローレル指数	291	子ども・子育て支援新制度	

5. 保育制度及び保育の仕組み，子育て支援，子どもの権利等

生活リズム	177				105
喘息	183			子ども・子育て支援法	106
喘鳴	184			子ども・子育てビジョン	
ダウン症	192				106
WHO憲章	193	預かり保育	3	子守学校	109
チック	196	アドボカシー	7	3号認定	115
窒息	196	育児休業制度	11	3年保育	116
腸重積	199	育児困難	12	ジェンダー	118
調乳	199	育児ストレス	12	事業所内保育事業	119
調理員	199	育児相談	12	次世代育成支援対策推進法	
手足口病	200	育児不安	12		126
てんかん	203	異世代交流	14	施設型給付	126
伝染性紅斑（リンゴ病）		1号認定	15	市町村子ども家庭支援指針	
	204	一時的保育事業	16		127
トイレット・トレーニング		1年保育	16	児童家庭支援センター	130
	205	異年齢交流	18	児童憲章	132
突発性発疹	211	院内保育所	20	児童権利宣言	132
とびひ	212	駅型保育施設	25	児童の権利に関する条約	
日本脳炎	218	エンゼルプラン	30		134
乳児の事故	219	延長保育	30	児童票	136
熱性けいれん	224	解体保育	38	就学前の子どもに関する教	
熱中症	224	学童保育	42	育，保育等の総合的な提	
ネフローゼ症候群	224	確認制度	42	供の推進に関する法律	
脳性麻痺	226	学校法人立幼稚園	48		144
ノロウィルス感染症	227	家庭支援専門相談員	49	障害者の権利宣言	154
排泄の習慣	229	家庭的保育事業	49	障害者の日常生活及び社会	
バイタルサイン	229	簡易幼稚園	53	生活を総合的に支援する	
発熱	234	危機管理	59	ための法律	
避難訓練	241	企業主導型保育事業	60	小規模保育事業	155
肥満度	242	季節保育所	60	少子化社会対策基本法	156
風疹	244	休日保育	65	生存権	178
プール熱	248	教育週数	68	全国保育士会倫理綱領	182
ベビーマッサージ	253	共同保育所	76	相談支援事業	186
偏食	254	居宅訪問型保育事業	76	待機児童問題	190
保健指導	261	公定価格	93	託児所	192
母乳	263	公立幼稚園	94	地域型保育事業	195
母乳栄養	263	個人情報保護	97	地域子育て支援拠点事業	
ポリオ	264	子育てサークル	98		195
マイコプラズマ感染症	266	子育て支援	99	地方裁量型認定こども園	

	197	幼保連携型認定こども園教		交流保育	94
地方版子ども・子育て会議		育・保育要領	281	戸外遊び	95
	198	利用者支援事業	286	5歳児保育	96
2号認定	217	両親教育	287	ごっこ遊び	100
2年保育	218	利用定員	287	固定遊具	101

6. 保育の内容・方法, 実習・実践等

乳幼児家庭全戸訪問事業			言葉（領域）	101
	220		言葉遊び	102
認可外保育施設	220	1歳児保育	17	コーナー保育	107
認可定員	221	一斉保育	17	個別指導	108
認証保育園	222	異年齢交流	18	5領域	109
認定区分	222	衣服の着脱	19	混合保育（異年齢保育）	
認定こども園	223	運動遊び	23		109
認定こども園こども要録		運動会	23		
	223	園外保育	29	栽培	112
母親学級	235	お泊まり保育	33	錯画期	112
病児・病後児保育	243	オペレッタ	34	参加実習	114
ファミリー・サポート・セ		課業	41	3歳児保育	115
ンター	243	影絵	42	3歳未満児保育	116
へき地保育所	251	歌唱指導	43	散歩	117
ベビーシッター	252	紙芝居	51	飼育	117
ベビーホテル	253	感覚遊び	53	叱り方・ほめ方	119
保育教諭	255	環境（領域）	54	施設実習	126
保育士	256	環境の構成	55	自然環境	126
保育所	256	玩具	56	自然体験	127
保育士養成制度	257	観察実習	57	指導案	129
保育所型認定こども園	257	カンファレンス	59	指導計画	132
保育所児童保育要録	257	機能遊び	62	児童文化	138
保育所地域活動事業	257	期の指導計画	62	社会的行事	140
保育所保育指針	258	基本的事項	62	自由遊び	143
保育短時間利用	258	基本的生活習慣	63	週案	143
保育の必要時間	258	教育課程	67	自由画	144
保育標準時間利用	259	教育実習	68	集団遊び	145
保育要領	259	教具	73	集団指導	146
放課後児童健全育成事業		教材	73	集団保育	147
	260	行事	73	唱歌	152
放課後等デイサービス	260	協同遊び	75	象徴遊び	158
模範幼稚園	271	共同画	75	心情・意欲・態度	165
夜間保育	274	虚構遊び	76	身体表現	167
幼稚園	277	クラス別保育（学年別保		ストーリーテリング	171
幼稚園型認定こども園	278	育）	79	砂遊び	172
幼稚園教育要領	278	グループ保育	80	素話	172
幼稚園教諭	278	劇遊び	83	生活発表会	176
幼稚園設置基準	279	月案（月間指導計画）	84	責任実習	180
幼稚園保育及設備規程	279	けんか	85	設定保育	181
幼稚園幼児指導要録	280	研究保育	85	0歳児保育	181
幼稚園令	280	健康（領域）	86	全体的な計画	183
幼保の「一元化」「一体化」		健康観察	86	造形表現	185
	280	公開保育	90	総合的な指導	185
幼保連携型認定こども園		構成遊び	92	想像遊び	186
	281			粗大運動	187
				縦割り保育	192

探索活動	194			近藤真琴	109
担当制	195	**7. 人物, 施設, 教育・**		サイモンズ	112
着脱衣の習慣	198	**保育運動, 書名等**		佐藤信淵	113
積み木	200	愛染橋保育所	1	沢柳政太郎	114
手遊び・指遊び	201	『赤い鳥』	2	シェルドン	118
ティーム保育	202	赤沢鍾美	2	『児童の世紀』	135
デイリープログラム	202	アドラー	7	自由ヴァルドルフ学校	144
伝承あそび	204	アリエス	8	シュタイナー	149
統合保育	207	家なき幼稚園	10	頌栄保姆伝習所	151
頭足人	207	イエナ・プラン	11	スキナー	169
当番活動	209	伊沢修二	13	鈴木三重吉	170
童謡	209	石井十次	13	性格形成新学院	173
童話	209	石井亮一	13	『世界図絵』	179
ならし保育	215	イソップ	14	関信三	180
2歳児保育	217	イタール	15	ソクラテス	187
日案	217	一般ドイツ幼稚園	18	『育ての心』	188
乳児保育	220	『隠者の夕暮』	20	ソーンダイク	188
人間関係（領域）	221	ヴィゴツキー	21	『大教授学』	190
ねらい及び内容	224	氏原鋑	22	滝廉太郎	192
年間指導計画	225	エビングハウス	26	ダルクローズ	194
粘土遊び	225	『エミール』	26	テ・ファリキ	203
パネルシアター	235	エリクソン	27	デューイ	203
ビオトープ	237	エレン・ケイ	28	東京女子師範学校附属幼稚	
ひとり遊び	240	エンデ	30	園	206
表現（領域）	242	及川平治	31	童心主義	207
フィンガーペインティング		オーエン	32	ドキュメンテーション	210
	244	小川未明	33	徳永恕	210
平行遊び	251	オーベルラン	34	留岡幸助	212
ペープサート	253	オルタナティブ・スクール		豊田芙雄	213
保育カンファレンス	255		35	ドルトン・プラン	213
保育記録	255	オルフ	35	中村五六	215
保育実習	256	オルポート	35	中村正直	215
ポートフォリオ	263	貝原益軒	39	ナースリ・スクール（保育	
マザーグース	266	カイヨワ	39	学校）	215
満3歳児保育	268	賀川豊彦	40	新美南吉	216
水遊び	268	カーソン	44	ニール	220
見立て遊び（ふり遊び・つ		『学校と社会』	47	『人間の教育』	221
もり遊び）	269	カミイ	51	野口幽香	227
昔話	270	城戸幡太郎	61	羽仁もと子	234
メルヘン	271	『教育の過程』	70	パブロフ	235
幼児期の終わりまでに育っ		キンダーガルテン	77	ピアジェ	237
てほしい姿	276	倉橋惣三	79	東基吉	237
幼児理解	277	グリム兄弟	80	二葉幼稚園（保育園）	246
4歳児保育	282	クループスカヤ	80	ブルーナー	248
リズム遊び	284	クレッチマー	81	プレイグループ	248
リズムジャンプ	285	京阪神聯合保育會	83	フレイレ	249
リトミック	285	ゲゼル	84	フレネ	249
連合遊び	290	コダーイ	99	フレーベル	249
六領域	290	子どもの家	106	フロイト	250
わらべ歌	293	コメニウス	108	プロジェクト活動	250

プロジェクト・メソッド	松野クララ 268	リッチモンド 285
251	宮沢賢治 269	『リーンハルトとゲルト
ペスタロッチ 252	『民主主義と教育』 270	ルート』 288
ヘッド・スタート計画 252	森のようちえん 272	ルソー 288
ホイジンガ 259	モンテッソーリ 272	レッジョ・エミリア・アプ
ボウルビィ 261	山下俊郎 274	ローチ 289
ポルトマン 264	幼稚遊嬉場 277	和田實 293
マカレンコ 266	ラーニング・ストーリー	ワロン 293
マズロー 267	284	

《編者紹介》

戸江茂博（どえ・しげひろ）

　　神戸親和大学教育学部・同大学院教授。
　　主著に『保育原理』（編著，ミネルヴァ書房，2019年），『幼児教育方法論』（監修，共著，学文社，2019年）など。

隈元泰弘（くまもと・やすひろ）

　　神戸親和大学教育学部・同大学院教授。
　　主著に Philosophische Pädagogik bei Kant und Fichte. Erziehung im Dienst der Freiheit（Verlag Senging, 2010），『現代教育学のフロンティア――新時代の創出をめざして』（編著，世界思想社，2003年）など。

広岡義之（ひろおか・よしゆき）

　　神戸親和大学教育学部・同大学院教授。
　　主著に『ボルノー教育学研究　増補版』（上・下，風間書房，2018・2019年），『教育学の歴史』（共訳，青土社，2015年）など。

猪田裕子（いのだ・ゆうこ）

　　神戸親和大学教育学部教授。
　　主著に『子どもの権利との対話から学ぶ　保育内容総論』（共編著，北大路書房，2022年），『教育のイデア』（共著，昭和堂，2018年）など。

保育職・教職をめざす人のための
保育用語・法規

2025年3月30日　初版第1刷発行　　　　　〈検印廃止〉

定価はカバーに
表示しています

編　者	戸隈広猪	江元岡田	茂泰義裕	博弘之子
発行者	杉田啓三
印刷者	坂本喜杏

発行所　株式会社　ミネルヴァ書房

〒607-8494　京都市山科区日ノ岡堤谷町1
電話代表　(075)581-5191番
振替口座　01020-0-8076番

©戸江ほか, 2025　　冨山房インターナショナル・吉田三誠堂製本

ISBN 978-4-623-09658-9
Printed in Japan

教職をめざす人のための教育用語・法規 [改訂新版]

――――――――――――広岡義之編　四六判　**384頁**　本体**2200円**

●教員採用試験で触れられる範囲の教育学の用語を中心に，約1,100項目を掲載した用語集。

新しい保育原理

――――――――――広岡義之監修／熊田凡子編著　**A 5判**　**212頁**　本体**2200円**

●保育者に求められる専門性とは何か，子どもにとってどのような存在であるべきかという問いを自らの問題として考えるための一冊。

集団っていいな――一人ひとりのみんなが育ち合う社会を創る

――――――――――今井和子・島本一男編著　**B 5判**　**196頁**　本体**2200円**

●子どもの参画，主体性，人間関係，社会性，人格形成をキーワードに，一人ひとりの居心地のよい集団創りについて，様々な事例を紹介しながら解説する。現場の保育者や保護者のみなさまに届けたい一冊。

――――――――――――――ミネルヴァ書房――――――――――――

https://www.minervashobo.co.jp/